法鼓山年鑑
2009

◆聖嚴師父對2009年的祝福

抱持信心
迎向希望2009

阿彌陀佛！我在這裡祝福大家：2009年快樂、健康、幸福、平安！

在2008年尾聲，許多人都預期2009年恐怕經濟不會變好、社會環境依舊不安，而全世界景氣持續低迷。該怎麼辦呢？

實際上，不安是心理的一種感覺，是我們的心受到外在環境的影響，覺得沒有安全感、沒有安定感，所以浮動不安。但是反過來，如果我們的心是安定的，內心有安全感，則外在環境再怎麼變動，我們的生活還是可以不受影響。就像外面下大雨了，心急沒有用，可以做的是因應處理。比如房子會漏水，就要想辦法把漏水的地方補起來；下雨天濕淋淋的，還是要想辦法出門辦點事去。雖然下雨不是好天氣，但是只要心安，我們的生活就可以不受影響，而過得很快樂、很幸福，這就是「心安就有平安」。

認知順境、逆境都是過程

我們在十年前提出一個「心五四運動」，內容包括「四安、四它、四要、四感、四福」，這些觀念到現在還是普遍被運用著，其中用得最多的是「四它」。人生有不如意事是正常的，遇到問題時，要面對問題，接受問題，想辦法處理問題，處理以後就要放下；如果處理以後，問題還是無法解決，也要試著放下。用「四它」的觀念，可以幫

助我們有智慧地處理事。

還有「四要」：「需要的不多，想要的太多；能要該要的才要，不能要不該要的絕對不要」。實際上，我們真正需要的東西不多。人基本的需要是吃飽穿暖，有個地方遮風避雨，這就夠了。尤其在不景氣的時候，如果大家能把欲望降低一點，把希望放大、放遠一些，就能夠知足快樂。

另外，我們在大前年推廣「心六倫」和「關懷生命——防治自殺」運動，其實，「心五四」、「心六倫」和「關懷生命」運動都是相關的，同樣源自「心靈環保」。「心六倫」乃是一種新思想、新社會運動。過去傳統的儒家「五倫」，已不太能契應現代社會的需要，因此我們推出「心六倫」來充實「五倫」。「心六倫」的核心價值是盡責盡分、奉獻利他，這是放諸舉世皆可通行的價值，不會只局限華人地區使用，而是我們奉獻給全世界人類一種新的全球倫理運動。

還有，人最重要的是生存，只要還留有一口呼吸，就有無限的希望。事實上，沒有必要自殺。自殺多半是因為恐懼、害怕，對未來沒有希望、沒有安全感所致。有一位企業總裁去年自殺了，他的自殺讓我很震驚，也很遺憾。事實上，他在自殺前曾來看過我，說他活得很辛苦，我勸他要把心照顧好，把心安定下來，事情一樣一樣再來處理。其實他只要把觀念調整一下，認知逆境順境都是過程，一時間無法處理的事，不代表永遠不能處理，只要等待機會，隨時可能有轉機。而他自殺了，這是非常可惜的事。

面對困境要朝最好的方向看

我們對自己要有信心，對未來要有希望，若能如此，就算是物質條件減縮、外在環境不安定，我們的心都還是踏實的。心踏實，就有平安。平安是可以影響的，我們自己平安，也把自己對未來的希望和作法告訴人，心裡的踏實感會更堅定。

我自己是從艱困的環境中走過來的，我小時候家窮，曾經窮到連一口飯也沒得吃，就去吃樹皮、樹葉子，還是一樣走過來了。我希望大家都能記住這句話：「心安就有平安。」外在環境的改變是正常的，人生遇挫折也是正常的，當我們面對挫折、面對困境，不必往最壞的地方想，而要朝最好的方向看。大雨天，你說雨總會停的；大風天，你說風總是會轉向的；天黑了，你說明天依然會天亮的！這就是心中有希望，有希望就有平安，就有未來。

再一次祝福大家新年快樂！2009年是很有希望的一年，只要我們有信心，就可以在失望之中看見希望，在艱苦的環境下創造快樂，在不景氣的年代裡擁抱幸福。

阿彌陀佛！

編輯體例

一、本年鑑輯錄法鼓山西元2009年1月至12月間之記事。

二、正文分為三部，第一部為綜觀篇，含括法鼓山創辦人（聖嚴師父）、法鼓山僧團、法鼓山體系組織概述，俾使讀者對2009年的法鼓山體系運作有立即性、全面性且宏觀的認識。第二部為實踐篇，即法鼓山理念的具體實現，以三大教育架構，放眼國際，分為大普化、大關懷、大學院、國際弘化。各單元首先以總論宏觀論述這一年來主要事件之象徵意義及影響，再依事件發生時序以「記事報導」呈現內容，對於特別重大的事件則另闢篇幅做深入「特別報導」。第三部為全年度「大事記」，依事件發生時間順序記錄，便於查詢。

三、同一類型的活動若於不同時間舉辦多場時，於「記事報導」處合併敘述，並依第一場時間排列報導順序。但於「大事記」中則不合併，依各場舉辦日期時間分別記載。

四、內文中年、月、日一律以阿拉伯數字書寫，如：2009年3月21日。其餘人數、金額等數值皆以國字書寫。

五、人物稱呼：聖嚴法師皆稱聖嚴師父。其他法師若為監院或監院以上職務，則一律先職銜後法名，如方丈和尚果東法師、副住持果品法師。一般人員敘述，若有職銜則省略先生、小姐，如法鼓山社會大學校長曾濟群。

六、法鼓山各事業體單位名稱，部分因名稱過長，只在全書第一次出現時以全名稱呼，其餘以簡稱代替，詳如下：

法鼓山世界佛教教育園區簡稱「法鼓山園區」

中華佛教文化館簡稱「文化館」

法鼓山社會福利慈善事業基金會（法鼓山慈善基金會）簡稱「慈基會」

法鼓佛教學院簡稱「佛教學院」

中華佛學研究所簡稱「中華佛研所」

法鼓山僧伽大學簡稱「僧大」

法鼓山社會大學簡稱「法鼓山社大」

法鼓山人文社會基金會簡稱「人基會」

聖嚴教育基金會簡稱「聖基會」

護法會北投辦事處簡稱「北投辦事處」

竹山安心服務站簡稱「竹山安心站」

七、檢索方法：本年鑑使用方法主要有四種

其一：了解法鼓山弘化運作的整體概況。請進入綜觀篇。

自〈法鼓山創辦人——2009年的聖嚴師父〉、〈僧團〉、〈法鼓山體系組織〉
各篇專文，深入法鼓山弘化事業的精神理念、指導核心，及整體組織概況。

其二：依事件分類，檢索相關報導。

請進入實踐篇。事件分為四類，包括大普化教育、大關懷教育、大學院教育，
及國際弘化，可於各類之首〈總論〉一文，了解該類事件的全年整體意義說
明；並於「記事報導」依事件發生時間，檢索相關報導。

各事件的分類原則大致如下：

・大普化教育：

凡運用佛教修行與現代文化，所舉辦的相關修行弘化、教育成長活動。

例如：禪坐、念佛、法會、朝山、誦戒、讀經等修行弘化，佛學課程、演
講、講座、讀書會、成長營、禪修營、教師營、兒童營、人才培育等佛法普
及、教育成長，對談、展覽、音樂會、文化出版與推廣等相關活動，以及僧團
禮祖、剃度，心六倫運動，法鼓山在台灣所舉辦的國際性普化、青年活動等。

・大關懷教育：

凡對於社會大眾、信眾之間的相互關懷，急難救助以及心靈環保、禮儀環
保、生活環保、自然環保等相關活動。

例如：關懷感恩分享會、悅眾成長營、正副會團長與轄召召委聯席會議等信
眾關懷教育，佛化祝壽、佛化婚禮、佛化奠祭、助念關懷、心靈環保活動列
車等社會關懷教育，以及海內外的慈善救助、災難救援關懷，國際關懷生命
獎等。

・大學院教育：

凡為造就高層次的研究、教學、弘法以及專業服務人才之教育單位，所舉辦
的相關活動。

例如：中華佛學研究所、法鼓佛教學院、法鼓大學、法鼓山僧伽大學等所舉
辦的活動，包括國際學術研討會、成長營、禪修，以及聖嚴教育基金會主辦
的「聖嚴思想研討會」等。

・國際弘化：

凡由法鼓山海外分院道場、據點等，所主辦的相關弘化活動、所參與的國際
性活動；以及法鼓山於海外所舉辦的弘化活動等。

例如：美國紐約東初禪寺、象岡道場，加拿大溫哥華道場，以及海外弘化據

點，包括各國護法會，以及各聯絡處及聯絡點等。各地所舉辦、參與的各項活動。包括各項禪修、念佛、法會及演講、慰訪關懷等。

另有聖嚴教育基金會與美國哥倫比亞大學共同設立的「聖嚴漢傳佛學講座教授」，海外人士至法鼓山拜訪，海外學術單位至法鼓山園區參學等。

其三：依事件發生時間順序，檢索事件內容綱要。請進入大事記。

其四：檢索教學資源、成果，例行共修、例行關懷等相關資料統計或圖表。

請進入附錄，依事件類別查詢所需資料。

例如：大學院教育單位的課程表、師資簡介、畢業人數等。大普化教育單位所舉辦的法會、禪修、佛學課程之場次統計，主要出版品概況等。大關懷教育單位的三節關懷人數、緊急救援成果、教育訓練場次統計等。國際會議參與情形以及海外弘化單位的例行共修概況等。

※使用範例：

範例1：查詢事件「第三屆大悲心水陸法會」

　　　方法1：進入實踐篇→大普化教育→於11月27日→可查得該事件相關報導

　　　方法2：進入大事記→於11月27日→可查得該事件內容綱要

範例2：查詢單位「法鼓佛教學院」

　　　進入綜觀篇→〈法鼓山體系組織〉一文→於大學院教育中，可查得該單位2009年的整體運作概況

範例3：查詢「法鼓山2009年各地主要法會暨場次一覽表」

　　　進入附錄→大普化教育／法鼓山2009年各地主要法會暨場次一覽表

綜觀

2009年的聖嚴師父

一場人間最後遊化，令人傷感但又激勵人心，聖嚴師父行囊永遠都有珍貴的禮物！

「我已行至生命的邊沿」，2009年師父親履臨終場域，沒有坐化立化、預知時至、無疾而終的玄奇事蹟；他審視並記錄自己的身心變化，莊嚴地經驗色身崩壞歷程，示現平常積累功夫於病苦大事的作用。命懸病篤中猶能運用短暫餘光，從容回顧、整理此生行願，對護法信眾表達誠摯的感恩，勗勉四眾弟子傳承創新漢傳禪佛教，殷重期許時人，持續為未來世界奉獻佛法教育。

如一個不羈的旅人，前程篤定；在熟練地打理自家行囊、殷殷鼓舞來者的同時，他早已無所罣礙地舉步前行了。

面對當代臨終場景　如實處理色身衰敗

2008年12月31日，師父到台大醫院洗腎，並做例行核子共振檢查，發現肝部出現無數黑點，疑似腫瘤；2009年1月5日正式入院，做腹部超音波、心電圖、X光及人工血管超音波檢查後確認病情無誤。

從此，師父展開了與病共在的臨終旅程，病中交代一定要出版的《美好的晚年》一書，坦誠記錄了病痛現象與處理細節，例如：反覆出現的昏迷、呼吸暫停、嘔吐、無法吞嚥、血便、呼吸困難、嚴重發癢疼痛等等，在在敘述著人身的通性，他無意神化常人經驗，毫無遮蔽地示現有限肉身成住壞空的幻有。

1月3日聖嚴師父親自到農禪寺，出席「2008歲末感恩分享會」。

一個月中經歷色身衰敗的現象，他卻能安心於過程，以定慧等持的修行力安心當下；同時也接受醫囑，隨順因緣使用醫療科技、幾次接受疼痛緩解劑，病沉時則依先前所預立遺囑，由僧眾弟子代簽「不施行心肺復甦術意願書」，不再接受侵入性治療；在返回法鼓山途中即捨報……，凡此種種臨終示現，某個程度解構了傳統佛

聖嚴師父親臨農禪寺歲末感恩分享會現場，殷殷關懷、祝福在場及各地信眾。

教徒期待「自知時至、身無病苦、壽終正寢」的善終焦慮，也提供了當代佛教徒臨終照顧的型範。

回顧開山因緣　感恩四眾護持

師父示疾過程訊息透明，有意藉此奉獻最後身教，海內外四眾弟子咸感不捨，於各地集會共修，虔誠祈求祝禱師父延長住世，師父得知雖感恩落淚，然未輕易回應，只一再表達感恩成就法鼓山的一切因緣：

「1月8日晨起，師父氣色逐漸好轉，漸能說話。果廣法師借了筆記型電腦，讓師父從網路中，看到四眾弟子共修為師父祈福，師父聞後落淚。」

聖嚴師父回到農禪寺，親自向參與祈福法會的信眾表達感恩。

「1月12日，副總統蕭萬長先生來院探視，敦請安心調養，國人都為師父祈禱，師父合掌感謝。這段時期，對於醫師的查房，也都合掌感謝。」

「1月10日，法師病況穩定，摯友今能長老前來探視，長老請師父不要捨棄眾生，也請師父『不要忘記今能』。師父回應長老說：『我不會忘記你。』」

1月17日，聖嚴師父到祖庭中華佛教文化館，禮拜、追憶師公東初老人。

這些讀來令人動容的病塌紀錄，在在說明了師父臨終心境充滿平安與人性的溫暖。

1月17日，師父向院方請假，回農禪寺、雲來寺及文化館，向正為師父安康祈福的共修大眾致意；也親赴雲來寺每一樓層關懷專職與義工菩薩。下午到法鼓山祖庭文化館，先到二樓關懷正在參加祈福共修的信眾，再到三樓祖堂，禮拜追憶師公東初老人。離去前，文化館共修信眾於館前公園列伍，行叩拜禮感恩師父的教導。

面對肉身的局限，師父清晰回顧一生弘化志業，除了感恩師長的教誨傳承，更對護法大眾滿懷感恩，並試著爭取極小片段的時光，約見長久以來誠摯護持道業的弟子，懇請持續護持法鼓山。

1月13日於台大醫院對隨行記錄做最後的口述，完整回顧從中華佛學研究所一路走來，成一長老、方甯書教授和李志夫教授辛苦相陪；中華佛教文化館重建，農禪寺多次擴建，直至金山法鼓山的出現，他細數到目前為止：「法鼓山已經將近有九十甲地，主要畫分為寺院道場部分，以及僧伽大學、佛研所、佛教學院和法鼓大學等教育體系部分」，無一不是廣大熱心的弟子、學生、朋友、護法居士陪著。

他把法鼓山出現的因緣與創建理念，歸功於信眾鼓勵他建寺起廟，成就人們修行，他謙虛自云：「我自己並沒有多大願力要開辦什麼，我唯一的願心，只是要將佛法傳播給這個世界，能做到多少就做多少。」

因此，他表示「這一切的一切，在這整個過程中所有奉獻、護持的人，都是我的恩人，也都是法鼓山的貴人。」

護念法鼓法流　殷重提點託付

回顧感恩之餘，師父到病篤的最後一刻都還鼓勵期勉弟子們掌握佛法諦理，從心做起、從心開發、從心推廣「心靈環保」，以成就大眾來成就自己。

1月3日，師父儘管法體虛弱，仍由侍者攙扶出席在農禪寺舉行的護法體系悅眾歲末感恩分享會，計有全台五個分院連線。此為師父2008年特別指示辦理的活動，將各地的歲末圍爐統合在同一天，賦予法的共修。

現場播放預錄影片：《心安平安——二〇〇九聖嚴師父新春祝福開示》以及回顧法鼓山過去歷史展望未來的《傳薪創新　感恩發願》。殷殷叮囑四眾弟子傳承法鼓山理念，以感恩心「發願」傳承「中華禪法鼓宗」，把漢傳佛教向世界發揚光大！

影片播放過程，師父以眼神關懷大眾，全程未發言。在主持人請開示時，師父簡單回答：「該講的都講了。」

除了邀集護法大眾期勉鼓勵，師父還掌握清醒的時刻，指導僧團未來發展以穩定領導階層為原則，並密集約見數十年盡心盡力的護法悅眾，表達感恩之外，主要仍是殷切懇請持續守護法鼓山漢傳禪佛教的基業。

「1月11日，師父精神良好，僧團都監果廣法師呈一篇文稿，請師父過目定稿。這是師父為『大悲心水陸法會籌備小組』兩次開示的文稿，將做為〈水陸儀軌修訂序〉。〈序〉中指出，水陸儀軌的修訂是件大工程，也是大功德，這項功德將與法鼓山革新之水陸法會一同流傳，能為今日的漢傳佛教宣揚正信與正行的佛法，為後世的佛教留下歷史的紀錄。」

「1月13日對方丈和尚與都監法師指示僧團的組織領導與發展方向；約見果廣法師，以及聖嚴教育基金會董事長施建昌菩薩、專案祕書廖今榕居士」，並交代《美好的晚年》一書必須完成，自云「雖然這個晚年並不怎麼美好，可是這個ending還能夠讓我親自在這裡交代，還算是美好的。」

當晚並為該書做最後的口述，闡述法鼓山乃依正法而住：

「我這一生都是住持正法、弘揚正法，如果有任何人從迷信的起點來建議我，我都是不接受的。一定要回到正法，回到正統的佛法。任何一個凡夫身，最後一定是歸於空幻，不可能還留有什麼金剛身、法身。法鼓山這個道場是依正法而存在，依正法而傳承。」

特別的是，師父於1月15日親自指示身後佛事細節，讓後來的喪儀葬儀葬法，跨越文化制約、超越生死界線，彷若師父回眸向人間一笑，再次以身演示，向世人說法，為弘化不輟的一生寫下完美的結語。

願深悲切：為歷史傳承光大漢傳佛教　為當代社會成就法鼓大學

師父深受漢傳佛教法乳深恩，對中國佛教的傳承有特別深刻的願心。

在2009新春開示文《傳薪創新　感恩發願》中，也特別鼓勵四眾弟子負起光大漢傳佛教的使命：

「中國佛教在二十世紀中葉以後，在中國大陸已經奄奄一息，可是卻在台灣欣欣向榮。原因是台灣佛教徒的心中，有一份薪傳的責任感，包括當時從大陸來台的老一代和中青一代的法師，都朝這個方向努力。

中國佛教這幾百年來的衰微，在國際上已經幾乎聽不到它的名字，聽到的都是日本佛教、西藏佛教和南傳佛教，現在我們好不容易有了基礎，也在國際社會漸漸展露漢傳佛教的能見度，就一定要發願，將漢傳佛教繼續傳播給全世界，特別是『中華禪法鼓宗』。我們法鼓山很努力，成立了獎學金、基金會、僧伽大學、佛教學院、法鼓大學等等，都是朝著這個方向發展，這是我們的願心——把漢傳佛教向世界發揚光大！」

師父一生學習佛法、受用佛法、分享佛法，其弘化志業實乃是實踐「以佛教教育改造人心、改善社會」的行動，對於興辦一所「未來世界需要的大學」深有期待，多病的晚年以筆墨化緣，環島義賣以鼓勵大眾發願參與法鼓大學的籌建，病塌中屢屢懸念進度。

1月15日上午十點，師父召集法鼓大學建校相關人士，包括：護法總會陳嘉男、黃楚琪、榮譽董事會劉偉剛、法鼓大學劉安之及潤泰集團尹衍樑等人談話，籲請大眾繼續支持法鼓大學，把法鼓大學辦起來。師父還特別叮嚀四項原則：一、參與法鼓山，只有奉獻，沒有權力；二、法鼓山是由理念領導，如果放棄理念的領導，此領導是空的；三、師父的傳法是一種理念，不是權術，也非財產；四、請大眾護持法鼓山此一漢傳佛教傳承的發源地。

1月18日再度接見護持法鼓大學的社會人士，包括：前政治大學校長鄭丁旺、舉辦策畫「遊心禪悅・法語／墨緣／興學」書法展的葉榮嘉夫婦，以及捐助建校的何劉連連、何麗純母女和吳紹麟與胡蘭夫婦等人。指出第一階段的僧眾教育雖已完成，後續的法鼓大學，尚須大眾的護持。會後，法師贈予來客每人一本剛出版的《放下的幸福》一書，說：「我已行至生命的邊沿，仍然在出書，這是我唯一可以留下的財產。」

這最後的約見與談話，如風中燭火仍奮力發光，可以看見師父對法鼓大學的願心，其實就是對社會大眾不捨的悲心。

| 聖嚴師父接見護持法鼓大學的人士，期勉繼續護持。

所說已說 所作皆辦 勉時人發願 續紹法流

2009年2月3日下午，聖嚴師父終於向人間告假。

當晚由方丈和尚召開記者會向社會公布師父遺言，以簡潔的條列文字宣說他的遺教與遺願，並勉追隨者：「僧俗四眾弟子之間，沒有產業、財務及權力、名位之意見可爭，但有悲智、和敬及四種環保的教育功能可期。」

這位灑脫自在的風雪行腳僧，不忘慈愛地安慰鼓勵失卻依怙的時人弟子，以「虛空有盡　我願無窮　願願相續」勗勉大眾發願報恩，奮起菩薩心行。最後則交代以極簡約的方式讓色身回歸自然，將畢生推動「四種環保」的理念在電光石火中具體實踐，劃破華人死亡文化的禁忌。

八十世壽，通透徹底示現以佛法改造自己、豐富自家生命的典範；而其大悲願

聖嚴師父靈骨植入金山環保生命園區的洞穴中，化作一坏春土，入千秋歷史。

行，感召眾多時人同行菩薩大道。他的法說已然匯成法鼓法流，將持續護念眾生學法不輟。

他，傾盡全力活到最後一刻，縱身一躍，化入千秋歷史。

文／郭惠芯（屏東縣社區大學文教發展協會理事長）
　　林其賢（國立屏東商業技術學院副教授）

2009年著作出版一覽表

出版月	書名
1月	《聖嚴法師教話頭禪》（聖嚴書院系列）、《放下的幸福──聖嚴法師的四十七則情緒管理智慧》（人間淨土系列）
2月	《如月印空──聖嚴法師默照禪講錄》（*Illuminating Silence: The Practice of Chinese Zen*）（大智慧系列）、《歡喜看生死》（人間淨土系列）
5月	《聖嚴師父的頑皮童年》（故事寶盒系列）
8月	《無法之法──聖嚴法師默照禪法旨要》（*The Method of No Method: The Chan Practice of Silent Illumination*）（大智慧系列）
9月	《心安平安，你就是力量！》（人間淨土系列）、《生死皆自在》（人間淨土系列）、《聖嚴法師教禪坐》（新版）（聖嚴書院系列）
12月	《明末中國佛教之研究》（智慧海系列）

備註：上列書籍，部分為翻譯書，或集結自聖嚴師父曾發表過的相關開示文稿，重新整編出版。

2009年重要開示一覽表

主題	時間	說明
抱持信心　希望迎向2009	1月1日	於2008年12月13日之錄影開示，2009年新春祝福開示
傳薪創新　感恩發願	1月3日	於2008年12月13日之錄影開示，播放於「心安平安‧2008歲末關懷感恩分享會」
依正法傳承　感恩信眾護持	1月13日	講於台大醫院病房
法鼓山的法統　是理念的堅持	1月15日	講於台大醫院病房
期勉馬來西亞佛教青年	2月22日	於2008年12月20日之錄影開示，播放於「僧團法師至馬來西亞護法會弘法關懷行」
從心出發	3月28日	發表於「第二屆世界佛教論壇」開幕式，由果品法師代表宣讀

2009年電視弘法節目時間表

◎台灣：

節目	頻道	時間		地區
大法鼓	華視IQ教育文化	每週六	10：30～11：00	台灣
大法鼓	佛衛慈悲台	每週六、日	15：00～16：00	台灣
		每週一	03：00～04：00	
大法鼓	澳門廣視	週一至週六	19：45～20：55	澳門
不一樣的聲音	JET頻道	每週六	06：00～06：30	台灣
新時代・心倫理	佛衛慈悲台（中華電信MOD91台）	每週六、日	15：00～16：00	台灣
		每週一	03：00～04：00	
新時代・心倫理	生命電視台	每週六、日	11：30～12：00	台灣、中國大陸
		每週二、三	11：30～12：00	
新時代・心倫理	靖天電視資訊台（中華電信MOD27台）	週一至週五	04：30～05：00	台灣
			09：30～10：00	
			16：30～17：00	
			23：30～24：00	
		每週六	16：00～16：30	
		每週日	06：00～08：00	
			16：00～16：30	

◎美國

- 節目：《大法鼓》
- 頻道：【中天電台】
- 時間：每週六12：30～13：00

州	地區	Cable Company	Channel
紐約州	曼哈坦（Manhattan）、皇后區（Queens）、塢塞德（Woodside）	RCN Cable	Channel 138
	格倫士佛斯（Glens Falls）、諾威治（Norwich）、沙拉納克湖（Saranac Lake）	Comcast Cable	Channel 190
新澤西州	東溫莎（East Windsor）	Comcast Cable	Channel 660
	蒙茅斯（Monmouth）	Comcast Cable	Channel 252
	帕拉木斯（Paramus）	NCTC-US Cable	Channel 229
	希爾斯波羅（Hillsborough）、普林斯頓（Princeton）	Patriot Media	Channel 138
康乃迪克州	紐哈芬（New Haven）	Comcast Cable	Channel 635
	格羅頓（Groton）	Groton Utilities Cable	Channel 229

法鼓山方丈和尚

2009年的果東法師

「師父在世間的任務與功德已經圓滿了，果東會以法鼓山的理念與精神，照顧僧俗四眾，請師父安心。」

僧團於聖嚴師父植存圓滿後的第二天，在法鼓山園區舉辦僧活營，活動中，方丈和尚果東法師說出了這段他在師父臨終前所發的願。

2009年2月3日，法鼓山創辦人聖嚴師父走完了人間行腳的最後旅程。雖然方丈和尚果東法師自2006年9月2日起，即已承繼法鼓山第二任方丈和尚的任務，但是仍可時時向師父請益，接受師父的教誨與叮嚀。師父圓寂後，頓失倚靠及指引，方丈和尚所承擔的責任相對地更加沉重。

就如同聖嚴師父在遺言中所說：「法鼓山總本山方丈一職，不論是由內部推舉，或從體系外敦聘大德比丘、比丘尼擔任，接位之時亦接法統，承繼並延續法鼓山的禪宗法脈，亦不得廢止法鼓山的理念及方向，是為永式。」而1月15日對僧團弟子做最後叮嚀時，也對法鼓山究竟由誰領導，再次強調，法鼓山是由法鼓山的理念領導，沒有誰來領導的問題。

續任領眾

2009年6月28日，法鼓山僧團於第五屆全球僧團大會中，通過敦聘現任方丈和尚果東法師續任第三任方丈。果東法師感恩僧團託付，表示將落實理念領導，也將更謙卑學習，努力承擔起弘傳聖嚴師父理念，以及中華禪法鼓宗的使命。

果東法師自2006年9月接任第二任方丈之後，即盡心盡力於崗位上，關懷及弘化足跡遍及海內外，謙遜爽朗的領導風格，為僧俗四眾所敬重。而在聖嚴師父圓寂後，續任第三任方丈和尚，除了是僧眾對其領導的肯定，也象徵法鼓山一個新的開始。果東法師所肩負的不僅是宗派基業及規章制度的維持和傳續，如何讓漢傳佛教與時俱進，人間淨土早日實現，更需僧俗四眾共同支持與努力。

理念傳薪

法鼓山每年數次的專職精神講話，都是眾人最期待的時刻，因為可以親炙聖嚴師父的開示，而師父的話語就像父執的叮嚀般，時時提點著我們的人生方向。自2009年起，這個叮囑的角色，改由方丈和尚來擔任，方丈和尚在秉持法鼓山方向與師父理念的原則下，也肩負起這份薪傳的責任。

1月20日，2009年的第一場專職同仁精神講話，聖嚴師父因病未出席，由方丈和尚代為轉達師父的關懷。方丈和尚除了說明師父自1月5日住院之後病況，也祈請大眾心中隨時持誦觀世音菩薩聖號，為師父祈福。4月7日的精神講話，是師父捨報圓寂後，方丈和尚第一次的精神講話。方丈和尚首先感恩師父為法鼓山四眾弟子開創大片福田，希望全體珍惜這份殊勝因緣，並遵循師父所指示的「法鼓

方丈和尚於「大悲心起‧願願相續——護法悅眾關懷行」中，向全球護法信眾表達感恩與關懷，並共勉在佛法推廣的路上相互扶持、努力。

山的四大堅持」：堅持「法鼓山的理念」、堅持「三大教育」、堅持「四種環保」，以及堅持「漢傳佛教」立場，共同為建設人間淨土繼續努力。10月6日的第三場精神講話，方丈和尚特別指出法鼓山未來的四項中、長程目標：一是強化法鼓山的品牌精神，讓「心靈環保」深入人心；二是加強法會教育，讓經懺佛事回歸修行意義；三是推廣禪修方法，弘揚中華禪法鼓宗；四是落實整體關懷。

海外關懷

聖嚴師父圓寂後，為了凝聚法鼓山海內外信眾向心力，僧團於3月起陸續展開「大悲心起‧願願相續——護法悅眾關懷行」。方丈和尚除了出席國內多場關懷行，並於4月25日，前往香港參與「大悲心起‧願願相續——香港榮董感恩晚會」，感謝當地榮董、護法信眾的支援與奉獻；26日則主持了浴佛暨皈依法會。7月份則至美、加關懷，除了分享師父最後的身教，也期勉海外信眾，繼續支持法鼓大學的建設，完成師父的大願。8月8至16日，率領僧團法師展開東南亞弘法關懷行，除了12日於馬來西亞宣布法鼓山馬來西亞道場的成立，並於16日上午主持泰國分會新址灑淨與祈福啟用典禮。

長期以來，為了感念海外信眾護法不遺餘力，聖嚴師父經常不遠千里地前往各地關懷。近幾年由於師父身體違和，方丈和尚陸續代表師父赴海外關懷悅眾，而這次藉由「大悲心起‧願願相續——護法悅眾關懷行」活動，除了向全球護法信眾表達感恩與

方丈和尚應邀出席「第二屆世界佛教論壇」，於閉幕典禮中與世界各國的四眾佛子，共同為世界和平祈福。

關懷，凝聚眾人的願心與力量之外；並說明法鼓山未來仍將依循師父的教誨，穩步發展，期許大眾能共同繼續在佛法推廣的路上相互扶持、努力。

走入國際

加強教界交流，擴展國際視野，走入國際社會，是聖嚴師父不斷提醒的方向。因此，在師父圓寂後，法鼓山仍積極地參與由兩岸佛教界共同主辦的「第二屆世界佛教論壇」，除了派代表參加在大陸無錫的論壇，也於3月31日，在德貴學苑協辦「佛教的心靈環保」分論壇。方丈和尚在分論壇中致詞時，分享法鼓山的理念和方法，說明法鼓山是一個以心靈環保為核心的團體，希望透過三大教育，以「心五四」為方法、「心六倫」為實踐，達到提昇人的品質、建設人間淨土的目標。活動最後一天，方丈和尚也應邀出席在台北市小巨蛋舉行的閉幕典禮，與世界各國的四眾佛子，共同為世界和平祈福。

參訪交流

交流，能看見自己的不足，也是前進的動力。法鼓山每年總是有許多的國內外貴賓或團體前來拜訪、觀摩，常常看到的，是聖嚴師父繁忙的會晤行程。師父圓寂後，方丈和尚擔負起接待的任務，在2009年的參訪貴賓中，許多人不斷地向方丈和尚提起的，是感恩聖嚴師父。

4月，國際知名裝置藝術家蔡國強至法鼓山園區拜訪方丈和尚，蔡國強回憶與聖嚴師父多次會面互動的點滴，感謝師父總能讓他產生很多創作上的靈感，也感受到師父的眼光和睿智。

2月，中國佛教協會副會長學誠法師參訪佛教學院及僧伽

泰國華宗大尊長仁得長老（左二）訪法鼓山，由方丈和尚（右二）親自接待。

大學；10月，上海玉佛寺方丈暨中國佛教協會副會長覺醒法師參訪法鼓山園區，皆由方丈和尚親自接待。參訪團對於園區清淨的環境與學習氛圍印象深刻，期望能建立起長期交流管道。

泰國華宗大尊長仁得長老於4月份參訪法鼓山園區，由方丈和尚接待。聖嚴師父曾表示仁得長老是他在國外最好的法友之一，且力邀長老往後再造訪法鼓山園區。這次仁得長老是專程前往法鼓山園區參訪，不僅圓滿當時的心願，也同時就僧伽教育和寺院管理，與方丈和尚進行交流互動。

心安平安

「心靈環保」是法鼓山的核心理念，也是行動的總綱，在社會環境的變遷中，法鼓山總是適時地提出各項關懷運動，從人心的改善為起點，由內而外地淨化社會。在過往的活動中，聖嚴師父總是擔任振臂高呼的發起者角色，而從今年起，這個責任也開始交付至方丈和尚手中。

由於國際金融海嘯影響，台灣景氣持續低迷，社會瀰漫著一股不安的情緒；因此，法鼓山於5月10日，在台北市國父紀念館中山公園廣場正式啟動「心安平安——你，就是力量！」社會關懷運動，方丈和尚鼓勵大眾把自身善的力量做出來、記下來，並從個人、家庭推及社區、社會，讓自己成為建設人間淨土的推手。

而後，方丈和尚也藉著各種機會，善巧地在許多的關懷活動或演講、開示場合，推廣「心安平安——你，就是力量！」的理念，就是要讓大眾了解每個人都是社會平安、向上提昇的力量，藉由個人的行動實踐，使善的力量在社會發酵，進而改變社會風氣。

水患救援

8月8日，莫拉克颱風在南台灣造成重大災情，震驚國際。自水災災情傳出之後，慈基會隨即啟動緊急救援系統，針對受創嚴重的各縣市，提供急難救助。方丈和尚雖然正於國外弘法，也於第一時間致電關心災情，並依循聖嚴師父曾指示的救災方針，展開「四安救災」行動。方丈和尚回國後，除立即南下關懷災區，進行慰訪；並拜會政府及地方首長，共同研商重建規畫事宜。

方丈和尚表示，法鼓山為災區所做的後續救援工作，將以心靈重建為主，並勉勵民眾，只要還有一口呼吸在，就有無限的希望，就是最大的財富。同時，也呼籲社會大眾秉持人飢己飢、人溺己溺的精神，共同為災區重建盡一分心力。

而後續的重建工程和方向，方丈和尚也多方關懷並予以指示，從安心站的設立、家園與校園的重建等，逐一確立後續執行步驟與行動方針。法鼓山在方丈和尚的帶領

下，循著聖嚴師父多年所累積下的寶貴經驗與行動方針，持續展現行動力。

永續關懷

長期以來，關懷人群一直就是法鼓山的核心精神，在聖嚴師父圓寂後，方丈和尚仍秉持著這份精神，帶領著眾人持續前行。

護法悅眾是支持法鼓山發展的重要動力，為凝聚護法悅眾弘揚法鼓山理念的願心與使命，護法總會陸續舉辦了多場活動，包括於5月舉行的「2009正副會團長‧轄召‧召委成長營」、9月的「正副會團長／轄召／召委聯席會議」、12月的「2010年會團長、召委、委員授證營」，方丈和尚皆與會關懷，並勉勵眾人，為推動法鼓山的理念而努力，一切要以感恩心接受，以報恩心付出，便能體會聖嚴師父所說「忙得快樂，累得歡喜」的真義；在募人、募心、募款的過程中，廣邀大眾一起來種福田。

而護法總會榮譽董事會則於9月5日舉辦「2009法鼓山榮譽董事——聘書頒發‧感恩茶敘」，方丈和尚感恩大眾發心護法，也勉勵眾人互為法門眷屬，未來仍要在護法弘法的路上，持續服務奉獻，成為弘揚佛法、安定社會人心的力量。

人才培育

佛教學院每學期一次「創辦人時間」，原本是由創辦人聖嚴師父對全校師生開示，在聖嚴師父圓寂後，改為每學年一次的「董事長時間」，由學院董事長法鼓山方丈和尚為師生們做開示。這項傳承，代表著法鼓山對於佛教人才的重視。

在9月30日第一次「董事長時間」，方丈和尚勉勵全校師生，要發起大悲願心，共同完成師父未竟的悲心宏願，以報答師恩。今後法鼓山僧俗四眾將秉持師父的教理指導及法鼓山的理念，持續推動淨化人心與社會的使命，繼承師父的悲願，願願相續。

法鼓山人基會與政治大學共同設置「法鼓人文講座」，方丈和尚代表與對方簽署合約，以延續聖嚴師父推廣心靈環保與人文關懷的理念。

9月21至24日，方丈和尚應邀至中國大陸北京大學參訪，雙方並簽署「法鼓人文講座」協議書，以延續聖嚴師父推廣心靈環保與人文關懷的理念。方丈和尚此行也與北大哲學系、宗教學系、宗教文化研究院師生，就「佛教人才培育與文化交流」等議

題展開座談。座談中,方丈和尚特別引述師父所說的「今日不辦教育,佛教就沒有明天」、「以教育達到關懷的目的,並以關懷來成就教育的功能」,強調教育的重要。

精進修行

聖嚴師父的圓寂佛事甫圓滿,但是,法鼓山弘化的腳步並未停歇,一切活動仍如昔,在家菩薩戒、祈福皈依大典,剃度大典、水陸法會等皆如期舉行。而穿梭會場關懷大眾的身影,也由聖嚴師父換成了方丈和尚果東法師。

方丈和尚於菩薩戒會時勉勵戒子,應學習菩薩的慈悲智慧,發起利益眾生的菩提心,並透過修行來覺照、調整並消除內心種種煩惱,再用慈悲心來利益他人,這就是修菩薩行。

方丈和尚出席各項活動,與社會大眾分享聖嚴師父的身教,勉眾精進修行。

在祈福皈依大典中,期許皈依弟子們,要學習佛的慈悲與智慧,保持心的平靜與安定,來面對人生旅程中的順逆、成敗、安危等種種境界,讓自己活得心安平安。

9月18日的剃度典禮,方丈和尚為新戒法師說開示,要眾人時時以慈悲智慧為刀刃,除去己身的無明煩惱,並要念念提起願斷一切惡、願修一切善,以及願度一切眾生的初發心。

在今年大悲心水陸法會送聖儀式致詞時,方丈和尚強調,本屆水陸法會最大特色,在於完成儀軌內容的初步修訂、設立萬行壇,並開放網路線上共修,不論是哪一項創舉,都是期望能實踐聖嚴師父淨化人心、淨化社會,讓佛法貼近人心的心願。

願願相續

晨曦梵音仍在山中迴盪、曹源溪水仍在汩汩奔流、滾滾來去的霧靄、揮汗除草的義工……法鼓山的一切一切,仍如昔。

聖嚴師父曾說:「今生做不完的事,願在未來的無量生中繼續推動,我個人無法完成的事,勸請大家來共同推動。」法鼓山全體僧俗四眾弟子,將在方丈和尚果東法師的帶領下,持續推廣聖嚴師父的理念,弘揚漢傳佛教,共同為實現人間淨土的大願奉獻心力。

法鼓山僧團

承師願力　領眾前行

　　2009年這一年，對法鼓山僧團而言，無疑是最具震撼和考驗的。僧團的導師、法鼓山創辦人聖嚴師父在年初的辭世，對僧團的僧眾弟子們而言，不但頓失恩師，更肩負起帶領教團僧俗四眾進行一場具有生命教育的聖嚴師父佛事，發揮師父在世時對社會所起的安定作用，讓十三天的佛事期間，展現了僧團凝聚和合、井然有續的精神。

　　佛事圓滿後，僧團隨即舉辦「願願相續‧僧心相會」僧活營，讓僧眾透過分享與討論，凝聚對聖嚴師父的感恩與緬懷的願心。為撫慰各地信眾頓失導師之心，僧團並展開到台灣及海內外各地護法會的關懷行程，舉辦「大悲心起‧願願相續──護法悅眾關懷行」，除一起回顧師父在每個人生命中的重要性外，也共同領略師父在世時的悲心宏願，並將此願力再承續。

　　這一年，也正是僧團成立三十週年，聖嚴師父建立僧團，帶領僧團走過三十載，設

僧團舉辦「願願相續‧僧心相會」僧活營，透過分享與討論，凝聚對聖嚴師父的感恩與緬懷的願心。

立制度、培育僧才、興辦僧教育，三十而立，創辦人的捨報圓寂，也正是僧團承擔起師父弘傳漢傳禪佛教的悲願，在師父所扎下的基礎上，再前進。

過去由聖嚴師父所帶領的僧團，已建置完善的制度，也行之有年；因此，儘管師父色身不在，但是僧團遵循既有的體制，在各項法務上，繼續前進。現以法務推廣、僧眾教育、道場建設、國際參與等四個面向，介紹如下：

法務推廣

在法務推廣上，首推針對由信眾教育院所開辦的「聖嚴書院」，2009年在質量上，都有長足的進步和突破；而舉辦第三年的大悲心水陸法會，在儀軌修訂上，則有劃時代的前進。

已開辦三年的聖嚴書院，由於自2007年開辦以來，所規畫的九年三階段學制、學長制，以及優良的師資等，優質的教學品質建立了良好的口碑；因此，2009年開班的班數，有更長足的成長，在本年共開二十二個新班，加上已在學程中的班級，共計四十九班。

聖嚴書院是針對信眾教育所開辦的佛學課程，透過完整規畫，讓信眾在法鼓山能有次第地獲得完整的學佛成長教育。因此，除佛學班外，更積極規畫福田班，針對義工所設計的成長課程，讓參與服務奉獻的義工，亦有完整的進修學習管道，預計在2010年開辦。

於法會改良方面，聖嚴師父生前即一再強調，要透過水陸法會改良漢傳佛教的經懺佛事，歷經三年，集合專家學者組成的水陸法會儀軌修訂小組共同努力，在本年完成了水陸法會儀軌百分之八十的修訂，並預計在第四年完成所有修訂。而在新出版的《大悲心水陸法會會本》中，刊出師父的序文，內容整理自師父兩次的開示內容，最後於1月在病房中定稿；序文中即諄諄勉勵：「這次大規模修訂改進的《水陸法會會本》，能為今日的漢傳佛教宣揚正信與正行，為後世的佛教留下歷史的紀錄。」

除了儀軌的修訂，亦有多項具開創性的作法。例如，增設「禪壇」，凸顯了法鼓山漢傳禪佛教的特色；「萬行壇」，則沒有固定壇位，即是由僧團法師、義工菩薩等在法鼓山上的每位菩薩，以懷持廣修四攝、六度的心行悲願奉獻，來共同成就。僧團更規畫了法會前應有的前行功課，並推廣說明會，包括6月在各地分院、辦事處等，舉辦兩百多場的說明會，向大眾介紹「大悲心水陸法會」的特點，以及如何做前行功課、參加法會的心態等，讓參與法會佛事的信眾，落實修行功課於日常生活中。

大悲心水陸法會已成為法鼓山僧團的年度盛事，不但全體僧團總動員，亦是僧團做為關懷信眾、感恩信眾的一次盛會。為服務不克參與的人士，法會全程均透過網路直播方式轉播，讓全球人士可以一起參與共修，七天共接引了四、五萬人上網共修。

僧團法師承師悲願，領眾共同成就莊嚴的大悲心水陸法會佛事。

　　除此之外，除夕撞鐘、新春活動，以及結合年節的中元法會、清明佛七等共修，也都在質量上不斷提昇。

僧眾教育

　　為了強化法務推廣的能力，開發貼近現代人心、需求的弘法活動內容與模式，僧團2009年規畫了多項培訓與成長課程，幫助僧眾提昇修行涵養、開發潛能之外，更能掌握社會趨勢。課程主要分為法會、禪修、弘講、管理四大類：

法會培訓

　　為提昇僧眾帶領法會的內涵，在戒長法師的指導下，針對大型法會三時繫念、梁皇寶懺，以及水陸法會各壇，進行人員培訓，內容包括：法會儀軌、唱誦及法器執掌等項目。另外，為整合、深化梵唄的內容意義，並於7月10日起，進行三天的梵唄統一研習會。

禪修培訓

　　為推廣漢傳禪佛教於國際，以及因應前來參與禪修的英語系人士，僧團舉辦國際禪修師資培訓營，培養國際禪修師資，由禪修中心副都監果元法師帶領，共有十八位法師參加。

　　另外，為培養帶領禪修人才，僧團舉辦了總護、小參初階與進階培訓；並於6月在法

鼓山園區禪堂舉辦「結夏安居」，分別進行話頭禪七、默照禪七，以及「中華禪法鼓宗」禪修方法研討課程，僧眾共聚一堂，內修之外，也以研討方式，整理聖嚴師父所指導禪法的精髓。

關懷培訓

為了培養領執僧眾的關懷能力，及深化關懷內涵，僧團共舉辦三梯次，系列的關懷課程，邀請社會工作學者講授心理諮商、悲傷輔導等，全台各分院道場同步視訊連線聆聽。

領執培訓

8至15日，三學院並於法鼓山園區，為僧大應屆畢業僧舉辦新領執培訓課程，共有二十三人參加。

道場建設

2009年，法鼓山於全台灣各地均有道場建設工程的進行，包括桃園齋明寺古蹟修復、三峽天南寺、台中分院（寶雲寺）、台南佳里分院（雲集寺）等。

各道場建設概況說明如下：

桃園齋明寺

被內政部評定為三級古蹟的桃園齋明寺，自2005年8月23日起積極進行全面整建與修復，歷經四年的修復整建，於8月完成，並舉行啟用儀式。修復後的寺貌呈現簡樸風格，寺內設置了展示空間、簡報室、藏經室等，陳列展示齋明寺所保存的古文物、古書畫和鎮寺之寶。

國家三級古蹟齋明寺歷經四年修復整建，於2009年8月完成，並舉行啟用儀式。

三峽天南寺

天南寺於2007年開始動工興建，內部空間規畫有大殿、齋堂、教室、會議室、會客室、寮房、廚房、知客處等。預計於2010年完工啟用，因此於2009年中旬，即派駐男眾部僧眾法師進駐、規畫。

台中寶雲寺

近年來，因中部信眾積極參與法會、共修活動，台中分院現有空間已不敷使用，本年分院取得鄰近土地約九百坪，計畫啟建新道場，推動相關建設工作，聖嚴師父已預先為寺命名「寶雲寺」。台中寶雲別苑大殿並於8月落成啟用。

台南雲集寺

於2006年開始動工的台南雲集寺，為位於台南佳里的一處新增道場，在籌建委員會的努力下，計畫於2010年完工啟用，因此於2009年中旬，即派駐女眾部僧眾法師進駐、規畫。

此一占地五百六十餘坪的雲集寺，聖嚴師父已於生前命名為「雲集寺」，未來將提供短期念佛、禪坐等共修，以及舉辦兒童夏令營、禪修營、教育課程的場所，希望成為雲嘉南地區民眾親近佛法、精進修行的重要據點。

馬來西亞道場

7月，馬來西亞道場成立，僧團正式委派常慧法師等三位大馬籍的僧眾回國服務，期以法鼓山的理念回饋國家，乃至為世界和平做出奉獻，此是為法鼓山於東南亞弘法發展的重要里程碑。

目前法鼓山的海外弘化據點，派駐有僧團法師主持者包括美國紐約象岡道場、東初禪寺及溫哥華道場，馬來西亞道場也成為法鼓山第四個派駐有常住法師的弘化據點。

國際參與

積極參與國際，一向是法鼓山的努力目標，除推廣法鼓山心靈環保理念，更企盼將漢傳佛教推展至國際，因此，在本年不僅參與佛教或宗教會議，還參與跨宗教領域活動，出席丹麥「第十五屆聯合國氣候變化綱要公約締約國會議」（15th Conference of the Parties, COP-15），關懷全球迫切的地球暖化、環保議題，法鼓山代表成為七百多位代表中唯一的佛教團體，與會的僧眾代表，在會中提出了聖嚴師父的四環理念。

此外，3月底，兩岸佛教盛事——「第二屆世界佛教論壇」，法鼓山不僅應邀參與，由法鼓佛教學院校長惠敏法師率團赴中國大陸江蘇無錫代表出席；法鼓山更協辦其中一場分論壇，以「佛教的心靈環保」為主題，於法鼓德貴學苑進行，僧團共有惠敏法師、果鏡法師等提出相關論文。

4月，香港浸會大學舉辦「現代佛教論述中的公民社會與新倫理——緬懷法鼓山聖嚴法師研討會」，法鼓山僧伽大學副院長果光法師代表方丈和尚應邀出席、演講，此是各界緬懷師父的第一場研討會，僧團法師亦藉此將師父的理念與兩岸三地學者分享。

10月，果禪法師、常濟法師前往美國馬里蘭州出席跨宗教會議「美國沉思者聯盟──讓全國聽到精神層面的聲音」（The Alliance of American Contemplatives ── Raising a New Spiritual Voice for the Nation）會議，會議決議敦聘聖嚴師父為聯盟智庫創始人之一，以表對師父致力於世界和平的用心和貢獻。

僧團禪修中心副都監果元法師應邀前往印尼帶領禪修、佛法講座，弘揚漢傳佛法。

月底，僧團禪修中心副都監果元法師受邀前往印尼棉蘭、日惹、雅加達三地弘法，首度將漢傳禪法弘傳至印尼。

12月初，常悟法師、常諗法師至澳洲出席「全球宗教大會」。12月底，果祥、常悟法師至越南胡志明市參加「第十一屆國際佛教善女人大會」（11th Sakyadhita International Conference）。僧團代表參與國際會議，秉持著師父國際參與的精神，將漢傳禪佛教廣傳到國際上，並分享心靈環保的理念，致力於世界和平的目標。

結語

屆滿三十週年的僧團，象徵三十而立，在聖嚴師父建僧的既有成果上，再向前；一如佛陀教主的僧團，從佛在世至今，已有兩千多年，其綿延不斷的歷史，不是來自血緣的傳承，而是來自一份對法的弘心悲願，希望佛法僧三寶能長久住世，就如聖嚴師父為《一缽千家飯》攝影集所寫序文中所說：「當我還是小和尚的時候，那時佛教已經很危險了，於是我發願，至少我自己不會背離佛教，只要還活著，就一定要維持佛教，弘揚佛法，我希望法鼓山所有僧俗四眾弟子，也能夠有這樣的悲心宏願。」

僧團謹記聖嚴師父在醫院中的最後遺教：一、僧團的制度應該更精密，讓僧團更穩定；二、僧團及護法大眾也應該同樣護持方丈和尚，就如同創辦人在世時一樣。三、法鼓山是依正法而存在，依正法而傳承，必須立於住持正法、弘揚正法的根本精神。

儘管聖嚴師父的色身已不在，但師父所為法鼓山立下的理念、精神、方針、方法，則是僧團常住不變的準則，而其所留下的百餘冊巨著、無數的開示，都是僧團內修外弘，領眾化眾的珍貴法寶，尤其所標幟的法鼓山的使命：「以心靈環保為核心，弘揚漢傳禪佛教，透過三大教育，推動世界淨化。」將是僧團願願相續的不變使命。

法鼓山體系組織

法鼓山體系組織概況

壹、法鼓山體系組織概況

2009年，法鼓山成立滿二十年。自1989年創立以來，法鼓山在創辦人聖嚴師父帶領下，以「心靈環保」為核心主軸，致力於大普化、大關懷、大學院三大教育的推廣，以「提昇人的品質，建設人間淨土」為理念方向。法鼓山二十年來的發展，已從最初培育佛教人才的需要，開展成為以漢傳禪佛教為基礎，推動教育與關懷的啟蒙團體。

法鼓山體系組織概況

2009年，法鼓山接續弘法步伐，於體系組織上延續2008年，依關懷教育功能，涵括大普化、大關懷、大學院、護法會團及支援運籌等五個體系，由僧眾、專職及義工各秉其分工與專業，同心奉獻社會大眾。

貳、各體系主要弘化功能概述

以下分別就各體系單位於2009年的主要工作內容及例行活動，做重點介紹、說明。

一、大普化體系

大普化體系包括寺院管理、禪修中心、普化中心、文化中心以及國際發展處，整合運用漢傳佛教的修持方式與現代多元的文化活動，如禪修、念佛、法會、文化出版與傳播媒介，使佛法精義普化人間。

（一）寺院管理

法鼓山寺院體系遍及台灣、海外各地。於台灣部分，包括法鼓山世界佛教教育園區、北投中華佛教文化館、農禪寺，台北安和分院、桃園齋明寺、台中分院、南投德華寺、台南分院、高雄紫雲寺、台東信行寺等八個分寺院，台北中山、基隆、台南安平、高雄三民等四個精舍；於海外部分，包括美國紐約東初禪寺、象岡道場、加拿大

溫哥華道場，以及馬來西亞道場，其中馬來西亞道場於8月正式成立，成為東南亞地區的弘法重鎮。

1. 國內部分

國內各地分支道場以分享心靈環保、弘揚漢傳禪佛教為主要目標，舉辦各種法會共修，如禪坐、念佛、大悲懺法會、地藏法會，及佛學研習、禪藝課程、成長課程等，期與大眾分享佛法的利益。

法會共修為各地分院道場的例行活動之一，圖為2009年農禪寺舉辦大悲懺法會。

園區的例行活動，包括每週六的念佛共修和每月一次的大悲懺法會，另有每月兩次的景觀維護日、每月一次的環保清潔日，還有不定期的公民營機關、團體的環保、景觀大出坡活動，全年總計約三千五百人次上山參與園區的植栽與出坡。

其他活動，「第十四屆在家菩薩戒會」、「第十四屆佛化聯合婚禮」、「卓越‧超越」青年成長營、「北海岸地區第一屆生命教育師資培訓」課程、「第三屆大悲心水陸法會」等，無論是百人共修或萬人法會，園區完善的軟硬體設施，皆讓活動進行圓滿。

至2009年，法鼓山推廣禪修屆滿三十年，為此，園區除規畫多項導覽行程，9月並首度舉辦「禪修月」活動，引導上山參訪民眾感受法鼓山境教的氛圍，進而在日常生活中善用禪修的觀念和方法、放鬆身心。總計2009年預約參訪團體，以公民營機關團體及教育單位為多，總人數逾十三萬人次。

法鼓山園區2009年首辦「禪修月」活動。圖為參訪民眾在祈願觀音殿東單進行洗心盆體驗，藉由操作心盆的過程，體驗身心由粗漸入細微的覺受。

10至12月，園區舉辦了百合花復育推廣活動，協助全台各級學校及非營利團體進行百合復育實作及推廣校園綠美化，共同為自然保育奉獻心力。

而其他台灣法鼓山體系之下的各寺院、分院道場，例行舉辦的弘化活動，除每週例行禪坐與念佛共修外，在法會方面，有大悲懺法會、藥師法會或地藏法會，規模較大且具特色者，如文化館與紫雲寺的新春千佛懺法會，農禪寺與台中分院的梁皇寶懺法會，齋明寺春、秋兩季的報恩法會，台南分院的三昧水懺法會，台東信行寺的中元普度法會等，其中農禪寺與台中分院的梁皇寶懺法會，參與人數眾多，分別有逾四萬及六千人次參與。

台東信行寺結合修行與休閒的「禪悅四日營」，引導學員體會禪修的活潑運用。

另一方面，各地分院、道場也針對地區特性及各年齡層民眾，籌畫各具特色的活動，如農禪寺的「學佛Fun輕鬆」課程，引領初學佛者認識各項修行法門，進而精進修習佛法；安和分院、台中分院、紫雲寺則配合都會生活型態與作息，規畫各類禪藝課程，廣受好評；信行寺的「禪悅四日營」，結合修行與休閒；齋明寺的「親子讀經班」、信行寺的「親子圍棋班」，規畫融合成長與休閒的課程內容，讓親子共享和樂；紫雲寺的「兒童好學堂」，引導小朋友學習良善的生活規範。

2. 海外部分

海外道場方面，於北美地區，包括美國紐約東初禪寺、象岡道場，與加拿大溫哥華道場，均安排各種定期的共修，如禪坐、念佛、讀書會及法會等，另有初級禪訓班、禪一、佛一等精進共修，提供信眾多元修行機會。

（1）北美地區

東初禪寺持續進行的週日共修，內容包括法會與講座。法會如每月第一週的觀音法會、第二週的大悲懺法會、最後一週的菩薩戒誦戒會；講座主題涵括佛學、禪修與經典，如住持果醒法師講解《六祖壇經・無相頌》、六場「禪の系列」講座，監院常華法師主講「地藏法門」、「觀音法門」，也邀請聖嚴師父的傳法弟子繼程法師、果如法師分別進行三場講座。2009年的週日講座皆以中、英雙語進行，期使東、西方人士

同霑法益。

　　象岡道場的主要活動為禪修，全年例行共修為每週四晚上、每週日上午的禪坐共修。各項的禪修活動，則涵括初階、進階課程，初階部分有八場禪一、四場禪三、一場禪五，進階部分有三場禪七、一場禪九、三場禪十、

週日講座為東初禪寺的例行共修，圖為住持果醒法師主講「如何不受報」。

一場禪十四以及一場西方禪五，除由常住法師帶領外，也邀請聖嚴師父的法子指導，包括：約翰‧克魯克（John Crook）、賽門‧查爾得（Simon Child）帶領禪七，查可‧安德列塞維克（Žarko Andričević）、果如法師分別帶領一場話頭禪十，繼程法師帶領默照禪十四等，10月的西方禪五，則邀請賽門‧查爾得帶領；此外，也為青年人規畫禪修活動，如8月的青年禪修營、9月的青年禪三等。

　　加拿大的溫哥華道場，定期共修內容多元，除禪坐、念佛、法會外，每週還安排二至三次的佛法指引課程、讀書會、法青活動，及以觀看聖嚴師父的開示影片為主的「心靈察站」活動等；9月起首度開辦涵融禪修精神與方法的鼓藝練習共修，每次有六十多人參加。

方丈和尚為溫哥華信眾主持皈依儀式。

　　在禪修方面，除了每月例行舉行的禪一，全年共舉辦了一場禪四、三場禪七，其中7月話頭禪七邀請聖嚴師父法子果如法師指導，9月默照禪七由僧團果徹法師帶領，引領禪眾體驗師父的禪風心法。此外，8月的禪訓班二日營，則是首度於海外舉辦的密集禪訓課程，讓學員完整研習基礎禪法。

　　此外，7月方丈和尚果東法師至溫哥華關懷時，舉辦演講，

並為當地信眾皈依。9月，溫哥華道場落成啟用三週年，以「心靈環保親子體驗營」、地藏法會、「生活禪系列講座」等密集共修活動，與民眾分享週年的歡喜。

紐約法鼓出版社2009年與香巴拉出版社（Shambhala Publications）合作，於9月出版聖嚴師父的英文著作《虛空粉碎：話頭禪》（*Shattering the Great Doubt: The Chan Practice of Huatou*），蒐集師父在海外帶領禪修相關話頭禪的開示，內容涵括話頭禪法修行的各個面向；此外，每季仍定期出版英文《禪》雜誌（*Chan Magazine*）。

（2）亞洲地區

8月馬來西亞道場正式成立，期能擴大接引馬來西亞民眾認識漢傳佛法，僧團派駐常慧法師、常文法師、常御法師等三位馬來籍法師常住，法鼓山於東南亞地區的弘法歷程自此邁入一嶄新階段。

馬來西亞道場的定期共修，包括念佛、禪坐、合唱團練唱、素食結緣等。道場成立後，首先於9月12日舉辦「悅眾共識營」，讓悅眾對法鼓山的理念有更深一層認識；9至11月，每月並舉辦一場「與法師有約」講座，採對談方式，由法師們與學員分享學佛經驗與心得；10月也舉辦兩場英文佛學講座，由常文法師主講。

此外，馬來西亞護法會合唱團於10月受邀參加當地太平佛教會的第一屆「海潮匯」全國佛曲弘法會演出，透過和樂喜悅的音聲傳達安定心靈的力量。

（二）禪修中心

法鼓山推廣禪修教育的單位為禪修中心，其下設有禪堂（選佛場）、傳燈院、禪修研教室，負責不同層面的推廣。而新增禪修活動中心——三峽天南寺，於8月由僧團男眾部法師進駐，預計於2010年2月底正式落成。

1. 禪堂

禪堂以提供精進修行的禪修活動為主，2009年於禪堂舉辦的禪修共有二十八場，列表如下：

類別	禪一	禪二	初級禪訓班二日營	禪三	超越自我禪修營	禪五	初階禪七	中階禪七	教師暑期禪七	默照禪七	話頭禪七	默照禪十	話頭禪十
場次	4	5	2	4	2	1	1	1	1	3	2	1	1

二十八場禪修活動，多由僧團法師帶領，其中於6、10月舉行的兩場話頭禪七，分別邀請聖嚴師父傳法弟子繼程法師、果如法師帶領，繼程法師並於6月進行的默照禪十中，帶領僧團法師精進修行。此外，4至5月於三義DIY心靈環保教育中心舉辦的初階禪三十，禪期除了全程三十天，特別再分成四個梯次，每梯次七至八天不等，提供禪眾多元的修行機會。

另一方面，禪堂亦協辦各單位籌辦各項禪修相關活動，如超越自我禪修營、扶輪社

社員禪三，及佛教學院的期末禪七等。2月新春期間，則配合舉辦「禪悅吉祥」新春活動，由僧團法師領眾練習經行與觀身受法；11月法鼓山「第三屆大悲心水陸法會」的「禪壇」、「楞嚴壇」壇場亦設於禪堂，除持誦經典、練習「觀世音菩薩耳根圓通」法門，並為大眾提點禪修法要。

此外，禪堂於12月協辦佛教學院的「ZEN與科技教育研討會」，進行工作坊活動，帶領與會學者及相關研究人員體驗各種禪修。2009年，禪堂總計全年使用人數逾一萬人次，較2008年增加三千餘人次，成長幅度達百分之四十。

2. 傳燈院

傳燈院以推廣禪修及漢傳禪法為主要任務，並應公司機關或團體之邀帶領各種禪修課程。首先在禪修課程方面，已經開辦十多年的初級禪訓班，2009年廣開多元課程，共有三種，一種是兩天兩夜的初級禪訓班二日營，另一為兩天不過夜的初級禪訓密集班，以及四堂課一期的初級禪訓班。其中，二日營在2009年共開辦八場，有近千人參加。而在教學上，除了法師的教學外，更輔以學長制度，由學長帶領學員學習，讓關懷與成長更貼近現代人的需求。

此外，6月舉辦的「禪悅四日營」，融合修行與休閒的概念，搭配週休二日步調，首度於信行寺開辦，共有八十七人參加，廣受好評，也為信行寺開展出新型態的禪修接引課程。

而持續舉辦的Fun鬆一日禪，於雲來寺及其四周的自然環境中，學習法鼓八式動禪等動中禪修的方法，讓學員體驗禪修的放鬆，進而參加禪訓班、禪一等精進共修。2009

第二屆超越自我禪修營的參加學員於禪堂與法師們合影。

在「Fun鬆一日禪」課程中，學員們於戶外練習法鼓八式動禪。

年共有八場、六百五十多人參加。

針對外部機關團體申請舉辦的課程，內容包括「動禪體驗」、「禪修體驗」兩種。「動禪體驗」以法鼓八式動禪教學為主，搭配走路禪、吃飯禪等各種動禪體驗；「禪修體驗」以坐禪體驗為主。2009年外部申請的禪修教學，包括台灣中油股份有限公司、台灣電力公司桃園營業處、花蓮縣東華大學、彰化縣合興國小、彰化女子高級中學等十七個單位，共有三十九個場次。

另一方面，傳燈院也持續進行義工師資培訓活動，2009年共舉辦五場，包括在雲來寺舉行的「Fun鬆一日禪學長培訓」、「初級禪訓班二日營學長說明會」，以及在三義DIY心靈環保教育中心進行的「初級禪訓班二日營學長培訓」、「法鼓八式動禪義工講師培訓」、「助理監香培訓」等，共有近五百人次接受培訓，協助將禪修推廣給更多民眾。

3. 禪修研教室

禪修研教室，主要研發因應現代社會需求的禪修課程，並由傳燈院將規畫出來的禪修課程或活動，透過各地分院、共修處，逐步在地區開展推廣。「禪悅四日營」即是從禪訓班延展出四日的禪悅營，內容結合禪訓班與戶外禪，2009年於信行寺共舉辦三場，總計有近兩百人次參加。

（三）普化中心

普化中心整合法鼓山相關弘法產品的規畫研發、推廣、信眾學佛，以及師資、帶領人培訓等課程，其下有信眾教育院、青年發展院、數位學習系統組、活動組等四個單位，致力於規畫法鼓山普及佛學教育的藍圖。

1. 信眾教育院

信眾教育院的重點工作，除規畫初學佛者皈依關懷相關活動，並開辦「聖嚴書院」佛學課程、地區佛學弘講及心靈環保讀書會、數位學習系統的推動等。

「聖嚴書院」目前開辦「佛學班」，該班的教育學程包括「初階班」、「精讀班」及「專題班」，循序漸進引導學員修學佛法，奠定學佛基礎，全年新開二十門課程，總計有七十七門課程。此外，全台地區佛學弘講，包括佛法概論、戒學、定學、慧

學,共計三十四門。

　　「心靈環保讀書會」方面,為帶動社會各階層人士研讀聖嚴師父著作,在分享中體驗生命,並進一步運用佛法,讀書會帶領人培訓課程的種子學員於全台各分院道場、辦事處、共修處或自宅中,成立讀書會,截至年底,全台計有五十餘個讀書會,共逾一萬七千人次參與。

　　為提昇讀書會品質,信眾教育院也在4月25至26日、5月24日及10月18日,分別舉辦心靈環保讀書會帶領人種子初階、進階培訓與充電課程;並於12月20日首度舉辦讀書會大會師活動,共有兩百多位來自台灣、香港和美國西雅圖等

讀書會帶領人培訓課程的種子學員於全台各地成立讀書會,分享佛法。圖為於農禪寺進行的讀書會。

三十二個讀書會成員分享實踐書中法寶。

　　2. 青年發展院

　　青年院規畫與籌辦青年活動,同時輔導全球各地法青會,於2009年3月29日遷址台北市區法鼓德貴學苑,以擴大對青年族群的服務,並隨即舉辦各項學習與關懷課程,為青年的身心靈補充能量。

　　在禪修活動方面,全年共舉辦一場禪六、三場禪二、四場山水禪,包括7月在三義DIY心靈環保教育中心舉辦的青年禪修營,9至11月每月一場禪二,11月分別於台南縣關廟牛埔、高雄縣澄清湖、法鼓山園區、南投縣惠蓀林場的法青山水禪,以及下半年的五場初級禪訓班,引領青年學員體驗、運用禪法。

　　成長活動方面,包括十六場由僧團法師分享個人生命經歷的「法師有約」系列講座;十一場「禪式工作學」系列講座,邀請各界人士分享結合禪修法門與工作專業的職場經驗;8月的「卓越‧超越」青年成長營,分別於園區、溫哥華道場提供各項團體成長、禪修指引等課程,引導在日常生活中實踐心靈環保,共有兩百多位學員參加。

　　延續去年(2008年)開辦的「心光講堂」系列講座,2009年以「心安平安大補帖」、「開創網路一片天」、「運動家精神」、「電影心世界」四個主題,進行十一場演講,引領拓展青年的學習視野,總計逾八百人次參與;5至11月間,青年院也於各地舉辦「一起哈佛趣」、「哈佛PARTY」系列活動,以聯誼會、World Café的形式,分享佛法的活潑與實用。5月底,也舉辦以「航向淨土的GPS」為主題的法青種子培訓

營，啟發悅眾持續成長精進。

佛學課程上，7月起青年院每週一晚上於德貴學苑舉辦「快樂讀經趣」，由僧團法師弘講經典要旨，2009年講授的經典包括《心經》、《金剛經》、《四十二章經》、《觀世音菩薩普門品》、《八大人覺經》、《佛遺教經》、《阿彌陀經》、《地藏經》等八部。

「禪式工作學」講座邀請台灣證券交易所總經理許仁壽，分享如何在工作中獲得禪悅法喜。

3. 數位學習系統組

為因應數位時代的趨勢，以及掌握時代脈動的佛法傳輸，信眾教育院數位學習系統組2009年於「法鼓山數位學習網」（網址：http://www.dharmaschool.com/ddm_max/）規畫並開設具有階次性的佛學知識課程，包括弘揚漢傳佛教的「水陸法會講座」、宣導生命關懷的「和喜自在的旅程」、分享心靈環保的「新時代的倫理」等四十五堂課程，民眾可以不受時空限制自由選讀，全年有近八萬六千人次上線學習；並舉辦「有你們·真好」週年慶活動、瞬間記憶考題大挑戰、「有求必應·有問必答」心六倫網站活動等，在趣味遊戲中提昇學習效果。2009年網站會員人數近九千人，較2008年增加五千餘人。

（四）文化中心

法鼓山主要的文化出版與推廣單位為文化中心，2009年組織單位依功能性質調整為產品開發處、營運推廣處、史料編譯處以及行政資源部。產品開發處下有叢書部、雜誌部、企畫部、影視製作部、商品部；營運推廣處下有行銷業務部、通路服務部、客服管理部、網路行銷組；史料編譯處下有史料部、國際編譯組。透過專業分工，發揮有效整合，戮力於佛教文化的深耕工作。對外出版單位則為法鼓文化。

其中，叢書部於2009年共出版四十四項新品，包含新書四十三種及桌曆一種；由聖嚴師父所著新書包括了《聖嚴法師教話頭禪》、《如月印空——聖嚴法師默照禪講錄》（*Illuminating Silence: The Practice of Chinese Zen*）、《無法之法——聖嚴法師默照禪法旨要》（*The Method of No Method: The Chan Practice of Silent Illumination*）及

《明末中國佛教之研究》等共十本。2月出版的《一缽千家飯》，則是以大量的影像，來呈現、敘述法鼓山的創建歷史。6月起出版的「祈願鈔經系列」，邀請知名書法家陳一郎以硬筆鈔經，鈔經本讓讀者方便攜帶，隨時皆可鈔經。為了接引青少年學佛，也出版了系列兒童書籍，包括《聖嚴法師的頑皮童年》，及9月起陸續出版的「我的佛菩薩系列」遊戲繪本等。2010年的法鼓文化桌曆《禪心看世界》，則是以師父所拍攝的照片，呈現快門下的禪味。

雜誌部於2009年出版十二期《法鼓》雜誌（229～240期）、十二期《人生》雜誌（305～316期）。《法鼓》雜誌每期以八個版面報導並協助推廣法鼓山的各項弘化活動，針對多項重要大事，如：聖嚴師父圓寂佛事（231期）、「心安平安──你，就是力量！」社會關懷運動（234期）、「發現幸福密碼」心倫理座談會（236期）、八八水災救災三階段四安重建（237期）、齋明寺古蹟修復啟用（237期）、「無盡的身教──聖嚴法師最後的一堂課」座談會（238期）、第二屆大悲心水陸法會（237～240期）等，進行深度報導，向各界傳達法鼓山的精神、理念。

2009年《法鼓》雜誌企畫報導法鼓山僧團成立三十年（236期）、中華佛學研究所創辦三十年（235期）、法鼓山二十週年（240期）、護法會三十年（240期）、法鼓山推廣禪修三十年（239期）、《人生》雜誌創刊六十年（233期）等週年系列活動，為法鼓山的發展軌跡留下重要紀錄。另一方面，《法鼓》雜誌並自231期起提供電子雜誌下載功能，便於讀者隨時閱讀並收藏。

創刊屆滿六十週年的《人生》雜誌，於3月號（307期）出版「虛空有盡　我願無窮──聖嚴師父圓寂佛事與行腳紀實」專刊，308期出版「再讀聖嚴法師傳記人生」專題，翔實報導師父圓寂佛事，及八十載行腳人間宣說之法義。5月號（309期）則出版「人生一甲子」創刊六十週年特刊，全年並企畫觀音法門（312期）、話頭禪（313期）、拜懺（315期）等佛教修行專題，以及春耕心靈（306期）、八風吹不動（310期）、心的鍛鍊（316期）等心靈成長類議題，此外並關注「陪孩子學生死」（311期）、「聽！大地在說法」（314期）等現代生活議題，以簡潔易懂的內容，呈現「佛法生活化、生活佛法化」

法鼓文化出版多種書籍與《法鼓》、《人生》雜誌，戮力佛教文化的深耕與法鼓山理念的推廣。

的多元面貌。

以接受法鼓山體系各單位委託製作各類文宣品、結緣品的企畫部，2009年主要出版品，包括兩項刊物《金山有情》季刊（27～30期）、《法鼓佛教院訊》季刊（7～10期），一本書籍《勸募一本通》，以及各類結緣品、文宣品，包括法鼓山《行事曆》等。2009年並持續辦理校園版《大智慧過生活》推廣活動，共有一百一十七所學校提出申請，總發行量達八萬一千多冊。

影視製作部2009年自製影片，包括《聖嚴法師的大願》、《法鼓山開山紀念館簡介》、《圓滿專案》等三十三支影片；亦接受相關單位委託，拍攝製作《心安平安，你就是力量》、《緬甸賑災週年紀念》、《八八水災》等五十八支影片。

商品部也開發環保用品、生活飾品、健康飲品等各類產品，包括聖嚴師父墨寶水晶雕刻桌飾、純棉毛巾與方巾、禪修衣物等，共一百一十九項，引領社會大眾在生活中落實心靈環保的理念。

（五）國際發展處

甫於2008年成立的國際發展處，主要負責推展法鼓山國際交流、推廣海外弘化與國際事務聯繫等相關業務。2009年主要進行的活動，如安排國際扶輪社青年夏令營、美國長島大學（University of Long Island）師生前往法鼓山園區，進行參學活動與禪修體驗；此外，也支援國際人士的來訪事宜，包括泰國法身寺僧眾、法國巴黎記者學院（Centre de Formation des Journalistes, Paris, CFJP）師生、日本立正大學師生、歐美駐台使節暨外商眷屬等的參訪，引領參訪者體驗園區境教，並進行交流。

國際發展處2009年亦進行法鼓山英文網站（http://www.dharmadrum.org/index.aspx）改版，整合慈基會、青年院、國際禪坐會、園區等英文網，為單一入口網站，並新增禪修園地，裨益海外弘化效益；並於法鼓山西文網站（http://spanish.dharmadrum.org/）擴增音聲弘法專區，分享聖嚴師父針對生活佛法開示的音聲檔，讓西語人士也能聞法無礙。

二、大關懷體系

大關懷體系職司法鼓山的大關懷教育，以生活化的佛法，普遍而平等地關懷社會大眾；涵括關懷院與慈基會兩單位，主要服務項目，包含急難救助、臨終關懷及推廣「四環」等。

（一）關懷院

關懷院於2009年，在全台各分院及護法會辦事處，共舉辦二十場「初階大事關懷課程」、十五場「進階大事關懷課程」及兩場梵唄培訓課程，以提昇各地助念團成員進行大事關懷時的服務品質，共有三千多人參加。

（二）慈基會

慈基會為大關懷教育主要執行單位，持續推動各項例行關懷活動，包括於歲末年初舉辦的歲末大關懷、端午、中秋、重陽等年節系列關懷，以及在平日例行的安心家庭關懷，全年度合計關懷逾一萬五千人次。於國內災難救助方面，2009年最主要的救援專案為「八八水災」，慈基會在第一時間動員近七萬人次的義工，為南部災區進行家園清理工作與急救金發放；並陸續成立林邊、六龜、甲仙安心服務站，持續以心靈環保與四安理念進行後續重建與關懷。

慈基會持續在中國大陸推動安心工程，開辦生命教育課程。圖為安縣醫療衛生人員於課程中，體驗法鼓八式動禪的放鬆與安定。

2009年慈基會舉辦第十四、十五期「百年樹人獎助學金」頒發活動，全年共有兩千八百一十一人次受益；也於八八水患受災地區舉辦五場獎助學金頒發，共有九百零五位學子受惠。另一方面，也透過地區推動學習輔導方案，讓孩子們能獲課業、生活態度與生命教育方面的正向輔導，全年總計關懷近一萬四千人次。

在海外重大災難救助方面，2009年圓滿了2004年年底開始進行的南亞賑災五年專案計畫，以及2008年5月的緬甸風災專案計畫；針對中國大陸四川震災的援助工作仍持續進行，包括秀水一小、秀水衛生院、陳家壩衛生院門診部的重建工程，以及於災區學校發放獎助學金、開辦生命教育課程等安心工程。除此，協助救援的海外災難，尚包括9月下旬的菲律賓風災、印尼巴東地區震災等。

此外，教育訓練與人才培育亦是慈基會的重點工作之一，2009年在各地區所辦的緊急救援教育訓練課程，共計八場，有六百三十多位義工參加；十二場相關慰訪教育訓練，包括一場成長營、三場安心家庭專案團體督導課程等，共有近七百位義工投入。

（三）金山環保生命園區

位於法鼓山園區內的「台北縣立金山環保生命園區」，在聖嚴師父圓寂植存於生命園區後，產生了示範作用，已有愈來愈多人認同以自在、環保的方式，來完成人生的最後一件大事，2009年共植存近六百五十位人士。

生命園區景觀部分，則進行翻土植草工程，並於生命步道設置兩件以金山石材為主

要媒材的「生生不息」、「願願相續」公共藝術作品，引領大眾思索生命的真義。

三、大學院體系

法鼓山的大學院教育以務實、奉獻為本懷，透過正規教育的養成，培養在研究、教學、弘法及社會服務領域中，引導大眾、啟迪觀念的各種專業人才，包括中華佛學研究

設置於生命園區步道旁的「生生不息」公共藝術作品，引領大眾思索生命的真義。

所、法鼓佛教學院、法鼓山僧伽大學、法鼓大學籌備處等四單位。

（一）中華佛學研究所

2009年中華佛研所創立三十週年，6月13日至8月31日，中華佛研所與佛教學院於法鼓山園區教育行政大樓、圖資館舉辦「中華佛學研究所暨法鼓佛教學院30＋3成果回顧展」，內容包括「沿革」、「學術成果」、「國際交流」、「漢藏佛教文化交流」及「宗教教育納入學制大事記」等，以圖表及照片呈現中華佛研所三十年來的發展歷程。

中華佛研所自2007年停止招生後，2009年第二十五屆即最後一屆有八位學生完成學業，包括兩位畢業生及六位結業生。今後正式轉型為學術研究單位，致力推動漢傳佛教的研究與弘揚，期使成為台灣佛學研究之重鎮及國際佛學研究之交流中心。目前規畫的研究重點，為宋代至明末的佛教研究。

中華佛研所與佛教學院於法鼓山園區舉辦「中華佛學研究所暨法鼓佛教學院30＋3成果回顧展」，引領回顧佛教高等教育的發展歷程。

為弘揚漢傳佛教，中華佛研所並推動漢傳佛教論叢專案，以出版中、英文漢傳佛教學術專書為首要，藉以提高漢傳佛教學術研究品質，並將漢傳佛教推廣至西方文化世界。初期以出版宋代至清末的佛教思想核心為主題發展，舉凡釋、儒、道，皆做為研究切入的角度，亦結合社會、文化等各面向

的相關議題為闡述。

英文版專書委聘美國哥倫比亞大學（Columbia University）宗教學系教授于君方及佛羅里達州立大學（Florida State University）宗教學系助理教授俞永峰等為編審委員。中文版專書則委聘中興大學中文系教授劉錦賢，以及中華佛研所研究員藍吉富、陳英善老師等為編審委員。

（二）法鼓佛教學院

成立於2007年4月的佛教學院，2009年產生兩位碩士班首屆畢業生，分別以「人間淨土的開展──宗教信仰於癌症患者生活品質相關性研究」、「法鼓山水陸法會牌位數位化之影響研究」為題，結合佛學與世學的應用，開展出佛教研究的新視野與方向。

佛教學院2009年第三屆碩士班新生十七人，包含兩名外籍生；第二屆學士班新生二十人，包含三名外籍生。碩士班、學士班人數皆較往年成長，且有新加坡、馬來西亞的學子入學。

在學術研究上，佛教學院2009年承接並執行行政院國家科學委員會三項專案計畫，包括「台北版電子佛典集成之研究與建構」、「佛教文獻詞彙數位資源之建置與研究──數位時代的佛學工具書與整合服務」、「唯識學主體與認知結構」；此外，還有教育部的「98年度人文數位教學計畫──『數位典藏與佛學研究』」，展現在佛學數位典藏的研究成果。

學術交流方面，主辦或參與舉辦的國際會議共有三場，包括：「2009年數位典藏與數位學習國際會議」（TELDAP International Conference 2009）、「第二屆世界佛教論壇」的「佛教的心靈環保」分論壇、「東亞靜坐傳統暨佛教靜坐傳統聯合國際研討會」；此外，校長惠敏法師、副校長杜正民、學士班系主任果暉法師、圖資館館長馬德偉（Marcus Bingenheimer）、助理教授洪振洲也受邀出席多場國際學術活動，如美國的西來寺「經典翻譯協會」（Sutras Translation

來自十多個國家、地區，三百多位法師及居士、學者，參與在法鼓德貴學苑舉行的第二屆世界佛教論壇「佛教的心靈環保」分論壇。

Council）圓桌會議、美國密西根大學（University of Michigan）「2009年文字編碼合作會員大會」（The 2009 Conference and Members Meeting of the Text Encoding Initiative Consortium）、挪威奧斯陸大學（University of Oslo）「敦煌遺蹟早期禪宗手稿文物──歷史文字標記及電子化資料」研討會（Early Chan Manuscripts Among the Dunhuang Findings–Resources in the Mark-up and Digitization of Historical Texts），泰國「世界聯合國衛塞節國際佛學研討會」（The International Buddhist Conference on the United Nations Day of Vesak）、中國大陸「漢譯佛典語法研究國際學術研討會暨第四屆漢文佛典語言學國際研討會」，以及太平洋鄰里協會（Pacific Neighborhood Consortium, PNC）「PNC2009 年台北年會暨聯合會議」等，除發表多篇論文，並介紹佛教學院在數位佛學的研究成果。

在校際合作上，2009年佛教學院與韓國金剛大學校、德國漢堡大學（Hamberg University）亞非研究所兩所學校締約；並加強與原有締約學校的合作，如與台灣科技大學共同開設四門人文關懷學程，落實全人教育的理念。此外，佛教學院於10月與北海岸金山醫院簽署「臨床宗教師培育暨訓練合作計畫」，推動專業安寧療護，展現社會關懷。

為扎根佛教教育，佛教學院於4月與台北市東山高級中學締約，簽署「教育夥伴關係合約書」，共同規畫學程，辦理推廣教學，以銜接高中與大學間的佛教教育；5月並於法鼓山園區首辦「法鼓百合花節」，引領高中學子體驗園區生態之美，共有三十八人參加。

佛教學院首辦的「法鼓百合花節」，在洋溢青春的笑聲中圓滿。

另一方面，為提供學生多元學習管道，佛教學院也邀請各領域專家蒞校演講，「大師講座」邀請國際知名中亞文化史專家張廣達、德國漢堡大學印度學系系主任麥可‧日摩曼（Michael Zimmermann）、蒙古人文大學教育與知識科技系教授滿那勒札布（Lubsanvandan Manaljav）、泰國南傳

高僧讚念長老（Ajahn Jumnien），以及政治大學中文系教授竺家寧、台北教育大學生命教育與健康促進研究所助理教授黃鳳英等，進行有關佛教、禪法及臨終關懷等領域的講座與討論，以拓展學生的思惟與國際視野。

此外，2009年共有十四位訪問學員於佛教學院進行學術交流與研究，如德國萊比錫大學（Leipzig University）東亞研究所所長柯若樸（Philip Clart）、義大利羅馬大學（Roma University）東方研究學系教授馬若‧馬其（Mauro Maggi）、俄國科學研究院（Russian Academy of Sciences）東方研究中心資深研究員亞歷山大‧史托亞夫（Alexander Stolyarov）、比利時根特大學（Ghent University）漢學系教授安‧赫曼（Ann Heirman）等，期間並進行專題演講與交流討論。另有來自中國大陸的敦煌研究所院長樊錦詩、廣東中山大學宗教所所長馮達文等來校參學訪問。

8月，莫拉克颱風在南台灣造成嚴重災情，佛教學院師生共三梯次至水患受災地區，參與災後救援及重建工作，並推動「八八水災救援專案」。專案內容主要結合該校行門課程「社會參與與人道救援」，同時配合法鼓山體系的整體救援行動，及安心站的成立計畫，引領學生在社會工作、人道救援的參與中，體會佛法內涵。

佛教學院佛學推廣教育中心，2009年分三期開辦課程，全年於慧日講堂、愛群教室、德貴學苑共開辦四十三項課程，提供社會大眾佛學學習的管道。

（三）法鼓大學籌備處

法鼓大學的籌備，不論是硬體的建設或軟體的籌設，於2009年皆有可觀的進展。

在硬體方面，法鼓大學取得台北縣政府核發金山校區第一期工程「行政及教學大樓」、「禪悅書苑」建築執照，包括體育館等三大建築群，目前正積極施工中。

位於台北市中心的德貴學苑，於3月29日正式啟用，六到十樓則為法鼓大學校舍空間，使用機能包括了行政中心、教學研究與圖書館等，其中位於八樓的「政通書房」藏書，則由文化思想史學者韋政通捐贈。

法鼓大學籌備處目前設有藝術與文化學院、環境學院、公益學院、人生學院等四學院。2009年各學院整合籌設了「預見法鼓大學」系列課程，包括人生學院三場「人生café」講座、三系列共二十七堂「心的鍛鍊」課程、三系列共二十四堂的「電影禪」；公益學院四場「公益論壇」與「行銷與公益創業──不景氣中的藍海策略」、「你不可不知的網路工具」、「高績效團隊領導」等系列課程；藝術學院「以形寫神──人物攝影藝術」課程等，提供大眾「心」的學習園地，系列課程共有逾千人次參與。

另一方面，為推廣佛教藝術，法鼓大學籌備處並舉辦「發現印度」佛教石窟藝術行旅，與覺風佛教藝術文化基金會合辦「2009亞洲佛教藝術研習營」；4月22日世界地球日當天，並舉辦「2009世界地球日──法鼓大學節能減碳工作坊」，邀請學者專家分享日常生活中節能減碳的方法。

2009年法鼓大學籌備處結合法鼓山慈基會「八八水災專案」，規畫「一人一故事劇場基礎工作坊」，培訓學員參與肢體開發課程，以表演形式安定災區民眾的心靈；也舉辦相關講座，由人生學院副教授楊蓓、中原大學景觀系系主任喻肇青主講「助人工作者的自我照顧」、「社區整體營

2009年法鼓公益論壇，聚焦數位公益的研討。圖為5月16日進行的「心理學與網際網路研討」。

造」，參與災後心靈重建工程。此外，並與開拓文教基金會、網絡行動有限公司共同籌辦「網路星期二」，藉由每個月舉辦的分享聚會，培養運用科技促進公益發展的創發力，讓科技運用落實於人文關懷層面。

暑假期間，籌備處校長劉安之陪同法鼓山方丈和尚果東法師及多位僧團法師進行「北美護法信眾關懷行」，分別於加拿大溫哥華道場、美國紐約東初禪寺，以及西雅圖、芝加哥、新澤西州、舊金山、洛杉磯等各地分會主講「聖嚴師父心目中的法鼓大學」，讓海外信眾進一步了解法鼓大學的興學特色與學院規畫。

（四）法鼓山僧伽大學

僧伽大學是法鼓山大學院教育的重要一環，旨在培養兼具現代知識及佛學素養，並且深具宗教情操的優秀僧才。目前學制有佛學系、禪學系及僧才養成班，98學年度有男眾八位、女眾二十六位，共有三十四位新生入學。

僧大學僧齊心齊力，共同成就《法鼓文苑》的創刊。

在課程方面，除了例行的解門、行門課程，為落實聖嚴師父生前勉學僧培養寫作與弘講兩種能力，更因應現代弘化工作需求，僧大於5月間創刊《法鼓文苑》，該文苑是學僧的

創作刊物，包括企畫、編輯與印務，皆由學僧共同成就，不僅呈現學僧的學思歷程與開闊視野，也實踐共同成長，達到全面教育的功能。

5月份亦首次舉辦「講經交流會」，由多位僧團法師擔任講評，希望提昇學僧弘講能力，讓現代人易於了解佛法的內涵，有佛學系一年級至三年級、禪學系二年級至三年級及養成班各班，共十六位學僧參加。

2009年的畢業製作發表會，共有九位佛學系畢業學僧發表論文研究成果，議題緊扣聖嚴師父的思想理念，並著重弘化實際運用的面向，展現創意活力。

為了召募東南亞優秀青年加入僧大，同時在國際間推廣僧大培育僧才的理念，3月底至4月初，副院長果光法師等前往新加坡、馬來西亞舉辦招生活動，與當地多所大學院校學生進行交流，並於馬來西亞舉辦「生命體驗營」，引領七十五位學員具體了解聖嚴師父的建僧悲願，行程中也舉辦佛學講座、法會、悅眾培訓課程等弘化活動。

另一方面，僧大與台中分院、高雄紫雲寺及法青會合作，於4月間共舉辦了三場「世界咖啡館」（World Café）系列活動，帶領年輕人接觸佛法，找到生命的方向。暑假期間，僧大常寬法師、常惺法師隨同方丈和尚前往美、加地區巡迴關懷，舉辦佛法講座、青年講座，引領學員思索生命的意義與價值。

5月底，果光法師應邀至國際佛教僧伽教育研討會上發表論文〈悲願傳承——法鼓山尼僧教育之回顧與展望〉，剖析聖嚴師父對建僧的悲願，也讓會眾了解僧大培育僧才的具體落實情形。

四、護法會團體系

法鼓山提倡三大教育、推動全面關懷，是由僧團扮演掌握理念的引領角色；另有在家居士所組成的護法團體，協助落實關懷與教育的功能。除會團本部，法鼓山護法會團體系還包括海內外各地的辦事處、共修處及分會、聯絡處等。

護法總會舉辦成長營，讓悅眾在活動中深入自己學佛的核心主軸，澄清生命的心願。

（一）會團本部（護法總會）

護法會團本部，現有護法會、法行會、法緣會、法青會、榮譽董事會、教師聯誼會、禪坐會、念佛會、助念團、合唱團、義工團與信眾服務處等；各會團之間彼此相

互支援，由僧團法師擔任輔導與關懷的角色。

2009年各會團的重要活動，包括護法總會與法鼓山各地分院首度聯合舉辦「心安平安‧2008歲末關懷感恩分享會」，以及護法總會一場「正副會團長、轄召、召委成長營」、七場「悅眾鼓手成長營」、一場「會團長、召委、委員授證營」，與海內外共五十二場「大悲心起‧願願相續——護法悅

關懷中心副都監果器法師在成長營中，勉勵地區悅眾在溝通、協調與關懷的工作中，利人利己。

眾關懷行」系列活動；禪坐會舉辦三場初階禪二、一場初階禪七；教聯會延續往年，分別於1月、7月舉辦寒假禪修營、暑假禪七，3月起每週四晚上於台北市螢橋國小帶領校園禪修，並舉辦各項成長課程的師資培訓，如佛曲帶動唱、書法禪、生命教育繪本研習等，其中「佛曲帶動唱人才培訓課程」共有五場，有近三百人參加。

此外，助念團與關懷院共同於全台舉辦三十五場大事關懷課程及兩場梵唄培訓課程，提昇學員關懷能力；法行會、法緣會則在每月的例會中，邀請專家或僧團法師進行主題講座，2009年的主題涵括聖嚴師父的行誼、學佛分享等，讓會員更能體會佛法利益，法行會並於12月舉辦「願願相續　承續悲願」十週年晚會，會長張昌邦期許成員成為「護法行者」，做更多貢獻。

合唱團除了定期舉辦練唱共修，並於法鼓山多項弘化關懷活動中協助演出，也為團員舉辦成長課程；例如6月在台中分院舉辦成長研習營，分享專業聲樂、歌唱技巧，共有兩百八十多人參加。法青會各地分會除承辦青年院規畫的「一起哈佛趣」、「哈佛PARTY」系列活動外，高雄分會援引2008年於台北舉行的「心光講堂」系列講座，2009年共舉辦五場，協助高雄地區青年朋友延伸人生的視野。

（二）各地辦事處及共修處

2009年全台共有四十二個辦事處及十五個共修處，其中朴子共修處為新增，於11月舉行落成灑淨儀式，便利地區民眾就近參與共修。

這些據點主要提供各地區行政辦公、信眾聯誼共修之用，共修內容包括常態性的念佛、禪坐、法器練習及誦戒會等，也提供誦經結緣、大事關懷等服務，亦舉辦佛學與禪藝課程，引領民眾精進成長。

（三）海外護法會

目前法鼓山於海外的弘化據點，包括七個護法會，計有亞洲的香港護法會、新加坡護法會、泰國護法會、馬來西亞護法會，大洋洲的澳洲護法會，北美的美國護法會、加拿大護法會等；八處分會，包括美國護法會紐約州分會、新澤西州分會、伊利諾州芝加哥分會、加州洛杉磯分會、加州舊金山分會、華盛頓州西雅圖分會，與加拿大護法會安省分會、澳洲護法會雪梨分會；以及十六處聯絡處及九處共修點。

其中泰國護法會於8月舉行新會址啟用典禮，提供更寬敞的共修空間與完整的服務功能，期盼成為東南亞地區弘揚漢傳佛教的中心；美國德州奧斯汀聯絡處、馬來西亞怡保聯絡處分別於1月、8月成立，提供地區信眾精進成長；原華盛頓聯絡點、堪薩斯州肯薩斯市聯絡點也分別於1月、5月擴大服務內容，改為聯絡處。

各地護法會的弘法工作，除了因應當地民眾需求，安排各種定期共修，包括讀書會、禪坐、念佛及佛學課程外，也邀請僧團法師前往弘法關懷，接引大眾共享法益。而多項由戒長法師帶領的海外弘法關懷，內容多元，則展現出聖嚴師父圓寂後，僧團承先啟後的活力。包括西雅圖分會於4月、安省分會於5月，舉辦禪三，分別由東初禪寺監院常華法師、象岡道場監院常聞法師帶領，引導禪眾時時放鬆身心，處處自我覺察觀照。

暑假期間，7月禪堂板首果祺法師、僧大副院長果光法師與多位僧團法師前往澳洲護法會雪梨分會弘法關懷，並拜會當地佛教團體，進行交流；8月普化中心副都監果毅法師於美國護法會西雅圖分會、舊金山分會等地推廣讀書會的方法與經驗，帶領讀書會種子教師培訓課程，導讀多本聖嚴師父著作，希望信眾有更多機會認識廣博又精深的漢傳佛法。

另一方面，美國護法會邀請聖嚴師父傳法弟子，將法鼓山的漢傳禪佛教，有系統性地介紹給當地信眾，如新澤西州分會9月邀請馬來西亞佛學院院長繼程法師，進行佛法講座；美國舊金山分會於3、10月，芝加哥分會於5月，加拿大安省分會於9月，邀請西方法子吉伯‧古蒂亞茲（Gilbert Gutierrez）帶領禪修活動，分享師父的禪法

馬來西亞怡保聯絡處於8月成立，由關懷中心副都監果器法師主法。

果光法師於雪梨的弘法關懷行程中，帶領信眾進行托水缽。

心要。

此外，各分會聯絡處等也積極參與當地社區活動，如新澤西州分會1月與美國國家骨髓中心（The National Marrow Donor Program, NMDP）聯合舉行骨髓捐驗活動、9月與美華防癌協會進行B型肝炎及肝癌教育講座及檢查；洛杉磯分會、芝加哥分會分別於1月、10月參加當地「華人工商大展」、「地球芝加哥」

（Earth Chicago）協會舉辦的「純素食園遊會」（Chicago Vegan Mania），安省分會於8月參加當地的「台灣文化節」，義工們全力投入，為法鼓山理念的推廣而努力。

而亞洲的香港護法會、馬來西亞護法會也分別於7、8月參加香港書展、馬來西亞海外華文書市大展，展出法鼓文化出版品。香港護法會義工並定期至志蓮淨苑老人院講述《法句經》故事，以具體行動關懷社會；馬來西亞護法會於11月舉辦成立十週年分享會，感恩信眾的護持與奉獻。

五、相關基金會、服務中心

（一）聖嚴教育基金會

聖基會的成立宗旨為推廣聖嚴師父的思想與理念，2009年主要工作包括流通、推廣師父相關之平面書籍、影音資訊等著作，及規畫演講、講經等系列課程。

結緣品出版流通推廣方面，2009年聖基會新出版結緣品共十三項，推廣的結緣品種類包括文字、影音及掛曆等，合計一百五十二項，總發行量逾兩百三十萬份；推廣據點包括五百處全台全聯社賣場及三百五十六處一般

聖基會結緣點關懷員參與進階培訓，就結緣點普查結果進行分組討論。

結緣點,共有八百五十六處。另一方面,聖基會於11至12月,舉辦「文殊菩薩種子」初階、進階培訓課程,培訓四十位學員,以落實結緣點流通推廣及關懷的功能。

8月,聖基會喬遷中正精舍後,充分運用新址空間,規畫系列演講、講經活動,如9月起舉辦「無盡的身教——今生與師父有約」系列講座、「聖嚴法師經典講座」,前者由僧團法師、資深悅眾分享與聖嚴師父的師徒因緣,引領大眾體會師父的言教與身教;後者播放昔日師父於農禪寺週日講經的影片,包括《六祖壇經》、《法華經》,並由僧團法師講析經文旨要。這兩項活動將延續至2010年。

聖基會另一重點活動為舉辦「無盡的身教——聖嚴法師最後的一堂課」座談會,邀請教界人士、專家學者,就本身研究領域,探討聖嚴師父身後佛事對社會各層面的影響,並展開深度探討與對話。

此外,為推廣良善兒童教育,聖基會製作《心五四兒童生活教育動畫》,該動畫並獲頒國立教育資料館98年度「優良教育影片作品」特優獎。

(二)法鼓山人文社會基金會

人基會的創辦宗旨為推動人文社會化,社會人文化的理念,啟蒙思想和觀念,來改善社會風氣,淨化社會人心。延續2008年,2009年的重點工作包括「珍惜生命活動」及「倫理專案」。

「珍惜生命活動」方面,2月間與中華電信股份有限公司共同舉辦「一手握滿了暖意」手機簡訊徵文,邀請大眾創作簡訊,傳達關懷。3月,德貴學苑啟用典禮上,方丈和尚為六十八位受訓結業的協談義工授證,同時「法鼓山人基會甘露門」設置的關懷生命專線4128-853正式開線,由專業義工提供電話協談服務及傾聽、協談和諮詢服務,

人基會關懷生命專線於2009年3月底正式開線,由專業義工提供電話協談服務,鼓勵大眾珍惜生命。

以推廣生命教育，鼓勵大眾珍惜生命。

3月底人基會獲國防部之邀，參與承辦後備司令部98年「心輔專業知能研習」參學見習及安排關懷生命、自我傷害防治相關課程，裨益軍中心理輔導工作。

在「倫理專案」方面，5月人基會首梯「心六倫種子教師」結業授證，共有三十四位學員正式成為「心六倫」運動的推手，接受各界邀約，分享心六倫的內涵與落實方法，並於10月於東初禪寺舉辦首場海外分享會。

另一方面，也舉辦座談、徵文等活動，推廣「心六倫」，例如7月於台北國際會議中心進行「發現幸福密碼」心倫理座談會，邀請佛教學院校長惠敏法師、台灣大學哲學系教授林火旺、亞都麗緻集團總裁嚴長壽，以及香港「壹基金」創辦人李連杰共同對談，呼籲大眾以盡責負責、服務奉獻創造幸福，有近三千人參加。

9月，舉辦「心六倫徵文活動」，徵集國小高年級、國中學生闡述倫理體驗的文章，希望將倫理內涵向下扎根；10月起，人基會與國立教育電台合作製播《把心拉近——倫理向前行》廣播節目，邀訪各領域學者專家及社會賢達，分享倫理生活的多元面相與實踐。

2009年人基會續邀李連杰，另邀約八位媒體工作者參與代言，拍攝公益影片及文宣品，分別就六倫進行理念宣導，與媒體公益託播；也邀請音樂工作者吳克群創作《把心拉近》歌曲，並擔任行動大使，以歌聲和樂音分享「心六倫」，從多元面向推廣「心六倫」。

此外，人基會於4月與政治大學締結「法鼓人文講座」簽約儀式，是繼台灣大學、成功大學、亞洲大學之後，法鼓山於國內設置「法鼓人文講座」的第四所大學，持續在校園播下人文素養培育的種子；7至9月，為推廣「心靈環保」理念，人基會與台北縣政府合辦十場「心安平安——你就是力量」系列心靈講座，邀請各界人士分享開發心靈層次的積極正向人生觀。

學術出版方面，人基會補助美國哥倫比亞大學出版社（Columbia University Press）出版的「佛教文獻系列」叢書，第一卷《法華經文集》（*Readings of the Lotus Sutra*）於7月問世，期能帶動西方學界人士研究漢傳佛教的風氣。

（三）社會大學服務中心

法鼓山社會大學成立的理念宗旨為推動全民「終身教育」，課程規畫以「學習者為導向」，藉由整體而多元的課程，提供地區民眾陶冶心靈、增進謀生技能的終身學習機會；而社會大學的成立，也是法鼓山積極落實敦親睦鄰的具體表現。2009年共有金山、大溪、北投、新莊等四校區進行招生。

總計全台四所法鼓山社大全年開辦的課程，包括人文休閒類九十四門、生活技能類五十九門、生命關懷類十六門、農作栽培類一門，總計一百七十門，選修學員達

四千五百人。

其中，北投社大除例行課程外，並應邀與被害人保護協會共同規畫舉辦「中式點心班」、「喜鵲起飛──拼布工坊」兩門課程，協助特殊境遇人士培養生活技能，共有五十人參加。

六、支援運籌──行政中心

行政中心為提供法鼓山體系主要行政與支援服務的幕僚單位，包括財會處、文宣處、資訊處、人力資源處、活動處、總務處、副執行長室等，提供完整、多元而全面性的服務。

其中，人力資源處於2009年推動各項「體系專職菩薩教育關懷計畫」，邀請專業講師開辦專業課程、專題講座等，提供專職菩薩精進成長的機會，並協助開發智慧、積累資糧。

參、結語

聖嚴師父曾開示，今天的法鼓山，不僅是台北縣金山鄉的一個地名或山名，法鼓山已是國內家喻戶曉、朝氣蓬勃的一個佛教團體，也是國際間積極推動和平與心靈環保的佛教教育團體。在師父圓寂後，2009年法鼓山體系組織、僧俗四眾，積極推動各項興學、淨化人心的建設，期能全方位履實師父弘法度生的悲願，持續為社會大眾服務奉獻。

（※文中所提及的相關統計資料，請見591-657頁「附錄」。）

實踐

壹【大普化教育】

大普化教育是啟蒙心靈的舵手，
引領眾生從自心清淨做起，
培養學法、弘法、護法的菩薩，
敲響慈悲和智慧的法鼓，
建設人間為一片淨土。

承師法教
開展佛法普及新頁

2009年的大普化教育，以延續聖嚴師父的法身慧命為方向，
因應現代人的不同需求，
開辦初級禪訓二日營、禪悅四日營等多元禪修，
並廣開以師父著作、思想為核心的佛學課程；
文化出版持續朝生活及學術多元化趣向接引大眾，
擔負起傳承師父法教的使命，
開展出大普化教育的創新未來。

從初懂佛法開始，聖嚴師父便立志
要將佛法以深入淺出、活潑實用的方
式傳遞給社會大眾，因此一生帶領禪
修、講學、著述，弘化不輟，而這也
成為法鼓山大普化教育的基礎與方向
——運用佛教傳統修行方法，結合現
代各項文化活動，使佛法融入生活，
以此淨化人心、安定社會。

聖嚴師父捨報圓寂後，法鼓山大
普化教育以延續師父的法身慧命為方
向，包括致力於各種修行活動、佛學
推廣課程及文化出版等，更深廣地弘
揚師父的理念與法教；大普化教育隨
之在傳承中開創新局，例如禪修活動
轉型、聖嚴書院增設佛學班，成立新
的弘化據點……，因應時代的推移與
發展，為大普化教育寫下繼往開來的
新頁。

法鼓山大普化教育傳承聖嚴師父法教，致力於
各項修行活動。

下文分別就禪修推廣、佛學教育、
法會共修、文化出版與推廣等面向，

「第一屆自我超越禪修營」於禪堂舉辦，引領學員學習超越自我之道。

概述2009年法鼓山大普化教育的具體成果：

禪修推廣

簡單而實用的禪法，兼具多元性與包容性，不僅能適應現代社會，也能普及於各種文化，人人都可以獲得利益；禪修推廣，即是法鼓山大普化教育的主軸之一。

2009年持續針對不同領域、不同修行層次的社會大眾，定期舉辦禪訓班、禪修指引、禪一、禪七、默照、話頭等各類禪修活動，同時為符應現代人的生活步調，法鼓山也積極研發並推廣Fun鬆一日禪、初級禪訓班二日營、自我超越禪修營等活潑的修行活動，從傳統中走出新意。

其中，已發展二十餘年、接引初學禪者的「初級禪訓班」，於2009年完成轉型，除原有四週八小時的開課型態，陸續於2008、2009年開辦的「初級禪訓班二日營」、「初級禪訓密集班」以全新面貌呈現。新制禪訓班採用「學長制」，透過資深禪眾的參與，加強對學員的指導與關懷。二日營在2009年共舉辦八場，九百七十二人參加，尤其5月在法鼓山禪堂舉辦的二日營，開放線上報名首日便額滿，受歡迎的程度可見一斑；多元化的禪訓課程型態不僅廣開基礎禪修的管道，也滿足了現代人的不同需求。

由禪訓班二日營延伸、整合修行與休閒的「禪悅四日營」則是另一項突破，2009年6月首度於台東信行寺舉

普化中心舉辦讀書會帶領人培訓課程，學員習得讀書會帶領技巧。

辦，營隊內容不僅完整介紹禪修的觀念與方法，並安排騎單車、寫生禪、聽海體驗等活動，引領學員在各項活動中體會禪法的靈活妙用。

法鼓山推廣禪修至2009年屆滿三十年，期間不斷以現代化、多元方式開展禪法應用；聖嚴師父捨報後，各類禪修活動不但延續禪法生活日用的精神，也適應當代社會環境，推動禪訓班轉型、開發新型態禪修活動等，為普化教育帶來源源不絕的生命力。

佛學教育

透過全面教育落實對整體大眾的關懷，是法鼓山啟迪人心、淨化社會的主要方法；為了讓不同年齡、族群的民眾都有接觸佛法、成長自我的機會，法鼓山開辦學程制的佛學課程，如聖嚴書院佛學班，心靈環保讀書會、心靈茶會等共學系統，也運用網

路科技，推出「法鼓山數位學習網」，提供網路使用民眾友善的自學進修管道。

其中，以聖嚴師父的著作及思想為修學核心、推動普化教育的聖嚴書院，在師父示寂後，被視為師父法身慧命的延續，2009年不僅持續在全台各地分院、辦事處廣開佛學班，並著手規畫福田班、禪學班，期能完備佛學普及教育。而6月中部地區誕生首梯「學佛五講精讀班」結業生，7月北部也舉行第一梯次「五講精讀班與佛學課程初階班」結業典禮，四百多位學員互勉菩薩道上繼續修學前行，更象徵師父分享佛法的願心，已持續透過每個學員在各地傳承與深植。

為推動佛法教育向下扎根，大普化教育也長期針對大學生及社會青年舉辦系列佛學講座及禪修體驗活動，如心光講堂、一起哈佛趣、青年成長營等。3月隨著德貴學苑的啟用，法青會也在此舉辦多項新課程，如法師有約、禪式工作學、英文讀書會等，為青年打開學佛新視野；其中「禪式工作學」協助青年運用禪修觀念和方法，面對在職場生涯中可能面臨的困境，展現佛法與世學的交融互用，備受歡迎。

兒童營方面，有別於往年各分院自行辦理的模式，2009年「學做世界『心』主人」兒童心靈環保體驗營，首度由普化中心統籌規畫主題與教案，再交由各分院承辦，並依在地條件展現營隊特色，例如法鼓山園區著重境教禪悅的體驗，而百年古剎齋明寺則推出親子古蹟巡禮。此舉率先將「心靈環保」和「心五四」的理念有次第地融入兒童營隊，也開啟了普化教育的新趨勢。

除了系統性的佛學教育，法鼓山也致力掌握時代脈動，將佛法轉化為一般社會大眾可以理解、應用的生活行動，例如回應景氣持續低迷、人心惶惶不安的現象，2009年提出「心安平安」為年度主題，並於5月10日啟動「心安平安——你，就是力量！」社會關懷運動，鼓勵大眾轉化觀念、分享善念，簡單具體的生活行動，提供社會大眾廣為運用。

同樣對社會人心發揮正面影響的，還有「心六倫」運動。這一年來，法鼓山持續透過媒體宣傳廣推心倫理運動，比如拍攝公益廣告、創作歌曲〈把心拉近〉、製播《把心拉近——倫理向前行》廣播節目與舉辦中小學生徵文、巡迴演出行動劇等。加上5月第一梯「心六倫種子教師」結業授證後，開始前往學校及社區講習，全面而多元的推廣，與更多人一起分享「心六倫」的理念與實踐。

往年聖嚴師父總會受邀至各界演講或對談，與大眾分享佛法；在師父捨報後，則由僧俗弟子繼起跨領域、跨宗教的交流，比如7月「發現幸福密碼」心倫理座談會和9月「無盡的身教——聖嚴法師最後的一堂課」座談會。兩場座談皆獲得社會上高度的重視與肯定，尤其後者從不同角度解讀師父圓寂佛事，讓社會大眾能更深刻領會師父最後一堂課的無聲說法。

法會共修

2009年總本山及全球各分支道場，除定期有念佛共修、藥師法會、地藏法會、大悲懺等法會，及傳菩薩戒、皈依等，亦配合傳統節慶，舉辦新春祈福法會、清明佛七、梁皇寶懺、朝山浴佛、中元法會等活動，透過安定攝受的修行氛圍，協助大眾將佛法內化於生命，活用於生活。

「心安平安——你，就是力量！」好願祈福感恩於國父紀念館舉辦，歌手吳克群於現場發表創作〈把心拉近〉，響應「心六倫」。

　　2月聖嚴師父身後一場簡約莊嚴的佛事，以佛法正知見，改革傳統喪葬儀軌，為台灣社會樹立了全新典範，讓社會大眾在佛法的熏益下，如實了知佛法本然。尤其佛事期間，以念佛報恩和念佛禪的方式協助民眾回歸修行面，以佛法攝心、安心，從傳統修持中體現教育及關懷並重的普化精神。

　　而一年一度的共修盛會——「大悲心水陸法會」，不僅延續往年兼顧環保與文化教育的功能，2009年在形式與內涵上也有革新。例如完成儀軌的初步修訂，將不合時宜、違背佛法的科儀予以調整或刪除，正本溯源之外，也展現佛法與時俱進的涵融性，讓水陸法會真正成為順應現代人需要的共修活動。

　　水陸法會舉辦之前，也特別於海內外舉辦兩百五十多場說明會，讓社會大眾能深入了解漢傳佛教的修行根本以及法鼓山的核心理念。而首度嘗試的「網路直播」，則成就海內外民眾一起精進修行，傳統修行結合現代科技，讓佛法傳遞無遠弗屆。

文化出版與推廣

　　以平易近人的文字、影音、現代藝文活動來弘法、傳遞法鼓山的理念是大普化教育的另一個重要範疇。

　　2009年聖嚴師父捨報後，法鼓山的文化出版事業，延續佛法生活化、普及化、國際化的方向，並致力新書系的開發。本年度法鼓文化共出版書籍四十三本，涵蓋禪修指導、佛法義理、心靈成長等主題，取材多元，且契入不同社群的需要，尤其新書系

大悲心水陸法會邁入第三年，法鼓山不斷調整傳統中不合時宜的作法，以期做為現代水陸法會的典範。

「我的佛菩薩」不僅拓展學齡前的閱讀群，也豐富了佛教出版的面向。

2009年，聖嚴師父的著作共有十本，包括禪法教學、社會關懷、生死課題等各類書籍，其中《聖嚴法師教話頭禪》，是師父首度系統性地介紹參話頭的方法和次第，師父並在自序中指出，「此書的出版，對於『中華禪法鼓宗』的禪法教法就比較完整」，藉此也讓讀者得以一窺漢傳禪法的堂奧。

2009年適逢法鼓山成立二十週年，法鼓文化出版以影像記錄法鼓山成長歷史的攝影集《一缽千家飯》，近七百張的珍貴照片和史料，不只重現師父一生修學弘化的軌跡，也串連起每個階段僧俗四眾護法弘法的故事，為漢傳佛教在台灣的扎根發展，作了歷史見證。

翻譯書方面，2009年出版了一部關於菩薩中國化歷史探源的重要著作《觀音》（*Kuan-Yin*），本書由美國哥倫比亞大學（Columbia University）宗教系教授于君方所撰寫，為歐美學術界公認研究觀音信仰的重要書籍；隨著中文版的面世，不但造福廣大的華人社會，其兼具文獻學、考古、宗教、藝術等多方面領域的研究取向，也成為教界和學界研究觀音信仰的新起點。

此外，專為兒童出版的《聖嚴法師的頑皮童年》繪本創作，以及新書系「我的佛菩薩」的開發，備受各界矚

記錄法鼓山成長歷史的攝影集《一缽千家飯》出版。

目與好評。尤其專為幼兒設計的「我的佛菩薩」系列，出版了《阿彌陀佛大冒險》、《觀音菩薩變變變》等四本，以創新故事結合趣味益智遊戲，引導小朋友在遊戲中開發內在潛能，同時認識經典中的佛菩薩，為佛法教育向下植根的具體落實。

創新中不忘傳薪的，還有《人生》雜誌。1949年由東初老人創辦至今屆滿一甲子，做為台灣第一本佛教雜誌，《人生》見證了台灣佛教的發展與蛻變，積極回應時代議題，不斷推陳出新，將佛法義理傳遞給讀者。

書展方面，聖嚴師父捨報後，法鼓文化心靈網路書店舉辦「大悲心起‧願願相續——聖嚴法師著作展」，推薦師父思想精華及重要著作，讓讀者從閱讀中再次親炙師父的教法。此外，法鼓文化也透過台中分院和高雄紫雲寺「每月講談」的活動，舉辦《聖嚴法師的頑皮童年》簽書會，與大眾分享師父生命教育的意涵。

　　藝文活動方面，2009年共舉辦三場展覽：1月底於總本山展出「牧牛心旅——聖嚴法師文物資料展」，以大量歷史照片與文物，重現師父八十年實踐內修外弘的歷程，同時展出的還有「妙華開敷——聖嚴法師歷年得獎紀錄暨個人攝影作品特展」。師父捨報後，總本山即增設「教澤永懷——聖嚴師父追思紀念特展」，紀實報導圓寂佛事，全球各分支道場也同步展出「聖嚴師父生平紀念展」，讓世人再次領略師父弘法度眾的悲心願行。

開山紀念館展出「牧牛心旅——聖嚴法師相關文物資料展」。

各地分院的開展與落實

　　大普化教育的推展，舉凡禪修、法會、佛學課程等，皆須透過各據點、單位來共同落實；2009年隨著新據點的陸續誕生，共同構築緊密的普化教育推廣場域，也讓佛法普及的觸角延展得更廣而深遠。

　　定位為法鼓山在台北市區的教育弘法重鎮，由法鼓大學籌備處、法青會和人基會進駐；一年來，整合了教育與關懷，定期舉辦學術論壇、工作坊、禪修體驗與心靈講座等多元活動，提供社會大眾及青年學子探索生命、分享知識與交流的一方清新園地，為心靈環保的全方位實踐。

　　以獎勵學術研究與出版為主的聖基會，9月遷址台北中正精舍，

法鼓山園區舉辦除夕撞鐘祈福法會，方丈和尚果東法師與總統馬英九一行，共同出席為社會大眾祈福。

參與「文殊菩薩種子小組──北區結緣點關懷員」培訓學員，將深入地區推廣結緣書。

此處原為聖嚴師父養病靜修之處，如今重新規畫運作，對外展出師父的文物與墨寶，並定期舉辦「聖嚴法師經典講座」和「無盡的身教」系列講座，成為接引大眾聽經聞法的共修道場。此外，為增強法鼓山結緣品各流通點的推廣功能，11、12月聖基會也舉辦「文殊菩薩種子小組」北區結緣點關懷員培訓，以強化關懷工作。

新據點展現弘化新氣象之外，各地分院也善用在地資源，展現弘法特色，例如被評為國家三級古蹟的桃園齋明寺，歷經四年修復整建，於8月重新對外開放，特別舉辦「古寺新象，永續本懷」古蹟月系列活動；透過古蹟導覽、親子戶外禪、寫生、音樂會等活動，引領大眾認識佛教豐厚的文化資產。

結語

這一年來，做為法鼓山活水源頭的北投文化館和農禪寺，再獲台北市政府表揚「績優宗教團體」，而齋明寺不僅獲得公益寺廟認證「金質獎」的殊榮，更被評選為桃園縣標竿學習寺院，足見法鼓山大普化教育的推動與努力，深受各界認同與肯定。

2009年，法鼓山邁向第二十個年頭、禪修推廣會屆滿三十年、《人生》雜誌創刊六十年，在在標誌著法鼓山推廣禪修、佛法普及教育的新里程；而德貴學苑的落成、齋明寺古蹟修復啟用、聖基會遷址重新出發，也共同為延續聖嚴師父法教的使命，邁開承先啟後的步伐，映照出大普化教育傳薪、創新的未來。

● 01.04

人行廣場禪公園落成啟用
紫雲寺與鳥松鄉合作 落實「心靈環保」

位在高雄紫雲寺旁,由法鼓山協助景觀規畫的「人行廣場禪公園」,於1月4日下午舉行啟用典禮,由方丈和尚果東法師、鳥松鄉鄉長張美瑤共同主持,高雄縣縣長楊秋興、護法總會總會長陳嘉男、南區法行會榮譽會長李福登與紫雲寺監院果耀法師共同剪綵,並以植樹行動表達對「心靈環保」理念的支持。

典禮首先由紫雲寺常住法師們帶領四組信眾,在佛號聲中進行灑淨儀式;接著,方丈和尚偕同來賓為禪公園中「應無所住而生其心」的照壁揭開布幔。方丈和尚代表聖嚴師父及法鼓山,感謝楊秋興縣長、張美瑤鄉長以及鄉民的支持,並以「人行廣場禪公園,修行休閒好因緣;法鼓紫雲種善緣,高雄鳥松有福緣」,勉勵大家感恩、惜緣、奉獻,成就「心安平安」的淨土緣。

楊秋興縣長致詞表示,四年多前聖嚴師父到紫雲寺時,提及廣場可否由紫雲寺協助「認養開發公園」的想法後,經與鳥松鄉鄉公所合作,逐步規畫完成;期許這個由法鼓山協助開發認養的公園,未來能成為鄉民修行及休閒的好場所。張美瑤鄉長則表示,鳥松鄉與法鼓山結緣,是所有鄉民的福分,並致贈一棵樹苗予方丈和尚,希望佛法在此生根發芽。

該廣場以「禪」為整體設計概念,園中遍植花草,搭配質樸的步道、竹編隧道及蓮池水塘等造景,使入園者感受禪意,達到放鬆身心的效果,在體驗禪修的好處時,也能進一步親近佛法。

為了慶祝「人行廣場禪公園」落成,2008年12月28日紫雲寺即開始舉行一系列熱身活動,包括寫生比賽、植樹、紙風車劇團「心六倫」演出等。1月4日當天下午,紫雲寺也舉行「歲末大關懷」活動,為啟用典禮增添了暖意。隨著禪公園的啟用,法鼓山「心六倫」、「心五四」等淨化社會人心的理念,也將藉由與居民互動的機緣,逐步落實。

「人行廣場禪公園」啟用典禮,李福登榮譽會長(右起)、張美瑤鄉長、方丈和尚、楊秋興縣長、陳嘉男總會長、果耀法師等人共同剪綵。

● 01.04

「聖嚴書院97年度聯合結業典禮」舉辦
方丈和尚勉學員發願圓滿學佛之路

信眾教育院於1月4日上午在高雄紫雲寺舉辦「聖嚴書院97年度聯合結業典禮」，方丈和尚果東法師親臨祝福，共有四百七十五位學員及其家屬參加。

方丈和尚開示時，首先祝福學員學有所成，表示聖嚴書院是要養成解行並重，難行能行、難忍能忍、難捨能捨的菩薩，期勉學員盡心盡力圓滿智慧、學佛的歷程。

紫雲寺「聖嚴書院97年度聯合結業典禮」，方丈和尚親臨祝福。

紫雲寺監院果耀法師代表頒贈全勤、作業精進及熱心服務等獎項。法師致詞時，提到當日有三項活動在寺中舉行，包括「聖嚴書院97年度聯合結業典禮」、「97年度法鼓山歲末大關懷」、「人行廣場禪公園啟用典禮」，希望大家在學佛路上，奉行聖嚴師父「佛法生活化，生活佛法化」的理念，用聖嚴書院的學習成就來改變自己，影響身旁的人，落實提昇人品、建設人間淨土的理念。

● 01.06～08

雲門舞集於禪堂進行禪三
體驗禪舞不二

1月6至8日，雲門舞集二十五位團員於法鼓山園區禪堂進行禪三，由禪修中心副都監果元法師帶領。

此次參加的團員平均年齡三十歲，是舞團的新生代舞者，平時即接受嚴格肢體訓練。在果元法師指導下，對於禁語、體驗呼吸、放鬆、吃飯禪、

二十五位雲門舞集團員在禪堂體驗禪修。

托水缽等練習，很快便進入狀況，從中敏銳覺察到自己的身心狀態。團員們發現，禪修的方法與舞蹈訓練有異曲同工之妙，皆強調注意呼吸、專注、放鬆、一心不亂等，就像聖嚴師父所說的，藝術的最高呈現就是禪。

　　此外，參與早晚課的梵唄唱誦、感恩禮拜，也讓團員們感受深刻。有團員表示，心靈彷彿受到洗滌，從內到外產生微妙的改變。

　　有團員分享，以前從沒想過要對人、對事感恩，但從觀看聖嚴師父的開示影片中了解到，原來不只要感恩對自己有幫助的人，就連對手、逆境，也要心存感恩，感謝他們讓自己成長，因為他們是「逆增上緣」。

　　由於雲門舞集創辦人林懷民與聖嚴師父經常一起出席公益活動，因而十分鼓勵團員參加禪修，故由傳燈院促成這次的禪修營。

● 01.07　04.09

齋明寺獲公益寺廟認證金質獎
為桃園縣標竿學習的對象

朱立倫縣長頒發97年公益寺廟認證評鑑「金質獎」給齋明寺，由常銘法師代表接受。

　　齋明寺榮獲桃園縣97年公益寺廟認證評鑑「金質獎」，縣政府於1月7日在該府頒獎，由縣長朱立倫主持，常銘法師代表出席受獎。

　　該獎是由縣府民政處結合社會處、工務處、文化局、環境保護局及專家、學者，針對該縣已立案完全合法之募建寺廟，就寺廟行政管理、推動寺廟公益、節能減碳綠色環保、宗教觀光與行銷及創意服務等五大面向進行評鑑，遴選出兩個「金質獎」、八個「銀質獎」。齋明寺於一百零五個單位中榮獲「金質獎」，被列為標竿學習的對象。

　　4月9日當天，桃園縣政府舉辦的「宗教負責人標竿學習講習會」，特別安排一百二十位該縣各寺院負責人、縣府行政人員到齋明寺參訪。在法師與義工們導覽解說下，一行人對齋明寺在上述各面向的表現，深表讚歎。

● 01.07～20期間　01.29～02.03

海內外各分院道場舉辦祈福法會
信眾主動為聖嚴師父祈願

　　長期罹病的聖嚴師父，於2008年底做例行檢查時，發現病情惡化，在台大醫院醫療團隊建議下，於1月5日住院接受診療。7至20日期間，法鼓山海內外分

院道場舉辦祈福法會，希望將共修的一切功德迴向，祈願師父的法體安康。

1月8至18日，全台各地分院道場一連十天舉辦觀音祈福法會，主要是以禮拜《大悲懺》和精進持誦〈大悲咒〉為主。參與法會的信眾表

許多信眾主動前往總本山及各地分院參加觀音法會，為聖嚴師父祈福。

示，得知聖嚴師父住院的第一時間，心裡除了驚訝，也警覺到師父年事已高，自己若不精進修行，實在有愧師恩；再者，法鼓大學的建設，也還需要師父的指導，期盼大家能夠同心協力，祈願師父能住世常轉法輪。

海外方面，美國紐約東初禪寺，在住持果醒法師的主法下，於1月7至20日，連續舉辦十四場大悲懺法會；加拿大溫哥華道場精進持誦二十一遍〈大悲咒〉及觀音聖號；各地護法會也於例行共修時，持誦〈大悲咒〉及觀世音菩薩聖號。不少信眾在得知訊息後，主動前往各地道場參與共修，為聖嚴師父祈福。

1月29日至2月3日，法鼓山海內外分院道場每日另舉辦祈願藥師法會，期能集結眾人的善因與願力，為聖嚴師父除病免難。對於大眾的關心，僧團除深表感謝，也希望大眾為師父誦念觀世音菩薩聖號，同時為所有的眾生祈福。

這段期間，法鼓山全球資訊網（網址：http://www.ddm.org.tw）亦提供民眾上網誦念「觀世音菩薩聖號」及〈大悲咒〉的功能，讓無法前往法會的民眾便於共修祈福。

● 01.08～11.05期間

法行會每月例會舉辦
邀請僧團法師等進行專題演講

1月8日至11月5日期間，法行會每月第一週或第二週週四晚上舉辦例會，並安排專題講座，內容主題包含聖嚴師父思想與行誼、佛法分享、佛學經典講授等，邀請專家或僧團法師主講。全年共十場，平均每場有近一百一十人參加。

在聖嚴師父思想與行誼方面，3月5日佛教學院校長惠敏法師在「『寂滅為樂』的故事與禪法」講座中，剖析「寂滅為樂」的真義是無常、涅槃，其禪法是「寂滅現前」；4月2日「生命的尊嚴」講座，方丈和尚果東法師以師父面對

惠敏法師在法行會例會上，剖析「寂滅為樂」的真義。

生死的自在態度，闡述生命的真義；文化中心副都監果賢法師在5月7日的例會中，則以「聖嚴師父教的一堂編輯修行課」為題，說明師父對佛教文化事業的理念，以及透過活動採訪和出版的指示，都是編輯的修行功課。

8月6日，僧大副院長果光法師從佛學、弘化、建僧等三個面向，概述聖嚴師父的宏觀思想；9月3日，中華佛研所所長果鏡法師分享如何在日常生活中，運用師父的禪法；10月1日，僧大副院長常寬法師則分享師父病中揮毫的修行態度，以及多幅墨寶的禪意與故事。

佛學經典講座方面，包括：1月8日邀請佛學講師許書訓，主講「《法華經》及其殊勝功德」；果祥法師在6月4日例會中，以中華禪法鼓宗為中心，闡述台灣佛教的發展演變；以及7月9日，僧團都監果廣法師以「改變命運原來如此」為題的學佛分享。

2009年最後一場例會於11月5日舉行，佛教學院副校長杜正民以《法鼓全集》與《藏經集成》電子資源為例，介紹資訊時代的佛學研究與推廣。

每月例會為法行會會員固定的共修、聯誼活動，希望透過主題講座的舉辦，分享佛法的資糧，為會員開啟一扇心靈成長之窗。

2009年法行會例會專題講座一覽表

名稱	時間	地點	講題	主講人
第100次例會	1月8日	台北福華大飯店	《法華經》及其殊勝功德	許書訓（佛學講師）
第101次例會	3月5日		「寂滅為樂」的故事與禪法	惠敏法師（佛教學院校長）
第102次例會	4月2日		生命的尊嚴	方丈和尚果東法師
第103次例會	5月7日		聖嚴師父教的一堂編輯修行課	果賢法師（文化中心副都監）
第104次例會	6月4日		台灣的佛教——以中華禪法鼓宗為中心	果祥法師（文宣處輔導師）
第105次例會	7月9日	台北豪景飯店	改變命運原來如此	果廣法師（僧團都監）
第106次例會	8月6日		聖嚴師父的思想	果光法師（僧大副院長）

名稱	時間	地點	講題	主講人
第107次例會	9月3日	台北福華大飯店	日常生活中如何運用聖嚴師父的禪法	果鏡法師（中華佛研所所長）
第108次例會	10月1日		聖嚴師父的墨寶故事	常寬法師（僧大副院長）
第109次例會	11月5日		資訊時代的佛學研究與推廣	杜正民（佛教學院副校長）

● 01.10～07.25期間

台中分院舉辦「每月講談」活動
邀請各界人士與民眾交流閱讀經驗

1月10日至7月25日期間，台中分院每月擇一週六下午於寶雲別苑舉辦「每月講談」活動，邀請各行專業人士分享閱讀聖嚴師父著作心得或進行專題演講，七場講談共有九百多人次參加。

在聖嚴師父相關著作及生平身教的分享方面，包括《歸程》、《聖嚴法師的頑皮童年》、《雪中足跡》，以及《聖嚴法師最珍貴的身教》，分別於1月、5月、6月，邀請傳統戲劇表演工作者魏海敏、插畫家菊子、故事媽媽協會資深講師連惠宜，以及前中央健康保險局總經理朱澤民，進行講談。魏海敏分享她在《歸程》一書中所認識的聖嚴師父，認為師父的母親對師父的「尊重」，是日後師父成為一代宗師的主要原因；菊子與連惠宜分享《聖嚴法師的頑皮童年》一書的插圖創作與閱讀經驗；朱澤民則分享師父法語提供的安心之道。

2月的講談，由佛教學院校長惠敏法師，以「大想像、大發現、念師恩」進行分享，聽眾參與十分踴躍。法師以投影方式講授，意味著沒有真實的第一主場，大家所見皆不是現場，只是視網膜後面的影像，藉此說明「緣起無我」的佛法觀。這場講座，共有三百六十多人參加。

此外，逢甲大學中國文學系教授李威熊在3月，以「菩薩心腸、聖賢氣象——由『拈花微笑』談佛陀的不言之教」為題，說明了佛法大意不在文字而在內涵，若要真正與佛的悲智相應，貴在踐行不在口說；4月，昭盛52行館主廚林明輝傳遞「一人烹

前中央健康保險局總經理朱澤民於6月「每月講談」中，分享聖嚴師父法語的安心之道。

煮,與一人結好緣,為百人烹煮,與百人結好緣」的廚房哲學。資深花藝老師蔣麗麗在7月的講談中,供花結緣,現場並有花藝教學。

每場講座最後開放提問,主講人與聽眾的互動熱烈。許多民眾表示,藉由與專家學者交流閱讀經驗,更能領略佛法的活潑、實用。

2009年台中分院「每月講談」活動一覽表

時間	講談書名或講題	講談人
1月10日	《歸程》	魏海敏(傳統戲劇表演工作者)
2月28日	大想像、大發現、念師恩	惠敏法師(法鼓佛教學院校長)
3月21日	菩薩心腸、聖賢氣象——由「拈花微笑」談佛陀的不言之教	李威熊(逢甲大學中國文學系教授)
4月25日	《佛陀的廚房》——從熱廚中解脫	林明輝(昭盛52行館主廚)
5月16日	《聖嚴法師的頑皮童年》	菊子(插畫家) 連惠宜(故事媽媽協會講師) 張晴(法鼓文化副主編)
6月27日	《雪中足跡》、《聖嚴法師最珍貴的身教》——健保安身、佛法安心	朱澤民(前中央健康保險局總經理)
7月25日	禪意花藝	蔣麗麗(資深花藝老師)

● 01.13

聖嚴師父約見僧團法師與資深護法信眾
期勉維護正法 堅持漢傳佛教法統

聖嚴師父於1月5日住院,法體一度陷入危急,直至11日暫時穩定下來後,隨即於13日在台大醫院約見僧團都監果廣法師,以及兩位跟隨師父近三十年的弟子聖嚴教育基金會董事長施建昌、專案祕書室主任廖今榕談話,在場者有文化中心副都監果賢法師、創辦人祕書室果本法師等,殷殷叮囑要維護正法、堅持漢傳佛教法統。

聖嚴師父特別開示兩大重點,首先感恩僧團與無數大眾在他住院以來,自發參與觀音法會共修,為他的法體安康祈福;更感謝在法鼓山從無到有的歷程中,乃至追溯到中華佛教文化館、中華佛學研究所時期,一路護持他興辦教育的居士大德。

接著,聖嚴師父告誡僧團要「維護正法」,強調法鼓山係依正法而存在,依正法而傳承。師父並表示,他畢生主持正信佛法,除了凡夫身,身後沒有任何一樣東西可以留下,一切歸於空寂,如此才是真正護全了師父的法身慧命。

晚間,聖嚴師父進行《美好的晚年》一書的口述。師父表示,雖然這個晚年並不怎麼美好,但是能夠親自交代「結語」,還算是美好的。

依正法傳承　感恩信眾護持

1月13日講於台大醫院病房

◎聖嚴師父

我從1月5日入院以來，一直都在醫院裡，前幾天我幾乎都是昏昏沉沉，直到今天才比較清醒。

本來我有個計畫，要把《美好的晚年》這本書完成，但以前幾天的情況，我是一度無法完成的。現在我要交代，《美好的晚年》這本書還是要完成，雖然這個晚年並不怎麼美好，可是這個 ending 還能夠讓我親自在這裡交代，還算是美好的。

聖嚴師父於台大醫院約見僧團法師與資深護法信眾，期勉「維護正法」。

這次住院，有段時間我是完全不清楚的，我過世了——也可以這麼講，但是這個斷層應該可以彌補，從我身旁的幾位侍者，還有胡麗桂菩薩也應該很清楚；從她所見的、所記錄的，以及我身邊的四位侍者的補充，應該可以把這段拼湊起來。

因此，我在這裡交代胡麗桂菩薩，還是要把這本書完成，這本書實際上已完成百分之九十，還沒有完成的，在我活著時，還可以再問。

方丈和都監告訴我，這段期間，僧團和信眾都在為我祈福，我非常感謝大家。我也許在除夕撞鐘法會上會出現，也許在其他的場合出現，至於今年的新春祝福，也已經錄好了。

感恩信眾護持

這些年來，有三家「何太太」對我們非常護持：分別是台中的何周瑜芬菩薩、台北的何劉連連菩薩，以及何壽川菩薩的夫人張杏如菩薩，她們都對法鼓山非常護持。尤其台中的何太太，二十多年來，不管在教育、文

化、環保等方面，護持非常多，我希望能當面再向她感謝。

另外，早期佛研所護法理事會理事長楊正菩薩，以及現在的護法總會陳嘉男總會長、黃楚琪副總會長、施建昌菩薩、劉偉剛菩薩等等，也都是護持不遺餘力，還有許多位護法居士，都應該見見他們，感謝他們。

今天早上，方丈和尚已來見過我，我問了他許多事，也交代了幾樣事。僧團現在是由方丈和尚果東法師負責，他講依僧團辦法，每三年就要重新遴選新方丈。我告訴他，僧團以穩定為第一，不能夠由於創辦人的離開而有所動搖。目前來講，僧團男眾少而女眾多，雖然方丈是男眾，還是非常適合。如果方丈經常換人，僧團就不穩定了。僧團的制度應該更精密，讓僧團更穩定才是。請都監果廣法師把握住這一點，僧團及護法大眾也應該同樣護持方丈和尚，就如同創辦人在世時一樣。

僧團的領導階層一定要穩固，這是我的遺命，這點非常重要，請大家一定要堅持。

一生住持正法、弘揚正法

最後，我要講法鼓山的法統。我這一生都是住持正法、弘揚正法，如果有任何人從迷信的起點來建議我，我都是不接受的。一定要回到正法，回到正統的佛法。任何一個凡夫身，最後一定歸於空幻，不可能還留有什麼金剛身、法身，這些都是沒有的。法鼓山這個道場是依正法而存在，依正法而傳承，在我身後，沒有任何一樣東西可以留下。

我講到這裡為止，這本書，請文化中心副都監果賢法師協助胡麗桂菩薩完成它，僧團、法鼓文化要義不容辭支持這本書出版。

● 01.15

聖嚴師父約見法鼓大學團隊
勉勵完成法鼓大學建校和辦學

繼1月13日約見僧團
法師、資深護法信眾，
聖嚴師父15日再次於台
大醫院約見法鼓大學團
隊，包括法鼓大學籌備
處校長劉安之、護法總
會總會長陳嘉男、副總
會長黃楚琪、榮譽董事
會會長劉偉剛及潤泰集
團總裁尹衍樑等，由僧
團都監果廣法師陪同。
師父叮囑要堅持漢傳佛

聖嚴師父於醫院約見法鼓大學團隊，勉勵完成法鼓大學的建校和辦學。

教法統，並完成法鼓大學的建校和辦學，培育推動「心靈環保」的菁英人才。

席間，聖嚴師父首先一一致謝，感恩大家對於法鼓山的護持、奉獻不遺餘力。師父同時強調，「法鼓大學」是他這一生最後的事業，期許眾人能夠繼續支持。

聖嚴師父表示，法鼓山已經創建二十年，二十年來，法鼓山從無到有，眾人都付出相當多的心血和時間。對於法鼓山的建設與發展，所有參與的人，只有奉獻，沒有權力。師父叮嚀大家，未來要繼續把法鼓山的理念、法鼓山的功能，以及法鼓山延續的價值呈現出來。

至於法鼓山未來的發展，聖嚴師父說明，法鼓山的法統，不是權力，而是理念的堅持；並強調，法鼓山是由法鼓山的理念領導，沒有誰來領導的問題，如果大家放棄了理念的領導，這個領導就是空的。

聖嚴師父最後殷切囑咐眾人，法鼓山的事業可大可小，但法鼓山的理念是永遠都存在的。在漢傳佛教的道場來說，法鼓山是很有優勢的，希望大家珍惜法鼓山這樣一個漢傳佛教傳承的發源地。

創 辦 人 語

法鼓山的法統
是理念的堅持

1月15日講於台大醫院病房

◎聖嚴師父

　　法鼓山的建設與發展，所有參與的人，只有奉獻，沒有權力。

　　法鼓山這個團體已經創建二十年，這二十年來，一點一點從無到有，大家付出的心血和時間都相當多，到最後還是要把它呈現出來——法鼓山的理念、法鼓山的功能，和法鼓山延續的價值。

　　法鼓山如何繼續推動下去？法鼓山的法統，不是權力，而是理念的堅持。外界常有人問：「法鼓山究竟由誰領導？」我說沒有誰來領導的問題，而是由法鼓山的理念領導；如果大家放棄了理念的領導，這個領導是空的。

　　有人認為，聖嚴往生以後，法鼓山可任由大家來瓜分。這是笑話！法鼓山怎麼瓜分？法鼓山傳法是傳給誰？我傳的法是一種理念，不是權術、財產；這個理念是為了護持法脈，往下傳承。

　　按現在的法脈往下走，在執行來講，僧團有僧團的作法，護法系統有護法系統的作法，兩者都有明確作法。護法體系就是護持僧團來弘揚法鼓山的理念，所有參與的人，只有奉獻，沒有權力。

　　法鼓山的理念是永遠存在的，而法鼓山的事業可大可小。我們現在的軟硬體規模都不算小，分支道場有十多處，僧眾也有兩百多人，未來還會繼續增加；在漢傳佛教的道場來說，法鼓山是很有優勢的，請大家珍惜法鼓山這樣一個漢傳佛教傳承的發源地。

● 01.17

聖嚴師父關懷信眾與專職
祈福法會圓滿 信眾再發願

1月17日，聖嚴師父在體力稍感恢復後，向台大醫院請假，返回北投農禪寺、雲來寺及中華佛教文化館，關懷信眾與專職。

聖嚴師父上午先前往農禪寺與雲來寺，親自感恩這段時間參與觀音祈福法會的大眾，並關懷專職。下午，師父回到文化館，首先到藥師法會現場感恩信眾，接著至三樓祖堂、五樓大殿上香。

聖嚴師父回到雲來寺，逐層關懷每一層樓的專職與義工。

對於自身的健康狀況，聖嚴師父平常就提醒弟子「關心，但不要擔心」，也不時要大眾隨時警覺生命的無常，加緊用功，修福修慧。此次生病，更成就四眾弟子精進用功的因緣。

聖嚴師父住院消息披露後，各界人士與社會大眾的關懷祝福不斷，僧團也籲請大眾實踐師父教法「關心，但不要擔心」，各地分院並舉辦為期十天的觀音祈福法會為師父祈福迴向。相關法會至17日止圓滿，但因精進用功是沒有止盡的，因此緊接在法會圓滿之後，許多信眾發願發起每人每日持誦觀世音菩薩聖號活動，期望藉由大眾們持誦觀音聖號，祈請師父法體安康、住世人間。

● 01.17～12.26期間

法青會舉辦十一場「心光講堂」講座
拓展青年的學習視野

1月17日至12月26日期間，法青會於每月的第三或第四週週六晚上，舉辦「心光講堂」系列講座，邀請不同領域的專業人士，以演講座談方式，引領青年將學習觸角深入社會各領域，建立積極人生觀，共有六百四十多人次參加。

第一季的主題是「心安平安大補帖」，邀請104人力銀行公關經理方光瑋、公益旅行家褚士瑩，分享在變動環境中的安心之道。方光瑋勉勵青年朋友，不要被已發生的問題困擾，先將心安定下來，找出定位與目標，才能看清方向、面對困境；褚士瑩則鼓勵大家勇敢迎接改變，開創更美好的未來。

法青會2009年舉辦十一場「心光講堂」系列講座。圖為6月陳慶
蔚分享公益結合網路媒體的創業經驗。

第二季主題為「開創網路一片天」，邀請藝術創作者蔣涵坪、SweetGift不織布創意工坊經營者許家郁、優仕網創辦人陳慶蔚，分享在網路上的工作經驗。蔣涵坪說明如何維持創作活力不斷，在日新月異的環境中保持競爭力；許家郁表示只要用心與創新，不論是創業、就業或授業，都能自利利人；陳慶蔚則分享公益結合網路媒體的創業經驗，鼓勵參加讀書會是拓展視野、激發創意思惟的關鍵力量。

第三季的主題為「運動家精神」，邀請何國華高爾夫基金會創辦人何麗純、文字創作者蛙大、台灣首位棒球女性主審劉柏君主講。何麗純分享將聖嚴師父理念應用在球場管理上的心得，她建議不管在好或不好的情況，平常就要練習保持心境上的愉快；蛙大則以自身單車旅遊各地的經歷，表示可以透過休閒旅行成就自己的夢想；劉柏君講述在學生、靈媒、棒球女裁判等不同角色的心路歷程，認為只要相信自己做得到，並且努力實踐，就能實現夢想。

第四季的主題是「電影心世界」，邀請導演柯一正、許明淳、鄭有傑分享電影藝術的創作動力與感人力量。柯一正藉由數部紀錄片的播放，說明藉由創作、選角、導戲的過程中，如何累積資糧與創意；許明淳細述接觸到不同的人與故事所帶來的寬廣視野；鄭有傑指出藝術創作是一種與他人的分享過程。

除「心安平安大補帖」兩場講座於台北聯經文化天地舉行，「開創網路一片天」等系列九場講座皆於德貴學苑進行。

2009年法青會「心光講堂」講座一覽表

系列主題	時間	講題	主講人
心安平安大補帖	1月17日	失業沒什麼大不了，心安最重要	方光瑋（104人力銀行公關經理）
	2月28日	勇敢迎接改變	褚士瑩（公益旅行家）
開創網路一片天	4月25日	花樣少女，萬歲人生	蔣涵坪（藝術創作者，插畫家萬歲少女）
	5月23日	發揮天賦，創業就業都OK	許家郁（SweetGift不織布創意工坊經營者）
	6月27日	當公益遇到網路與創業家	陳慶蔚（優仕網創辦人及執行副總經理）

系列主題	時間	講題	主講人
運動家精神	7月25日	老闆・公益・果嶺女教練	何麗純（何國華高爾夫體育基金會創辦人）
	8月22日	蛙大・單車・創意FU人生	蛙大（攝影／設計／文字創作者）
	9月26日	學生・靈媒・棒球女裁判	劉柏君（台灣首位棒球女性主審）
電影心世界	10月24日	電影・生命・源源不絕的動力	柯一正（電影工作者）
	11月28日	記錄・汗水・鏡頭下的永恆	許明淳（電影工作者）
	12月26日	獲獎・創意・堅持不滅的火花	鄭有傑（電影工作者）

● 01.20

聖嚴師父精神講話時間
方丈和尚轉達師父關懷

聖嚴師父每年均為專職同仁舉辦四次的精神講話，2009年的第一場於1月20日舉行，師父因病未克出席，由方丈和尚果東法師轉達師父對僧團法師、全體專職與義工的關懷，全台各分院道場同步視訊連線聆聽，有近七百人參加。

這次的精神講話，首先播放《聖嚴師父2009新春開示》影片。師父開示2009年是很有希望的一年，只要有信心，認知順境、逆境都是過程，等待機會，隨時可能有轉機；並勉勵大眾落實「心五四」、「心六倫」創造快樂，擁抱幸福。面對不確定的未來，師父請大家記住「心安就有平安」這句話，除了自己心安，也要把安心的方法分享給別人。

接下來，方丈和尚轉達聖嚴師父對四眾弟子及專職的關懷，並說明師父自2005年生病以來，每星期固定到醫院洗腎三次；2009年1月5日，師父聽從醫生建議住院，隨後病況惡化，直至11日才

聖嚴師父未克出席精神講話，方丈和尚請大眾隨時默念佛號，為師父祈福。

逐漸穩定；接著幾天，師父約見資深護法信眾、法鼓大學團隊，感恩大家的護持。方丈和尚請大眾安心，心中隨時持誦觀世音菩薩聖號，為師父祈福。

● 01.25～26

總本山除夕舉行聞鐘聲祈福法會
祝願聖嚴師父法體安康　國泰民安

2009年的撞鐘儀式，全程由僧團法師撞鐘。

1月25日除夕夜至26日大年初一凌晨，法鼓山於園區法華鐘公園舉辦「聽聞法華，心安平安」聞鐘聲祈福法會。由於聖嚴師父住院不克出席，由方丈和尚果東法師代表主持，總統馬英九、宏仁集團負責人王文洋伉儷，總統府祕書長賴豐偉、金山鄉鄉長許金財及藝文界林懷民、蔣勳等多名來賓出席；馬英九總統並在方丈和尚引領下繞鐘三匝，共有兩千多位民眾參加。

撞鐘活動由資深媒體工作者葉樹姍主持，僧團副住持果品法師擔任拜鐘監香。方丈和尚帶領信眾進行祈福法會後，由四位男眾法師撞下第一響。在十一點五十分時，主持人宣布已撞滿一百響，迎接牛年進入倒數計時，法華鐘在大年初一凌晨零點整撞下第一百零八響，眾人齊呼「心安平安」，並祝願聖嚴師父法體安康。

雖然聖嚴師父未克參加撞鐘，仍以錄影開示勉勵大家，2009年要在沒有希望中看見希望，也要傳薪、創新，以及感恩、還願。馬英九總統則許下「景氣回春、政治清明、社會和諧、兩岸和平」四個新年願望，相信在眾人的努力下，新的一年一定有希望，只要心安就有平安，唯有心靜才有智慧。

方丈和尚於開示時感謝大眾對聖嚴師父的關心，並期許未來的一年，大家雖然要有危機感，但不心懷恐懼，有希望而不奢望。最後在方丈和尚引領下，來賓與信眾展開繞鐘祈福，迎接牛年的到來。

這是法鼓山第三度以撞法華鐘一百零八下來迎接新年，但2009年除夕撞鐘有別於往年，全程由法師撞鐘，並規畫「禮拜法華鐘」及「隨喜聽鐘」，希望大眾透過繞鐘、聽鐘及拜鐘，收攝身心；法鼓山也透過電視、廣播與網路直播，以及線上撞鐘、手機鈴聲免費下載等方式，將鐘聲傳播到世界上各個角落，與無法親臨現場的民眾分享法華鐘聲的祝福。

● 01.25〜02.01

法鼓山「心安平安迎福年」系列活動
七萬民眾同霑新春法喜

　　為迎接2009年牛年新春，法鼓山園區於1月25日除夕晚上至2月1日初七，舉辦「心安平安迎福年」新春系列活動，共有近七萬名來自各地的民眾參加，同霑新春法喜。

　　2009年新春系列活動，饒富教育意涵，除了大殿以點燈、祈願觀音殿以獻花供佛之外，還規畫法會共修、禪修體驗、靜態展覽、動態體驗、主題飲食等項目，邀請大眾接近清淨善法，與諸佛菩薩的福智相應，身心法喜。

　　法會活動方面，包括除夕夜彌陀普佛法會、「聽聞法華，心安平安」聞鐘聲祈福法會，以及初一至初五每日三場祈福法會。初一至初三，大殿並進行佛前大供，不少民眾闔家參與。其中初一、初三和初五，方丈和尚果東法師並出席向民眾開示與祝福。

　　禪修體驗方面，園區禪堂於初一至初五每天有四場「禪悅吉祥」禪修體驗，播放影片《現代人的心靈藥方》及指導觀身受法、經行的方法，引導民眾透過舒緩慢行，專注攝心與自己相處。

　　在靜態展覽方面，包括開山紀念館「牧牛心旅——聖嚴法師相關文物資料展」、「妙華開敷——聖嚴法師歷年得獎紀錄暨個人攝影作品特展」兩項年度特展，展出聖嚴師父相關文物資料，以及十餘幅師父於美國紐約象岡道場的攝影作品；第一大樓副殿的「十牛圖創意展」，由十位年輕藝術家的作品呈現充滿現代感的禪修歷程；第一大樓五樓的「宗教公仔展」、「版畫年畫特展」，則展出世界各國不同風俗的可愛公仔，以及珍藏上百年的版畫精品，充滿歡樂的年味。

　　動態體驗方面，主要有「年畫版畫DIY」、學習奉茶禮儀的「感恩茶禪」，許多民眾大、小朋友一起參與，增添創作樂趣。而象徵牛轉乾坤、實現好願的「心六倫轉法輪」活動，則在民眾雙手的推動下，向右繞旋轉，顯現大眾對於「心六倫」的支持與期待。

　　在主題美食方面，為了讓上山走春的民眾，能享用熱呼呼的美味素食，園區分別於居士寮、第二大樓

「宗教公仔展」讓民眾飽覽各國不同風俗的可愛公仔。

二樓活動大廳設置「聽溪園美食」、「幸福點心坊」等熱食、點心供應，讓闔家在聽聞潺潺流水聲中，共度溫馨愉快的團圓佳節。

一系列的新春活動，希望民眾能感受新年的歡喜，也體驗生命的感動，用懺悔和感恩的心情來除舊，以發願和迴向的力量來布新。

● 01.25～02.01

全台各地分院喜迎新春
廣邀信眾過心安平安年

民眾在農禪寺以香花供佛並祈福。

1月25日除夕至2月1日初七期間，除了總本山舉辦新春系列活動外，法鼓山全台各地分院道場同步迎接「心安平安年」，各地活動以法會為主，廣邀信眾闔家參與。各地分院活動概況，分述如下：

北部地區，北投農禪寺於初一至初三，每日舉辦新春慈悲三昧水懺法會暨園遊會，園遊會上特別安排「轉運——惜福市場」活動，藉此讓民眾檢視自己生活中的需要與不需要，將多餘的物品拿到惜福市場做交流，延續物命，以達到永續環保的目的；另外從初四至初七，在大殿規畫「新春藝展」活動，展出禪藝書法與佛畫。

北投中華佛教文化館於初一至初三，舉辦已延續五十餘年的「新春千佛懺法會」，每天拜佛千回，由監院果諦法師帶領，共有近八百人次參加；初四則進行念佛共修，以精進念佛來攝心淨心。

台北安和分院舉辦的法會，包括初一的普佛法會、初三的大悲懺法會、初七的地藏法會，平均每場有五百多人參加。初一至初七舉辦「禪藝聯展」，展出工筆佛畫、禪藝書法、花藝小品、拼布藝術等多樣作品，讓新春假期充滿人文藝術氣息。桃園齋明寺在初一至初三舉辦慈悲三昧水懺法會，期間另有新春園遊會活動，內容包括叩鐘許願、點燈祈願、親子茶禪等。

中部地區的台中分院，從除夕至初三每天舉辦法會，包括彌陀普佛法會、新春普佛法會、大悲懺法會，以及慈悲三昧水懺法會，希望以諸佛菩薩的慈悲法水來除舊迎新，四場法會共有近九百人次參加。

南部地區，台南分院於初一下午舉辦了一場悅眾家族新春聯誼會，老中青悅

眾皆前來向法師拜年，齊聚一堂共同分享喜悅，也強化了護法、弘法的信心；分院並舉辦普佛法會、觀音法會及〈大悲咒〉持咒共修等，活動圓滿，法師們以平安米、大悲水與民眾結緣，為大眾祝福。高雄紫雲寺於初一至初三，則以新春千佛懺法會暨園遊會等新春活動，陪伴大高雄地區的民眾歡度新年。

東部地區的台東信行寺，於初一、初三分別舉辦普佛法會、大悲懺法會，另安排兩場禪修活動，包括初二的戶外禪、初四至初五的禪二，讓民眾體驗放鬆自在的禪趣修行。

一系列的新春活動，在各地法師與義工的用心規畫下，希望所有民眾能獲得佛法的智慧與祝福，以好的開始展開新的一年。

2009年法鼓山全台寺院、分院新春主要活動一覽表

區域	地點	日期（農曆）	活動名稱
北部	北投農禪寺	1月26至28日（初一至初三）	新春慈悲三昧水懺法會暨園遊會
		1月29日至2月1日（初四至初七）	新春藝展
	北投中華佛教文化館	1月29至28日（初一至初三）	新春千佛懺法會
		1月29日（初四）	新春念佛共修
	台北安和分院	1月26日（初一）	新春普佛法會
		1月26日至2月1日（初一至初七）	禪藝聯展
		1月28日（初三）	新春大悲懺法會
		2月1日（初七）	新春孝親報恩地藏法會
	桃園齋明寺	1月26至28日（初一至初三）	新春慈悲三昧水懺法會、新春園遊會
中部	台中分院	1月25日（除夕）	除夕彌陀普佛法會
		1月26日（初一）	新春普佛法會
		1月27日（初二）	新春大悲懺法會
		1月28日（初三）	新春慈悲三昧水懺法會
	南投德華寺	1月26日（初一）	新春普佛法會
		1月28日（初三）	新春大悲懺法會
南部	台南分院	1月26日（初一）	新春普佛法會、悅眾家族新春聯誼會
		1月27日（初二）	新春淨土懺法會
		1月31日（初六）	新春觀音法會、〈大悲咒〉持咒共修
	台南安平精舍	1月28日（初三）	新春大悲懺法會
		1月29日（初四）	新春觀音法會
		1月30日（初五）	新春藥師法會
	高雄紫雲寺	1月26至28日（初一至初三）	新春千佛懺法會暨園遊會
	高雄三民精舍	1月29日（初四）	新春普佛法會
東部	台東信行寺	1月26日（初一）	新春普佛法會
		1月27日（初二）	新春戶外禪
		1月28日（初三）	新春大悲懺法會
		1月29至30日（初四至初五）	新春禪二

● 01.25～10.31

開山紀念館兩大主題展
以文字、影像展出聖嚴師父弘法軌跡

民眾藉由歷史圖像與文物，了解聖嚴師父弘法利生的生命歷程。

自1月25日至10月31日，法鼓山於園區第一大樓開山紀念館舉辦「妙華開敷——聖嚴法師歷年得獎紀錄暨個人攝影作品特展」與「牧牛心旅——聖嚴法師相關文物資料展」兩大主題展；新春期間，共有近四萬人次前往參觀。

其中，常設展「牧牛心旅」，是開山館自2005年開館以來，第一次全面更換的常設展。展場以「禪師身影」揭開聖嚴師父一生，包括耕讀不輟、閉關內省、成長淬礪、傳薪創新等階段，透過大量歷史圖像與文物，呈現師父八十年來履踐內修外弘的生命歷程。許多難得一見的手稿，如師父的關中日記、閱讀手札、禪修筆記等，都是首次展出。

同時也舉辦「妙華開敷」特展，展出的攝影作品，是1998年聖嚴師父到美國時，隨手捕捉象岡道場的冬日景緻，不落文字、沒有題款的影像，一如雪地裡的足跡，行走時步步分明，以及融雪後一切不留，待觀賞者體會琢磨。

而2月3日聖嚴師父捨報後，開山館並於3月3日起規畫展出「教澤永懷——聖嚴師父追思紀念特展」，以紀實報導的方式，呈現師父圓寂佛事，包括「聖嚴法師開示經典一覽表」，係整理師父在全球各地弘講經典的紀錄，提點了大眾「色身不在，法身常存」的要義。

● 01.30～02.01

台中分院舉辦「兒童心靈環保體驗冬令營」
逾兩百位大、小朋友共同成長

1月30日至2月1日，台中分院在台中教育大學舉辦「兒童心靈環保體驗冬令營」，共有一百一十一位小朋友，與四十位青年小隊輔、五十位外護義工，共同學習結合藝術創作與遊戲的心靈環保。

兩天三夜的活動中，小朋友除了學習基礎佛教禮儀，在「心如工畫師」、「心

靈花園」、「彌陀樂園」及「生命的律動」等課程中，藉由繪畫與遊戲，認識基礎佛法，了解學佛是為了幫助每個人修正行為、消除煩惱。

不少第一次擔任小隊輔的青年義工表示，在帶領活動時，面對活潑好動的小朋友，才發現原本以為自己很有耐心，其實還有很多成長的空間；此外，能短暫遠離電視、電腦，學習盡心盡力照顧小朋友，雖然疲憊，內心卻充滿喜悅，是未曾有過的體驗。

兒童營不僅讓小朋友種下佛法種子，也讓青年小隊輔與外護義工在奉獻中學習，體現菩薩道精神，不分年齡，共同成長。

參加冬令營的學童，歡喜展示在「心如工畫師」課程中的作品。

● 01.31～12.26期間

紫雲寺舉辦「每月講談」
多元化閱讀引領大眾親近佛法

為提昇閱讀風氣，1月31日至12月26日期間，高雄紫雲寺每月最後一週週六上午舉辦「每月講談」活動，邀請學者、作者或悅眾導讀，並分享閱讀或觀影心得，共有逾一千人次參加。

2009年十二場講談中，分享了七本聖嚴師父著作及「智慧掌中書」系列書籍。如1月首場講談，高苑科技大學通識中心副教授簡文敏導讀《工作好修行》一書，並分享如何以佛法的正向思惟來面對職場的順、逆因緣；4月，阿里山國家公園管理處副處長谷永源分享《心經》在日常生活中的運用，將「有所得」的心轉變為「無得」，做好當下事，即可得自在；5月，《聖嚴法師的頑皮童年》一書的繪者菊子分享創作過程，故事媽媽協會資深講師連惠宜分享親子共讀心得；高雄電台「幸福圖書館」節目主持人余鎮軍於11月的講談中，分享聖嚴師父的生活智慧及自己的閱讀經驗。

6月，邀請具有數理專業的屏東商業技術學院學務長林坤昇主講，他列舉生活實例，為大眾導讀《科學家的佛法體悟》；聖嚴書院講師郭惠芯在11月的講談中，以美國哥倫比亞大學（Columbia University）教授于君方著作《觀音——菩薩中國化的演變》為起點，分享走上學觀音、做觀音的旅程，強調觀音

林坤昇學務長在「每月講談」中，導讀《科學家的佛法體悟》一書。

的護佑是無時不在的，但更重要的是自己不斷地努力與堅持。

另一方面，《當牛頓遇上佛陀》與《心與腦的相對論》一書的作者惠敏法師、《我的西遊記——阿斗隨師遊天下3》作者張光斗也分別在2、12月的講談中，導讀著作。惠敏法師從「無我」、「無常」觀點，剖析緣起的宗教觀；張光斗則分享追隨聖嚴師父的學佛歷程。

此外，7月的講談，邀簡文敏副教授帶領賞析《創傷與榮耀》紀錄影片，解說片中的佛法意涵，參與講座的常曙法師，並提點佛教業報的正向概念。

紫雲寺希望每月講談的舉辦，能以多元化的閱讀方式，引領大眾親近佛法，分享法益。

2009年高雄紫雲寺「每月講談」活動一覽表

時間	講談書名或電影	講談人
1月31日	《工作好修行》	簡文敏（高苑科技大學通識中心副教授）
2月28日	《當牛頓遇上佛陀》、《心與腦的相對論》	惠敏法師（法鼓佛教學院校長）
3月28日	《聖嚴說禪》	張登恩（大仁科技大學助理教授）
4月25日	《心的經典：心經新釋》	谷永源（阿里山國家公園管理處副處長）
5月23日	《聖嚴法師的頑皮童年》	菊子（插畫家）、張晴（法鼓文化副主編）
6月27日	《科學家的佛法體悟》	林坤昇（屏東商業技術學院學務長）
7月25日	《創傷與榮耀》紀錄片	簡文敏（高苑科技大學通識中心副教授）
8月22日	「智慧掌中書」系列	游清溪（長榮海運公司總務部協理）、游濬瑋（高雄醫學院復健醫學系職能治療組學生）
9月26日	《淨土在人間》	陳劍鍠（屏東教育大學中文系副教授）
10月31日	《觀音——菩薩中國化的演變》	郭惠芯（聖嚴書院講師）
11月28日	《方外看紅塵》	余鎮軍（高雄電台「幸福圖書館」節目主持人）
12月26日	《我的西遊記——阿斗隨師遊天下3》	張光斗（電視節目製作人）

● 02.03

聖嚴師父捨報圓寂
悅眾通報會議雲來寺召開

聖嚴師父因多發性肝腫瘤併發多重器官衰竭，於2月3日下午四點自台大醫院返回法鼓山園區途中，捨報圓寂。

同日晚上七點，僧團於北投雲來寺召開「護法體系、行政體系悅眾通報會議」，由普化中心副都監果毅法師主持，僧團副住持果暉法師、僧伽大學副院長果光法師等出席，共有護法總會北一至北七轄區轄召、召委，會團正副團長，行

方丈和尚果東法師抵達悅眾通報會議現場，向護法悅眾說明聖嚴師父示寂過程，並請大家心安、念佛。

政中心、文化中心主管等近三百位悅眾參加。

果暉法師首先代表方丈和尚果東法師，向悅眾說明聖嚴師父圓寂捨報消息，並宣讀師父遺言。方丈和尚稍後抵達會議現場，述說師父示寂過程，請大眾心安、念佛，隨即趕往北投農禪寺，出席媒體記者會。

接著，果光法師代表說明聖嚴師父自2005年生病以來，僧團即思考籌畫相關佛事，至2008年年底即已籌備專案，以「祈願、發願、還願」為主軸，規畫三階段的「圓滿專案」。結束後，與會悅眾隨即雙手合掌，虔敬念佛。

● 02.03

聖嚴師父圓寂記者會農禪寺召開
方丈和尚宣讀師父生前預立遺言

2月3日晚上八點，僧團於北投農禪寺舉行媒體記者會，向社會大眾說明聖嚴師父安詳捨報示寂的過程以及後續的佛事。記者會由法鼓大學董事鄭丁旺主持，方丈和尚果東法師、發言人僧伽大學副院長果肇法師、護法總會總會長陳

方丈和尚宣讀聖嚴師父遺言，指示身後佛事以簡約為莊嚴。（右起依序為林玫卿律師、果肇法師、鄭丁旺董事、方丈和尚、劉安之校長、陳嘉男總會長）

嘉男、法鼓大學籌備處校長劉安之、法律顧問林玫卿律師共同出席。

記者會中首先播放《虛空有盡‧我願無窮》影片，回顧聖嚴師父一生為佛法盡形壽、獻生命的行腳身影。繼之，果肇法師說明師父之前就有腎臟舊疾，1月5日因多發性肝腫瘤住進台大醫院；2月3日下午出院，四點時，在回法鼓山園區途中，於方丈和尚果東法師及弟子法眷的念佛聲中，安詳捨報。法師並說明，自從生病之後，師父對生死，就抱持著「不等死、不怕死、不找死」的態度。

接著由方丈和尚宣讀聖嚴師父遺言後，果肇法師說明師父後續相關佛事安排，2月6日入殮，8日荼毗，15日植存於法鼓山園區內的台北縣立金山環保生命園區；並簡述師父一生「奉獻自己，成就大眾」的精神，表示師父只希望能培養更多佛教人才來弘揚佛教，修行佛法，代代相續以成就他人；未來法鼓山僧團將承先啟後，繼續實踐師父遺願，推動法鼓山的理念。

● 02.03～15

海內外各地分院同步念佛報師恩
信眾以聲聲佛號莊嚴佛事

當聖嚴師父圓寂的消息正式對外公布後，法鼓山海內外各分院道場於2月3至15日，與總本山同步展開念佛報恩，讓信眾就近參與念佛。北投農禪寺3日晚間即有上千位信眾齊聚念佛，桃園齋明寺、台中分院、台南分院、高雄紫雲寺，也各有近六百位信眾參加。

總本山在4日開放瞻仰聖嚴師父法相後，全台各地分院乃至紐約東初禪寺、加拿大溫哥華道場，與馬來西亞、新加坡、香港等三處護法會，都透過網路與總本山視訊連線，讓無法前往園區的信眾，透過視訊來瞻禮、念佛，共同參與於總本山進行的各項佛事，也體現了僧俗四眾以修行報師恩的精神。

8日聖嚴師父法體荼毗大典以後，總本山的念佛報恩轉為報恩念佛禪一，每

日由法師帶領念佛、繞佛，及觀看師父開示的影片。於每晚最後一炷香並舉行傳燈發願的儀式，人人手持一盞油燈供奉於師父的法照前，象徵著以「願」供養師父，以發願報師恩。

聖嚴師父圓寂後，各地分院與總本山同步展開念佛報恩。圖為台南分院信眾在聖嚴師父遺言說偈的照壁旁，專心念佛，以報師恩。

● 02.04

聖嚴師父法體移靈園區大殿
四眾弟子跪迎念佛

聖嚴師父2月3日下午四點捨報後，法體回到法鼓山園區開山寮中，由方丈和尚果東法師帶領法眷進行八小時的報恩念佛。

在法眷持續念佛聲中，聖嚴師父的法體在4日凌晨兩點，由六位弟子引領、八位弟子護靈，自開山寮移靈至大殿。僧俗四眾弟子排列在大殿迴廊，跪迎師父法體。

聖嚴師父的法體奉安於大殿三寶佛像前，師父法體正對面，懸掛著書法家杜忠誥依師父遺言所提「寂滅為樂」四字輓額，輓額下方則以層巒疊起的山水為景，亦由杜忠誥題寫師父遺言末後說偈：「無事忙中老，空裡有哭笑，本來沒有我，生死皆可拋。」典樸的書法字體，清淨的空間布置，令所有進入大殿瞻禮法相的信眾，直接感受到「以簡約為莊嚴」的真實意境。

在法眷持續八小時念佛後，八位僧眾弟子準備將聖嚴師父法體移靈至大殿。

● 02.06

聖嚴師父法體入殮封龕
四眾齊誦「阿彌陀佛」聖號祝禱

　　聖嚴師父法體入殮封龕儀式，2月6日上午於法鼓山園區大殿舉行，邀請師父摯友、聖靈寺住持今能長老主法，包括法鼓山全體僧眾兩百多人，台灣中國佛教會理事長淨良長老、新加坡毘盧寺方丈慧雄法師等教界長老與法師，行政院大陸委員會主任委員賴幸媛、前行政院院長郝柏村，廣達集團負責人林百里、香港「壹基金」創辦人李連杰等，共一千多人參加；各地分院道場同步視訊連線觀禮。

　　歷時一小時的儀式，首先由聖嚴師父法眷代表方丈和尚果東法師、首座惠敏法師、副住持果暉法師、僧團都監果廣法師等，迎請今能長老主法。靈龕兩旁，擺放聖嚴師父的著作《法鼓全集》、教導弟子的禪修香板，象徵師父修學佛法、弘傳禪法的成就，展現永久弘傳住世的法身舍利。

　　今能長老帶領眾人誦念「南無般若會上佛菩薩」、《心經》，隨後在「阿彌陀佛」聖號聲中，全體僧眾、其他佛教團體法師一百多人，以及聖嚴師父俗家眷屬列隊，循序上前瞻禮師父法相。

今能長老一聲「封！」八位弟子慢慢闔上棺蓋，圓滿封龕儀式。

　　接著，今能長老在聖嚴師父靈龕前開示「修殯封龕法語」，並念祭文介紹師父不平凡的一生，誦讀完最後一段法偈「度世已功圓，歸入真常界，萬緣俱放下，往生極樂國」後封棺，八位弟子緩緩蓋棺，僧俗四眾齊聲迴向，圓滿封龕儀式。

● 02.08

聖嚴師父起龕儀式園區舉行
上萬信眾夾道跪送

　　聖嚴師父靈柩起龕儀式2月8日上午於法鼓山園區舉行，邀請師父摯友、聖靈寺住持今能長老主法；師父多位至交道友，包括基隆靈泉禪寺住持晴虛長老、

鶯歌滿願寺廣慈長老、中國大陸中國佛學院副院長傳印長老，留日好友日本立正大學教授三友健容，廣達集團負責人林百里，以及逾萬名信眾皆到場送別，各地分院道場同步視訊連線觀禮。

2月8日上午，上萬信眾沿著法印路、雙面觀音路兩側一路列隊，跪送聖嚴師父靈龕移往苗栗獅頭山勸化堂。

起龕儀式首先由今能長老捻香，領眾誦念完《心經》和三稱「阿彌陀佛」聖號後，長老一聲「起！」，覆上素色華幔的靈龕，在方丈和尚果東法師捧持牌位，首座和尚惠敏法師捧持法照，由八位僧眾弟子護送下，緩緩移動，送入靈車，前往苗栗獅頭山勸化堂茶毘場。

於園區各殿堂觀看視訊的信眾，也依序在義工們引導下，雙手合十，持誦「阿彌陀佛」聖號，朝法印路兩旁列隊，一路綿延至雙面觀音路的靈山勝境石；見到聖嚴師父靈龕車來到，以頂禮跪送方式，送別師父下山。

● 02.08

聖嚴師父茶毘大典苗栗勸化堂舉行
眾人領會「寂滅為樂」的灑脫與自在

聖嚴師父茶毘大典2月8日下午於苗栗獅頭山勸化堂舉行，邀請聖靈寺住持今能長老主法，展開歷時兩個小時的茶毘法會，靈龕隨後移至火化場進行茶毘，共有逾萬名信眾參加。

聖嚴師父的靈龕車，下午三點抵達勸化堂茶毘會場。來自全台各地上萬信眾，身著海青，整齊列隊，從獅頭山產業道路兩旁、到連夜搭建的「大悲心起」三門口，一路綿延至勸化堂佛殿前廣場。當師父法照及靈柩通過時，更長跪叩首致意。

在勸化堂佛殿進行的茶毘法會上，僅有簡單素果，聖嚴師父遺偈「無事忙中老，空裡有哭笑，本來沒有我，生死皆可拋」高掛會場，今能長老領眾齊誦〈楊枝淨水讚〉、〈大悲咒〉、《心經》等，多名外國僧侶也跪地頂禮，跟隨眾人誦經。

目送火化場上方的裊裊輕煙，聖嚴師父身後這一程，令眾人深深領會「寂滅為樂」的灑脫與自在。

隨後，聖嚴師父靈龕移至火化場進行荼毗。在荼毗過程中，大眾持續誦持「阿彌陀佛」聖號，進入佛殿，依序瞻仰師父法照及牌位，頂禮再拜。

僧團遵循聖嚴師父遺言，不築墓、不建塔、不立碑、不豎像、勿撿堅固子。荼毗大典後，骨灰暫時安奉於法鼓山大殿，2月15日舉行植存儀式。

荼毗大典全程於法鼓山全球資訊網（網址：http://www.ddm.org.tw）網路直播，讓世界各地關心聖嚴師父的信眾，都能參與這場佛事。

● 02.08深夜～09凌晨

聖嚴師父舍利函暫奉園區大殿
儼然師父再次陞座說法

聖嚴師父法體於2月8日荼毗之後，當天深夜十一點五十分，在兩百多位僧團僧眾跪迎下，將師父的舍利函安奉於園區大殿中。

舍利函安奉於大殿的過程，宛如聖嚴師父陞座說法。9日凌晨，全體僧眾集

侍者法師調整聖嚴師父舍利函位置，猶如師父生前向大眾講法一般。

聚大殿，齊聲誦持「阿彌佛陀」聖號，長跪迎請法師舍利函回山，師父生前三位侍者法師護送進入大殿，常願法師捧持舍利函，常寬法師捧持眼鏡、念珠，常持法師捧持毛巾、茶杯，依序安放在陪伴師父講經三十年的藤椅與禪桌上，侍者們一如往昔為師父調整好蒲團、掛珠，希望師父說法時坐得自在，讓大眾在此安心共修。

聖嚴師父的舍利函，訂於2月15日植存於法鼓山園區的台北縣立金山環保生

命園區。自9日起至15日植存之前，法鼓山仍持續二十四小時在總本山及海內外分院道場進行報恩念佛禪一的精進共修，藉由念佛與禪修，感念師父的法乳之恩。

● 02.15

聖嚴師父追思法會園區大殿舉辦
馬英九總統頒發褒揚令予師父

2月15日，聖嚴師父追思法會下午於法鼓山園區大殿舉行，禮請聖靈寺住持今能長老、汐止彌勒內院方丈寬裕長老、廣慈長老擔任三師和尚，為師父靈骨植存說偈；總統馬英九、副總統蕭萬長、雲門舞集創辦人林懷民以及中國大陸國家宗教局局長葉小文、中國佛教協會副會長學誠法師等來賓，共有三萬多人參加。除了大殿現場，園區各殿堂及全台、海外各地分院道場同步視訊連線，海內外信眾共同參與師父的最後一場佛事。

馬英九總統頒發褒揚令，肯定聖嚴師父對國家社會的貢獻，由方丈和尚果東法師代表接受。（總統府提供）

法會上，馬英九總統特別代表政府及所有國人，頒發褒揚令給聖嚴師父，由方丈和尚果東法師代表接受；方丈和尚並回贈師父親手抄寫的《心經》墨寶。馬總統致詞時，表示感念師父為國家帶來正面影響，並邀請大眾一起來實踐師父的悲願，說明這是紀念師父、也最符合師父一生理念的最好方法。

法會後，方丈和尚帶領僧團全體住眾，禮謝社會各界在聖嚴師父佛事期間，給予的提攜、關懷和護持。

接著，在播放聖嚴師父開示發願的《願心》影片後，主持人資深媒體工作者葉樹姍邀請大眾一同發願，用發願來報答師恩，各殿堂信眾紛紛提起筆，將心中發的願，寫在菩提祈願卡上，用至誠願心，回報師父的期勉，願將師父的悲願，持續傳承發揚。

追思法會圓滿後，於法鼓山園區台北縣立金山環保生命園區舉行植存儀式。植存隊伍在方丈和尚果東法師引領下與宏亮的法華鐘聲中，循曹源路、藥師古佛迴環步道至生命園區，進行植存。

● 02.15

聖嚴師父植存實踐禮儀環保
逾三萬名信眾以願供養師父

聖嚴師父靈骨由方丈和尚果東法師、馬英九總統等五組十五位法眷及社會信眾代表,植存在金山環保生命園區。(總統府提供)

2月15日下午,聖嚴師父植存儀式於法鼓山園區台北縣立金山環保生命園區舉行。師父靈骨由方丈和尚果東法師、總統馬英九等五組十五位法眷及社會大眾代表,依序植存在生命園區的五個洞穴中。

這項儀程,法眷代表包括方丈和尚果東法師、副住持果暉法師、常聞法師,果如法師、繼程法師、惠敏法師、果鏡法師、果舫法師、果廣法師,法緣信眾代表有馬英九總統、蕭萬長副總統、護法總會總會長陳嘉男,西方法子居士代表有查可·安德列塞維克(Žarko Andričević)、賽門·查爾得(Simon Child)、吉伯·古帝亞茲(Gilbert Gutierrez),共五組十五位代表分別進行,每組三人,分別負責將聖嚴師父的舍利函放入洞穴中植存、獻花、覆土。五組陸續完成後,全場默禱一分鐘,肅穆寧靜。十五位植存代表,也在菩提祈願卡寫下心中發的願,繫掛在開山紀念館內的菩提樹上,時時提醒自己,學習師父的深廣行願,用生命去實踐所發的好願。

植存圓滿後,逾三萬名信眾踏著追思的腳步,沿著曹源溪畔的溪濱步道、生命園區步道,朝生命園區前進。繞行生命園區一周後,大家將菩提祈願卡放置園區外的缽內,向聖嚴師父表達無限的感恩與供養。僧團也特別以聖嚴師父手書墨寶《心經》及《祈願·發願·還願》一書與大眾結緣。

這場追思法會暨植存,不僅是聖嚴師父對四眾弟子的最後一場身教,期勉信眾放下對色身執著的一堂生命課程,也是四眾弟子接續師父遺願,重新出發的誓願。師父的願心,未來在四眾弟子齊心努力下,將繼續落實和推動。

聖嚴師父遺言

慈悲喜捨

法鼓山

聖嚴用箋

一、出生於一九三○年的中國大陸江蘇省，俗家姓張。在我身後，不發訃聞、不傳供、不築墓、不建塔、不立碑、不豎像、勿撿堅固子。禮請一至三位長老大德法師，分別主持封棺、告別、荼毘、植葬等儀式。務必以簡約為莊嚴，切勿浪費舖張，靈堂只掛一幅書家寫的輓額「寂滅為樂」以作鼓勵；懇辭花及輓聯，唯念「阿彌陀佛」，同結蓮邦淨緣。

二、身後若有信施供養現金及在國內外的版稅收入，贈與財團法人法鼓山佛教基金會及財團法人法鼓山文教基金會。我生前無任何私產，一切財物，涓滴來自十方布施，故悉歸屬道場，依佛制及本人經法院公證之遺囑處理。

三、凡由我創立及負責之道場，均隸屬法鼓山的法脈，除了經濟獨立運作，舉凡道風的確保、人才的教育、互動的關懷及人事的安排，宜納入統一的機制。唯在國外的分支道場，當以禪風一致化，人事本土化為原則，以利純粹禪法之不墮，並期禪修在異文化社會的生根推廣。

四、法鼓山總本山方丈一職，不論是由內部推舉，或從體系外敦聘大德比丘、比丘尼擔任，接位之時亦接法統，承繼並延續法鼓山的禪宗法脈，亦不得廢止法鼓山的理念及方向，是為永式。佛說：「我不領眾，我在僧中」，方丈是僧團精神中心，督策僧團寺務法務僧斷僧行，依法、依律、依規制，和樂、精進、清淨。

五、我的著作，除了已經出版刊行發表者，可收入全集之外，凡未經我覆閱的文稿，為免蕪濫，不

慈悲喜捨

再借手後人整理成書。

六、在我身後,請林其賢教授夫婦,將我的「年譜」,補至我捨壽為止,用供作為史料,並助後賢進德參考。故請勿再編印紀念集之類的出版物了。

七、我的遺言囑託,請由僧團執行。我的身後事,不可辦成喪事,乃是一場莊嚴的佛事。

八、僧俗四眾弟子之間,沒有產業、財務及權力、名位之意見可爭,但有悲智、和敬及四種環保的教育功能可期。諸賢各自珍惜,我們有這番同學菩薩道的善根福德因緣,我們曾在無量諸佛座下同結善緣,並將仍在無量諸佛會中同修無上菩提,同在正法門中互為眷屬。

九、在這之前本人所立遺言,可佐參考,但以此份為準。

　末後說偈:「無事忙中老,空裡有哭笑,本來沒有我,生死皆可拋。」

法鼓山 創辦人 聖嚴

法鼓山
聖嚴用箋

聖嚴師父最後的身教

佛事簡約莊嚴　回歸本來面目

　　2009年2月3日下午四點，聖嚴師父捨報圓寂了，享壽八十歲，僧臘五十載，戒臘四十九年。

　　聖嚴師父自2005年罹患腎疾以來，對於生死，就抱持著「不等死、不怕死、不找死」的態度。關於身後事，師父殷殷囑咐：「不可辦成喪事，乃是一場莊嚴的佛事。」因此，師父圓寂各場佛事的規畫，舉凡報恩念佛、入殮封龕、荼毘、舍利函奉安到追思暨植存，皆依循師父遺教，以簡約為莊嚴；佛事殿堂則以禪宗不落形式、簡單純粹的精神，呈現本來面目。

一、無聲說法的境教：場布

　　聖嚴師父提倡的環保理念，是僧團規畫師父身後佛事的最高指導原則。總本山大殿，在玄關處搭起素樸的照壁，照壁正面為師父自在的身影，以及他親書的「虛空有盡，我願無窮」墨寶，在縹緲的山景間，益發透顯出師父一生為佛法、為眾生的悲願力量。照壁背面則為

大殿影壁上的「虛空有盡　我願無窮」，是聖嚴師父親書的墨寶。

書法家杜忠誥書寫師父「無事忙中老，空裡有哭笑，本來沒有我，生死皆可拋」的四句偈，蘊涵其中的佛法深義，讓每位參與佛事的大眾，在攝心念佛之餘，更深刻思惟師父圓寂所啟示的生命課題。

兼具教法與禪法

　　大殿之中，在三寶佛前懸掛了一幅同為杜忠誥書寫的「寂滅為樂」匾額，除此之外，別無他物，只有禪者無聲叩問著生命的「本來面目」。

《法鼓全集》、香板與聖嚴師父自我表述的「寂滅為樂」,是師父留給後世的法身舍利。

相同的照壁設計與輓額,也如法複製於法鼓山海內外的各地分院,同時透過視訊連線與網路直播,使念佛音聲、莊嚴佛事無遠弗屆,即使無法親自到總本山悼念的各界人士,也能感同身受聖嚴師父人生最後一程宣說的佛法大義。

茶毘大典之後,8日當天深夜,僧團將聖嚴師父的舍利函奉安於大殿中。殿堂之上,安放著一張師父生前講經說法時坐了三十年的老藤椅,而舍利函奉安在藤椅上,就像師父陞座說法的勝會。在舍利函左邊禪桌,擺放師父一生著作《法鼓全集》光碟,象徵「教法」;右邊禪桌則是指導禪修用的香板,代表「禪法」。「教法」與「禪法」,正是師父留給世人的精神舍利,提醒四眾弟子不要執著色身舍利,最重要的是,不能忘失師父留下的法身舍利。

墨寶法語提點世人

佛事中,聖嚴師父親自書寫的法語墨寶,字字句句帶來安定身心的力量。園區三門上巨幅的「一缽乞食千家飯,孤僧杖竹萬里遊,隨緣應化莫擁有,緣畢放身撒兩手」楹聯;各處佛堂的梁柱上也掛師父的翰墨:「人生無常有生有滅,把握當下修福修慧」、「天老地荒人長久,四大分離夢一場」、「生生滅滅無生滅,來來去去不來去」、「四大皆空我猶未空,五蘊無我尚有法我」,皆提點世人應把生命做為修福慧的工具,不貪戀生命,也不畏懼死亡,在當做之時努力而行,當滅之際放手自在。

二、從報恩念佛到念佛禪:念佛

自聖嚴師父捨報的那一刻開始,總本山與海內外各分院、道場即同時啟動二十四小時「發願報恩念佛」,2月3至15日一連十二天的佛事,皆以一句句沉穩有力的「阿彌陀佛」聖號,收攝大眾悲痛散亂的心念;讓信眾得以透過佛事參與,了解到以佛號自安安人,把握當下,精進修行,這正是報恩念佛的本意。

尤其難得的是,整場佛事中帶領大眾念佛的四字佛號聲,正是聖嚴師

父於五十多歲時所主持的一場共修法會中，所錄下的音聲。這場莊嚴的佛事，不僅是師父為自己念佛，也是師父再度帶領四眾弟子念佛共修的一場法會。

8日聖嚴師父法體荼毘後至15日植存之間，則進行「報恩念佛禪一」，由僧團法師每日帶領信眾念佛拜佛、禪坐經行，並從師父的念佛禪七開示影片中，再次領略師父開示的法義，體會如何以平常心念佛，把雜亂的妄想心變成清淨的安定心。

三、發願還願的菩薩行：發願

3日下午起，法鼓山海內外各分院、道場同步啟動二十四小時的「發願報恩念佛」，希望大眾以「發願、報恩」的態度來參與聖嚴師父的佛事。不少人在參與佛事的過程中，深受這股力量感動，15日參與追思法會及植存儀式的大眾們，包括總統馬英九，紛紛提筆在菩提祈願卡上為自己、為大眾寫下心中大願，以「願」來供養師父，希望能有願必成。

為什麼要在佛事中發願呢？聖嚴師父曾說：「發願不但可以說是一種生活的態度，更可以說是生命的方向。」以佛教的觀點來看人生目的，凡夫是來受報還債，佛菩薩則是來還願。每一個人來到世間，一是為了償債與收帳而受苦受樂；二是為了還願與發願而盡心盡力。不論如何艱難，發願與還願是慈悲與智慧的實踐，也是自動自發、樂在其中的修行，更是菩薩行。

經由發願，讓人找到了生命的方向與動力、肯定了生命的意義，並發揮生命最大的潛能。這也是聖嚴師父即使捨報了，也不忘以身示寂，勉勵眾人發願的最大意義。

大眾將心中發的願，寫在菩提葉形的祈願卡上，以「利益自己、成就大眾」的願心來供養聖嚴師父。

四、寂滅為樂歸淨土：植存

一瓣花香、兩坯春泥，沒有任何宗教儀式，聖嚴師父的舍利函，2月15日下午，由方丈和尚果東法師、總統馬英九等十五位法眷、法緣代表，依序

植入總本山的台北縣立金山環保生命園區五個洞穴中。

一直以來聖嚴師父對身後事就百無禁忌,特別是對人死後的遺骸骨灰,認為最好的處理方式是「不留一點痕跡」。多年來更推廣環保自然葬法,不僅節約土地資源、經濟,同時擁有環保的特點,有效達成「節葬」、「簡葬」與「潔葬」的目標。

而植存方式不僅保留了傳統文化「入土為安」的精神,也兼具環保概念,讓人體回歸自然,隨土地生態循環再利用,更重要的是體現佛教慈悲奉獻的價值觀。聖嚴師父生前多次期勉大眾:「人的價值,在於奉獻。」無論人生走到了哪一階段,都不要喪失奉獻自己、利益眾生的慈悲心。落實到人生的死亡大事,就是思考如何做才能對這個世界有利、對自然環境有益,也留給後代子孫及大地眾生一個更乾淨、美好的世界。

聖嚴師父以身示教,以植存方式回歸淨土,落實法鼓山提倡的「四種環保」。師父以「生死自主」的觀念,為自己選擇不留一點痕跡的喪葬方式,為世間演繹最後的無聲心法。

奉獻身影　莊嚴殿堂

另一方面,佛事期間,不論是場地布置、佛事進行,抑或是撤場善後,處處可見義工的奉獻身影,包括交通組義工冒著雨,指揮川流不息的車輛;導覽組義工引導一批又一批的信眾,到簡介館觀看影片,到大殿瞻禮、念佛;環保組義工悉心維護迴廊、穿堂的環境整潔;大寮香積組義工,則埋首料理數千乃至上萬人的飲食;以及無數義工在園區各個角落,默默勞動。

細雨中,交通組義工看到聖嚴師父護靈車隊經過,隨沿路信眾跪下,送別師父。

聖嚴師父一生,便是抱著「急須要做,正要人做的事,我來吧!」的願心,把握每個弘法的機會,盡形壽、獻生命。儘管師父捨報了,義工們仍依循著師父平日的教誨,默默奉獻付出。義工們安住於工作崗位,以自己的所知所能、所有所長,讓各場佛事順利進行,不但做到修行佛法、護持佛法、弘揚佛法;同時圓滿了師父身後這場佛

事，助成大眾的修行，更是自利利他菩薩行的具體實踐。

無聲的教法　圓滿的智慧

2月15日下午，在三萬信眾齊心發願下，聖嚴師父追思法會暨植存儀式圓滿結束。十二天來，舉凡入殮、荼毘、追思、植存等佛事，都在師父的慈悲攝受與智慧的遺教中，圓滿成就。不僅法鼓山僧俗四眾薰習於這場莊嚴的佛事：念佛是精進報恩的修行，發願是向上向善的期許，植存是放下執著的身教；佛事揭櫫的身後觀，也讓社會大眾進一步領受師父的無聲教法，如實感受佛法的智慧與慈悲。

植存儀式圓滿後，所有義工們同心協力，以接力方式，將會場的椅子收放回原處。

聖嚴師父最後一程佛事的示現，正是佛法「歸於空無」、「無分別心」的體現，為眾人上了一堂最寶貴的生死課。從一生弘法到色身示滅，師父無不如實力行佛理，讓個人的生命軌跡成為一段實踐佛法的生命歷程。

聖嚴師父在遺言中指示其身後「務必以簡約為莊嚴，切勿浪費鋪張，靈堂只掛一幅書家寫的輓額『寂滅為樂』以作鼓勵」。

「寂滅為樂」的意義在於：「寂滅樂是滅苦以後真正的快樂，在這種情況下，並沒有相對的苦與樂，而是超越了苦與樂以後的境界。這是智慧與精神層面的快樂，也是一種清澈的快樂。」這是聖嚴師父在著作《真正的快樂》一書中所做的解釋。

聖嚴師父在文中也說明：「當我們以無常的觀念為著力點，就會看到萬物的自性都是空的，並沒有任何真實不變的東西，因此佛教說『五蘊皆空』。既然五蘊皆空，萬事萬物都是因緣所生，而因緣所生的東西又是沒有自性的，如此一來，還有什麼苦可言呢？明白了『緣起性空』的智慧，我們就能夠接受苦而遠離苦，而遠離苦本身就是樂。這種快樂並不是吃飽喝足、接受感官刺激或麻醉後所感覺到的快樂，而是讓我們放下一切負擔，並且從這些刺激中得到解脫的快樂，我們稱之為『寂滅樂』。」

人的一生都在追求快樂、希望得到快樂，然而唯有放下，才能得到真正的快樂。

無事忙中老，空裡有哭笑，本來沒有我，生死皆可拋

聖嚴師父在2004年2月18日即預立遺言，其中末後說偈言：「無事忙中老，空裡有哭笑，本來沒有我，生死皆可拋。」

這四句話也呼應了聖嚴師父常對世人的告誡：「不怕死，不等死，不找死，但隨時準備死。要好好活著，當一日和尚撞一日鐘。」師父不為自己求安樂，不為自己而去追求什麼，真可說是「無事人」，但是為了度眾生，所以忙碌一生，而在忙碌中，不知不覺地年歲漸漸大了，一句「無事忙中老」，可說是師父一生的寫照。

佛法說因緣聚散無常，所以究竟是空的，但是在這空裡的每一個當下，聖嚴師父踏踏實實地用生命去體驗和品味，其中交織著歡笑與淚水，「空裡有哭笑」實是法師發光發熱的生命光輝。既然無常，這副身軀也只不過是因緣聚合所成，是短暫存有的，其中又何來真實的「我」呢？相信「本來沒有我」不光是佛家常談，更是師父的親身體悟。

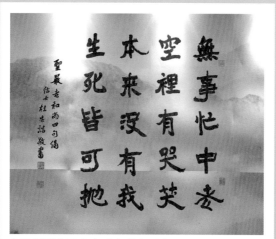

大殿照壁背面由書法家杜忠誥書寫的聖嚴師父四句偈，是師父對世人的諄諄教誨。

正因為「無我」，所以是超越生死，不生不滅，更沒有現世所謂的「生死」好去執著的了，聖嚴師父諄諄教誨，唯有當「生死皆可拋」時，才能嘗到真正的自由。

各界緬懷　追思感念
諸多法門師友、僧俗弟子　見證聖嚴師父弘法願心

聽聞聖嚴師父圓寂捨報，社會各界人士與團體，不分宗教、種族、階層皆前來法鼓山悼念。總統馬英九更在第一時間親赴法鼓山園區，向師父法體鞠躬致意。

各界人士相繼致意

在教界方面，例如聖嚴師父年少就讀中國大陸靜安寺佛學院時的老師守成長老、同學了中長老，當年鼓勵師父赴日求學的慧嶽長老、師父留日時期好友三友健容教授、這次佛事主法和尚今能長老，以及真華長老、寬裕長老、廣慈長老、晴虛長老等多位師父的師長、摯友，因為師父的捨報又重聚首，緬懷之際，更多了一份同

耕莘文教院院長杜樂仁神父（右）、賴甘霖神父（左）一同來法鼓山，向聖嚴師父致上敬意。

修道侶間的惺惺相惜。此外，台灣中國佛教會理事長淨良長老、廣元長老、佛光山住持心定法師、靈鷲山住持心道法師、福嚴佛學院院長厚觀法師、香光佛學院院長悟因法師、佛教弘誓學院昭慧法師、美國莊嚴寺住持法曜法師、新加坡毘盧寺方丈慧雄法師、斯里蘭卡強帝瑪法師（Venerable Chandima）等，以及慈濟功德會、福智佛教基金會、圓光文教基金會等教界團體，都來悼念追思。

聖嚴師父一生致力國際間的宗教交流與合作，因此各宗教都有代表前來瞻禮致意，包括天主教耕莘文教院院長杜樂仁（Jacques Duraud）神父、賴甘霖神父（Andreas de Rabago S.J.）等，而曾與師父多次對談的天主教樞機主教單國璽，也委請台灣區總主教洪山川來致意，言談之間盡是懷念與不捨。

政商藝文、禪修弟子　滿懷感恩

聖嚴師父以深入淺出的文字、入世關懷的精神來弘傳正法，影響廣泛而深遠，因此政、商、藝文各界人士多深受師父影響，除了副總統蕭萬長之

外，前副總統呂秀蓮、行政院院長劉兆玄、民主進步黨主席蔡英文、前行政院院長蘇貞昌、謝長廷、郝柏村等部會首長、政黨代表皆前來致意。

企業界親至山上悼念，包括鴻海集團總裁郭台銘、宏仁集團總裁王文洋、亞都麗緻飯店總裁嚴長壽、台泥董事長辜成允等人；藝文界包括與師父相交甚篤的中研院院士李亦園、雲門舞集創辦人林懷民、台積電文教基金會董事張淑芬等人。其中，曾追隨聖嚴師父學習禪修、多次向師父請法的各界人士，如台灣高速鐵路董事長殷琪、廣達集團負責人林百里、行政院大陸委員會主任委員賴幸媛、香港「壹基金」創辦人李連杰、表演工作者林青霞等人，紛紛自各地趕來追思。

聖嚴師父的摯友中研院院士李亦園，佇立大殿中緬懷師父。

專文與追思文　鋪陳弘化軌跡

許多無法親至法鼓山園區追思的僧俗四眾及各界人士，也紛紛發送唁電與信函，表達對聖嚴師父的不捨與感念，或發表對師父行誼的觀察專論。

例如曾多次與聖嚴師父會面晤談的西藏宗教領袖達賴喇嘛，特別派遣代表團轉達弔唁函，佛光山的星雲法師、慈濟功德會的證嚴法師、美國同淨蘭若住持仁俊長老等諸多教界長老，也透過信箋緬懷師父；年近百歲的國學大師季羨林教授，更親自撰文，發送唁電來悼念師父；美國加州大學柏克萊分校（University of California, Berkeley）榮譽教授、亦是電子佛典推進協議會（Electronic Buddhist Text Initiative, EBTI）路易斯·蘭卡斯特（Lewis Lancaster）感念師父是名副其實的學問僧，將共同承續師父的願心；跟隨師父修行三十餘年，美國哥倫比亞大學（Columbia University）宗教系教授于君方教授追思表示，「如果我無緣在三十多年前遇到師父，我不會是今天的我。」

另一方面香港光華新聞文化中心主任平路發表〈聖嚴法師　生死相續〉、前《中時晚報》社長陳國祥為文〈聖嚴法師　禪慧闢淨土〉、香港鳳凰衛視《文化大觀園》主持人王魯湘發表〈聖嚴法師一生心繫「心靈環保」〉，字裡行間，鋪陳出聖嚴師父一生跨越宗教、學術、文化、慈善與關懷的弘化印跡。

此外，曾經從聖嚴師父的著作中獲得法益的僧俗弟子們，均陸續致電悼念；而國內外的媒體、網站通路，包括《中國時報》、《聯合報》，中國大陸《佛教線上》，也主動製作師父的專輯報導、專屬網站、部落格等，將師父的理念、教法、一生行誼，弘傳給更多人知道。

特別報導

聖嚴師父最後一個月
行腳記要

時間			事件
年	月	日	
2008	12	31	前往台大醫院檢查，狀況異常。
2009	1	3	出席北投農禪寺「心安平安‧2008年歲末關懷感恩分享會」，關懷護法信眾。
		5	住院。
		8	8至17日，法鼓山海內外分院道場每日舉辦祈福法會，祈願聖嚴師父法體安康。
		13	在台大醫院約見僧團法師、資深護法信眾，感謝大眾的護持，並勉勵僧團要「維護正法」；並進行《美好的晚年》一書口述。
		15	在台大醫院約見僧團法師、資深護法信眾與法鼓大學團隊，感謝大眾的護持，並勉勵完成法鼓大學的建校和辦學，培育推動「心靈環保」的菁英人才。
		17	向醫院請假，上午前往北投農禪寺，向參加觀音祈福法會的信眾表達感恩；稍後前往北投雲來寺，關懷專職與義工。
			下午前往北投文化館，向參加藥師法會的信眾表達感恩，並至三樓祖堂、五樓大殿上香。
		18	在台北中正精舍約見資深護法信眾，感謝大眾的護持，並期許繼續護持法鼓山與法鼓大學的建設；回醫院。
			法鼓山信眾發起每人每日持誦觀世音菩薩聖號9999遍，祈願聖嚴師父法體安康，住世人間。
		29	1月29日至2月3日，法鼓山海內外分院道場每日舉辦藥師法會，祈願聖嚴師父法體安康。
	2	3	下午三點半出院，四點於回法鼓山園區途中，捨報圓寂。

聖嚴師父圓寂佛事記要

時間		事件
月	日	
2	3	聖嚴師父捨報圓寂，僧團弟子下午四點起於法鼓山園區開山寮進行八小時報恩念佛。
		3至15日，法鼓山海內外各地分院、道場，同步展開發願報恩念佛。（各項例行共修、活動暫停。）
		晚上七點，於北投雲來寺舉辦「護法體系、行政體系悅眾通報會議」，由普化中心副都監果毅法師主持，共有近三百名悅眾參加。
		晚上八點，於北投農禪寺舉辦聖嚴師父圓寂媒體記者會，向社會各界說明師父捨報示寂過程、後續佛事，方丈和尚果東法師代表宣讀師父遺言。
	4	念佛八小時後，凌晨兩點，聖嚴師父法體自法鼓山園區開山寮移靈至大殿。
		法鼓山園區展開二十四小時發願報恩念佛。
		4至6日，開放各界瞻禮師父法相。
	6	上午九點，入殮封龕儀式於法鼓山園區大殿舉行，禮請聖靈寺住持今能長老主法，包括法鼓山全體僧眾兩百多人、各界人士一千多人參加；各地分院道場同步視訊連線觀禮。
	8	上午九點，靈柩起龕儀式於法鼓山園區舉行，禮請今能長老主法；師父多位至交道友及逾萬名信眾到場送別，各地分院道場同步視訊連線觀禮。在今能長老說法後，師父靈龕在法眷弟子護送起駕，前往苗栗獅頭山勸化堂茶毗場。
		下午三點，靈龕茶毗大典於苗栗獅頭山勸化堂舉行，由聖靈寺住持今能長老主法，共有逾萬名信眾參加。
		8日深夜至9日凌晨，聖嚴師父舍利函奉安儀式於法鼓山園區大殿舉行，舍利函由師父生前三位侍者法師常願、常寬、常持法師護送進入大殿。
		8至15日，法鼓山園區每日舉辦報恩念佛禪一精進共修。（各項例行共修、活動暫停）
	15	追思法會暨植存儀式下午於法鼓山園區大殿及台北縣立金山環保生命園區舉行。禮請今能長老、寬裕長老、廣慈長老主法，為師父靈骨說偈；總統馬英九到場參加，頒發褒揚令予師父；各地分院道場同步視訊連線觀禮，共有三萬多人參加。
		追思法會圓滿後，聖嚴師父靈骨由方丈和尚果東法師、總統馬英九、護法總會總會長陳嘉男等五組法眷及社會大眾代表，依序植存於生命園區的五個洞穴中；隨後，三萬多名民眾沿著曹源溪畔的溪濱朝山步道、生命園區步道，繞行生命園區一周，向師父表達無限的追思與緬懷。

● 02.17～18

兩百四十多位僧眾共聚「僧活營」
化感恩為願力與動力

2月17至18日，僧團於法鼓山園區舉辦「願願相續·僧心相會」僧活營，由方丈和尚果東法師帶領，活動透過分享與討論，凝聚對聖嚴師父的感恩與緬懷的願心，並提出未來永續經營法鼓山具體的建議與方案，共有兩百四十多位僧眾參加。

第一天的活動，首先由方丈和尚分享在聖嚴師父臨終前所發的願，並鼓勵大眾，雖然師父色身圓寂了，但法身常存，將是指引僧團的不滅明燈，只要大眾同心同願，必能帶領教團繼續向前；接著觀看《聖嚴師父示現的身教典範》影片，學習師父面對生死時嚴謹、豁達，尊重生命的修行態度。下午則由負責師父佛事「圓滿專案」的各組法師，及分院監院法師，分享這段日子以來，僧俗四眾如何同心協力分工、參與，圓滿整個佛事。

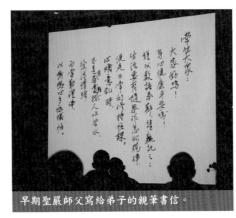
早期聖嚴師父寫給弟子的親筆書信。

晚間，安排多位戒長法師為大眾讀誦早期聖嚴師父寫給弟子的親筆書信，一句句智慧提點、慈悲叮嚀，都讓僧眾再次感受師父建僧、培育僧才、教導弟子的願心和用心。

第二天上午，戒長法師們分享聖嚴師父帶領四眾弟子建設法鼓山的艱辛過程，讓新一代未能參與的僧眾們，也能感受創業維艱，當更加珍惜。下午僧眾藉由各界、媒體對於師父圓寂的報導與討論，探討社會大眾對法鼓山的期待，並集思廣義，共同提出未來具體執行的建議與方案。

兩天活動，經由大堂分享與小組討論，增進大眾對於僧團永續經營法鼓山、發揚聖嚴師父理念與教法，也更有了信心。

兩百四十多位僧眾共聚一堂，一起將心中對聖嚴師父的感恩與懷念，化為邁向未來的願力與動力。

師志己志　師願己願

以法為依歸　僧僧不息

在聖嚴師父靈骨植存圓滿後第二天，僧團於2月17日起一連兩天，在法鼓山園區舉辦僧活營，全球各地分院法師、僧伽大學師生等兩百四十多位僧眾共聚一堂，在方丈和尚果東法師帶領下，一起將心中對師父的感恩與懷念，化為邁向未來的願力與動力。

2009年僧活營以「願願相續‧僧心相會」為主題，透過分享與討論，將對聖嚴師父的感恩與緬懷的願心凝聚在一起，進而化為承續師囑、發揚漢傳佛教的願力，對僧團而言，意義重大。

僧活營的活動內容，一方面回顧聖嚴師父從住院、捨報到荼毘、植存的過程；另一方面則由戒長法師帶領僧眾重溫師父留下的殷殷法教，一同踏著師父的足跡，走入師父的悲願。

活動中，方丈和尚分享他在聖嚴師父臨終前所發的願：「師父在世間的任務與功德已經圓滿了，果東會以法鼓山的理念與精神，照顧僧俗四眾，請師父安心。」期勉大眾，要發起大悲願心，繼承師父的悲願，願願相續。

聖嚴師父圓寂遺願，叮囑弟子及所有信眾珍惜同修菩提的善根福德因緣，堅持漢傳佛教法統，繼續推動法鼓山「建設人間淨土」理念。因此，僧活營特別以開放討論的形式，探討社會各界對法鼓山的期待，並集思廣義，共同提出未來具體執行的建議與方案，例如深入研究整合師父所留下的教法、強化並發揚法鼓宗風、加強對社會脈動的敏銳度、推動國際化人才交流與研討、勸募系統的整合與提昇等，以凝聚共識與信心，同心協力開創法鼓山的永續未來。

致力於建立符合律制的現代化僧團，以完整的僧伽教育培育具悲願心的出家人，一直是聖嚴師父的大悲願心。多年來，藉由「早齋開示」，僧伽大學的「出家心行」、「高僧行誼」、「創辦人時間」等課程，以及師父的身教、語錄，僧眾們獲得了充沛的修行資糧。在法的熏益下，僧眾以願心為動力，齊心共力，展現法鼓山第二代弟子的能量。

聖嚴師父生前曾明確指出，僧團是帶領法鼓山前進的指標，其所弘傳的不僅是法鼓山的理念，更是漢傳佛教的慧命。2009年師父示寂後的首次僧活營，揭櫫僧團一個嶄新時代的開始。僧眾報恩承願，不論是「護持正法，弘揚佛法」，還是「提昇人的品質，建設人間淨土」、「建立法鼓大學」，甚至是如「世界和平」一般的普世大願，法鼓山僧團將秉持師父的願心、信心與恆心，以法為依歸，承先啟後，直心向前。

● 02.17～03.31

心靈網路書店舉辦聖嚴法師著作展
六十三本重要著作引領讀者發願耕耘心田

2月17日至3月31日，法鼓文化心靈網路
書店（網址：http://www.ddc.com.tw/）舉
辦「大悲心起‧願願相續——聖嚴法師著
作展」，將聖嚴師父思想精華及重要著作，
分為「禪法」、「生活佛法」、「經典詮釋」、
「佛法基礎」、「學術研究」、「戒律學」等
六大類，邀請讀者閱讀師父的智慧寶藏，
共同發願耕耘心田。

聖嚴師父一生著作等身，每一本著作都
是他在人間所發的好願，篇篇都是直指人
心解脫的智慧結晶，引領現代人能在紛雜
的生活中，閱讀心靈寧靜之美。師父捨報
圓寂，其生平事功、智慧法語，受到媒體

「大悲心起‧願願相續——聖嚴法師著作展」，引領
讀者耕耘心田。

廣泛報導，也在網際網路、電子郵件之間被大量流傳轉寄。

聖嚴師父的著作展，共展出包括《聖嚴法師教禪坐》、《放下的幸福》、
《華嚴心詮：原人論考釋》、《正信的佛教》、《明末佛教研究》、《戒律學
綱要》等六十三本代表性著作，希望讀者了解正信佛法，修福修慧來達到身心
靈的平衡，獲得真正的平安。

● 02.26～03.01　03.05～08

第十四屆在家菩薩戒法鼓山園區舉行
近千位戒子發願自度度人

法鼓山第十四屆在家菩薩戒於2月26日至3月1日、3月5至8日，分兩梯次在法
鼓山園區大殿舉行，共有九百五十八位來自台灣、澳洲、香港、馬來西亞等地
的在家信眾求受菩薩戒，其中男眾兩百一十人，女眾七百四十八人。

菩薩戒會由方丈和尚果東法師、首座和尚惠敏法師、副住持果暉法師擔任尊
證師。方丈和尚在第一天即親臨關懷，勉勵戒子學習菩薩的慈悲智慧，發起利
益眾生的菩提心。方丈和尚表示，透過修行來覺照內心所生起的種種煩惱，發
現了便調整改進，消除自己的煩惱，再用慈悲心來利益他人，這就是修菩薩行。

兩梯次近千位信眾求受菩薩戒,發願行菩薩道,以佛法自利利人。

每梯次為期四天的戒期,戒子們在引禮、引贊法師的指導下,專注虔敬地演禮、懺摩,並觀看聖嚴師父的說戒開示影片。師父期勉戒子要發起菩薩誓願,止一切惡、修一切善、利益一切眾生,做真正的大乘佛子。

總護果慨法師表示,法鼓山傳戒著重適應時代變遷與菩薩精神的發揚,每年的菩薩戒已成為法鼓山一項傳統,透過傳戒,希望更多人發起無上菩提心,以良善言行影響身邊的人。

戒期結束後,每位新戒菩薩都收到一本聖嚴師父著作《戒律學綱要》,這是2008年第十三屆的戒子送給新戒菩薩的「法寶」,做為彼此在菩薩道上精進修行的起點。

● 02.27

聖基會捐贈《心五四兒童生活教育動畫》光碟
予宜蘭縣國民中小學播放

聖基會致贈百片《心五四兒童生活教育動畫》光碟與宜蘭縣縣政府。(左二為施建昌董事長,右二為呂健吉處長)

聖基金會為配合宜蘭縣政府所推行的「友善校園執行計畫」,致贈百片《心五四兒童生活教育動畫》影音光碟,提供全縣國民中小學播放,2月27日上午於縣立羅東國中舉辦捐贈儀式,由縣政府教育處處長呂健吉代表接受。

儀式中,聖基會董事長施建昌致詞表示,為全面推廣聖嚴師父「心五四運動」的

理念，聖基會製作《心五四兒童生活教育動畫》，藉由十一個發生在校園與家庭間的小故事，以活潑生動的動畫影片，深入淺出地呈現「四安」、「四要」、「四它」、「四感」、「四福」等「心五四」五個教育主題內涵，希望讓學生更能清楚地了解生命教育、品德教育與法治教育的重要性。

● 02.28

台大醫院醫療團受邀參訪法鼓山
感念照顧聖嚴師父的因緣

為感恩台大醫院醫療團隊長期照護聖嚴師父，僧團特別邀請團隊醫護人員及眷屬一行四十三人，於2月28日，在副院長何弘能帶領下，參訪法鼓山園區。一行人由方丈和尚果東法師與僧團法師等陪同參觀開山寮、祈願觀音殿、開山紀念館，以及台北縣立金山環保生命園區等。

方丈和尚致歡迎詞時，表示感恩台大醫療團隊長期以來對聖嚴師父的醫護關懷。何弘能副院長分享照顧師父的過程中，受惠最多的其實是自己，因為從師父面對病苦的自在與堅毅，看見佛法在師父身上所展現的精神與力量。師父的主治醫師蒲永孝，則對師父所說「生病有痛，沒有苦」這句話，感受格外深刻；他看見師父在病中仍不曾停下腳步，不斷規畫未來的事情，深覺師父的色身病痛，但法身卻不受影響。

參訪聖嚴師父生前居住的開山寮房時，在師父生前侍者常寬法師導覽下，醫療團看到師父使用過的文房四寶，以及滿室的藏書，對師父清淨的禪修生活，感受更為深刻。

行程至尾聲，方丈和尚將聖嚴師父手書《心經》墨寶，致贈給每一位醫護人員，由何弘能副院長代表接受。最後，在法師們帶領下，醫療團一行緩步至師父靈骨植存的生命園區，向師父表達追思。

聖嚴師父於2005年起，因腎臟疾病，開

聖嚴師父生前的侍者常寬法師（左），為台大醫療團導覽師父生前居住的寮房。

始接受台大醫療團隊治療，受到醫療團各方面的照顧。醫療團此行，方丈和尚帶領副住持果暉法師、僧團都監果廣法師、僧伽大學副院長果肇法師、果光法師、禪修中心副都監果元法師及文化中心副都監果賢法師等多位執事法師全程接待陪訪，表達僧團對醫療團隊深刻的感恩。

● 03.01起

聖嚴師父生平紀念展舉辦
緬懷師恩、回顧師父行誼與悲願

　　為了緬懷聖嚴師父的師恩，3月起，法鼓山除了進行「大悲心起‧願願相續——護法悅眾關懷行」系列活動外，也同步在全球分支單位分別舉辦「聖嚴師父生平紀念展」，國內部分包括台北安和分院、北投文化館、桃園齋明寺、台中分院、台南分院、高雄紫雲寺，國外有加拿大溫哥華道場等地。

　　這項「聖嚴師父生平紀念展」，主要以圖文方式呈現，展出聖嚴師父一生重要歷程的照片和文字說明，供信眾追思緬懷，回顧師父的行誼與悲願。

　　各地的展板內容，包括聖嚴師父一生的重要大事記、得獎紀錄一覽表，九大階段的成長歷程。九大階段為少年沙彌、烽火易服隨軍抵台、美濃閉關、赴日留學、國外弘法、培養高級佛學研究人才、農禪寺開啟社會禪修風氣、成立法鼓山建設人間淨土、跨越宗教推動世界和平。

　　各地展場的活動，台中分院是在4月5至11日的梁皇寶懺法會期間進行，溫哥華道場則於4月18日地藏法會期間展開。紫雲寺則於4月1日起至9月30日，在該寺大殿旁普賢教室舉辦，並搭配展出聖嚴師父的著作、相關開示影片等，多元展現師父一生悲願及弘化歷程。

在齋明寺展出的「聖嚴師父生平紀念展」。

● 03.01

「心六倫」全台巡迴講座於紫雲寺舉辦
鼓勵信眾做好心六倫　淨化人間

連城珍副會長與大眾分享參與推廣「心六倫」運動的心得。

為加強推廣「心六倫」，人基會自2008年11月起在全台舉辦系列的「心六倫」全台巡迴講座，3月1日於高雄紫雲寺進行，由法行會北區副會長連城珍主講，有近百位聽眾到場聆聽。

紫雲寺監院果耀法師首先勉勵大眾，都能以感恩心接受因緣，以報恩心奉獻眾生，以利益他人來成長自己，藉此將「心六倫」運動，透過每個人的積極實踐，進而影響、改變這個世界，使之邁向人間淨土，達成推動「心六倫」運動的終極目標。

接著，連副會長詳細解說倫理的觀念，逐步說明「心六倫」的緣起、內容及實踐方法，並分享自己在學習佛法觀念後，學習與病痛和平相處的生命歷程；另一方面，他表示對於有機會擔任義工，共同參與「心六倫」運動的推廣工作，感到十分歡喜。

最後由高雄南區召委廖秀雲結語，感恩所有人的參與，並祝福大家心安平安，呼籲眾人一起來推動社會與人心淨化的工作。

● 03.08

中區讀書會暨心靈茶會帶領人培訓
帶領人精進學習並交流心得

台中分院於3月8日舉辦「中區心靈環保讀書會暨心靈茶會培訓」成長課程，進行讀書會帶領人的精進學習與心得分享，由聖嚴書院講師郭惠芯帶領，共有一百四十人參加。

這項「心靈環保讀書會暨心靈茶會培訓」的對象，包括中部地區各讀書會、心靈茶會的帶領人、義工團各組組長，以及聖嚴書院精讀班的學員等。課程首

先由資深悅眾輪流分享學佛心得，以及參加心靈茶會和讀書會的經驗與收穫等。台中分院果雲法師亦開示，表達僧團對讀書會和心靈茶會的支持與期許，勉勵大家再接再厲，藉著讀書會和心靈茶會的推動，努力精進共修。

下午則安排分組讀書會和心靈茶會的演練，接著由郭惠芯老師主持大堂分享，與學員進行雙向互動、交流，圓滿此次的培訓。

● 03.12～04.28

法鼓山於北海岸推廣生命教育
幫助中小學生安頓身心

因應近年來人口外流、隔代教養、異國聯姻等現象所衍生的社會問題，北海岸的中小學特別邀請法鼓山，一起加入青少年生命教育的行列。3月12日至4月28日期間，法鼓山北海岸關懷室與教師聯誼會十餘位退休教師，分梯至台北縣金山鄉金美國小、三和國小，為學生講授生命教育課程。

北海岸關懷室常諦法師說明，這一系列的生命教育課程，是將法鼓山長期推動的「心靈環保」、「心五四」等理念，設計為簡明易懂且生活化的教案，除了藉此在北海岸建立中小學生命教育的示範課程，也希望帶動地方民眾一起參與、學習，讓佛法種子生根發芽。

一系列課程由教聯會負責引導教學，當地教師與義工也共同參與。課程告一段落後，北海岸各校教師紛紛回應，原來佛法不是難懂的名詞和觀念，而是可以靈活運用的生活法門。學生們的反應也相當熱烈，在感恩卡上寫下許多感謝家人、朋友的話，班級老師更將全班作品製成「感恩樹」，留下了與法鼓山交流互動的軌跡。

北海岸關懷室成立於2009年1月，未來，期許能扮演法鼓山與北海岸各地社區交流互動的橋梁，也希望藉此協助金山、萬里、三芝、石門四鄉及基隆地區民眾，找到安頓身心的力量與方法。

北海岸關懷室與教聯會，至金美國小講授生命教育課程。

● 03.14

心六倫種子教師培訓圓滿
科技界人士施振榮講心六倫

2008年12月6日起，人基會每週六於金車教育中心舉辦的「心六倫種子教師培訓」第一期課程，於2009年3月14日進行最後一堂課，邀請宏碁集團的創辦人施振榮講授「職場倫理」，共有四十三位學員完成所有課程，並自5月起代表法鼓山，至各地為大眾推介「心六倫」。

課堂中，施振榮從管理者的角度切入，分享自己領導宏碁集團的經驗，說明「互信」與

施振榮於培訓課程中，講授「職場倫理」的內涵與應用，分享利人便是利己的理念。

「分享」是形塑職場倫理不可或缺的基本要素。施振榮強調，不論主管或員工，都要訓練自己隨時轉化心態，以整體利益為優先考量，互助合作，因為利他是最好的利己。他進一步指出，當前企業的營運與整體社會網絡、自然環境密不可分，因此在經營上更要以倫理做為前導，主動肩負起社會責任，創造奉獻和諧的職場文化。

種子教師培訓自開課以來，陸續邀請文化大學教授姚立明、前政治大學教授柴松林、導演吳念真等多位知名人士前來講授「心六倫」中各別倫理的緣起與內涵。其中，姚立明教授本身是基督徒，卻十分支持心六倫的推廣課程，更凸顯「心六倫」運動跨越族群、宗教藩籬的包容性與重要性。

吳念真則於主講「族群倫理」時，回憶台灣社會早期互助而緊密的群我關係，人人各安其位，各得其所，宛如生命共同體；反觀今日的倫理觀念薄弱、族群關係緊張，吳念真因而提醒學員，清楚自己的位置，扮演好自己的角色，盡自己的責任，如此才是倫理的根本。他並鼓勵學員在完成課程之後，努力投入「心六倫」的分享與推廣。

「心六倫種子教師培訓」第一階段課程圓滿後，自4月份起，四十多位學員安排在新落成的德貴學苑實習試講，又於5月中旬經評鑑委員會審議認可，種子教師們即正式代表法鼓山，受邀至社會各界講授「心六倫」的內涵與具體實踐。

● 03.17

台北縣警察局七十人參訪園區
體驗法鼓山禪修境教　學習安定身心

方丈和尚致贈來賓結緣品，圖右為台北縣警察局訓練科科長陳火炎。

台北縣警察局成員一行近七十人由該局訓練科科長陳火炎帶領，至法鼓山園區參訪，並進行禪修體驗，方丈和尚果東法師到場關懷。

由於警察的工作經常需要面對各種突發或危險狀況，且時段不穩定，身心壓力大，因此該單位希望讓同仁有機會藉由實地體驗法鼓山園區的禪悅境教，學習放鬆、安定身心的方法，以幫助大家更輕鬆面對工作上的挑戰。

當天行程，首先於簡介館觀看影片法鼓山簡介《大哉斯鼓》，接著方丈和尚到場關懷，為大家介紹法鼓山的理念與環境，並致贈結緣品。隨後，一行人前往國際宴會廳，由僧團果峙法師帶領進行七十分鐘的禪修體驗，於中午用餐時，同時練習吃飯禪，經過難得而密集的禪修洗禮，讓大家對禪修能有初步的認識。

下午，一行人至大殿禮佛，隨後參觀開山紀念館與祈願觀音殿，並沿著溪濱朝山步道賦歸，圓滿這次的參訪行程。

● 03.26～28

第一屆自我超越禪修營開辦
各界菁英學習禪修、超越自我

3月26至28日，法鼓山於園區禪堂開辦第一屆「自我超越禪修營」，這是繼「社會菁英禪修營」停辦後，在各界期盼下新規畫的禪修營，希望參與學員能運用禪修方法超越自我，進而在社會上發揮正面的影響力，造福社會大眾。活動由禪堂堂主果元法師帶領，共有九十八位社會各界領導階層人士參與。

三天課程，主要由果元法師為學員開示禪修的觀念，引導禪修的方法，進

行實際的禪修練習、體驗,並安排觀看聖嚴師父的開示影片。師父透過影片,殷切叮囑大家「超越自我,就是以慈悲、智慧來對待他人」;學員們也從每日的開示影片中,學習

學員們在禪修營中,學習超越自我之道。

到皈依、布施、受戒、禮拜等基本觀念,並且對於法鼓山「心靈環保」、「心五四」、「四環」等理念,有了深入的了解。

　　活動最後一天,方丈和尚果東法師到場關懷學員,期勉學員學習佛陀本懷,奉獻自己、利益他人,隨緣修習福德與智慧。

● 03.27～04.26期間

全球分院舉辦清明法會
以虔敬共修傳達感恩報恩之情

　　為了表達慎終追遠,以及對於先人恩德的感念,3月27日至4月26日期間,法鼓山全球各地共有六個分院道場分別舉辦清明報恩法會,合計約有一萬六千六百人次參加。

　　在台灣,各地所舉辦的清明報恩法會內容多元,北投農禪寺、台東信行寺分別舉辦佛七、佛三,由法師領眾念佛共修,其中農禪寺的佛七法會全程共有五千五百多人次參加。台中分院、台南分院皆舉辦

信行寺佛三法會現場。

地藏法會,桃園齋明寺則有《地藏經》持誦共修、地藏懺法會,另有一場三時繫念法會,兩天的參與人次達三千四百多人。

而台中分院舉辦的「清明報恩祈福梁皇寶懺法會活動」,並結合「聖嚴師父生平紀念展」共同進行,法會活動除了延續2008年利用數位投影科技、電腦數位動畫呈現,也傳達了環保理念及文化教育,讓與會的共修信眾一起緬懷師恩,充分體現感恩報恩的精神。

海外地區方面,美國紐約東初禪寺先於4月4日舉辦佛一,接著於5日進行清明報恩地藏法會。地藏法會由東初禪寺常御法師帶領,法會中,法師特別提到聖嚴師父生前一生為法忘軀,我們在飲水思源的同時,更要感恩師父,並勉眾以虔誠清淨之心持誦《地藏經》,共有一百五十多人參加。

美國護法會加州舊金山分會也於5日舉辦一場「清明報恩念佛法會」,東初禪寺住持果醒法師並透過網路為參加信眾做現場開示。

全球各分院道場清明報恩法會一覽表

地區	主辦單位／地點	時間	活動名稱
北部	北投農禪寺	3月27日至4月3日	佛七
	桃園齋明寺	4月25至26日	《地藏經》持誦共修、地藏懺法會、三時繫念法會
中部	台中分院／逢甲大學體育館	4月5至11日	梁皇寶懺法會、聖嚴法師生平紀念展
南部	台南分院	3月29至31日	地藏法會
	高雄紫雲寺	4月4至5日	地藏法會
東部	台東信行寺	4月10至12日	佛三
海外	美國紐約東初禪寺	4月4至5日	佛一、地藏法會
	美國護法會舊金山分會	4月4日	念佛法會

● 03.29

法鼓德貴學苑落成啟用
三大教育推動新據點

位處台北市中心,預定做為法鼓山三大教育推動新據點的法鼓德貴學苑,於3月29日正式啟用,方丈和尚果東法師、台北市副市長林建元、法鼓山人文社會基金會祕書長李伸一、法鼓大學籌備處校長劉安之、護法總會總會長陳嘉男等來賓共同出席開幕典禮。

典禮中,方丈和尚期勉大家,面對全球金融環境變遷,德貴學苑做為「心靈環保『心』地標」,更應善用本身的條件,引導大眾從「心」出發,隨時隨念正向思考,並秉持「大悲心起,願願相續」的精神,入世關懷,成為淨化人心、安定社會的力量。

德貴學苑啟用，林建元副市長致詞表示恭喜法鼓山，也恭喜台北市民，生活周邊多了一個新的學苑，此處有法鼓大學多個學院與基金會進駐，將服務廣大民眾，發揮法鼓山教育與社會關懷的功能。

方丈和尚果東法師、林建元副市長，在德貴學苑四樓的彩繪牆上，蓋上象徵種子發芽的印記。

德貴學苑大樓外觀為淡褐色，以敦煌石窟為概念，象徵學員在此接受佛法熏習，個個都是菩薩、未來佛；學苑為一多功能複合式的大樓，主要由法鼓大學籌備處、人基會、法鼓山世界青年會共同運用。三個單位的使用將以教育學習為主軸，從學術研討、生命關懷、文化交流、禪修體驗等面向出發，提供青年學子、社會大眾一個多元且便利的修行空間。

德貴學苑整棟建築共有十個樓層，建築內部，以現代、環保的材質設計，配合各單位特質而有不同的規畫，例如法青會以開放室的門廳、彩繪牆，展現創意發想與交流互動；人基會設置靜謐的關懷協談空間；法鼓大學則以咖啡館式的講堂，激盪心靈對話。

啟用後的德貴學苑，即開辦各項學習與關懷活動，例如法青會規畫「法師有約」、心靈工作坊等講座，為青年朋友解惑人生、安頓身心；人基會啟動關懷生命專線、提供心理諮商服務；法鼓大學則舉辦「人生café」、「公益論壇」等跨領域對話和講座等，分別代表法鼓山大普化、大關懷及大學院教育等三大教育的實踐，以及全方位的服務。此外，也開辦義工培訓課程，希望讓學員在汲取知識的同時，也能奉獻所長，成為心靈環保的種子。

台北「心」地標
——德貴學苑

塑造心靈環保新典範

　　位於台北市西門町的法鼓德貴學苑3月底正式啟用，這不只是一個推廣人文與心靈環保的「心」地標，為法鼓山致力的大普化、大關懷、大學院三大教育開展寫下新頁；也同時宣告一座全新環保建築的誕生，並為保護地球、節能減碳進行具體的落實。

　　首先就人文方面，德貴學苑由法鼓大學籌備處、人基會，以及法青會三個單位進駐，分別從學術研討、生命關懷、文化交流、禪修體驗等面向出發，提供青年學子、社會大眾一個多元且便利的修行空間。

多功能的複合式大樓

　　德貴學苑本身為一棟多功能的複合式大樓，一樓設有法鼓書店——行願館，展售佛學、禪法、輕心靈等相關書籍與環保生活用品等；書店旁設有「解禪疏食」區，供應健康的疏食與點心。位於二樓的大殿，有一座釋迦牟尼佛像安詳端坐；寬闊的殿堂可供大型集會活動之用，也是舒緩身心、禪坐共修的一方清淨地。

　　三、四樓為法青會創意發想、互動交流的學習空間，立有一座名為「純真覺醒.JPG」的彩繪牆，延展於四樓的牆面，由法青學員自由創作、彩繪，牆面上朵朵雲彩開展成一片片燦爛，彩虹光影下一顆顆發芽的菩提種子，展現了不一樣的青春活力，象徵著青年在佛法滋潤下，苗壯成長。

　　五樓的人基會

座落於台北市區的法鼓德貴學苑，提供社會大眾充電學習。

辦公處，為一質樸明亮的空間，間或點綴的綠意，襯托著聖嚴師父親書的「關懷生命」墨寶；人基會也在此提供社會大眾「關懷生命專線」的諮詢服務。

六至十樓，主要為法鼓大學辦公及提供社會大眾精進學習的場所。其中，六、七樓為「開放式學習區」，半弧形多媒體演講廳、多功能講堂、禪修室，以及咖啡館式的討論區域，讓知性與創意發想，並在此傳遞交流。八、九樓為法鼓大學籌備處行政中心辦公室。十樓，設有一座融合閱讀視聽與現代科技的資訊圖書館——法鼓大學圖書館德貴分館，開放社會大眾借閱，館藏查詢系統則設置了人生、公益、藝術、環境四個學院的特色館藏。

三大教育全方位活動展開

德貴學苑各個樓層的配置和設備，均是為了提供大普化、大關懷、大學院三大教育的全方位服務，例如法青會以生動、活潑的方式，將佛法融於課程活動中，定期舉辦「心光講堂」、青年成長營、心靈工作坊、讀書會與禪修等，協助青年學子認識自我、安定身心。

法鼓大學透過人生、藝術、公益、環境等學院，整合籌設了「數位時代的生活美學」、「行銷與公益創業」、「媒體素養」、「行住坐臥——節能減碳ABC」等各種創作研習課程、對話與論壇，跨領域的學習機會提供每個人都能隨時充電。

隨著「關懷生命協談專線」正式上線，人基會主動提供心靈協談、自殺防治、生命教育推廣的諮商服務。此外，「心六倫」運動、種子教師培訓、法鼓人文講座等系列活動，也將在此持續推廣運作。

而在環保落實方面，以舊式建築改建而成的德貴學苑建築，最大特色就是裝置了許多節能設備，具備有較一般建築節能減碳達四成以上的功能。改建重點，包括窗戶加強通風，防西曬及屋頂綠化阻熱、採用節能空調、採用無水式冷卻主機、建築環控系統、辦公室e化系統等措施。德貴學苑並推出一百項生活環保減碳措施，包括電子計電、水表，每天可公布用電與用水量，將節能減碳的環保概念廣為分享。

綜觀德貴學苑的硬體設施、軟體規畫，皆是以建置一探索生命、展現倫理關懷、交流對話的「心靈環保」學習場域為方向，期盼讓創意思惟與研討對話，知識的傳遞與激盪隨時隨處可拾，社會大眾皆得身心的沉澱，與生命的豐實。

● 03.29

法青會舉辦「法青喫茶趣」活動
學員創意分享成長體會

法青學員以戲劇演出方式呈現各種創意。

法青會於3月29日德貴學苑落成啟用後,當天接著舉辦「法青喫茶趣」活動,由普化中心副都監果毅法師與僧團法師共同帶領,共有一百四十七人參加。

活動於四樓的彩繪牆「純真覺醒.JPG」之前展開。活動中,播放了一段3月15日法青辦公室搬家的影片,在眾人同心協力完成這項工程後,大家回顧起來備感溫馨。之後進行彩繪牆創作者的創意分享,創作者們分享了從概念發想、個人創作到集體創作之間,內心的轉折。有學員提到,藝術工作者都有個人的主觀想法,從前創作都是孤軍奮鬥,但是透過這一次的合作,體驗到無私付出的創意火花,收穫良多。

進行活動單元「最想要成為的家具」時,學員分組討論後,以戲劇演出的方式呈現各種家具,包括了「貴妃椅」、「電視機」、「電梯」等,其中一組學員扮演了「馬桶吸盤」,意指它具有「祛除貪瞋癡、通往戒定慧」的功能,巧妙融合了創意與佛法的觀念。

這場「法青喫茶趣」活動,以活潑的遊戲、分享,慶祝德貴學苑的落成啟用,藉此讓法青學員們相互交流彼此的學佛心得與體會。

● 04.02

方丈和尚為法行會成員演講
闡述生命的尊嚴與意義

4月2日,法行會於台北福華大飯店舉辦第一○二次例會,方丈和尚果東法師出席發表演說,主題為「生命的尊嚴」,共有一百九十五人參加。

在該場講座中,方丈和尚以聖嚴師父面對生死關頭時的自在、莊嚴為例,說明生命的尊嚴不在於一期肉體生命的長短,而在於我們如何活出生命的意義與價值,也就是要不斷尋求成長,健全、圓滿我們的人格。

　　方丈和尚指出，在人生的旅程中，難免會遭逢許多關卡，諸如「生活、感情、事業、健康、生死」等，都是經常會面臨的考驗，雖然考驗雖然看起來像是危機，也可以是轉機，這往往視我們如何處理和化解危機。

　　方丈和尚進一步說明，應以正向態度，面對各種「是非、成敗、得失、好壞、安危、順逆」的因緣，這時以「正面解讀，逆

方丈和尚與法行會成員合影。

向思考」，往往是最理想的面對方式，也才能夠讓生命獲得應有的尊嚴。

● 04.05～11

台中分院舉辦梁皇寶懺
逾六千人參與報恩共修

　　4月5至11日，台中分院於台中逢甲大學體育館舉行「清明祈福報恩梁皇寶懺法會」暨聖嚴師父生平紀念展，法會由僧團果興、常寬、果建等六位法師主法，方丈和尚果東法師出席關懷，七天共有六千多人次參加。

　　延續2008年，台中分院運用數位投影科技、電腦數位動畫呈現牌位，取代傳統的燒化儀式，兼顧環境保護與文化教育。與往年不同的是，這次活動結合「聖嚴師父生平紀念展」，讓與會共修信眾一起緬懷師恩，充分體現感恩、報恩的精神。

　　法會第一天，體育館即湧現人潮，一千兩百多位參與人數，突破往年紀錄。方丈和尚至現場關懷時，勉勵眾人開啟心中的道場，並「開心」參加法會，藉著拜懺緬懷先人，向親友表達感恩。最後一天焰口法會，由果建法師擔任金剛上師，在聲聲「阿彌陀佛」聖號中，數位

台中分院一年一度的梁皇寶懺法會，在逢甲大學體育館舉行。

牌位一一化為蓮花，往生西方極樂世界，彷彿親人、眾生回歸佛國淨土。

台中分院梁皇寶懺是中部地區年度共修盛事，2009年由近四百位義工共同成就，聖嚴書院學員們為新投入的生力軍。這次法會中，有子女扶持年邁父母、有父母帶著稚齡兒女，及年輕朋友共同參加。

● 04.07

方丈和尚對僧團專職義工精神講話
勉勵恪守法鼓山方向與四大堅持

方丈和尚以法鼓山四大堅持與行事六要領，與體系內僧俗四眾互勉。

4月7日上午，方丈和尚果東法師於北投雲來寺大殿，對僧團法師、全體專職及專任義工進行精神講話，主題為「法鼓山的方向——四大堅持」，全台各分院道場同步視訊連線聆聽開示，共有近五百人參加。

在這場聖嚴師父捨報圓寂後，方丈和尚第一次的精神講話中，他首先感恩師父為法鼓山四眾弟子開創大片福田，希望全體珍惜這個殊勝因緣，遵照法鼓山的方針，掌握教育與關懷的兩大面向，奮發向前。

方丈和尚接著分享他與聖嚴師父在捨報之前的互動過程，並和大家共同觀看2007年7月31日師父在雲來寺精神講話的影片，師父於該次講話中，為大家闡明「法鼓山的四大堅持」，包括堅持「法鼓山的理念」，就是「提昇人的品質，建設人間淨土」，堅持「三大教育」、「四種環保」，以及「漢傳佛教」道場。

方丈和尚鼓勵大家要恪守四大堅持，並以「盡心盡力，隨緣努力，轉化壓力，成為助力，有願就有力」與眾人共勉，如此便能夠順應社會與時代的趨勢與需求，自然水到渠成，可以為社會開創新的風氣和新局面。

最後，方丈和尚並以聖嚴師父所開示的行事六要領：「堅守原則、充分授權、尊重他人、關懷對方、主動溝通、隨時檢討」，殷切期望體系內僧俗四眾同心協力，相互扶持，共同為建設人間淨土繼續努力。

● 04.09～12.24期間

法青會舉辦「法師有約」系列講座
十六位法師為青年學子現身說法

法青會於4月9日起至12月24日期間，每月雙週的週四晚上在德貴學苑共舉辦十六場「法師有約」講座，由十六位僧團法師開講，全程共有兩千三百二十九位青年學子到場聆聽。

這項「法師有約」講座的開辦，主要是由法師們分享自身學佛、出家的因緣，以及各自對生命、生活的體驗，提供青年學子做為生涯發展和人生方向的參考。

十六場講座主題包括：出家因緣、自我成長等議題。一、生活佛法方面，包括果燦法師主講「每天都up！up！的快樂祕訣」、果祥法師的「哲理與事件——追尋生命的幸福」等。二、自我成長方面，例如果廣法師的「改變命運原來如此」。三、出家因緣方面，有果慨法師的「我怎麼在二十二歲決定出家？」、常齊法師的「從百萬年薪到出家」等。四、情感解惑方面，有常寬法師的「問佛陀情為何物」、果賢法師的「不一樣的親密關係」；以及禪修入門介紹方面，則有常隨法師的「禪門第一課」等。

其中，首場講座，由僧團都監果廣法師主講「改變命運原來如此」，法師回憶自己未學佛之前，曾研究卜卦、紫微斗數多年，卻始終未能消除煩惱困惑，直到聽聞佛法，才能逐漸在生命的十字路口來去自在。法師藉此引導大家了解因緣法，遇到困境時坦然接受、積極處理，才能創造未來良善的因緣，讓生命更美好。

第二場由常寬法師主講的「問佛陀情為何物」講座中，法師從「情為何物」切入主題，指出人與人之間的關係就像繫住風箏的那條線，彼此相繫而產生了「情感」；法師分析出情感的層次，引導大家學習調伏「情緒」，並將「情感」轉化昇華為「慈悲關懷」。最後，法師以聖嚴師父的開示「要把生命留給現在，不管妄念，回到方法、放鬆身心、放下身心」鼓勵青年學子，並勉勵大家以感恩心走出情感的胡

「法師有約」系列講座首場「改變命運原來如此」，由果廣法師講授改變命運的契機。

同。這兩場講座，參與情形十分踴躍，分別有三百多人參加，其餘各場也均有百人以上。

每場講座，法師們均與青年學子們分享個人的生命經歷，以及佛法帶給他們的幫助，期盼這些經驗，能夠有助於化解青年學子在成長過程中，所遭遇的各種徬徨與困惑，指引生命的光明與希望。

「法師有約」講座一覽表

時間	主講者	主題
4月9日	果廣法師	改變命運原來如此
4月23日	常寬法師	問佛陀情為何物
5月7日	常悟法師	世界盡頭的觀音
5月21日	常持法師	佛陀的廚房
7月2日	果燦法師	每天都up！up！的快樂祕訣
7月16日	果祥法師	哲理與事件——追尋生命的福樂
7月30日	果慨法師	我怎麼在二十二歲決定出家？
8月6日	常諦法師	大體解剖，看透人生百態——從身至心的修練
8月20日	果見法師	佛法in，執著out！繁忙生活中的自我觀照
9月3日	果賢法師	不一樣的親密關係
9月17日	果界法師	桃花圓——生命的轉彎處
10月1日	果舫法師	從媽祖到觀世音——如何幫助自己及他人度過生命難關？
10月15日	常悟法師	與西方禪法的相遇
10月29日	常法法師	心理學與佛法的相遇
12月10日	常齊法師	從百萬年薪到出家
12月24日	常隨法師	禪門第一課

● 04.09～10

生命教育種子教師至園區參學
進行「宗教與人生增能之旅」

三十二位高中生命課程種子教師，在生命教育學科中心主任、國立羅東高級中學校長游文聰的帶領下，於4月9至10日至法鼓山園區，進行一場兩天一夜的「宗教與人生增能之旅」活動。

在這項行程中，教師們隨眾作息，融入佛教寺院生活，體驗法鼓山推動的心靈環保與生命教育。除此，法鼓山也為教師們安排多項課程，包括由弘化院果傳法師主講「心靈環保與生命安頓」，介紹心靈環保的內涵，帶領學員認識佛教積極、奉獻、感恩與慈悲的生命觀；由慈基會副祕書長常法法師主講「e世代的心方向」，鼓勵學員運用「心五四」及「心六倫」的觀念，帶領青年學子走出困境，為自己及社會帶來正面力量；法鼓大學籌備處助理教授辜琮瑜則藉

方丈和尚（第二排右五）、僧團法師和來訪的生命課程種子教師合影。

由聖嚴師父圓寂佛事的過程，分享「歡喜看生死」的生命觀，勉勵學員把握當下修福修慧。

活動並安排一場「心的對話——宗教座談會」，由關懷中心副都監果器法師、普化中心副都監果毅法師及僧大副院長果光法師等與學員們進行對談，法師們引用「聖嚴法師108自在語」、禪修等觀念，解決學員們所提出在佛理上、生命上的疑問；期能透過這樣的體驗行程，讓教師們為學子們設計出安頓身心的課程。

方丈和尚果東法師也於活動圓滿前出席關懷和祝福，勉勵教師們以報恩感恩的心來從事生命教育工作，帶領學生面對事情時，正面解讀、逆向思考，成就智慧、慈悲的生命。

●04.11　04.12

法鼓山社會大學舉辦開學典禮

將佛法融入課程　推動人間淨土

金山與新莊校區的聯合開學典禮，於新莊市農會大樓舉行。

4月11及12日，法鼓山社會大學2009年開學典禮於北投及新莊二地舉行，方丈和尚果東法師與僧團副住持果暉法師分別前往關懷，典禮以法鼓山「心安平安——你，就是力量！」為主題。

11日北投校區的開學典禮於雲來寺進行，方

丈和尚到場關懷，台北市政府民政局局長呂黃錦茹、市議員賴素如、八仙里里長黃永清等人士也出席致賀；近兩百位學員參加，太極養生班學員並表演「舞動太極」。

方丈和尚致詞時，感恩來賓和學員對北投法鼓山社大兩年來的支援，並指出社會大學除了培養學員各項謀生技能、藝文欣賞素養外，也著重將佛法的智慧與慈悲觀念融入課程和各項活動中，希望學員除了獲得知識外，更能在日常生活中運用佛法，智慧處事，慈悲待人。

金山與新莊校區的聯合開學典禮，12日於新莊市農會大樓舉行，出席來賓包括新莊市市長許炳崑、金山鄉公所祕書劉文國、金山高中校長鍾雲英等，共有五百多人參加；並由法鼓山社會大學校長曾濟群頒發全勤獎、服務獎、學習護照給前期學員。

典禮中，果暉法師致詞分享知識的重要性，同時鼓勵大家把握機會學習。活動也安排法行會太鼓隊、新莊永錡幼稚園太鼓隊及社大學員的歌舞表演；會場外則設有托水缽、義剪、素食義賣、學員成果展，及「認識法鼓山」、「心六倫」、「大願興學」等多項主題攤位。

首次招生的新莊法鼓山社大，有近四百位學員報名各項課程。

● 04.11～11.08期間

傳燈院舉辦「Fun鬆一日禪」
為初學禪眾介紹生活禪修

學員進行分組討論，分享禪修的體驗。

為了接引禪修初學者體驗禪的生活與自在，傳燈院於4月11日起至11月8日期間，於週六或週日在北投雲來寺舉辦「Fun鬆一日禪」課程，以簡易、輕鬆的方式，引導學員練習禪修，由僧團法師帶領，全年舉辦八場，共有六百三十四人參加。

「Fun鬆一日禪」課程，以結合日常生活的動禪為主，強調將禪修方法與精神融入生活中，是專為現代人而設計的禪修活動。課程內容包括法鼓八式動

禪、走路禪、吃飯禪、茶禪等練習與體驗，並由講師介紹放鬆與安住的方法，同時觀看聖嚴師父指導禪修的開示影片，並做小組討論與分享。

在課程開辦之前，傳燈院為此活動於2月28日在雲來寺舉辦了一場「學長培訓」，以法鼓八式動禪義工講師為對象。之後於每次的「Fun鬆一日禪」課程中，安排六至八位學長參加，在小組中指導學員進行禪修練習，以期增益學習的成效。

● 04.13

《聖嚴法師最珍貴的身教》新書發表
作者潘煊將版稅捐贈法鼓大學

天下文化於4月13日舉辦《聖嚴法師最珍貴的身教》新書發表會，方丈和尚果東法師應邀出席，作者潘煊在會中將版稅捐贈法鼓大學，由方丈和尚、法鼓大學籌備處校長劉安之代表接受。包括亞都麗緻飯店總裁嚴長壽、台灣高鐵董事長殷琪、台積電文教基金會董事張淑芬、

《聖嚴法師最珍貴的身教》作者潘煊（右二），為圓滿師父的興學悲願，將版稅捐贈法鼓大學，由方丈和尚（左一）、劉安之校長（左二）代表接受。右一為天下文化發行人王力行。

建築師姚仁喜、資深媒體工作者葉樹姍等各界人士，皆到場分享從聖嚴師父身上學習的身教。

方丈和尚在會中致詞說明，聖嚴師父的身教，就是要引導世人如何過有意義的生活，讓生命更有價值。葉樹姍表示，每當遇到挫折挑戰，就會想到師父開示的「逆增上緣」，心中便充滿感恩；嚴長壽也分享，師父虛懷若谷的身教最令他感佩；潘煊則感念整個採訪、寫書的過程，都是珍貴的薰習，就如同師父給她的禮物。

《聖嚴法師最珍貴的身教》一書，是聖嚴師父在人生最後的三年期間，接受作家潘煊採訪的整理紀實。全書以「心靈環保」為主軸，介紹師父的理念，包括漢傳佛教、「心五四」運動、「心六倫」運動等，最後一章並以「法師的最後遺願——法鼓大學」為題，介紹師父對法鼓大學辦學的願景與方向。

●04.16

青年院舉辦「心靈工作坊」講座
鄭石岩教授分享幸福人生六要素

鄭石岩教授與聽眾分享幸福人生的要素。

法青會4月16日於德貴學苑舉辦「心靈工作坊」講座，邀請心理諮商專家鄭石岩教授主講「尋找生命的法喜，成功人生的新知」，分享如何尋找生命中的法喜，有近三百人參加。

演講中，鄭石岩教授分享自己的人生智慧，他歸納出六個幸福人生的要素——如來、隨緣、紀律、單純、興致、宗教；其中「如來者，如所從來，無所從來也」，並舉唐代澄觀大師所言，告訴眾人要先相信「自己之所以為自己」是好的、是有價值的，愈是背叛自己的本來面目，愈是得不到喜悅及成功。

鄭石岩教授進一步說明，具備自我紀律、擁有單純的生活態度，是幸福人生不可或缺的一環。他以自己為例，多年繁忙的演講、教學行程，他總會給自己一段時間打坐；忙碌之間，心中都不離佛號。最後，鄭教授鼓勵眾人，唯有精進不懈、堅定信念努力，才能在需要的時候，把佛法提起，把煩惱放下，回到生命中本有的自在。

●04.18

台東信行寺舉辦專家講座
鄭石岩教授藉佛經妙喻扭轉人生

4月18日，台東信行寺舉辦一場講座，邀請心理諮商專家鄭石岩教授主講「妙喻扭轉人生」，共有近一百八十人參加。

演講中，鄭石岩教授以佛經中的譬喻為題材，引申說明如何面對人生的各種狀況，例如《百喻經》中的一則故事提到：有位富商看到別人住在三層樓的豪宅，心生羨慕，於是也找人來建造，卻不要建造地基和一、二層樓，堅持只要蓋「第三層樓」就好。施工的人當然蓋不下去，只好停擺。鄭教授以此故事提

醒大眾，切勿忘了腳踏實地，從基礎做起的重要性。

鄭教授另舉一則故事：有個人覺得生芝麻不好吃，炒熟的才有風味，於是以為：「用香熟的芝麻來下種，一定能結出香熟的芝麻來。」因此他炒了許多芝麻來種，

鄭石岩教授以佛經中的譬喻，妙解人生道理。

結果當然長不出東西來，徒增損失。藉此說明：種子焦了結不出果子；修持的正因消失了，當然無法出現菩提佛果。期勉眾人要堅守正因，才能創造善果。

鄭教授這場精闢而幽默的演講，獲得滿堂喝采，不時逗得在座聽眾們哈哈大笑。會後，常玄法師代表致贈法鼓山攝影集《一缽千家飯》，並邀請他再為大家演講。

● 04.19　09.20

法鼓山舉辦祈福皈依大典
方丈和尚領眾發願分享善的力量

4月19日及9月20日法鼓山於北投農禪寺舉辦兩場年度「祈福皈依大典」，分別有一千四百多位、一千兩百多位民眾參加。兩場皈依大典，皆由方丈和尚果東法師主持，親授三皈依。

方丈和尚在4月19日這場皈依儀式中，以「心安平安——你，就是力量！」為主題，呼籲大家在日常生活中，分享自己善的力量、感恩善的力量，並且相信三世因果觀念；更勉勵皈依弟子們，要學習佛的慈悲與智慧，保持心的平靜與安定，來面對人生旅程中的順逆、是非、成敗、得失、好壞、安危等種種境界，讓

方丈和尚一一關懷新皈依弟子。

自己活得心安平安。

　　由於一般人慣於用悲觀的角度，看待自己所處的環境和遇到的困難。9月20日方丈和尚於皈依儀式中特別強調，八八水災過後，有許多人默默奉獻，隨著法鼓山及其他慈善團體賑災、救災，幫助遭逢災變的同胞，回歸安心、安身、安家、安業的日子，這就是運用「心安平安」的觀念和方法。他並帶領大眾祈願，願人人都能珍惜生命，分享及感恩善的力量，共同將社會潛移默化成為人間淨土。

　　儀式最後，方丈和尚期勉眾人能夠念念不忘提醒自己，多說好話、多做好事，讓自己的人品不斷提昇，並時時記得，學佛的人要效法菩薩，以慈悲對待人、以智慧處理事、以和樂同生活、以尊敬相對待，讓社會處處充滿祥和。

● 04.23

國際藝術家蔡國強訪方丈和尚
分享受益於聖嚴師父的心得

方丈和尚（左四）引領蔡國強（左三）一行人至生命園區。蔡國強雙手合掌，向植存區默禱。

　　4月23日晚間，國際知名裝置藝術家蔡國強在護法總會副總會長葉榮嘉伉儷、誠品畫廊經理趙琍的陪同下，至法鼓山園區拜訪方丈和尚果東法師，此行，也為聖嚴師父帶來蔡國強自己創作成果的回顧作品集《蔡國強：我想要相信》。

　　蔡國強談起與聖嚴師父多次會面互動的點滴，表示感受到師父法身常存。方丈和尚指出，聖嚴師父曾表示會「乘願再來」，這對廣大的信眾而言，是莫大的精神安慰。

　　蔡國強提及由於在紐約的工作室距離東初禪寺不遠，有一段時間經常至東初禪寺拜會聖嚴師父，而師父講的話，總能讓他產生很多創作上的靈感，也感受到師父的眼光和睿智。他認為，雖然師父不是藝術家，但是師父在宗教修行上的體證，已超過了藝術的創作形式。

　　2008年，聖嚴師父曾透過葉榮嘉邀請蔡國強為法鼓山創作藝術，蔡國強坦承，為法鼓山創作，是個人創作生命的新課題。他表示，師父具有開創的精

神，從不抱殘守缺，凡事皆有理念，並且以身作則。一如師父早已悟透生死，所以遺言「寂滅為樂」；而植存的方式，更是一種豁達的生命態度。

蔡國強表示，聖嚴師父不重具相的表現形式，如果能將法鼓山的自然景觀當成藝術來設計，按著春夏秋冬等規律，呈

蔡國強送給聖嚴師父的禮物，是一本自己的展覽作品集，書封內頁題上「精神豐碑」。

現大自然與人之間的對話，展現一種時間性而非空間性的藝術，或許可以創作出體現法鼓山這個禪宗道場的作品。

會談結束，蔡國強一行由方丈和尚陪同，將欲致贈給聖嚴師父的作品集《蔡國強：我想要相信》，親自送至師父靈骨植存的環保生命園區，由方丈和尚代表師父，收下蔡國強的心意。

● 04.25～26　05.24　10.18

普化中心開辦讀書會帶領人培訓
提昇學員推廣讀書會的信心

為深化讀書會帶領人領導技巧，普化中心信眾教育院在4月25至26日、5月24日及10月18日，舉辦心靈環保讀書會帶領人種子培訓課程，共有近一百九十位學員參加。

4月25至26日於北投雲來寺舉行的初階培訓課程，由普化中心副都監果毅法師，以及常用法師、資深讀書會帶領人方隆彰帶領，內容包括專題演講、讀書會實體運作、分組演練等。果毅法師在演講中，說明讀書會的基本意涵、佛法讀書會帶領人的定位功能，介紹四層次提問觀念與技巧，剖析讀書會的教育與關懷功能等，法師強調讀書會是心靈環保的具體實踐，期勉學員成立讀書會，共同推廣法鼓山的理念。

常慧法師在讀書會帶領人培訓課上，勉勵學員透過讀書會，廣為分享「心靈環保」理念。

進階課程於5月24日在德貴學苑

進行,由僧大教師暨女眾學務規畫組組長常慧法師、方隆彰老師帶領。常慧法師引用聖嚴師父曾說過的一席話:「但為佛法得昌隆,唯願眾生皆離苦,是以學問推展道心,勿以學問替代道心。」勉勵學員以讀書會為管道,分享心靈淨化的利益,積極扮演推動「心靈環保」理念的舵手。這項課程共有八十多位來自台北、台中、屏東、花蓮等縣市學員參加。

為了協助讀書會帶領人不斷學習成長,信眾教育院於10月18日在雲來寺舉辦充電課程,特別以「傾聽與表達」為主題,邀請方隆彰老師講授「關懷與傾聽的力量」、「表達的藝術」,常用法師分享「從關懷中成長自己」。課程中並安排「看我聽我讀書會」,由十位帶領人與學員分享各個讀書會的特色,來自香港、美國西雅圖讀書會的帶領人,也分享在海外經營讀書會的心得。

信眾教育院規畫這三項培訓課程,希望協助讀書會帶領人學習不同的方法和技巧,更深化教育與關懷並重的精神。課程結束後,多位學員表示將在地區籌組讀書會,對於推廣及持續經營讀書會,信心益加堅定。

2009年信眾教育院心靈環保讀書會帶領人種子培訓課程一覽表

時間	課程名稱	地點	帶領人
4月25至26日	初階培訓課程	北投雲來寺	果毅法師、常用法師、方隆彰老師
5月24日	進階培訓課程	德貴學苑	常慧法師、方隆彰老師
10月18日	充電課程	北投雲來寺	常用法師、方隆彰老師

● 04.26～05.10期間

全台分支單位舉辦浴佛活動
各地信眾共同感念佛恩、母恩、師恩

4月26日至5月10日期間,為慶祝佛誕與母親節,法鼓山全台各分支單位舉辦多元的浴佛報恩祈福活動,邀請信眾一起來感念佛恩、母恩,以及聖嚴師父的師恩;總計有十一個分院道場和護法會,共約有三萬四千人參與系列盛會。

系列活動中,5月10日於國父紀念館進行的「好願祈福感恩會」,由於配合「心安平安──你,就是力量!」社會關懷運動的啟動,規模最為盛大,有一萬五千多人次參加。5月1至3日於法鼓山園區舉辦的「朝山、浴佛、禮觀音」活動暨浴佛法會,也是一年一度的盛會,除朝山、浴佛,還有祈願觀音殿的點燈祈願、開山紀念館的聖嚴師父「牧牛心旅──聖嚴法師相關文物資料展」、第一大樓五樓門廳的「佛陀的故事」特展、彌陀殿的「報恩鈔經」活動,以及大殿旁雀榕平台的幸福廣場園遊會等,讓民眾體驗法鼓山生活化的心靈環保。

其他各地分院道場除安排浴佛法會,另有精彩多元的內容。北部方面如北

投中華佛教文化館與北投社區溫泉里及林泉里里辦公室、北投逸仙國小合作，安排多場舞蹈、鼓隊、弦樂等藝文表演；北投農禪寺與桃園齋明寺均安排感恩尊親奉茶活動，由小菩薩向父母、長輩奉茶，義工向老菩薩奉茶，場面溫馨感人；齋明寺並於活動結束後，展開敦親睦鄰，向鄰近民眾發送約一千兩百個壽桃。

信眾於農禪寺舀起香湯浴佛。

中部、東部方面，包括台中分院、南投德華寺與台東信行寺皆以浴佛法會為主，由法師帶領，並勉勵大家勤修戒、定、慧，滅除貪、瞋、癡，時時保有清淨心，透過浴佛節觀照內心是否清淨。

南部方面，有台南分院於台南二中舉辦的浴佛祈福感恩法會及園遊會，方丈和尚果東法師特別南下關懷，台南市市長許添財及台南二中校長王榮發也蒞臨會場，與現場三千五百多位民眾一起浴佛；活動另有園遊會，規畫了靜心觀禪、親子茶禪、筆禪、健康禪食、醫療健診等六十多個攤位，引導大家將四種環保落實在生活中；會場亦設有雲集寺模型展示區，不少民眾駐足參觀，了解興建緣起。高雄紫雲寺除舉辦浴佛法會，監院果耀法師也邀大眾藉「打氣卡」一起感恩、分享善的力量。兩地的現場均設有聖嚴師父生平紀念展，供民眾緬懷師恩。

2009年全台各分支單位浴佛節暨母親節活動

地區	主辦單位／地點	時間	活動名稱或內容
北部	北投文化館	4月26日	浴佛法會暨母親節聯歡活動
	法鼓山園區	5月1日至3日	朝山‧浴佛‧禮觀音暨浴佛法會
	北投農禪寺	5月2日	浴佛法會暨園遊會
	桃園齋明寺	5月2日	浴佛暨報恩法會
	台北安和分院	5月9日	浴佛法會
	法鼓山／國父紀念館	5月10日	好願祈福感恩會
中部	南投德華寺	5月2日	浴佛法會
	台中分院	5月10日	浴佛法會
南部	台南分院／台南二中	5月3日	祈願浴佛感恩法會及園遊會
	高雄紫雲寺	5月10日	浴佛法會
東部	台東信行寺	5月2日	浴佛法會

● 05.01

《人生》雜誌創刊六十年　特刊回顧
期許六十傳薪與創新

　　由東初老人於1949年5月創辦的第一本台灣本土佛教刊物《人生》雜誌，於2009年5月出版發行屆滿六十年。該期雜誌特別製作「人生一甲子」創刊六十週年特刊，回顧與展望《人生》的發展、未來，內容包括「傳薪」、「創新」、「展望」、「感恩」等單元。

　　《人生》創刊滿六十週年，原本計畫專訪《人生》導師聖嚴師父，但師父於2月3日圓寂，依於師父的願心與用心，特地重刊2008年8月《人生》出刊滿300期前夕的一篇專訪文稿，並將原篇名「在艱苦中見其光輝」，重新定名為「聖嚴法師對《人生》的最後叮囑」，從該篇文中深刻感受到師父對《人生》的特殊情分、對佛教未來的深刻期許，也再次領受師父對《人生》和後代編輯者的期勉。

　　在「傳薪」單元中，回溯《人生》的創刊淵源、創辦人東初老人的堅持、傳承人聖嚴師父對佛教文化與教育的願心與使命；「創新」單元，剖析《人生》歷年來的內容與主題、文字風格與編輯演進，引領讀者深入解讀當代文字弘法的多樣面貌。

　　「展望」單元，收錄中華佛研所研究員藍吉富、政治大學中文系教授丁敏、菩提長青出版社發行人兼總編輯闞正宗等三位長期關注佛教發展的學者，展望未來《人生》在弘傳漢傳佛教上所應扮演的角色與挑戰，期許積極回應時代議題與開拓國際視野。

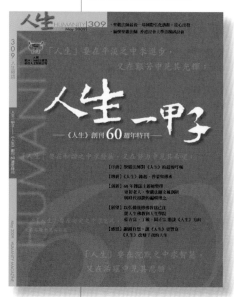

　　「感恩」單元方面，邀請曾經擔任《人生》社長的成一法師與方甯書教授，同業《菩提樹》發行人朱斐、經常提供佛法見解的佛教學院校長惠敏法師、覺風佛教藝術文化基金會負責人寬謙法師、丁敏教授，以及《人生》專欄作者繼程法師、郭惠芯，曾任《人生》主編的僧大副院長果光法師、普化中心副都監果毅法師、法鼓大學籌備處助理教授辜琮瑜等，共同分享個人與《人生》的因緣。

　　現任《人生》編輯總監的果賢法師表示，六十週年是承先啟後的關鍵點，《人生》將秉持聖嚴師父的勉勵與期許，繼續推廣人間淨土的理念，帶給世界光明與希望。

人生一甲子 傳薪再創新

特別報導

承先啟後 持續推動法鼓山的理念

　　創立於1949年5月10日佛誕節的《人生》雜誌，至2009年5月10日創刊滿六十年了。邁向一甲子的《人生》，不僅見證了六十年來漢傳佛教的蛻變，在時代更迭洪流中，復以文字力量，肩負佛法慧命的承續弘揚。

東初老人創刊 聖嚴師父傳承

　　1949年隨政府來台的佛教界長老，帶著中國大陸漢傳佛教的傳承，陸續展開篳路藍縷的經營。此時，身為太虛大師傳承者的東初老人，秉持大師「建設人間佛教」的志業，決意以出版雜誌開啟此一傳承的精神，於是《人生》的生命，從1949年5月的創刊，正式開啟。

　　東初老人假北投法藏寺為發行所，創辦《人生》雜誌，確立以「淨化現代人心，建設人生佛教」為旨趣；並聘請中壢圓光寺妙果老和尚擔任首任社長，同時得到慈航、圓明、守成、成一諸法師的贊助，由東初老人擔任主編暨發行人，負責實際的編務，以每月一期的十六開本雜誌發行。

　　一手創辦《人生》的東初老人，既須邀稿、寫稿，又要募款籌經費，還得身兼編輯工作。草創時期的《人生》，囿於經費與人力，一度停刊與復刊，1950年4月20日，創刊不到一年的時間，二度停刊，直至1951年2月15日，才再度復刊，由南亭法師擔任社長、東初老人擔任發行人。

　　此後1957至1959年間，隨軍隊來台尚未再度出家的聖嚴師父，開始用張採薇、醒世將軍等筆名投稿，為《人生》注入了新生代的力量。1960年1月10日，創刊十一年的《人生》，由二度出家的師父，正式承接下主編的工作。

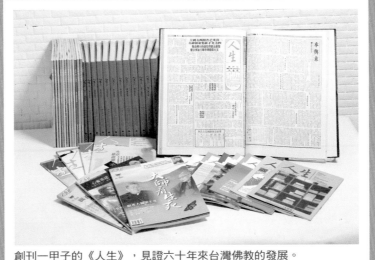

創刊一甲子的《人生》，見證六十年來台灣佛教的發展。

在這之前曾任主編的張少齊、圓明法師、廣慈法師、幻生法師、心悟法師、成一法師、星雲法師、性如法師、楊白衣等，莫不戮力經營編務，先後為《人生》闢出了一條逐漸開展的道路。

聖嚴師父擔任主編期間，同樣身兼數職，負責編務、發行與撰稿，工作十分繁重。1961年11月出版了第十三卷十、十一、十二期合刊本後，師父卸任主編，到美濃閉關；1962年發行第十四卷第五期後，發行十三個年頭的《人生》因無人接替，三度停刊。

停刊二十年復刊　因應時代不斷創新

1982年8月15日，三十三歲的《人生》正式復刊，由聖嚴師父擔任發行者，禮聘成一法師擔任社長，方甯書教授為主編，以八開報紙形式的季刊面世，同年11月改為雙月刊，至1984年9月重新以月刊型式出現。當時師父寫下〈勉「人生」復刊辭〉，期許《人生》要能符應時代的需求，透過「有趣的、人情味的、知識的、啟發性的、樂觀的、鼓勵性的面向，負起良師益友的責任，陪伴每一位需要它的人，以建設人間的樂土，開發似錦的前程。」

四十到六十歲階段的《人生》，一路走來日趨穩健。由於法鼓山的創建（1989年）、法鼓文化的成立（1995年），文化出版資源相融相攝；大環境中，佛法弘傳不再清寂，佛教雜誌也一本一本出現。但這樣的情境，也面臨著較過往更嚴峻的挑戰。無常的人間，災難頻仍、世局動盪、經濟蕭條，人心浮動，這時期的《人生》形式變化、內容調整，都為因應這些挑戰而來。

發願承繼師志　傳續文化弘法使命

2009年2月3日，在創刊六十週年前夕，《人生》導師聖嚴師父圓寂，痛失導師的《人生》，發願秉持師父主編、復刊並持續維繫雜誌的理念，在邁向六十年的此刻，承繼師志，以「盡形壽、獻生命」的精神，不僅傳薪《人生》，更創新《人生》，為此世建立人間淨土奉獻心力。

聖嚴師父對《人生》的最後叮嚀

《人生》是給人光明的，《人生》是為世界帶來希望的。如果沒有《人生》，法鼓山就黯然失色，因為《人生》是法鼓山的喉舌，是外界了解法鼓山的媒介。如果沒有《人生》，法鼓山的能見度一定會減少，世界也就少了一絲希望與光明。因此，《人生》一定要繼續辦下去。

《人生》雜誌創刊六十年大事記要

年	月	日	大事記要
1949	5	10	《人生》創刊。聘請中壢圓光寺妙果老和尚擔任首任社長,由東初老人擔任主編暨發行人,以每月一期的十六開雜誌型發行。
	9	1	因人力、物力不足,發行第一卷第四期後暫時停刊。
1950	1	10	復刊,為第二卷第一期。
	4	20	發行第二卷第三期,但仍因經濟因素暫時停刊。
1951	2	15	再度復刊,發行第一卷第一期(第三卷第一期)。
1956	7		《人生》發行所自北投法藏寺,遷移至中華佛教文化館。
1957	6	10	尚未出家的聖嚴師父首度以「醒世將軍」筆名投稿《人生》月刊,所撰〈人從何處來?又往哪裡去?〉一文,首度提出學佛者應「在人間努力,使人間成為淨土、成為佛國」的呼籲。自1957至1959年之間,師父陸續以筆名張採薇、醒世將軍、張本筆名投稿。
1960	1		聖嚴師父接任主編。
1961	11		聖嚴師父南下高雄美濃朝元寺閉關,擔任《人生》月刊主編至第十三卷第十、十一、十二期合刊本為止。
1962	5		聖諦法師接任編輯,《人生》月刊發行至第十四卷第五期,正式停刊。
1977	12	15	創辦人東初老人圓寂。
1982	8	15	聖嚴師父為《人生》復刊,以季刊形式發行,由成一法師擔任社長,方甯書教授為主編。
	11	15	改為雙月刊。
1984	9	15	《人生》重新以月刊形式發行。
1992	5	15	《人生》發行一○五期,改版恢復成原來的十六開本形式。
2000	1	1	一九七期進行改版,雜誌採取特殊開本,篇幅擴增至一百二十八頁。
2002	1	1	二二一期再度改版為菊八開,篇幅維持一百二十八頁,迄今。
2005	7		入圍第二十九屆金鼎獎最佳人文類雜誌獎。
2006	7		入圍第三十屆金鼎獎最佳人文類雜誌獎。
2008	8	1	《人生》第三○○期出刊。
2009	2	3	導師聖嚴師父捨報圓寂。
2009	5	10	《人生》創刊屆滿六十週年。

● 05.09

第一梯「心六倫種子教師」結業授證
將巡迴各地推廣心六倫理念

　　5月9日上午，人基會於德貴學苑舉辦第一梯「心六倫種子教師」結業授證典禮，在方丈和尚果東法師、關懷中心副都監果器法師、人基會祕書長李伸一，以及教育部社會教育司司長朱楠賢、前總統府國策顧問黃石城等來賓見證下，共有三十四位學員正式成為法鼓山「心六倫」運動的推手。

　　方丈和尚致詞時，說明法鼓山推動「心六倫」運動，以「心靈環保」為核心，鼓勵大眾從「心」做起，隨時保持正念，同時對自己扮演的每一個角色盡責盡分，對他人謙虛真誠，讓人人彼此間都能「和樂同生活、尊敬相對待」。

　　朱楠賢司長感佩法鼓山推動倫理運動的積極作為，表示許多良善的理念都需藉由「人」來推動，希望未來能與人基會合作，集眾人的力量，在各地巡迴推動「心六倫」，讓品德、倫理教育工程持續向下扎根。

　　心六倫種子教師培訓，自2008年12月開課至今，歷經五個月、六十個小時的課程培訓，學員們利用週末聽課講習、分享心得、蒐集資料、成立部落格，並接受試講、甄選等考驗，正式成為心六倫種子教師。有學員表示，透過講習、互動，深入學習心六倫的理念，並內化為生活的一部分，收穫最大的是自己。

　　這批種子教師們第一次的推廣活動，是配合新莊法鼓山社會大學暑期活動，自7月15日起展開為期六週的「心六倫推廣課程」；未來將接受社會各界邀約，分享心六倫的理念與實踐，讓心六倫在每個人的生活中生根發芽。

第一梯心六倫種子教師完成培訓課程，成為心六倫的理念推手。（前排左起依序為果悅法師、人基會教育委員會主委林芳忠、法行會副會長連城珍、李伸一祕書長、方丈和尚、朱楠賢司長、黃石城顧問、果器法師）

● 05.10

法鼓山啟動「心安平安──你，就是力量！」運動

分享善念與好願　為社會帶來平安幸福

法鼓山於5月10日上午在台北市國父紀念館中山公園廣場啟動「心安平安──你，就是力量！」社會關懷運動，邀請總統馬英九、內政部部長廖了以、邱再興文教基金會董事長邱再興、公益青年沈芯菱等，與方丈和尚果東法師共同響

方丈和尚與來賓們於國父紀念館中山公園廣場，一起啟動法鼓山「心安平安──你，就是力量！」社會關懷運動。（左起依序為邱再興董事長、方丈和尚、馬英九總統、廖了以部長、沈芯菱）

應，呼籲社會大眾從自己做起，分享並感恩善的力量，有近三千人參加。

方丈和尚致詞時，說明聖嚴師父在圓寂前留下重要開示：「要在艱難中創造快樂，在不景氣的年代擁抱幸福；只要心安，生活就有平安。」因此，法鼓山延續師父的教法，推動「心安平安──你，就是力量！」運動，鼓勵大眾把自身善的力量做出來、記下來，並從個人、家庭推及社區、社會，讓自己成為建設人間淨土的推手。

馬英九總統表示，聖嚴師父提出的「心安平安」，是一帖對治當前社會現狀恰到好處的良方，法鼓山此次推動的社會關懷運動，正是要告訴世人，善的力量不在海角天涯，而是在你我的身上。

公益青年代表沈芯菱分享十四歲時曾聽聖嚴師父開示：「當你無法給予別人愛的時候，才是真正的貧窮。」這句話鼓舞她投身公益，走進窮鄉僻壤，掌鏡一幅幅草根臉譜。

隨後，來賓們將寫著感恩與分享的打氣卡，掛在感恩樹上，現場民眾也共同響應，寫下心中的善念與好願。

當日下午，創作歌手吳克群也在現場演唱專為「心六倫」運動創作的歌曲〈把心拉近〉，以歌聲及優美的音樂旋律，將「心六倫」的精神融入大眾的心靈與生活之中。

● 05.10

好願祈福感恩會於法鼓山舉辦
上萬民眾歡喜與會

法鼓山於5月10日，在台北國父紀念館中山公園廣場舉辦「『心安平安──你，就是力量！』2009好願祈福感恩會」活動，以園遊會形式展現，共有近一萬五千人參加。

這場結合了母親節與佛誕節的溫馨盛會，有五大主題區，包括「心靈環保區」、「禮儀環保區」、「生活環保區」、「自然環保區」、「舞台節目區」等，共計十九項活動、一百多個攤位，透過各項精心設計的體驗活動，將四種環保與心六倫理念，介紹給社會大眾。

當天上午，農禪寺監院果燦法師首先為在場老菩薩講解報恩的意義，並由法師們為老菩薩戴上佛珠，表達感恩與祝福。活動中，有人帶著年邁的父母親，有人牽著剛學步的孩子，藉由洗心浴佛、經行觀禪、法鼓八式動禪、書法禪、靜心托缽等活動，領受「心靈環保」的清涼自在。在「禮儀環保區」，義工們引導親子靜心觀照身儀口儀，共同體驗茶禪禮儀之美。

此外，還設有醫療健診、美味素食、惜福惜物等攤位，以及種樹祈福、手創環保、環保心樂園等，邀請民眾體認生活環保與自然環保的重要，學習珍惜並愛護地球資源。

在義工引導下，民眾藉由浴佛儀式，感念佛陀、感謝母親。

現場的聖嚴師父生平紀念展，帶領大家回顧師父一生行誼與悲願；而心靈處方籤、撞鐘祈福等活動，讓民眾在溫馨氣氛中，體驗心安就有平安的真義。舞台節目區的音樂饗宴，除了發表「心六倫」主題歌曲〈把心拉近〉，還安排歌曲帶動唱、法青法鼓隊、手鼓讚等表演，讓所有在場的大小朋友，共同度過一個身心自在的感恩佳節。

● 05.16 05.23

《聖嚴法師的頑皮童年》台中、高雄簽書會
心靈繪本帶動善的力量

　　為推廣親子共讀繪本的閱讀風氣，法鼓文化在5月16日、23日，分別在台中寶雲別苑、高雄紫雲寺的「每月講談」活動中，舉辦《聖嚴法師的頑皮童年》簽書會，邀請該書繪者插畫家菊子、故事媽媽協會資深講師連惠宜，及法鼓文化副主編張晴分享《聖嚴法師的頑皮童年》的編製過程與閱讀心得，兩地各有近九十人、一百五十人參加。

在寶雲別苑舉辦的簽書會，張晴副主編（左二）、菊子（右二）、連惠宜（右一）透過編輯成書、插畫創作與故事分享的角度，與大家分享《聖嚴法師的頑皮童年》受歡迎的祕密。左一為主持人郭惠芯。

　　張晴副主編表示，《聖嚴法師的頑皮童年》一書內容是由千百篇聖嚴師父自述的故事中，挑選二十五則師父的童年故事，不僅深具生命教育價值，插畫家菊子繪製這本書的過程，更為本書添加了動人的人文意涵。

　　插畫家菊子分享繪製這本書的過程，歷經聖嚴師父病危、圓寂，最終還是來不及讓師父看到自己的童年繪本，讓菊子的內心有著深深的感嘆與遺憾。後來，菊子決心用一針一線的方式，在紙上縫出一頁頁立體圖案，除了展現師父童年誠實、率真的模樣，也象徵師父用大悲之心，努力縫補世界的缺口。

　　資深故事媽媽連惠宜指出，在這本書中，最令她感動的是〈折楊柳枝〉的故事，文中提及，自然界不會有一模一樣的物件，更何況是人呢？這是尊重生命差異的最佳啟示。

　　《聖嚴法師的頑皮童年》一書，也啟發愛書人推動善的力量。台中的愛書人曾勝珍，用自己著作的版稅，在簽書會現場認購百本《聖嚴法師的頑皮童年》，並捐贈給五個公益團體及兩所學校；高雄一位讀者，也發心捐贈一百本書給十一個學校團體，期望藉由不同管道，將這本書分享出去，並能在每位大小讀者心中，種下一顆顆善的種子，假以時日發芽長大，讓善的力量發揮更大效用。

　　主辦單位法鼓文化表示，希望透過編輯成書、插畫創作與故事分享的角度，提昇親子共讀繪本的內涵，進一步推廣生命教育。

● 05.16～11.15期間

法青會舉辦「一起哈佛趣」系列活動
與青年朋友分享佛法的活潑與實用

為了與青年朋友分享佛法的內涵，法青會於5月16日至11月15日期間，在北、中、南三地規畫「一起哈佛趣」系列活動，共有四百多人次參與。

2009年「一起哈佛趣」系列活動，共有三大項目，包括「輕鬆學佛法」、「青春解禪聯誼會」、「山水禪」等。其中，「輕鬆學佛法」分別於5、10月舉辦，5月的主題是「從顛倒到肯定自我」，由僧團常灌法師、常妙法師、常一法師分別前往各地，分享如何運用佛法來肯定自我；10月的主題是「提昇自我與四攝法」，由常雲法師、常銘法師、常宏法師等講授如何運用佛法來自我提昇。法師們分享自身經驗，期勉學員運用佛法來成長自己，現場互動熱烈。

9月的「青春解禪聯誼會」，分別於19、20日，在台北及高雄、台中等地舉行，由常雲法師、常宏法師、常參法師等帶領學員進行手工佛珠製作，並說明一顆顆串珠就像是起伏的念頭，而線就如同我們的心，清楚知道每個念頭，藉由串珠與線的進出，學習攝心與專心。

參加高雄縣澄清湖山水禪的學員，於活動後合影留念。

11月的「山水禪」，分別於高雄縣澄清湖、台南縣關廟牛埔、法鼓山園區、南投縣惠蓀林場進行，讓學員在大自然環境中體驗禪法，並透過法師引導、小組心得分享，引領青年朋友學習時時保持一顆安定放鬆的心，與自己相處。

「一起哈佛趣」系列活動包含各種不同的活潑課程，期能接引青年人學習佛法的觀念和禪修方法，帶給社會正面的影響力。

2009年法青會「一起哈佛趣」系列活動一覽表

活動名稱	日期	地點	帶領人
輕鬆學佛法	5月16日	護法會中壢辦事處	常灌法師
	5月17日	德貴學苑	常妙法師
	5月24日	高雄紫雲寺	常一法師
	10月17日	德貴學苑	常弘法師
		台中寶雲別苑	常雲法師
		台南安平精舍	常嗣法師

活動名稱	日期	地點	帶領人
輕鬆學佛法	10月18日	桃園齋明寺	常參法師
青春解禪聯誼會	9月19日	德貴學苑	常雲法師、常宏法師
		高雄紫雲寺	常一法師
	9月20日	台中寶雲別苑	常參法師、常宏法師、常嗣法師
山水禪	11月1日	高雄縣澄清湖	常一法師
		台南縣關廟牛埔	果澔法師
	11月14日	法鼓山園區	常參法師
	11月15日	南投縣惠蓀林場	常宏法師

● 05.17

南區法行會舉辦佛學講座
分別由果廣法師、許仁壽主講

　　法行會南區分會於5月17日於高雄紫雲寺舉辦兩場佛學講座，分別由法行會北區副會長許仁壽、僧團都監果廣法師主講，共有一百多人參加。

　　第一場講座，邀請台灣證券交易所總經理，同時也是法行會北區副會長許仁壽分享當年轉任郵政總局、帶領郵政轉型「中華郵政股份有限公司」的過程。面對轉型的挑戰，許仁壽總經理表示，是以自我消融來體諒員工的惶恐，建立好的因緣並廣結善緣；進而說明能夠在不同領域裡實踐佛法，是一種很好的人生經驗。

　　第二場講座，由僧團都監果廣法師主講「師父的悲願——建設人間淨土」。法師表示，追隨聖嚴師父近三十年，師父心中牽掛的只有一件事，就是「佛法這麼好，知道的人那麼少」，師父辛苦奔波，為的是將佛法與更多人分享；法師也詳細說明中華禪法鼓宗的歷史與傳承，以及法鼓山所推行的三大教育，實踐以心靈環保為主軸，實現師父建設人間淨土的願景。

　　主辦單位法行會南區分會表示，將會陸續舉辦佛學講座，增進會員對法鼓山精神與傳承的信心與願心，進而精進學習佛法，自利利人。

許仁壽總經理分享運用佛法面對工作轉換的挑戰。

● 05.22

逢甲大學佛學社舉辦佛學講座
邀請果理法師分享聖嚴師父身教

果理法師以《法鼓山的故事》、《聖嚴法師108自在語》與
逢甲大學教職員工佛學社結緣,由林玉雲社長代表接受。

5月22日下午,台中分院監院果理法師應逢甲大學教職員工佛學社之邀,於該社的「佛學講座」中,以「聖嚴法師的身教」為題,與社員分享法鼓山的理念,有近二十人參加。

講座一開始,首先播放《法鼓法音》影片,由聖嚴書院講師郭惠芯老師向眾人簡述聖嚴師父普傳漢傳大乘菩薩道的悲願,隨後由果理法師進行分享。法師以「法鼓山從我心中長出」、「我在僧中」、「枯木逢春開花,願與力而已」等三項主題,並透過多幀影像照片的呈現,細數師父對僧團弟子的身教,並感恩師父豐富了自己的生命。

果理法師也提及,自己2002年來到台中分院承擔法務,一直到目前台中分院準備籌建寶雲寺,一路走來,雖然感到任務之重,但心中非常感恩聖嚴師父慈悲指派,在領眾的過程中,深刻體會菩提心的意義與實踐。

座談尾聲,佛學社社長林玉雲感恩果理法師的蒞臨,讓社員們了解聖嚴師父在日常生活中,如何透過言教身教,點滴教化弟子。

● 05.24

信眾教育院舉辦聖嚴書院講師研習會
為推廣佛法注入弘法能量

普化中心信眾教育院於5月24日在德貴學苑舉辦「聖嚴書院講師研習會」,邀請屏東商業技術學院副教授林其賢、南華大學自然醫學研究所助理教授黃國清,以及僧團果建法師、佛教學院助理教授陳美華,分享對於聖嚴師父的思想與特色之體會,有五十多位聖嚴書院講師及助教參加。

這場研習課程中,四位老師分別針對「聖嚴法師思想的特色」、「聖嚴法師人間淨土思想的經典依據」、「聖嚴法師思想與《心經》」與「從聖嚴書院的任務與使命談教學的方法論」等四項主題,進行分享。

陳美華老師首先說明，聖嚴師父曾受太虛大師、印順長老思想的影響，並進一步提出「人間淨土」的思想與理念，這將是未來研究台灣人間淨土思想的一個方向。黃國清老師剖析師父早期研讀各類大乘經典，人間淨土的依據即建立在豐富的閱經基礎上，藉由師父的經驗，勉勵學員一定要發願深入經藏。

另一方面，果建法師分享研讀《般若經》的心得，說明《般若經》不僅

參與「聖嚴書院講師研習會」的講師們，把握求法再充電的機會，為未來的弘法工作，注入能量。

是智慧的詮釋，也是實踐菩薩道的重要經典。林其賢副教授從方法上談聖嚴書院的教學，分享教課與備課的各類技巧。

課程中，學員們分別針對講學的領域提問不同的看法，講師與提問者交流熱絡，也分享不同的教學方法。這場研習課程內容，兼具教學理論與方法，提供學員再次學習與溝通的平台，為未來推廣佛法及聖嚴師父思想的工作，注入弘法能量。

● 05.28～31

紫雲寺舉辦禪三
近八十位學員精進修行

5月28至31日，高雄紫雲寺舉辦禪三，由監院果耀法師帶領，共有七十八位來自潮州、屏東、高雄地區的禪眾參加。

在三天的活動中，禪眾們每天都從聖嚴師父開示的影片中，學習禪修的觀念與方法；除了打坐，並搭配動態的拜佛及立姿、坐姿運動。第二、三天清晨，果耀法師帶領學員到人行廣場禪公園

七十八位學員利用端午節連續假期，參加紫雲寺的禪三，把握機會精進用功。

經行、練習直觀，面對禪公園裡的微風輕拂、鳥鳴盈耳，法師引導大家看到就是看到、聽到就是聽到，知道就好，不給名字、不作分別和比較，發現妄念再回到方法。過程中，果耀法師不時提醒禪眾萬緣放下，全心全意投入修行，並說明禪修不只是在蒲團上用功，行住坐臥中也要綿綿密密用方法。

最後一天下午的大堂分享，有學員表示，聆聽聖嚴師父於影片中的開示，鼓勵大家要發願修學、護持與弘揚佛法，更讓學習有了著力點。也有初學學員分享腿痛時，想到果耀法師鼓勵以生命中的最後一炷香來看待、要有大死一番的心情，心就安定下來，不再專注腿痛問題。

這場禪三的圓滿，感恩有四十三位外護義工們在過程中的大力配合與奉獻，義工們非但不辭辛勞，也感恩有了一次培福、種福的好機緣。

● 05.29～31

法青種子培訓營三義舉辦
學員持續成長精進

常源法師以「累積淨土哩程數」為題，說明擔任義工是修福修慧的菩薩行。

為長期培育法青悅眾，法青會於5月29至31日，在三義DIY心靈環保教育中心舉辦法青種子培訓營，活動以「航向淨土的GPS」為主題，由常一法師帶領，共有一百多人參加。

29日活動第一天，法師們首先帶領學員認識四種淨土。常一法師以「九品蓮社區導覽」為喻，介紹經典中的佛國淨土，並幽默講解「入屋」資格、社區優勢、入住方法等。常灌法師說明，天國淨土的兜率內院裡住著不捨人間的慈悲菩薩，伴隨著彌勒菩薩的大悲願力，等待度盡眾生的時刻到來；法師並以「心淨國土淨」的觀念闡述何謂自心淨土。

常妙法師則以釋迦牟尼成佛的過程，講述人間淨土的理念，提醒學員娑婆世界正是釋迦牟尼佛的淨土所在，而法鼓山的理念「提昇人的品質，建設人間淨土」，正圓滿了從未來世「佛國淨土」、「天國淨土」，落實到「自心淨土」、「人間淨土」的過程。

第二天，常寬法師傳授到達淨土的不二法門。法師透過闡釋六度波羅蜜，引出聖嚴師父的身教，以及自身走出喪師之痛的過程，引導學員對「淨土」有更

深入的認識。常源法師則以「累積淨土哩程數」為題，點出奉獻自己、成就大眾的菩薩精神。

31日最後一天的課程，由佛教學校院長惠敏法師主講「航向淨土的GPS」。藉由投影片，惠敏法師詳細解說衛星導航系統（The Global Positioning System, GPS）的原理、人在宇宙中的時間、空間地位，以及佛法中對於淨土的詮釋等，並剖析淨土的定義、創造淨土的動力、航向淨土的方向、工具等。

法青會希望藉著三天的課程，在法青學員心中種下純真覺醒的種子，在航向淨土的過程中，勇於承擔，樂於奉獻。

● 06.01

《法鼓》雜誌紙本需求普查

落實環保理念　鼓勵改訂電子報

6月1日至8月10日，《法鼓》雜誌進行雜誌紙本需求普查，並鼓勵讀者改訂電子報，以落實環保理念。

活動期間，讀者可透過網路、電話、傳真或親洽法鼓山各地分院道場、護法會辦事處等方式，提出續訂需求。已續訂的讀者中，有近四成的訂戶，響應法鼓山節能減碳的呼籲，選擇改訂電子報。

《法鼓》雜誌是法鼓山信眾了解法鼓山理念、認識弘法活動的重要刊物，也是信眾之間溝通的主要橋梁。自2009年3月份起，《法鼓》雜誌PDF電子報已完整刊登在法鼓山全球資訊網（http://www.ddm.org.tw/），並提供下載，讀者可以透過網路閱讀或訂閱電子報，具有省時、省郵費、省油墨紙張等優點，保護地球資源，也讓閱讀更加便利有效率。

為落實環保理念，《法鼓》雜誌鼓勵讀者改訂電子報。

● 06.03

陳章波闡述自然倫理

讀懂大自然　自然倫理就形成

法鼓山「心六倫」種子教師培訓講師、中研院生物多樣性中心研究員陳章波，於6月3日受邀至北投雲來寺，為僧團法師、專職與義工進行「自然倫理」專題演講，各地分院也同步視訊連線聆聽。

陳章波教授在演講中，闡述如何讀懂大自然。

陳章波指出，人天生具有與大自然共處的能力，如果讀懂大自然所發出的訊息，自然便會與我們產生關係；如果個人還沒感受到這樣的關係，那就不用談論自然倫理，所以一定要讓自己讀懂大自然給予的訊息，自然倫理便會形成。

如何讀懂大自然？陳章波認為，要培養觀察力。無論是佛陀、孔子或老子，皆是善於觀察者，從觀察自然到自身，建立出一套生命哲學；聖嚴師父也是如此，所以提出了心靈環保與心六倫。他們擁有智慧心，也深具慈悲心，關懷對象從人擴及自然萬物，而這也是現今生態學、生命科學所強調的最高目的。

演講尾聲，陳章波以幽默的口吻，一一答覆聽眾關於自然與人的問題，將原本艱澀難懂的生態學觀念，化為易懂的生活準則，希望人人培養綠色意識，激發環保創意，帶出行動力，為大自然盡一分心力。

● 06.03

金山地區師生參訪法鼓山園區
體驗生命教育的具體實踐

金山高中國中部學生們專注看著導覽人員示範，學習頂禮、拜佛等基本行儀。

6月3日，台北縣金山地區的金山高中、金美國小兩校共近三百位學校師生，參訪法鼓山園區，體驗法鼓山四種環保的具體實踐。

上午，金山高中國中部一年級二百八十多位師生，在該校學務處主任陳季芬帶領下，來到法鼓山園區。學生們由導覽人員引領，觀看影片、體驗釣水瓶活動、學習禮佛與用餐禮儀、參訪生命園區等，並聆聽法師開示。

許多學生在觀賞《魯花樹搬家事紀──樹木移植之生態工程全紀錄》的影片後，對於艱鉅的原生樹木移植工程，發出了陣陣驚歎聲，藉此了解尊重生命的態度，以及對法鼓山尊重自然生態的用心。

陳季芬主任表示，由於現代社會風氣不佳、家庭功能失調，孩子容易產生偏差的觀念與行為，因此特地安排學生們參訪法鼓山，希望在他們的心田中，播下「心靈環保」的種子；該校陳銘漢老師表示，學生們對這次參訪印象相當深刻，希望以後每屆學生都有機會到法鼓山參訪。

下午，金美國小教師的進修研習活動也安排到園區參訪。校長胡德明帶領十三位教師，由北海岸關懷室常諦法師陪同，參訪開山紀念館、祈願觀音殿、大殿等。

該校學務主任張素真說明，先前，學校在法鼓山的協助下舉辦了生命教育課程；這次參訪，希望讓教師們親身體驗生命教育的內涵；張素真同時表示，園區環境殊勝莊嚴，讓人自然感受到內心的平靜，是一處極佳的生命教育現場。

● 06.06

法青會舉辦考生祝福活動
分享清楚放鬆祕訣

6月6日下午，法青會於德貴學苑舉辦首度「六六大順，考試超順」考生祝福活動，以祈福法會、祈願、點燈、撞鐘、茶禪，與考生分享禪修「清楚、放鬆、專注」的方法，由青年發展院監院常宏法師帶領，共有一百四十位考生與家長參加。

活動在「觀世音菩薩」聖號中展開。僧團常持法師也在祝福會中與考生們分享應考訣竅，指出只要心順，

考生在祝福活動中，敲響祝福的狀元鐘。

考試就會順利；如果負面情緒來襲，不妨把注意力集中在自己的呼吸上，讓心平靜下來，只要心平沉靜，就能發揮平日所學，輕鬆應對試題的考驗。

接著，考生們依序向前，誠心向佛陀供燈祈願，並踏上象徵更上一樓的階梯，至三樓敲響祝福的狀元鐘。撞鐘前，必須先念一段拗口的繞口令偈子：「撞鐘中狀元，莊重中虔誠，眾狀元撞鐘，考試祝成功。」要將偈子念得順，就得專注、放鬆，體驗清楚的竅門，一如上考場前，必須先設法安心，頭腦才清楚。

活動尾聲則在法師們的帶領下，體驗茶禪，透過喝茶感受色、香、味，放鬆身心，專注當下，藉由喝茶體會禪法，運用禪法破解考試難題。

● 06.07～14　06.17～26　06.27

僧團結夏邀繼程法師主持
指導系列禪修和課程

繼程法師於禪堂指導僧眾默照禪十。

僧團於6月7至14日、17至26日，以及27日，在法鼓山園區舉辦「結夏安居」，分別安排了一場話頭禪七、默照禪十以及禪修課程等，邀請聖嚴師父的傳法弟子，亦是馬來西亞佛學院院長繼程法師指導，話頭禪七、默照禪十分別由常乘法師、常賡法師擔任總護，共有近五百三十人次參加。

在兩梯次的禪期中，繼程法師皆強調調身與調心的重要，徹底放鬆身心後數息、觀呼吸、體驗呼吸，進而運用話頭或默照的方法達到身心統一。在每天早晚各一個小時的開示中，循序介紹禪修的方法與次第，說明修行就像爬樹，在向上攀爬的過程中，有時候會因為個人的身心經驗而住於枝幹上，這時就要提起覺照的心，回到主幹，繼續往上爬。

繼程法師幽默輕鬆的開示，讓禪眾在放鬆自在的狀態下，自然地吸收法義，沉浸在法喜之中。法師也諄諄提醒，善知識儘管重要，但不要忘記——修行無須往外求，因為人人皆有自性寶；小參時，並個別指導禪眾修習的進退起伏，勉眾要對自己有信心，相信自己能夠成佛。

在27日的禪修課程中，繼程法師分享禪修的觀念與心法，提醒僧眾用「心」不用「腦」，隨時用心修行、用心感受生命。

與往年不同的是，2009年僧團結夏安居兩梯次的禪期，除了僧團執事法師、僧大學僧參加外，佛教學院碩士班、學士班全體學生，以及資深禪眾也一起參與其中，體驗難得的精進禪坐共修，不僅凝聚道心，也助益安心修道。

● 06.11～14

傳燈院首辦禪悅四日營
完整研習禪修的觀念和方法

6月11至14日，傳燈院首度在台東信行寺舉辦「禪悅四日營」，由傳燈院監院常遠法師、常源法師，以及信行寺監院果密法師等帶領，共有八十七位學員參加。

學員們在「禪悅四日營」中，學習禪修的觀念和方法。

這場四日營，課程內容結合禪坐與動禪，包括「初級禪訓班二日營」以及一日的「戶外禪」體驗等，除了講授禪修的功能、介紹禪坐的姿勢和方法，以及法鼓八式動禪教學之外，也安排各種動禪學習，如走路禪、吃飯禪、出坡、戶外禪等課程，讓學員如實體會禪修在生活中的活潑運用。

在八式動禪與走路禪的課程中，常遠法師說明，做每一個動作、進行每一件事，都應該把心安住於當下，把腳步放慢，一步一步去做，內心便能安定自在。

戶外禪的內容涵蓋經行、騎腳踏車、托水缽以及聽海的體驗等。果密法師引領學員在快步經行及慢步經行間調心、調身與觀呼吸；常源法師則提醒於騎腳踏車時，體會行動步伐、風動的感覺，定心體會就不易使肌肉疲倦。

最後的大堂分享中，學員表示，藉由「只有現在」的觀念引導，學習放鬆身心，四日禪悅成了四日「好日」。果密法師則勉勵眾人將「禪」的觀念和方法融入生活中，確實體會禪悅，則天天都是好日。

由於這場「禪悅四日營」深受禪眾歡迎，台東信行寺也於7月30日至8月2日、10月29日至11月1日再次舉辦，由果密法師擔任總護法師，分別有七十位、四十二位學員參加。

● 06.13　06.14　08.29　08.30　09.10　09.17

教聯會舉辦「佛曲帶動唱人才培訓」課程
以音聲分享法鼓山的理念

為了培訓佛曲帶動唱人才，並整合佛曲帶動唱動作的標準化，教聯會於6月13、14日，8月29、30日，以及9月10、17日，分別在台中分院、高雄紫雲寺、

教聯會「佛曲帶動唱人才培訓」課程，讓四種環保「動」起來。圖為在紫雲寺進行的教學。

台東信行寺、宜蘭辦事處及加拿大溫哥華道場，共舉辦五場「佛曲帶動唱人才培訓」課程，共有兩百九十多人參加。

這項系列課程，由教聯誼會召集人吳甜、曾媛、柯金樹及十位教學示範員帶領，教授的曲目包括〈我為你祝福〉、〈四環歌〉等。活動中，學員透過一次次地反覆練習及分組演練，不僅逐步熟悉各項曲目，也隨著歌聲與手語，對法鼓山的「四種環保」有了不同的體會。

五場課程，尤以6月14日於高雄紫雲寺進行的場次參與人數最多，共有八十八位來自高雄、屏東、潮州等地區的學員參加，而高雄縣中山高級工商職業學校師生也有十多人加入學習行列。活動中，監院果耀法師出席關懷，並勉勵學員放鬆身心，好好練唱，將法音分享他人、自利利他；護法總會總會長陳嘉男也透過影片傳達對大眾的關懷，感謝教聯會及佛曲帶動唱小組的努力，讓佛曲帶動唱好學、好做、又能輕鬆學習。

海外方面，吳甜召集人與三位教聯會師資於9月期間，至溫哥華道場首度帶領佛曲帶動唱教學，期望法鼓山的佛曲傳唱海外，以歌聲推廣法鼓山的理念。

● 06.14～15

「中華禪法鼓宗」禪修方法研討座談
僧團法師交流禪修帶領方法

為了凝聚中華禪法鼓宗禪法教學的共識，6月14至15日，僧團三學院於法鼓山園區禪堂舉辦「中華禪法鼓宗」禪修方法研討課程座談會，由禪修中心副都監果元法師等帶領，聖嚴師父傳法弟子繼程法師亦協助帶領，有近一百位僧團法師、僧大學僧參加，全台分院道場同步視訊連線參與。

座談會中，果元法師首先說明，為了承續聖嚴師父的悲願，法鼓山致力於弘揚中華禪法鼓宗，希望讓更多人體驗師父所傳授的禪法，並獲得禪修的真正利益。

兩天的座談會，主談人包括方丈和尚果東法師、僧團副住持果暉法師、禪堂板首果祺法師、中華佛研所所長果鏡法師、僧大副院長果光法師、普化中心副都監果毅法師、僧大女眾學務規畫組組長常慧法師等，討論中華禪法鼓宗的特質及內容，並交流教學方法，希望藉此讓與會者更能領會中華禪法鼓宗的禪風，引導現代人在日常生活中，活用法鼓山的禪法，安定身心。

● 06.23　07.05

聖嚴書院北區、中區首梯佛學班結業

互勉終身同學菩薩道不畢業

聖嚴書院中區第一梯次「學佛五講精讀班」，及北區第一梯次五講精讀班與佛學課程初階班，分別於6月23日和7月5日舉行結業典禮。

中區精讀班結業典禮於6月23日在台中分院舉辦，方丈和尚果東法師、台中分院監院果理法師、聖基會董事長施建昌、聖嚴書院講師林其賢到場祝福，共有三十位學員從方丈和尚手中接下結業證書。

聖嚴書院北區第一梯次精讀班結業，為結業學員授證。

方丈和尚開示時，勉勵結業學員秉持學佛初衷，繼續在法鼓山修行、奉獻，發揮「同心同願，承先啟後」的共讀精神，讓所學落實在生活中的每一刻，終身學習不間斷。典禮上，初階班學員並將象徵陽光、活力的向日葵花束獻給結業學員，祝福三年學習有成，場面溫馨。

7月5日，北區佛學班結業典禮於北投農禪寺進行，由普化中心副都監果毅法師主持，包括僧團副住持果暉法師、護法總會總會長陳嘉男、施建昌董事長，以及聖嚴書院講師林其賢、戴良義等皆到場祝福，連同來自台北縣市、宜蘭等地的佛學初階班在學學員及親友，共有四百多人參加。

典禮首先由各班學員活潑的隊呼揭開序幕，除了展現每一班的學習特色，也呈現北區各地學員學法、弘法的願心。

接著，一百六十七位學員依序上台接下結業證書，不僅堅定了求法的道心，也象徵在菩薩道上又向前邁進了一步，並與現場其他在學學員相互勉勵，讓人體會聖嚴師父所說「同學菩薩道、互為法門眷屬」的深意。

授證後，果暉法師特別代表方丈和尚恭喜結業學員，三年精進不懈才能成就今日的道業；同時以戒、定、慧三學並修做為勉勵，希望學員將佛法融入生活中，自利利他。林其賢老師也提醒學員，結業不是畢業，因為聖嚴書院是一個終身學習的地方；希望大家將結業證書當做修習菩薩道的定錨點，再接再厲，長養心中的菩提種子。

聖嚴書院中區精讀班、北區佛學課程成立於2006年，採三年六學期學制，至今年7月圓滿，有次第地引導學員修學佛法，奠定學佛的信心與決心。

● 06.28

法鼓山第五屆全球僧團大會園區舉行
果東法師續任第三任方丈

6月28日，僧團於法鼓山園區舉行第五屆全球僧團大會，會中行使第三任方丈和尚任職同意權，並遴選第四屆僧團代表。經全體僧眾投票結果，第二任方丈和尚果東法師續任第三任方丈。

會中，法師們透過影片回顧在聖嚴師父帶領下，僧團三十年來的發展歷程，更藉此體會師父建僧弘法的悲願；為感念師恩，法師們同心共識，將承續師父的悲願，樹立法鼓宗風，弘揚漢傳佛教，使正法久住，並促進人類幸福和世界和平。

原本預定8月舉行的全球僧團大會，藉著6月僧眾「結夏安居」精進禪修活動後，全球僧眾共聚一堂的機會，提前於法鼓山園區舉行。此次提名是依「法鼓山教團方丈敦聘及職權行使辦法」，首先在2009年1月22日召開「推選『第三任方丈敦聘委員會』會議」。會中，監院以上一、二級主管執事及賢首會代表票選出首座和尚惠敏法師、副住持果暉法師、都監果廣法師等七位成員組成「第三任方丈敦聘委員會」。

該會七位成員共同決議敦聘現任方丈果東法師續任第三任方丈，並依敦聘辦法，將此提名呈請現任方丈簽署同意續任，經全體僧眾行使同意權通過。

2006年9月接任第二任方丈的果東法師，承繼聖嚴師父的法務，近三年來，

在第五屆全球僧團大會中，全體僧眾行使投票權，遴選第四屆僧團代表。

關懷和弘化足跡遍及海內外；尤其在師父圓寂後，更依「法鼓山創辦人指導方針」，秉承師父理念宗旨，結合僧團內外資源，傳承法鼓山法統法脈，獲僧眾、信眾的肯定。

續任第三任方丈和尚，果東法師感恩僧團託付，表示將落實理念領導，也更謙卑學習，努力承擔起弘傳聖嚴師父理念，以及中華禪法鼓宗的使命。

感恩僧團託付
落實理念領導

6月28日講於法鼓山園區方丈和尚辦公室

◎果東法師

續任法鼓山僧團第三任方丈和尚,果東感恩僧團的託付。今後仍將記取佛陀及聖嚴師父「我不領眾,我在僧中」的教誨,督策僧團事務。

大家是在一個和合的僧團,凡事沒有個人,身為方丈,是僧團的精神中心,在身語意、威儀方面,要以身作則,對於修行有帶領大眾共修的義務。所謂「督策」僧團事務的出發點是關心,確實掌握創辦人聖嚴師父的指導原則,以及僧團所建立起的組織、制度、規約,並嚴明進行;同時帶領大家分工合作,在六和敬的精神下,彼此和樂共住。

感念聖嚴師父的指導與身教

自從2006年9月果東接任第二任方丈以來,個人學習成長最多之處,就是聖嚴師父給予的指導與身教。師父說:「心量要大,眼光要放遠,學習思考舉一反三,最重要的是能創新」。「心量要大,眼光要放遠」是大原則,接著要逐步踏實,確實去學習傾聽,體諒包容,要做關懷,這樣才能讓自己感受到是否有那份心量,看事情是否眼光夠長遠,學習規畫,請相關單位做規畫思考,不是只看到眼前,而忽視了長遠的計畫。創新則要掌握社會的脈動,不是把過去的完全推翻,而要承先啟後。

此外,細膩如人際應對進退,聖嚴師父也不忘叮嚀。2007年有一次師父到醫院做例行檢查,仍在病床上教導應對外界活動邀約、出席宴會的原則。師父說,身為現代的出家眾,如果不與社會適度互動,很難接引大眾;他並以太虛大師和弘一大師為例,指導如何拿捏原則,又不流於無謂的交際應酬。

聖嚴師父常提醒,自己要簡樸,但要寬以待人,對人要厚道,自己要節儉,時時不忘修行。自己要隨時自我觀照,「用感恩心接受,用報恩心付出」是師父對我們僧眾的勉勵,依教奉行,心態上就會非常平和,把一切都當成增福增慧的資糧,如何做到事多而不煩,如何舉重又若輕,這些都是師父常常在開示的,同時也以身作則。雖然色身病弱,但師父「盡形壽,獻生命」,師父常常說:「今天我沒有白吃飯喔。」意思是師父沒有因為身體調養就懈怠,就不關心大眾。

在這些過程中，果東開闊了自己的視野，接觸面也變多變廣，在歷練中可以察覺過去不足的部分，藉此學習成長。以管理來說，果東本身沒有相關的基礎訓練或學歷背景，只有從執事或參加會議及處理事務中，自己摸索、學習成長。

就像做關懷，做任何關懷一定與教育結合，法鼓山的大關懷教育層面很廣，包括生老病死、喜慶婚喪、慈善救濟，而法鼓山在海內外各地都有分院辦事處，所以一定要巡迴關懷，這也等於是「走動關懷」。

另一方面，團體的組織制度、政策要有一致性，有一致的方向，要掌握原則，這也涵蓋管理。如果使不上力，唯有請專家學者或法師，依於自己的專業領域提供規畫協助，果東站在方丈和尚、單位董事長的立場，在董事會上，凝聚大家的共識，確立不離法鼓山以心靈環保為核心主軸，透過三大教育，落實四種環保，達成淨化人心、淨化社會的目標。

珍惜學習因緣，開創新局

以前大家都習慣請聖嚴師父做最後的決策，現在師父圓寂了，法鼓山以僧團為核心，教團整體的策略方向，將透過宗務綱領職事會議與事業體主管的聯席會議達成共識，使僧俗四眾更加凝聚，落實師父說的「法鼓山不以個人領導，而是以理念來領導」。

對果東而言，如何整合內外資源、協調溝通大家的意見，還要安每個人的心，盡快達成共識，訂出執行的決策方向，是一大挑戰，也是我學習的因緣。

聖嚴師父圓寂之後，各界報名皈依、禪修、上山參學、報考僧大的人數都超越以往，顯示社會對法鼓山的高度認同；而剛剛圓滿的全台「大悲心起·願願相續——護法悅眾關懷行」，果東更感受到信眾的悲願力。僧團珍惜這些因緣，更將逐步踏實地去突破、創新，掌握我們的理念，結合內外資源，呼應社會脈動，開創新局面。

第三任方丈和尚果東法師表示將更謙卑學習，落實理念領導。

三年前2006年遴選第二任方丈時，聖嚴師父曾對僧團說：「誰都不要動念頭，認為最好不是我；誰也不要動念頭，覺得應該是我。方丈的職務是常住交付，龍天賦予，執事派任了就是去承擔，對個人更是榮譽。」果東如今再獲僧團託付，將更謙卑學習，努力承擔起弘傳師父理念，以及中華禪法鼓宗的使命。

法鼓山僧團三十而立

繼起聖嚴師父建僧悲願

特別報導

　　法鼓山弘化事業精神指導核心——僧團，在2009年邁向三十而立之年。6月28日，全體海內外僧眾齊聚法鼓山園區，舉行第五屆全球僧團大會，行使第三任方丈任職同意權，並遴選第四屆僧團代表，會議順利圓滿。

　　僧團的建立，源於1979年8月，聖嚴師父為培養弘揚佛法、住持三寶的青年僧才，於北投農禪寺成立「三學研修院」。1980年5月，於北投文化館剃度四位僧眾；其後每年剃度弟子，逐步建構僧、尼二眾的僧團。

以健全僧格 清淨和樂為目標

　　三十年來，在聖嚴師父的教導下，僧眾以養成健全的僧儀、僧格、僧德為行持目標，致力於建立清淨和樂、如法如律的僧團，奉行師父教誨：「以凡夫身修出離行，以人間身修淨梵行，以出世心修菩薩行，以入世心成就眾生」，落實大乘菩薩道的精神。在「奉獻即修行」的理念下，僧眾全力推廣以「心靈環保」為核心的三大教育事業，開展出禪修、佛學、人文教育、學術研究、社會關懷及慈善救濟等各類事業，並在國際間進行宗教交流、推廣和平。

　　回顧僧團三十年的成長，可分為三個階段。初創時期，僧眾依循古叢林「一日不作，一日不食」的精神，過著淳樸的農禪寺院生活。聖嚴師父常利用一起出坡的機會，針對弟子個別根性因材施教。雖然沒有制度化的教育，但僧眾們以入眾、倚眾、隨眾、靠眾為生活規範，安住於僧團，調和身心，

在聖嚴師父的帶領、開創下，僧眾們在奉獻社會與成長自我的過程中，留下僧團成長的軌跡。圖為2006年僧活營，師父與全體僧眾合影。

聖嚴師父在早齋開示中所講述的出家心行，字字珠璣，是僧眾珍視的終身修行指南、調心良藥。

形成質樸踏實的道風。

第二階段是法鼓山於1989年創建後，僧團開始規畫整體僧伽教育，也逐漸建立組織制度，此時的發展重點是建立清淨和樂的僧團，例如在1990年，僧團制定共住規約，秉持六和敬的精神，在生活、執事、僧俗互動上有明確規範，違犯者也有悔過罰則，是僧伽制度建立的開始。2000年，僧團召開第二屆全球僧團大會，擬訂「法鼓山寺組織章程」，完備了僧團組織架構及制度規章，具體實現現代化的僧團運作機制。

2001年，法鼓山僧伽大學正式創校，在聖嚴師父揭櫫「悲智和敬」的校訓中，以培養具大悲願心之宗教師為宗旨，僧眾教育發展為學院式僧伽大學的基礎教育及僧團的終身教育體系。

三十年教誨 奠定穩固的基礎

第三階段是2005年，位於金山的法鼓山總本山落成啟用，至此，僧團重新調整組織，轉為以僧團為核心，統理各事業單位的組織體系。聖嚴師父並在該年傳法十二位法子，翌年9月遴選果東法師為第二任方丈，將悲願傳承至第二代。僧團組織和制度隨著僧團成長而演變，經過2005、2006、2007年的陸續修訂，已趨健全完善，奠立了法鼓山未來發展的穩健基礎。

串起這三十年歷史背後不變的深心大願，是聖嚴師父承繼自太虛大師「建僧」的悲願。三十年來，師父每每透過「早齋開示」、書信，並在僧大開辦「出家心行」、「高僧行誼」以及「創辦人時間」等課程，不斷對弟子開示出家心態與觀念、調心與調身的方法、僧眾共住共修之道、僧團制度與規約、執事的正確觀念與倫理等。字字珠璣均是僧眾珍視的終身修行指南、調心良藥。

僧團初創時期，僧眾們依循古叢林「一日不作，一日不食」的精神，過著淳樸的農禪寺院生活。

　　在聖嚴師父長期奠定的厚實基礎及教導下，至今，法鼓山的使命、共識、方法與實踐，已成一完整的教育體系。僧眾進入此體系修學，同時也在此體系下弘化，養成氣度恢弘、眼光遠大、具悲心願力、住持正法之宗教師。法鼓山僧團期望在佛教新世紀中，成為現代化僧團的一個典範，繼續在世界建立人間淨土。

法鼓山僧團發展簡史

時間		重要紀事
年	月	
1979		聖嚴師父於北投農禪寺成立三學研修院，制定院訓。
1980	5	剃度四位弟子，包括一位沙彌、三位沙彌尼。
1990	3	三白羯摩制定「僧團共住規約」。
1991	9	首次於法鼓山上舉辦「僧團菩薩營」。
1994		草擬僧伽教育體制辦法。
1997	7	首次於法鼓山上舉辦出家生活體驗營。
	8	首次於法鼓山上舉辦僧團結夏安居。
1998		僧團成立教育院，規畫僧伽教育體制與課程。
	9	聖嚴師父開示，首度將創辦佛學院納入計畫。
	3	舉行第一次僧伽大學籌備會議。
	8	舉行法鼓山第一屆全球僧團大會，討論「法鼓山寺組織章程」。
2000	8	舉行法鼓山第二屆全球僧團大會，遴選僧團代表及擬定「法鼓山寺組織章程」。
2001	9	僧伽大學第一屆開學，共招收二十一位佛學系新生。
	11	《僧大通訊》創刊。
2003	1	僧團《法鼓僧報》創刊。
	2	首度於法鼓山上開辦「出家體驗暨僧才養成班」。
	9	舉辦法鼓山第三屆全球僧團大會。
	9	舉辦「法鼓山僧團請執培訓營」。
2004	2	僧伽大學舉辦首屆「生命自覺營」。
	4	僧大《僧芽》雙週刊創刊。
2005	1	首屆僧才養成班十五位學生畢業。
	9	首度舉辦傳法大典，十二位弟子傳承。
	9	僧大首屆畢業典禮，共有九位畢業學僧。
2006	7	公告制定「法鼓山方丈敦聘辦法」。
	7	法鼓山僧伽大學首度舉辦畢業製作成果發表會。
	8	舉辦法鼓山第四屆全球僧團大會，選舉僧團代表及修定「法鼓山僧團共住規約」。
	9	第二任方丈和尚果東法師接位。
	9	僧伽大學設立禪學系開始招生。
	11	僧團公告聖嚴師父制定之「防墮落防腐化原則」。
2007	7	公告「法鼓山體系功能暨組織架構」，以三大教育為主軸。
	9	舉辦首屆僧命體驗班，為期五個月。
2009	2	聖嚴師父捨報圓寂。
	5	僧大《法鼓文苑》創刊。
	6	舉辦法鼓山第五屆全球僧團大會，遴選僧團代表，果東法師續任法鼓山教團第三任方丈和尚。

● 06.28

法青會舉辦「哈佛 PARTY」
台北、台中同時進行

法青會舉辦「哈佛PARTY」，以World Café的方式進行。

法青會台北分會於6月28日下午，在德貴學苑舉辦「哈佛PARTY」，活動以World Café的方式進行討論交流，由法青悅眾帶領學員回顧聖嚴師父的身教，並思索「快樂」、「恐懼」等情緒問題，有二十多人參加。

活動首先由法青悅眾，以活潑的帶動唱方式，引導學員敞開心胸，拉近彼此的距離；接下來，進行分組討論，討論「真正的快樂」、「如何面對恐懼？」等議題，並播放聖嚴師父的開示影片，師父說明當恐懼的情緒來時，害怕沒有用，擔心無益，最重要的是回到方法，看自己的念頭起、念頭滅，時時練習覺察自己的念頭，才是最好的解決之道。

在「聖嚴師父的身教」單元中，由法青悅眾分享聖嚴師父的小故事，提及師父有一次出席國外宗教會議時遇到一位伊斯蘭教徒向他傳教，師父告訴對方他也相信真主阿拉，因為佛教徒尊重每一個正信的宗教。師父的身教，引領學員思索佛教徒尊重異己的寬大胸襟，更是異中求同的和平體現。

同日，法青會台中分會也於台中分院舉行「哈佛PARTY」，由法青悅眾分享學佛心得，有近三十人參加。

● 06.28～08.02期間

齋明寺舉辦古蹟月系列活動
為「修復啟用典禮」暖身

被評為國家三級古蹟的桃園齋明寺，於6月28日至8月2日期間，舉辦「古寺新象‧永續本懷」古蹟修復啟用——古蹟月系列活動，內容包括攝影、寫生、戶外音樂饗宴及禪修等，為將於8月2日舉辦的「古蹟修復啟用典禮」而暖身。

齋明寺首先於6月28日進行敦親睦鄰活動，關懷及感恩鄰近三百四十戶住戶多年來的協助與護持，並廣邀民眾參加古蹟月系列活動。

7月4日，齋明寺舉辦古蹟寫生創作活動，活動於古蹟庭園中進行；此處是齋

明寺自2005年開始整建修復後,首度對外開放。參加寫生者多為中小學學童,亦有愛好寫生的社會人士,完成的作品並展示於齋明寺內。翌日7月5日舉辦親子戶外禪修營,邀請親子體驗古道經行、禪林聽禪、托缽行禪等活動,有近一百九十人參加。

11日下午舉辦古蹟藝術賞聆音樂會,活動由齋明鼓隊的演出開場,接著邀請民眾在參天古樹下聆聽九歌民族管弦樂團的表演,清脆悠揚的樂聲展現齋明寺深厚的文化氣息;現場包括桃園縣文化局局長陳學聖、大溪鎮鎮長蘇文生等,約有五百人參加。主辦活動的監院果啟法師表示,希望樂音的欣賞可以讓大家感到身心安定,一念淨起,處處時時都是淨土;法師也帶領眾人發願,祈求人人心安平安,社會進而安定和樂。

19日的「古蹟攝影」,邀請民眾透過鏡頭與光影變換,捕捉齋明寺建築外觀及園區內的自然生態印象,有五十多位攝影愛好者參加。

位於桃園大溪地區的齋明寺,於1985年獲內政部審定為三級古蹟,1999年聖嚴師父承續法務後,以心靈環保的核心理念,並在僧俗四眾的用心經營之下,於2008年底獲桃園縣寺廟評鑑金質獎肯定。而自2005年起歷時四年的修復整建,也於8月2日舉辦「古蹟修復啟用典禮」,重新對外開放。

齋明寺鼓隊演出,為古蹟藝術賞聆音樂會揭開序曲。

● 07.03

人基會舉辦「發現幸福密碼」座談會
呼籲以盡責、服務奉獻創造幸福

7月3日晚間,法鼓山人基會於台北國際會議中心舉辦「發現幸福密碼」心倫理座談會,邀請法鼓佛教學院校長惠敏法師、台灣大學哲學系教授林火旺、亞都麗緻集團總裁嚴長壽及香港「壹基金」創辦人李連杰共同與談,由媒體人葉樹姍主持,從宗教、哲學、企業、公益等領域,與現場近三千位民眾一起探索創造幸福的密碼,共同主辦的美國長春藤盟校校友會多位校友也出席參加。

座談會首先由行政院院長劉兆玄致詞,他感謝法鼓山推動「心六倫」運動,讓當前社會有一股向上提昇的力量。之後主持人邀請與談人闡述自己的幸福觀及如何擁抱幸福,四位來自不同領域、生活背景的與談人,均提及「個人的幸

「發現幸福密碼」座談會上，惠敏法師（中）、林火旺（左一）、嚴長壽（左二）、李連杰（右二）暢談幸福法則。右一為主持人葉樹姍。

福」與「他者」息息相關，意指幸福不僅來自個人的追求與創造，還需透過與他人、外在環境的相互尊重、關懷和包容，方能成就。

惠敏法師表示，幸福就是做自己喜歡做的事，同時又能利益眾生，法師分享聖嚴師父一生的思想行誼，強調若能抱持「無事於心，無心於事」的態度，放下自我，便能提起眾人的幸福。林火旺教授從倫理學的角度，詮釋幸福是一種對生命的態度，亦即「如何活出自己的價值」，除了要認識自己、肯定自己，更要心中常有別人，這也正是道德的積極意義。

李連杰以「各位家人好！」向在場所有人問候，把全人類喻為一整體，認為每個人都是一個細胞，相互依存，如果每個細胞都努力做好自己該做的事，自己和整體都會幸福。嚴長壽總裁則發現很多人的幸福與快樂來自「分外事情的參與」，不為自己而為別人付出的時候，反而是最真實的幸福。

惠敏法師進一步從聖嚴師父的理念出發，勉勵大眾以感恩心、慚愧心來消融自我，並學習讀出眾生心；嚴長壽總裁鼓勵大家做自己與別人生命中的天使；林火旺教授呼籲不要做旁觀者，要主動付出；李連杰也鼓勵大家每天盡力做一小時的菩薩，練習讓心不隨外境轉，逐漸放下自我，聽見眾生。

座談會上，惠敏法師糅合聖嚴師父畢生著述，讓與會大眾更清楚師父所推動「心五四」、「心六倫」的理念。透過不同領域的對話交流，與會聽眾從中領會，原來幸福密碼不在遠方、不假外求，而在每個人盡責負責、服務奉獻之中，也就是「心六倫」的精神與內涵。

● 07.04　09.05　11.07　12.05

紫雲寺舉辦身心健康講座
促進大眾心安平安

高雄紫雲寺為推廣「心安平安——你，就是力量！」運動，於7月4日、9月5日、11月7日及12月5日，與高雄縣政府衛生局共同舉辦「健康促進暨心理健康」系列講座，共有一百七十八人參加。

該項「健康促進暨心理健康」系列講座，是以維護現代人健康、增進心靈提昇為宗旨，邀請的主講人都是身心保健方面的專家。首場講座，由正修科技大學健康休閒管理系教授顏克典主講「健康體能DIY」，顏教授說明規律運動可預防疾病和維持健康，強調「現在沒有時間運動，將來就有時間住院」，勉勵大家不要忽視運動的重要性，並帶領現場聽眾體驗繞頸、轉腰、轉指等運動。

9月5日邀請鳳山市衛生所主任吳堃銘，主講婦女癌症的預防與治療。吳主任指出女性較常見的癌症是子宮頸癌及乳癌，他強調定期做抹片檢查及平日自我檢查乳房非常重要，很多例子都是因為自我檢查發現得早，及時治療，使得治癒率因而提高。當天也邀請高雄市急難救助大隊義工余素貞老師，宣導如何增進身體免疫力，包括腹式呼吸法、食療法、運動，提醒大家做好體內環保，遠離流行感冒，享受健康快樂的生活。共有六十二位民眾前往聆聽。

11月7日則邀請高雄縣臨床心理師公會理事長黃宇達講述「情緒管理與壓力調適」，提醒大眾注重身心情緒、壓力的整體照顧，進而獲致身心的安定與健康，當天活動有三十二人參加。

最後一場座談，則邀請高雄市自殺防治中心執行長陳偉任以「自殺防治」為題發表演講，將宗教信仰與精神醫療巧妙連結。陳偉任提出自殺防治「守門人123」法則，即「1問」、「2應」、「3轉介」，主張凡心生失落感時，可透過「安心專線」諮詢，疏解心中的困惑；他呼籲大家「珍愛生命，希望無窮」，適時關懷身邊的人，每個人都可以成為他人生命中的貴人，共有二十四人到場聆聽。

系列講座的舉辦，希望透過各種健康觀念的分享，關懷民眾，藉此提昇大眾身心健康品質，安定社會人心，凝聚「善」的力量。

顏克典教授帶領現場民眾體驗繞頸、轉指等運動。

● 07.06～08.23期間

暑期兒童心靈環保體驗營全台展開
培養世界「心」主人

為了培養學童積極正向的人生觀，法鼓山於暑假期間，分別在法鼓山園區、北投農禪寺、台北安和分院、桃園齋明寺、台中分院、台南分院、高雄紫雲

法鼓山園區營隊帶領學員進行書法禪。

寺、台東信行寺及護法會多處辦事處，全台共十三個分支單位舉辦「兒童心靈環保體驗營」，共有兩千三百多位學員參加。

2009年「兒童心靈環保體驗營」以「學做世界『心』主人」為主題，各地區舉辦的營隊均以「心靈成長」為目標，內容除佛曲帶動唱〈我為你祝福〉、環保教案「我愛地球」、法鼓八式動禪等基本的課程外，各單位並依照本身的條件和地利，各自呈現不同的特色，期望透過良好的學習互動，幫助學童更加懂得愛護環境、關懷他人，開啟人生「心安平安」的自在生活。

法鼓山園區的體驗活動，在「自然環保」方面，藉著透過觀星、生態體驗、闖關遊戲等，引導學員學習感恩大地、珍惜資源；「心靈成長」方面推出「小小禪師的生活」，讓學員從行、住、坐、臥中，體驗放鬆及安定身心的感受；「人文素養」與「創意啟發」則經由慧心巧手、DIY及梵音悠揚的單元，陶冶學員性情及激發潛力；「生活教育」藉由影片、繪本及課程介紹「心五四運動」，並演練禮儀和生活倫理，以學習尊重及關懷他人。

各地分院也善用各自的條件展現活動特色，如齋明寺安排古蹟巡禮，讓學員與家長共同參訪該寺一百七十年的古蹟風貌，同時接受一場難得的文化洗禮；親子共同體驗禪修，也是近年在各分院道場逐漸普遍的趨勢，讓家長陪伴孩子一起成長，學習做自己「心」的主人。

南投德華寺為第一次舉辦，對象以幼稚園到小學三年級學童為主，透過「學佛行儀」、「聖嚴師父的頑皮童年」、「法鼓森林的一天」、「愛的加油站」等活動中，體驗法鼓山的四種環保，並在活動中學習互助合作、感恩惜福。

2009年暑期兒童心靈環保體驗營一覽表

地區	主辦單位	梯次	舉辦日期	活動地點
北部	弘化院活動室	第一梯次	7月22至26日	法鼓山園區
		第二梯次	7月29日至8月2日	法鼓山園區
	北投農禪寺	第一梯次	7月6至9日	農禪寺
		第二梯次	7月13至16日	農禪寺
	台北安和分院	第一梯次（戶外體驗營）	7月12日	安和分院
		第一梯次（親子營隊）	7月26日	安和分院
		第二梯次（親子營隊）	8月9日	安和分院

地區	主辦單位	梯次	舉辦日期	活動地點
北部	桃園齋明寺	第一梯次（親子禪修）	7月5日	齋明寺
		第二梯次（動禪心體驗）	8月16日	齋明寺
		第三梯次（親子禪修）	8月23日	齋明寺
	中山辦事處	第一梯次	7月30日至8月1日	中山辦事處
		第二梯次	8月2至4日	中山辦事處
	海山辦事處	共一梯次	7月26日	海山辦事處
	新莊辦事處	共一梯次	8月15至16日	新莊辦事處
	新店辦事處	共一梯次	7月2日	新店辦事處
中部	台中分院	共一梯次	7月7至10日	台中分院
	南投德華寺	共一梯次	8月22至24日	德華寺
南部	台南分院	共一梯次	7月25至26日	安平精舍
		第二梯次	8月1至2日	安平精舍
	高雄紫雲寺	共一梯次	8月1至2日	紫雲寺
東部	台東信行寺	共一梯次	7月10至12日	信行寺

● 07.07～12.15期間

法青會舉辦「禪式工作學」講座
職場各界菁英分享禪修體驗

　　法青會於7月7日至12月15日期間，每兩週於週二晚上舉辦系列的「禪式工作學」講座，邀請十二位知名企業達人、學者專家等，分享如何將禪法應用在工作上，以達到事半功倍的寶貴經驗，共有五百五十七人次參加。

　　這項「禪式工作學」講座，邀請各界菁英分享個人生命成長的體驗，幫助職場的新鮮人善用禪修觀念，建立精進的專業態度，以及正確的職場倫理，使工作更加輕鬆愉快。例如首場講座，由台灣證券交易所總經理許仁壽主講，以「金融風暴，以禪法解套」為題，與近百位聽眾一同領略將修行融入工作的禪悅法喜。

　　擁有豐富企業管理經驗的許仁壽，從金融海嘯帶來的各種衝擊切入主題，說明無常不期而到，但一般人卻鮮少覺察無常變幻為生命本質，因而經常為現象所苦。他接著以「感苦、知集、慕滅、修道」為主軸，提出因應困境的方法。他以實驗室的白老鼠為喻，說明多數人經常在名利的競逐

聖基會董事施炳煌主講「禪遊於十倍速的未來」。

中，迷失了自己的價值觀，因此若能調伏自心，不攀緣、不隨波逐流，明白生命的意義與自我的目標，積極奉獻、實事求是，自然也能開創職場的一片天。

其他主講者，包括來自科技產業、服務業、學術界與公部門等領域的高階經理人和專家學者，例如前凌陽科技公司董事施炳煌、中研院歐美研究所研究員單德興、行政院勞委會勞工福利處處長藍福良等人，都一一分享他們如何將禪法的活潑妙用運用於工作上，引導青年朋友以專注、清楚、放鬆的態度，探索自我潛能、提昇工作EQ，讓工作更加得心應手、事半功倍。

法青會「禪式工作學」講座一覽表

時間	主講者	主題
7月7日	許仁壽（台灣證券交易所總經理）	金融風暴，以禪法解套
7月21日	陳韋仲（倍盛美傳媒股份有限公司董事總經理）	禪御八方的廣告媒體生涯
8月4日	施炳煌（前凌陽科技公司董事、聖基會董事）	禪遊於十倍速的未來
8月18日	吳英俊（皮膚科醫師）	禪心‧社會的良心
9月1日	楊蓓（台北大學社工學系副教授）	八風吹不動的工作禪
9月15日	戴萬成（管理專家）	用禪法打造管理之鑰
9月29日	藍福良（行政院勞委會勞工福利處處長）	勞心勞力不勞命，工作輕鬆用禪力
10月13日	陳若玲（標竿學院常駐資深顧問）	禪智的職場生涯航海圖
11月10日	鄭丁旺（前政治大學校長）	精打細算的禪式人生
11月24日	陳邁（建築師）	打造禪味的心建築
12月15日	單德興（中研院歐美所副所長）	筆耕歲月，禪妙人生

● 07.17～09.18期間

人基會與台北縣府合辦心靈講座
邀請各領域專家分享生命禪機

7月17日至9月18日期間，人基會與台北縣政府於每週五晚上在德貴學苑合作舉辦「心安平安，你就是力量」系列心靈講座，邀請社會各領域的專家學者、知名人士，與大眾分享個人的禪修與生活體驗。

主辦單位之一的台北縣政府表示，這項系列心靈講座希望結合民間宗教團體的力量，提供社會大眾特別是失業者精神及心靈的撫慰，因此邀請人基會合辦，一方面也藉此推廣法鼓山提倡的「心靈環保」理念，讓大眾能因此安定心靈，也得到平安。

系列講座所邀請的主講者都是各領域的菁英，首場邀請中研院生物多樣性研究中心研究員陳章波主講「傾聽自然禪法」，陳教授帶領現場近百位聽眾，以禪心微觀動植物世界的奧祕，體驗一花一世界、一葉一如來的境界；7月31日，大提琴家張正傑於現場帶來大提琴演奏，引領聽眾尋找生活中靈感乍現的

電光火石。

其他各場,還有如陽明山國家公園資深解說員沙謙中主講「有趣的『鳥』際關係」、台積電文教基金會董事張淑芬分享「終身學習,自我認識」、社工師蘇絢慧主講「悲傷療癒」、資深攝影師李信男主講「宗教攝影行腳」,以及金馬影后陸小芬、資深媒體工作者陳月卿也分別主講「禪與芳療」及「修行飲食──飲食修行」;最後一場則邀請作家潘煊主講「聖嚴法師最珍貴的身教」。

大提琴家張正傑於心靈講座中演奏提琴,引領聽眾尋找生活中的靈感。

系列講座由各領域專家分享寶貴的經驗,引領聽眾開發心靈的層次,提昇生活與生命的品質。

「心安平安,你就是力量」系列心靈講座一覽表

日期	講師	講題
7月17日	陳章波(中研院生物多樣性研究中心研究員)	傾聽自然禪法
7月24日	蔡永和(茶道文化攝影工作者)	由攝影談簡約美學
7月31日	張正傑(大提琴家)	馳走心弦──生活中覺察靈感的湧現
8月14日	張淑芬(台積電文教基金會董事)	終身學習,自我認識
8月21日	蘇絢慧(悲傷療癒社工師)	悲傷療癒
8月28日	李信男(資深攝影師)	宗教攝影行腳
9月4日	陸小芬(表演工作者,金馬獎影后)	禪與芳療
9月11日	陳月卿(資深媒體工作者、作家)	修行飲食──飲食修行
9月18日	潘煊(作家)	聖嚴法師最珍貴的身教
9月25日	沙謙中(陽明山國家公園資深解說員)	有趣的「鳥」際關係

● 07.17～09.18期間

全球分支單位舉辦中元法會
為八八水災罹難者超薦祈福

7月17日至9月18日,正逢農曆7月期間,為表慎終追遠、念祖思恩之意,法鼓山全台及美加地區共十二個分支單位,分別舉辦系列的中元報恩普度相關法會,各場法會均為「八八水災」所有罹難者超薦、祈福。系列法會共有三萬五千多人次參加。

中元系列法會,北部地區,北投農禪寺舉辦兩場大型的法會,除了一年一

農禪寺舉辦中元報恩地藏法會。

度的梁皇寶懺法會，又增加一場持續五天的中元報恩地藏法會。增辦中元報恩地藏法會，更是為了憶念圓寂半年的聖嚴師父，眾人齊聚共修，將思念之情，轉化為精進修行、護持佛法的力量。

中部地區，台中分院與南投德華寺均舉辦中元普度地藏法會。南部地區，台南分院於台南二中明德堂舉辦「慈悲三昧水懺暨瑜伽焰口法會」，每日約有七百人前往共修，最後一天焰口法會更有九百多人參加。法會中，主法法師開示三昧水懺的起源，勉勵大眾以至誠心禮拜懺悔；焰口法會並首次利用數位投影科技，以數位牌位取代紙製牌位，展現法鼓山「心靈環保」及「自然環保」的精神。

海外方面，紐約東初禪寺舉辦中元節地藏法會，由住持果醒法師主法，有近一百三十人參加；這場法會除了超薦亡靈、為生者消災祈福，也勉勵大眾學習地藏菩薩發願救度眾生，此次並將所有善款做為「八八水災」賑災之用。加拿大溫哥華道場則舉辦孝親報恩地藏法會，由果醒法師主法，有近一百人參加。

2009年中元報恩普度法會一覽表

區域		主辦單位／地點	時間	活動內容
台灣	北區	北投文化館	8月14至16日	中元地藏法會
		北投農禪寺	8月22至28日	梁皇寶懺法會
			8月30日至9月3日	中元報恩地藏法會
		桃園齋明寺	8月24至30日	「中元報恩——地藏七永日」法會
		台北安和分院	9月3至18日	報恩祈福法會
	中區	台中分院	8月28至30日	中元普度地藏法會
		南投德華寺	8月30日	中元普度地藏法會
	南區	台南分院／台南二中	7月17至19日	慈悲三昧水懺暨瑜伽焰口法會
		台南分院	8月27日至9月3日	中元普度地藏法會
		台南安平精舍	8月22日	中元普度地藏法會
		高雄紫雲寺	8月27至29日	中元普度地藏法會及三時繫念法會
	東區	台東信行寺	8月21至23日	中元法會
海外	美加	美國紐約東初禪寺	9月6日	中元節地藏法會
		加拿大溫哥華道場	9月12日	孝親報恩地藏法會

08.02

齋明古寺修復　莊嚴啟用
開展佛教文化重鎮新風貌

擁有一百七十年歷史的桃園大溪齋明寺，歷經四年修復整建，8月2日上午在方丈和尚果東法師的主持下重新啟用。桃園縣縣長朱立倫、文化局局長陳學聖、民政處處長李貞儀，大溪鎮鎮長蘇文生等來賓，與一千六百多位來自桃園、中壢、新竹、台北等各地的民眾，一起為古剎風華再現做歷史見證。

當天的啟用典禮，在齋明鼓隊震撼鼓聲中揭開序幕，並由知名媒體人葉樹姍主持。活動首先透過投影片，回顧古蹟修復的過程，從古蹟修復總幹事江金曄點點滴滴的紀錄資料中，數百幀照片映現古寺的蛻變新生，也呈顯藝師工匠們維護古文物的用心。接著，方丈和尚頒發感謝狀，感恩泥作師廖文蜜、剪黏藝師徐明河、彩繪師蔡龍進、木作師賴清海、機電工程師林木泉等五位長期投入古蹟修建的工程人員，感恩他們的奉獻，成就齋明寺的新風貌。

方丈和尚也勉勵大眾藉古蹟重啟的因緣，飽覽豐厚的文化資產，並開啟自己本具的慈悲智慧心門，與聖嚴師父「虛空有盡，我願無窮」的精神相續，齊心建設人間淨土。朱立倫縣長則感念齋明寺長期投入地方公益關懷，鼓勵民眾向齋明寺學習，兼具傳統與創新，也追求並實現為社會及下一代努力的目標。

過程中，方丈和尚與朱立倫縣長共同開啟齋明寺的大殿中門，象徵古蹟正式啟用，隨後開放民眾入內參觀，並由古蹟導覽義工從旁解說。寺院內部除了大殿、知客室、行願館，還規畫展覽空間，展出《宋版磧砂藏經》影本、高僧墨寶、剪黏彩繪等珍貴文物。

齋明寺監院果啟法師受訪時表示，古蹟文化是齋明寺特有的寶藏，現階段該寺除積極辦理導覽課程的培訓與實習，接引民眾認識佛教文化，也配合地方社區和學校單位，規畫創意活動，結合中華禪法鼓宗宗風，將古蹟人文、法鼓山的理念與漢傳禪法，帶入人們的生活。

在法鼓山理念的引導下，未來齋明寺除繼續接引大眾親近佛法，更將糅合建築、宗教、自然、教育為一體，開展成為一佛教文化的重鎮。

方丈和尚勉勵大眾，藉著古蹟重啟的因緣，開啟自己本具的慈悲智慧心門。

蛻變齋明寺
再展古蹟生命力

整舊如舊　風華再現

　　歷經四年的修復，百年古剎桃園齋明寺，在2009年8月重新對外開放。從著手整修到再度啟用，齋明寺在法鼓山精心規畫下，除以古法修復、完整保有古蹟原始的風貌，並將搭配生動的導覽，以及各種人文課程與活動，使得齋明寺更貼近人們的生命與生活，讓它不只是一個傳統的古蹟和寺廟，也是法鼓山一座兼具人文、藝術與歷史文化的寺院。

　　創建於清道光末年間（西元1840年代）的齋明寺，百餘年來，曾有過數次擴建、整修，1948年後，至1999年聖嚴師父接任承續法務之間，並無大規模的修建。由於年久失修，加上台灣921大地震後，大殿及左右護龍嚴重受損，2003年的一場豪雨，更造成正殿右後側垂脊塌陷，整修刻不容緩。因此，當修復計畫通過桃園縣政府文化局審查，2005年8月便展開全面修復工程。

古法修復　尋匠師找建材

　　為了掌握施工品質、兼顧每一個環節，齋明寺有別於一般以包工方式進行工程，不但自力籌措經費，更排除萬難，採用「點工、自備料」的模式，統籌整修與監造事宜。同時以「原工法、原建材」來施作，期許「整舊如舊」，重展百年古剎豐厚的歷史與文化內涵。

　　依原工法、原建材重現傳統建

歷經四年修復，齋明寺糅合宗教、建築、藝術、人文、自然風貌，諦顯出新的生命力。

築的風華，首先要克服的難題，便是找到遵循古法施作的工匠藝師，而承擔這項任務的，是齋明寺第六任住持之女江金曄。原來，早在2003年7月，聖嚴師父便委請熟悉齋明寺歷史典故的江金曄，擔任古蹟修復專案的總幹事及監工，之後，她便一肩挑起尋找匠師、備料、施作記錄與工程監工的重任。

江金曄憑藉著一股延續百年道場弘法度眾的願心，逐一走訪台南大天后宮、萬華龍山寺等南北十多處修復中及修復完工的寺廟，汲取經驗之際，並探尋匠師人選。終於在2005到2006年間，陸續禮請了廖文蜜、徐明河、蔡龍進等多位技藝精湛的老工藝師，共同參與修復工程。

整舊如舊　重塑歷史印記

「整舊如舊」是齋明寺整體修復的原則，凡能修補的便做清洗與補強，而不能修復的，則仿舊重做。正脊燕尾、垂脊牌頭、棟梁枋拱、門印石鼓，從上到下、由裡至外，包括泥作、木作、剪黏、彩繪等各項施作，皆力求恢復1948年最後一次大規模整修後的舊觀。

蛻變新生　邁向下一個百年

儘管修建過程備極艱辛，參與修復工作的每一個人，無不安住自己的角色，一步一步踏實地走，越過重重障礙與挑戰，完成任務。如今再看齋明寺，紅牆黛瓦、丹楹藻繪，乘風舒展的屋脊燕尾，掩映於花木扶疏的院落，恬謐安然。

歷經四年的整體修復，齋明寺不僅恢復原貌，更因著嶄新的空間規畫與運用，糅合宗

「剪黏藝術」將剪裁釉碗磁片嵌入灰泥中，形成立體而生動的裝飾藝術。

教、建築、藝術、人文、自然風貌，諦顯出新的生命力。曾經承載了台灣宗教發展百餘年歷史的齋明寺，而今回歸佛陀本懷，重展風華，未來還要在千百年的歲月中，廣演法音，續佛慧命。

● 08.09

聖基會遷址台北中正精舍
延續聖嚴師父的願力向前走

在聖基會新址灑淨啟用典禮上，施建昌董事長述說中正精舍與聖嚴師父的因緣。

8月9日上午，聖基會於新址（原台北中正精舍）舉行灑淨暨啟用典禮，由僧團副住持果暉法師主法。除該基金會董事長施建昌、常務董事黃楚琪、執行長蔡清彥、董事施炳煌、楊蓓等人外，包括僧團副住持果品法師、僧團果廣、果鏡、果賢等法師，以及護法總會總會長陳嘉男、法行會會長張昌邦等都出席這場典禮。

典禮中，施建昌董事長首先概述中正精舍與聖嚴師父的因緣。2005年底師父罹患腎疾，為就醫方便而入住中正精舍；但師父弘法度眾的腳步未因此歇下，也因著師父的慈悲，原本用以養病靜修的處所，同時成了辦公室、會議室，甚至是臨時攝影棚。

遷址中正精舍的聖基會維持既有的辦公區域和佛堂，並規畫文物展示區，展出聖嚴師父生前的法語墨寶、叮囑四眾弟子的便箋、著述手稿，以及師父生前用來寫作、閱讀的桌椅等。

喬遷新址的聖基會，除繼續推動聖嚴師父理念，致力於結緣書刊的推廣、漢傳佛教研究與出版、聖嚴書院課程、師父著作翻譯等任務，也會充分運用新址的空間，定期舉辦演講、座談等系列課程，並規畫講經活動，接引更多民眾親近法鼓山。

聖基會於新址展出聖嚴師父生前著述手稿、寫作閱讀的桌椅，讓人彷彿又看見師父伏首案前的身影。

聖基會新址灑淨啟用

持續推廣聖嚴師父理念與願力

特別報導

　　成立於2006年的聖嚴教育基金會，2009年8月9日觀音成道日（農曆6月19日）正式喬遷至位於台北市仁愛路二段的中正精舍，並舉行灑淨暨啟用典禮。為該基金會未來的運作，尤其是聖嚴師父及法鼓山心靈環保理念的推廣，開啟新的一頁。

　　中正精舍原為法鼓山於中正區所設的共修處，2005年底，聖嚴師父患病後為就醫方便而遷住該處。然而，師父弘法度眾的腳步並未因此歇下，依然會客、開會、寫作著書。尤其，為了籌募法鼓大學興學經費所舉辦的「遊心禪悅——法語‧墨緣‧興學」書法展，當中就有一百多幅作品是在這一方簡樸的處所完成的。

　　遷址中正精舍的聖基會，功能規畫多元完善，除了有辦公區域和佛堂，還特別規畫了文物展示區、聖嚴書院講堂。文物展示區展出聖嚴師父生前的文字手稿、法語墨寶，以及用來寫作、閱讀的桌椅等；聖嚴書院講堂則是提供弘化演講、講座及各種共修的場地。董事長施建昌勾畫出聖基會的未來使命，將致力於推廣師父一生的思想、文字、語音和影像，與社會大眾分享。

　　喬遷後的聖基會，除持續弘傳聖嚴師父的思想與理念工作，並將承續師父的願力，規畫演講、座談等系列課程，以及講經活動，接引更多民眾親近佛法，領略漢傳禪佛教的活潑實用。

　　自9月2日至12月30日期間，每週二或三晚上舉辦的「無盡的身教——今生與師父有約」系列講座，藉由僧團法師、資深悅眾分享個人與聖嚴師父的師徒因緣，及師父的生活小故事，引領大眾體會師父的言教與身教。9月5日起，每週六上午的「聖嚴法師經典講座」，播放師父昔日於北投農禪寺週日講經法會影片，由僧團法師講說經文要旨，持續接引大眾聽聞佛法，精進修行。11至12月，則舉辦「文殊菩薩種子小組」培訓課程，推廣結緣書籍。

　　未來的聖基會，將秉持聖嚴師父的精神與願力，致力將師父傳承的活潑禪法，廣宣於世，引領大眾將佛法融入現代生活中，進而提昇每個人的心靈品質，成就淨土人間。

● 08.09～09.13

北海岸首屆生命教育師資培訓舉辦
成為推廣心靈環保的尖兵

北海岸關懷室法師與第一屆生命教育師資培訓班結業學員，於法鼓山園區合影。

為持續加強北海岸地區的生命教育，僧團弘化院北海岸關懷室開辦「北海岸地區第一屆生命教育師資培訓」課程，自8月9日至9月13日，每週日於法鼓山園區進行，由僧團法師及教聯會師資共同擔任講師，共有三十三位學員參加。

這項培訓班，課程內容包括禪修體驗、心靈環保與四環理念認識、生命教育繪本運用、帶動唱等，不僅帶領學員深入了解法鼓山的「心五四」、「心六倫」運動理念，並學習如何引導學生的教學技巧，包括：生命教育從五官內化、記錄生命中愛的回憶等。

學員們也自9月8日起，陸續於基隆中正國中、銘傳國中等校，擔任生命教育課程師資，讓生命教育與「心靈環保」的推廣，在北海岸邁入校園。

● 08.12～16

「卓越‧超越」青年成長營於禪堂舉辦
惠敏法師、林百里勉學員善盡責任

8月12日至16日，法青會於法鼓山園區禪堂舉辦2009「卓越‧超越」青年成長營，以「轉念力量大，卓越online」為主題，由佛教學院校長惠敏法師、廣達電腦公司創辦人林百里分享成長經歷，共有一百六十四位學員參加。

營隊活動內容，包括禪修指引、法師說故事、名人有約等；其中，歷年相當受歡迎的「名人有約」單元，此次邀請了有「科技法師」之稱的惠敏法師及科技達人林百里進行對談。林百里首先簡述自己的成長經歷，從高中多科不及格，到考上台大電機系，以堅毅及努力創造奇蹟，他認為每個人都必須要有願景，清楚自己的方向，只要秉持熱忱付出行動，一定能達成心願。

惠敏法師則認為，當我們能夠了知自己的生命，是因為很多其他生物的犧牲

及成就，因而懂得善用及回饋，才是真正的成長；藉由萬物生命相依存的觀念，法師也分享「你們活著，就等於我在活著」的豁達心胸，正是放下我執的絕佳方法，也是無我觀念的積極實踐。

惠敏法師（右）、林百里（中）於青年成長營中，對談成為真正「大人」的觀念與態度。

林百里、惠敏法師兩人皆認為，做好自己的領導人，就是真正的長大，勉勵學員善盡個人身心的責任，才能成為一位名副其實的「大人」。

另外兩場「名人有約」，則邀請患有肌肉萎縮症的網球教練曾俞翔，分享個人突破身體障礙的心路歷程；及文化廣告界名人段鍾沂以好友傑克的故事，鼓勵青年朋友培養自己的觀點，並在簡單自然的生活中，體驗真正的幸福快樂。

參與這次卓越營的學員們也將內心的感恩化為祝福，在打氣卡上寫滿對八八水災災區民眾的祝福與鼓勵，更有學員發願營隊結束後，加入賑災行列，傳播感恩的種子，發揮一份善的力量。

● 08.22～28

農禪寺啟建梁皇寶懺、地藏法會
感念師恩　迴向受難眾生

農曆7月是佛教的報恩月，2009年又適逢台灣921大地震十週年以及甫發生的「八八水災」，北投農禪寺於當月舉辦兩場大型法會，包括於8月22至28日舉行梁皇寶懺法會，8月30日至9月3日舉行中元報恩地藏法會，除了緬懷聖嚴師父的教澤，並為921罹難者超薦，也為走過重建歷程的民眾祈福，共有近四萬兩千人次參與。

農禪寺舉辦的梁皇寶懺法會，場面莊嚴攝受。

農禪寺監院果燦法師表示，聖嚴師父在2009年2月捨報圓寂，這兩場別具意義的法會，不只要感恩歷代祖先的恩德、超度亡靈，更為報答師恩，並將功德迴向921地震以及「八八水災」罹難者，願其早日往生淨土，成就佛道，也為所有受難者祈福。法師鼓勵大眾在法會前先做好前行功課，且在禮拜與唱誦中，收攝身心、淨化自心，圓滿精進共修的目的。

鑑於往年參與人數眾多，農禪寺2009年梁皇寶懺法會由往年的四個壇場，增加到十個壇場，以容納每天五千多位民眾同時誦經拜懺，最後一天的焰口法會則高達近一萬多人參加。中元報恩地藏法會每天則有六百多人參加，眾人以虔誠供敬的心恭誦《地藏經》，祈願眾生離苦得樂、心安平安。

● 08.22

中部地區委員暑期生活營
以精進修行報師恩

台中分院 8月22、23日於寶雲別苑大殿舉辦「中部地區委員暑期生活營」，由禪修中心副都監果元法師、僧大副院長果光法師、台中分院監院果理法師、聖基會董事長施建昌共同帶領，於活動中與學員們分享聖嚴師父的教法，讓眾人再次親近師父的行誼；同時體驗禪修，練習放鬆、安定身心。活動共有八十四位護法悅眾參加。

營隊活動，首先播放影片帶領眾人回顧台中分院發展的歷史。接著，果光法師即帶領大眾緬懷聖嚴師父教澤，並分享個人親近法鼓山的因緣。在分享「與師父的第一次接觸」、「最受用的師父法語」時，各組悅眾熱切討論，並在海

參與暑期生活營的中區悅眾，在寶雲別苑大殿前合影。

報上畫出以中華禪法鼓宗為主幹，僧俗四眾一起努力，將法鼓山理念開枝展葉的未來。

施建昌董事長則細說追隨聖嚴師父的時光，從印度、中國大陸朝聖之旅，體認到師父對法脈的重視；從開山觀音安座法鼓山最高處，看出師父的飲水思源，他指出在師父走過的路上，隨處都有體會與感動。

在回顧往日成長與前瞻未來的同時，果元法師也帶領大家進行禪修，藉由戶外經行，專注腳步的起落，體驗身心的清楚與放鬆。

隨著兩天一夜活動的圓滿，中部地區悅眾懷著對聖嚴師父感恩、報恩的心情，共勉精進修行，期能在未來為社會大眾做更多的奉獻。

● 08.25

台中市府邀請果元法師演講
啟發公務員學觀音菩薩「聞聲救苦」

台中市政府邀請禪修中心副都監果元法師，於8月25日在台中國立美術館以「奉獻與服務——觀音菩薩的精神」為題，為一百四十多位所屬行政人員，講解觀世音菩薩的悲智願力、修持法門，並勉勵在座的公務員做觀世音菩薩的化身，為社會大眾奉獻心力。

果元法師於演講中說明，觀音與中國人特別有緣，觀音之所以成為大菩薩，是發下慈悲的深廣行願，並經過長期的修行；我們可以透過不同的修持方法，學習觀音菩薩的精神，例如：持誦觀音

果元法師應邀為台中市府人員講說「奉獻與服務——觀音菩薩的精神」，並分享聖嚴師父的教導。

聖號、念〈六字大明咒〉、持誦〈大悲咒〉、〈延命十句觀音經〉，修習《心經》照見五蘊皆空法門和《楞嚴經》耳根圓通法門，在心中恆常有觀音。

要在生活中如何實踐觀音菩薩的精神，果元法師建議大眾：第一、懂得傾聽：面對同事、主管及下屬時，要能做到傾聽，了解對方想表達的是什麼。第二、學習奉獻：要隨機行善、隨緣布施。第三、盡心服務：每天發一個願，期許自己做一件好事、善事，傳播善的種子，對於別人表現的善事，也能以「隨喜心」給予肯定、讚歎。

果元法師也提到，法鼓山提倡「心六倫」，其中的職場倫理即是主張，主

管與員工、員工與客戶或服務對象之間，大家各盡其分，各盡其責，抱著利他的善心共同合作，彼此成就，從小處點點滴滴做奉獻，讓所屬團體和諧成長。法師提醒在場聽眾把自己視為菩薩化身，在職場上以「布施、愛語、利行、同事」四攝法來行菩薩道，廣結善緣。

果元法師同時引導聽眾學習放鬆方法和坐姿法鼓八式動禪，提醒大眾平常可以利用工作空檔自我放鬆，把禪修運用在生活中。

● 09.01～30

法鼓山首辦禪修月
聽溪觀風　深度體會園區境教

9月1至30日，傳燈院及弘化院參學室於法鼓山園區首度舉辦「禪修月」活動，藉由系列行禪活動，引領民眾放鬆身心，期間共有九百多人在導覽人員的引導下，參加園區的各項禪修體驗。

活動安排在園區中規畫了七個禪修體驗定點：來迎觀音為放鬆引導與走路禪；臨溪步道是聽溪；法華公園有托水缽；祈願觀音殿設有洗心盆；五樓門廳有法鼓八式動禪；雀榕樹下則為觀風；以及簡介館的影片觀賞。

有參與活動民眾在聽溪後，分享聽溪的心得：當放鬆專注地傾聽時，原本吵雜的聲音，最後都消失了，心情感覺非常平靜。來自國外的參訪人士，在英語導覽人員解說下，全程參與托水缽體驗，並以「very、very、very good！」道出了內心感受。

祈願殿東單的洗心盆，則藉由操作洗心盆，體驗身心由粗入細的覺受。有民眾分享操作時，看著鄰座達成目標，因動了心念，反而緊張而身體僵硬，於是告訴自己「回到方法」上，放鬆身心，此體驗讓他印象深刻。

民眾在導覽人員的引領下，於臨溪步道體驗聽溪禪。

經由參學室心靈導覽員的解說與引領，參與民眾可從走路、聽溪、觀風、托缽、吃飯等活動中，體驗禪悅喜樂。傳燈院監院常源法師強調，即使語言不通、信仰不同，在園區裡也很容易定下心來，感受特殊的「境教」功能。

漢傳禪法　弘傳東西方

法鼓山推廣禪修三十年

　　跟隨聖嚴師父的弘法腳步，法鼓山推廣禪修至2009年已屆滿三十年。1979年，北投農禪寺創立「般若禪坐會」，參加過師父帶領禪七的學員，固定回寺共修；同年，師父在紐約成立東初禪寺，美國信眾開始有了固定的禪修場所。1979年，標誌著法鼓山在東、西方推廣禪修的歷史性里程。

立足台灣、美國　向世界推廣禪法

　　1979年開始，農禪寺、東初禪寺分別成了台灣、美國兩地的禪修中心，定期舉辦各項禪修課程與活動，包括：禪訓班、禪一，以及一年四次的禪七，這兩地的禪七，早期都由聖嚴師父親自帶領。由於參加人數與日俱增，原有禪修場地不敷使用，1992年以後，台灣的法鼓山園區取代了農禪寺，開始成為接引各界人士深入修行的地方；1997年，於美國紐約上州成立「象岡道場」，也做為專用的禪修中心。

　　除了在台灣、美國兩地推廣禪修，1987年起，因應各國團體邀約，聖嚴師父展開國際弘法的行程，足跡遍及英國、德國、瑞士、捷克、波蘭、克羅埃西亞、俄羅斯、加拿大、墨西哥、新加坡、馬來西亞等地，在各地播下禪法種子。師父在各地帶領了數百場精進禪修，也培養了許多禪修人才，不少弟子已經能弘化一方，帶領禪三、禪七。

　　1983年起，為接引新學的「初級禪訓班」，在台灣、美國兩地開辦，由僧團法師、禪修師資帶領學員，在為期四週共八小時的課程中，學習基礎禪修方法，成為有志於禪修的人士不能錯過的課程。

開辦各式禪修課程　帶動台灣禪修風氣

　　2000年，法鼓山成立「禪修推廣中心」，隨後規畫「禪修指引」課程，以簡單明瞭的語言、易學的方式，引導學員放鬆身心，體驗呼吸，並能在生活中享受修行的樂趣。「禪修指引」不只在台灣各分院、共修處開辦，民間機關團體、企業、學校，也紛紛提出授課申請，帶動了台灣社會的禪修風氣。而2003年推廣的「法鼓八式動禪」，廣受東西方各年齡層人士歡迎，促使禪修更為普及化。

　　在推廣禪修的同時，法鼓山也針對不同領域、不同修行層次的人士舉

辦禪修活動，像是分眾的大專禪七、教師禪七、超越自我禪修營（前身為社會菁英禪修營），及單一法門專修的默照禪七、話頭禪七等，透過有次第、精進的修行，引導禪眾覺照內在心性，不斷提昇自我。近年來，因應現代人的生活型態，更研發及推廣Fun鬆一日禪、山水禪、聽溪禪、月光禪等新型態的修行活動，從傳統中走出新意。

弘揚漢傳禪法　普利世人

三十年來，隨著聖嚴師父與法鼓山僧俗四眾的腳步，漢傳禪法弘傳於東西方社會，禪法不斷以現代化、多元方式開展，適應當代的需要，為無數心靈帶來了安定與提昇。2005年法鼓山提出「中華禪法鼓宗」，正是由師父所開創，具有廣大的多元性與包容性，不僅能適應現代社會，也能普及於不同文化，人人都可以獲得利益。

2010年三峽天南寺落成啟用後，法鼓山將再增添一處禪修場地。除了持續推廣現有的禪修活動，未來還規畫舉辦「中級禪訓班」，讓學員能更深入禪修方法的練習與運用；此外，針對現代人亟需放鬆工作壓力、清楚專注、協調人際關係的需求，禪修中心也將研發職場禪修法，希望讓更多人體驗聖嚴師父傳下來的禪法，從「心」做好環保，來提昇整個社會的品質，乃至於促進人類世界的和平。

法鼓山推廣禪修三十年大事記

時間		大事記要
年	月	
1976	5	聖嚴師父於美國開設第一期禪坐特別班。
	9	聖嚴師父獲東初老人法脈傳承，成為曹洞宗傳人。
1977	5	聖嚴師父於美國菩提精舍帶領第一次禪七；創辦英文季刊《禪》雜誌（*Chan Magazine*）。
1978	11	北投農禪寺首度舉辦禪七，聖嚴師父帶領。
	12	聖嚴師父獲靈源老和尚法脈傳承，成為臨濟宗傳人。
1979	10	農禪寺成立般若禪坐會。紐約成立東初禪寺。
1983	6	農禪寺首度開辦初級禪訓班，推廣安全、健康、正確的禪修風氣。
1984	12	聖嚴師父接受美國世界宗教研究院（Institute for World Religions）邀請，以英語錄製「中國的禪修」，提供世界各國圖書館，做為介紹禪修方法的視聽教材。
1987	4	聖嚴師父至美國緬因州（Maine）摩根灣禪堂（Morgan Bay Zendo）帶領禪修。
1989	4	聖嚴師父至英國威爾斯（Wales）帶領禪七。
1992	2	法鼓山園區舉辦「第一屆社會菁英禪修營」，聖嚴師父帶領。
1994	5	紐約東初禪寺舉辦「第一屆社會菁英禪修營」，聖嚴師父帶領。
1997	5	聖嚴師父首度前往波蘭、克羅埃西亞帶領禪修。
1998	8	聖嚴師父首度前往俄國聖彼得堡（Saint Petersburg）帶領禪修。
	11	紐約象岡道場舉辦第一場「默照禪七」，聖嚴師父帶領。

時間		大事記要
年	月	
1999	4	聖嚴師父首度前往德國柏林（Berlin）帶領禪七。
	7	農禪寺舉辦台灣第一場「話頭禪七」，聖嚴師父帶領。
2000	5	禪修推廣中心成立。象岡道場首度舉辦「默照禪四十九」，聖嚴師父帶領。
2001	3	法鼓山園區首度舉辦「默照禪四十九」，聖嚴師父帶領。
	7	聖嚴師父於基隆靈泉禪寺帶領「第一屆大專青年禪修營」。
	10	聖嚴師父至墨西哥帶領默照禪七。
2003	4	禪修推廣中心開始推廣「法鼓八式動禪」。
	5	聖嚴師父至俄國莫斯科（Moscow）帶領禪七。
2004	4	聖嚴師父至瑞士帶領默照禪七。
	9	禪修推廣中心開始推廣「出坡禪」、「走路禪」、「坐姿禪」。
2005	7	聖嚴師父提出「中華禪法鼓宗」。 禪修推廣中心改稱「傳燈院」。
2006	2	傳燈院首辦「生活禪體驗營」。
2007	7	禪修中心成立，統合傳燈院、禪堂，持續推動禪修。 法鼓山園區首度舉辦「話頭禪四十九」。
2008	12	禪修中心首辦「初級禪訓班二日營」。
2009	9	禪修中心首辦「禪修月」。 禪修中心開辦禪悅四日營。 法鼓山推廣禪修三十週年。

● 09.02～12.30期間

聖基會舉辦「無盡的身教」系列講座
僧團法師與資深悅眾分享師徒因緣

聖基會十七場「無盡的身教」系列講座，首場由果廣法師分享與聖嚴師父三十餘年的師徒因緣。

甫於8月份啟用新會址的聖基會，自9月2日起至12月30日期間，週二或三晚上在新址的「聖嚴書院講堂」舉辦「無盡的身教──今生與師父有約」系列講座，邀請了二十二位僧團法師、資深悅眾分享個人與聖嚴師父的師徒因緣，及師父的生活小故事，每場有五十多人參加。

「無盡的身教」系列講座主講人，包括僧團都監果廣法師、副住持果暉法師與果品法師、女眾副都監果舫法師、果元法師、果器法師、果賢法師、果鏡法師，以及追隨聖嚴師父出家三十年的果祥法師，師父隨行侍者常寬法師、常願法師等十一位法師，與聖基會董事楊蓓、施炳煌，師父隨行文字記錄胡麗桂等十一位資深悅眾。

9月2日第一場由僧團都監果廣法師主講，法師細述與聖嚴師父三十餘年的師徒因緣，從初次拜見師父皈依三寶，到第一次參加的禪七，就是師父首次對外指導的禪七，也開啟了法師出家的因緣。隨後在師父指導下，果廣法師進入僧團執事領眾；師父因腎疾休養之後，果廣法師帶領僧眾齊心協力，處理各項法務，處處都是師父身教、言教的指導。

文化中心副都監果賢法師則在演講中，分享聖嚴師父在四川震災中最當下、最純真的悲

聖基會「無盡的身教」系列講座，每場平均有近五十人參加。

心；聖基會董事楊蓓則分享師父「外境動，我心不動」的禪修方式。

每場演講九十分鐘的分享，講堂內交融著對聖嚴師父的緬懷與感恩，主講法師與悅眾也勉勵大眾以願供養師父，將師父的悲心弘願，做為努力的方向。

聖基會「無盡的身教——今生與師父有約」系列講座一覽表

時間	主講人	時間	主講人
9月2日	果廣法師（僧團都監）	11月4日	陳秀梅（資深悅眾） 何世靜（資深悅眾）
9月9日	果賢法師（文化中心副都監）	11月10日	果元法師（禪修中心副都監）
9月16日	果器法師（關懷中心副都監）	11月18日	果舫法師（僧團女眾副都監）
9月23日	常寬法師（聖嚴師父侍者） 常願法師（聖嚴師父侍者）	11月25日	吳淑芳（資深悅眾；紐約護法會發起人）
9月30日	果祥法師（行政中心文宣處輔導師）	12月9日	果品法師（僧團副住持）
10月7日	楊蓓（聖基會董事）	12月16日	胡麗桂（聖嚴師父隨行文字記錄）
10月14日	王崇忠（資深悅眾） 陳瑞娟（資深悅眾） 許慧妃（資深悅眾）	12月23日	果鏡法師（中華佛研所所長）
10月21日	果暉法師（僧團副住持）	12月30日	施炳煌（聖基會董事）
10月28日	黃楚琪（資深悅眾） 李碧珠（資深悅眾）		

● 09.03

聖基會《心五四兒童生活教育動畫》獲獎
為兒童教育貢獻心力

9月3日，由聖嚴教育基金會製作的《心五四兒童生活教育動畫》，在國立教育資料館主辦的「優良教育影片作品徵集」評選中，獲頒推薦組優良影片獎以及特優獎。

為鼓勵全國教師暨社會大眾共同關心教育，國立教育資料館舉辦「全國中小學教師98年度自製教學媒體競賽」暨「優良教育影片作品徵集」兩項活動，徵集具教育意義之優良影片及光碟，並遴選出優良作品，提供各界全文影

聖基會製作的《心五四兒童生活教育動畫》獲頒優良教育影片特優獎，由呂理勝主任代表領獎。

像瀏覽及下載，以加強教育推廣的效能。

獲獎的《心五四兒童生活教育動畫》影片中，包括《笑臉阿婆》、《蠶寶寶的一生》、《垃圾回收我也會》等十一個主題故事，繽紛可愛的風格，淺顯易懂的內容，讓孩童從簡單的故事中獲得正確的倫理觀念。聖基會表示，未來將繼續製作優良作品，為兒童教育貢獻一分心力。

國立教育資料館並於10月23日，在台北市成功高中舉辦頒獎典禮，聖基會主任呂理勝代表出席領獎。

聖基會製作的《心五四兒童生活教育動畫》獲頒國立教育資料館優良教育影片特優獎。

● 09.05～10.24期間　11.07

首場「聖嚴法師經典講座」舉辦
果祥法師主持《六祖壇經》

9月5日起至10月24日，聖基會於每週六上午在新會址的「聖嚴書院講堂」舉辦「聖嚴法師經典講座」，播放聖嚴師父昔日講經影片，並由僧團法師提點經文要義，與現場聽眾進行問答及討論。經典講座第一部講解的經典是《六祖壇經》，由果祥法師主持，有近五十人參加。

《六祖壇經》課程共有八講，主題分別為無相三皈依戒、皈依自性三寶、一體三身自性佛、一燈能除千年暗、念念見自本性、無相頌（上、下）及開佛知見等。影片中，聖嚴師父說明《六祖壇經》是禪宗六祖惠能大師說法和生平事蹟的輯錄，內容以如來藏為目標，以般若空性觀來除煩惱；果祥法師亦補充說明這部經典的核心精神──無念、無相、無住，正可引導現代人放鬆身心，對治散亂、昏沉與起伏不定的煩惱。

11月7日，果祥法師另講「法達法師問《法華經》」課程，剖析《六祖壇經》中六祖惠能開示「心悟轉法華」的深義。

許多學員對於能夠再次聆聽聖嚴師父說法開示，表示因緣殊勝，並自我期勉更要努力精進不懈怠。

「聖嚴法師經典講座」講授《六祖壇經》，由果祥法師主持。

● 09.07～11.10　12.19

人基會舉辦「心六倫徵文活動」
表揚、鼓勵「心倫理」小舵手

為了將「心六倫」理念向下扎根於莘莘學子，法鼓山人基會、《國語日報》、警察廣播電台、年代電視台等單位，於9月7日至11月10日共同舉辦「心六倫徵文活動」，徵集國小高年級及國中學生，分享與體驗家庭、生活、自然、校園等倫理關係的文章，並於12月19日於德貴學苑舉行頒獎典禮。

方丈和尚於「心六倫徵文活動」頒獎典禮上，鼓勵大家以真誠的心來提昇人品。

此次徵文活動以「生活體驗，真心抒發」為主軸，活動期間共計收到一千三百四十六件參賽作品，其中國小高年級組有八百三十九件，國中組五百零七件，初審各組擇優選出二十五件作品進入決審。決賽審查的評選委員，包括清華大學榮譽教授李家同、中央大學教授洪蘭及作家游乾桂，於各組評選出前三名與佳作十名。

該項徵文並於12月19日在德貴學苑舉行頒獎典禮，由媒體工作者石怡潔主持，頒獎人包括法鼓山方丈和尚果東法師、教育部部長吳清基、人基會祕書長李伸一、前總統府國策顧問黃石城以及心六倫行動大使吳克群等。方丈和尚致詞時，以「倫理是各盡其責、各守其分」，鼓勵大家提昇人品，並關心、尊重他人，秉持利益他人的態度來處世。

吳清基部長也對於法鼓山能夠以推動「心六倫」來提昇人的品質，改善社會風氣，表示肯定。

● 09.11

農禪寺、文化館再獲續優宗教團體表揚
鑑心長老尼代表出席受獎

北投農禪寺與中華佛教文化館2009年榮獲台北市政府續優宗教團體表揚。9月11日上午，台北市政府在台大醫院國際會議中心舉行「97年度台北市改善

文化館鑑心長老尼代表接受林建元副市長頒獎。

民俗、宗教團體及孝行獎聯合表揚大會」，表揚五十九個績優改善民俗的宗教團體及孝悌楷模，文化館鑑心長老尼代表出席受獎。

典禮當天由台北市副市長林建元擔任頒獎人，林副市長致詞時表示，一個良善的社會應該讓大眾知道有好人好事的存在，有大眾付出的愛心，才能協助社會邁向更好且永續的發展，希望今日的表揚大會帶動更多的社會團體共同投入社會公益、慈善及改善民俗等工作。

農禪寺及文化館已連續多年接受內政部及台北市政府的表揚，代表長期投入社會服務、心靈教育及民俗改善的教化工作，深獲各界肯定。

● 09.12～27期間

水陸法會說明會講師培訓課程
弘化院培訓兩百多位種子師資

9月12至27日期間，弘化院於北投雲來寺、台中寶雲別苑、高雄紫雲寺、台東信行寺共舉辦五場法鼓山大悲心水陸法會說明會講師培訓課程，由監院果慨法師、常全法師帶領，共有兩百五十三位學員參加。

首場水陸法會說明會講師培訓課程，9月12日於雲來寺展開。

全天的課程，包括上午的「法鼓山大悲心水陸法會講座」以及下午的示範解說。在水陸法會講座中，果慨法師說明種子師資的任務與使命，並闡述大悲心水陸法會的時代意義、特色與內容等；法師期

勉學員，要發願用功修行，以自身的體驗，感動周遭的人。

下午的示範解說，由常全法師及小隊輔帶領。法師首先以標準作業流程說明，如何在一小時內完整解說大悲心水陸法會的全貌；接下來，由小隊輔帶領進行分組演練，增進表達能力與技巧。

課程結束後，學員們表示希望在10月起舉辦的水陸法會說明會時，接引民眾更了解法會的精神、內涵，貼近諸佛菩薩的慈悲與智慧。

2009年水陸法會說明會講師培訓課程一覽表

時間	轄區	地點
9月12日	北二、北三、北五轄區（大台北東區、桃園、中壢、新竹）	北投雲來寺
9月13日	北一、北四、北六、北七轄區（大台北西區、北區、南區、北海岸四鄉鎮）	北投雲來寺
9月19日	中部地區	台中寶雲別苑
9月20日	南部地區	高雄紫雲寺
9月27日	台東地區	台東信行寺

● 09.13

「聖嚴師父最後的一堂課」座談
單國璽、昭慧法師、楊蓓、單德興對談師父身教

9月13日下午，聖基會與法鼓山佛教基金會於台北國際會議中心舉辦「無盡的身教——聖嚴法師最後的一堂課」座談會，邀請天主教會台灣地區主教團樞機主教單國璽、玄奘大學宗教系系主任昭慧法師、台北大學社工學系副教授楊蓓及中研院歐美研究所所長單德興，對談聖嚴師父身後的莊嚴佛事，留給大眾的啟發與影響。座談會由資深媒體工作者葉樹姍主持，有近四千位民眾參加。

方丈和尚果東法師致詞時表示，聖嚴師父的生命是一場實踐佛法的歷程，在人生最後一程，師父更具體實踐佛法「空」的精神，尤其師父以身示教，植存在金山環保生命園區以後，帶動社會大眾起而效法，目前已逾七百人植存在生命園區。

曾與聖嚴師父進行六場生命對談的單國璽樞機主教，特別分享兩人同中存異的生死觀。單樞機主教表示，兩人都重視生命的無價，面對生老病死時非常坦然，也相信因果報應，人在世間所做的一切，功過是會留下來的；更認為師父把生命當作一種使命，要做社會的晨鐘暮鼓，用心靈環保的觀念改革社會，提昇倫理道德，這個心願需要大眾共同完成。

對於聖嚴師父為何特別交代，身後事不是喪事，而是一場莊嚴的佛事？昭慧法師表示，這並不是單純的名詞轉換，而是從觀念和儀軌上回歸佛法精神。法

師說明這場佛事是師父給大家最後的祝福，讓大家不再沉浸在哀傷的情緒裡，並把心念從對師父的憶念，轉向光明喜樂、福慧無量的佛陀，破除傳統喪禮「死者為大」的觀念，體現「無我」的精神。

聖嚴師父的弟子楊蓓老師則認為，師父用這場佛事，讓所有人開始深思生命的價值和生命的意義；並進一步表示，佛法是依法不依人，因此，弟子們應該共同思考，如何將師父的理念內化成為行為準則，讓師父成為精神、思想上的典範，而非依賴的偶像。

聖嚴師父英文書籍的重要譯者，也是師父弟子的單德興所長，則針對法身舍利提出見解，認為一○二冊《法鼓全集》的內容，簡單兩個字來說，就是佛法；師父寫作的目的不是為了自己，而是為了「分享佛法」，是站在讀者的立場，感受到讀者的需要，提供觀念與方法。

這場座談會會場，前方講台上的背板有聖嚴師父的法照矗立，慈眉俯視著滿場聽眾，而背板上一圈一圈的年輪，象徵著師父的生命足跡。此座談會，透過各界人士的觀察與分享，分別從不同角度與面向，讓社會大眾領受師父最後一堂課的無聲說法。

單國璽樞機主教（中）、昭慧法師（左二）、楊蓓老師（左一）與單德興所長（右二）對談聖嚴師父「無盡的身教」，分享師父身後佛事帶來的啟發與影響。（右一為主持人葉樹姍）

方丈和尚語

聖嚴師父無盡身教
自在說法

9月13日講於台北國際會議中心

◎果東法師

諸位善知識大德，阿彌陀佛。

今天是9月13日，距離恩師 聖嚴師父2月3日捨報圓寂正好是兩百二十三天。但對我來說，師父從來沒有離開過，因為師父的法身舍利、智慧遺教、慈悲行跡，一直都在；在師父著作中、在法鼓山上、在與會的每一位菩薩身上。對我來說，每一位曾經領受師父教法的僧俗四眾，都是師父精神的延續，這是師父留給我們最珍貴的無盡身教。

聖嚴師父的一生是一段實踐佛法的歷程，在人生落幕的最後一程，更具體實踐了佛法「空」的精神。師父的遺言中：「不發訃文、不築墓、不建塔、不立碑、不豎像、勿撿堅固子」，最後並植存於法鼓山上的金山環保生命園區，正如師父遺言所說的四句偈：「無事忙中老，空裡有哭笑，本來沒有我，生死皆可拋。」

猶記今年1月15日，僧團在台大醫院的病房中，向聖嚴師父報告圓寂佛事的規畫與過程，同時請示是否開放瞻仰法相。師父原本是一派灑脫地不予考慮，後來在弟子的請求下，為滿足社會大眾的期望，並讓海外人士有時間瞻仰師父的法相，師父才慈悲應允，並指示開放瞻仰兩天後即火化。

方丈和尚致詞表示，聖嚴師父的生命是一場實踐佛法的歷程，在人生最後一程，師父更具體實踐佛法「空」的精神。

此外，聖嚴師父在聽完我們的說明後，老人家滿心歡喜地答說：「好莊嚴啊！你們真用心。」這發自內心的讚歎，不禁讓我想到，如果有一天，當我們的人生任務即將圓滿，親友告訴我們，將做一場怎樣的莊嚴佛事時，我們是否也能坦然地說：「好

莊嚴啊！大家真用心。」

十三天的莊嚴佛事，就是一堂圓滿的生死課程，也是聖嚴師父色身在世間的最後一堂課。如今，下課了，師父的色身化作春泥，植存在法鼓山上的金山環保生命園區。從事相上，師父好像什麼都沒有留下，但是他所留下來的「法」以及「心靈資產」，卻是珍貴而無盡地深遠。有許多人即因師父的植存，明白死亡是生命的必然過程，打破對死亡的恐懼與禁忌，積極投入現實人生，奉獻自己，成就他人。短短幾天的莊嚴佛事，就讓人受益無數，又何況是師父的一生呢？

持續內化心靈環保理念 改善社會風氣

因此，法鼓山佛教基金會與聖嚴教育基金會在今天舉辦了「無盡的身教——聖嚴法師最後的一堂課」座談會，就是希望透過天主教台灣地區主教團樞機主教單國璽、玄奘大學宗教系系主任昭慧法師，台北大學社會工作學系副教授楊蓓、中研院歐美研究所所長單德興等社會賢達，把聖嚴師父捨報示寂的過程，所蘊含的法義、價值，以及產生的影響，代師父傳達給社會大眾。

未來，我們將彙集社會各界賢達的觀察與探討，將聖嚴師父示寂說法對社會帶來的價值改變，整理成社會教育、生命教育與「心靈環保」的相關教材；並運用媒體傳布，提供給各界參考，以期待持續弘揚師父與法鼓山提倡的「心靈環保、禮儀環保、生活環保、自然環保」等四種環保，以及「提昇人的品質、建設人間淨土」的理念，進而移風易俗，改善社會風氣。

「虛空有盡，我願無窮。」過去，聖嚴師父最常說的一句話就是：「今生做不完的事，願在未來的無量生中繼續推動，我個人無法完成的事，勸請大家來共同推動。」法鼓山全體僧俗四眾弟子，發願將持續加深聖嚴師父的理念，代師父在世間說法，讓師父無盡的身教落實在大眾日常生活中，持續傳遞良善的社會觀念與價值提昇。

也祝願座談會圓滿成功。謝謝大家，阿彌陀佛。

僧團剃度大典於法鼓山園區舉行
十六位學僧承擔弘法利生使命

方丈和尚執剃時勉勵新戒法師，時時以慈悲智慧為刀刃，除去己身的無明煩惱，並提起願度一切眾生的初發心。

9月18日上午，法鼓山於園區大殿舉辦一年一度的剃度大典，由方丈和尚果東法師擔任得戒和尚、副住持果暉法師擔任教授阿闍黎，為兩位男眾授沙彌戒、十四位女眾授沙彌尼戒；另有八位行同沙彌、二十五位行同沙彌尼。約有近千人觀禮祝福。

方丈和尚執剃時勉勵新戒法師，時時以慈悲智慧為刀刃，除去己身的無明煩惱，並要念念提起願斷一切惡、願修一切善，以及願度一切眾生的初發心。方丈和尚也特別提醒新戒法師應懷抱感恩心，感恩俗家父母的護持與大捨，方能成就今日的出家因緣，更要感念聖嚴師父的建僧悲願，策勵自己清淨精進，成為弘揚漢傳佛教的法門龍象。

十六位受度者皆經過一年以上的學習與適應，受度學僧常松法師表示，出家前雖然擁有人人稱羨的事業與生活，但生命卻總覺得少了些什麼，直到接觸禪修，聽聞聖嚴師父的開示，才讓他逐漸找到生命的著力點。

而十年前曾服務於法鼓文化的常齋法師則分享，當時雖已埋下學佛種子，但赴美求學、工作後，更深切感受生命在虛實變幻之間，因此重回道場共修，找到生命的方向。三年前聖嚴師父抱著病軀到美國象岡道場授菩薩戒，臨出堂前猶殷殷囑咐大眾好好修行，讓常齋法師感動不已，因而發願追隨師父，為眾生奉獻服務。

典禮在「南無本師釋迦牟尼佛」聖號中圓滿。十六位新戒法師正式披剃出家，朝著建設人間淨土、弘揚漢傳佛教的方向，邁出了更穩健的步伐。

「兒童好學堂」紫雲寺舉辦
引領小學員學習良好生活規範

為提倡佛化家庭，落實整體關懷，高雄紫雲寺與聖嚴書院合辦「兒童好學堂」佛學課程，9月19日至11月21日，每週六上午於紫雲寺進行，由二十多位

紫雲寺常住法師帶領小菩薩學習學佛行儀。

聖嚴書院學員組成的教學義工群帶領，共有三十三位國小四至六年級學童參加。

「兒童好學堂」系列佛學課程，以「心靈環保」為核心，輔以「心五四運動」內涵，融合生活化的佛法學習，由聖嚴書院學員分組進行研發，並組成義工群，帶領教學。

為期十週的課程內容，除了每週的基礎禪修學習，以活潑輕鬆的「呼吸是我的好朋友」練習，感受身在哪裡，心就在哪裡，體驗禪坐、法鼓八式動禪、戶外經行等之外，還包括影片欣賞，認識佛陀生平事蹟與法鼓山；也搭配繪本閱讀、小組討論，引領小學員認識「心靈環保」的內涵，學習良善的生活規範。

11月21日舉行結業式，並展出小學員的學習成果。紫雲寺監院果耀法師開示時，勉勵小菩薩要盡責盡分做好該做的事，將來長大走出屬於自己的一條大路；也感謝家長對好學堂的認同，帶領小菩薩親近佛法。

「兒童好學堂」課程，首辦於2008年，獲得家長與小朋友的好評，2009年再度舉辦，紫雲寺希望法鼓山「心靈環保」的理念，能往下扎根，永續佛法的普世關懷。

● 09.26～27 11.15

水陸法會義工培訓於法鼓山園區舉辦
期勉義工奉獻中結善緣

9月26至27日，以及11月15日，僧團三學院義工室於法鼓山園區，舉辦「水陸法會義工悅眾菩薩成長營」及「水陸義工通識培訓課程」，引領義工在勤務中學習奉獻的菩薩行。

9月26至27日的成長營，由弘化院監院果慨法師、禪堂板首果祺法師、僧大女眾學務長果肇法師帶領，有近一百五十人參加。果慨法師於課堂中，介紹水陸法會為義工們設立「萬行壇」的緣由、修行法門、前行功課，說明修持菩薩道的人，所應修習的修行方法，即是「六度」、「四攝」；也期勉大家從法會前開始練習，將方法落實到執勤時、日常生活中。

果祺法師與學員分享於執勤時,如何運用禪修觀念、方法來面對問題、解決問題;果肇法師則為大家介紹義工生命的意義與價值。

主辦單位另於11月15日舉辦「水陸義工通識培訓課程」。上午的課程,由果慨法師主講「通往成佛之道——萬行壇」,說明萬行壇是一堂隨時提醒義工當下修行的功課,服務的身影到哪裡,萬

「水陸義工通識培訓課程」於園區國際會議廳舉辦。

行壇就在哪裡;下午的課程是分組進行勤務演練。課程共有四百多人參加。

參與培訓的義工表示,希望運用此次學習到的觀念、方法去調整自己,透過自身的修正、改變,進而感動、影響身邊的每一個人。

● 10.02～12.25期間

教育電台《把心拉近》節目開播
與人基會合作　邀請專家學者分享「心六倫」

10月2日至12月25日,法鼓山人基會與國立教育廣播電台合作製播《把心拉近——倫理向前行》廣播節目,邀請專家學者分享「心六倫」和關懷生命的真諦,並於每週五早上於該台頻道FM101.7播出。

《把心拉近》節目以推動「心六倫」、提昇人品、淨化社會為宗旨,邀請倫理教育專家、積極參與社會公益的各界人士擔任每集貴賓,與主持人張麗君、卓俐君進行深入對談。除了貴賓專訪,節目中也分享對生命、心靈及人品提昇有關的最新資訊、藝文活動訊息。

教育部部長吳清基在10月30日接受節目專訪時,十分肯定聖嚴師父

吳清基部長(前左)接受《把心拉近》節目專訪,肯定聖嚴師父倡導「心六倫」運動對社會與時代的重要性。(前右為主持人張麗君,立者為卓俐君)

倡導「心六倫」運動對社會與時代的重要性,並讚許節目對推廣倫理、提昇人品所做的努力。11月12日獲「第八屆國家公益獎」肯定的人基會祕書長李伸一則於節目中分享,自己從事公益活動,是從聖嚴師父所開示的奉獻服務真諦出發,進而利人利己,人基會推動的「心六倫」、關懷生命等社會運動,皆是結合各界的力量與資源,創造更和諧安定的社會。

《把心拉近》節目邀請的來賓,除了吳清基部長、李伸一祕書長,還有人基會顧問、前行政院政務委員黃石城、台灣師範大學教授郭為藩、中央大學教授洪蘭、淡江大學教授林中斌、佛教蓮花基金會董事長陳榮基、「心六倫」代言人吳克群等社會各界人士,從各個面向闡述「心六倫」與關懷生命的內涵,呼籲社會大眾共同推動與實踐。

● 10.03

法鼓山園區舉辦中秋晚會
以戲劇、音樂、服裝展示環保理念

在園區「慶中秋樂團圓」晚會上,福德國小太鼓隊演出震撼人心的曲目。

10月3日中秋節晚上,法鼓山園區於祈願觀音殿舉辦「慶中秋樂團圓——你就是力量」晚會,內容包括戲劇表演、音樂演出、環保服裝展示等,有近五百位僧團法師與義工參加。

晚會在方丈和尚果東法師的祝福開示中揭開序幕,接著由法青鼓隊運用禪修方法,以「法鼓隆隆」詮釋真誠、熱情與專注。平日在山上服務的駐山義工及萬行菩薩們,則表演取材自《法華經》的故事「三界火宅」,輕鬆幽默的演出,帶動現場歡樂氣氛。

福德國小太鼓隊的表演,為晚會帶來高潮。演出前,帶隊老師帶領小隊員們放鬆身心、體驗呼吸;接著,以〈跳躍〉、〈奔騰〉、〈風車〉三首曲目,震撼演出。

「綠色走秀」活動單元,則為晚會帶來另一波高潮。由台北市環保再生創意

協會理事長連苑伶擔任服裝設計、製作者,利用雞毛撢子、廣告布旗、錄音帶膠卷等各式廢棄物,製成六套時尚華服進行展示,將「四福」理念融入其中,藉此加深大眾對資源分類、環保理念的認識。此外,還有摘自《聖嚴法師的頑皮童年》一書的戲劇故事「分享香蕉」演出,以及蘭陽箏樂團表演〈古箏流洒法鼓曲〉等。

活動中,也安排「第十五期百年樹人獎助學金」頒發,鼓勵金山、萬里、石門、三芝四鄉的學子安心向學。晚會最後的「願願相續」單元,播放各地分寺院舉辦的活動影片,展現僧團繼承師志、以弘揚漢傳佛教為任務,實踐法鼓山理念的努力與用心;園區並準備結緣品與大眾分享,傳達中秋祝福。

● 10.03

分院道場、慈基會舉辦中秋關懷活動
共享團圓的歡喜與祝福

10月3日中秋節,法鼓山除了在園區舉辦晚會,桃園齋明寺、高雄紫雲寺也分別舉辦中秋感恩聯誼晚會,與民眾分享團圓的歡喜並給予祝福。

北部地區的齋明寺,舉辦「回家真好」中秋聯誼晚會,內容包括齋明鼓隊表演、月光禪、聽風禪體驗等,監院果啟法師勉勵大眾打開心窗,讓明月照進來,也讓我們的心地透澈清明,充滿慈悲與智慧,有近四百人參加。晚會並安排「第十五期百年樹人獎助學金」頒發,有八位大溪地區學子受益。

在南部地區,紫雲寺的中秋感恩祈福法會,結合「佛化聯合祝壽」活動共同舉辦,內容包括助念團、念佛會、合唱團、法青會等各會團的表演,以及聖嚴書院學員的手語演出;當天,鳥松鄉鄉長張美瑤、鄉民代表會主席吳正成也出席參加,共有近兩百九十位民眾參與。

張美瑤鄉長於致詞時,表示感謝紫雲寺為當地鄉民提供了一處心靈沉澱、淨化的園地,並分享個人藉由鈔經,讓自己身心安定的修學心得;監院果耀法師也帶領大眾感恩觀世音菩薩的

中秋夜,在甲仙龍鳳寺廣場前,法鼓山甲仙安心站義工陪伴小林村民度過溫馨中秋。

護佑，並發願秉持聖嚴師父的理念，建設人間淨土。

除此，慈基會也於林邊安心站、高雄縣甲仙龍鳳寺前廣場舉辦中秋關懷活動，以歌聲與樂音祝福、關懷八八水災災區民眾，並分享法鼓山的四環、四安理念，共有兩百多人參加。

● 10.04～11.13期間

水陸法會21場講座、210場說明會舉辦
介紹法會的創新、特色與內涵精神

果慨法師於園區進行的首場水陸法會講座中，說明參加水陸法會是開啟智慧、通往成佛之道的方便法門。

為了讓社會大眾更深入了解法鼓山大悲心水陸法會的精神與內涵，法鼓山「大悲心水陸法會籌備小組」自10月4日至11月13日期間，於全台北、中、南各地，展開二十一場系列講座及二百一十場說明會。

全台二十一場系列講座，分別在法鼓山園區、台北安和分院、德貴學苑，以及台中分院、台南分院、高雄紫雲寺進行，由弘化院監院果慨法師，僧團果傳法師、果見法師、常智法師，以「漢傳佛教水陸修行法門」為主題，帶領民眾深入法會的意涵、精神，以及大壇、禪壇、楞嚴壇等十壇的修行法門。法師們指出，一個人的能力有限，因此需要互相輔助，在修行的道路上，能夠藉由規模最大、人數最多的水陸法會進行共修，配合禪法收攝自己散亂的身心，是貼近諸佛菩薩慈悲與智慧的好方法。

除了上述水陸法會系列講座，10月份開始，由義工講師們主持的二百一十場說明會，也在海內外陸續進行。每場一小時的說明會，引領地區民眾認識水陸法會是漢傳佛教最盛大的法會，更進一步了解法鼓山水陸法會的創新與特色，包括回歸經典依據、秉持環保理念、超越宗教格局等內涵與形式，以及兼具教育與關懷功能的精神，讓大眾能普遍感受這場法會的殊勝與難得。

大悲心水陸法會舉辦之前，藉由系列教育講座、說明會等活動，引領民眾了解法會中蘊涵的漢傳佛教義理精髓與法鼓山的核心理念，並從中獲得法益，讓水陸法會真正成為順應現代人需求的共修活動。

2009年大悲心水陸法會講座一覽表

地區	課程 地點	第一堂 通往成佛之道 的橋梁	第二堂 大壇佛事之修 持意涵	第三堂 除闇・淨障・ 修菩提	第四堂 起大悲心弘普 度道
北部	法鼓山園區	10月10日	10月17日	10月24日	10月31日
	台北安和分院	10月18日	10月25日	11月1日	11月8日
	德貴學苑	10月17日	─	─	─
中部	台中分院	10月24日	10月31日	11月7日	11月15日
南部	台南分院	10月15日	10月22日	10月29日	11月5日
	高雄紫雲寺	10月11日	10月30日	11月6日	11月13日

● 10.06

方丈和尚對專職精神講話
勉眾人傳承聖嚴師父的理念

方丈和尚果東法師於10月6日上午，在北投雲來寺大殿對僧團法師、全體專職精神講話，主題為「傳承聖嚴師父的悲願，分享法鼓山精神」，全台各分院道場同步視訊連線聆聽，亞洲地區的馬來西亞道場、新加坡護法會、香港護法會，美國護法會加州舊金山分會，以及澳洲護法會雪梨分會也透過網路連線，首度共同參與，共有近六百人參加。

方丈和尚表示，聖嚴師父圓寂後，僧團法師前往海內外各地關懷護法悅眾，近距離的互動交流，對內凝聚僧俗四眾的悲願力；對外則啟動「心安平安──你，就是力量！」社會關懷運動，並舉辦座談會持續推動「心六倫」，以及傳達師父佛事的法義。八八水災時，法鼓山也積極投入救災與四安重建，以實際行動回應社會的高度期待。

面對去年2008年金融海嘯至今，景氣持續低迷，今年又遭逢八八水災，社會人心不安，勸募護法不易，方丈和尚除了感恩信眾的護持，並以聖嚴師父留學日本幾度生活困頓時，指導教授坂本幸男送給師父的話：「道心之中有衣食，衣食之中無道心」，勉勵大家在困境中不忘弘法奉獻，利益眾生，因緣自然能具足。

展望未來，方丈和尚特別指出法鼓山團體的四項中、長程目標：一是強化法鼓山的品牌精神，讓「心靈環保」深入人心；二是加強法會教育，讓經懺佛事回歸修行意義；三是推廣禪修方法，弘揚中華禪法鼓宗；四是落實整體關懷。方丈和尚期勉眾人以此四大目標為努力的方向，共同傳承聖嚴師父的理念，成就人間淨土。

傳承聖嚴師父的悲願
分享法鼓山精神
10月6日於北投雲來寺精神講話

◎果東法師

　　諸位法師、事業體與各單位的主管，以及所有的專職、護法悅眾，阿彌陀佛。

　　聖嚴師父圓寂後，社會對我們這個團體，有種種期待與要求。如果我們能如師父所開示，一切都以正面的認知、逆向的思考，而不是以負面情緒、心態來看待這一切的時候，每一個人都會感恩今天有這樣的善根福德因緣，凝聚在法鼓山這個團體，大家扮演不同的角色，在師父捨報圓寂後，繼續秉持創辦人的悲願與理念，讓大悲心起，願願相續。

　　剛接任方丈時，聖嚴師父勉勵我、也安我的心，要我不要擔心旁人的比較，只要請大家不要考我就好了。一年後，師父也會鞭策勉勵，提醒方丈和尚不是被動等報告，應該主動做關懷，學習不斷思考，眼光一定要深遠，心胸更要廣大。我非常感恩，我們有精進清淨、和合共住的僧團，以及發起大悲願心來護持的所有護法菩薩，讓我們能保持師父對我們的勉勵及同心同願的精神，繼續地往前走。

以實際行動　回應社會期待

　　聖嚴師父圓寂後，我們有許多活動，這些活動呈現的是社會各界對我們的諸多期許。例如在八八水災救援的時候，包括僧團法師、各事業單位以及大學院相關單位師生，大家全體動員，也接引了許多專家學者、青年學生及社會大眾，投入我們的救災行動，共同清理家園。在過程當中，如何建立起信心與願心，繼續保持恆心與耐心，都啟發我們承續師父盡形壽、獻生命的精神，成就在安定穩健中，不斷突破、再成長。

　　這段期間，從3月至7月，僧團法師分組前往海內外分支道場、護法會辦事處，關懷護法信眾；可以感受到所有護法菩薩的向心力與凝聚力；而法師近距離的關懷，也讓信眾們非常地歡喜，希望僧團以後每年能安排兩次的巡迴關懷。我們人力足夠的時候，當然會主動來做關懷，因此希望能有更多優秀的人才進入僧大就讀，加入僧團；而當菩薩有需求的時候，僧團才有充分的人力來支援、安排。

　　另一方面，5月10日，我們啟動「心安平安——你，就是力量！」社會關

懷運動。2008年金融海嘯至今，景氣持續低迷，但，是不是能如聖嚴師父所開示的，在困境當中能開創出快樂，以及在不景氣當中能見到幸福？師父勉勵一定要有希望的正念存在，發揮每一個人正面的善念，用恰到好處的語言，以及隨喜功德的心態幫助別人。分享這股善的力量，讓善的力量在社會發酵，就要從每一個人的內心出發，從自身做起。

7月，人基會舉辦「發現幸福密碼」心倫理座談會，持續推動「心六倫」。9月，聖基會舉辦「無盡的身教——聖嚴法師父最後的一堂課」，邀請天主教會台灣地區主教團樞機主教單國璽、玄奘大學宗教系系主任昭慧法師，以及台北大學社工學系副教授楊蓓、中研院歐美研究所所長單德興，分享聖嚴師父身後佛事的精神內涵，與對社會的啟發。9月底，我們接受中國大陸北京大學校長周其鳳邀請，到北大交流，再度簽署「法鼓人文講座」同意書，延續師父過去在北大設立的人文社會講座，持續推廣心靈環保與人文關懷的理念。

法鼓大學　培育「心靈環保」的人才

聖嚴師父曾勉勵大家完成法鼓大學的建校和辦學，培育推動「心靈環保」的人才。法鼓大學是一個以人文學科為主的大學，主要以招收碩士班的學生為主。我們希望法鼓大學培養出的學生，是具有高尚人品的領袖人才，在社會上奉獻付出，為淨化人心、社會做最大的努力。

有人曾請教聖嚴師父，學生選擇科系時，是要選擇有保障、有衣食的科系？或是根據興趣選擇冷門科系？師父的回答是，一般人都是選擇衣食無憂的科系，父母也希望子女能夠選擇容易成名發財的科系，因為有的父母窮了一輩子，不希望子女一樣不得意，有了權勢名利地位，不是很快樂嗎？這是不同的價值觀，真正地位高、財富多、權勢大、有名望的人，在追求生存競爭的過程，就會產生一種包袱和壓力，也因為有這些包袱和壓力，失去自主的能力，失去做人的一些基本價值。

所以從過去到現在，許多思想家都鼓勵追求幸福的人生。尤其從佛教的立場來說，追求的是救濟眾生苦難、利益眾生，所以不計較金錢與名望，才不會受名利所困，開展自己的潛能。

聖嚴師父曾說過，科系的冷門、熱門，只是一時的現象，現在冷門的科系，也許一、兩年後變成熱門。重要的是自己對這門學科有沒有興趣願意投入，只要願意投入，冷熱門都會開花結果，都會有好成績，所以現在有許多學生會尋求雙學位，讓志趣更廣泛一些，這就是一種很好的自我成長方式。

法鼓山的中長程目標

聖嚴師父當年在日本留學,完成碩士學業,要進入博士班的時候,學費沒有著落,指導教授坂本幸男就送給師父一句話:「道心中有衣食,衣食中無道心。」所以師父當時就抱著一個心態,如果能完成博士學位,就繼續讀下去;如果因緣不具足,就回台灣,或是再有其他的因緣。

「道心中有衣食,衣食中無道心。」這句話讓聖嚴師父更安定自在。在種種因緣促成下,師父完成了博士學位。事實上,師父最在意的是如何利益眾生,如同佛法是一個淨化人心、淨化社會的入世法,絕不是逃避現實,或是憤世嫉俗的厭世法。希望法鼓山所有僧俗四眾,都能有「道心中有衣食」的觀念與心態,也要發起菩提心,發揚利益眾生的菩薩道精神,出離我們的無明煩惱,抱持著慈悲關懷,以智慧

方丈和尚以心靈環保為主題,在雲來寺對專職進行精神講話。

來處理事情,在和樂中生活,尊敬相待、共同奉獻與付出。

法鼓山是一個觀音道場,也是禪修的道場,「心靈環保」是我們的品牌。未來,我們的中長程目標,就是要讓「心靈環保」深入人心,並充分應用在日常生活上;我們也要加強法會教育,並改良儀軌,讓經懺佛事回歸修行意義。此外,還要推廣禪修的方法,弘揚中華禪法鼓宗,更要落實整體關懷。

我們有許多事等著積極去做,但不要忘記聖嚴師父的開示「要趕不要急」,身心隨時都要保持放鬆安定。在奉獻的過程中,就是在修行,在學習如何讓佛法生活化、生活佛法化。在煩惱障礙生起時,能隨時內觀,提起師父教導的修行觀念、方法,用觀念來疏導,用方法來應用,讓煩惱障礙調伏下來。

最後,祝福大家,阿彌陀佛。

● 10.15

上海玉佛寺參訪法鼓山園區
期盼雙方建立長期交流

中國大陸上海玉佛寺方丈暨中國佛教協會副會長覺醒法師率領該寺僧眾一行三十四人，10月15日上午參訪法鼓山園區，由方丈和尚果東法師、副住持果品法師代表接待、導覽，並進行交流。

一行人在大殿禮佛後，依序參觀《法鼓山禮讚圖》、開山紀念館及祈願觀音殿，對於法鼓山獨特的建築與人文景觀，以及禮佛不焚燒香、紙的心靈環保與自然環保的理念，留下深刻印象。

上海玉佛寺方丈覺醒法師（右一）率該寺僧眾參訪法鼓山，由方丈和尚果東法師（左二）代表接待，進行交流。

參觀《法鼓山禮讚圖》時，方丈和尚特別解說聖嚴師父心靈環保的內涵，以及法鼓山的四大堅持，讓來賓進一步了解法鼓山的理念。覺醒法師則讚歎園區清淨的環境與學習氛圍，並期望法鼓山組團至該寺參訪，建立長期交流管道。

● 10.15

創世基金會參訪法鼓山園區
一千兩百多位長者體驗清淨境教

財團法人創世社會福利基金會一千兩百多位長者，於10月15日下午在該會副祕書長李秀娟的帶領下，至法鼓山園區參訪。

一行人先後在簡介館、活動大廳觀看法鼓山簡介《大哉斯鼓》影片，了解法鼓山開山的意義和法鼓山的理念，並分組至大殿、祈願觀音殿及法華鐘公園禮佛參觀，對於佛像法相的素樸莊嚴，以及無障礙設施的規畫，留下深刻印象。

導覽人員引領創世基金會的長者，於祈願觀音殿禮佛。

為迎接一千兩百多位長者的到訪，園區安排三十五位導覽義工進行導覽。許多導覽人員表示，非常感恩有此因緣，帶領老菩薩認識法鼓山、親近佛法，讓自己有培福的機會。

● 10.31

法青會、人基會、法鼓大學推廣四環
民眾齊聚德貴學苑「玩」環保

民眾在「生活智慧王」活動中，利用回收材料一起動手創作，體驗生活環保。

10月31日，法青會、人基會及法鼓大學籌備處於德貴學苑聯合舉辦「來玩吧！四種環保趴趴GO！」環保推廣活動，此為德貴學苑自落成以來，首次對外的大型活動。

活動當天從上午十點開始，活動地點涵蓋德貴學苑一至七樓，以及十樓的圖書館，每層都聚集許多民眾駐足觀賞與體驗。在二樓的祈福供燈、鈔經等「心靈舒活」活動，民眾手捧供燈，一邊默禱發願，一邊踩着七步蓮花，走到佛壇前供燈，在莊嚴氛圍中體驗心靈環保；親子茶禪「喫茶趣」則透過泡茶、倒茶、敬茶及品茶等步驟，感受禮儀環保的精神。

而三、四、六樓的「手創市集」、「手創達人教室」、「生活智慧王」活動，藉由義賣、手創教學呈現生活環保的概念，手工香皂、廣告紙塑天鵝及孔雀裝飾品，都是義工創作的義賣品，不少民眾也一起動手參與現場教學活動。其中利用廢棄布料做成的勇氣娃娃，完成後將致贈八八水災災區的小朋友，讓愛心無限流轉。

在自然環保方面，七樓的「德貴綠生活」活動則進行環保影片欣賞，為民眾導覽、介紹德貴學苑落實節能減碳的情形。

除了動態活動，當天下午還舉辦一場「你可以活得更好」健康講座，邀請《我賺了30年》一書作者，現為李豐病理中心負責人的李豐醫師，分享如何透過調節飲食、睡眠和正向的心態，與癌症和平相處。

負責活動規畫的青年院表示，這次活動的目的，希望接引更多民眾親近德貴學苑，用輕鬆自然、饒富趣味的方式學習環保觀念；未來也將邀約更多環保團體一同參與，讓民眾學習更多的環保新知，將環保觀念的種子播散開來。

● 11.08　12.13

聖基會培訓「文殊菩薩種子」
關懷員深入地區推廣結緣書

　　為增強法鼓山結緣小叢刊各流通點的推廣、關懷功能，聖基會於11月8日、12月13日分別舉辦「文殊菩薩種子小組——北區結緣點關懷員」初階、進階培訓，共有來自台北、花蓮、宜蘭、桃園等地的四十位學員們參加。

　　培訓課程由聖基會董事長施建昌說明聖基會的使命，並為大家介紹原為中正精舍的聖基會現址，是聖嚴師父生前休養、接見訪客、撰寫書法的處所。如今雖不復見師父身影，透過文物展示空間的保存，仍可深刻感受師父無窮的悲願。

　　為加深學員對結緣書的了解，文化中心常悟法師介紹「法鼓山智慧隨身書」的分類方式及內容，包括：學佛入門、生活實用、心靈成長、智慧對話等八類，法師期勉大家閱讀並深入了解結緣書的內涵，讓自己先受用，才能分享給他人。以結緣書與人結緣，就像為大眾點起一盞心燈，幫助人離苦得樂。

　　課程並針對「文殊菩薩種子培訓辦法」做說明。整個培訓過程分為普查員、實習關懷員、關懷員授證等三階段進行。小組討論時，學員們展開結緣點普查分工、分享學習心得。課程結束後，隨即展開結緣點普查工作。

　　12月13日，學員們帶著各地結緣點的普查資料，返回聖基會參與進階培訓。在歷時一個月的普查期間，共完成北區約一百五十個結緣點的查訪工作，學員們藉此了解

結緣點關懷員於課程中，學習以結緣書與人結善緣。

各結緣點的實際運作情形，並於課程中，就普查問題、如何加強關懷工作等議題熱烈討論，同時提出結緣書的推薦書目，以及擬組讀書會等。

　　聖基會董事長施建昌與會關懷時，期勉大家以自利利他的精神來從事結緣書刊的推廣工作。最後，學員們認領結緣據點，組編可互相支援的區域性小組，以增強各點的推廣與關懷功能；也期待更多人加入文殊菩薩關懷員的行列，共同藉著結緣書的推廣，接引大眾親近佛法。

● 11.12～26

「佛國供養・十壇巡禮」舉辦
認識各壇的修行法門和莊嚴布置

參訪民眾在導覽義工引導下，依序巡禮各壇場。

11月27日「大悲心水陸法會」舉辦前夕，主辦單位僧團弘化院於12至26日在法鼓山園區舉辦「佛國供養・十壇巡禮」導覽活動，由法師及義工引導民眾了解漢傳佛教舉辦水陸法會的精神，以及如何於法會中表達禮敬三寶、供養諸佛的最佳方法，期間共有九千四百多位來自全台各地的民眾前往參加。

這項十壇巡禮活動，首先引導民眾提前進入「大悲心水陸法會」的總壇及大壇、禪壇、華嚴壇、楞嚴壇、藥師壇、地藏壇、祈願壇、淨土壇、法華壇等十座壇場，領受諸壇各自殊勝的清淨與莊嚴；透過導覽義工的詳細解說，協助民眾了解各壇場的修行法門。

這項巡禮活動，為民眾介紹了數種禮敬三寶、供養諸佛的方式，包括念佛供養、法寶供養及大悲水供養；而填寫消災祈福、超薦往生的牌位，廣邀自己親友與十方法界一切眾生，共同前來聽經聞法，亦是理想的佛國供養，也是法鼓山舉辦大悲心水陸法會的目的之一。

● 11.12

人基會李伸一祕書長獲國家公益獎
奉獻消費者權益　推動法鼓山理念獲肯定

由中華民國公益團體服務協會辦理的「第八屆國家公益獎」表揚活動，於11月12日下午兩點在台北圓山大飯店舉行頒獎典禮。法鼓山人基會祕書長李伸一獲本屆國家公益獎個人獎項，代表個人長期奉獻消費者權益獲得國家社會的肯定，並彰顯出其所推動的法鼓山理念、「心六倫」運動及關懷生命等觀念，獲得社會大眾的認同。

李伸一祕書長在接受採訪時表示，在長達三十多年的服務工作中，始終認為這是應所當為的事情，從未想過得獎，這次獲獎不僅是肯定，也是責任的開始。未來將持續以法鼓山創辦人聖嚴師父所說「奉獻服務從利人出發，進而達到利人利己的目的」自勉，並結合社會各界的力量與資源，積極推

人基會祕書長李伸一獲「第八屆國家公益獎」個人獎項，由行政院院長吳敦義（左）頒贈。

動「心六倫」運動及關懷生命等服務工作，共同創造更和諧安定的社會。

「國家公益獎」設立於2002年，每年舉辦一次。2009年邁入第八屆，共選拔出八十位優秀的公益團體及傑出的公益人士。該獎項的頒發，其目的在於表揚真正從事社會公益的個人或團體，選拔出符合「德業兼備、公益典範」的社會慈善人物，凝聚社會公益力量，善盡取之於社會，用之於社會的公民責任。

● 11.14～2010.01.23期間

「聖嚴法師經典講座」第二系列舉辦
果見法師主講《法華經》

繼第一系列的《六祖壇經》講座後，聖基會於11月14日起至2010年1月23日期間，於週六上午在會址的「聖嚴書院講堂」續辦「聖嚴法師經典講座」第二系列，播放聖嚴師父往昔講解《法華經》的課程影片，由僧團果見法師主持，共有八十多人參加。

影片中，聖嚴師父循著原典的次第，介紹原典的內容與每一品的心

《法華經》講座中，果見法師針對學員提問，展開討論。

要,說明《法華經》是大乘經典的根本經典,強調平等智,能夠包含不同根性的眾生,經中諸佛菩薩化現說法,並以種種巧喻鋪設出成佛大道,肯定人人皆有佛性,是生活中非常實用的佛法。

講座中,果見法師針對現場聽眾的提問展開討論,內容包括如何少欲知足、布施的種類等佛學問題,互動熱烈。許多學員表示,透過這樣不同以往的方式來聽經和討論,有助於學佛的精進用功。

● 11.21

「2009法鼓山大悲心水陸法會論壇」舉辦
探討儀軌修訂的時代意義

2009年水陸法會啟建前,特別舉辦論壇,邀請宗教學者探討法會改革的時代意義與修行精神。

11月21日,由僧團及中華佛研所共同主辦,聖基會、佛教學院、法鼓大學籌備處協辦的「2009法鼓山水陸法會論壇」於法鼓山園區國際會議廳舉辦,現場同步進行網路直播,有近五百位學者及民眾參加。

論壇共有三場,邀請研究佛教、道教、民間信仰等專家學者,分別針對「法鼓山水陸法會特色」、「佛教法會的修行意義與社教功能」、「跨宗教對談——懺與救贖:佛、道、民間信仰」等三大主題進行對談,希望藉此深入探索水陸法會的根本精神,並分析法鼓山所改革的儀軌、壇場布置等,所傳達的時代意義與內涵。

論壇開始之前,法鼓山水陸法會召集人果慨法師首先說明,水陸法會的改革是與時代潮流、民間信仰進行對話,並指出修訂法會儀軌並非自法鼓山開始,實際上自唐朝起,約隔四百年左右,佛教就會藉由編修法會儀軌,貼近教界與時代間的距離。法師強調,改革的準則是遵循聖嚴師父的指示,務必使儀軌的修訂以漢傳佛教為基礎,並借用現代數位科技,才制定出這套既適合現代人生活需求、環保理念,且具備佛法教育、安定人心的法會儀軌。

秉持此一理念,儀軌修訂小組成員常智法師表示,2009年水陸法會的佛事長短適中,會依照現代人的作息進行合理安排。而水陸儀文的增刪、改編,將能

更契合現代人的文化環境，讓所有參加法會的大眾，都能體會到「真誠、真正的佛法」。

不少與會者在論壇中，都以法鼓山水陸法會為例，強調佛教法會的宗教、社會功能。真理大學宗教文化與組織管理學系所教授張家麟即認為，法會與數位牌位的結合，除了有環保意涵，透過無形的牌位，更著重「心」對佛菩薩的禮敬及對眾生的救度，是「心靈環保」的表現方式。聖基會董事施炳煌則認為，過去傳統法會強調的是「普度」功能，但是法鼓山則教育四眾以懷持大悲心利人利己的態度參與法會，不但與佛法中「平等施」相應，更強化實踐自度的心地法門。

外界的肯定與支持，確立水陸法會改革的合宜性，當天也開放十壇壇場巡禮，讓參與論壇的學者及民眾，提早感受大悲心水陸法會的殊勝法益。

2009年水陸法會論壇場次一覽

場次	主持人	主題	與談人
第一場	楊蓓（法鼓大學籌備處副教授）	法鼓山水陸法會特色	汪娟（銘傳大學應用中國文學系教授） 林其賢（聖嚴教育基金會董事） 施炳煌（聖嚴教育基金會董事）
第二場	劉安之（法鼓大學籌備處校長）（楊蓓副教授代理主持）	佛教法會的修行意義與社教功能	張家麟（真理大學宗教文化與組織管理學系所教授） 辜琮瑜（法鼓大學籌備處助理教授） 侯沖
第三場	惠敏法師（法鼓佛教學院校長）	跨宗教對談——懺與救贖：佛、道、民間信仰	李豐楙（中央研究院中國文哲研究所研究員） 鄭志明（輔仁大學宗教學系教授） 果暉法師（法鼓佛教學院佛學系系主任）

● 11.27～12.04

水陸法會啟建　三年革新有成
儀軌初步修訂完成　開萬行壇、網路共修

11月27日至12月4日，法鼓山園區舉辦一年一度的大悲心水陸法會。這是聖嚴師父圓寂後的第一場水陸法會，法會期間，首度開辦網路共修，每日透過網路直播一壇佛事及焰口法會，讓海內外信眾線上精進共修，體驗法喜。

方丈和尚果東法師在12月4日的送聖儀式上致詞表示，本屆水陸法會最大特色，在於完成儀軌內容的初步修訂、設立萬行壇，並開放網路線上共修，不論哪一項創舉，都是以能淨化人心、淨化社會為優先考量，讓佛法貼近人心，實踐聖嚴師父畢生的心願。

延續往年清淨、簡約的原則，今年的壇場設計以聖嚴師父的墨寶及經變圖

切菜、洗菜、揀菜、每一個動作對香積組義工而言，都是把握當下的修行。每個當下都在萬行壇。

文，諦顯該壇佛事要義；並以數位牌位，落實環保的精神。另一方面，本屆水陸法會，各壇都有法師說法，闡釋各壇的經典論義，讓與會者更深入領受法會的精神與意涵。

今年水陸法會共有十一壇，除原有的十壇，特別增設「萬行壇」。聖嚴師父稱法鼓山的義工為「萬行菩薩」，「萬行壇」即是由法鼓山的外護法師、專職和義工菩薩一同成就，共有來自台灣、加拿大、美國、香港、馬來西亞等國三千五百人報名，分為知客、香積、交通、音響、機動、法務等組別，讓義工們在護持水陸法會期間，以懷持廣修四攝、六度的心行悲願奉獻，與大眾結善緣，同時觀照心念，體會把握當下即時修行的法喜。

秉持聖嚴師父革新水陸法會的願心，今年法鼓山組成水陸法會儀軌修訂小組，依照師父的構想，將《水陸儀軌會本》中的儀文初步修訂完成，並進行勘印。儀軌修正內容，主要針對儀文中不合時宜或是與佛法相違背的科儀，加以調整、刪除，讓水陸法會正本溯源，具足教育、關懷的功能。

此外，為了讓一般民眾也能體驗漢傳水陸法會的殊勝，法鼓山首度舉辦「法會共修體驗」參學行程，於11月30日至12月3日間，開放社會團體報名參加，進行融合法會與禪修的體驗，實地感受清淨莊嚴的壇場氣氛。

法鼓山結合現代環保思惟與科技，為傳統水陸法會賦予新時代的作法。

漢傳佛教的里程碑

刊載於《大悲心水陸儀軌》序文

◎聖嚴師父

水陸法會,純粹是漢傳佛教的一種修持法,而且是漢傳佛教諸多修持法門之中最大的一項。一般講修持,我們知道有禪觀、禪定,這是其中一大流;其次有經懺誦念的儀軌行持,如最早有隋代的天台智者大師編成《法華三昧懺儀》,陸續則有唐代華嚴宗的宗密禪師彙編《圓覺經道場修證儀》,唐代的悟達國師依據宗密禪師的《圓覺經道場修證儀》編寫《慈悲水懺法》;宋代天台的四明知禮大師編寫《大悲懺》,宋代慈雲遵式大師制定《往生淨土懺願儀》及《淨土懺法儀規》等儀軌;元代開始,蒙古人的經咒佛事大行,元代則有中峰明本禪師完成淨土法門的《三時繫念儀範》,一直到明末,蓮池大師修訂焰口集成《水陸道場儀軌》,從此普行於世的漢傳佛教,便是經懺了。

水陸法會　救度功德殊勝

在所有的經懺誦念儀軌行持中,以水陸法會最是殊勝,原因是一般的法會,只誦某一部經,只拜某一部懺,而水陸大法會則廣設十壇,每一壇就是一堂佛事,人數可多可少。水陸有「眾姓水陸」和「獨姓水陸」兩種。在水陸法會的內壇,供奉有二十八諸天,甚至十殿閻王,就是類似中國民間的供天神和供鬼神,在水陸之中,這些全是菩薩。至於拜水陸的功德屬於誰呢?屬於所有參與的人共同所得。我們在水陸法會所有迎請、供養、禮拜的對象,他們全都會蒞臨法會現場,而各自以他們相應的因緣與根器,到各個壇場聽經聞法。因此一場水陸法會下來,所供養、所救度的眾生,範圍相當廣泛,因此說有殊勝的大功德。

在二十一世紀的今天,法鼓山舉辦大悲心水陸法會的作法,具有革新的意義,也是對我們僧俗四眾一種重新的教育。我們的革新之舉,就是把原

法鼓山《大悲心水陸儀軌》修訂,將為今日漢傳佛教宣揚正信與正行。

來懺儀之中，凡是源於中國民間信仰的部分，或是採擷自道家、道教的俗儀之處，皆一一捨去。至於原來的懺儀有沒有根據呢？是有根據的，譬如受戒，就是一種儀軌，是根據戒律的宗旨和基本原則，編成了中國的經懺佛事。

經懺佛事不是不好，只可惜後來的演變，使水陸淪為一種營利的項目，而非專心辦道的修持方法。其實各種懺法在古代都是修持法門，然而在滲入漢地的民間信仰以及道家、道教的內容之後，水陸法會儼然成為中國歷代所有民俗儀軌的大熔爐。

修正方向　符合環保理念

水陸法會的修訂儀軌，完成於明末的蓮池大師，但是到了現代社會，我們的民風、環境背景以及知識的發展，與當時的環境已不可同日而語。如果我們還保留著傳統水陸中一些不合時宜的作法，譬如燒紙馬、燒紙人、燒紙衣、燒種種的牌位，這在現代來講是非常不符合環保的；況且追溯這些內容，皆非源自印度的原始佛法，而是歷代佛教中人，為了接引民間信仰的人士能夠接受正信的佛法，為此向民間信仰模仿學習才有的添加之物。

因此，法鼓山辦大悲心水陸法會的革新，就是針對這些民間信仰的成分，以及不符合環保理念的作法，全皆袪除；袪除以後，一般信眾的反應都很能夠接受。這是水陸儀軌第三次大規模的修正改進。因此，我也希望今後的水陸法會，不僅是法鼓山這麼做，其他道場也能夠一起嘗試改變。

修訂儀軌　四眾共同成就

在此，我要感謝法鼓山大悲心水陸法會的所有促成者。

辦水陸法會最早是我的構想，後來由法鼓山僧團弘化院監院果慨比丘尼熱心促成，她自己去摸索，也請人來教導。我們請到廣慈老法師來教導，他除了全力配合，也了解到我們希望改革的一種決心。同時在辦水陸之前，我們做了宣傳，也辦了學術會議，通過這些過程，已有兩屆法鼓山大悲心水陸法會的圓滿。

「水陸法會儀軌」的修訂也是我的構想，我們組成一個「水陸法會儀軌」修訂小組，由法鼓佛教學院校長惠敏法師擔任總監，陳英善副教授指導天台及華嚴的教觀，由僧團執筆。這次的修訂是件大工程，也是大功德，這可以說是所有投入水陸儀軌第三次大規模修正改進的僧俗四眾之共同成就與貢獻。這項功德將與法鼓山革新之水陸法會一同流傳。

最後，期這次大規模修訂改進的《大悲心水陸儀軌》，能為今日的漢傳佛教宣揚正信與正行，為後世的佛教留下歷史的紀錄。

（定稿於2009年1月11日，台大醫院）

方丈和尚語

感恩我們的善根福德因緣

12月4日講於法鼓山園區「大悲心水陸法會送聖開示」

◎果東法師

首先感恩所有法師、菩薩大眾在法鼓山共修，圓滿這次的水陸法會。

送聖，是水陸法會的最後一場佛事，大家經過這八天各壇佛事的誦經、禮懺、持咒、修齋、供養，經由佛菩薩的慈悲加被，相信都深刻體驗了懺法中的洗滌、淨化、悔罪與救贖的力量。我們也深信法界一切眾生也都獲得了佛法無量無邊的利益，心開意解往生善趣，趣向十方淨土。

今年的水陸法會共有十一壇，除原有的十壇，更增加了萬行壇，「萬行壇」是法鼓山的特色，是由我們的外護法師、專職和義工菩薩一同來護持成就的。聖嚴師父曾經說過，法鼓山的僧俗四眾，都是以萬行菩薩的心行和悲願來自勉勉人。相信每一位學佛人都是朝著成佛之道前進，每天都在學習如何減少自他的煩惱；師父也說過，修行不只是念經、拜佛、打坐，而是要將佛法運用在日常生活中，這也就是禪法的特色，這也是師父畢一生之力，不斷教導我們的。

法會期間，法鼓山上每個角落、每個時間都有萬行菩薩的身影，他們以六度為法門，藉事鍊心，成就大家在各壇場安心的精進修行。讓我們一起感謝所有萬行壇的法師、專職與義工菩薩們的護持與付出，同時也要感謝所有來參加法會的每一位法師和菩薩們，以及所有成就這次水陸法會的一切因緣，今天在此所有成就水陸法會的因緣，都將成為歷史的見證與紀錄。

方丈和尚至水陸法會現場關懷民眾，期勉大家感恩有此共修的善根福德因緣。

聖嚴師父窮其畢生之力，只為復興與弘揚漢傳佛教，處處秉持回歸佛陀的本懷，最終目的，就是為了讓更多人能夠真正獲得佛法的利益，讓每一個人進入真正的佛法世界，從內心體驗真誠、真正的佛法。

為了實踐聖嚴師父畢生的心願，讓佛法貼近人心，法鼓山舉辦任何法會或活動，都是以教育為宗旨，師父強調「一場理想的佛事，是積極的修持化導，而非消極的經懺謀生」，因此，今年的水陸法會，其中一項特色，是各壇都有法師說法，闡釋各壇的經典論義，從聞思修入三摩地，從聽聞佛法、思惟佛法，以期深入佛慧，行佛所行，證佛所證。

另外，我們在今年首度開辦了線上共修，讓遠在各地，暫時無法回到法鼓山的遊子，透過網路也能在同一個時間，和大家一起念佛，一同共修。幾天下來，我們陸續收到了來自巴西、荷蘭、英國、中國大陸的學佛人，他們的感動，他們深刻體會到學佛修行真的要把握當下，就連躺在病床上的信眾，也和我們分享親近佛法的喜悅，感恩這次難得的體驗。

三年來法鼓山僧團秉持聖嚴師父「承先啟後」的教誨，讓正見、正信、正行的佛法落實於水陸法會，從第一年2007年以數位科技取代傳統的燒化、第二年2008年調整總壇儀軌作息，到今年2009年水陸儀文初步修訂完成。水陸儀文的修訂是漢傳佛教史上一項紀錄、一個重要的里程碑，在這裡要感謝水陸儀軌修訂小組的努力和堅持。

法會是眾多信眾親近佛教的方便門，強調的是信、解、行、證，解行並重、行解互資，輔以六度萬行齊修，這是做為菩薩行者的基礎、是成就無上佛道的資糧。成就佛道，是需要精進的，聖嚴師父說過「精進是要發大願的，如果不發願，精進的心就提不起來」。

「願」，有共同的願，有個別的願。要想成佛必須要有共願，共願一共有四條，這是大乘佛法必修的，叫作「四弘誓願」，所以在大乘的經典裡面，都提到要發「四弘誓願」。我們漢傳的佛法正是大乘佛法，四弘誓願的內容是「眾生無邊誓願度，煩惱無盡誓願斷，法門無量誓願學，佛道無上誓願成」，做為大乘佛法的修行者，要想成佛，就必須要發這個共同的願。

另外，還要有別願。不同的菩薩有不同的願，不同的菩薩會成就不同的國土以及成熟不同的眾生。所以有無量無數的佛、菩薩，就有無量無數的國土，這些國土所度的眾生都是諸佛菩薩別願所成的。

所謂的菩薩行者，是從難行能行、難忍能忍、難捨能捨的精神中，抱持謙下尊上，自利利他的態度，來專為眾生服務，就像千手千眼、大慈大悲、救苦救難的觀世音菩薩，忍受一切的艱難困苦，只為眾生能離苦，不為自己求安樂。

這七天我們以清淨、精進、少欲、無諍共同成就這場莊嚴的佛事，讓我們大家彼此感恩，感恩我們有此善根福德因緣，能在此因緣中，同結善緣，同修無上菩提。願大家彼此祝福，在此祝福大家，一切時中恆常吉祥如意。

師願傳承 革新水陸

開創法會新內涵 賦予佛事新氣象

　　11月27日至12月4日，法鼓山舉辦聖嚴師父捨報之後的第一場水陸法會，邁入第三年的水陸法會，對法鼓山而言，具有不凡意義。這場法會，象徵著傳承師父復興、弘揚漢傳禪佛教的悲願，推動「提昇人的品質、建設人間淨土」的圓滿佛事，引領每一位僧俗四眾，共同發起謙下尊上、自利利他的大願，提起成就佛道的精進心。

　　為開創二十一世紀現代法會新內涵，法鼓山的創新是一步一腳印，陸續改革調整。2007年第一屆水陸法會朝「不燒」的環保方向；2008年就總壇佛事的作息時間做適當調整；2009年，則進一步針對《水陸儀軌會本》，將水陸儀文初步修訂完成，並進行勘印。

正本溯源　具教育關懷

　　法鼓山水陸法會《水陸儀軌會本》的修訂，原是依照聖嚴師父的構想，2008年師父提出五點修訂的方向：

法鼓山僧俗四眾共同成就水陸法會，並在此同結善緣，同修無上菩提。

一、必須以漢文化為基礎。

二、注重科技，但不能喪失宗教信仰的層面。

三、注重環保，從心靈環保導入禮儀環保。

四、儒家思想可修正，但須詳加斟酌。

五、須取得台灣、大陸各界認同。

為此，法鼓山組成水陸法會儀軌修訂小組，由法鼓佛教學院校長惠敏法師擔任總監，副教授陳英善指導天台及華嚴的教觀，並由僧團中具備教理背景或古文編撰能力的僧眾來執筆。而儀軌的修正主要是針對儀文中許多不合時宜，或是與佛法相違背的科儀，具有道教、民間信仰的思想習俗，都加以調整與刪除，讓水陸法會正本溯源，具足教育、關懷的功能。

修訂小組比較不同版本，以目前最通行的蓮池大師版為主，同時請教了中研院學者李豐楙、咒語專家林光明等相關學者，以及佛教學院、中華佛研所師生共同研討，並藉由實際的演練，務求會本的修正可以圓滿周延。

儀軌修訂小組召集人果慨法師即指出，這是水陸法會流傳華人社會一千五百多年來的第三次修改，從民間習俗釐清，法義探索，到儀文修改，乃至壇場規畫布置，水陸法會在教界、學術界、藝術界、科技界的協助之下，跳脫傳統佛教法會的面貌。誠如聖嚴師父在新修的《水陸儀軌會本》序中所說：「這次的修訂是件大工程，也是大功德，這可以說是所有投入水陸儀軌第三次大規模修正改進的僧俗四眾之共同成就與貢獻。這項功德將與法鼓山革新之水陸法會一同流傳。」

與時俱進　寫下歷史新頁

此次的修正，簡化許多太過繁瑣的儀軌，使法會更適合現代人的修行。例如總壇佛事中的「請下堂」，整個儀軌需五、六小時，為切合生活作息，也為了法會莊嚴，水陸小組把太冗長的經文重新詮釋。小組成員常智法師指出，在「請下堂」過程中，必須召請很多橫死的孤魂，但傳統儀文中所蒐羅的大多是過去才會發生的疾病、意外，並不符合現代社會的狀況，於是在儀文中增加了現代的流行疾病，例如癌症、流感等。

自2007年法鼓山以數位牌位取代傳統燒化儀式，「變與不變」在教界產生廣大回響。對此，致力於推廣數位牌位，同時也是凌陽科技董事的施炳煌在「2009法鼓山水陸法會論壇」上，便期許大眾重視改革的趨勢；他以數位牌位為例，強調這不是標新立異，而是自然而然地演變，是一種新的學習。對此真理大學宗教文化與組織管理學系所教授張家麟表示認同，並認為數位牌位不失與會者對佛陀的禮敬，與對祖先超拔的宗教心靈需求，同時也是心靈環保的呈現。

儀式回歸內心

從水陸法會的功能來看，不論是懺悔或布施，都是從心出發。由此可知，不論是數位牌位，還是修正後的儀軌，或是「線上共修」，都是幫助修行的方便法門，強調能否一心專注，當下精進用功。

透過視訊連線，義工們於晚間在義工室參與總壇的幽冥戒共修。

聖嚴師父在1949年發表的〈論經懺佛事及其利弊〉一文中，指出「理想的佛事，絕不是買賣，應該是修持方法的實踐指導與請求指導，因為僧眾的責任，是在積極地化導，不是消極地以經懺謀生。但願我們的時代，是中國佛教史上的一個轉捩點，是一個新紀元的開始。」法鼓山的水陸法會不但賦予傳統佛事新的氣象，更是完成師父在1949年所發的大願。

歷經三年的革新，修正工作未來還要繼續，果慨法師表示，法會儀軌要隨時因應時代，持續修正，這才是負責的態度。未來，法鼓山將針對《水陸儀軌會本》補充修訂並增加註釋，讓現代人了解水陸法會的內容，方便與會者更加體會法會的殊勝；而儀軌的修正與勘印，將具有漢傳佛教義理、法鼓山理念的水陸法會推廣出去，為今日的漢傳佛教宣揚正信與正行，為後世的佛教留下歷史紀錄。

大悲心水陸法會以數位牌位取代傳統紙張牌位。

2009大悲心水陸法會各壇

總壇

藥師壇

楞嚴壇

地藏壇

華嚴壇

法華壇

淨土壇

大壇‧焰口壇

祈願壇

禪壇

● 12.17

林澄枝受邀主講「家庭倫理」
認為「關懷」是維繫倫理的關鍵

法鼓山於北投雲來寺舉辦「心六倫」專題演講，邀請實踐大學資深顧問林澄枝主講「心六倫——家庭倫理」，法鼓山園區、桃園齋明寺及台南分院同步以視訊連線聆聽，包括僧團法師、專職與義工等共有一百多人參加。

林澄枝顧問在演講中，表示認同聖嚴師父推動的「心六倫」運動，藉此提昇台灣社會的倫理道德價值觀，而「六倫」中的「家庭倫理」，是所有倫理關係中的基礎，因為在人類生活文化發展史中，家庭是人們私人生活最重要的領域，而社區則是民眾公共生活中最基本的單元，隨著社會變遷與政治經濟的發展，現今家庭所面對的問題，要比過去更為複雜。

對於如何建立和樂的家庭，共繫家庭幸福的課題，林顧問認為家庭倫理賴以維繫的關鍵要素——「關懷」，從家庭關係善意互動的脈絡，可以成就家庭倫理和品格教養，使每一位成員得以持續擴充進一步的道德思考。

● 12.18

法行會舉辦十週年晚會
發願以「護法行者」共勉

法行會於德貴學苑舉辦十週年晚會，並進行正副會長等悅眾幹部交接，方丈和尚果東法師、副住持果品法師、關懷中心副都監果器法師等到場祝福，共有兩百人參加。

晚會的主題是「願願相續　承續悲願」，方丈和尚致詞時提及法行會創

張昌邦會長（左三）向眾人介紹新任的悅眾幹部，期勉全體成員落實法鼓山理念，繼續關懷社會。

立的因緣，1999年8月21日法行會成立，隔月發生台灣921大地震，法行會成員即刻進入災區救災，發揮人性的關懷；方丈和尚並感恩法行會不只是法鼓山的智慧寶庫，同時出錢出力，共同募人、募心、募款，成就各項弘化與公益工作。果品法師則以「聖嚴師父心中的法鼓山已經建好了」，期勉法行會未來繼續傳承師父的精神，讓更多人獲得法益。

連任會長的張昌邦致詞時，首先感恩聖嚴師父多年來舉辦菁英禪三，讓來自各地、不同崗位的法行會會員，有因緣聚在一起精進共修。張會長以「不敢說

承擔，但也不輕易推開承擔」，期許會員們，繼續擔任「護法行者」，將護持法鼓山當做生命中的一項重要使命。

除了連任的張昌邦會長，洪敏弘、陳月卿、許仁壽、吳紹麟、藍福良等五位新任副會長，及新任執行長樂秀成也在晚會中正式就任。當天晚會並播放十年來法行會的活動集錦，以及師父於2000年、2007年對法行會的錄影開示影片。

晚會最後，張昌邦會長帶領全體成員發願：落實法鼓山的理念，繼續關懷社會，讓法行會未來數十年，能發揮更多、更大的貢獻。

● 12.20

信眾教育院首辦讀書會大會師
老中青帶領人分享實踐書中法寶

「讀書會大會師」舉辦，兩百多位成員參加。

信眾教育院12月20日於北投雲來寺舉辦「『當我們同在一起』心靈環保讀書會大會師」，由普化中心副都監果毅法師帶領，共有兩百多位來自台灣、香港和美國西雅圖等三十二個讀書會、兩百多位成員參加。

會場上展示聖嚴師父的所有著作，並布置各讀書會的成果海報，讓彼此觀摩交流之餘，也重溫在師父座下同飲法乳的殊勝因緣。活動首先播放師父對讀書會的開示影片，說明讀書不是為研究佛法，而是為生活實踐，提點眾人「即知即行，知多少行多少」，才是讀書的意義。

上午的課程，安排法青學員以行動劇展演聖嚴師父著作的精要，也由法鼓大學籌備處副教授楊蓓，以「一生享用不盡的書中法寶」為題，分享如何從師父著作中學會跳脫思考窠臼，走出生活與學術研究的新方向。楊蓓老師特別介紹幾本隨身攜帶閱讀的書籍，其中從《我的法門師友》一書中，看見師父與教界長老的互動傳承，讓她體認書本固然重要，但書中的理念唯有透過人與人的連結才能推廣，也藉此點出讀書會弘傳法音的任務。

下午的課程，則由各地讀書會帶領人分享在地區推動讀書會的經驗。長期協助錄稿、整理聖嚴師父「寰遊自傳」系列文稿和講經課程內容的吳果慕和姚果莊，也到場分享近身觀察師父待人處世的風範、著述寫作的精神，以及師父如何於生活當中實踐佛法的點滴，讓學員彷彿再次親炙師父的生命風采。

這場活動，是法鼓山於1995年推動心靈環保讀書會以來，首次邀集各地成員齊聚交流，希望引導學員透過大會師，相互勉勵與提攜在生活中實踐佛法的智慧。

實踐

貳【大關懷教育】

從生命初始到生命終了，
以「心靈環保」出發，
落實各階段、各層面的整體關懷，
安頓身心、圓滿人生，
實現法鼓山入世化世的菩薩願行。

持續關懷腳步
延伸關懷層面

2009年師父捨報後，大關懷教育在既有關懷層面上，
延伸至社會大眾所需的關懷生命教育，
以「心靈環保」、「心六倫」等觀念和方法，化解現實生活的困境。
由僧團法師帶領的「大悲心起‧願願相續——護法悅眾關懷行」，
透過海內外五十二場活動領眾發願，將感恩心化為報恩行；
面對南台灣八八水災嚴重災情，
依循三階段救援方針，推動「四安」重建工作；
四川賑災救援持續，援建學校、衛生所，辦青年成長營等重建工程，
是為法鼓山在中國大陸推廣生命教育與禪修的首度嘗試，
慈善關懷的延展、深化，展現了傳承與創新意涵。

本年2月，聖嚴師父圓寂，法鼓山三大教育的推動，在四眾弟子齊心合力下，秉持「提昇人的品質，建設人間淨土」的理念，繼續往前邁進。做為三大教育的一環，本年大關懷教育在信眾關懷、社會關懷、慈善關懷、災難救援等既有的關懷層面上，進一步延伸至社會大眾普遍需要的關懷生命與生命教育，引導現代人認識生命、尊重生命，運用「心靈環保」、「心五四」、「心六倫」的觀念和方法，化解現實生活的壓力與困境。

本年國內外發生多起重大天災，尤以8月間，南台灣發生八八水災造成的嚴重災情，最引世人關注。法鼓山以

「四安」救災的一貫理念與方法，依循三階段救援的方針，推動「四安」重建工作，在八八災區充分發揮安頓人心的作用。

本年大關懷教育持續穩健地推動，也讓社會大眾感受法鼓山對於理念的堅持與落實，有著代代相續的傳承，以及源源不絕的創新力量。

信眾關懷　凝聚護法弘法願心

由各地護法信眾、勸募會員與義工組成、長年致力推動三大教育的護法組織，本年邁入第三十年，這個「而立之年」也象徵法鼓山的信眾關懷，邁向「承先啟後」的新里程碑。本年

對於法鼓山鼓手們的關懷，一方面接續每年舉辦的聯誼會、成長營、巡迴關懷以及培訓課程等活動，一方面則在2009年法鼓山週年「傳薪創新，感恩發願」活動主軸上，為活動內容加入創新元素。

「心安平安·2008歲末關懷感恩分享會」舉辦，法師帶領大眾一起發願，以感恩心奉獻社會大眾。

首先，在整體護法信眾的關懷方面，本年共舉辦兩場大型活動，一場是1月3日「心安平安·2008歲末關懷感恩分享會」，一場是3月中旬至7月底「大悲心起·願願相續——護法悅眾關懷行」系列活動。

有別於2008年各區自行規畫的方式，本年「歲末感恩分享會」首度由普化中心協助統籌，以北投農禪寺為主現場，同步為法鼓山園區及全台五處分院進行視訊連線。全台五千多位護法信眾首次在不同地點、同一時間，一同觀看聖嚴師父新春開示影片、聆聽方丈和尚果東法師開示，並透過視訊畫面，互相勉勵祝福。這場跨越空間的相聚，不僅即時傳達對護法信眾的關懷，運用現代科技的方式也展現了創新意涵；此外，這場關懷也是師父住世最後一次出席護法信眾的活動，儘管只有短短一小時，卻是所有鼓手心中最珍貴的一次相聚。

本年的巡迴關懷，於聖嚴師父圓寂一個多月後展開，在方丈和尚的帶領下，法鼓山僧團繼起師父的腳步，接續展開海內外五十二場「大悲心起·願願相續——護法悅眾關懷行」。由於護法悅眾在師父圓寂佛事期間，全力協助圓滿各項佛事，僧團法師於巡懷關懷時，特別向悅眾們表達感恩；而另一方面，對師父圓寂懷抱不捨之情的護法悅眾，藉由回顧圓寂佛事的記實影像，以及僧團法師的關懷勉勵，發願將感恩心化為報恩行，再接再厲護持法鼓山。因此本年的巡迴關懷，格外令人感受法鼓山僧俗四眾對於傳薪、感恩與發願所凝聚出的巨大願力。

其次，關於各會團的關懷活動，包括教師聯誼會於海內外舉辦五場「佛曲帶動唱人才培訓」課程，以及方丈和尚4月初至法行會演講「生命的尊嚴」等；在關懷核心悅眾部分，本年舉辦了「2009正副會團長·轄召·

召委成長營」、全台七場「悅眾鼓手成長營」、「2010召委研習營」以及「2010年會團長、召委、委員授證營」等成長課程。從護法信眾、會團會眾到核心悅眾，在參與活動中，僧俗四眾凝聚了同心同願，而所有信眾經由法師引領，更層層深入法鼓山理念，益發堅定了在奉獻中修行，實踐自利利人的菩提願心。

社會關懷
四種環保深入社區校園

以推廣「心靈環保」、「禮儀環保」、「生活環保」、「自然環保」四種環保觀念，做為關懷社會大眾的方式，是大關懷教育不變的方向。在「心靈環保」、「生活環保」方面，本年「心靈環保」列車接續往年動力，透過全台各地分院、地區護法信眾的

推動，於北、中、南各區啟動系列活動，內容包含一般民眾熟悉的「心靈環保博覽會」，以寓教於樂的方式，分享法鼓山四環理念與方法，本年並鼓勵民眾將感恩、感動的故事，寫在「心安平安——你，就是力量！」打氣卡上，透過文字散播善的力量；此外，更邀請民眾加入「生活環保」的實際行動，包括：響應「節能減碳」運動，以及參與淨山、淨灘、社區清潔日等。

在落實「禮儀環保」方面，本年「佛化聯合婚禮」邁入第十四年；8月至11月在全台各地舉辦二十四場「家中寶佛化聯合祝壽」，藉由念佛祈福、親子奉茶感恩等關懷老菩薩的活動，同時倡導「家庭倫理」。至於3月至12月期間，各分院辦事處陸續開辦的「大事關懷課程」，則是繼推廣

護法總會「2009正副會團長‧轄召‧召委成長營」圓滿後，方丈和尚、僧團法師與悅眾們在祈願觀音殿前合影。

「佛化聯合奠祭」之後，法鼓山接續以系列性課程，從觀念上深化民眾對「禮儀環保」的觀念。對於一般大眾看待死亡、認識正信佛教的生死觀，具有相當正向、正面的意義。

在「自然環保」方面，本年將尊重自然生態的觀念，

全台二十四場「家中寶佛化聯合祝壽」，藉由祈福、奉茶感恩等各項關懷老菩薩的活動，倡導「家庭倫理」。

拓展到社區與校園。原生長於北海岸的台灣百合、鐵砲百合，近年在原生地已近絕跡，經法鼓山僧團法師、義工們多年悉心復育，3月份終於再回到發源地——金山獅頭山。由於復育百合有成，10月至12月，法鼓山舉辦「用心種百合‧從花看生命」校園綠美化活動，將台灣原生百合種子、種球提供給各地中小學校，共有七十二所學校加入種百合的行列，保護生態的觀念種子，也隨著百合的種植，在台灣土地上生根發芽。

慈善關懷
不斷傳送安定身心力量

慈善工作是大關懷教育重心之一，本年例行的慈善關懷活動，包括2008年底持續至1月底、2009年底展開的「法鼓山歲末大關懷」，以及提供清寒學子援助的「百年樹人獎助學金」。延續逾半世紀的歲末大關懷，本年在各地發放慰問金及民生物資外，還為受關懷者舉辦祈福法會、惜福義賣園遊會、「心六倫」戲劇演出等，以實質的支持與精神的鼓勵，讓受關懷者感受社會溫暖，重新迎接人生希望。

1999年，因台灣921地震設立的「百年樹人獎助學金」，本年正式邁入了第十年，這項慈善關懷的援助對象，從當年921災區學生，已經擴及至全台各地清寒學子。本年「百年樹人獎助學金」援助範圍，更從台灣擴及到中國大陸四川、菲律賓、斯里蘭卡等地，將慈善關懷的領域延伸得更廣、更遠。

至於因災難救援而持續的慈善關懷，除了在台灣921災區、八八災區延續「四安」力量，2008年在地震、風災中遭受巨變的中國大陸四川、緬

台北市副市長吳清基（中著西服者）與百年樹人獎助學金受獎學子於松山慈惠堂活動中心合影。

甸，以及受到2004年南亞大海嘯侵襲的斯里蘭卡、印尼，後續關懷與援助也都接續進行。

在四川安縣、北川縣，關懷工作包括：援建學校及衛生院、醫療團義診、頒發助學金，以及亟為需要的人心重建工程。1月、3月、6月，法鼓山生命教育交流團隊分別在安縣三所中小學，舉辦心理重建交流活動，協助當地救災的醫療衛生人員、教師、志願工作者紓解身心壓力，也能進一步為鄉親提供安身、安心的力量。此外，暑假期間，還為當地大專學生、國小學童舉辦暑期青年成長營、快樂兒童營，融合「心靈環保」理念與「心五四」內涵的營隊活動，讓四川學生從禪修中學習放鬆身心、淨化自我的方法，這也是法鼓山首次在大陸地區推廣生命教育及禪修活動，可說別具意義。

而在緬甸，援建的哈朗他亞第一小

10月印尼強震後，法鼓山前往災區馳援，提供民生物資，撫慰村民遭逢災變的不安。

學、丹閶綜合學校，5月初正式落成啟用，近三千位學童歡喜重回校園；在斯里蘭卡、印尼，法鼓山推動「五年救助計畫」賑災專案，6月底接續圓滿印尼海嘯兒童之家重建工程，援助斯里蘭卡清寒學子的獎助學金、醫療團服務，腳步依然持續。這些緣於災難救援的慈善關懷，串起了法鼓山跨越空間距離、文化隔閡的援助行動，讓「心靈環保」的觀念，透過各項有形、無形的重建工程，在災區持續傳送安定人心、提昇心靈的力量。

災難救援
四安救災重建災區希望

近年全球各地天災頻傳，災難救援益顯迫切。本年在災難救援工作上，於5、6月舉辦「緊急救援系統正副總指揮暨組長級教育訓練」課程，平日即為救災做好準備。5月、10月菲律賓

發生土石流、風災，8月南台灣發生八八水災，10月印尼巴東發生強震，法鼓山因應災區需求，迅速投入救援，並於累積多年的賑災經驗上，逐步推動「四安」重建，其中八八水災的救援行動，再次說明了法鼓山實踐佛法悲智精神的具體關懷。

8月8日，莫拉克颱風於南台灣傳出災情的第一時間，法鼓山即啟動緊急救援系統，展開「四安救災」，除了將生活物資迅速送抵災區民眾手中，8月12日起，僧團法師與全台各地義工分批前往嘉義、台南、高雄、屏東、台東等災區，投入第一階段「安身、安家」的清理家園行動。清理家園之際，勘災小組與醫療團隊則深入偏遠災區，了解災情並照護、慰訪居民；方丈和尚果東法師亦陸續拜會地方首長、行政院長，研商如何與政府協力，幫助災區民眾早日回歸正常生

法鼓山於緬甸援建的兩所小學，舉行落成捐贈典禮。圖為丹閶綜合學校。

活;此外,並於北、中、南、東四處分院舉辦三時繫念法會,運用宗教力量來撫慰不安的人心。

8月31日,法鼓山災區重建總體營造規畫團經過實地觀察訪談,在高雄縣六龜鄉推動社區總體營造計畫,象徵第二階段「安家、安業」工程正式啟動。9月至11月,隨著林邊、六龜、甲仙等三處安心服務站陸續啟用,第三階段長期關懷心靈的「安心」工程也隨之展開。「百年樹人獎助學金」的頒發、生命教育課程的舉辦、口述歷史訪談等等,各層面的關懷,都著眼於傷痛的紓發與化解、對未來人生重新出發,以朝重建「四安」家園方向邁步。

環顧本年的災難救援行動,聖嚴師父提出的「四安」理念,在救援過程中,不只是實際賑災的方針與步驟,也是安定人心的觀念與方法。從法鼓山救援八八水災的行動中,再次印證「四安」重建模式為災區民眾帶來的莫大關懷力量。

增添關懷領域:
關懷生命與生命教育

有鑑於現代人對安頓身心的需求,法鼓山大關懷教育的層面,也由原本的對象與範圍,逐步擴及到關懷生命、生命教育的領域。

本年2、3月間,法鼓山人文社會基金會舉辦「一手握滿了暖意」簡訊徵文,藉由現代人日常運用的手機簡訊,發送簡短的關懷文字,鼓勵處於生命低潮、生活困境的人;3月底並啟用「關懷生命專線」,由培訓一年的專業義工擔任線上服務,提供大眾傾聽、諮詢的協助;而8月至10月,台北安和分院也與台北市立聯合醫院合作,共同舉辦了四場「關懷生命講座」,為生活在都會區的現代人,提供情緒、壓力、憂鬱、失眠等正向的管理與解決方法。

由於社會大眾對心靈關懷的需求與日俱增,針對專業關懷人員的培訓也同步進行。3月中,

「法鼓山512川震獎助學金頒發」第一梯次於秀水、安縣等七所中學頒發。圖為安縣中學獲獎助學子。

八八水災後，清理家園行動不分你我，大家都出一分力，以具體行動關懷受創的台灣土地。

法鼓山慈善基金會舉辦「2008年『兒童暨青少年學習輔導專案』成果發表研討會」，由各地輔導學童的代表成員交流關懷經驗；4月至8月，邀請多位社工與心理專家，為僧團法師開辦三梯次「初階關懷課程」，分享心理諮商、悲傷輔導、關懷的態度與方法等實務經驗；9月至11月的「團體督導課程」、「助人工作者的自我照護」講座，則是進一步提昇關懷工作員的專業能力。

此外，在災難過後的地區，像中國大陸四川、南台灣八八災區，法鼓山陸續展開生命教育的推廣，來做為「四安」重建的方法之一。這些以「心靈環保」為核心，因應社會需要而推動的關懷生命與生命教育，關懷了不同角落、不同層面、不同年齡的民眾。在可見的未來，推動各項關懷生命活動，將成為大關懷教育不可或缺的領域。

多層面、多領域 落實關懷教育

近世紀以來，人類面臨了地球環境的失衡、人心的失落、生命的失序等種種不安情境，法鼓山應時所需，推動各種關懷教育，猶如扮演觀世音菩薩的千手千眼，在每一處需要溫暖的地方，注入佛法的慈悲之愛與智慧之光。不論是信眾、一般大眾、災區民眾，乃至角落裡的個人，法鼓山關懷的層面不斷延伸、擴大，這不只顯示出社會大眾對法鼓山的需要，更反映出以佛法為舟的大關懷教育，是社會向上、向善相當重要的一股助力。

● 01.02～03　03.07　04.12～13　06.01

五場心理重建交流於四川展開
法鼓山持續推動「安心」工程

生命教育活動「托水缽」單元中，民興中學學生從一開始競爭速度，到逐步學習專注、踏實地走每一步。

繼2008年11月由法鼓山組成的「生命教育交流團隊」，為中國大陸四川綿陽安縣中小學教師舉辦心理重建交流座談會後，2009年持續在川震受災地區學校推動「安心」工程，全年合計共舉辦六場心理重建交流活動，協助學員紓解身心壓力、重建希望與熱忱。僧團副住持果品法師出席各場關懷，共有逾一千人參加。

2009年1月2至3日在安縣秀水高中進行首場心理重建交流座談會，以安縣醫療衛生人員為對象，他們在災難發生當下，即投入第一線救災。座談會由台北大學社工學系副教授楊蓓主持，四位來自台灣的心理諮商專業師資與當地十三位志願者，透過大堂及小組討論方式，分享「聖嚴法師108自在語」、習唱〈我為你祝福〉、帶領法鼓八式動禪等活動，為學員提供直接的關懷與協助。

3月7日，生命教育交流團隊與安縣秀水第一中心小學共同舉辦生命教育課程，與會的八十多位學員，皆為安縣秀水鎮災區三所小學推薦的種子師資，平日肩負校園重建及升學教育的重擔。在慈基會副祕書長常法法師主持下，透過大堂課程、小組分享等方式，讓學員們在教學方法上有所啟發，體會到以愛心、耐心持久地陪伴孩子，是一種實現生命價值的方式，因為在孩童身上，看到的是另一個成長的自己。

4月12至13日，生命教育交流團隊並於什邡市什邡中學舉辦兩場心理重建交流座談會，共有兩百一十四位當地中、小學教師及鄉鎮地方官員參加。

6月1日當地兒童節當天，在安縣民興中學舉辦「有你真好‧你，就是力量！」生命教育活動，由常法法師及法青會義工帶領六百五十多位師生，藉由「把愛傳出去」、「把心拉近」、「托水缽」、「解方程式」四個主題闖關活動，提昇參與者自我認同感，並激發彼此相互支持的力量，例如在「托水缽」單元中，經過交流團隊的引導，學生從一開始競爭速度，到逐步學習專注、踏實地走每一步；也藉著「心安平安——你，就是力量！」打氣卡，寫下學習的感想與心情，表達對自己與親友的鼓勵、感恩與祝福。

四川震災一年來，法鼓山於災區除援建以「心靈環保」為境教意涵的秀水中心衛生院、秀水第一中心小學外，也規畫以「心五四」、「心六倫」為主軸的「心理重建」、「生命教育」課程與活動，協助當地民眾重建心靈的家園。未來，生命教育交流團隊將規畫每月一次的生命教育課程，定期與當地學生交流互動、培訓種子教師與志願者，期望災區民眾學習安定身心的方法。

2009年法鼓山中國大陸四川心理重建交流活動一覽表

時間	活動名稱	地點	帶領人	參與人數（約）
1月2至3日	心理重建交流座談會	安縣秀水高中	楊蓓（台北大學社工學系副教授）	120
3月7日	生命教育種子師資培訓課程	安縣秀水第一中心小學	常法法師（慈基會副祕書長）	50
4月12至13日	心理重建交流座談會	什邡中學	楊蓓（台北大學社工學系副教授）	214
6月1日	「有你真好·你，就是力量！」生命教育活動	安縣民興中學	常法法師（慈基會副祕書長）	650

● 01.03～25期間

97年度歲末大關懷溫暖全台
合計關懷一千八百餘戶家庭

慈基會97年度的「法鼓山歲末大關懷」系列活動，從2008年12月13日起陸續於北部地區及台南分院進行，中南部地區的關懷活動，則於2009年1月3日在台中分院展開，接著依序在南投安心站等六處舉辦，關懷對象包括低收入戶、失業清寒家庭、獨居老人、急難貧病者及特殊個案等一千八百餘戶。

南投安心站舉辦歲末關懷園遊會，為關懷戶送上溫暖。

各地的關懷活動，除了延續往年發放慰問金及民生物資，並為各地的關懷戶舉辦祈福法會，如法鼓山園區、北投農禪寺、高雄紫雲寺等，皆由法師帶領祈福，讓關懷戶感受佛法的慈悲、溫暖。

除了法會，各地區的關懷活動也各有特色，例如南投安心站舉辦惜福園遊會，進行義賣；紫雲寺結合「人行廣場禪公園啟用典禮」，舉辦植樹、寫生等活動，並安排紙風車劇團演出「心六倫」兒童劇。此外，南投德華寺及竹山安心站考量到當地關懷戶多半居住在偏遠、交通不便的地區，因此由該會與安心

站工作人員，親自將物資送達關懷戶家中，並慰訪居民。

這項歲末關懷活動，慈基會希望結合眾多社會資源，透過精神與物質的扶持，讓關懷戶感受到社會的溫暖，重燃人生希望，獲得心靈的平靜與淨化。

97年度「法鼓山歲末大關懷」活動一覽表

地區	舉辦時間	活動地點	活動內容	關懷地區（對象）	關懷戶數
北區	2008年12月13日	北投農禪寺	法會、表演活動、園遊會	台北縣市個案	480
	2008年12月13日	桃園齋明寺	法會、節目表演	桃園大溪、龜山、中壢、龍潭、新竹北埔低收入戶	200
	2008年12月21日	法鼓山園區	法會、節目表演	北海四鄉鎮低收入戶	285
中區	2008年12月21日至2009年1月25日	台中分院	關懷送到家	台中地區清寒、弱勢家庭	174
	2009年1月3至13日	南投德華寺	關懷送到家	埔里地區清寒、弱勢家庭	180
	2009年1月4日	南投安心站	法會、影片觀賞、園遊會	南投地區清寒、弱勢家庭	116
	2009年1月10至11日	東勢安心站	義診、園遊會	東勢地區清寒、弱勢家庭	93
	2009年1月12至17日	竹山安心站	關懷送到家	竹山、集集、鹿谷、信義、名間、水里、大里、雲林急難貧病者	84
南區	2008年12月21日	台南分院	法會、節目表演	台南地區獨居長者及低收入戶	94
	2009年1月4日	高雄紫雲寺廣場	法會、表演活動	高雄地區清寒、弱勢家庭	100
合計					1,806

● 01.03

護法總會舉辦歲末感恩分享會
全台七分院透過視訊首度感恩連線

護法總會及法鼓山各地分院首度聯合舉辦的「心安平安‧2008歲末關懷感恩分享會」，1月3日在全台各分院道場同時展開。聖嚴師父、方丈和尚果東法師、護法總會總會長陳嘉男出席北投農禪寺的主現場關懷，並透過視訊與各地的護法信眾連線、互動。包括法鼓山園區、農禪寺、桃園齋明寺、台中分院、台南分院、高雄紫雲寺、台東信行寺等七個地點，共有五千多位勸募會員、義工及專職參加。

此次活動由普化中心統籌，首次將各地整合於同一日舉辦，更透過視訊連線，讓全台護法信眾跨越空間隔閡齊聚一堂，以「隊呼」為彼此祝福、勉勵，

並一起聆聽聖嚴師父與方丈和尚的開示。

活動中，各分院同時播放聖嚴師父2009年新春的開示影片，師父揭示2009年法鼓山週年活動的主軸，並以「傳薪創新，感恩發願」勉勵護法信眾，承擔起薪傳的責任，將「心五四」、

方丈和尚蒞臨農禪寺，一一關懷與會的護法信眾。

「心六倫」等理念，一代一代地傳承下去，同時也在既有的基礎上，感恩眾緣成就今日的法鼓山，更要發願弘揚漢傳佛教。方丈和尚則期勉大眾，面對當前艱困的環境，更要用佛法來應對，為自己也為社會安心。

各地分院的活動都展現了當地的活力與特色。北部的法鼓山園區，特別安排「與法師有約」單元，讓法師與信眾面對面，分享園區終身義工的培福心得。

中部地區的台中分院，安排圍爐聯誼，由悅眾提供地方農特產當做餐點，並由義工演出客家組曲等節目。在南部地區，台南分院的分享會上，法師們以傳燈祈福，象徵薪火相傳；紫雲寺則由聖嚴書院學員演出《悲智、歡喜過生活》話劇，展現生活佛法的多元活潑。

活動最後，各地分院都以「World Café」模式，討論「師父的法語中，自己最受用的一句話」，以及「面對大環境變動，如何以法鼓山的理念幫助他人」等議題。透過小組的互動與分享，不僅拉近了彼此的距離，也讓2009年的分享會，多了「以法相聚、以法傳薪」的意義與展望。

「心安平安‧2008歲末關懷感恩分享會」一覽表

地區	舉辦地點	區域
北區	法鼓山園區	北六、北七轄區（基隆、金山、萬里、石門、三芝、宜蘭、羅東等地區）
	北投農禪寺	北一至北四轄區（大台北地區）
	桃園齋明寺	北五轄區（桃竹苗地區）
中區	台中分院	台中、豐原、中部海線、苗栗、彰化、員林、南投等地區
南區	台南分院	台南地區
	高雄紫雲寺	高雄、屏東、潮州等地區
東區	台東信行寺	花蓮、台東等地區

傳薪創新　感恩發願

1月3日「心安平安‧2008歲末關懷感恩分享會」錄影開示

◎聖嚴師父

阿彌陀佛！祝福大家：2009年健康、平安、快樂、幸福！

2009年是法鼓山成立二十週年，《人生》雜誌創刊六十年，而僧團、護法會、中華佛學研究所成立三十週年，我們有個主題叫作「傳薪創新，感恩發願」，其中「傳薪」的意思是薪火傳承、薪火相傳，就是一代一代把經驗和資源，往下傳承。

法鼓山的過去，一路延續我的師父東初老人的腳步走過來，前後已經六十年了。對此我只有感恩，感恩在過程中，所有付出心血、時間、智慧和慈悲的人，幫助法鼓山這個團體，從一無所有變成小小的「有」，從小小的「有」變成一個看似不小的「有」，這是我非常感恩的。

傳薪　是一種責任

1949年創刊的《人生》雜誌，時間最長，至今已經六十年；其次是1956年落成的中華佛教文化館。當時東初老人便是藉由文化館和《人生》，發起台灣首次的《大藏經》影印運動。在這之前，《大藏經》在台灣很稀有，在我師父號召僧俗四眾把《大正藏》正、續兩編共一百冊影印之後，一夕之間，台灣佛教界好像忽然變得有文化、有教育，而且有深度了。

這項台灣佛教史上的一大啟發、一大轉變，是誰的貢獻呢？當時參與「印藏委員會」的小組成員，主要來自政界、文化界和佛教界，如當時的行政院院長陳誠、監察院院長于右任、立法委員董正之等等，雖然他們現在都已經往生了，但我還是深深地感念他們。

東初老人抵達台灣後，買下現今北投「地熱谷」對面山坡的一小塊地，並且建了一間小房子，即是中華佛教文化館。我在文化館再次出家後，老人把《人生》的編輯工作交給我，可是我編了幾期，就到高雄美濃朝元寺閉關，而《人生》也因此停刊了。

閉關六年之後，老人還是冀望我回文化館，但接著我又去了日本。當我留學六年，完成博士學位回到台灣時，老人很歡喜，到處對人說：「我的徒弟聖嚴從日本拿到博士學位回來了！」還請了好多朋友聚一聚，宣布我回台灣了。可是在當時，我覺得如果留在台灣，不管是文化或教育事業，都談不上有什麼發展空間，因此又去了美國。

到了美國之後，老人來看過我兩次。第二次來看我，覺得我可能還是

會回來，因此，老人寫了一份遺囑，希望我回台灣承接文化館。老人往生之後，我的確回來了，回來之後，首先將文化館重建。我那時是有企圖心的，重建以後，就在這裡創辦了中華佛學研究所，成為法鼓山教育事業的起步。中華佛研所的前身，是中國文化學院中華學術院佛學研究所，在文化學院董事長張其昀過世之後，我將它遷到文化館繼續辦學，至今也三十年了。

感恩　成就法鼓山一切因緣

中華佛研所一路走來，我要感謝的人很多，特別是成一長老、方甯書教授和李志夫教授，他們給了我許多幫忙，除了找信徒護持之外，又為研究所找老師、找學生，非常辛苦。

文化館重建期間，我們開始在農禪寺舉辦禪七、佛七，並且開辦譯經院，接著農禪寺也變得不敷使用，必須擴建。在一次次擴建之後，農禪寺從原來五十坪的農舍，漸漸發展為一千坪左右的臨時建築。由於農禪寺位於關渡平原保護區，隨時可能面臨拆遷，必須另外找地，為此我們走遍全台，最後找到金山這塊地，也就是現在的法鼓山。到目前為止，法鼓山已經將近有九十甲地，主要畫分為寺院道場部分，以及法鼓山僧伽大學、中華佛研所、法鼓佛教學院和法鼓大學等教育體系部分。

有人問我，法鼓山是怎麼出現的？最初創建法鼓山的理念是什麼？我說沒有理念、沒有理由、沒有動機，純粹是因緣，讓我一步步地走下來。比如有些事不是我自己主動要做，而是由於信眾鼓勵，希望我建寺起廟，成就人們修行，如果沒有他們，我自己並沒有多大願力要開辦什麼，我唯一的願心，只是要將佛法傳播給這個世界，能做到多少就做多少。

因此，我非常感謝一路上陪我走過來的弟子、學生、朋友，還有護法居士。其中有一位台中的何周瑜芬，在我們買地時，替我們向銀行擔保，最後還是她替我們付了錢；另有一位謝淑琴，也是台中人，原本捐了一塊台中的地給我們；還有一位台北的林裕超，也捐了台北縣瑞芳的一塊地，同時也有楊正、林顯政應允為我擔保；最後我們找到金山這塊地，便把一切因緣集合起來了。這一切的一切，就像百川匯歸大海，把所有的功德、資源，全都匯歸到法鼓山來。在這整個過程中所有奉獻、護持的人，都是我的恩人，也都是法鼓山的貴人。

我是隨順因緣的，因緣成熟就去做。現在回頭來看，我感恩這一點一點的小因緣，一直把我拉到現在，成就了法鼓山這個大因緣。

創新　使佛法普及

以目前來說，「心靈環保」理念已經成為法鼓山的標竿，事實上，「心靈環保」說新不新，說舊不舊。佛教的中心思想是「心」，是從心做起、從心去開發、從心去推廣，最後成就的也是自己的心。這是佛教的根本內

容，所以說心靈環保的觀念並不新鮮，可是「心靈環保」一詞，過去從沒有人講過，因此也不陳舊。

「心靈環保」這個名詞的緣起，是1990年，中華佛研所召開第一屆中華國際佛學會議時，好幾位外國學者跟著我一起上法鼓山植樹紀念，同行的還有一些新聞記者。當中一位記者與我同車，他說：「佛教給人的感覺太守舊，觀念保守、說法陳舊，不容易引起一般人興趣。」並且問我：「佛教能不能有個新名詞、新觀念，以帶動社會的新風氣？」我說：「現在最流行的就是環保，其實佛教原來就是講環保，我們講的是『心靈環保』。」這位記者很驚喜，他說：「太好了！『心靈環保』是個新名詞，也會是一種新運動、新風氣！」就這樣，我們開始使用「心靈環保」，到目前為止，已經成為我們這個團體的一種專利標誌。

心靈環保是佛教努力的目標，不論修行、淨化人心、淨化社會、都是從「心」開始。佛教講的「心」，是慈悲心和智慧心，也是構成「心靈環保」的主要元素。

發願　將漢傳佛教發揚光大

中國佛教在二十世紀中葉以後，在中國大陸已經奄奄一息，可是卻在台灣欣欣向榮。原因是在台灣佛教徒的心中，有一份薪傳的責任感，包括當時從大陸來台的老一代和中青一代法師，都朝這個方向努力。歷經五、六十年，大家的努力沒有白費，不管在軟體、硬體方面都留下許多建樹；軟體是人才的培養，硬體是寺廟的建設，可以說在中國佛教薪傳的史頁上，我們沒有留下空白。

佛教能在台灣廣為發展，也要感謝台灣社會開放的氛圍，政府雖然不鼓勵，卻也不妨礙我們，讓我們能有多少力量就展現多少力量；也感恩當時台灣社會的和諧安定，讓我們能把佛教的影響力推廣出去。現今只要一講起中國佛教，大概不能不提台灣佛教的經驗，台灣佛教的發展與貢獻，也對中國大陸產生了影響，這是我們必須感恩的。

感恩之後要發願，如果感恩之後不發願，就無法繼續往前走。感恩是向過去緬懷，發願是對未來許願，許願在現有的基礎上，繼續向前。此時此刻的法鼓山已經有了基礎，如果我們不繼續往前走，那是前功盡棄了！

中國佛教這幾百年來的衰微，在國際上已經幾乎聽不到它的名字，聽到的都是日本佛教、西藏佛教和南傳佛教，現在我們好不容易有了基礎，也在國際社會漸漸展露漢傳佛教的能見度，就一定要發願，將漢傳佛教繼續傳播給全世界，特別是「中華禪法鼓宗」。我們法鼓山很努力，成立了獎學金、基金會、僧伽大學、佛教學院、法鼓大學等等，都是朝著這個方向發展，這是我們的願心——把漢傳佛教向世界發揚光大！

感恩諸位，祝福。

● 01.11

法鼓山舉辦第十四屆佛化聯合婚禮
六十五對新人共結幸福法緣

法鼓山第十四屆佛化聯合婚禮於1月11日上午在台北市陽明山中山樓舉行，這場名為「悲智雙運·法緣和鳴」的婚禮，共有六十五對新人參加。

婚禮由方丈和尚果東法師代表

六十五對新人共結三寶祝福的幸福法緣。

聖嚴師父擔任祝福人，並為新人授三皈依，伯仲文教基金會董事長吳伯雄擔任證婚人，永豐金融控股股份有限公司董事長何壽川伉儷、護法總會總會長陳嘉男伉儷擔任介紹人，共同祝福這場莊嚴、簡約的婚禮。

方丈和尚致詞時表示，婚姻需要夫妻雙方以正面的認知與逆向的思考共同經營，雙方要看到對方的特色而不是缺點，並以感恩心過生活，就可創造幸福快樂的人生。連續十四年擔任證婚人的吳伯雄董事長勉勵新人，雖然近來經濟不景氣，大眾的財富變少了，但財富的表徵並不只是金錢，家庭和樂、夫妻恩愛也是財富，尤其能與三寶結緣，則是最大的財富。

值得一提的是，本屆報名佛化婚禮的新人中，有一位是法鼓山第一屆兒童營隊的成員，從小接受法鼓山理念熏習，對於終身大事，也選擇與夫婿一起在佛前接受三寶的祝福，共組佛化家庭。

● 02.03～03.06

人基會「一手握滿了暖意」簡訊徵文
持續關懷生命　防治自殺

2月3日至3月6日，法鼓山人基會與中華電信股份有限公司共同舉辦「一手握滿了暖意」手機簡訊徵文活動，徵求發送給處於生命低潮、生活困境者的關懷

文字,共有近八千八百則作品參加。

　　人基會指出,近年台灣自殺人口每年逾四千人,由於企圖自殺者大多會用各種方式向親友道別,若能及時得到協助,往往可防止悲劇的產生;因此希望藉由舉辦該項手機簡訊徵文,把溫暖之情發送給需要關懷的對象。

　　法鼓山自2006年9月10日「世界自殺防治日」開始舉辦「關懷生命」健走祈福活動,並啟動「你可以不必自殺」防治自殺網站,聖嚴師父呼籲「多想兩分鐘,你可以不必自殺,還有許多活路可走」;2007年首辦「關懷生命獎」,鼓勵從事關懷生命與自殺防治的團體及個人;2008年擴大為「國際關懷生命獎」,與國際防治自殺接軌;2009年繼而舉辦簡訊徵文,邀請大眾創作簡訊,傳遞關懷。

　　該項徵文並於3月29日德貴學苑的人基會「關懷生命專線」啟用典禮中,進行頒獎。

● 03.01～12.31期間

文基會舉辦「心靈環保列車」系列活動
推廣環保理念與落實方法

　　3月1日至12月31日期間,文基會於全台各地舉辦心靈環保列車系列活動,法鼓山各分院、道場及護法會地區辦事處共同投入十四項活動,共有兩萬多人次參加。

　　2009年的環保列車活動,包含了「心靈環保」、「生活環保」、「自然環保」等三大類。在「心靈環保」方面,包括9至12月,分別於台北、桃園、高雄共舉辦四場「心靈環保博覽會」,透過藝文表演、闖關遊戲、禪修體驗等,與大眾分享法鼓山的四環理念與落實方法;其中9月6日於台北市富陽自然生態公園舉辦的心靈環保博覽會,更結合淨山、環境生態導覽、社

屏東潮州地區信眾參與心靈環保列車活動,至新生里社區進行「安心掃地禪」。

區清潔日等活動，展現地區關懷。

此外，台南分院與台南辦事處於3月10日至12月31日期間，在台南市內三處公園定時定點推廣法鼓八式動禪；並於文賢國中、德南國小以及台南市榮民之家日照中心，引領民眾體驗動禪放鬆的覺受，安定身心並獲法喜。

「生活環保」活動方面，主要在法鼓山園區及全台七處分院道場，向社會大眾推廣「節能減碳」運動與觀念，實施各項資源回收、節能減碳管理措施，並落實於辦公室環境的建構；也於北投、淡水及屏東潮州展開「安心掃地禪」活動，讓民眾在參與環保的過程中，體驗禪修的實用。

在「自然環保」方面，分別在台北縣金山鄉海岸、基隆暖暖水源步道，進行淨灘、淨山作業；以及於六堆客家文化村舉辦「鐵馬樂活行」，體驗低碳、低耗能、低污染的「三低」行動。

文基會希望藉由「心靈環保列車」的推動，宣導節能低碳的環保理念，引領民眾在日常生活中落實環保行動的實踐。

2009年文基會「心靈環保列車活動」一覽表

類型	時間	活動名稱	活動地點	人數（約）
心靈環保	3月1日至12月31日	安定身心・生活禪——法鼓八式動禪系列推廣活動	台南市文賢國中、德南國小、文南公園、巴克禮紀念公園、南門公園，台南市榮民之家日照中心	9,800（人次）
	5月10日	2009好願祈福感恩會	台北市國父紀念館西側廣場	5,000
	9月6日	「心安平安——你，就是力量！」心靈環保博覽會	台北市富陽自然生態公園	300
	9月27日	「心安平安——你，就是力量！」心靈環保博覽會	桃園市桃園藝文廣場	3,500
	10月25日	轉運、安心——心靈環保體驗	台北市文山區興德里	380
	12月13日	心靈環保博覽會	高雄市真愛碼頭廣場	1,500
生活環保	8月2日	安心掃地禪——社區清潔日推廣	北投農禪寺周邊社區	75
	9月12日	安心掃地禪——社區清潔日推廣	淡水鎮新興社區、竹圍社區	60
	9月15日	安心掃地禪——社區清潔日推廣	屏東潮州鎮新生里	25
自然環保	5月6日	牽手淨灘、美麗左岸	台北縣金山鄉豐漁海岸線	400
	7月19日	自然環保——節能減碳	屏東縣六堆客家文化村	80
	10月1至2日	馬告神木區自然生態之旅	宜蘭縣明池國家森林、馬告生態園區	40
	10月10日	淨山活動	基隆暖暖水源步道	120
	11月14日	淨灘活動	金山青年活動中心海灘	35

● 03.04～14　10.26～29

法鼓山在四川提供獎助學金
兩梯次嘉惠七百多位學子

中國大陸四川省於2008年5月發生強震，法鼓山慈基會隨即展開長期救援與重建行動，在援助秀水第一中心小學、秀水中心衛生院重建動土後，並持續推動安心工程，於3月4至14日、10月26至29日，在當地舉行兩梯次的獎助學金頒發，由救援團團長、僧團副住持果品法師，以及慈基會副祕書長常法法師、聖基會董事傅佩芳分別於什邡中學、雲西中學、安縣中學、秀水中學、綿陽中學、北川中學、平武中學、秀水一小、民興中學、雍城中學等十校主持頒發活動，共有七百多位學生受惠。

第一梯次在各校舉行的頒發儀式中，首先播放由法鼓山製作的《四川的希望》影片，提醒學子不要忘了對遇難者心懷感恩，並體會災難帶給人們的正面價值與意義。果品法師也為學生們講述聖嚴師父當年赴日留學的艱苦歷程，說明法鼓山提供獎助學金的因緣與用心。

果品法師同時鼓勵同學以發願的方式來報恩，強調發願的精神不只是利己，更重要的是要利他，利益他人的同時，也是在利益自己。法師鼓勵大家將發自內心的願，寫在發願卡上，做為鞭策自己、努力實踐的動力。

第二梯次於各校的活動中，果品法師勉勵大眾，運用「智慧」處理好自己的煩惱，以「慈悲心」關懷他人；學習區分「需要」與「想要」的差別，就能真正珍惜身邊擁有的一切。法青會義工也演出生命教育短劇，以生動活潑的方式，融入生命教育的精神與內涵，引導同學自我覺察。

除了受獎學生寫下自己的感恩及發願，出席觀禮的各校校長、教師與來賓們，也一起寫發願卡，實際體驗發願的歷程。許多校長、教師們上台分享自己發願時內心的感動，表示「從來不知道教育可以辦得這樣啟發善念、深入心靈」。

頒發獎助學金前，秀水安心站的人員並在學校老師、當地志願者的協助下，前往散居六十多個鄉鎮的學生家中，進行家庭慰訪，充分將關懷與教育具體結合起來，讓最需要幫助的學生得到更多關懷。

法鼓山「512川震獎助學金」第一梯頒發於秀水、安縣等七所中學圓滿。圖為安縣中學獲得獎助學生。

● 03.14～07.23期間

「大悲心起‧願願相續──護法悅眾關懷行」展開
凝聚四眾願心　再接再厲擊法鼓

在聖嚴師父圓寂佛事圓滿一個月之後，僧團為感恩及凝聚海內外護法悅眾持續師父的悲願，於3月14日至7月23日期間，分別在台灣舉辦四十二場、海外舉辦十場「大悲心起‧願願相續── 護法悅眾關懷行」系列

3月14日在花蓮首場關懷活動中，僧團法師參與勸募會員們的小組分享討論。

活動，方丈和尚果東法師與僧團法師親自前往海內外各地分院、辦事處，向各地區護法菩薩表達感恩與關懷，藉此凝聚團體力量，堅定步伐向前。全球共有九千多人次參加。

這一系列信眾關懷活動，延續聖嚴師父圓寂佛事之後，所推動的「大悲心起，願願相續」精神主軸，系列活動主要內容為「護法悅眾關懷行」，並同步在海內外分院道場展開長達半年的「聖嚴師父紀念展覽」，透過影片、照片、書籍，展現師父一生弘法的大悲願和艱辛歷程；期望藉由走入各地區，直接與信眾菩薩們面對面溝通、互動，深化法鼓山的理念，凝聚僧俗四眾的向心力。

在每場關懷活動中，首先透過影片讓大家回顧聖嚴師父圓寂佛事的記實影像，領受師父最後的身教，也追溯師父與護法悅眾們共同參與創建法鼓山的歷程，引導大眾回到初發心；並透過媒體的報導短片，讓悅眾們更加了解社會大眾對於法鼓山的肯定與期待。

接著，再以小組討論與大堂分享的方式，讓悅眾們彼此充分交流，分享這段期間的心得，增長學佛護法的信心。活動中也揭櫫未來的工作方向和弘法重心，除了向信眾說明聖嚴師父建設法鼓大學的理念，並勉勵大眾共同發願，以具體行動繼起師父興學的悲願。

各地區於活動最後，舉辦新任護法會委員及勸募會員授證儀式，持續為法鼓山的護法工作注入新血，也象徵法鼓山志業的薪火相傳。

「大悲心起‧願願相續──護法悅眾關懷行」全台場次一覽表

地區	活動地點	關懷地區	時間
北區	基隆精舍	基隆	3月15日
	法鼓山園區	法鼓山事業體	3月21日
	新店辦事處	新店	3月22日
	北投雲來寺	和喜自在組	3月28日
	桃園辦事處	桃園龜山	3月28日
	中壢辦事處	中壢、楊梅	3月29日
	竹科禪修園	新竹	3月29日
	海山辦事處	海山、板橋、土城、樹林、鶯歌、三峽	4月11日
	中永和辦事處	中永和	4月12日
	北投雲來寺	北投	4月12日
	松山辦事處	松山	4月12日
	北投農禪寺	石牌	4月12日
	淡水辦事處	淡水	4月12日
	北投雲來寺	士林	4月12日
	成淵高中	大同	4月18日
	德貴學苑	中正、萬華	4月18日
	士林慈弘精舍	社子	4月18日
	林口辦事處	林口	4月18日
	台北安和分院	信義、大安、南港、汐止	4月18日
	法鼓山園區	金山、萬里、三芝、石門	4月19日
	內湖辦事處	內湖	4月26日
	台北中山精舍	中山	4月26日
	三重辦事處	三重、蘆洲	5月9日
	新莊辦事處	新莊、五股、泰山	5月31日
	法鼓山園區	社會菁英共修會	6月7日
	國泰人壽活動室	文山、深坑、石碇	5月24日
中區	台中分院	台中	5月23日
	苗栗辦事處	苗栗	5月23日
	員林辦事處	員林	5月23日
	海線辦事處	中部海線（沙鹿苑裡）	5月23日
	豐原辦事處	豐原	5月30日
	彰化辦事處	彰化	5月31日
	南投辦事處	南投	5月31日
南區	屏東辦事處	屏東	4月25日
	潮州辦事處	潮州	4月25日
	高雄紫雲寺	高市北、南區	4月26日
	嘉義辦事處	嘉義	5月24日
	台南分院	台南	5月24日
東區	花蓮辦事處	花蓮	3月14日
	羅東辦事處	羅東	4月11日
	宜蘭辦事處	宜蘭	4月12日
	台東信行寺	台東	5月10日

（「大悲心起‧願願相續──護法悅眾關懷行」海外活動一覽表請見第408頁）

全球四眾佛子悲願相續

特別報導

僧團帶領護法悅眾　承續聖嚴師父大願

「老鼓手不在了，你我都是接棒的鼓手，我們要如何傳承聖嚴師父的悲願，繼續修學佛法，共同寫下法鼓山的故事？」在聖嚴師父圓寂佛事圓滿近一個月後，僧團特別規畫一系列「大悲心起‧願願相續——護法悅眾關懷行」活動，從3月14日起展開四個多月，分別在台灣北中南各地舉辦四十二場、海外舉辦十場，除了藉此感恩、關懷全球護法信眾，也為承續師父的悲願，再度凝聚眾人的願心與願力，戮力向前。

五十二場關懷行　凝聚護法願心

延續聖嚴師父圓寂佛事「大悲心起‧願願相續」的精神主軸，「護法悅眾關懷行」系列活動走入地區，直接與各地菩薩們互動與交流；方丈和尚果東法師也出席或透過網路、影片期勉大家，以大悲願心來推廣法鼓山的理念，堅持漢傳禪佛教法統，共同珍惜法鼓山這個漢傳禪佛教的重鎮。

每一場護法悅眾關懷活動，首先讓大家回顧聖嚴師父生前最後一個月與圓寂佛事的點點滴滴，一幕幕師父關懷大眾、捨報、移靈、入殮、荼毘、植存的影像，讓眾人重返每場佛事當下，再次領受師父示寂宣說的法義；當看著片中師父最後的身影時，許多悅眾都忍不住低頭拭淚。而經由媒體的報導短片，也使悅眾們更加了解社會大眾對於聖嚴師父以及法鼓山的肯定與期許。

「諸賢各自珍惜……」當

方丈和尚在成淵高中舉行的「護法悅眾關懷行」中，帶領五百多位悅眾一起誦念〈法鼓頌〉，在朗誦聲中生起弘法護法的願心。

聖嚴師父的遺言慢慢出現在螢幕上，大眾在靜默中收攝心念，隨後分成小組，分享在師父佛事期間的心得。許多人分享在師父植存當天所發下的願，諸如發願要接引百人護持「5475大願興學」，發願自己修習佛法不鬆懈，同心同願分享佛法，或是在病痛中布施歡喜及微笑、珍惜生命，發揮生命的最高價值等，這些分享往往讓參與的悅眾感動不已，彼此互勉要繼續精進用功，同修無上菩提。

活動中也透過影片，引導大眾回顧二十年來法鼓山建設的歷程，同時揭櫫未來的工作方案，並且再次向大眾說明聖嚴師父建設法鼓大學的理念，勉勵大眾共同發願護持興學，以行動繼起師父未竟的悲願。

以大悲願力　推動法鼓山的理念

活動尾聲，法師們將聖嚴師父親書的〈法鼓頌〉手稿，頒贈給每位勸募會員，並帶領大眾恭誦內容：「法鼓山啊！鼓在何處？弘法護法，就是法鼓。法鼓山啊！誰敲法鼓？你我和他，都敲法鼓……。」堅定渾厚的朗誦聲音，流露出的不僅是師父的教法、師父

海內外各地護法悅眾分組，彼此分享師父捨報圓寂以來的點滴與成長。圖為在雲來寺的活動。

對法鼓山僧俗四眾的期勉，更是護法悅眾再擊法鼓的新起點。法師們勉勵大眾發起菩提心願，接續師父的棒子，繼續敲響法鼓，讓法音宣流不息，響遍世間。

法鼓山在聖嚴師父的帶領及四眾弟子的努力下，共同成就了這一方福田。儘管師父已經捨報、老鼓手不在了，但師父開示的教法、所倡導的理念，以及所留下的軌範，已經深植在每位法鼓山信眾的心中。透過四個多月的護法悅眾關懷行，法師與悅眾們之間面對面地分享、交流，僧俗四眾的願心更加緊密地相繫；法鼓山也將以僧團為核心，帶領護法悅眾繼續為社會奉獻心力，期許在這個新起點，法鼓山的鼓手們同心同願，以法鼓山的理念為依歸，讓法鼓法音，宣流演化，持續不輟。

● 03.14～15

慈基會「兒童暨青少年學習輔導專案」成果發表
地區執行人員進行交流研討

慈基會於3月14至15日在台中東勢安心站，舉辦「2008年兒童暨青少年學習輔導專案成果發表研討會」，邀請社工師謝云洋擔任課程督導，共有全台十四個地區的四十三位悅眾與義工參加，其中包括中山區

各地區代表分組分享課輔方面的心得與經驗。

召委、文山區召委及副召委、各地區慈善組正副組長、法青會成員與大專院校同學等。

慈基會於2008年3月至2009年2月期間，在全台十四個地區執行兒童暨青少年學習輔導專案，關懷了三百六十四位學童，受益人達一萬四千六百九十一人次，為了累積這項耕耘的經驗，並使專案執行成效不斷成長，因而舉辦這次的成果發表研討會。

在研討課程中，各地區代表彼此分享有關「在地資源聯結之經驗與作法」、「新加入義工之接引與相關配套」、「教案主題之構思撰寫與執行」、「偏遠山區生命教育之關懷」等方面的心得與經驗。

會中並邀請崑山國小老師張愛嬌，以「如何與弱勢家庭孩童相處」為題進行專題演講，與學員分享教學教案，以及經由這些教案所製作的繪本。張老師並與大家分享在解說教案過程中，語言上的遣詞用字與表達原則，需更細心、具同理心，以學生可以接受的方式，簡單易懂地說明，讓學生們可以快速理解，並且在被尊重的情況下學習。

此次研討會的成果，也將成為評估未來執行專案的參考。

● 03.14～23

慈基會關懷緬甸重建進度
派團深入了解以研擬未來重點

緬甸於2008年5月發生納吉斯颶風風災，法鼓山展開長期救援。3月14至23日，由慈基會副祕書長常法法師、副總幹事鄭文烈等一行三人，代表前往緬甸關懷災後重建工作，包括勘查兩所學校重建進度、視察飲水改善計畫、驗收鑿井工程等，以了解災後重建情形。

抵達緬甸後，關懷團首先於14、15日前往仰光省哈朗他亞第一小學（Hlaing Thar Yar SoPoS 1 State Primary School）、丹閭綜合學校（Than Lyin State Middle School），實地勘查重建工程進度。團員也選定兩校紀念碑的碑文樣式及鑲嵌地點，碑文記載納吉斯風災與捐贈校舍的緣由，希望教育學童學習感念與感恩，並期許校方作育更多英才。

16至17日，常法法師等三位團員前往伊洛瓦底省的迪迪葉（Dedaye）地區斯瓢礁（Zeepyewchaung）村莊關懷受災地區民眾的情形。由於該地區面臨缺乏乾淨飲用水的困境，在經過實地了解與評估後，慈基會決定協助清理該地區約八十個村莊，共兩百口蓄水池，以利村民於6至9月雨季期間可有效儲存充沛雨水，確保一年的飲用水。

另外，慈基會援助伊洛瓦底省拉布達（Labutta）地區的十八個村落，共開鑿二十口水井，受益人次約有兩萬多人，這部分在緬甸勃固省觀音寺住持宏海法師的協助下，得以圓滿。關懷團並於18至21日前往其中十個村莊勘查水井

關懷團前往仰光省哈朗他亞第一小學實地勘查重建工程進度。

工程，並以「和敬平安」佛卡與當地民眾結緣。

而此行團員在途經各地時，均以聖嚴教育基金會出版的《聖嚴法師108自在語》精裝讀本（內含緬甸文），及緬文版「108自在語」摺頁一萬份，與當地民眾結緣，甚獲歡迎。

● 03.21

法鼓山與北觀處合作栽種百合
台灣百合重返獅頭山公園原鄉綻放

　　3月21日，法鼓山與交通部觀光局北海岸及觀音山國家風景區管理處（簡稱北觀處）合作，至金山獅頭山公園栽種一千兩百多株台灣百合及鐵砲百合球莖。栽種活動由僧團副住持果品法師帶領，共有三十多位義工及金山法鼓山社大學員參加。

　　果品法師表示，法鼓山園區復育的台灣百合與鐵砲百合，種苗是來自原生地金山獅頭山，多年來在義工努力培植下，百合已經成為園區的特色景觀；反觀北海岸一帶，近年來百合數量日益銳減，為了讓野百合能於原鄉再現花蹤，法鼓山抱持著感恩心，與北觀處合作在獅頭山公園濱海步道的兩側進行百合復育，希望讓百合回到最初的發源地。

法鼓山義工於獅頭山公園濱海步道的兩側，進行台灣百合復育。

● 03.22～12.27期間

全台展開大事關懷課程
從生死大事探討生命意義

　　3月22日至12月27日期間，為提昇各地助念團成員進行大事關懷時的服務品質，關懷院、助念團於全台各分院及護法會辦事處，共舉辦二十場「初階大事關懷課程」、十五場「進階大事關懷課程」，以及兩場梵唄培訓，由關懷院果選法師、助念團團長鄭文烈及各地區的悅眾，至各地區帶領，共有近三千兩百多人參加。

　　初階課程，主要藉由繪本故事的導讀，讓學員思考生命的意義與價值，例如導讀《一片葉子落下來》，由一片葉子的自然生態，來省思面對生命該有的態度；導讀繪本《豬奶奶說再見》，則帶領大家思考如何做好死亡的準備，並啟發學員和明天自在說再見的情操。之後，展開分組討論，學員彼此探討及分享在這些故事中所獲得的啟發，並分享個人生命中，面臨生離死別的經歷及相關

紫雲寺大事關懷課程中，學員模擬助念實況。

生死體驗。

進階課程方面，於「世俗禮儀的探討」單元，由鄭文烈團長帶領學員了解一般民間喪葬禮俗；接著由果選法師講解「佛教生死觀」，介紹佛教對死亡、因果、往生的觀念等；於「法鼓山大關懷教育的願景」單元，則藉著喪儀和佛事來分享正信的佛法與護持的觀念。

兩階段的課程中，還穿插安排由悅眾以行動劇，演出往生助念、奠祭誦念、告別式等過程，讓學員深刻體會如何進行莊嚴而簡約的「喪事與佛事」。

2009年大事關懷課程一覽表

地區	承辦地區	時間	課程
北區	北投雲來寺	5月23至24日	梵唄培訓
	基隆精舍	6月21日	初階
	海山辦事處	6月27日	初階
	新店辦事處	7月11日	初階
	士林辦事處	7月12日	初階
	新莊辦事處	7月19日	初階
	新店辦事處	8月15日	進階
	林口辦事處	8月30日	初階
	新竹辦事處	9月5日	初階
	新莊辦事處	9月6日	進階
	永和國中	10月10日	初階
	永和國中	10月18日	進階
	林口辦事處	10月25日	進階
	德貴學苑	11月1日	初階
	文山辦事處	11月8日	初階
	台北安和分院	11月14日	初階
	德貴學苑	11月15日	進階
	台北安和分院	11月21日	進階
	北投雲來寺	11月22日	進階
	北投雲來寺	12月5日	初階
	北投雲來寺	12月6日	進階
	北投雲來寺	12月7日	梵唄培訓
	桃園齋明寺	12月12日	初階
	海山辦事處	12月26日	進階

地區	承辦地區	時間	課程
中區	台中分院	7月5日	初階
	台中分院	9月20日	進階
南區	高雄紫雲寺	3月22日	初階
	高雄紫雲寺	4月19日	進階
	台南安平精舍	5月31日	初階
	台南分院	8月23日	進階
東區	花蓮辦事處	6月13日	初階
	花蓮辦事處	8月1日	進階
	宜蘭辦事處 （宜蘭市安康托兒所）	8月9日	初階
	台東信行寺	9月13日	初階
	羅東辦事處	9月27日	初階
	羅東辦事處	10月11日	進階

● 03.29

人基會「關懷生命專線」上線
提供社會大眾傾聽、協談和諮詢服務

　　法鼓山人基會開辦的「關懷生命專線——4128853」，於3月29日在德貴學苑正式上線啟動，方丈和尚果東法師、中華電信董事長呂學錦、台積電文教基金會董事張淑芬等來賓，共同出席見證；關懷中心副都監果器法師也為六十七位線上協談義工授證。當天並舉行「一手握滿了暖意」手機簡訊徵文活動頒獎典禮。

方丈和尚果東法師（左四）與李伸一（右四）、呂學錦（左三）、張淑芬（左二）等來賓，一起啟動「關懷生命專線」。

　　歷經一年的教育訓練及審查評選後，協談義工們正式接受證書，並宣讀祈願文，未來將以佛法為體、心理諮商為用，提供社會大眾傾聽、協談和諮詢的服務。

　　當天，並進行「一手握滿了暖意」手機簡訊徵文活動頒獎，此活動由人基會與中華電信合辦，自2月3日起至3月6日截止，是為了延續、推廣宣導關懷生命和防治自殺的理念，希望透過手機簡訊把溫暖和關懷發送給需要的民眾。人基會經初審和決審（決審委員包括導演吳念真、小野、柯一正、台積電文教基金會董事張淑芬、資深媒體人鄭優、中華電信基金會執行長林三元和人基會祕書

長李伸一等人）選出五名優選和十名佳作，大多出自於年輕參賽者的手筆。

評審團召集人張淑芬鼓勵他們，將充滿善念的文字付諸行動，主動關懷身邊的人，讓社會更美好。

● 04.18～05.31期間　09.19～11.29期間

十四、十五期「百年樹人獎助學金」頒發
全年共兩千八百多位學子受益

4月18日起至5月31日、9月19日至11月29日期間，慈基會於全台各地分別舉行第十四、十五期百年樹人獎助學金頒發活動，各場頒獎多展現了當地活動特色，全年合計有兩千八百一十一位學子受惠。

4月25日首場，結合世界清潔日活動，先安排民眾至台北市四獸山的虎山步道淨山，再於台北市松山慈惠堂活動中心，邀請台北市副市長吳清基、台北市政府環保局局長倪世標頒獎，為受贈助學金的學子加油。5月3日花蓮場與花蓮環保工作促進會合作，至北濱海灘周圍淨灘。5月31日新竹場次，則於新竹市海濱路「海天一線看海區音樂廣場」舉行，以「守護地球、守護愛」為主題，進行淨灘暨獎助學金頒發。三場結合淨山、淨灘的頒獎活動，讓參與民眾共同體會自然環保。

南部地區的頒發活動，4月18日、10月17日台南分院的場次，援例安排在大悲懺法會前舉行，讓學子及其家人可以得到觀世音菩薩的慈悲加被，也得到與會菩薩們的祝福，在生命中植下善的種子，進而幫助更多需要幫助的人。4月19日於高雄紫雲寺舉辦，邀請了高雄縣政府社會處處長吳麗雪、救助科科長田

慈基會於高雄紫雲寺舉行「第十四期百年樹人獎助學金」頒發典禮，受獎學子合影。

禮芳等人到場參加，期勉在學期間遭遇困境的學子，不要自我放棄，要勇於求助，持續努力便能安然度過難關。

11月7日則在即將落成啟用的三峽天南寺舉行一場獎助學金頒發活動，特別安排全體學生出坡、親自動手做環保等活動，讓孩子們學習珍惜資源，體會付出的歡喜。

此外，10月11日至11月15日期間，另有五場獎助學金頒發活動，安排於八八水災災區舉行，並結合廣達文教基金會、台北市李春金關懷基金會、板橋扶輪社、士林扶輪社等企業資源、公益團體力量，為八八水災受災地區的清寒學生，展開長期資助，共有高雄六龜、甲仙及屏東林邊、萬丹、高樹鄉各級學校九百零五名學生受惠。

● 04.29　05.19～21　08.04～05

三學院舉辦初階關懷課程
為僧團法師培養宗教師關懷力

為培養僧團法師具備宗教師應有的關懷能力與專業技巧，三學院於4月29日、5月19至21日、8月4至5日，在法鼓山園區共舉辦三梯次的初階關懷課程，共有六十五人次的法師參加；課程內容並現場連線至北投農禪寺、雲來寺，台東信行寺、高雄紫雲寺等地，讓各地法師也參與共修。

楊蓓老師於初階關懷課程中，介紹「輔導員的情緒與壓力管理」。

4月29日的課程，以輔導和諮商為主，理論與實務兼顧，邀請國軍北投醫院社工師楊美惠主講「輔導概論與諮商成功的要素」，以及東吳大學社工系教授王行主講「當事人中心輔導理論與實務技巧」。

5月19至21日進行連續三天的課程，共邀請六位講師，包括國防大學政戰學院心理及社工系副教授曾麗娟、東吳大學社工系教授王行、亞洲大學心理系教授吳秀碧、台北市八頭里仁協會理事長楊俐容，及佛教學院校長惠敏法師、關懷院果選法師等，講授心理諮商、悲傷輔導、家庭動力、關懷的態度與方法分享，以及醫學與佛教的生命關懷等主題。

8月4至5日則進行兩天的課程，邀請長庚大學助理教授蕭仁釗、法鼓大學籌

備處助理教授辜琮瑜、台北大學社工學系副教授楊蓓等分別主講「創傷後壓力症候群之處理與面對」、「走過生命的循環——談佛教的生死觀」、「輔導員的情緒與壓力管理」等。

● 05.02 06.21

慈基會舉辦緊急救援系統教育訓練
強化領導與救災專業能力

學員於紫雲寺緊急救援系統教育訓練課程中，進行分享與討論。

慈基會於5月2日、6月21日共舉辦兩場「緊急救援系統正副總指揮暨組長級教育訓練」課程，期望藉由模擬演練，強化學員的救災專業以及領導技能，共有兩百二十多人參加。

首場於高雄紫雲寺進行中、南區教育訓練課程，監院果耀法師勉勵學員要不斷學習，才能有更多能力貢獻、耕耘福田，共有近七十位來自台中、南投、嘉義、台東、台南、高雄的學員參加。第二場於北投雲來寺進行北區課程，慈基會祕書長果器法師到場關懷，並帶領學員練習「放鬆與靜坐」，期勉在緊急情況中仍不忘放鬆，讓自己的內在得到寧靜與安詳，同時將這份「安心」透過關懷傳遞給受助的對象。

兩場教育訓練課程主要內容為上午的「領導及溝通管理」，邀請台灣證券交易所總經理許仁壽主講，說明良好的領導與溝通，首要建立明確的任務目標，讓大眾能有共同依循的方向，而在溝通過程中，也要廣納各方意見，同理他人的立場與建議，再凝聚一致的共識。

為因應H1N1新型流感可能疫情，北區課程另邀請台北區感染症防治醫療網區域疫情指揮中心副指揮官璩大成，主講「認識及因應重大傳染疫病」，璩大成副指揮官指出只要做好完善的預防措施，就能以平常心因應，無須恐慌。

下午的主題是「災難應變與模擬分組演練」，邀請台大醫院急診醫學部主任石富元主講，強調救援要經過初步的需求評估，之後也應確實進行評估與分析，歸納經驗以減少系統偏差，累積救災經驗與提昇成效。石醫師並帶領進行各種急難災害的救援模擬演練。

最後的「分享與討論」，學員分組討論救援過程、救援物資、救援內容、人力動員等議題，藉由經驗交流，提昇專業救災能力。由於課程內容結合理論與實務，學員反應熱烈，也對日後的救援工作更有信心。

● 05.05～07

慈基會緬甸關懷行
主持兩所小學落成捐贈典禮

緬甸2008年5月發生納吉斯颶風風災，法鼓山展開長期救援。慈基會祕書長果器法師於2009年5月5至7日，前往緬甸進行關懷，內容包括主持兩所小學落成捐贈儀式、慰訪孤兒院等。

5至6日，果器法師分別主持由法鼓山援助興建的緬甸「哈朗他亞第一小學」（Hlaing Thar Yar SoPoS 1 State Primary School）、「丹鎮綜合學校」（Thanlyin Pyin Thaung Village State Middle School）的落成捐贈典禮，護法總會副總會長黃楚琪、慈基會副總幹事林武雄、緬甸觀音山達本禪寺從法法師，以及當地政府官員、學校師生、附近居民等，共有一千一百多人參加。

捐贈典禮上，緬甸仰光省和平與發展委員會主席溫敏（Win Myint）致詞時，特別表達感謝法鼓山於第一時間進入重災區賑災的義舉，尤其是後續的重建校舍工程能在這學期5月底開學前落成啟用，讓近三千名學童可以安心上課，最讓他感到欣慰。

果器法師除了代表方丈和尚果東法師，表達對緬甸重建地區居民的關心及祝福，並感謝台灣民眾的善心捐款以及緬甸社會福利部、教育部及仰光省和平與發展委員會，還有緬甸熱心的華僑、台商及當地法師們的協助，讓重建工程能順利完成。法師同時期勉孩童在學校重建之後，能順利完成學業，畢業後幫助社會上更多需要幫助的人。

7日，果器法師接著前往當地孤兒院及少年感化院關懷，並致贈院童書包、作業簿、鉛筆等文具用品及慰問金，由社會福利部主任祕書阿望圖凱（Aung Tun Khaing）代表接受，圓滿此行。

捐贈典禮後，果器法師與哈朗他亞第一小學師生代表合影。

● 05.15～22

法鼓山持續援助南亞災後重建
常法法師前往斯里蘭卡關懷

常法法師關懷斯里蘭卡學童，給予祝福和鼓勵。

法鼓山持續關懷南亞海嘯的災後重建工作，為進一步了解災區民眾家園、身心重建的狀況，5月15至22日，慈基金會副祕書長常法法師前往斯里蘭卡關懷，內容包括主持兩場獎助學金、學習用品的頒發典禮，以及訪視當地教育、慈善機構。

2004年南亞大海嘯發生後，法鼓山隨即投入斯里蘭卡的救災和重建工作，並成立「斯里蘭卡安心服務站」，依五年計畫，以安心、安身、安家、安業為關懷方向，協助居民重建受創的心靈。

15及17日，常法法師分別在法鼓山台灣村外的蘇里亞威瓦（Suriyawewa）新屯墾區、漢班托塔（Hambantota）台灣村頒發獎助學金及學習用品，包括台灣村村長庫馬洛（Kumaro）、官派村長威可克馬（Wickrqma）、法輪兒童基金會（Dharmachakkra Child Foundation）代表明淨法師等來賓出席協助頒發，共有三百位學童受益。學童代表以辛哈拉文表達對法鼓山的感謝，常法法師也期勉學童們懷抱著感恩惜福的心，努力用功，將來回饋社會。頒獎典禮結束後，法師並和義工前往學童家中慰訪關懷，給予祝福與鼓勵。

以五年為期的法鼓山「南亞賑災專案」，已邁入最後一個年頭。常法法師此行，還訪視了菩提心健康服務中心、法輪兒童之家及當地多處慈善、教育機構，以了解民眾的可能需求，落實後續的慈善關懷工作。

● 05.16～17

護法總會舉辦「正副會團長‧轄召‧召委成長營」
凝聚悅眾信心願力　承續師願

成立至今，已屆滿三十年的護法總會，於5月16至17日在法鼓山園區第二大樓國際宴會廳舉辦「2009正副會團長‧轄召‧召委成長營」，主題為「傳薪承擔‧心心相續」；方丈和尚果東法師、關懷中心副都監果器法師以及護法總會

總會長陳嘉男皆到場關懷勉勵，共有一百五十八位來自台灣、香港的護法悅眾參加。

首日第一堂課，由普化中心副都監果毅法師主講「慧命傳承——尋找善知識」，法師解說依止善知識對個人學佛的重要性，而聖嚴師父正是一生求法弘法、盡形壽獻生命、關心弟子成長的善知識，也讓學員了解法鼓山的傳承。下午的課程，由建設工程處處長李孟崇帶領大眾巡禮園區的建築與自然景觀，探索師父從境教建築傳達過去、現在、未來的傳承意義，引領學員體驗環保理念的落實。

晚上由僧大女眾學務規畫組組長常慧法師講授「弟子傳薪——從歷史看弟子們在宗門的角色」，解析釋尊留下的法統，經由歷代祖師、弟子們代代相傳，乃能流傳至今；法師勉勵眾人清楚掌握法鼓山的理念，實踐在生活行事中，一代一代傳承下去。

17日上午，參與聖嚴師父佛事規畫的弘化院監院果慨法師，分享「寂滅為樂的佛事精神」，法師解說每一階段的佛事內容，都是秉承師父一生簡單、透明、低調的原則，如同師父一生平實的修為；並期勉眾人都可以跟上師父弘法的腳步。下午「師徒的對話——以心印心」課程，由僧團副住持果暉法師、聖嚴教育基金會董事長施建昌、專案祕書室主任廖今榕，分享承擔師父交付任務過程中，自我的成長。

在「大堂分享」中，悅眾分成小組，在法師引導下，各組交流親近法鼓山的因緣，以及對佛法建立信心與願心的歷程。

活動最後，方丈和尚親臨開示關懷。方丈和尚表示，承擔之前要傳薪，他勉勵悅眾齊心接棒，以堅持漢傳佛教法統，發利益眾人的大悲願心。

法鼓山的護法組織護法會成立至2009年，屆滿三十年，聖嚴師父捨報圓寂之後，這場護法總會正副會團長、轄召、召委成長營的舉辦，實具有特殊意義，不僅凝聚了護法悅眾的信心願力，在護法會成立三十年之際，也讓悅眾懷抱傳薪與承擔的使命，發願推動法鼓山的理念，努力不輟。

在法師的引導下，各組悅眾互相交流自己親近法鼓山的因緣，以及對佛法建立信心與願心的歷程。

一個教育願心　開創護法路

護法組織成立三十年回顧

法鼓山推動「三大教育」的背後，由信眾們組成的護法組織，於2009年邁向第三個十年。為什麼法鼓山成立二十年，護法組織卻有三十年的歷史？聖嚴師父在2008年10月7日於北投雲來寺的精神講話中曾說明，法鼓山雖然落成二十年，但法鼓山應從中華佛研所最初創辦開始，由於當時需要有人護持經營，所以成立了護法理事組織，即護法會的前身。

法鼓20　護法30

早在1978年底，當時北投文化館、農禪寺的信眾，即組成一個理事組織，護持由聖嚴師父擔任所長的中國文化學院（文化大學前身）「中華學術院佛學研究所」。當時雖沒有勸募組織，不過師父的在家弟子，卻已展開接引親友的勸募工作。

1985年，文化學院停辦佛學研究所，聖嚴師父愷切陳詞「今日不辦教育，佛教就沒有明天！」當年的理事們全力支持另在文化館興辦「中華佛學研究所」，繼續培育佛教人才的教育事業。

1989年，因應中華佛研所、農禪寺的遷建工程，護法理事會改組為「中華佛學研究所護法理事會」，募款方式由原先的理事們定期捐款，轉成由新組織的勸募小組，向社會大眾進行募款。隨著聖嚴師父到各地弘法與關懷，全台的勸募組織，迅速發展起來；海外地區的護法組織，也自1990年起，於美國、加拿大、香港、新加坡、馬來西亞等地紛紛成立。

聚合願心願力　接續弘法步伐

隨著法鼓山的組織發展，1992年法鼓山文教基金會成立後，護法會更名「法鼓山護法會」；1996年統合了禪坐會、念佛會、助念團、義工團等護法會團，擴大為「法鼓山護法總會」。不僅負責募款，護法會也開始舉辦各項活動，透過「心靈環保博覽會」、「四安成長營」等活動，推廣「心五四」、「四種環保」等運動，接引大眾學佛護法，共同加入建設人間淨土的行列。

三十年來，護法鼓手們護持佛教教育的願心，代代相傳。2005年，法鼓山園區落成啟用後，護持遷建的任務圓滿告一段落，而護持法鼓大學的興辦，接著展開，圓滿「大願興學計畫」，成了鼓手們現階段的首要任務。鼓手們也將承續聖嚴師父的悲願，續擊法鼓，相繼不輟。

● 05.17～20　10.08～09

慈基會在菲律賓頒發獎助學金
十名學子完成學業服務社會

法鼓山持續關懷2006年菲律賓土石流山崩事件，2009年5月17至20日、10月8至9日，慈基會資源整合組主任委員曾照嵩及義工代表前往雷伊泰島（Leyte）獨魯萬市（Tacloban），進行獎助學金頒發暨心靈關懷活動，全年共有三十九人次受益。

曾照嵩主任委員（左）頒發獎學金予菲國學子。

慈基會副祕書長常法法師在活動出發前，勉勵代表團要以感恩與謙卑的心，感謝當地民眾提供服務的機會，並給予受助學子最真誠的祝福。

10月8至9日的心靈關懷活動，除頒發獎助學金，並安排學子進行繪畫與撰寫「心安平安──你，就是力量！」打氣卡的活動，藉此傳達對菲律賓災區民眾的鼓勵與關懷。出席的聖‧胡安尼克市（San Juanico）國立高中校長瑞秋‧貴那斯（Rachel Rubio Cuenas），則表示感謝法鼓山舉辦心靈關懷活動，讓師長們能從學生的分享和繪畫中，了解學子從災難創傷中心靈復原的情形。

自2006年2月菲律賓發生土石流山崩災害後，法鼓山定期於每年5月及10月提供助學金與生活補助，並提供心靈關懷予因失怙而瀕臨失學的學子，目前已協助十名學生完成大學學業，投入工作崗位、服務社會。此計畫預計進行七年。

● 06.14

南投縣長率團參訪園區
感恩921地震後持續進行安心工程

南投縣縣長李朝卿於6月14日上午，帶領兩百多位南投鄉親參訪法鼓山園區，方丈和尚果東法師全程接待，並鼓勵團員以感恩的心面對順逆因緣，用報恩心來奉獻社會，培養自己的慈悲與智慧，找回本來清淨的佛性。

由於多數團員為首次造訪，方丈和尚致詞時除了介紹法鼓山提倡三大教育的目的，說明法鼓山關懷與教育並行的特色外；並以南投地震受災為例，說明從

障礙中學會精進豁達、奮力向上，才是真正了解因緣的人，而生命中所有不圓滿處，都是修福修慧的契機。

李朝卿縣長回憶，台灣921地震發生後，法鼓山於第一時間動員救災的身影，令他印象深刻；十年來，法鼓山在南投各處的安心站，提供各項安心工程，更讓縣民感懷不已。

隨後一行人，在參學服務人員導覽下，分組參訪祈願觀音殿及大殿，並與方丈和尚共進午齋，對園區清淨的環境與美味健康的素食，留下深刻印象。

方丈和尚勉勵南投鄉親，人生旅途中所有不圓滿之處，都是修福修慧的契機。

法鼓山為了籲請民眾珍重生命，體會心安才有平安的生活價值，也參與內政部消防署南投竹山訓練中心，於9月20至21日舉辦的「921地震十週年——防災救災成果展」，展出震災後十年間，法鼓山陪伴災區民眾，踏出心理陰霾，逐步創造四安生活的珍貴紀錄。

● 06.24

印尼海嘯兒童之家宿舍落成
法鼓山南亞「五年救助計畫」捐建

法鼓山於印尼亞齊援建的「布米摩若（Bumi-Moro）海嘯兒童之家」女生宿舍及相關設施，於6月24日舉行落成捐贈典禮，由慈基會副祕書長常法法師主持，慈基會副總幹事林武雄、印尼愛心永恆基金會副會長郭奮平，以及當地軍方代表、民間組織代表，院童、老師等，共有一百多人參加。

當地軍方代表致詞時，特別感謝法鼓山多年來對院童的關懷與照顧，尤其慈基會能跨越國界種族藩籬，更能不分宗教，持續參與海嘯災後重建；感動之餘，也寄望這樣的合作能夠持續不斷。

典禮上，常法法師代表方丈和尚果東法師，表達對印尼亞齊重建地區人民的關懷，並感謝台灣民眾的善心捐款，以及印尼愛心永恆基金會、印尼留台同學會、亞齊馬德拉薩沙拉威基金會、亞齊貝薩縣布米摩若基金會、印尼穎川堂宗親會主席陳明宗等當地團體、人士的協助，同時期勉院童彼此互相關懷，也要

關懷別人，長大後進而回饋社會。

慈基會長時間關懷位於亞齊由印尼陸軍募集資金興建的「布米摩若海嘯兒童之家」失怙的孩童，得知因缺乏經費，無法改善院內空間，為收容更多孤兒，提昇院童的生活品質，因此捐助興建女生宿舍以及相關設施。

「布米摩若海嘯兒童之家」女生宿舍落成典禮，由常法法師主持。

2004年底，發生南亞大海嘯，四年多來，慈基會在印尼、斯里蘭卡推動「五年救助計畫」賑災專案，在海嘯重建區進行安身、安心、安家、安業的工作，例如重建棉蘭（Medan）「菩提學校（Maha Bodhi School）亞齊災童學生宿舍暨活動中心」，貝薩（Besar）「伊斯蘭初中（MTs Keutapang Dua）學生宿舍暨圖書館」、「布米摩若海嘯兒童之家排球場」，班度（Bantul）「杰杰蘭（Jejeran）第三小學」、「蒙多莎蘭（Mertosanan）幼稚園」等。南亞賑災專案將告一段落，慈基會仍將秉持聖嚴師父「不為自己求安樂，但願眾生得離苦」的精神，持續關懷災區民眾。

● 07.01

斯里蘭卡安站成立「角落圖書館」
鼓勵學童養成閱讀好習慣

7月1日，法鼓山斯里蘭卡安心站成立「角落圖書館」，提供學童輕鬆且富有教育意涵的課外讀物，提昇當地的閱讀風氣，豐富民眾的心靈。

斯里蘭卡的學齡孩童家庭，大多沒有餘裕可負擔閱讀用的電費及書籍費，也缺乏書籍來源。為此，安心站成立「角落圖書館」，書籍來源多由義工前往兩小時車程外的城鎮馬塔拉（Matara）購得，書籍語言涵蓋英文及當地辛哈拉文，內容以知名童話、寓言、小說為主。館內也舉辦團康活動，希望引導孩童建立獨立思考及口語表達的能力，協助重建受創的心靈。

7月1日「角落圖書館」開放第一天，由義工們說明圖書館的使用規章及獎勵卡集點活動，鼓勵學童們善加利用資源。除了圖書閱讀，每週五並舉辦「大殿

斯里蘭卡安心站成立角落圖書館,培養學童閱讀習慣。

說故事時間」或「電影播放活動」,例如3日播放動畫影片《龍貓》,影片結束後,進行電影相關問題的集點搶答遊戲,與孩童互動及分組討論,共有四十四位學童和家長參加。10日的「大殿說故事時間」,則由義工講述奇幻童話「阿拉丁」,故事後舉辦集點搶答遊戲,及學童們的獻唱活動,互動熱烈。17日播放動畫電影《泰山》,並進行心得分享,有些學童以英語陳述,充分展現表達與語文能力,當天共有三十四位學童參加。

● 07.24

川震援建第二階段工程簽約
興建安縣及北川縣幼兒園及衛生院

7月24日,法鼓山進行中國大陸川震援建第二階段工程簽約,由僧團副住持果品法師代表,於四川安縣縣政府及北川縣縣會議室,分別與安縣縣長趙迎春、北川羌族自治縣縣長經大忠,就「秀水一小宿舍及幼兒園」以及「陳家壩衛生院金鼓門診部」等工程建設,進行簽約儀式,以幫助更多災區幼童入學,並改善偏遠地區的衛生服務品質。

果品法師於致詞時指出,為了協助四川地震災區的重建,法鼓山美國護法會(DDMBA)特別募集善款,委託慈基會援建秀水一小幼兒園;法師並感恩當地政府提供法鼓山為重建付出心力的機會,也勉勵參與援助的義工們,秉持聖嚴師父「安心、安身、安家、安業」的四安理念,逐步落實災後重建的工作。

趙迎春縣長代表安縣縣民,感謝法鼓山對於該縣災後重建持續的關注與支援,並提到法鼓山的愛心已深植安縣人民的內心,期望這些愛心的種子能在安縣增長茁壯,往後安縣政府也將配合

法鼓山援建陳家壩衛生院金鼓第二門診部。

工程，盡速達成基礎的配套設施。經大忠縣長則表示，看見法鼓山盡心盡力地照顧該縣縣民，心中充滿萬分親切與感動，特別是法鼓山多次投入醫療團隊，進駐北川縣陳家壩鄉服務，更讓鄉民期待衛生院金鼓門診部能夠早日完成。

慈基會表示，除了學校及衛生院門診部的硬體援建外，對於災區民眾的心理重建，和發放貧困學生獎助學金，也將是法鼓山持續努力的方向。

● 07.27～08.28期間

暑期青年成長營於四川安站舉辦
進行心理重建與生命教育

7月27日至8月28日期間，慈基會、法青會合辦「2009暑期青年成長營」，於中國大陸四川地震災區的什邡安心站、秀水安心站等地進行六梯次活動，分別以大專、高中、國小為對象，同時進行心理重建與生命教育，共有近十位台灣青年學員參加。

暑期青年成長營課程內容主要融合「心五四運動」理念的精神與內涵，由僧團副住持果品法師、僧大學僧常澹、常啟法師，指導青年成長營學員及當地青年義工，共同為六梯次營隊活動服務。

暑期青年成長營的學員與秀水高中營學員們合影。

第一梯次活動為7月27至29日的「愛在什邡——法鼓山心靈環保體驗營」，在什邡市馬祖鎮馬祖村馬祖書院，與當地的馬祖禪文化研究會聯合舉辦，內容以禪修課程為主，這是法鼓山於大陸首次舉辦的禪修活動，也是當地首度結合佛教禪修、教育與青年交流的活動。此梯次參與成員為來自不同院校的大專青年，多為熱忱參與當地志願服務者。其中什邡市青年志願者協會會長吳志銳表示，此行最大的收穫是學習了體會生活、放鬆身心、淨化自我的觀念與方法，讓自己重新反省向來茫然的步伐，發現攀向生命高峰的方向。

第二梯次活動為8月4、5日兩天，在秀水安心站舉行的秀水高中營，活動內容以「四它」理念及禪修為主軸，透過課程、分享、討論及排演劇場等方式，帶領當地高中生反思當前的社會問題與改善之道；同時，也結合團康、藝術、

音樂、行禪、坐禪、吃飯禪等課程，提供學員動靜自在的禪修體驗。

接著於8月7至13日期間，分別在安縣秀水鎮、什邡市馬祖鎮為國小學童舉行三梯次的快樂兒童營，帶領學童進行營歌教唱、「聖嚴法師108自在語」彩繪、吃飯禪、闖關遊戲、佛典故事、夾豆鍊心、戲劇編演等活潑的活動。

僧團副住持果品法師也於活動中勉勵全體成員，以感恩的心，腳踏實地、持之以恆地服務奉獻，因為真正的快樂來自於內心的充實，而充實則是來自不斷地學習成長。法師說明，法鼓山所提供的安心服務，乃是傳遞動靜自在、身心健康的關懷與教育，更重要的是讓學員從中體會、學習到發自內心的快樂，並且活潑自在地逐步成長。

最後兩梯次為8月17至21日、8月24至26日的國小、國中課輔營，由青年成長營學員協助當地中小學生課業輔導。歷時一個月的成長營活動，讓學員們學習以感恩心，在付出奉獻中學習自我成長與提昇。

2009慈基會、法青會暑期青年成長營一覽表

活動名稱	地點	時間	合辦單位
愛在什邡——法鼓山心靈環保體驗營	什邡市馬祖書院	7月27至29日	馬祖禪文化研究會
秀水高中營	秀水安心站	8月4至5日	法青會
秀水四至六年級快樂兒童營		8月7至8日	法青會
什邡五至六年級快樂兒童營	什邡安心站	8月10至11日	法青會
什邡三至四年級快樂兒童營		8月12至13日	法青會
什邡國小課輔營		8月17至21日	法青會
什邡中學課輔營		8月24至26日	法青會

● 07.28

法鼓山獲內政部績優宗教團體表揚
佛基會、農禪寺、文化館、齋明寺受肯定

7月28日上午，內政部於台大醫院國際會議中心舉行「97年度興辦公益慈善及社會教化事業績優宗教團體」表揚大會，行政院院長劉兆玄及內政部部長廖了以親臨會場致詞，並頒獎鼓勵得獎團體。法鼓山所屬團體共有佛基會、農禪寺、文化館及齋明寺等四個單位獲得表揚，並由關懷中心副都監果器法師及齋明寺監院果啟法師代表受獎。

這次接受表揚的績優宗教團體共計兩百四十六個單位，均是在興辦公益慈善或社會教化事業上具特殊貢獻及著有績效者，經各級宗教主管機關推薦，再透過內政部宗教諮詢委員審查而產生。

法鼓山以提昇人品、建設人間淨土為理念，推廣心靈環保，所屬各單位積極

從事社會公益事業，關懷社區。如這次受表揚的四個團體，均長期投入地方公益慈善及社會教化事業，為各所在地方注入溫馨關懷，也為社會提供安心力量。

劉兆玄院長致詞時表示，台灣2009年因受金融海嘯衝擊，景氣不振，社會民心低迷，亟需仰靠宗教團體濟助。廖了以部長並鼓勵各宗教團體協助強化家庭及社會教育功能，健全每位民眾的生活環境，讓社會更安定而祥和。

果器法師代表法鼓山受獎。（左為廖了以部長）

● 07.30　08.20　09.24　12.22

斯里蘭卡安心站舉辦「外傷護理處置教育」課程
提昇當地衛教觀念與照護能力

7月30日、8月20日、9月24日及12月22日，慈基會斯里蘭卡安心站共舉辦四場「外傷護理處置教育」衛生教育課程，前三場於安心站舉行，第四場於當地台灣村外的蘇里亞威威瓦（Suriyawewa）新屯墾區進行，四場外傷護理課程共有七十多人次參加。

這項課程，由安心站義工針對村民需求而設計，皆為易懂易學的傷口護理相關課程，包括傷口的種類、急救箱的內容物介紹，及簡易的止血和包紮方法，並詳細解說和指導各項醫療耗材的功能及使用方法，如棉球、紗布、繃帶、優點藥水及藥膏等。另外，亦針對村民最常見的足部外傷治療，做現場教學，學員兩人一組，學習相互包紮。由於課程實用，民眾反應熱烈。

舉辦此系列課程，期盼能提昇村民的衛教觀念，並學習簡單的護理方法，增加自我照護及照顧家人的能力。

斯里蘭卡安心站義工為當地村民示範基礎護理的方法。

八八水患救援關懷專輯

● 08.08起

八八水災　法鼓山啟動四安救災
首先召募清理家園義工、慰訪關懷

莫拉克颱風在南台灣造成重大災情，自8月8日傳出水災災情之後，法鼓山慈基會即啟動緊急救援系統，針對受創慘重的嘉義以南各縣市及東部地區，提供急難救援。法鼓山依循聖嚴師父曾指示的救災方針，展開「四安救災」行動。

從8月8日災情一傳出，慈基會即迅速進入淹水嚴重的屏東縣林邊、佳冬及東港鄉，提供災區民眾熱食，隨後配合屏東、高雄、台南、嘉義、台東、南投等地政府單位，供應災區所需的飲食及民生物資，協助民眾安身。由於許多鄉鎮聯外道路、橋梁中斷，義工們排除萬難，並借助國軍協助乘船涉水，將物資送達民眾手中。12日起，法鼓山展開第一階段「安身、安家：清理家園」行動，

在僧團法師帶領下，義工們前往受災嚴重的屏東縣林邊鄉，協助民眾打掃淹水泥濘的家園。

由僧團都監果廣法師率領六十位法師南下，動員全台義工前往災區協助清理淹水的家園。

水災發生時，正在東南亞關懷的方丈和尚果東法師，也於第一時間致電關心，並指示救災方針。此外，法鼓山於災後製作了三部短片，包括《清理篇》、《小林村篇》、《新開部落篇》，呈現災區受創的景況，呼籲大家共同加入清潔家園的行列，也為災難注入安定的力量。

● 08.08～31

高雄地區深入六龜、甲仙救援
設立兩處安心站　長期重建

莫拉克颱風後，為支援八八水災賑災，法鼓山在大高雄地區以紫雲寺為救災基地，8月8日即主動聯繫小港、美濃、大寮鄉公所關懷災情。9日，湖內鄉傳出六千人受困，紫雲寺立刻支援便當和飲水。隨著清理家園的安家行動，高雄

地區義工首先前往屏東縣支援清理家園，14日起，也前往旗山鎮等地展開清掃。

由於六龜鄉、甲仙鄉等山區鄉鎮遭受重創，法鼓山分別於15日及21日在六龜鄉公所旁及甲仙鄉龍鳳寺成立臨時安心站，並與高雄醫學大學附設醫院合作，每天提供健檢及診療。自18日起，慰訪關懷的腳步持續前進至甲仙鄉、旗山鎮的受災村里。

土石流和洪水造成高雄縣旗山鎮社區民宅滿地的泥濘、髒亂，僧團法師與義工們捲起袖子協助清理家園。

23日，慈基會首度至災後交通完全中斷的六龜鄉寶來村，成為首梯進入寶來村慰訪的團體之一；並於寶來村展開義診，分發慰問金，逐一了解村民的需求，以便長期輔導關懷。

關懷中心法師與救援義工也於23日前往六龜鄉新開部落，於國軍開挖三十二位失蹤或罹難者遺體的同時，誦經文與助念；接著於24日前往寶來村，慰問受災戶及為罹難者助念。

至8月底，共徵調三梯次慰訪團進入六龜鄉，前往各村及安置中心展開逐戶慰訪關懷、發放民生物資，並依受災情況致贈慰問金。

● 08.08起

屏東地區動員上千人次義工
林邊設臨時安站　提供長期關懷

莫拉克颱風過後，位於台灣最南端的屏東縣，以林邊鄉、佳冬鄉、新埤鄉及潮州鎮部分地區淹水至一層樓高、近萬人受困，災情最為嚴重。慈基會動員南部義工緊急運送各種民生物資至各災區，於8月8至10日止，慈基會共動員義工上千人次進駐屏東縣佳冬、東港、高樹、林邊、萬丹五個鄉鎮。

12日起，隨著第一階段「安身、安家：清理家園」行動展開，由僧團法師帶領的義工團隊，分批在林邊鄉田厝村、仁和村、光林村及佳冬鄉等地，進行家園的清理工作。以八人一組清理一戶的方式，協助當地民宅恢復居家環境整潔。其中佳冬鄉的積泥十分嚴重，法鼓山於15、16日兩天，緊急增調台北市、北縣三重市、桃園林口的數百位義工，趕赴當地支援。法師們另組成勘災小隊，深入鄰近災區，了解災區民眾的需求；並緊急將兩千四百支蠟燭以及其他

民生物資，送至斷電近四天的林邊鄉。

另外，慈基會也在田厝村神農宮旁設置醫療服務站，由三位高雄醫學院附設醫院的醫師及三位護理義工進行簡易的內、外科及皮膚醫療等服務。14日起，慈基會更全面投入更多人次的義工，在佳冬鄉、林邊鄉與高樹鄉等地進行環境清潔和疫病防治工作。

法鼓山救援團隊並依據鄉公所提供的低收入戶及各安置中心的名單，展開關懷慰訪。20日起，慈基會前往林邊鄉、霧台鄉、三地門鄉等地關懷及發放慰問金。除了受災戶，慰訪人員也前往義大醫院關懷過勞中風的救災人員，感恩他們無私的奉獻。

為提供更多救援、慰訪服務，9月9日，慈基會於林邊中正路設立臨時安心站，方丈和尚果東法師也親往關懷。

● 08.08起

台南地區持續供應熱食、飲水
至各鄉鎮安置中心慰訪關懷

莫拉克颱風後，造成台南縣、市嚴重受創，尤其沿海低窪地區積水不退，多數居民皆被緊急撤離，安置於鄉鎮公所或學校等地。8月8日一早，台南分院即聯繫台南各地區信眾，前往各地關懷並了解災情，同時動員義工協助清理淹水的安平精舍。

9日接獲水患災情回報後，台南分院旋即提供饅頭、碗粿、炒麵等熱食與飲用水給七股、佳里地區受困民眾；每日更製作上千個飯糰，供縣政府發放給災區居民。

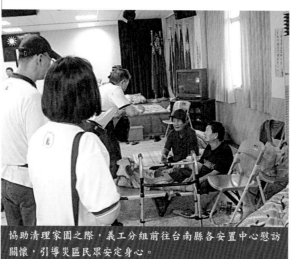

協助清理家園之際，義工分組前往台南縣各安置中心慰訪關懷，引導災區民眾安定身心。

10日起，台南地區的義工偕同北部前來支援的第一批義工，隨著國軍戰車進入災區，分組前往七股、白河、麻豆、學甲、善化、大內、北門、西港、安定等鄉鎮，除協助清理民宅、圖書館、療養院、寺廟、街道等，也至各鄉鎮的安置中心進行慰訪關懷，並安排助念關懷，為罹難者家屬安定身心。

● 08.09起

嘉義地區為受困民眾解危
協助縣政府展開救災

莫拉克颱風後，8月9日上午，法鼓山接獲嘉義縣政府請求支援的電話，嘉義地區義工隨即啟動救援，偕同消防人員前往民雄鄉大崎村、秀林村等淹水地區，提供受困民眾包子、便當及飲用水。

除了持續供應熱食、飲水外，待嘉義市、民雄鄉等地區積水退去後，義工協助民眾清理家園。自8月12日起，陸續提供泡麵、罐頭、奶粉、麵條、睡袋、棉被等物資給縣政府，空投至

嘉義地區的信眾於第一時間提供便當、熱食及飲用水給民雄鄉受困居民。

梅山、竹崎等對外交通中斷的山區，同時也多次前往中信飯店、朴子配天宮等安置中心慰訪，關懷梅山鄉太和部落、阿里山鄉特富野部落的獲救民眾。

嘉義地區的義工們除了傾力協助縣政府的救災行動，8月14日起連續五天，每天並支援台南分院、白河辦事處製作上千個飯糰，運送給台南縣政府供應災區民眾。各地湧入的義工，不僅發揮了互助合作的精神，也將心安的力量源源不絕地傳遞出去。

● 08.10起

台東地區與縣府合作救災
信行寺舉辦三時繫念法會

莫拉克颱風造成嚴重災情，台東地區太麻里鄉以南多個山區部落，因交通中斷，僅能以空投或流籠方式傳送物資，8月10日，台東信行寺獲知災區民眾的需求後，旋即提供奶粉、罐頭、礦泉水等民生必需品，至台東縣政府救災中心，統籌分配給民眾；同時動員義工與縣府救災團隊一起運送物資至達仁鄉土坂村。

信行寺於13日與慈基會聯繫，緊急調度嬰幼兒用品及民生必需品等物資，由義工協力包裝、運送至台東縣政府救災中心，由縣府協助空投或以流籠方式傳送給太麻里以南數個山區部落。而台東另一重大災區知本於13日上午搶通後，

信行寺監院果密法師一行,前往台東縣金峰鄉介達國小及嘉蘭村活動中心關懷災區民眾,致贈慰問金與「聖嚴法師108自在語」。

信行寺法師與義工也立刻進入,慰訪當地居民。

除了物資補給,災後清理及慰訪也跟著啟動。信行寺法師率領台東地區慰訪義工進入受災較為嚴重的太麻里鄉、金峰鄉介達國小、嘉蘭村活動中心,了解物資需求並表達關懷;同時也至大武鄉大武國中、大鳥部落協助清理家園。

此外,信行寺在東部地區道路疏通之後,於8月23日舉辦了一場三時繫念法會,迴向災區民眾。

● 08.14～16　09.04～10

佛教學院師生救援八八水災
實地奉獻、體現悲智精神

莫拉克颱風在南台灣造成嚴重災情,佛教學院師生組成救災小組,在校長惠敏法師帶領下,分別於8月14日、9月4日隨同慈基會南下救災,透過實際的參與服務,體現了人飢己飢、人溺己溺的精神。

參與救災服務期間,8月14日起三天,教職員及師生進入屏東縣林邊鄉的仁和、田厝二村,以及高雄縣旗山鎮,協助災區民眾清理家園。9月4至10日,十多位教職員及師生再次組隊分兩梯次,進入受創最嚴重的高雄縣六龜鄉,協助六龜鄉公所逐戶進行問卷調查,完成新發村、中興村等村落的受損統計與災後

惠敏法師帶領佛教學院教職員、學生們,投入清理家園的行動。

需求調查,同時協助告知民眾現有的各項災後補助措施,為下一階段的家園重建計畫建立完善的基礎資訊。

因應八八水災,佛教學院特別成立「八八水災救援專案」推動小組,一方面配合法鼓山體系的救援行動,另一方面也規畫將整體災後重建、救援工作的紀錄與經驗,納入碩士班「社會參與與人道救援」的行門課程,以及學

士班的服務學習，藉由實地的參與及奉獻，讓學生結合學術研究與實踐修行，長養自利利他的菩提種子。

● 08.15

人基會參與中廣「為愛把脈，為家找愛」晚會
為台灣祈福、為災區打氣

8月15日，法鼓山應邀參加中國廣播公司於台北市政府廣場舉辦的「為愛把脈，為家找愛」晚會，由僧團副住持果暉法師、人基會祕書長李伸一代表出席為台灣祈福，人基會並在活動會場義賣〈把心拉近〉單曲CD和T恤，所得捐助八八水災受災地區民眾。

此晚會由中廣《四神湯》節目舉辦，晚會上，果暉法

「為愛把脈，為家找愛」晚會上，果暉法師（前）、李伸一祕書長（右二）與參加活動民眾一起為台灣祈福。

師和李伸一祕書長共同為台灣祈福，祈願八八水災對台灣的重創盡速遠離，每個人攜手同心重建家園。主辦單位並準備了兩千張打氣卡，許多民眾在打氣卡上，寫下對災區民眾的慰問，發揮「心安平安——你，就是力量！」的關懷與祝福。

祈福儀式之後，人基會安排「把心拉近」演唱和表演節目，希望透過節目，表達對災區的祝福，並為台灣加油，讓世界更美好。

● 08.15　08.23

北、中、南、東四地舉辦三時繫念法會
為災區罹難者超薦祈福

八八水災後，法鼓山於8月15日下午三點，在北投農禪寺、台中分院、高雄紫雲寺同步進行「心安平安三時繫念——八八水災罹難超度及受災祈福法會」；台東信行寺也在東部地區道路疏通後，於23日舉辦三時繫念法會，迴向受難民眾。全台共計有兩千餘名來自北、中、南各地信眾參加這項法會。

8月15日，北、中、南三地同時舉辦三時繫念法會，五百多位信眾齊聚高雄紫雲寺，祈願透過佛法安定人心，並匯聚各界的善心願力。

位於南台灣的紫雲寺，是這次法會的主場，由僧團都監果廣法師代表方丈和尚果東法師，前往關懷南部信眾。法會開始前，果廣法師為大眾開示表示，法鼓山這次的救災行動，遵循著聖嚴師父過去指示的「四安」方針，首先是協助災區居民整理家園；清理家園後，接著進行撫慰人心的工作，希望透過佛法的力量，陪伴、協助民眾度過難關。

法會全程共七個多小時，信眾們懷著虔誠的心，為此次風災受難者祈福，並匯聚全台各地共同的善心，這四場法會所得，全部捐作賑災之用。

● 08.16

東初禪寺舉辦大悲懺祈福法會
迴向八八水災災區民眾與罹難者

莫拉克颱風帶來嚴重的八八水災，透過媒體的傳播，也讓全球共同感受災區民眾的苦難與處境，自8月9日起，美國紐約東初禪寺與台灣的法鼓山體系各單位，同步進行一系列關心八八水災的活動，除了募款，也在每週的念佛共修中，為災區民眾念佛祈福，並於8月16日下午進行一場「八八水災大悲懺祈福法會」。

東初禪寺舉辦大悲懺法會，為八八水災罹難者及災區民眾祈福。

這項法會，有近百位東、西方信眾參加，其中有一位未曾到過台灣的波蘭籍信眾，也到場參加法會。在法師帶領下，參與法會的信眾專心念佛，虔誠祝福災區民眾能夠心安，罹難者早日往生西方極樂淨土；與會者同時感恩為大眾受苦受難的大菩薩，希望能盡一己之力，為災區民眾提供幫助。

08.18～19　08.27

方丈和尚赴八八水災災區關懷
與政府首長共同研商重建規畫

　　方丈和尚果東法師結束東南亞弘法行返台後，隨即前往北投雲來寺聽取法鼓山救援團隊針對八八水災的緊急救援報告，並於8月18日南下關懷災區，赴高雄縣六龜鄉、屏東縣林邊鄉等地，與慈基會第二梯次慰訪團展開慰訪。

　　方丈和尚於18、19日連續兩天，至六龜、林邊的臨時安心站關懷民眾，並發放慰問金，傳遞社會各界對災區的關懷。方丈和尚隨後拜會高雄縣縣長楊秋興、六龜鄉鄉長林俊傑等地方首長，共同研商讓災區民眾回歸「四安」生活的重建規畫事宜。

　　在六龜鄉慰訪時，有災區民眾緊握著方丈和尚的雙手，表示面對家園破碎，至親罹難，一無所有，內心感到空虛與徬徨。林俊傑鄉長也透露鄉民們逐漸湧現集體悲傷、恐慌的情緒，甚至產生尋短的念頭，希望法鼓山能夠提供更多心靈上的幫助。

方丈和尚拜會楊秋興縣長，研商重建規畫事宜。

　　方丈和尚表示法鼓山為災區所做的後續救援工作，將以心靈重建為主，並勉勵民眾在災難過後別讓自己陷入負面的情緒中，想到還有一口呼吸在，就有無限的希望，就是最大的財富；此外也要互相勉勵，提起精神，並積極幫助別人、關懷別人，意志才不會消沉。

　　同時，方丈和尚呼籲社會大眾藉著此次災難，深刻體會人與人、人與環境都是生命共同體，也鼓勵海內外的全體信眾，秉持人饑己饑、人溺己溺的精神，共同為災區重建盡一分心力。

　　8月27日下午，行政院院長劉兆玄並親臨台北安和分院，與方丈和尚就八八水災災後心靈重建工作，做了短暫的會面，期盼法鼓山及各宗教界領袖都能協助政府，持續發揮安定人心的力量，讓八八水災的災後重建，不論在硬體住宅設施上，或是心理撫慰成效上，都能更為圓滿。

● 08.21起

萬份「法鼓平安包」逐戶發放
分享四安　安頓民眾身心

法師逐戶發給民眾「法鼓平安包」，表達誠摯的關懷。

一般在災難過後的數週之內，災區民眾及第一線救援人員在身體上、心理上均容易出現外傷、皮膚疾病及精神壓力。因此法鼓山於八八水災後，即趕製一萬份「法鼓平安包」，自8月21日起由慈基會慰訪人員送到災區民眾及第一線救援人員的手中。

「法鼓平安包」內容包括個人清潔及居家消毒用品、《心安平安手冊》以及〈平安處方箋〉等，既能預防皮膚方面等傳染疾病，也可藉由閱讀手冊中聖嚴師父的法語，以及所教授的「法鼓八式動禪」放鬆身心，走出災後的心靈創傷，撫慰自己與周遭親友困頓不安的心，獲得內心的平靜。

除了分送「法鼓平安包」，救援團隊也逐戶慰訪災區民眾，詳細記錄其災後生活所需，以戶為單位發放所欠缺的物資與救急金，也給予老弱貧困者從優補助，並達到物資不浪費、救援不重疊的工作目標。

● 08.22

甲仙臨時安心站設立
高醫醫護人員協助義診

為援助八八水災受災地區重建，法鼓山救援團隊於8月22日上午，進駐高雄縣甲仙鄉龍鳳寺災民安置中心，設立臨時安心站，於每日上午九點到下午五點，邀請高雄醫學院附設醫院的四位醫護人員，為三百多位災區民眾義診，提供生活所需，並進

甲仙臨時安站為災區重建奉獻心力。

入山區逐戶慰訪。

由於道路柔腸寸斷，慈基會副祕書長常法法師表示，由於住戶的距離都很遙遠，讓慰訪工作倍感艱辛，但當受困已久、急待救助的民眾獲得協助時，內心感動不可言喻。

法鼓山也在關懷慰問之後，盡速協調各地義工前來協助清理家園。在物資需求方面，法鼓山得知六龜鄉許多飲用及灌溉用水管都已斷損，嚴重影響居民健康及經濟生活，常法法師特別籲請擁有相關資源的愛心人士，能夠投入救援與關懷，為災區長期的家園重建奉獻心力。

● 08.30

高雄縣各宗教聯合祝禱大會
近萬人不分信仰為八八水災祈福

由高雄縣政府主辦，高雄縣佛教會、高雄縣各宗教團體聯合協辦的「八八水災高雄縣各宗教聯合祈福祝禱大會」，8月30日在高雄縣衛武營藝術文化中心舉行，包括佛光山創辦人星雲法師、天主教台灣區主教團樞機主教單國璽，以及慈濟、一貫道等

高雄縣各宗教代表聯合為八八水災祈福祝禱。

各大宗教團體領袖皆與會參加，法鼓山也由僧團副住持果暉法師領眾代表前往，共有近萬人參與。

八八水災發生後，全台各宗教團體皆發動義工群於第一時間深入災區，提供民眾各項援助與關懷。這次由宗教團體聯合舉辦祈福大會，更獲得高縣政府全力支持，包括高雄縣縣長楊秋興、高雄市市長陳菊、國民黨副主席吳敦義及民進黨主席蔡英文，皆出席這場祈福法會。

此次各宗教團體儘管信仰不同，仍為八八水災的災區民眾齊聚一堂。單國璽樞機主教指出，這場祈福大會是「不分宗教、不分種族、不分國籍」，人人皆為了八八水災共同祝禱，希望所有災區民眾能夠「迎向未來，重建家園」。會中，果暉法師帶領法鼓山法師共同持誦觀世音菩薩聖號，全場莊嚴肅穆，眾人合十齊念，希望能超度罹難者的亡靈，撫慰災區民眾的心靈。

● 08.30

法鼓山啟動六龜鄉總體營造計畫
邀請專家與居民研擬重建藍圖

果廣法師（前）帶領規畫團成員在新開部落，為罹難者誦經祈福。

針對八八水災的救援工作，8月底法鼓山進入「安家、安業」的重建規畫階段。30日，法鼓山災區重建總體營造規畫團成員前往高雄縣六龜鄉，與當地自救會成員做面對面的溝通；透過專家學者的實地觀察與訪談，兼顧專業與災區民眾的生活需求，盼能達成重建共識，為六龜鄉重建美好家園。

法鼓山這次邀集多位長期從事社區總體營造的學者專家，包括前台北市都市發展局局長許志堅、中原大學景觀系主任喻肇青、台北科技大學建築系暨建築與都市設計研究所所長胥直強、台灣歷史資源經理學會建築師呂大吉、建築師施邦興，以及高苑科技大學文化創意產業研究中心主任簡文敏等。這些成員皆具備有台灣921地震災後重建的長期經驗，希望以專業的思維，搭配災區民眾的需求與對自己家園的想法，為災區提出重建的建議方案。

八八水災災區重建總體營造規畫團，於30日由僧團都監果廣法師率領，首先前往六龜鄉舊潭村勘災，並前往新發村新開部落勘查，也為該部落往生者誦念《心經》迴向。

勘查行程結束後，規畫團團員與六龜鄉代表會主席潘星貝等地方代表進行意見交流，聽取地方居民的建議與需求，以利未來重建規畫的考量。

● 08.31

為六龜鄉建置基礎需求資訊
以為重建規畫的依據

針對八八水災後續救援，法鼓山災區重建總體營造規畫團與高雄縣六龜鄉各村村長及社區意見領袖，於8月31日進行重建說明與討論會議，在傾聽當地民

眾的建議與需求後,法鼓山將從受災地區的基礎需求資訊建置做起,並廣邀各界團體的參與整合,以達到「四安」救災重建的目標。

會議中,中原大學景觀系系主任喻肇青首先以台灣921中寮重建整體

六龜鄉民眾在重建說明與討論會議中,充分發表各自的想法。

營造計畫的成果做展示,說明內容以詳實的田野調查為基礎,了解、整合災區民眾的需求與意見;在此重建規畫中設計「鄉親報」刊物,做為凝聚社區向心力與共識的工具。喻教授建議,六龜鄉也可以開辦類似刊物,以為日後與居民重建溝通的媒介。

由於各方意見和支援重建的方案很多,六龜鄉觀光課希望能整合各界資源,避免重複與浪費;因此法鼓山災區重建總體營造規畫團計畫將以先前的慰訪資訊為基礎,再設計基礎需求資訊調查表,並重新整理慰訪資訊,讓受災戶的需求、受災情況及申請補助項目等資訊更為清楚,之後交由六龜鄉公所運用,以為重建規畫的依據。

● 09.12

美佛會張維光拜會方丈和尚
代表捐款賑濟台灣八八水災

台灣八八水災災情發生後,旅美僑胞紛紛慷慨解囊。9月12日,美國佛教會及同淨蘭若董事張維光,前來法鼓山園區拜會方丈和尚果東法師,並帶來美佛會及同淨蘭若捐款,做為法鼓山賑災之用。方丈和尚代表法鼓山感謝旅美僑胞的善心義舉及對法鼓山的信任。

張維光說明,台灣八八水災消息傳至美國,同淨蘭若住持仁俊長老至為關切,率先捐款數千美元。莊嚴寺住持法耀法師則帶著信眾在街頭為八八水災募款,此次美佛會的捐款主要來自法耀法師的募款;並表示未來美佛會和同淨蘭若將持續把募得的善款,透過法鼓山,援助八八水災災區民眾。

● 09.21

法鼓山參與教育部援助災區校園復校
與紅十字會、中油共同認養南投隆華國小

吳清基部長（右起）、果器法師、陳士魁祕書長、許栢松副總
經理共同簽署認養南投縣隆華國小校園重建計畫。

法鼓山持續進行八八水災災後重建，於9月21日與中華民國紅十字會總會、台灣中油股份有限公司等認養單位，出席於教育部舉行的「莫拉克颱風民間認養校園重建簽約儀式」，與教育部部長吳清基、南投縣政府代表簽訂契約，認養南投縣信義鄉隆華國小遷校重建案，將為師生重建一座兼具綠能環保與地方特色的校園。法鼓山由慈基會祕書長果器法師代表簽定。

吳清基部長在典禮中，代表所有家長、學生向災後伸出援手的企業界、慈善、宗教團體致謝，感恩社會同心協力幫助孩子返回安心的學習園地；並希望協助復校的民間團體，能以「安全」為優先考量，在方便校園維護和綠能環保建築的原則下，融入當地文化與學校特色，讓家園重建和校園重建合為一體。

對於教育部的建議，法鼓山、紅十字會以及台灣中油三個認養團體都表示十分認同。紅十字會祕書長陳士魁、台灣中油副總經理許栢松在代表民間團體致詞時，表示基於過去與法鼓山的良好默契，不僅秉持的重建態度是要迅速，更要細膩、高品質；果器法師表示，法鼓山在重建災區上的一貫作法就是與大自然結合，在中油和紅十字會的協助下，將為隆華國小重建一結合綠能科技，並蘊含心靈、禮儀、生活、自然四種環保的綠建築。

簽約儀式圓滿後，隆華國小校長陳文源代表致贈由全校師生簽名的感謝信函，感恩認養單位，讓他們獲得新生的希望與信心。果器法師同時也以《聖嚴法師108自在語》一書，與其他參與校園重建的團體代表結緣，期望所有校園師生皆獲心安平安的力量。

除法鼓山、紅十字會以及台灣中油等相關單位，參與「莫拉克颱風民間認養校園重建簽約儀式」的民間團體，另有明基友達文教基金會、TVBS關懷台灣文教基金會、台達電子文教基金會、台塑關係企業、張榮發基金會、文心建設股份有限公司等六個團體，參與認養屏東縣泰武國小、台東縣嘉蘭國小等全台十四所中、小學校。

● 09.27

林邊安站成立、六龜安站灑淨啟用
展開長期心靈重建工程

　　法鼓山八八水災救援展開第二階段，於屏東縣林邊鄉、高雄縣六龜鄉成立安心站，展開長期心靈重建工程。其中，林邊安心站於9月9日啟用，六龜安心站則於27日舉行灑淨儀式，由慈基會祕書長果器法師主法，共有九十多人參加。

　　灑淨儀式中，果器法師帶領眾人持誦〈大悲咒〉，逐層灑淨。法師開示時表示，人類如何對待環境，環境就有相同的回應；法師勉勵大眾，從八八水患災難中，切實反省、改正觀念，少欲知足，並感恩安心站原屋主提供場地，讓善的力量可以散播出去。

　　下午由果器法師、常法法師等帶領義工拜訪安心站周邊住戶，分送「聖嚴法師108自在語」等結緣品，表達慰訪關懷之意。

　　六龜安心站灑淨後，於10月11日正式啟用。未來，法鼓山將以各安心站為據點，開辦心五四生命教育師資培訓課程、學生課輔、社區學苑等，並結合政府及民間團體，舉辦各種安心講座、心靈工作坊等活動，發揮長期關懷功能。

● 10.11　10.17　10.25　10.31　11.15

百年樹人獎助學金於高屏災區頒發
結合公益團體守護八八受災學子就學路

　　法鼓山結合企業資源、公益團體力量，長期資助八八水災災區清寒學生，10月11日至11月15日期間，分別前往高雄六龜、屏東災區舉辦五場「百年樹人獎助學金」頒獎典禮，共有九百零五名高雄六龜、甲仙及屏東林邊、萬丹、高樹鄉各級學校學生受惠。

　　首場典禮於10月11日在高雄縣六龜高中舉行，由慈基會祕書長果器法師、副祕書長常法法師與廣達文教基金會執行長楊秀月等，為六龜地區三百四十五名學生頒發獎助學金，包括高雄縣教育處代處長李黛華，以及六龜高中和六所國小的校長均到場祝福。

　　果器法師致詞時，感謝各界協助

10月11日，八八水災受災地區首場百年樹人獎助學金頒發在六龜高中舉行。（後排左起為楊秀月執行長、果器法師、李黛華代處長）

法鼓山進行救災重建工作，法鼓山將推動結合關懷與教育的安心行動，從教育著手，讓淨化人心的工作從小扎根，進而淨化社會。

楊秀月執行長則代表廣達集團員工捐出千萬元的善款，透過與法鼓山合作，幫助災區學生順利完成學業。李黛華代處長則期勉受獎學生，要懂得感恩惜福，日後更要回饋社會，把善念傳揚出去，幫助需要幫助的人。

頒獎典禮結合「關懷生命教育」的親子活動，安排太鼓表演、歌曲帶動唱以及闖關遊戲，讓學子透過法鼓八式動禪、「心六倫」創意書籤製作、〈我為你祝福〉手語歌教唱等單元，體驗「心安平安」的意涵。

在屏東地區，法鼓山結合台北市李春金關懷基金會、板橋扶輪社、士林扶輪社等團體，在10月17日、25日及31日，分別於屏東林邊國小、萬丹國中及高樹國中舉行頒獎典禮，三鄉鎮共有五百零七位學生受獎。典禮中，當地學童帶來各式才藝表演，包括舞獅、樂器演奏和客家歌謠演唱等，充分展現在地特色。

最後一場頒獎典禮於11月15日在高雄縣甲仙國小舉行，活動結合甲仙安心站灑淨暨啟用儀式，由果器法師頒發獎助學金予五十三位學子，並有六十八位學童獲贈鞋襪，法師鼓勵學生不要輕言放棄，繼續向學，將來方能自助助人。

法鼓山期望透過獎助學金的頒發，使災區學子與家長感受社會各界的溫馨關懷，活動中同時藉由播放兒童生活教育動畫、《寶山尋寶記》等影片，讓大眾進一步認識法鼓山。

八八水災災區「百年樹人獎助學金」頒發一覽表

時間	舉辦地點	受益學子人數
10月11日	高雄縣六龜高中	345
10月17日	屏東縣林邊國小	259
10月25日	屏東縣萬丹國中	72
10月31日	屏東縣高樹國中	176
11月15日	高雄縣甲仙國小	53
合計		905

● 10.27

法鼓山獲內政部表揚
八八水災救援深受肯定

內政部於10月27日上午，在警政署大禮堂舉辦「莫拉克颱風救災有功人員表揚大會」，由部長江宜樺主持。法鼓山因在救災中所展現的急難救助精神受肯定而獲獎，由慈基會祕書長果器法師代表領獎。

大會上邀請行政院院長吳敦義致詞，他表示，此次莫拉克颱風讓災區民眾飽

受水患之苦，感謝在困境中有許多救災團體適時伸出援手，減少許多傷亡與損失，今後政府將主動防災並與民間團體合作，同心做好防災準備，以確保民眾的生活安全。

此次計有一百零一個救災有功團體及兩百零九位有功人員受獎，另由行政院頒發功績及楷模獎章共六位官員。法鼓山因在八八水災期間，積極投入救災及協助清理家園，並發放救災物資及慰問

果器法師（右）代表接受「功在救災」榮譽獎座，由江宜樺部長頒獎。

金等，災後積極走訪災區慰訪輔導受災民眾心靈，協助走出災害的陰霾；同時也與政府及民間團體合作，規畫各項災後重建，深獲主辦單位肯定。

● 11.07

慈基會展開災區口述歷史訪談
為生命教育、鄉野人文做紀錄

八八水災期間，高雄縣六龜鄉新發村新開部落二十三鄰聚落遭土石流淹沒，為記錄該部落二十八位罹難菩薩的生命故事，法鼓山委託成功大學進行新開部落口述歷史及田野調查，11月7日由慈基會祕書長

果器法師（中排右起）、常法法師、果耀法師帶領成大口述歷史團隊等，在新開土石流災難現場，舉行超薦祈福法會暨採訪活動啟動儀式。

果器法師，帶領口述歷史團隊、當地居民和高雄慰訪義工，以及參與法鼓山的八八災區重建總體營造規畫之中原大學工作團隊，共有近一百五十人，在新開土石流災難現場，舉行超薦祈福法會暨採訪活動啟動儀式。

口述歷史計畫由成大台灣文學系助理教授鍾秀梅，帶領十二位研究生及攝影師組成的團隊，進駐新開部落，預計以三個月時間，走訪在地耆老、收集史料，了解新開聚落災前風貌；透過倖存者、罹難者家屬及親友口述與照片等線索，還原災難第一時間現場，重現罹難者的生命歷程，並勾勒出在地居民的生

活樣貌。調查成果將集結成專書，做為生命教育、鄉野人文歷史的永久紀錄。

　　果器法師期勉團隊在訪談過程中適時聆聽與撫慰，紓解災區民眾內心的災難陰影，並以佛法觀念引導民眾面對、接受、處理，進而放下傷痛，發揮安定人心的作用。

　　當天，果器法師一行也前往荖濃復興電台舊址會勘，並與當地義工團體就空間使用與管理議題交換意見，對未來的修繕與使用，將以社區避災、防災為優先考量，並待與鄉公所簽約後，隨即展開相關規畫。

● 11.15

甲仙安心站落成啟用
與百年樹人獎助金頒獎合辦

甲仙安心站啟用暨百年樹人獎助學金頒發典禮，以四安重建服務陪伴災區民眾。

　　為落實對八八水災受災地區的關懷，法鼓山於高雄縣甲仙鄉設置安心站，11月15日上午舉行灑淨暨啟用儀式，由關懷院監院果器法師主法；同時進行「百年樹人獎助學金」頒發典禮，由高雄紫雲寺監院果耀法師頒贈，共有五十五位學子受獎。

　　果器法師致詞時表示，八八水災讓台灣南部地區受創慘重，主要是人們未能適當尊重大自然生態所造成的遺憾；雖然災害已經發生，受災者在傷痛之餘，亦應以正向思考從事家園重建，抱持感恩心與少欲知足的態度面對難關。法鼓山會持續在受災地區，協助民眾進行心靈重建工作、聚集善的力量，陪伴災區民眾迎向災後的生活。

　　受邀觀禮的甲仙鄉鄉長劉建芳表示，法鼓山是災後第一個進入甲仙鄉受災地區協助救災的團體，他衷心感謝法鼓山，從水災發生後，即積極地協助民眾重建家園，並給予心靈的關懷。

　　代表全體受助學子致詞的王馨鴻同學則表示，法鼓山已在這群受助學子心中耕植了一顆善的種子，讓他們學會知福、惜福及種福，他期待未來善的種子發芽後，可以有能力幫助其他人，讓善的力量傳遞開來。

　　啟用典禮並邀請當地表演團體，包括大田社區的竹鼓舞團表演平埔族的傳統舞蹈，以及由七位長者組成的「甲仙七號」樂團的台灣名謠合奏，氣氛溫馨。

啓動八八水災四安救災

展開長期心靈重建工程

8月8日莫拉克颱風在台灣中南部造成重大災情，法鼓山於水災消息傳出的同時，即啟動緊急救援系統，依聖嚴師父過去的救災指示，及「安身、安心、安家、安業」救災四項原則，發起八八水災「四安救災專案」。針對災區重建的長期規畫，法鼓山結合政府部門與其他公益團體，以「社區總體營造」為前提，在災區設立安心站，展開心靈重建及生命教育工程。

「安身、安家：清理家園」行動展開

水災初期，慈基會針對受創嚴重的嘉義以南各縣市及東部，提供急難救援，包括迅速進入淹水嚴重的屏東縣林邊、佳冬及東港鄉，提供災區民眾熱食，隨後配合屏東、高雄、台南、嘉義及台東、南投等地的政府單位，供應災區所需的飲食及民生物資，讓民眾獲得基本生活所需，初步得以安身和安心。

8月12日起，法鼓山展開第一階段「安身、安家：清理家園」行動，由僧團都監果廣法師率領六十位法師，動員全台各地上萬人次義工，前往屏東縣林邊鄉、佳冬鄉、高樹鄉，高雄縣旗山鎮、台南縣麻豆鎮、學甲鎮、大內鄉、嘉義縣民雄鄉等地，協助打掃淹水泥濘的家園。

階段性清理家園行動於8月31日圓滿，總計動員五千三百六十七人次義工，協助屏東、高雄、台南、嘉義、台東縣市災區六百五十戶受災家庭、公共設施完成清理工作。期間，共徵調三梯次慰訪團進入重災區，前往各村及安置中心，逐戶慰訪關懷、發放民生物資，並依受災情況致贈慰問金。

法鼓山同時透過電視媒體，以公益廣告號召社會大眾加入「安身、安家：清理家園」的行列，廣告播

方丈和尚於8月19日赴高雄縣六龜鄉，勘查當地受災情況並關懷災區民眾。

出後，兩週內即有數千人次的義工加入，其中包括處於暑假期間的佛教學院，由校長惠敏法師率師生前往協助清掃；法青會同學們亦組織一支七人小隊，至六龜鄉支援慰訪關懷。

為災區重建繫念祈福

為祈願遭受風災苦難的民眾，早日回復平靜生活，8月15日北投農禪寺、台中分院、高雄紫雲寺同步舉行「心安平安三時繫念──八八水災罹難超度及受災祈福法會」，翌日，美國紐約東初禪寺舉辦「八八水災大悲懺祈福法會」，台東信行寺也於23日進行三時繫念法會，全球共有兩千餘位信眾參加。僧團法師並參與8月底在高雄縣衛武營藝術文化中心舉行的「八八水災高雄縣各宗教聯合祈福祝禱大會」，共同為受難民眾祈福。

舉辦法會之餘，法鼓山全球資訊網（http://www.ddm.org.tw/ddm/homepage/index.aspx）也發起線上持誦〈大悲咒〉四十九天活動，迴向災區受難者。而人基會於3月設置的「關懷生命專線──4128-853」，於此刻也提供電話協談服務，讓災區民眾能藉此獲得心理復原、心靈安定力量，重拾對生命的熱情。

救災期間，慈基會發動義工趕製一萬份「法鼓平安包」，內容包括個人清潔及居家消毒用品、《心安平安手冊》及〈平安處方箋〉等，讓安身、安心的方法與力量，透過慰訪人員傳遞給災區民眾及第一線救援人員，幫助民眾走出災後的心靈創傷，撫慰自己與周遭親友困頓不安的心，獲得身心安定。

以「四安服務」為主軸，推動「社區總體營造」

8月底開始，承載著來自社會大眾的愛心付託，法鼓山八八水災救災進入「安家、安業」的重建規畫階段，在高雄縣六龜鄉、甲仙鄉以及屏東縣林邊鄉，展開以「四安服務」為主軸的長期人心重建計畫。除9、10、11月分別間在林邊、六龜、甲仙等重災區設立安心站，提供慰訪關懷；各安心站也將結合法鼓大學等專業團隊，規畫各種培訓課程，落實「四安服務」的具體內涵。

水災發生後，屏東地區的義工在林邊交流道成立臨時服務站，每天供應熱食，服務災區民眾。

為陪伴災區民眾積極重建「四安」生活，8月底並在六龜鄉啟動「社區總體營造計畫」，由法鼓大學負責前期規畫，內容主要包括「心五四」的生命教育、環境教育、二手資源整合平台、社區文化資源建構等建置等。

水患災區積泥極深，來自四面八方的義工們齊心以接力方式倒出污泥，圓滿任務。

法鼓山邀集多位長期從事社區總體營造的學者專家，前往六龜與當地自救會成員、各村村長及社區意見代表進行充分溝通，在傾聽當地民眾的建議與需求後，法鼓山將從災區的基礎需求資訊建置做起，並廣邀各界團體參與整合，擬共同為六龜鄉重建美好家園；希望於長期的努力耕耘後，未來，此處可望成為災區重建的典範。

此外，法鼓山也與紅十字會、台灣中油公司策略聯盟，於9月21日與教育部、南投縣政府簽約，認養災區南投縣信義鄉隆華國小遷校重建案，專為師生而打造、兼具綠能環保與地方特色的校園，將在此成形。

重建「四安」生活

在海內外，法鼓山以階段性重建工作投入災區救援，舉辦各項活動為災區祈福，展開募款，更積極號召社會大眾共同響應，同時也獲得來自各地不斷湧進的捐款、援災願行，並獲內政部「莫拉克颱風救災有功人員」的表揚；法鼓山於急難救助的投入，已促使社會滾動善的力量，讓善念源源不斷。

南台灣家園，因為八八水災的侵襲，瞬間淹沒在洪流土泥中，法鼓山展開「四安救災」行動，匯聚起社會大眾的善心、願力，以具體行動關心受創的台灣土地，未來也將長期陪伴災區民眾，一起重建「四安」的生活與心靈的希望。

僧團法師與義工合力打掃林邊鄉滿目瘡痍的巷道。

法鼓山八八水災關懷日誌

月	日	事件
8	8	莫拉克颱風侵襲,在南台灣造成重大災情,慈基會啟動緊急救援系統,支援屏東縣林邊鄉、佳冬鄉、東港鎮麵包、便當、熱食、礦泉水、睡袋。
		全球資訊網發起線上持誦〈大悲咒〉四十九天活動,迴向災區受難者。
	9	方丈和尚果東法師越洋指示全力投入救災。
		持續提供屏東縣林邊鄉、佳冬鄉、萬丹鄉、高樹鄉、高雄縣湖內鄉、台南縣七股鄉、嘉義縣民雄鄉便當、早餐、包裝水、睡袋等。
	10	至台南市安南區、台南縣安定鄉、西港鄉、佳里鎮、七股鄉安置中心,及台東縣太麻里鄉、金峰鄉慰訪關懷。
	11	啟動「八八水災四安救災專案」。
		持續提供屏東縣、台南縣物資。
		至屏東縣佳冬鄉安置中心關懷。
	12	展開「安身、安家:清理家園」行動。
		僧團法師與義工至屏東縣林邊鄉田厝村清理家園。
		與高雄醫學大學附設醫院合作,在田厝村提供醫療服務。
		至台東縣金峰鄉介達國小安置中心關懷。
		持續提供台南縣、嘉義縣、台東縣民生物資。
	13	持續在屏東縣林邊鄉田厝村、仁和村協助清理家園。
	14	至高雄縣六龜鄉、甲仙鄉勘災。
		持續在屏東縣林邊鄉、高雄縣旗山鎮、台南縣麻豆鎮協助清理家園。
	15	北投農禪寺、台中分院、高雄紫雲寺同步舉辦「心安平安三時繫念——八八水災罹難超度及受災祈福法會」。
		於高雄縣六龜鄉公所旁設置臨時安心站,第一梯次慰訪團前往高雄縣六龜鄉慰訪關懷。
		持續在屏東縣林邊鄉、佳冬鄉,高雄縣旗山鎮,台南縣麻豆鎮、學甲鎮協助清理家園。
	16	第一梯次慰訪團分別進入高雄縣六龜鄉中興、新發、大津、興龍等村,展開慰訪關懷,依受災情況分級發放慰問金。
		至台南縣大內鄉、嘉義縣民雄鄉、屏東縣林邊鄉慰訪關懷。
		持續在屏東縣、高雄縣、台南縣、嘉義縣協助清理家園。
	17	至台東縣大武鄉大武國中、大鳥部落協助清理家園。
		至台南縣學甲鎮慰訪關懷。
		至高雄縣義大醫院,關懷中風的救災人員及高燒不退的那瑪夏鄉小嬰兒。
	18	方丈和尚南下災區關懷。
		第二梯次慰訪團至高雄縣六龜鄉。
		至屏東縣三地門鄉大社村慰訪關懷。
		至嘉義縣東石鄉、布袋鄉發放八八水災罹難慰問金。
		中國大陸四川省安縣秀水鎮中心衛生院,捐出三萬八千八百多元人民幣的賑災善款,並致函方丈和尚果東法師,傳達對八八水災災區民眾的關懷。
	19	方丈和尚拜會高雄縣縣長楊秋興,研商「四安」重建家園規畫,隨後至六龜鄉關懷受災戶,致贈慰問金。
	20	方丈和尚前往旗山鎮,勘查成立安心站地點,關懷受災戶並致贈慰問金。
		至屏東縣霧台鄉、高樹鄉、高雄縣旗山鎮慰訪關懷,並致贈慰問金。
	21	第三梯慰訪團至高雄縣六龜鄉。
	22	於高雄縣甲仙鄉龍鳳寺成立臨時安心站,展開醫療服務慰訪、致贈慰問金。

月	日	事件
8	23	台東信行寺舉辦三時繫念法會。
		慈基會首度前往災後交通完全中斷的高雄縣六龜鄉寶來村，成為首梯進入寶來村慰訪的團體之一。
		關懷中心法師與救援義工前往六龜鄉新開部落，為三十二位失蹤或罹難者誦經及助念。
	24	至台東縣金峰鄉介達國小及嘉蘭村活動中心慰訪關懷，致贈慰問金。
		關懷中心法師與救援義工日至寶來村，慰問受災戶，並為罹難者助念。
	25	至高雄縣六龜鄉、茂林鄉、屏東縣三地門鄉、佳冬鄉勘查安心站地點。
		慈基會慰訪義工與法青造訪高雄縣六龜鄉的六龜育幼院，關懷院童。
	27	行政院院長劉兆玄至安和分院拜會方丈和尚，研商災後重建合作事宜。
		至嘉義縣民雄鄉慰訪受災戶並發放慰問金。
	28～29	慈基會慰訪義工與法青造訪高雄縣六龜鄉的六龜育幼院，關懷院童。
		持續至屏東縣林邊、佳冬鄉清理家園並慰訪受災戶。
	30	副住持果暉法師至高雄衛武營參加「八八水災高雄縣各宗教聯合祈福祝禱大會」。
		僧團都監果廣法師帶領社區重建規畫團，前往高雄六龜災區會勘，第二天並與地方人士展開座談。
	31	清理家園行動至今日圓滿，共動員五千三百六十七人次的義工，協助屏東、高雄、台南、嘉義、台東縣市災區六百五十戶受災家庭、公共設施完成清理工作。
9	3	方丈和尚主持八八水災第二階段四安重建救災會議，確立後續救災方向。
	4～10	佛教學院師生至高雄六龜災區，協助鄉公所進行村民受損統計與災後需求調查，建置災後重建基礎資料。
	5	法鼓山與高雄醫學大學附設醫院合作，於甲仙龍鳳寺設立臨時安心站，提供醫療服務，至今日圓滿；自8月22日至今共有兩百一十五人接受診療服務。
	7～8	方丈和尚再度至高、屏災區關懷受災民眾及救災人員。
	9	慈基會於屏東縣林邊鄉中正路設置林邊安心站，方丈和尚前往關懷。
	9～13	紫雲寺在屏東縣林邊國中附近，為林邊鄉上千名災區民眾、國軍部隊以及救災義工，義務供應午晚餐熱食。
	14	紫雲寺監院果耀法師代表法鼓山，捐贈高雄縣六龜水上救災中隊五艘動力救生艇。
	21	法鼓山與紅十字會、台灣中油公司等認養單位，與教育部部長吳清基、南投縣政府、隆華國小校長陳文源，共同簽署認養隆華國小校園重建契約，由果器法師代表簽約。
	27	設置於高雄縣六龜鄉的六龜安心站，舉行灑淨儀式，由慈基會祕書長果器法師主法。
10	3	甲仙臨時安心站的義工在甲仙鄉龍鳳寺，陪伴八八水災受創最大的小林村民共度中秋佳節。
		林邊安心站的義工陪伴當地民眾共度中秋佳節。
	11	設置於高雄縣六龜鄉的六龜安心站，舉行啟用儀式，同時於六龜高級中學進行「百年樹人獎助學金」頒發活動，共有三百四十五位學子受獎。
		慈基會宣布與廣達集團合作，長期資助受災地區的清寒學生。出席者包括廣達文教基金會執行長楊秀月、高雄縣六龜高中和六所國小的校長，慈基會祕書長果器法師、副祕書長常法法師等。
		慈基會於林邊安心站舉行「百年樹人獎助學金」頒發活動，共有兩百四十九位學子受獎。
	17	本日及10月24日，慈基會為六龜小學、荖濃小學、龍興小學三所國小二十一位老師進行「和太鼓基礎研習課程」種子教師培訓，課後由老師回校繼續指導孩子學習太鼓，以協助災區學子透過練鼓、打鼓等過程，抒發災後的心情與壓力；並捐贈十九個和太鼓予三所學校。
	27	即日起至12月23日，慈基會每週三下午於六龜高中，為六龜高中、六龜小學、寶山小學等七所學校二十位老師舉辦「藝術治療」課程，邀請東海大學林秀絨教授等四人授課，期能透過完整配套的種子教師培育課程，協助災區學子透過藝術療程進行災後心理重建工作。

月	日	事件
11	5	本日及19日，六龜安心站舉辦社區才藝研習課程，提供當地民眾參與。
	7	即日起一連兩天，慈基會與高雄縣六龜鄉荖濃國小、清華大學攝影社合作，於荖濃國小舉辦「與自然共處　與心靈對話」攝影營，課後兩個月期間，由學校老師帶領學生實地拍攝、紀錄災後家鄉的景況，並進行討論、敘說的過程，希望藉此紓解孩子災後的心情與壓力；法鼓山贊助活動所需的二十八台數位相機。12月30日並透過「生命繪本」的製作，引導孩子整理內在心情，與社區家長分享親手製作的「生命繪本」。
	15	設置於高雄縣甲仙鄉的甲仙安心站，舉行灑淨暨啟用儀式，由慈基會祕書長果器法師主法；同時進行「百年樹人獎助學金」頒發活動，由紫雲寺監院果耀法師頒贈，共有五十五位學子受獎。
12	3	慈基會於3日、10日，分別在六龜國小、荖濃國小及新發國小舉辦「災區音樂藝術駐點陪伴第一期計畫活動」，主題為「讓我們同在一起」，三校共有一百三十位學童參加。
	4	慈基會分別在仁和國小及林邊國小舉辦「災區音樂藝術駐點陪伴第一期計畫活動」，主題為「讓我們同在一起」，兩校共有七十五位學童參加。
	9	慈基會分別在新豐國小及舊寮國小舉辦「災區音樂藝術駐點陪伴第一期計畫活動」，主題為「讓我們同在一起」，兩校共有七十位學童參加。

08.12

護法會首任會長楊正往生
精進護法願心為典範

法鼓山護法總會前身「中華佛學研究所護法會」的前會長楊正，於8月12日捨報，享壽九十四歲。方丈和尚果東法師特別於18日至台南關懷楊正老會長的家屬，感念老會長一生對法鼓山及佛教高等教育的護持與奉獻。

楊正法名「果王」，自1987年接下「中華佛學研究所護法理事會」第二任理事長後，二十多年來護持法鼓山不遺餘力。1989年，護法理事會改組為「中華佛學研究所護法會」，籌募中華佛研所遷建工程經費，楊正一肩挑起會長職務，直到1995年交棒現任總會長陳嘉男，儘管卸下會長職務，卻仍心繫法鼓山，時時關心法務推廣。

曾擔任泰豐染織公司董事長的楊正，當年接下理事長一職後，雖然原先沒有任何勸募經驗，但秉承著護持佛教教育的願心，帶領護法悅眾一起在「做中學」，並突破以往僅向親朋好友勸募的方式，開創向社會大眾進行勸募的作法，例如舉辦大型園遊會，既募款也接引民眾接觸佛法，為法鼓山前期的護法工作，奠定了堅實的基礎。

1995年卸任護法會長後，楊正又參與法鼓山遷建工程委員會，承擔法鼓山園區購地、尋找工程顧問等任務。親近法鼓山二十多年的楊正，除了盡心盡力推動護法事務，學佛修行也相當精進，總會排出固定時間，到北投農禪寺聽聖嚴師父講經、參加念佛共修，其精進和護法的願心可做為所有護法信眾接力向前的典範。

首任會長楊正（右二）護持法鼓山不遺餘力。圖為2007年11月6日，聖嚴師父於中正精舍關懷並感謝楊老會長伉儷，聖基會施建昌董事長也在場陪同。

08.16 09.13 09.20 10.04

安和分院舉辦關懷生命講座
引導大眾學習照顧自己、關懷他人

為幫助現代人安頓身心，台北安和分院與台北市立聯合醫院於8月16日、9月13日、9月20日、10月4日，合辦四場「關懷生命講座」，由市立聯合醫院松德

院區精神科主治醫師湯華盛主講,共有近五百七十人次參加。

在8月16日首場講座中,湯醫師以「情緒與壓力管理」為題,強調壓力已成為現代人生活的一部分,「正面壓力」可以提高效率,增強前進的助力;「負面壓力」卻會日夜啃蝕我們的健康。湯醫師也提出四項可消除壓力的建議,包括規律運動、學習禪坐、均衡飲食、情緒管理。

後續三場講座,湯醫師以現代人常見的情緒困境,做為探討的主題,包括關懷現代人心理健康的「憂鬱症與自殺防治」、「失眠症」,以及有關面臨親人生離死別的「失落的處置」等,為現代人提供種種面對困境的解決之道。

安和分院舉辦四場「關懷生命講座」,皆由湯華盛醫師主講。

安和分院監院果旭法師則在講座最後期勉大眾,社會安定須從自身做起,自求心安就有平安,關懷他人就有幸福,期盼大家能學習好好照顧自己,並關懷他人。

● 08.23～11.01期間

2009佛化聯合祝壽全台展開
關懷祝福近一千四百名家中寶

為提倡佛化倫理孝道,落實整體關懷,8月23日至11月1日期間,法鼓山於全台舉辦「家中寶佛化聯合祝壽」活動,共有一千四百位年滿七十歲的長者,在親友陪同下,前往各地分院、辦事處,接受三寶的祝福。

2009年全台共有二十四場佛化祝壽活動,其中三芝、石門等北海岸地區為首次舉辦;而淡水、蘆洲、宜蘭、屏東等八處,則同在10月25日舉行。各地敬老祝壽活動,也結合在地學校及健康服務機構,辦理「銀髮保健活動」、「祈福延壽皈依」、「聖嚴師父關懷開示」、「孝親洗足」及「關懷老菩薩行動」等五大關懷規畫,為長者賀壽祈福,並提供健康檢查與諮詢;另一方面,子女們透過念佛祈福、奉茶感恩等活動,向老菩薩直接表達平日未曾說出的感恩心意,讓活動充滿了溫馨氣息。

各地的祝壽活動,也結合了節慶及因地制宜的特色,例如高雄紫雲寺、宜蘭辦事處結合10月中秋佳節的團圓氣氛,合併辦理祝壽活動;其中紫雲寺活動並有助念團、念佛會、合唱團等各會團帶來舞蹈、戲劇等演出,當聖嚴書院學員

表演〈人生七十才開始〉、〈我為你祝福〉等手語歌時，現場老菩薩也跟著一起動起來，充滿年輕的朝氣與活力。

值得一提的是，台中分院在聯合祝壽之前，於9月12日先行在寶雲別苑進行一場「感恩孝親反哺營」暖身活動，邀請家中有八十歲以上老菩薩的子女們參加，將對父母的愛與感恩化成文字，

高雄紫雲寺的祝壽活動，與中秋感恩祈福晚會一同舉行。

寫成「感恩家書」。10月24日祝壽當天，副住持果暉法師出席賀壽，為老菩薩們戴上祝壽手念珠，並主持皈依儀式；也由壽星子女們為父母奉茶及跪誦「感恩家書」，場面溫馨感人。

10月31日台北安和分院的祝壽活動，主題是「歡喜慶福壽」，方丈和尚果東法師、關懷中心副都監果器法師到場關懷。在祈福法會中，有二十位壽星接受三皈依，方丈和尚開示「夕陽無限好，不是近黃昏；前程美似錦，旭日又東昇」，鼓勵老菩薩們要積極正向地面對人生，要老得有智慧，老得有慈悲。

2009年的佛化祝壽活動，主辦單位皆為所有參加壽星準備了壽桃、長壽麵等點心及保健食品，與長者們結緣，希望能為他們帶來更多的健康與祝福關懷。

2009法鼓山佛化聯合祝壽活動一覽表

地區	時間	舉辦單位	活動地點
北區	8月23日	台北中山精舍	朱崙區民活動中心
	9月9日	三重蘆洲辦事處	三重蘆洲辦事處
	9月27日	台北中山精舍	中山精舍
	10月10日	三芝石門辦事處	台北縣三芝國小
	10月18日	松山辦事處	松山辦事處
		大同辦事處	天南寺、桃園齋明寺（參訪）
	10月25日	石牌辦事處	石牌辦事處
		松山辦事處	福德社區
		淡水辦事處	淡水辦事處
		社子辦事處	慈弘精舍
		蘆洲共修處	蘆洲共修處
	10月31日	台北安和分院	安和分院
	11月1日	基隆精舍	基隆市仁愛國小

地區	時間	舉辦單位	活動地點
中區	9月12日	台中分院（感恩孝親反哺營）	寶雲別苑
	10月24日	台中分院	
南區	9月19日	潮州辦事處	潮州辦事處
	10月3日	高雄紫雲寺	紫雲寺前人行廣場
	10月25日	屏東辦事處	屏東辦事處
東區	9月19日	花蓮辦事處	花蓮辦事處
	9月25日		吉安鄉長榮養護院
	9月27日		吉安鄉長春養護之家
			花蓮市長生老人養護中心
	10月25日	宜蘭辦事處	宜蘭辦事處（宜蘭市安康托兒所）
		羅東辦事處	宜蘭縣三富花園農場

● 09.05

方丈和尚為173位新任榮董授證
感恩護持 期勉學佛路上再接再厲

　　護法總會榮譽董事會於9月5日上午在北投農禪寺舉辦「2009法鼓山榮譽董事
──聘書頒發‧感恩茶敘」，由方丈和尚果東法師為一百七十三位新任榮譽
董事授證，全台各地榮譽董事及其眷屬共有四百多人參加。

　　方丈和尚致詞時，感恩大眾發心護法，也勉勵眾人互為法門眷屬，未來仍要
在護法弘法的路上，持續服務奉獻，成為弘揚佛法、安定社會人心的力量。

　　在會場上，全台各地的榮譽董事齊聚一堂，每一位受證者的背後，都有著
讓人感動而歡喜的故事，例如有長期協助題寫皈依證及榮董證書的義工，多

在新任榮譽董事聘書頒發典禮上，方丈和尚感恩大眾的護持。

年來隨分隨力地累積，2009
年終於在榮董證書上寫下自
己的名字，圓滿榮董的歡喜
不言而喻；也有旅居海外十
餘年的榮譽董事表示，自己
曾在不同道場之間徘徊，直
到讀了聖嚴師父的著作、參
加法鼓山禪修活動，才豁然
開朗，因而發願護持漢傳禪
法，此次特別藉著授證的因
緣，在農禪寺受三皈五戒，
堅定自己學佛護法的道心。

值得一提的是，八十多歲的李淑雲平日生活勤儉，數年前從《法鼓》雜誌得知聖嚴師父的興學大願，便捐出一千萬元，希望為法鼓山的教育大願盡一點心力，同時藉此拋磚引玉，勸請更多人響應並落實師父「提昇人品、建設淨土」的理念。

除了個人發心護持之外，2009年的榮譽董事名單中也包含了慈善團體及公司行號，其中法鼓山新店辦事處和桃園草漯共修處，在眾人點滴匯聚之下也圓滿了榮譽董事的願。

● 09.06

護法總會舉辦悅眾聯席會議
各地悅眾交流護法經驗 凝聚願心

護法總會於9月6日在北投雲來寺舉辦「正副會團長／轄召／召委聯席會議」，方丈和尚果東法師、關懷中心副都監果器法師、護法總會總會長陳嘉男、副總會長黃楚琪等出席關懷，有近一百三十位悅眾參加。

由於正值正、副召委推選，方丈和尚於開示時，特別以2006年僧團推舉方丈之際，聖嚴師父勉勵僧眾的話提醒悅眾：「不要動

護法悅眾於聯席會議上，分組進行分享討論。

念『最好不是我』，也不要想『最好是我』，因為方丈一職是責任的承擔。」方丈和尚表示召委職務也是責任的承擔，為推動法鼓山的理念而努力，一切要以感恩心接受，以報恩心付出，便能體會師父所說「忙得快樂，累得歡喜」的真義。

會議中，安排弘化院監院果慨法師說明第三屆大悲心水陸法會的創新與特色；普化中心副都監果毅法師也為悅眾導讀聖嚴師父著作《法鼓全集》；慈基會顧問謝水庸則針對法鼓山參與八八水災救災過程，與大家分享救災心得，除了深深感受到民眾在災難中所受的苦，更看到世間的大愛早已沒有你我之分，只有盡心盡力地為重建家園努力。

聯席會議的舉辦，不僅讓悅眾交流各地護法工作的推展經驗，也能藉此了解法鼓山的弘法方向，凝聚悅眾的願心。

● 09.19

百年樹人獎助學金中部聯合頒發活動
結合921大地震十週年回顧展舉辦

9月19日，在台灣921大地震屆滿十週年前夕，慈基會於南投縣中興會堂，擴大舉辦第十五期「百年樹人獎助學金」中部地區聯合頒發活動，結合921週年系列回顧，慈基會祕書長果器法師、副祕書長常法法師、台中分院監院果理法師、法緣會會長許薰瑩等到場關懷勉勵，南投縣政府民政處處長姜君佩、社會處處長熊俊平等來賓受邀觀禮，共有六百人參加，受助學子共四百二十位。

典禮前首先進行超薦祈福法會，由果器法師帶領大眾誦念「南無觀世音菩薩」聖號，與會來賓與現場的中區義工、受助學生等齊聲誦念，迴向給八八水災受難者，並為災區民眾祈福。

頒發典禮上，果器法師說明獎助金來自十方大眾的善心，期勉受助學生努力學習，更要把這份善的力量傳播下去。許薰瑩會長回憶，當年在聖嚴師父「無緣大慈，同體大悲」的感召下，成立了「百年樹人獎助學金」，不只幫助災區學子度過難關，更關懷學子們的心靈成長，許會長並以手語鼓勵大家對身邊的人伸出手說：「心安平安——你，就是力量！」

由肢障與視障舞者組成的「鳥與水舞集」，也受邀到場表演，藉由舞者們克服身體的缺陷，舞出對生命的熱愛，喚起大家珍惜生命的心。此外，透過回顧921震災後至今的歷程，更讓人體會知福與惜福的意義。最後，所有與會者前往地震教育園區參觀，謹記921帶來的生命啟示，也讓感恩的善念在心中滋長，讓善的力量溫暖全世界。

十年來，法鼓山百年樹人獎助學金協助921災區學子，順利完成學業，展開新人生。圖為在南投中興會堂舉辦的中部聯合頒發活動，有四百二十位受助學子參加。

法鼓山「百年樹人獎助學金」，是於1999年台灣921地震災後，由法鼓山法緣會所發起的募款活動。法緣會會員們出錢出力為災區學童們募集助學費用，集合社會大眾的愛心來幫助孩子們安心就學；如今，「百年樹人獎助學金」已擴大服務對象，服務範圍遍及全台各地。因此，此次適逢921十週年，獎助學金頒發的活動意義更顯深遠。

● 09.20　09.26　11.08

慈基會舉辦三場團體督導課程
提昇慰訪員關懷的心靈層面

為了擴展慰訪過程的思考面向，與提昇實際關懷時的能力，慈基會於9月20、26日及11月8日，分別在護法會宜蘭辦事處、台中市維他露社會福利慈善事業基金會及高雄紫雲寺，舉辦「安心家庭關懷專案團體督導課

高雄紫雲寺「安心家庭關懷專案團體督導課程」，邀請陳宜珍老師主講。

程」，共有兩百四十多位慰訪員參加。

9月20日首場於宜蘭辦事處舉辦的課程，邀請宜蘭縣社會處科長陳淑蘭主講，共有七十多人參加。課程中，陳淑蘭科長介紹兒童及青少年福利、高風險家庭、單親家庭相關政策，並探討與分析慰訪過程的處理模式及後續的關懷，強調同理心的重要性。

第二場於9月26日在台中市維他露社福慈善基金會舉行，邀請彰化縣社會處督導梁鴻泉、婦幼福利課課長黃麗娟帶領各案研討課程。此外，由於中部地區有許多新成員加入慰訪行列，因此慈基會特於10月31日於同地另開課程，由竹山安心站站長蔡文華等資深慰訪員帶領，分享慰訪經驗。兩場課程共有近一百人參加。

第三場課程於11月8日在紫雲寺進行，邀請大仁科技大學社會工作系講師陳宜珍主講。陳宜珍老師於課程中，帶領學員透過「角色扮演」，深入了解同理

心的運用，說明慰訪員所扮演的角色是陪伴與關懷，須與受關懷戶站在相同的高度，共有七十人參加。

慈基會副祕書長常法法師於9月20日、11月8日的課程中出席關懷，期勉慰訪員在慰訪過程中，以初發心，真誠、尊重的同理心，以及積極傾聽的態度來落實關懷工作。

許多學員表示，在此項課程中學習到更細膩的專業慰訪技能，也擴大關懷的心靈層面。

● 09.27

桃園心靈環保博覽會舉辦
逾兩千位民眾響應「心安平安」運動

方丈和尚（左二）、桃園縣議會議長曾忠義（左一）出席心靈環保博覽會，一起響應「心安平安」運動。

文基會「心靈環保列車」系列活動，由護法會桃園、中壢及新竹辦事處共同承辦的「心安平安──你，就是力量！」心靈環保博覽會，9月27日於桃園市桃園藝文廣場進行，內容包括祈福法會、藝文表演、園遊會等，方丈和尚果東法師、關懷中心副都監果器法師，以及立法委員楊麗環、桃園縣議會議長曾忠義、桃園市市長蘇家明等各界來賓也應邀出席，共有兩千多位民眾參加。

由於八八水災造成南台灣重大災情，社會關注不曾間斷。當天博覽會中，特別舉行一場祈福法會，由果器法師帶領大眾齊聲誦念「觀世音菩薩」聖號，為受災地區民眾祝禱。方丈和尚致詞時表示，每個人都有愛的力量，在這次八八水災中，許多人發起善念，展現平安的力量；我們要感恩這些善的力量，也要進一步讓自己善的能量發散出來。

在地區護法信眾用心規畫下，博覽會分成五大區，除了有藝文演出的饗宴區，主要的四區，則分別展現「四環」的內涵。在「心靈環保區」，藉由禪修活動，引導民眾實際感受放鬆、清楚的感覺；「善的打氣站」邀請大小朋友，

寫下打氣卡，一起推動善的力量；「禮儀環保區」的親子茶禪，讓民眾在享受品茶之樂的同時，學習奉茶感恩的禮儀；「生活環保區」有自然、環保的素食與惜福攤位；「自然環保區」則透過互動、遊戲方式，讓民眾熟悉生活中的環保觀念。

當天除了桃竹地區民眾，不少學校、社會團體也到場參與，一同響應「心安平安──你，就是力量！」運動。這場兼具活潑與創意的博覽會，不僅讓民眾在週休假日闔家同樂，同時也認識心安平安的力量，來自內心的善念、感恩，以及關懷別人的實際行動。

● 09.27～12.13期間

2009悅眾鼓手成長營全台展開
在感恩中發恆常心承師願

9月27日至12月13日期間，護法總會於全台各地共舉辦七場悅眾鼓手成長營，主題為「感恩與同行」，由僧團法師帶領，透過成果回顧，以及悅眾彼此間的交流，凝聚地區的向心力，勉眾以恆常心來護法弘法，共有近八百位悅眾參加。

2009年負責統籌規畫成長營課程的普化中心副都監果毅法師表示，2009年的課程設計以凝聚願心、傳承正法為主軸。各地一天的課程內容，包括「活動回顧」、「團體動力」、「地區成果分享」、「從歷史看弟子在宗門的角色」、「聖嚴師父三願」等單元。

「活動回顧」單元，由僧團法師帶領大眾回顧2009年法鼓山及各地區所舉辦的活動成果；並安排「團體動力」的課程，透過自我檢視清單，進行團隊角色分析，引導悅眾認識自我特質，在團隊中各司其職，共同圓滿護法弘法的任務。

「從歷史看弟子在宗門的角色」課程，由果毅法師、弘化院監院果概法師等，從佛陀的大弟子大迦葉尊者接受佛陀傳法，集結經典的信願行中，引導大眾反思「弟子」對護法

僧團法師於園區舉行的成長營上，帶領大眾回顧一年來的點滴，並感謝護法悅眾共同成就弘法事業。

弘法的重要性，並安排資深悅眾現身說法，以願心凝聚彼此，互勉在續佛慧命的菩提道上攜手前行。

而透過《聖嚴師父三願》的影片，學員一起聆聽師父分享的心願，並互勉以師願為己願，祈求佛菩薩成就利人的願心、發恆常心利人利己，祈求眾生精進學佛、解脫煩惱。

此外，2009年首度安排了「地區成果分享」的單元，由地區召委與悅眾共同製作海報、投影片簡報，一方面回顧自己一年來參與各項活動的意義與成長，另一方面也開啟地區之間的互動交流，例如在紫雲寺的課程結束後，高屏地區信眾相互分享舉辦活動的心得，帶動各地觀摩學習、共修成長的動力。

成長營的舉辦，除了讓各地悅眾在感恩分享中成長，也進而增長願心，傳承聖嚴師父的悲願，共同承擔起佛弟子的責任，將佛法的利益分享給更多人。

2009護法總會「悅眾鼓手成長營」一覽表

場次	時間	轄區	地點
第一場	9月27日	高雄北區、南區，屏東、潮州地區	高雄紫雲寺
第二場	10月11日	台東地區	台東信行寺
第三場	10月18日	北三、北六、北七、事業體（台北東區、南區，宜蘭、羅東、花蓮，北海岸、基隆，各公私立機關行號）	法鼓山園區
第四場	10月24日	北一、北二轄區（台北西區、北區）	北投農禪寺
第五場	10月25日	台南、嘉義地區	台南分院
第六場	11月1日	北四、北五轄區（台北南區，桃園、中壢、新竹地區）	北投農禪寺
第七場	12月13日	中部地區	台中分院

● 10.06～12

慈基會救援菲律賓風災
提供物資馳援家園重建

菲律賓首都馬尼拉地區於9月26日遭逢凱莎娜（Ketsana）颱風侵襲，嚴重受創，許多民眾流離失所。慈基會獲知後，立即啟動緊急救援系統，了解災情及災區民眾需求後，於10月6至12日派遣由資源整合委員會主任委員曾照嵩帶領的救援團，前往菲律賓投入救援行動。

救援團一行人抵達菲律賓後，與卡盧坎扶輪社（Rotary Club of Caloocan）成員合作，在國際紅十字會帶領下，訪視卡盧坎（Caloocan）地區，提供災區民眾蚊帳、炊具、乾糧及飲用水等，協助災後衛生防疫。

除了提供民生物資用品，法鼓山也捐款給受損嚴重的卡薩陵蘭小學（Kasarinlan Elementary School）與美博久綜合學校（Maypajo Integrated School），做為日後重建購買書籍之用。針對當地遭大水沖毀的三百二十戶民宅，慈基會也採購建材，

全力協助重建家園。

　　救援團此行，亦持續關懷2006年菲律賓土石流山崩受災地區，8至9日，曾照嵩主委與義工王貞喬，兩人代表前往雷伊泰島（Leyte）獨魯萬市（Tacloban）進行獎助學金頒發暨心靈關懷活動，傳達法鼓山的祝福。

曾照嵩主委（左一）與卡盧坎扶輪社成員討論菲律賓災區救援事宜。

● 10.07～16

慈基會馳援印尼巴東強震
偕同當地團體提供援助

　　印尼蘇門答臘（Sumatra）於9月30日發生芮氏規模七‧六的強烈地震，造成數百人傷亡、數千人受困。10月7至16日，慈基會派遣前棉蘭安心站站長李徒、義工鍾文盛前往受災嚴重的巴東（Padang）地區勘災，並提供救援。

　　救援團此行，協同印尼愛心永恆基金會先進駐巴東市區，關懷收容中心並提供物資援助，接著深入巴里亞門（Pariaman）及阿甘（Agam）等地的村落發放煤油、食品等日常所需。其中，阿甘地區對外交通中斷，不易取得民生物資，救援團隊仍繞道前進該區，即時而適切的協助，安頓了當地村民遭逢災變的不安身心。

　　除了提供緊急救援，慈基會也於14日上午拜會當地佛教團體及華人主要社團福德堂、恆明堂，期能不分宗教、族群與國界，協助推動後續的重建工作，落實四安重建的精神，為災區民眾提供安心、安身、安家、安業的關懷。

　　慈基會副祕書長常法法師表示，身處台灣，對於洪災和地

慈基會救援團隊與印尼當地慈善團體，前往巴東災區發放緊急救援物資。

震的破壞力,更可感同身受,而鄰近的菲律賓馬尼拉與印尼巴東,在台灣遭逢八八水災時,都曾伸出援手、捐款賑濟,這份不分你我的互助關懷,正體現了「無緣大慈、同體大悲」的菩薩精神。

● 10.16～27

慈基會派遣第八次斯里蘭卡醫療團
為當地民眾提供義診服務

法鼓山派遣第八梯次醫療團隊,於斯里蘭卡進行義診服務。

法鼓山針對南亞災後重建與關懷工作持續進行,10月16至27日,慈基會派遣第八次醫療團隊,前往斯里蘭卡南部穆拉提亞那(Mulatiyana)山區、新屯墾區蘇里亞威瓦(Suriyawewa),展開為期十二天的醫療義診服務。

此梯次的醫療團包括內科、小兒科、牙科醫師,及護理師、藥師、總務人員、專職等十七人,連同斯里蘭卡安心服務站義工共三十三位成員。

斯里蘭卡由於長期內戰,民眾生活普遍困頓,醫療資源缺乏,醫療團隊連日進駐偏遠山區義診,並採輪流用齋方式,爭取時間以服務最多的村民;也順利克服下雨、供電不穩定等問題,義診期間總共服務了兩千八百三十五人次。

面對法鼓山的醫療關懷,斯里蘭卡民眾以唱頌經文、鮮花、微笑等方式表達祝福;當地廣播媒體也前往採訪,除了介紹此次的醫療任務外,更對法鼓山從南亞大海嘯發生後所給予的各項協助,表示感謝。

● 10.18～12.12期間

慈基會舉辦地區緊急救援教育訓練
提昇救援義工們的專業能力

10月18日至12月12日期間,慈基會於北、中、南各地,舉辦六場地區緊急救援教育訓練課程,提昇救援義工們的專業能力,使其更熟練各項救災程序與技巧,並在平日做好緊急救援的準備,共有四百多人參加。

課程中,首先播放法鼓山於八八水災救援的紀錄影片,並由慈基會副總幹事

鍾金雄、資深悅眾謝水庸等介紹法鼓山的救災理念、救災組織與流程，強調平時就要培養救災的知識與知能，及妥善運用十方捐助資源進行關懷及慰助。

課程並邀請疾病防制局防疫醫師魏嵩璽、高雄縣衛生

慈基會舉辦六場地區緊急救援教育訓練，圖為12月12日在台中分院舉行的中區課程。

局技正劉碧隆等，主講有關H1N1流行性感冒的認識與防治，並進行實務作業演練，讓學員學習如何動員、執行救災工作。

最後的心得交流時間，分別由各地區資深義工分享救援經驗。慈基會副祕書長常法法師也在台中分院舉行的「中區緊急救援教育訓練」課程中，勉勵學員以佛法轉化心念，運用「四它、四安、四感」觀念，協助災區民眾安定身心。

2009慈基會地區緊急救援教育訓練一覽表

地區	時間	地區	舉辦地點
北區	10月18日	士林	士林辦事處
	10月24日	金山、萬里、三芝、石門、基隆	法鼓山園區
	10月25日	淡水	淡水辦事處
	11月8日	台北市中山區	台北中山精舍
中區	12月12日	台中、苗栗、豐原、彰化、南投、員林	台中分院
南區	11月7日	屏東、潮州、高雄、台南	高雄紫雲寺

● 10.22～12.31

法鼓山舉辦台灣原生百合綠美化活動
邀請校園共同推廣自然保育觀念

10月22日至12月31日，法鼓山舉辦「用心種百合‧從花看生命」台灣原生百合校園綠美化活動，提供百合種子與種球予各地中小學校，邀請大眾共同推廣自然保育觀念。

近年來，台灣野生百合在原生環境破壞及濫採的壓力下，數量不斷減少。其中野小百合已經滅絕，豔紅鹿子百合稀有瀕危。而生長於北部和東北部海濱

的粗莖麝香百合（鐵砲百合），以及遍布全島的台灣百合，野生族群亦不斷減少，花況大不如昔，有逐漸走向絕種之虞。

2002年起，在聖嚴師父的期許下，法鼓山投入台灣原生百合復育工作，從採種開始，經過一次次的播種、育苗、換土、呵護，長期努力，以園區為示範基地，成功復育了台灣百合及鐵砲百合。

活動期間，分別有十二所學校申請百合種子、九所學校申請花苗、五十一所學校申請種球。法鼓山希望能夠將百合復育的成果與中小學校分享，並邀請校園加入百合綠美化行列，一起為台灣的自然生態奉獻心力。

● 11.01

慈基會與法鼓大學舉辦生命關懷講座
楊蓓主講在助人中消融自我

11月1日，慈基會與法鼓大學共同舉辦「生命關懷講座」，由法鼓大學籌備處副教授楊蓓於德貴學苑主講「助人工作者的自我照顧」，共有近九十位救災義工、公益團體成員、社工人員和學生參加。

講座中，楊蓓老師從助人工作者的角度出發，帶領現場參與成員檢視自己在助人過程中的價值觀，引導學員充分看見自己的自我中心，接著學習轉化、消融自我，進而真正看見對方的需要。

楊蓓老師以自己所輔導的個案為例，說明在助人過程中可能面臨的「替代性創傷」，這是由於助人者內心隱藏的創傷，被對方的創傷引發了。因此所謂的自我照顧，是助人者必須先正視自己的「陰暗面」，坦然面對過去的傷痛，進行「自我修復」，並學習與傷痛共處，把這些傷痛和伴隨的成長，變成「自

楊蓓老師引導學員在助人過程中自我成長。

我滋潤」的維他命，接著進一步超越自我的習性和貪、瞋、癡，在過程中淬煉自己助人的心和助人的行為，才能做到有效的助人，讓助人成為一個「自我實現」的過程。

楊蓓老師並指出，助人的工作，是一個修行的歷程。從看見自己的自大、自以為重要，到接受自己的自我中心，繼而真正去轉化它、超越它，如此一來，助

人的成就感和自我期望，也就變得不重要了；如同禪修時，看著念頭生起，覺察自己不在方法上，就放下它，這樣才能更接近聖嚴師父所說的「外境動，心不動」。

最後，楊蓓老師引用聖嚴師父的話與現場聽眾分享。師父曾說，他一輩子從來沒有想要做什麼，只有「願」，沒有「想要」。楊蓓教授說明，「想要」是以自我為中心，會被有形的自我局限，唯有不斷地自我淬煉，讓自我愈來愈小，才能真正看見人間的需求，讓助人的生命、生涯無限。

● 11.08

護法總會舉辦召委研習營
四十二位新任悅眾同學菩薩道

11月8日，護法總會於德貴學苑舉辦「2010年召委研習營」，為2010年即將接任地區召委的四十二位悅眾，展開前行準備，關懷中心副都監果器法師出席關懷。

果器法師期勉大眾要承繼聖嚴師父所教授的佛法，更要與世人分享佛法的益處，未來在地區奉獻時，要齊聚眾人心力，共同落實「心靈環保」理念。

在這次研習營中，安排由台北安和分院監院果旭法師，與大家分享「領眾、攝眾、和眾」的觀念、態度與方法。法師以個人經驗為例，說明如何懷持著「依眾靠眾」的精

在「召委研習營」中，悅眾們透過團隊活動，了解「工作團體」與「合作團隊」的不同。

神，在執事過程中完成許多任務，也從中體驗到承擔就有成長。法師藉此勉勵大家，發揮「急需要做、正要人做的事，我來吧！」的精神，為社會奉獻服務、廣結善緣。

課程中，透過簡易的團隊活動，讓悅眾學員了解「工作團體」與「合作團隊」的不同，並介紹法鼓山地區團隊的組織，與地區可運用的資源。資深悅眾也現身說法，說明如何扮演召委的角色；或以小故事分享，道出地區實務的「眉角與撇步」，內容精彩，帶來滿堂笑聲，也讓大家獲得許多啟發。

● 11.16～23

第十二梯次四川醫療團出發
展開義診、關懷服務

慈基會醫療團成員為災區民眾量血壓，並給予關懷。

中國大陸四川震災發生後，法鼓山慈基會第十二梯次四川醫療關懷團於11月16至23日前往四川北川縣陳家壩鄉，為偏遠山區的金鼓村民義診服務。此醫療團由法師、專業醫護人員、義工，聯同當地志願者等二十五人組成，共計服務一千三百人次。

為期八天的義診關懷，自11月17日起連續五天，每日平均有兩百多位民眾就診。由於當地連日大雪，使得不少民眾無法下山，為此，所有醫療團團員祈求佛菩薩，希望天氣放晴回暖。11月20日，天氣轉晴，許多民眾因此可以順利來到醫療站就診。

未來，慈基會也將持續每年派遣兩次專業醫療團，前往四川從事義診關懷及衛教宣導，期能提昇當地的醫療品質與衛教知識，嘉惠災區民眾。

● 12.12

慈基會於農禪寺舉辦歲末大關懷
果燦法師邀請民眾廣眾福田

12月12日上午，慈基會於北投農禪寺舉辦「2009年歲末大關懷」的第一場活動。方丈和尚果東法師、慈基會會長王景益、副會長吳宜燁到場關懷，台北市社會局局長師豫玲、副局長黃清高，及台北縣政府北海岸區社會福利服務中心主任蔡素惠等來賓親臨祝福。活動內容包括祈福法會、園遊會等，共有四百七十戶關懷戶，一千兩百多位民眾參加。

農禪寺監院果燦法師首先帶領大眾齊誦觀世音菩薩聖號，並由僧團法師們為與會大眾戴上念珠，給予祝福。果燦法師致詞時，說明在清苦中成長可以幫助生命昇華，學習智慧與勇氣，並鼓勵大眾惜福知福，以感恩的心過日子，以說

好話、做好事的方式布施於人，廣種福田。

方丈和尚果東法師也前往園遊會場關懷，並親筆題寫「福」字春聯與民眾結緣，令現場民眾歡喜不已。

除了發放物資及慰問金，法師們也一一關懷各戶民眾，希望透過物質與精神上的支持，給予困頓家庭最適切的幫助與鼓勵；園遊會並以各式美食、愛心物資與

在農禪寺舉行的「歲末大關懷」活動中，方丈和尚提筆寫春聯與民眾結緣。

惜福市場等攤位，讓關懷戶民眾運用兌換券換取所需，使來自各界的關懷心意，更貼近受助民眾的需要。此外，現場也邀請民眾填寫打氣卡，為自己及親人加油打氣。

法鼓山歲末大關懷系列活動遍及全台，從12月12日開始，延續至2010年2月，陸續於農禪寺、法鼓山園區、北投文化館、桃園齋明寺、台南分院、台中分院、高雄紫雲寺，以及八八水災後成立的甲仙、六龜及林邊三處安心站舉辦，傳達法鼓山的祝福與關懷。

● 12.13

高雄心靈環保博覽會舉辦
引領南部民眾體認聖嚴師父的思想與悲願

為推動「心靈環保」的理念，並接引高屏地區民眾認識聖嚴師父的思想與悲願，文基會「心靈環保列車」系列活動，12月13日與高雄南區護法會在高雄市真愛碼頭廣場共同舉辦「心靈環保博覽會」，有近一千五百人參加。

會場上，除了有聖嚴師父的生平展，還有法語墨寶展。紫雲寺法師與義工們也發送各系列隨身結緣書、年度行事曆、《法鼓》雜誌，並向民眾介紹法鼓山的環保理念。現場安排的托水缽、童玩美勞DIY、法華鐘祈福發願等活動，則引領民眾體驗法鼓山的四種環保；此外，在「心安平安——你，就是力量！」闖關遊戲中，邀請民眾填寫打氣卡，一起分享與推動善的力量。

由於活動地點位於連繫高雄市區及旗津之間遊輪往返的要津，參觀民眾十分踴躍，透過參與這場心靈環保博覽會活動，也對聖嚴師父的大悲願心，留下深刻印象。

● 12.26～27

護法總會舉辦會團長、召委、委員授證
方丈和尚勉眾在奉獻中修行

在授證儀式上，方丈和尚一一為新任悅眾頒發證書。

為凝聚護法悅眾弘揚法鼓山理念的願心與使命，12月26日起至27日，護法總會於法鼓山園區舉辦「2010年會團長、召委、委員授證營」，由關懷中心副都監果器法師帶領，方丈和尚果東法師授證開示，共有三百一十位護法悅眾參加。

授證營第一天，首先播放聖嚴師父於1991年8月「法鼓傳薪營」時的開示影片，當時正逢法鼓山創建之時，師父勉勵大家跟著法鼓山一起成長，在奉獻中修行，隨時以佛法清淨自心，才能淨化世界。接著，普化中心副都監果毅法師引導悅眾，針對師父的開示做小組討論，並分享在地區推動護法工作心得。

晚上，果器法師分享在法鼓山的修學心得和成長，說明今生可以遇見佛法和聖嚴師父，便要好好把握這項因緣，法師鼓勵大眾勇於參與，實踐佛法。

27日上午的課程，由法鼓大學籌備處副教授楊蓓主講「禪式工作學」，指出「競爭」是二十世紀留下的產物，二十一世紀需要的是「合作」，在工作時必須放下我執，消融自我才能成就大眾；並與大眾共勉，在聖嚴師父捨報後，更要以團隊力量建設法鼓山。

下午的授證儀式，由方丈和尚頒發證書。方丈和尚開示時，鼓勵新任召委以感恩心接任職事，謹記「四它」原則，扮演好在團隊的角色，將法鼓山的使命傳承下去，在募人、募心、募款的過程中，廣邀大眾一起來種福田。

不少悅眾表示，藉由此次活動及觀看聖嚴師父的開示影片，回顧師父的教澤，並且自勉更努力精進修行，願生起利益眾生的菩提心，做真正的菩薩行者。

參【大學院教育】

涵養智慧養分的學習殿堂，
以研究、教學、弘法、服務為鵠，
養成專業的佛學人才，
開啟國際學術交流大門，
朝向世界佛教教育園區的願景邁進。

人才培育
以多元面向展開

以培育宗教、人文、社會等人才為理想的大學院教育，
2009年，佛教學院承辦第二屆世界佛教論壇分論壇，
並舉辦東亞禪坐國際研討會、禪與科技教育研討等，
以跨越文化與宗教觀點，探討佛教與禪修，展現豐富研究成果。
6月，中華佛研所教育人才工作由佛教學院接手，
自此轉型為漢傳佛教研究單位，漢傳佛教發展邁入新里程。
為培育新僧命，僧大展開東南亞招生暨悅眾關懷，
創辦《法鼓文苑》，啟迪學僧思考、整合等能力；
法鼓大學開辦系列人生、環保、公益參與等主題講座，
各院所將「心靈環保」教育理念以更多元化面向，普施世界、澤潤人間。

　　法鼓山的大學院教育，共有四個單位：法鼓佛教學院、中華佛學研究所、法鼓山僧伽大學及法鼓大學。在2009年，各單位繼續秉承創辦人聖嚴師父「以大學院教育為佛教、為社會，培育宗教、人文、社會等各層次人才」的理想，透過學校教育、推廣教育、學術研討、國際交流以及跨領域的交流合作等種種方法，不但培育學生的專業智能，更開拓了學生的寬廣視野，也讓更多團體、乃至國內外人士認識到以「心靈環保」為核心的法鼓山教育理念。

法鼓佛教學院

　　擔負著「培養以及儲蓄高水準的佛學研究人才，來帶動國內外的學術界及知識分子，重視佛學，尊重佛教，影響二十一世紀的人類世界，認同和接受提昇人的品質、建設人間淨土的大趨勢」的使命的佛教學院，98學年度有極豐富的成果，茲分別從論文發表、學術研討、專題演講、學術交流、校外合作等項目，分述如下：

一、論文發表與學術研討

　　98學年度，第一屆碩士班有十位研究生通過行門的「研修畢業呈現」，其中更有四位通過畢業論文口試。對外發表論文方面，共有三位研究生在「第二十屆全國佛學論文聯合發表會」上發表論文。這些成果，代表著

「東亞靜坐傳統暨佛教禪坐傳統聯合國際研討會」第二部分議程，各國學者齊聚法鼓山園區國際會議廳，深入探討「佛教禪坐傳統」。

本校學生在修學過程中的階段性學習成效，也表現出了本校學生在專業領域方面的研究能力。

校長惠敏法師、副校長杜正民、圖書資訊館館長馬德偉（Marcus Bingenheimer）以及助理教授洪振洲，分別在國內外發表多篇與「數位典藏」有關的論文，佛教學院十多年來在數位佛學方面的努力，受到國內外相關領域人士的一致肯定。

2009年佛教學院承辦第二屆世界佛教論壇的分論壇——「佛教的心靈環保」；並且與台灣清華大學、挪威奧斯陸大學及日本學習院大學聯合舉辦「東亞靜坐傳統暨佛教禪坐傳統聯合國際研討會」，共有來自台灣、日本、韓國、中國大陸、澳洲、美國、加拿大、挪威、義大利等二十多位學者，

發表十一篇論文，校長惠敏法師及陳英善、蔡伯郎教授等也發表相關論文，展現佛教學院在禪修理論與實踐的研究成果。

12月19、20日舉辦「ZEN與科技教育研討會」，邀集國內醫學、宗教、資訊科技及藝術文化等相關領域專家，分別從禪法、腦神經科學、多媒體互動科技、人文關懷的角度，探討禪修結合科技的發展現況，並展示多媒體科技的成果。對營造「以人為本，科技為用」的智慧生活，具有前瞻性的意義。

二、專題演講與學術交流

為了拓展學生的知識領域，提昇研究素質，並且涵養人文關懷的氣度與胸懷，本校定期舉辦大師講座以及專

「ZEN與科技教育研討會」及工作坊,由十位來自人文及資訊科技界的學者,分別發表其研究成果。

題演講。98學年度的大師講座,邀請中央研究院院士張廣達教授演講「大乘佛教的發展與東傳」,大師嚴謹的治學態度與開放豁達的胸襟,成為全校師生嚮往學習的典範。

專題演講部分,共舉行十三場,演講主題涵蓋佛學、藝術、應用心理學、研究方法、佛教與當代社會、數位典藏、佛教文物保存與維護等。演講者除了國內的專家學者之外,更有來自日本、美國、蒙古、德國、中國大陸的專家學者。

學術交流方面,本年度來訪的國際學者共有十人、國際學生四人次,團體方面則有來自日本、中國大陸、泰國以及國內的中研院、台北藝術大學

等。如此多元化的接觸交流,不但拓展了學生的知識領域,也使學生的學習、興趣和研究方向得以和世界接軌。

三、校外合作

4月2日佛教學院與台灣科技大學合作開設「人文關懷與社會參與學程」,內容整合了禪修、生命教育與社會關懷等主題,課程內容兼含理論與實務。這是透過正規的學程,將佛法的智慧以及禪修的方法,推廣到一般大學的全新嘗試。

4月8日與東山高中簽署「教育夥伴關係合約書」,雙方將相互支援教育資源,合作聯結高中與大學間的研修教育,為佛教教育的向下扎根工作展開新頁。

金山醫院院長李龍騰(左起)、金山醫院董事長陳榮基、方丈和尚果東法師、惠敏法師,共同簽署臨床宗教師培育暨訓練合作計畫。

10月27日與北海岸金山醫院共同簽署「臨床宗教師培育暨訓練合作計畫」，將臨床宗教師的培訓納入正式的佛教教育學程，對本土化的靈性照顧發展，以及佛教界參與安寧療護的培訓，將有很大的助益。

佛教學院，從專業的佛學研究出發，通過跨領域的交流合作，不但豐富了佛教教育的內涵，更強化了佛法活用於現代社會的能量。同時，也將佛法慈悲、智慧的精神，推向世間，讓更多人認同「提昇人的品質、建設人間淨土」的理想，甚至願意為這個理想一起努力。

中華佛學研究所

中華佛學研究所，歷經三十年的辛勤耕耘，帶領台灣的佛學研究和國際佛學研究接軌，培育了不少傑出的佛學專業人才。

2009年6月，中華佛研所最後一屆學生畢業，教育人才的工作全面由2007年成立的佛教學院接手，中華佛研所則完全轉型為漢傳佛教研究單位，今後，將致力於推動漢傳佛教的學術研究與出版工作，為弘揚漢傳佛教開創新局。

6月13日至8月31日，該所與佛教學院合辦「中華佛學研究所暨法鼓佛教學院30＋3成果回顧展」。三十年來，中華佛研所招生二十五屆，共二百一十五名畢結業生，提交一百一十四篇畢業論文，舉辦過四次

國際佛學會議，邀請海內外知名學者發表論文共計一百五十一篇；與日本、美國、俄國、中國大陸等國家的十所大學簽署學術交流協定書。尤其以與台灣大學「佛學數位圖書館暨博物館」合作的佛學資料數位化工作，對佛學資料的儲存運用以及當代的佛學研究影響深遠。

中華佛研所發行的《中華佛學學報》是從1987年開始，將已經出版八期的《華岡佛學學報》改名而來，截至今年已出版二十二期，專門刊載國內外佛教相關之文史哲、藝術、心理、教育等學術性論文，每年出刊一期，以中日英等語言發表，從二十一期開始，則改為英文版，廣由中、美、英、日、德等海內外重要研究機構與圖書館收藏。

轉型為漢傳佛教研究單位的中華佛研所，目前將以宋代至明代的佛教研究為主，並計畫在2010年復刊《中華佛學研究》期刊，繼續為弘揚漢傳佛教的時代使命而努力。

法鼓山僧伽大學

聖嚴師父對於漢傳佛教在現代化過程中的最大貢獻之一，就是透過規畫完整的教育體制來培育解行並重、僧格完備的漢傳佛教宗教師，而法鼓山僧伽大學就是實現此理想的重要教育單位，同時也是法鼓山僧團培育新僧命的搖籃。

在3月15日的招生說明會上，方丈

和尚果東法師特別轉述聖嚴師父捨報前的指示：「僧大招生的腳步應該更積極，招生的人數沒有上限，也沒有地域之分，因為不只台灣，新加坡、馬來西亞、俄羅斯、美國，世界各地到處都需要優秀的漢傳佛教宗教師。」因此3月27日至4月2日，僧大又前往馬來西亞、新加坡，展開「僧大東南亞招生暨悅眾關懷」活動。9月12日大學院聯合開學典禮會上，有來自台灣、澳洲、香港、馬來西亞等地的三十三位新生，進入僧伽大學，踏上全新的生命旅程。

聖嚴師父生前期勉僧大學僧必須培養二種能力：一是寫作、二是弘講。

《法鼓文苑》編輯小組齊心協力，共同催生屬於學僧的刊物。

為了有效提昇學僧在這方面的能力，5月1日僧伽大學創刊了以刊登學僧作品為主的《法鼓文苑》，這是從學僧的立場出發，完全由僧大學僧自己策畫、編輯、製作的刊物，充分呈現學僧自己的思想，不但可以激發學僧的思考能力，也可以提昇寫作的能力。

僧大東南亞招生行在馬來西亞舉辦「生命體驗營」，共有七十五位青年學員參加。

5月2至3日，舉辦首次講經交流會，共有十六位學僧參加，藉這個活動，讓學僧互相觀摩學習，增進弘講能力，為未來的弘化使命，奠定良好的基礎。6月13至14日的佛學系畢業製作發表會，共有九位學僧發表作品，內容涵蓋弘化

僧大「世界咖啡館」活動引導學員反思生命價值，進而發願奉獻。

課程設計、法會行門之實踐運用等，不但扣緊聖嚴師父的理念，更關注於僧團的發展和需要，藉此培養學僧分析、整合、溝通、創意的能力。

2009年另外值得一提的是，僧大副院長果光法師4月9日在香港浸會大學所舉辦的緬懷聖嚴法師的學術研討會上發表〈聖嚴法師的理念、思想與實踐〉的演講，以及5月30日在佛教僧伽教育國際研討會上發表〈悲願傳承──法鼓山尼僧教育之回顧與展望〉的論文，使聖嚴師父建僧的悲願和遠見，以及僧伽大學的辦學理念，廣受學術界和佛教界的矚目。而4月18、19日在高雄和台中二地舉辦的「世界咖啡館World Café」活動，由僧大師生一起引導一百五十多位青年學生，藉著聖嚴師父所展現的生命典範，深刻探討生命的意義和價值，讓僧大的教育理念，傳播到法鼓山園區之外。

法鼓大學

法鼓大學籌備處在3月29日正式進駐位於台北市延平南路的法鼓德貴學苑之後，籌備處的藝術、公益、環境、人生學院，分別推出各種活動，均獲得熱烈的回響。

藝術與文化學院

為採集佛教藝術田野圖照以及培訓藝術義工，於1月9至23日舉辦「發現印度」佛教石窟藝術行旅，所拍攝的圖像資料，將收藏於法鼓大學佛教藝術數位典藏系統中，為相關的教學、研究工作建構完善的圖檔資料庫。2月13至15日與覺風佛教藝術文化基金會共同主辦「2009亞洲佛教藝術研習營」，探討佛教經典與圖像的關係，共有兩百三十位學員參加，帶動國內佛教藝術研究的風潮。

法鼓大學籌備處人生學院舉辦「人生café」系列講座，引領學子深入體會「心靈環保」的內涵。該場由中研院歐美研究所副所長單德興（右前）、台北大學社工學系副教授楊蓓主講（右後）。

人生學院

2009年共舉辦三場人生café講座，著眼在如何轉換「心」的狀態，以達到淨化心靈的目的，為如何協助眾生體現「心靈環保」，提供了多元的具體實踐方案。例如將禪法結合書寫，或透過更細膩地向內觀察心的活動過程，而達到轉換的可能；或結合肢體的表演，以紓解觀眾內心的困擾等。而表演者以肢體語言和觀眾對話的「一人一故事劇場」，更與法鼓山青年院合作，未來將結合法鼓山八八水災的「四安專案」，深入災區，為災後的心靈重建工作服務。

另外，舉辦了三個系列共二十七場的「心的鍛鍊」課程，共有兩百二十七人參加。由僧團法師與法鼓大學籌備處助理教授辜琮瑜聯合授課，藉由禪宗祖師的生命智慧，提供現代人面對問題、處理問題的心法。並且舉辦了三個系列共二十四場的「電影中的禪機」系列課程，透過電影的賞析，深入探討禪的意境，以及有關生死和人際關係等議題。嘗試將一般人的娛樂活動，轉化成提昇心靈層次的資糧。

環境學院

4月22日為世界地球日，法鼓大學於德貴學苑舉辦「2009世界地球日——法鼓大學節能減碳工作坊」講座，除了介紹法鼓大學籌備處所在的德貴學苑，如何在改建屋齡三十五年的舊大樓的過程中，實踐節能減碳的理想，並由專家針對居家生活，提出如何兼

「法鼓大學節能減碳工作坊」在地球日這天，與世界同步關懷地球。

參與的新思維和行動方向，同時在這樣的跨領域交流中，也逐漸勾勒出了符合時代需要的公益學院發展藍圖。

大學院教育是法鼓山推動大普化及大關懷教育的活水源頭，可說是法鼓山三大教育的樞紐，從大學院教育所展現的成果，不難看出，聖嚴師父「立足中華，放眼世界」的教育理想，不但被大學院各教育單位具體實踐，並且正以更多元化的面向，將「心靈環保」的種子撒向世界各角落，為「提昇人的品質，建設人間淨土」的理想，凝聚更多的共識。

文／常延法師
（法鼓山僧伽大學專任講師）

顧生活品質，又能省電減碳的妙方。本活動被正式登錄在世界地球日官方活動中，與全球兩億人同步關懷地球與生態環保。

12月26日城中扶輪社捐兩百棵樹給法鼓大學，這些樹兼具了過濾浮游塵、防治污染以及水土保持的機能，對建設法鼓大學為綠色大學有具體加分的意義。

公益學院

2009年舉辦四場以數位時代的公益參與為主題的「法鼓公益論壇——數位公益」系列講座，共邀請了十位專家學者，和大眾分享網路時代的公益參與、言論自由與公民社會等議題，不但開啟數位世代公民

2009年法鼓公益論壇，聚焦數位公益的研討。

● 01.09～23　04.11

法鼓大學舉辦「發現印度」藝術行旅、分享會
參訪重要佛教遺址、博物館

林保堯教授分享佛教石窟藝術行旅心得。

　　為採集佛教藝術田野圖照以及培訓藝術志工，法鼓大學籌備處藝術學院於1月9至23日，舉辦「發現印度」佛教石窟藝術行旅，邀請台北藝術大學美術史研究所教授林保堯擔任領隊，共有二十人參加。

　　此行主要參訪地點，包括十處佛教重要石窟，例如象島石窟（Elephanta Caves）、可內里石窟（Kanheri Caves）、卡爾利石窟（Karli Caves）、巴賈石窟（Bhaja Caves）等；三處博物館，如威爾斯王子博物館（Prince of Wales Museum）、秣菟羅政府博物館（Government Museum, Mathura）、新德里國家博物館（National Museum, New Delhi），以及桑奇佛塔（Stupa of Sanchi）、卡朱拉霍神廟（Khajuraho Temples）、泰姬瑪哈陵（Taj Mahal）等歷史建築。

　　這次參訪，配合專業攝影師及法鼓大學藝術義工的協助，在諸多光線條件相當不佳的石窟中，拍攝高品質的圖像，這些資料將典藏於該校佛教藝術圖片數位典藏系統中，做為相關教學、研究以及出版參考使用。

　　該院並於4月11日，在德貴學苑舉辦「2009『發現印度』佛教石窟藝術行旅經驗分享會」，邀請林保堯教授主講，介紹印度佛教遺址的建築與雕刻；同行的成員陳政峰、李瑞欽以及莊淑惠，也分別就「佛教與石窟藝術」、「堆砌、開挖與造形」、「印度聖境·內在聖域」等主題，與大眾分享這趟行旅的心得與收穫。

● 01.21

佛教學院敦聘中研院謝清俊教授
提昇佛學資訊課程

　　佛教學院聘請中研院資訊科學研究所研究員謝清俊為名譽教授，校長惠敏法師於1月21日致贈聘書予謝清俊教授，自97學年度第二學期（2009年2月1日）

起生效。

佛教學院為借重學界及教界的優秀教師，提昇該校師資陣容及教學內涵，於2009年1月7日本學年第二次校務會議中通過「名譽教授敦聘辦法」；校長惠敏法師隨後提名謝清俊教授為該校首位名譽教授，經9日系所級教師評審委員會及19日校級教師評審委員會，二級二審通過、再經校長核定後敦聘之，並於21日致送聘書。

謝清俊教授為交通大學電子研究所博士，歷任交通大學、台灣科技工業學院（現台灣科技大學）教職暨行政主管職；自1983年擔任中研院研究員迄今，並於1983年至1990年間，籌設電子計算機中心並擔任籌備主任。

謝教授與佛教學院的因緣甚深，自該校前身中華佛學研究所時期，即合作電子佛典計畫、數位圖書館暨博物館計畫等；於該校籌設以至成立的過程中，以及佛學資訊組的設立等均給予有力的協助與建議；目前亦擔任該校佛學資訊組課程委員之一。

謝清俊教授長期致力於研究工作，對於佛典數位化亦有卓越的貢獻，佛學資訊課程為該校特色之一，佛教學院期盼他的加入，能使該校在此領域的發展更上層樓。

惠敏法師親贈名譽教授聘書予謝清俊教授，歡迎謝教授加入佛教學院師資陣容。（左起依序為杜正民副校長、惠敏法師、謝清俊教授伉儷）

● 02.13～15

法鼓大學舉辦亞洲佛教藝術研習營
探討佛教經典與圖像關係

由法鼓大學籌備處、覺風佛教藝術文化基金會及艋舺龍山寺共同主辦的「2009亞洲佛教藝術研習營」，2月13至15日於台北縣龍山寺板橋文化廣場一連舉行三天，共有兩百三十位學員參加，包括二十位籌備處藝術義工。籌備處校長劉安之、覺風佛教藝術文化基金會負責人寬謙法師皆出席開幕致詞，感謝各界對這項活動的支持。

本次研習營主題為「圖像與經典」，邀請國內佛教藝術學者，包括台北藝術大學美術史研究所教授林保堯、文化大學史學系教授陳清香、台南藝術大學藝

術史與藝術評論研究所副教授潘亮文等十位，分別以「印度桑奇佛塔」、「淨土經典」、《地藏經》等主題，進行專題演講，探討佛教經典與圖像的關係。

法鼓大學籌備處表示，希望藉由研習營的舉辦，拓展學員對佛教經典與圖像藝術的認識，具體認識佛教藝術源流與變遷；而

法鼓大學籌備處校長劉安之致詞，感謝各界對亞洲佛教藝術研習營的熱烈參與。

參與研習營的二十位義工，未來將積極協助籌備藝術學院，為國內佛教藝術教學與研究增添新的生力軍。

● 02.16

中國大陸佛教協會來訪
交流培育宗教人才經驗

中國大陸中國佛教協會副會長學誠法師、祕書賢杰法師，以及該會會刊《法音》雜誌主編盧潯一行三人，於2月16日參訪佛教學院及僧伽大學，由方丈和尚果東法師、僧團副住持果品法師、中華佛研所榮譽所長李志夫代表接待，並舉辦座談會，進行交流。

座談會中，由中華佛研所所長兼佛教學院研修中心主任果鏡法師介紹佛教學院、僧大的創校宗旨與成立經過；並說明兩校教育體制及教學特色，讓來賓了解法鼓山培育宗教人才的情形。

學誠法師一行來訪，與佛教學院及僧伽大學進行交流。

會後，學誠法師一行至教育行政大樓參訪，實地了解兩校的硬體設備和上課情形，對學校教學設備的完善與環境的清淨，留下深刻的印象。

● 02.17

佛教學院原「創辦人時間」
改為「董事長時間」

2月17日，佛教學院每學期一次，由創辦人聖嚴師父對全校師生做開示的「創辦人時間」，由法鼓山方丈和尚果東法師，以「大悲心起，願願相續——聖嚴師父之最後歸程與遺願」為題，為全校師生做開示。

首先，方丈和尚說明聖嚴師父捨報前三個月的病況，師父即使臨將捨報，始終保持正念分明、平靜安寧，珍惜生命中的每一分、每一秒，聽取弟子們關於推動弘化

方丈和尚勉勵佛教學院師生，共同完成聖嚴師父未竟的悲心宏願，以報答師恩。

事業的報告。方丈和尚勉勵全校師生，要發起大悲願心，共同完成師父未竟的悲心宏願，以報答師恩。此外，也再次重申，今後法鼓山僧俗四眾將秉持師父的教理指導及法鼓山的理念，持續推動淨化人心與社會的使命，繼承師父的悲願，願願相續。

方丈和尚開示後，校長惠敏法師表示，今後每學期一次的「創辦人時間」，將改為每學年一次的「董事長時間」，由該校董事長，也是法鼓山的方丈和尚來為師生們做開示，關懷大眾。

「創辦人時間」向來是佛教學院師生企盼的時刻，而今聖嚴師父捨報圓寂，師生們除了感傷與追思，更立志要循著師父的足跡，繼續完成弘揚佛法、淨化世界的悲願。

● 02.23～27

佛教學院參與數位典藏與學習會議
深耕數位佛學獲肯定

2月23至27日，佛教學院參與協辦「2009年數位典藏與數位學習國際會議」（TELDAP International Conference 2009），由校長惠敏法師、副校長杜正民、圖書資訊館館長馬德偉（Marcus Bingenheimer）等代表參加，發表多篇論

文。杜副校長並擔任會議議程委員，負責規畫兩場以「佛教數位典藏」為主題的論壇。

這場由行政院國家科學發展委員會、全球研究圖書館（Global Research Library 2020）、博物館電腦網路協會台灣分會（Museum Computer Network, Taiwan Chapter）共同舉辦的會議，於中研院人文社會科學館三樓舉行，有來自美國國會圖書館（Library of Congress）、英國大英圖書館（British Library）、愛爾蘭數位人文學術組織（Digital Humanities Observatory）、德國哥廷根大學（University of Göttingen），及日本京都大學等多位數位典藏專家。會中，各國學者分享交流彼此的經驗，也探討了數位典藏的展望、挑戰與未來。而佛教學院十多年來在數位佛學方面的努力，也受到國際人士的一致認同。

佛教學院表示，中華電子佛典協會（Chinese Buddhist Electronic Text Association, CBETA）的電子佛典為學界廣泛使用，地理資訊系統（Geographic Information System, GIS）也廣受好評，目前正進行藏經典籍、台灣佛教、高僧傳等數位計畫，持續朝佛學數位典藏資源整合努力。

● 03.15

僧大舉辦招生說明會
方丈和尚分享聖嚴師父建僧悲願

僧大於3月15日在法鼓山園區教育行政大樓舉辦98學年度招生說明會，為青年學子說明法鼓山僧大的特色和目標，院長方丈和尚果東法師、副院長果光法師及果肇法師等皆出席，當天有近五十位海內外青年參加。

僧伽大學是法鼓山大學院教育的重要一環，而僧大的發展也是聖嚴師父捨報前最關心的事之一。方丈和尚於說明會中表示，師父建僧的理念承襲自太虛大師，太虛大師一生致力建僧，因緣卻不具足。有鑑於佛教需要人才，師父發願要建立漢傳佛教的清淨僧團，再以僧團的力量來推動法鼓山的理念，淨化世界、淨化人心。方丈和尚強調，師父建僧的悲願，就是要由僧大做起，以僧大為弘傳漢傳佛教的基地，培養宗教師。

方丈和尚轉述聖嚴師父捨報前的特別指示：僧大招生的腳步應該更積極，招生的人數沒有上限，也沒有地域之分，因為不只台灣，新加坡、馬來西亞、俄羅斯、美國，世界各地到處都需要優秀的漢傳佛教宗教師。

談到就讀僧大的條件，果光法師認為，僧大是一所適合所有人就讀的學校，只要有心修行，都可以進來讀。法師表示，僧大學僧個性成熟、心地善良，且大多思考過生命的意義，明白生命的價值何在，所以能在修行生活中找到生命

的著力點。

　　目前就讀的學僧中已有多名外籍學僧，而這次說明會上也有一位來自澳洲的青年李察‧克利福頓‧史密斯（Richard Clifton Smith）。他因閱讀聖嚴師父的英文著作而開始學佛，並於一個月前即來台為報考僧大做準備。

● 03.27～04.02

僧大東南亞招生暨悅眾關懷行
展開大專院校交流會、生命體驗營

　　僧大副院長果光法師、僧大男眾部學務長常惺法師、僧大常炬法師，及佛教學院總務長果峙法師、國際發展處常文法師等一行五人，於3月27日至4月2日，前往馬來西亞、新加坡，展開「2009僧大東南亞招生暨悅眾關懷」活動。

　　27日法師們一抵達馬來西亞，便至文良港（Setapak）

常文法師於馬來西亞博特拉大學佛學會，與青年學子們進行交流。

佛教會、沙登（Serdang）佛教會等地，與拉曼大學（University Tunku Abdul Rahman, UTAR）、博特拉大學（Universiti Putra Malaysia, UPM）、國際醫藥大學（International Medical University, IMU）等多所大學院校學生進行交流；30日則分別在馬來西亞護法會、新紀元學院（New Era College）大禮堂兩地，與馬來西亞大學（University of Malaya, UM）、英迪學院（Inti College Malaysia, INTI）、新紀元學院等院校學生交流。

　　28、29日兩天，於馬來西亞修成林展覽中心舉辦「生命體驗營」，以「World Café」形式設計不同主題，藉由不斷更換組別，讓七十五位青年學員在增加互動時，層層深入了解自己，探索內心世界。許多學員表示，從來不曾如此深入遇見自己。學員不僅藉著體驗營從「心」了解自己，對聖嚴師父建僧的願心、僧大的辦學使命，更有了具體的認識。

　　29日，進行一場果光法師與馬來西亞佛學院院長繼程法師的深度對談，以「禪來纏去——大人物小故事」為題，和信眾們分享追隨聖嚴師父及竺摩法師的出家因緣，與兩位長老的行誼事蹟。

31日，則分別由果光法師和常文法師帶領舉辦「英文禪一」；由常悟法師主持海外的第一場「大悲心起‧願願相續──護法悅眾關懷行」活動，引領信眾藉著觀看聖嚴師父圓寂佛事進行過程的紀錄影片，體悟師父帶給社會大眾的生命教育。

結束馬來西亞的關懷行程，法師們轉往新加坡。4月1日於新加坡護法會舉行〈大悲咒〉持誦法會，共同為社會大眾祈福；並由常悟法師主持一場佛法講座，以「世界盡頭的觀音‧四川賑災分享」為題，與民眾分享他參與四川賑災的體會。

4月2日上午，於當地舉辦悅眾培訓課程，推動法鼓山的禪修與教育理念；晚上常文、常矩兩位法師們與大家分享了在聖嚴師父圓寂佛事期間的內心感受，並期勉悅眾共同承續師父的悲願，護持正法，盡形壽奉獻社會大眾。

● 04.02

佛教學院與台科大合辦人文關懷學程
跨校推廣佛教教育

2009年2月，法鼓佛教學院與台灣科技大學合作開設「人文關懷與社會參與學程」；4月2日，佛教學院校長惠敏法師、台科大校長陳希舜於台科大舉行記者會，說明學程的內涵、學生參與修學的情況等，共有一百多位師生前往了解課程概況。

佛教學院與台科大於2008年4月締結為姊妹校，2009年兩校首次合作開辦「人文關懷學程」。學程由惠敏法師統籌，內容整合了禪修、生命教育與社會關懷等主題，規畫有「心靈提昇實作」、「人文社會經典導讀與省思」、「社會參與實作」、「關懷個案教學」四大課程，兼含理論與實務。例如由中華佛研所所長果鏡法師教授的「心靈提昇實作」，便是將禪修導入課程，引導學生隨時觀照身心的變化，學習自我的情緒管理。

在台科大舉行的記者會上，惠敏法師（右）、陳希舜校長（左）帶領同學在現場打坐、體驗禪修。

參與修課的一位學生分享,一開始不知道如何靜下心,在法師帶領下,逐漸學會在日常生活中放慢腳步、感受自己情緒的起伏。選修「臨終關懷與照護課程」的同學則表示,這門課讓他學會珍惜生命,也更懂得關心、幫助別人。

● 04.03

法鼓大學開辦人生café講座
單德興、楊蓓分享「禪與心靈療癒」

法鼓大學籌備處人生學院開辦「人生café」系列講座,首場於4月3日在德貴學苑進行,邀請中研院歐美研究所副所長單德興、台北大學社會工作系系主任楊蓓,以「禪與心靈療癒」為題進行對談,由法鼓大

單德興副所長(右)、楊蓓系主任(左)分享「禪與心靈療癒」。

學籌備處人生學院助理教授辜琮瑜擔任引言人,法鼓大學籌備處校長劉安之也到場關懷,有近一百二十人參加。

單德興副所長首先介紹華裔美籍作家湯亭亭(Maxine Hong Kingston)所主持的寫作工作坊,她以寫作來幫助退伍軍人進行心靈療癒,自1993年推動後,幫助許多退伍軍人走出重創,工作坊並轉而推行和平運動。單副所長並分享自身兩次參與該工作坊的經驗,指出文學就像一面鏡子,反映人的生存;寫作治療就如一種面對自我的過程,讓人活在當下,將傷痛轉化成力量,退伍軍人寫作坊就具有這樣的功能。

楊蓓系主任回應指出,湯亭亭透過禪修與寫作的結合,在心理治療上稱作「生命書寫治療」,透過書寫可以進行自我療癒;此外,像園藝、雕刻、拼布治療等都具有類似的效益。西方心理治療在高度發展後,轉向取材東方的禪修取材,現在流行身、心、靈療癒的「全人治療」,其實便是東方的生命傳統。

現場有許多聽眾曾有禪修經驗,對文學也很有興趣,所以對兩位café主人提出許多相關問題,包括如何面對自己的創傷、如何幫助親人走出創傷、禪修觀點如何解讀文學、禪修如何幫助心靈療癒等,互動十分熱烈。

● 04.08

佛教學院與東山高中締約
合作連結高中、大學間的研修教育

4月8日，在佛教學院週年校慶典禮上，校長惠敏法師與台北市私立東山高級中學校長陳佳源，代表兩校共同簽署「教育夥伴關係合約書」，在方丈和尚果東法師、東山高中董事長悟圓法師及現場一百多位來賓、師生觀禮下，為佛教教育向下扎根開展新頁。

方丈和尚（右二）、惠敏法師（右一）、陳佳源校長（左一）、悟圓法師（左二），慶賀兩校締結為教育夥伴。

方丈和尚致詞時，感念聖嚴師父對佛教教育的願力與支持，成就了今日佛教高等教育的發展；而長期關注佛教教育的東山高中，於1971年由多位佛教青年共同創設，一向受到東初老人和師父的關心與肯定。方丈和尚期許兩校的合作，能為佛教教育注入新活力。

陳佳源校長表示，由於親身經歷佛教辦學的艱辛，因此更加珍惜每個推廣佛教教育的機會；惠敏法師特別舉出他在學生時代接觸佛法的因緣，點出當前佛教教育向下扎根的重要性。

佛教學院自2007年成立以來，陸續與國內外知名院校締結姊妹校，強化跨領域的國際學術交流。2009年與東山高中締約後，雙方將共同規畫課程、支援教育資源，並計畫以東山高中為實習學校，辦理進修推廣教學，以銜接高中與大學間的佛教教育及研修。

● 04.09

香港浸會大學舉辦緬懷聖嚴師父研討會
探討法鼓山與公民社會等議題

香港浸會大學於4月9日，以聖嚴師父與法鼓山為主軸，舉辦一場「現代佛教論述中的公民社會與新倫理」研討會，共有來自兩岸三地數十位學者參加，就公民社會、漢傳佛教、禪宗與倫理等主題進行深入探討，會中共發表八篇論

文。這也是師父圓寂後,各界緬懷師父的第一場會議。

研討會一開場,香港佛教聯合會宗教事務監督覺真長老以〈人天師範〉為題,述說他與聖嚴師父六十五年前同在狼山出家、在靜安寺佛學院同學,且同為焦山定慧寺法嗣等的深厚法緣。長老推崇師父推動中國佛教與禪學世界化、跨文化的成就。

接著,法鼓山僧伽大學副院長果光法師代表方丈和尚果東法師進行主題演講。果光法師將聖嚴師父的理念發展分為發願、潛修、弘法、開山、圓滿五個階段,說明師父在每一時期的生命歷程,以及所留下的豐實教法,都是值得研究的學術議題。

香港大學佛教研究中心主任淨因法師分析,聖嚴師父把佛教對「心」的轉化與昇華運用到倫理上,強調心念的影響是佛教倫理判準的特徵,亦是「心六倫」在時空上獨具的廣泛適應性;法鼓佛教學院校長惠敏法師則以師父的「寂滅為樂」與「無事忙中老」等遺言偈語,闡釋其生死倫理觀。

香港中文大學人間佛教研究中心主任學愚法師,則聚焦於聖嚴師父創立中華禪法鼓宗的歷史和現實意義;香港浸會大學宗教及哲學系副教授吳有能從社會運動的框架理論,探索法鼓山提倡的四種環保、「心五四」或「心六倫」運動等,為何能引起社會各界的支持與認同。

香港浸會大學國事學會感佩聖嚴師父的學術成就與社會貢獻,因而主動發起這場學術研討會。吳有能教授表示,研討會的訊息發布後,即迅速獲得來自世界各國諸多學者的回響,顯見師父對當代社會與佛教的深遠影響。

香港浸會大學舉辦「現代佛教論述中的公民社會與新倫理」研討會,果光法師(右六)及與會成員合影。

植下研究聖嚴思想的根苗

香港浸會大學研討會開創學術新領域

　　聖嚴師父在2009年2月3日捨報圓寂後，無論在教界、社會，乃至兩岸、國際上，都引起極大震撼。媒體不但廣為悼念師父的思想行誼，並深入報導他一生致力推動提昇人品、建設淨土的悲願。

　　學術界亦未缺席，聖嚴師父捨報後兩個月，香港浸會大學於4月9日，舉辦一場以「現代佛教論述中的公民社會與新倫理」為主題的研討會，共有來自兩岸三地數十位學者參加，就公民社會、漢傳佛教、禪宗與倫理等主題進行深入探討。

以研討會紀念聖嚴師父

　　此一研討會，緣起於香港浸會大學國事學會對聖嚴師父卓越學術成就與社會貢獻的感佩，因而主動發起。該校宗教及哲學系副教授吳有能表示，舉辦訊息一發布，隨即得到來自世界各國諸多學者的回響，顯見師父的生命歷程、思想理念、弘化行履等，對當代社會與佛教的深遠影響。

　　研討會開場，由香港佛教聯合會宗教事務監督覺真長老致詞，長老以〈人天師範〉為題，述說他與聖嚴師父的法緣深厚，並推崇師父是自太虛大師、印順長老以來，當代佛教史上碩果累累、著作等身的文化僧、學問僧；他並認為，做為推動漢傳佛教與禪學的世界化、跨文化領域的賢聖僧，師父獨特的建樹、貢獻與成就，在當代佛教史上無可替代。

　　接著，由法鼓山僧大副院長果光法師代表方丈和尚果東法師，在會中以「聖嚴法師的理念、思

香港浸會大學於4月9日舉辦「現代佛教論述中的公民社會與新倫理」研討會。

想與實踐」為題，進行專題演講。法師將師父的理念發展分為五個階段：發願期（1961年以前）、潛修期（1962～1975年）、弘法期（1976～1988年）、開山期（1989～2005年）、圓滿期（2006～2009年）等。

果光法師說明，在八十年歲月中，聖嚴師父本著「將佛法的好，與更多人分享」的願心，孜孜不倦地學習成長，希望以現代化的語言，將佛法與人分享。接著逐步開展出極其豐富的生命歷程，無論是就學、從軍、閉關、留日、赴美弘化，乃至回到台灣開山、辦教育等，都足以供學術界做為研究題材、學習典範。

至於師父所發起的心靈環保、心六倫、心五四等運動，或人間淨土思想、戒律、漢傳禪佛教思想，乃至教團組職、弘化方式等，都是學術上值得跨領域研究的重點。

心六倫於現代倫理學展現的價值

這場研討會以聖嚴師父及其所開創的法鼓山為主軸，規畫三個場次，共發表八篇論文，內容包括心六倫、中華禪法鼓宗、弘化方式，以及自傳書寫等議題。

「心六倫」為聖嚴師父在2007年提出並倡導的運動，香港大學佛教研究中心主任淨因法師在論文中分析指出，師父把佛教對「心」的轉化與昇華運用到倫理上，確立佛教倫理判準不僅在於行動論或結果論，更強調心念的影響，這是佛教倫理判準的特徵，亦是「心六倫」在時空上獨具的廣泛適應性。淨因法師並強調說明，這應是聖嚴師父的戒律學與心六倫對現代倫理的最大貢獻。

法鼓佛教學院校長惠敏法師則以聖嚴師父的「寂滅為樂」與「無事忙中老」等遺言偈語，闡釋其生死倫理觀。法師從師父的禪修系列著作中，窺探其如何將「解脫生死」的禪法，運用於人間，成為心六倫的六種倫理之深層基礎。

中華禪法鼓宗的立宗問題

另一備受關注的議題為法鼓宗立宗的討論。香港中文大學人間佛教研究中心主任學愚法師從傳統宗說和宗派形成的背景，檢討並分析傳統佛教在歷史進程中不斷超越的精神與重要性，進而探討聖嚴師父創立「中華禪法鼓宗」的歷史和現實意義。

學愚法師指出，每一個時代都可以創造新的佛教，中華禪法鼓宗便是一個新的佛教模式。宗派的成立都延續傳承並具獨特創新，沒有傳承就沒有根本，沒有創新則無從發展。其中，繼承是契理的問題，創新發展則是契機的問題。至於檢驗宗派建立的依據，學愚法師以《佛祖統紀》中的：

「近世諸師，立傳之法，當用三例。一曰觀行修明，二曰講訓有旨，三曰著書明宗。」來說明聖嚴師父可謂要件具足。

學愚法師進一步陳述，中華禪法鼓宗是以聖嚴師父對佛法的體悟為根本，於佛法大海中進一步開發，更因應當代社會需求，以中國大乘佛教的傳統和經典為依據，開展出新的佛教模式。

最後學愚法師提出「後聖嚴時代」之說，他認為，聖嚴師父提供我們很深廣的文化與佛教遺產，因此在師父捨報後，如何進一步發展中華禪法鼓宗，當是此刻的關鍵課題。因弟子如不能超越師父，則宗派建立不起來，宗派不是第一代建立便完成，需要第二代、第三代、第四代青出於藍而勝於藍，才能真正立宗。

從框架理論觀法鼓山的社會影響力

僧大副院長果光法師發表主題演講。

此外，針對聖嚴師父所提出的心靈環保、四種環保、心五四運動、心六倫，以及諸如法鼓山的共識等觀念與方法，香港浸會大學宗教及哲學系副教授吳有能則從社會運動的框架理論來探索。吳有能教授指出，師父將諸多論述連結、統整、串聯，進而形成新的論述，而此新論述，能在人間佛教本身的主導論述外，動員社會中其他人士的情感庫存及輿論支持。

例如社會上有許多非佛教徒，因認同聖嚴師父提出的心靈、禮儀、生活及自然等四種環保，進而接觸法鼓山，認同法鼓山理念。這種連結性運用，能非常有效使法鼓山在動員佛教的情感庫存外，進一步吸引並動員到其他認同這些理念的社會大眾。法鼓山這一開創性的弘法手法，訴諸正覺的理念，符合社會需要，又能爭取到佛教內外的廣泛支持，所以能夠取得廣大的社會回響。

同時，法鼓山的理念框架，無論是四種環保、心五四或心六倫，都反映出法鼓山能因應現代社會變遷，與時並進，提出種種新框架。吳有能教授期待法鼓山能繼續推陳出新，則法鼓宗必能慧命相續，澤被寰宇。

獨特的生命故事與敘說

另一個受到矚目的議題是，聖嚴師父的生命行履充滿轉折，在文學家眼中是精彩的故事和研究的素材。從台灣台中教育大學語文教育系副教授彭雅玲的研究角度，四本師父傳記內容或詳或略、重點不一，但都體現了師父的清淨本心、遊化弘法、慈悲胸懷、化俗救世的偉大思想與人格情操。

透過傳記，當代社會對聖嚴師父有許多不同的觀察面向，如佛教學者、教育家、苦修苦行的宗教家、熱心於淨化社會的社會學者，但彭雅玲教授依師父的自述而指出，「是現實種種因緣把他推上這樣的道路，因此法師認為自己的身分只有一個——佛教的和尚——也就是以弘揚佛法與化導眾生為志業的佛教徒。」

也因為聖嚴師父自我定位為弘法利生的和尚，所以反映在傳記上的特色是：重視讀者的敘述取向，描述過程淡化神通經驗，語言文字淺易但內容深刻，不僅是個人生命史、修行史的紀錄，也反映大時代的動盪，表達了師父獻身佛學以及學佛弘法的決心。

聖嚴師父的生命與精神，深深烙印、影響了許多人，宛如仍在人間。覺真長老在致詞時引用一位詩人所說：「有的人死了，他還活著。」來譬喻師父的精神與法身常存。吳有能教授在會後亦表示，師父本身的學術與修證成就極高，所以會議中無需夸夸其談，便能自然彰顯法師的成就。

也因此，這項研討會還有一個重大的意義——啟發世人，在緬懷一代大師之餘，更要弘揚其精神志業，才能隨著聖嚴師父在菩提道上，心心相印，燈燈相續，先後輝映，共證菩提。

「現代佛教論述中的公民社會與新倫理——緬懷法鼓山聖嚴法師研討會」議程表

議程	與會貴賓／學者	
開幕式	貴賓致詞： 覺真法師（香港佛教聯合會宗教事務監督） 果光法師（法鼓山僧伽大學副院長）	
主題演講	聖嚴法師的理念、思想與實踐／果光法師	
聖嚴法師的倫理觀	主持：譚偉倫（香港中文大學宗教及文化系教授）	
	題目	發表者
	佛教與現代倫理	淨因法師（香港大學佛教研究中心主任）
	聖嚴法師之生死倫理觀	惠敏法師（法鼓佛教學院校長）
	中華禪法鼓宗的立宗問題	學愚法師（香港中文大學人間佛教中心主任）
禪宗與法鼓山	主持：黃敏浩（香港科技大學人文學部副教授）	
	題目	發表者
	禪宗的實踐性格	鄧紹光（香港浸信會神學院教授）
	聖嚴法師與居中之道：祖師傳承線亦即 自他解脫之門	巴利・史蒂本（Barry Steben） （香港中文大學翻譯系導師）
法鼓山與聖嚴法師	主持：果賢法師（法鼓山文化中心副都監）	
	題目	發表者
	框架與台灣人間佛教的精神動員模態 ——從法鼓山談起	吳有能 （香港浸會大學宗教及哲學系副教授）
	簡論聖嚴法師心六倫生活倫理篇中的 「家庭倫理」的經典依據	廣興法師 （香港大學佛教研究中心助理教授）
	求法、弘法與化世：當代台灣僧侶自傳 的書寫——以聖嚴法師的中文自傳為例	彭雅玲 （台灣台中教育大學語文教育系副教授）

● 04.14～06.09　04.29～06.24　07.07～09.01

法鼓大學開辦「心的鍛鍊」系列課程
向禪宗祖師汲取生命智慧

果慨法師藉六祖惠能的事蹟，為學員講授「本來面目」。

法鼓大學籌備處人生學院於4月14日至6月9日、4月29日至6月24日、7月7日至9月1日期間，每週二晚上在德貴學苑開辦「心的鍛鍊」系列課程，由僧團法師與法鼓大學籌備處助理教授辜琮瑜聯合授課，講解禪宗祖師大德面對問題、處理問題的心法。共有兩百二十七人參加。

「心的鍛鍊」系列課程，第一系列的主題為「超越逆境的心法」，由僧團法師透過許多禪宗祖師的故事、語錄、對話等，搭配現代社會的生活實例和詮釋，引導學員探討如何面對逆境，以及超越逆境、超越自我為轉機，提供大家另一種處事的態度與精神。共有八十三人參加。

第二系列的主題為「轉運任運」，辜琮瑜老師藉由禪詩、禪語，與大家分享「山不轉水轉，水不轉路轉，路不轉人轉，人不轉心轉，心不轉，向後轉」的觀念，說明只要心能轉得開來，自然能有隨處自在的好風光，也是鍛鍊心思的轉動之鑰。共有三十人參加。

第三系列的主題則是「開發心能量」，法師引導學員探究禪宗祖師們勇健的生命情調背後，所蘊涵的生命能量；並指出，人可以渾渾噩噩地活著，也能精神奕奕地過日子，差別不在於外境如何，而在於用什麼樣的心態與動機，面對生活與生命的歷程，期勉大家不斷充實精進。共有一百一十四人參加。

2009年法鼓大學「心的鍛鍊」系列課程

系列	日期	講題	講師
超越逆境的心法	4月14日	緣起——日日是好日怎麼來的？	果慨法師
	4月21日	大道透長安（趙州從諗）	常慧法師
	4月28日	隨處作主，立處皆真（鎮州臨濟慧照禪師語錄）	果暉法師
	5月5日	求生不得，求死不得（曹山本寂禪詩）	常寬法師
	5月12日	兩頭俱截斷，一劍倚天寒（日本禪詩，聖嚴說禪）	常持法師
	5月19日	珍重大元三尺劍，電光影裡斬春風（無學祖元）	果元法師
	5月26日	兩刃交鋒不須避，好手卻同火裡蓮（洞山良价）	果印法師

系列	日期	講題	講師
超越逆境的心法	6月2日	照顧腳下（《禪林類聚》）	常持法師
	6月9日	分享——把手共行	果光法師
轉運任運	4月29日	緣起——如何當個無事的貴人	辜琮瑜
	5月6日	死中得活的絕招	
	5月13日	擺脫災難的妙法	
	5月20日	滅卻心頭火自涼	
	5月27日	至道無難，唯嫌揀擇	
	6月3日	飢時吃飯睏來眠	
	6月10日	無可無不可	
	6月17日	一期一會喫茶去	
	6月24日	分享——安眠高臥對青山	
開發心能量	7月7日	本來面目（六祖惠能）	果慨法師
	7月14日	步步是道場（《禪林類聚》、明覺禪師語錄）	果賢法師
	7月21日	明珠在掌（趙州從諗）	常延法師
	7月28日	渠今正是我，我今不是渠（洞山良价）	常隨法師
	8月4日	心隨萬境轉，轉處實能幽（臨濟義玄）	常法法師
	8月11日	行亦禪、坐亦禪，語默動靜體安然（永嘉玄覺）	果見法師
	8月18日	一日不作，一日不食（百丈懷海）	果旭法師
	8月25日	啐啄同時（鏡清和尚，《聖嚴說禪》）	常詵法師
	9月1日	平常心是道（馬祖道一）	常悟法師

● 04.15

佛學數位典藏研討會舉辦
架構資訊交流願景

由行政院國家科學委員會「數位典藏國家型科技計畫——拓展台灣數位典藏計畫」主辦，法鼓佛教學院、中華電子佛典協會協辦的「佛學數位典藏資源整合研討會」，4月15日於中研院歷史語言研究所舉辦，會中並發表「2009年台北版電子佛典」的成果。佛教學院校長惠敏法師、副校長杜正民、圖書資訊館館長馬德偉、助理教授洪振洲，以及中研院歷史語言研究所研究員顏娟英、台灣大學資訊工程學系教授項潔、陳光華等皆出席發表論文。

會中，首先由擔任主題召集人的杜正民副校長說明此研討會的緣由與精神，乃希望藉由共同推動「佛學數位典藏資源整合」（Integrated Buddhist Archives, IBA）的概念，整合佛教文獻數位資源，

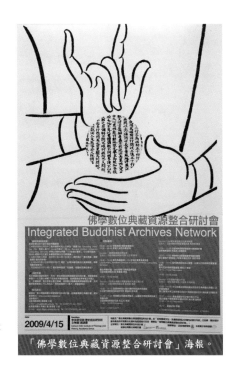

「佛學數位典藏資源整合研討會」海報。

建立一個檢索的平台,讓佛教文獻數位化工作者能共享資源和交流經驗,彼此相互支援。

國科會數位典藏計畫主持人林富士也在開幕致詞中引用了佛教觀點,讚歎佛學數位典藏資源是財布施、法布施、無畏布施,有無上功德;認為應將這些功德全部迴向給眾生,共同創造更多結合佛教智慧的數位內容與技術。

「2009年台北版電子佛典」是佛教學院延續CBETA過去十年的努力,進一步發展的成果。這項計畫在2009年的重點是《嘉興藏》數位化工程,至4月已完成兩百八十四部。佛教學院同時推動的計畫尚有佛教藏經目錄數位資料庫、詞彙與時空地理資訊GIS整合等,預計架構一個國際性的交流平台。這次研討會,正是邁向這個願景的第一步。

● 04.18～05.23　06.20～08.22　09.19～11.28
法鼓大學舉辦電影賞析課程
引導學員探討影片中的禪機

4月18日至11月28日期間,法鼓大學籌備處於週六下午在德貴學苑舉辦「電影中的禪機」系列課程,主題分別為「電影中的禪機」、「電影中的生死禪」、「電影中的關係禪」,由該校助理教授辜琮瑜解說電影中蘊藏的種種禪法,共有近一百五十人參加。

負責課程規畫和主講的辜琮瑜老師表示,電影是一種繁複的藝術形式,就與眾生的六根相應般,心念是什麼,看到的、聽聞到的便是什麼。因此,電影中所傳遞的聲光影像,尤其編劇、導演、演員的意念,也都會在看似娛樂的過程中,讓閱聽大眾於不知不覺間體會到其中的滋味。

該系列課程便是依照此概念設定幾項主題,再從不同的觀察視角,分別欣賞一些風格迥異的影片,引領學員觀察生命的種種面貌與內涵。三個系列影片賞析課程主要探討的內容,分別如下:

「電影中的禪機」系列,主要希望從電影中體會禪的意境;例如《蝴蝶效應》一片即是藉由錯綜複雜的因果關係,探討因緣的奧妙。

「電影中的生死禪」系列,則探討生死課題;例如女性電影《油炸綠番茄》中,兩位女主角在面對與自己非常親密的人意外往生之後,從極度悲傷中平復,再由彼此敵視變成相互依賴的過程,深究生死議題。

「電影中的關係禪」系列,以人際關係的課題為主;例如影片《橫山家之味》敘述一位帶著與亡夫所生之子再嫁的婦人,首度陪著丈夫回老家探望公婆和小姑,彼此關係發展的鋪陳,可說是關係禪的極佳詮釋。

每部電影的講題，辜老師均以一句話呈現片中的禪味與禪機，並鼓勵大家分享個人所體會到的「法味」，期望透過這種獨特的閱讀形式，讓學員相互學習與交流。

2009年法鼓大學籌備處「電影中的禪機」系列課程一覽表

主題	日期	講題	賞析電影
電影中的禪機	4月18日	就是此時，就在此刻	《深夜加油站遇見蘇格拉底》（Peaceful Warrior）
	4月25日	心的漂泊與駐足	《旅行者與魔術師》（Travellers and Magicians）
	5月2日	每一天都是新的一天	《今天暫時停止》（Groundhog Day）
	5月9日	放下與鬆綁	《下一站，幸福》（The Station Agent）
	5月16日	無常中的安住	《命運的十三個交叉口》（Thirteen Conversations About One Thing）
	5月23日	生命中的因緣交錯	《蝴蝶效應》（The Butterfly Effect）
電影中的生死禪	6月20日	療遇之旅	《伊莉莎白小鎮》（Elizabeth Town）
	6月27日	奇蹟發生在每一個當下	《心靈印記》（Scream of the Ants）
	7月4日	最終／陪伴／對話	《老爸的單程車票》（The Barbarian Invasions）
	7月11日	最難開口說再見	《童年舊事》（Hard Goodbyes: My Father）
	7月18日	無常的轉動與迴旋	《偶然與巧合》（Chance or Coincidence）
	7月25日	我是誰？	《忘了我是誰》（The Majestic）
	8月1日	跨越思辨與真實的溝渠	《油炸綠番茄》（Fried Green Tomatoes at the Whistle Stop Cafe）
	8月15日	活著原來不是理所當然	《生之慾》（生きる）
	8月22日	從封閉到釋放	《摯愛》
電影中的關係禪	9月19日	我該拿你如何是好？	《舞動人生》（Billy Elliot）
	9月26日	寂靜小鎮的公開私密	《寂寞死亡之日》（The Day Silence Died）
	10月17日	壓抑模稜的家常滋味	《橫山家之味》（歩いても　歩いても）
	10月24日	我在你生命存在的理由	《在天堂遇見的五個人》（Mitch Albom's the Five People You Meet in Heaven）
	10月31日	陪伴心關係	《天使的約定》（Marty's World）
	11月7日	公路上的寂寞身影	《史崔特先生的故事》（The Straight Story）
	11月14日	藝術殿堂的瓦解與重生	《夏日時光》（Summer Hours）
	11月21日	快樂的小元素	《布拉格練習曲》（Empties）
	11月28日	隱藏在抉擇與放捨中的幸福	《幸福的三丁目》（ALWAYS 三丁目の夕日）

● 04.18～19

僧大舉辦「世界咖啡館」活動
引導學員反思生命意義

台中法青在「世界咖啡館」活動中進行分組討論。

4月18至19日兩天，僧大於高雄紫雲寺及台中分院共舉辦三場「世界咖啡館World Café」活動，兩地主題分別為「從聖嚴師父回頭看自己的生命」、「找回自己」，由僧大法師帶領，共有一百五十多位青年學子參加。

在紫雲寺進行的兩場「世界咖啡館」活動，參加學員分別為法青會高雄分會的成員、高雄縣私立中山高級工商職業學校學生。活動首先由法師帶領大家進行身心放鬆，接著播放兩段影片，第一段影片的主題是「人生的思考」，引導學員探討生命的意義與價值，以及未來的方向等；第二段影片則以「一個人的願，能溫暖多少人的心」為題，描述聖嚴師父的生命歷程，說明師父最初發願「分享佛法」，不論身處順、逆境，從不放棄心中的理想，藉此引領學員發利益眾生的願，進而努力實踐。

於台中分院進行的「世界咖啡館」活動，同樣帶領學員以觀看聖嚴師父的生命歷程影片，反思自己的生命價值；活動下半場進行交流討論，由法師引導學員循序漸進地尋覓「找回自己」的方法。有學員分享表示，原來生活中許多的煩惱，是來自於對自我的不了解，和受限於自己所設的種種框架。主持人也分享了他從師父的開示中，體會到「找回自己」的方法在於：「盡心盡力做自己能做的、學自己應該學的、承擔自己應該承擔的；盡量地付出，並從中不斷修正自己」。

最後，主持人帶領大家發願：「每人每天多說一句好話，多做一件好事，所有小小的好，就會成為一個大大的好！」學員們除了在發願卡寫下自己的願，並分享、討論具體的行動方案。

● 04.22

法鼓大學節能減碳工作坊
與世界同步關懷地球

4月22日為世界地球日，法鼓大學籌備處於德貴學苑舉辦「2009世界地球日──法鼓大學節能減碳工作坊」講座，邀請財團法人余紀忠文教基金會執行祕書呂理德，以及台灣綠色生產力基金會講師黃建誠、台灣綠適居協會祕書長邱繼哲，與民眾分享居家生活節能減碳的方法；環保署署長沈世宏、法鼓大學籌備處校長劉安之也出席致詞。法鼓大學並首度對外展示如何建構德貴學苑為一棟綠色節能減碳的大樓。

「法鼓大學節能減碳工作坊」講座中，邱繼哲祕書長分享居家生活的省電妙方。

講座中，呂理德執行祕書以德貴學苑所在的大樓為例，說明法鼓山如何將這棟已有三十五年歷史的舊大樓，改造成符合現代環保理念的綠色大樓。德貴學苑從設計上考量環保功能，運用窗戶通風降低西曬、屋頂綠化以阻熱、提昇辦公室 e 化系統等硬體設施；並從食、衣、住、行、育、樂等生活方面，推出一百項環保減碳措施，每天記錄碳足跡，驗證節能減碳的成效。

黃建誠、邱繼哲兩位在分享居家生活的省電妙方時，均從電費單的說明，教導與會者看懂各項能源繳費單、分析計費內容，運用省時方式降低家用電器的功率；另外，改變居住環境的溫、濕度等物理變化，也都是可以達到省電與減碳的綠色作法。兩位專家強調，節能的同時，一樣能兼顧生活品質。

劉安之校長（左）為沈世宏署長（右）介紹德貴學苑的節能減碳功能。

法鼓大學這一場「節能減碳工作坊」，也正式登錄在世界地球日官方活動中，與全球兩億人口，在地球日這一天，同步關懷地球生態環保。

● 04.24　05.16　6.20　07.18

四場法鼓公益論壇舉辦

聚焦數位公益的研討

聽眾在「網路時代的公益參與」論壇中，進行熱烈討論。

為了關注未來的公益志業發展，法鼓大學籌備處公益學院於2009年在德貴學苑規畫四場「法鼓公益論壇——數位公益」系列講座，邀請專家、學者分享數位時代的公益參與，共有一百多人次參與。

首場於4月24日進行，邀請中央大學客家學院院長江明修主持，國際公益組織——一個村落基金會（One Village Foundation）創辦人唐瑋主講「網路時代的公益參與」，分享其十多年來在思科（Cisco）、非洲迦納及台灣的公益經驗與反思，引領大眾進入網路時代的公益世界，說明網路的普及，有益於公益志業的推展。

5月16日舉行第二場，邀請知世網絡（WWWins Consulting）資訊架構師陳啟亮主講「心理學與網際網路」，介紹資訊與網路中的「使用者經驗設計」（User Experience Design），強調關注使用者經驗與設計，將可以帶來新的視野，看見隱含在人性與社會脈絡中不斷演化的使用者行為。

第三場於6月20日舉行，邀請交通大學社會與文化研究所教授林瑞谷（Erik Ringmar）主講「部落客宣言與你」，探討各國部落格言論自由、寫作尺度等議題，認為部落格的言論應發展出一個新規範，符合情理和常識的規則；並就網誌寫作與言論自由相關問題，與現場聽眾進行交流。

7月18日進行第四場，邀請公共電視政論節目「有話好說」製作人兼主持人陳信聰分享「對話與數位公益」。他鼓勵大眾廣泛運用各種網路媒介，如噗浪（Plurk）、推特（Twitter）等平台，串連不同的社群，積極參與社會公益，形成影響社會的力量。

法鼓公益論壇於2008年3月展開，透過跨領域的交流，逐步建立共識，勾勒出公益學院的定位與發展藍圖；2009年以「數位公益」為主軸，著重網路時代的公益參與、言論自由、公民社會等議題探討，希望能開啟數位世代公民參與的新思惟與行動方向。

2009年「法鼓公益論壇」一覽表

主題	時間	主持人／主講人／回應人
網路時代的公益參與	4月24日	主持人：江明修（中央大學客家學院院長） 主講人：唐瑋（One Village Foundation創辦人） 回應人：李雪瑩（喜瑪拉雅基金會公益資訊中心主任）
心理學與網際網路	5月16日	主講人：陳啟亮（WWWins Consulting資訊架構師）
部落客宣言與你	6月20日	主講人：林瑞谷（交通大學社會與文化研究所教授） 回應人：鄭陸霖（清華大學社會學研究所教授） 　　　　曾昭明（台灣社會企業責任協會祕書長） 　　　　黃淑珺（崔媽媽基金會主任祕書） 　　　　鄭國威（蒙藏基金會專案經理）
對話與數位公益	7月18日	主講人：陳信聰（公共電視「有話好說」製作人兼主持人）

● 04.29

法鼓山與政大合辦「法鼓人文講座」
期許播下人文素養的種子

4月29日下午，法鼓山與政治大學於政大校史館舉行「法鼓人文講座」締約儀式，由方丈和尚果東法師與政大校長吳思華代表簽訂，人基會祕書長李伸一、人基會董事曾濟群、政大教務長蔡連康、學務長林月雲等人出席。

政治大學是繼台灣大學、成功大學、亞洲大學之後，法鼓山於國內設置「法鼓人文講座」的第四所大學。方丈和尚致詞時表示，聖嚴師父一向重視人文素質的培養與提昇，此次與政大合作設置人文講座，希望藉由教育的推廣，將人文科學的素養及知識落實在生活上，創建和樂共榮的淨土。

吳思華校長指出，政大畢業學生在政府單位服務的很多，因此政大有責任透過教育，把良善的品格帶出校園。他進一步表示，在推動經濟成長的理念下，社會普遍有重理工、輕人文的風氣，法鼓山是重視教育及人文關懷的團體，政大則是致力發展人文社會科學的大學，這次與法鼓山合作，希望可以為台灣、甚至全世界的人文教育盡一分力量。

「法鼓人文講座」未來將辦理系列人文教育講座，邀請關心人文議題的專家學者前往政大開課、演講，也將開設人文教育相關課程，提供政大學生研修，期許以更多人文教育活動，在校園播下人文素養的種子。

「法鼓人文講座」的締約儀式由方丈和尚、政大吳思華校長（左）共同簽署，期許在校園播下人文素養的種子。

● 05.01

僧大《法鼓文苑》創刊
學僧共同努力成就

　　為呈現漢傳禪佛教現代青年學僧的思惟與生活，並發揮僧伽教育功能，僧伽大學於5月1日發行《法鼓文苑》創刊號。

　　《法鼓文苑》的創刊，緣起於聖嚴師父於2008年10月僧大「高僧行誼」課堂上，分享1948年在中國大陸靜安寺佛學院創辦《學僧天地》的經驗，並勉勵僧大學僧，應當從學僧的立場共同創辦一份「屬於學僧的刊物」，最重要的是要能呈現學僧自己的思想，與提昇寫作能力。

僧大發行《法鼓文苑》創刊號出刊，呈現漢傳禪佛教現代青年僧的思惟與生活。

　　《法鼓文苑》是學僧們的創作刊物，從策畫、分工、編輯到設計完成，皆由僧大學僧共同努力成就。刊物內容豐富多樣，包括「專題」、分享個人修持心得的「聞思修‧練場」、「修行札記」；以書法、繪畫等創作，闡揚禪修意涵的「悠游藝海」；介紹科技資訊新知的「伽藍e點通」，以及收錄出家生活趣事的「山中趣聞」等單元。

　　創刊號的專題為「現代青年僧的時代使命」，並製作「感念師恩　以法依歸」特輯，除了感念聖嚴師父及三寶的法乳之恩，也希望藉此議題，讓學僧們思考如何在現代社會中達到奉獻服務的功能、如何展望未來的僧伽教育，以及世界佛教的願景。

　　《法鼓文苑》的出版，不僅呈現僧大學僧的學習成果，期能激發學僧們的思考能力，達到全面教育的功能。

● 05.02～03

僧大舉辦首次講經交流會
學僧展現弘講長才

　　為提昇學僧的弘講能力，5月2至3日，僧伽大學於法鼓山園區第三大樓舉辦首次「講經交流會」，由副院長果光法師、果肇法師，以及果賢法師、常寬法師、常惺法師、常慧法師擔任講評，共有十六位學僧參加。

　　果光法師於致詞時提及聖嚴師父生前對學僧的期勉——「僧大同學需要培養兩種能力，一是寫作能力，二是弘講能力」；並說明舉辦講經交流會，便是希望增進學僧的弘講能力，未來在弘法利生時，能以現代的方式傳達佛法的根本

精神,讓現代人較易於接受。

此次講經的題目包括《金剛經》、《心經》、《阿彌陀經》、《佛遺教經》、《八大人覺經》等,進行方式由學僧講經十五分鐘,再開放現場聽眾提問。每一位學僧的弘講方式各有特色,有的結構分明、條理清晰,有的以圖文方式呈現,生動活潑。

參加講經會的學僧們,以現代語言來詮釋經典。

最後進行總講評時,果光法師分享表示,大家在學校中成長,往後於弘法利生時,就能有成熟的呈現,勉勵學僧以度眾的悲願來自我成長。

● 05.08

「人生café」第二場
邀請「你說我演一人一故事劇團」展演人生戲碼

5月8日晚上,法鼓大學籌備處人生學院於德貴學苑舉辦「人生café」講座第二場,邀請「你說我演一人一故事劇團」表演人生戲碼,共有八十多人參加。

在法鼓大學籌備處人生學院助理教授辜琮瑜的引言後,表演接著展開。每位出場的演員唱著耳熟能詳關於母親的歌曲,團長李志強隨後為當晚的「人生café」破題,主題就是「母親」。李團長引導觀眾說出關於母親的故事,而演員隨即以不同形式,表演每位分享者的故事,帶給觀眾很大的驚歎與震撼。

一位母親上台說起自己與孩子之間的關係,就像風箏與放風箏的人,直到現在她

「你說我演」劇團團長李志強引導觀眾說出關於母親的故事,隨即由演員演出分享者的故事。

都還在學習如何與孩子互動。故事說完，演員隨即演出這位母親內心糾葛的情境。在座觀眾一面傾聽別人的故事，一面欣賞一場場故事上演，也開始主動表達出對於母親的感受或經驗。

李志強團長表示，在觀眾與演員的你說我演中，故事與故事之間也在對話，使現場形成一個多元的場域，無形中強化了彼此的互動與溝通。類似的表演形式在許多國家行之有年，並運用在多元文化的對話、教育、社區、輔導、團體治療、民眾劇場等方面。

表演結束後，所有演員席地而坐，與觀眾面對面進行交流。輔仁大學印度籍神父鄭穆熙（James Vyathappan）分享，他從來不知道表演可以如此貼近人心，這麼傳神地演出別人的故事，給予當晚的「人生café」高度的評價與肯定。

● 05.16

佛教學院首辦「法鼓百合花節」
高中學子體驗園區境教之美

為接引更多青年學子認識佛教學院、體驗法鼓山的境教特色，佛教學院佛教學系5月16日上午於法鼓山園區舉辦「法鼓百合花節」，內容包括園區生態觀察、闖關遊戲、大堂分享等。方丈和尚果東法師特別到場關懷，共有三十八位來自全台各地的高中生參加。

規畫此次活動的佛教學系系主任果暉法師表示，百合花節希望提供高中生一個「refresh」（再充電）的機會，暫時遠離都市塵囂與課業壓力，放鬆身心倘佯在百合花盛開的法鼓山園區，同時也將這個能量傳遞給身邊的年輕朋友。

學員分組至園區各處進行生態觀察，探索自然界的豐厚寶藏。

活動一開始，學員即分組至開山觀音公園、七棵雀榕、法印溪上游等區域進行生態觀察，透過植物標本的比對，以及拓印、素描、文字創作、攝影等記錄方式，探索自然界的豐厚寶藏。接著進行「樹在走路」課程，由禪堂板首果祺法師

帶領，透過觀賞法鼓山開山階段移植原生植物的短片《魯花樹搬家事紀——樹木移植之生態工程全紀錄》，讓學員一窺「樹會走路」的奧祕，認識大樹移植的生態工法，培養「一沙一世界，一樹一菩薩」的慈悲觀。

下午的「漫步在淨土」活動，引領學員發揮團隊合作精神，分組前往法鼓、禪修、彌陀等淨土闖關：「法鼓淨土」前往開山紀念館，認識聖嚴師父與法鼓山的歷史；大殿迴廊的「禪修淨土」則規畫了托水缽，讓學員練習在動中保持心念平和，專注於身體的每個動作；以謎語和尋寶遊戲為內容的「彌陀淨土」，則考驗學員的觀察力。最後，學員們運用上午蒐集的拓印與創作，攜手將一天的活動成果與感想，展現在海報上。

一位首次接觸法鼓山的學員表示，「法鼓百合花節」讓人一改對佛教的刻板印象，體會到佛教學院的活潑與生氣；而多次參訪法鼓山的學員則表示，每次上山都有不同的感受與體驗，很充實也很開心。不少學員相互約定，下一次百合花開時，還要一起上山充電。

● 05.30～06.01

法鼓山參與國際佛教僧伽教育研討會
果光法師發表聖嚴師父建僧悲願論文

5月30至31日，法鼓山受邀出席香光尼僧團、財團法人伽耶山基金會等單位，共同於艋舺龍山寺板橋文化廣場舉辦的「2009佛教僧伽教育國際研討會——現代尼僧伽教育之回顧與前瞻」，由僧大副院長果光法師以及文

在教育研討會中，果光法師（右二）配合投影片，介紹法鼓山僧伽教育的發展，說明聖嚴師父建僧的前瞻與恢弘。

化中心常悟法師代表參加，並發表論文，當天共有四百多位來自世界各地的漢傳、南傳與藏傳尼僧，以及佛教學者與會。

在第二場「現今台灣尼僧教育現況與成果」論文發表會上，果光法師發表〈悲願傳承——法鼓山尼僧教育之回顧與展望〉論文，首度將聖嚴師父對僧伽

教育的理念與實踐，完整而有次第地整理出來。珍貴的史料與清楚的論述，全面呈現師父建僧的悲願與遠見，廣受教界矚目。

果光法師析論聖嚴師父建僧的悲願來自太虛大師，更以東初老人所說的「當作宗教家」為自勉。而法鼓山僧伽教育，隨著1989年購得金山土地、2001年僧伽大學創校，也產生了階段性的轉變。

果光法師指出，法鼓山僧伽教育從淳樸的農禪寺院生活，發展為以「心靈環保」為核心的三大教育事業體系；由單純的師徒式僧伽教育，發展為學院式僧伽大學的基礎教育，以及僧團的終身教育體系。而今日法鼓山無論在僧伽制度、僧伽教育、禪修弘化與社會關懷等各方面的成果，在在彰顯出聖嚴師父建僧的前瞻與恢弘，也樹立了中華禪法鼓宗宗風。

6月1日，香光尼僧團方丈悟因長老尼率領與會代表至法鼓山園區參訪，由佛教學院佛學系系主任果暉法師、中華佛研所所長果鏡法師、僧大行政副院長果肇法師等教育單位主管執事代表接待，並進行座談。由於參訪者多為尼僧教育的執事者，此次座談重點在於法鼓山僧伽教育的各項實務，討論內容包括辦學資源、學僧出路，以及僧眾的終身學習等議題。

● 06.03

佛教學院舉辦藝術講座
邀請林季鋒分享創作佛畫的感動與法喜

6月3日，佛教學院於法鼓山園區第三大樓階梯教室舉辦佛教藝術講座，邀請佛畫家林季鋒主講「佛畫家的宗教情懷」，從佛教藝術發展歷史、中國藝術美學思想、佛法禪修體驗等觀點，分享創作佛畫的感動與法喜，由校長惠敏法師主持，共有五十多人參加。

佛畫家林季鋒帶來八幅佛畫作品，為佛教學院師生導覽解說。

東海大學美術系畢業的林季鋒，十九年前偶然看到一幅宋代彩畫《燃燈授記釋迦文圖》，描繪釋尊前

世為善慧尊者時，將頭髮披覆在泥地上，讓佛從他身上走過的故事，當下深受感動，於是開始嘗試創作佛像畫，進而全心投入白描佛畫創作。

林季鋒畫佛時，佛菩薩身上的每一筆線條，不問長短粗細，都是一筆畫完。他表示，作畫之時「空諸一切，心無罣礙」，暫時與外境絕緣，不去想過去、未來。心念、呼吸與眼、手一致，專注運筆，憑藉的是禪定的工夫。

林季鋒認為，畫佛講究的是「神形兼備」，諸佛菩薩的智慧與慈悲，唯有靠深刻的信仰才能體會，否則技法再純熟，充其量也只能掌握「形」。而創作佛像的感動，雖是自己獨享，但他發願要讓別人看到他的佛像畫也能生起歡喜心，把法喜傳遞給所有觀者。

講座最後，林季鋒導覽解說自己創作的八幅佛畫作品，凝練流暢的線條，令佛教學院師生發出陣陣讚歎。

● 06.05～07

佛教學院受邀出席「經典翻譯協會」圓桌會議
由圖資館馬德偉館長代表參加

6月5至7日，佛教學院受邀參加美國洛杉磯西來寺「經典翻譯協會」（Sutras Translation Council）舉辦的首屆「漢傳佛經翻譯會議」（Council on the Translation of Buddhist Sutra），由圖資館館長馬德偉（Marcus Bingenheimer）代表參加，有近五十位來自美國、日本、台灣等國的佛教學者、寺院與佛教機構代表出席，交流對現代佛教經典翻譯的意見與作為。

會議期間共舉行兩次圓桌會議，學者們分成兩組，分別討論「現今翻譯計畫」、「早期中國佛教譯經工作」、「禪宗典籍之翻譯」、「電子化工具」、「翻譯之爭議」、「翻譯對象——信徒或學者」等六個專題，以佛學研究者、教學者、翻譯者、佛教修行者等不同觀點，交流漢傳佛教經典翻譯想法，會議中對於「失落及毀損的文本重建」及「辭典編纂之專用術語」等議題有深入的討論。

馬德偉館長於會議中，介紹佛教學院與中華電子佛典協會資料數位化現階段成果，示範加上標點、人名、年代註腳、3D立體地圖的《梁高僧傳》，及中國佛教各大名山的史地志，為佛教學者的翻譯與研究省下許多搜索時間，深獲與會學者的肯定，並期許早日完成。

與會學者在大會上達成共識，2010年將繼續舉辦第二屆，且會議時間延長為五天的「佛經翻譯營」（Sutra Translation Workshop），廣邀在學學生與有志於佛經翻譯工作者的參與。

● 06.12～13

佛教學院舉辦佛教文物保存與維護工作坊
提供理論與實務學習

葛瑞·愛德森教授（左三）講解並示範佛經保護盒的製作方式，校長惠敏法師（左二）亦參與聆聽。

為使佛教文物得以傳承延續，6月12日起一連兩天，佛教學院與輔仁大學博物館學研究所於法鼓山園區圖資館共同舉辦「2009佛教文物保存與維護工作坊」，邀請前美國德州理工大學（Texas Technological University）博物館館長暨資產管理研究所教授葛瑞·愛德森（Gary Edson）、輔仁大學博物館學研究所兼任助理教授余敦平進行演講及實務製作，約有五十位學員參加。

該工作坊由佛教學院校長惠敏法師主持，12日舉行兩場專題演講，首先由葛瑞·愛德森教授主講「預防性保存與紙質檔案管理」（Preventive Conservation & Dealing With Paper Archives），闡述紙質文物預防性保存的重要性與概念要點；第二場由余敦平老師主講，講題是「微小環境的控制──以文物保護盒為例」，說明保護箱盒對於紙質佛教文物的保存環境控制與處理，以及使用製作實務上的重要觀念。演講後並進行與會人士的經驗分享，對於文物保存維護的觀念、保存維護方式、文物適用的保護材料，及保存環境應注意事項，都有更完整的了解。

13日的課程，由愛德森教授講解並示範佛經保護盒的製作方式，包括保護材料的選擇、各種功能的紙質保護箱盒設計與運用、製作工具介紹，以及實際動手為佛經量身訂做保護箱盒等，每位學員均獲得難得的實務經驗。

● 06.13～08.31

中華佛研所三十週年成果展
回顧培育佛教人才的歷程

6月13日至8月31日，中華佛研所與佛教學院合作，於法鼓山園區舉辦「中華佛學研究所暨法鼓佛教學院30＋3成果回顧展」，呈現中華佛研所三十年來的發展歷程。13日並於國際會議廳舉辦啟展典禮，由該所第一屆畢業生僧團果祥法師主持，中華佛研所董事今能長老、法鼓山方丈和尚果東法師、佛教學院校

長惠敏法師、中華佛研所所長果鏡法師、榮譽所長李志夫教授、護法總會總會長陳嘉男，以及華梵大學董事長修慈法師、福嚴佛學院院長厚觀法師等，皆出席典禮，包括各界護法大德、各屆校友共有兩百多人參加。

方丈和尚致詞時，引用聖嚴師父的開示勉勵創辦三十年的中華佛研所，做為法鼓山三大教育的活水源頭，未來要破除「守成不易」的迷思，掌握法鼓山的理念繼續發展，共同推動淨化人心、淨化社會的工作。

現任所長果鏡法師致詞時，則與大眾分享中華佛研所自1978年聖嚴師父接任所長以來，前後招生二十五屆，共有二百一十五名畢結業生完成學業，已有一百一十四位學生提出畢業論文。法師進一步指出，三十年來，不少校友在國內外佛教界、學術界、出版界服務，為社會乃至世界貢獻力量，不枉當年師父辦學的用心。

惠敏法師說明，中華佛研所的價值除了培養專業的學術人才，更重要的是聖嚴師父念茲在茲的佛教教育，不但帶動了佛研所的成長、佛教學院的成立，整個法鼓山的建設，都是在這個願心下一起推動。

典禮中，佛教學院一年級研究生康吉良，發表自己創作的歌曲〈回家〉，緬懷聖嚴師父三十年來，用願心耕耘佛教教育的慈悲與智慧，深深感動了現場所有與會者。

典禮後，與會來賓隨著中華佛研所祕書陳秀蘭的導覽，回顧該所三十年來的發展，從走過文化大學的華岡、北投地區的中華佛教文化館，進而安頓座落於北海岸的法鼓山。透過一張張圖表與照片，聖嚴師父辦學的願心與因緣、歷年的教育與學術活動、師長與學生等，都一一重現大眾面前。

「30＋3成果回顧展」啟展典禮上，各界來賓齊聚一堂。（右起依序為陳柏森建築師、法鼓山副住持果暉法師、厚觀法師、惠敏法師、前中華佛研所教師會靖法師、方丈和尚、新文豐出版公司董事長高本釗、修慈法師、藍吉富教授、果鏡法師、李志夫教授、東海大學哲學系教授陳榮波）

佛研所創立三十週年
圓滿教育使命　再啟漢傳佛教研究新局

　　法鼓山三大教育的活水源頭——中華佛學研究所，歷經數十年辛勤耕耘，2009年正式邁向三十而立之年。回首過去，中華佛研所嚴謹的學術訓練，造就了不少傑出校友；展望下一個三十年，在法鼓佛教學院接手教育人才的任務後，佛研所將致力推動聖嚴師父一心繫念的漢傳佛教研究，承先啟後，為弘揚漢傳佛教開啟新局。

　　1978年10月，聖嚴師父於獲得日本立正大學博士學位的第三年，應中國文化大學創辦人張其昀先生之邀，接下中華學術院佛學研究所所長一職，此後便積極投入培育佛教人才的工作。三十年來，中華佛研所辦學成果斐然，佛教史專家藍吉富教授指出，中華佛研所讓國際學界認同台灣的佛學研究，並為台灣佛學研究扎根，培育了許多教界菁英；此外，還推動宗教學院的學歷認證，讓佛教教育的發展大步邁進，該所的種種努力，對佛教產生了深遠的貢獻。

　　自2005年起，中華佛研所向教育部申請改制為「法鼓佛教學院」；2007年，法鼓佛教學院獲准設立，專業的佛學教育終於受到教育部的承認，也得到社會大眾的重視。至此，中華佛研所不但圓滿階段性任務，將過去培育人才的使命，轉由法鼓佛教學院接手；同時更承擔起聖嚴師父的期許，朝推動漢傳佛教研究的目標前進，讓漢傳佛教在國際學術界獲得重視。

　　現任中華佛研所所長果鏡法師表示，目前該所的研究方向鎖定宋代至明末的佛教研究，因為此時期的研究質量目前相對匱乏，有很大的發展空間，也是當今國際佛學研究的趨勢。

　　另一方面，中華佛研所的成就不只限於學術貢獻，更有著佛陀悲智的踐履，例如廣獲社會回響的「大悲心水陸法會」，相關的儀軌，背後的佛學、歷史根據，就是經由佛研所師生的考證，進行相關的修正、改革。做為法鼓山三大教育的活水源頭，佛研所的研究成果，將是法鼓山推動淨化人心工作的基礎。

中華佛研所三十週年大事記

時間		重要記事
年	月	
1965	9	中國文化大學創辦人張其昀先生創立「中華學術院佛學研究所」，是為中華佛研所的前身。
1978	10	聖嚴師父應聘為中華學術院佛學研究所所長，並出版《華岡佛學學報》，成為學術研究的重點工作。

時間		重要記事
年	月	
1984	8	因內、外緣丕變，中華學術院佛學研究所停止招生。
1985	7	聖嚴師父於北投文化館創辦「中華佛學研究所」（簡稱中華佛研所），招考第四屆研究生，以延續佛教高等教育事業。
1987	7	獲教育部核准立案，成為國內第一所正式立案之佛教高等教育暨研究機構，並於8月22日舉行開幕典禮。同年，將《華岡佛學學報》更名為《中華佛學學報》。
1988		自本年度起開始聘任專任研究人員，同時設置各大學碩、博士論文獎學金。
	7	舉辦首屆大專佛學夏令營，此後每年舉辦。
1989	4	開始著手遷建計畫，於台北縣金山鄉購置土地，命名為法鼓山，以建立國際佛教教育文化中心為目標，積極建設。
	10	與日本佛教大學佛教文化研究所締結姊妹校，簽署學術交流合約書。
1990	1	於台北中央圖書館，舉辦第一屆「中華國際佛學會議」，以「佛教倫理與現代社會」為本屆會議主題，並以「佛教傳統與現代社會」為永久會議主題，計有來自二十餘國，一百多位學者參加，共發表四十二篇論文。
	7	與泰國法身寺簽署交流合作契約。
	11	與美國密西根大學（University of Michigan）佛教文學研究所簽署學術合作同意書。
1991	1	與日本立正大學佛教學部簽署學術交流同意書。
1992	1	教育部核准方甯書教授代理聖嚴師父擔任所長。
1992	7	於台北圓山大飯店舉辦第二屆「中華國際佛學會議」，會議主題為「傳統戒律與現代世界」。李登輝總統先生特頒書面賀電，計有來自十餘國，一百多位學者參加，共發表二十六篇論文。
1993	7	董事會申請籌設法鼓人文社會學院一案，經教育部「新設學校審核會議」審核通過。
	9	成立法鼓人文社會學院籌備委員會，由聖嚴師父擔任主任委員，方甯書教授為副主任委員，聘請李志夫教授為主任，主持籌備事宜。
1994	3	與日本駒澤大學佛教學部簽署學術交流同意書。
	7	由中國文化復興總會主辦、中華佛研所承辦的「佛教與中國文化國際學術會議」，於台北中央圖書館舉行，共有四十六篇論文發表。
1996	7	方甯書所長卸任，轉任董事會常務董事；李志夫教授接任所長，仍兼法鼓人文社會學院籌備處主任。
1997	7	於台北國家圖書館舉辦第三屆「中華國際佛學會議」，會議主題為「人間淨土與現代社會」，共發表四十六篇論文。
1999	5	與中國大陸中山大學宗教文化研究所及南京大學中國哲學與宗教文化研究所，簽署學術交流協定書。
	10	與台灣大學「佛學數位圖書館暨博物館」簽定經營合作契約，負責「佛學數位圖書館暨博物館」的資料蒐集、組織與數位化等工作。
2000	10	與俄國聖彼得堡大學東方學系簽署學術交流同意書。
2002	1	於中研院學術活動中心舉辦第四屆「中華國際佛學會議」，共發表三十七篇論文。
	3	圖書資訊館舉行啟用典禮。
	8	與中國大陸中國人民大學佛教與宗教理論研究所簽署學術交流同意書。
	9	與美國維吉尼亞大學（University of Virginia）宗教系簽署學術交流同意書。
	11	各宗教代表成立宗教研修學院促進會，推舉李志夫所長為總幹事，負責推動宗教教育納入正式學制。
2003	9	與中國大陸山東大學宗教、科學與社會問題研究所簽署學術交流協定書。
2004	3	教育部三讀通過「私立學校教育法第九條修正案」，確定未來宗教教育研修學院可授予學位。
	10	申請籌設「法鼓佛教研修學院」。
2006	12	第三任所長李志夫榮退，任榮譽所長；僧團果肇法師任所長。
2007	4	「法鼓佛教研修學院」正式揭牌成立，開始招收第一屆研究生，共有十五位研究生入學。佛研所停止招生。
	12	所長果肇法師卸任，法鼓佛教研修學院研修中心主任果鏡法師接任第五任所長。
2009	9	中華佛研所最後一屆學生畢業，正式轉型為漢傳佛教研究單位。

● 06.13～14

僧大佛學系畢業製作發表會舉辦
九位學僧展現創意佛力

6月13至14日，僧大於法鼓山園區教育行政大樓舉辦「第五屆畢業製作發表會」，共有九位僧大佛學系畢業學僧發表論文研究成果。與會者除了僧大師生，也邀請了各畢業製作的指導老師，以及參與教案試行的法青會會員參與，僧大院長暨法鼓山方丈和尚果東法師也到場關懷。

方丈和尚致詞時，肯定今年學僧們所選擇的主題緊扣著聖嚴師父的理念，並以僧團的發展和需要為考量，著重於實際運用的面向，而非純粹的學術研究。

發表會上，每位學僧們各以三十分鐘發表作品，並接受二十分鐘現場提問或回饋，最後請指導老師做講評。

2009年的畢業製作，議題涵蓋信仰、弘法方式與聖嚴師父的理念。參與發表的九位學僧，分別以獨立作業，或兩人團隊合作方式，完成其畢業製作。其中，常林法師與常勳法師的作品〈遊戲三昧〉，提出了一系列具創意的參學課程，例如請參與者扮演金山原始動植物的「我是原住民」、結合念佛與創意的舞步等活動，讓來訪者在體驗禪修境教之外，增添一份具趣味的遊戲。

覺迦法師和常仁法師共同完成了富含教育意義的影片——《觀心過堂》，影片中，以活潑的繪圖及配音，介紹始自古代叢林生活，出家人五堂功課之一的「過堂吃飯」。而常庸法師所研究的〈跨國性企業組織之策略模式分析〉，則提出法鼓山朝向國際化發展的可行方案評估。

以行門為研究主題者有：常庵法師的〈法鼓山淨土懺之初探〉、常福法師的〈禪修課程資料蒐集與規畫〉。另外，常照法師則是以聖嚴師父所推動的「心六倫」為主題，提出〈心六倫資料庫及國小教案設計〉，期盼心六倫運動能在國小教學中推動。常峰法師所探討的〈觀音信仰對於心靈環保的作用〉，則是解析觀音信仰與法鼓山的核心主軸「心靈環保」之間的關係和功用。

在畢業製作發表會上，僧大學僧設計結合念佛與創意舞步的教案，並請法青會學員現場示範。

最後，副院長果光法師讚歎學僧們的認真與投入，並且勉勵畢業學僧，不管製作的成果好與否，最重要的是過程的用心，即便是挫折，也是一個重要的收穫，因為這個過程即在自我認識，也學習到如何與他人溝通、互動、合作，每一個過程都是最好的學習。

「畢業製作」強調學以致用，是佛學系第四學年最重要的課程之一；期許學僧在校期間，即能確立學習方向及目標，並在製作的過程中加強分析、整合、溝通等能力，同時培養自我管理與時間管理的能力。

● 06.16

法鼓大學「人生café」講座第三場
繼程法師分享打開禪眼　看見世界真善美

法鼓大學籌備處人生學院於6月16日晚上，在德貴學苑舉辦第三場「人生café」講座，邀請聖嚴師父法子，同時也是馬來西亞佛教學院院長的繼程法師主講「禪眼看花花世界」，分享如何修養禪心，打開禪眼，看見世界的真實與善美，共有四百多人參加。

四百多位聽眾一起聆聽繼程法師分享如何修養禪心，打開禪眼看世界。

繼程法師從世人皆愛的「美的事物」出發，說明心的三種基本作用：感性、理性與意志作用。當六根接觸外境時，首先是通過「感性」作用來審美，但只從感性去分別外在美感是不夠的，應該往內在審查，用「理性」思惟，從真實的角度，看見更深一層的美感；而如果願意透過「意志」行動，把美的事物與人分享，便是慈心的展現。

法師指出，心的三種作用是相互關聯的，我們可以運用禪修調整內心。當不斷往內在修行，很多煩惱會浮現，只要用無常、空的觀念去看它，知道它是因緣和合，從真實的角度去看它，練習把它放下；過程中，還要用善的意志力量，將心轉化到善的方向，拔除苦惱，增長快樂。

繼程法師進一步分析，禪就是清淨的心，用禪心看世界，就像佛看一切眾生都是佛；如果能修養內心，達到清淨的境界，那麼欣賞一切外在的世法就會不一樣，都能看見美的一面。

法師舉例，在一九六〇年代，有些西藏喇嘛在中國被關了三十年，但從沒有停止過修行，因為這些喇嘛們不覺得那是監牢，反而是修行的道場、是一片淨土，這就是用禪心看世界。

最後，繼程法師勉勵大家，快樂是自己給的，試著每天早上醒來，給鏡子中的自己一個燦爛的微笑，將是美好一天的開始。只有對自己好的人，才能對別人好；只要時時刻刻都好了，日日就是好日！

由於聽講者相當踴躍，主辦單位另闢了第二現場，讓無法進入主會場的聽眾透過視訊，聆聽繼程法師的演講。

● 06.22～07.06

杜正民副校長赴英參訪大英圖書館、牛津大學
研究創意禪修空間

6月22日至7月6日，佛教學院副校長杜正民受邀前往英國大英圖書館（The British Library）及牛津大學（Oxford University）考察，進行敦煌寫卷相關禪學文獻研討與蒐集、多語言佛典文獻目錄國際整合研究，及執行國科會補助專案「ZEN──『輕安一心』創意禪修空間研究」計畫的相關研究資料蒐集。

考察期間，杜正民副校長與大英圖書館「國際敦煌研究」主任蘇珊·魏菲德（Susan Whitfield）及相關人員討論敦煌寫卷資料、以XML建構資料庫的格式，以及資源分享的國際標準等。於文獻內容方面，除研究該館著名的斯坦因（Marc Aurel Stein）敦煌佛教文獻資料外，同時也與山姆·菲克（Sam Van Schaik）研討敦煌密教資料（Dunhuang Tantric Collection）以及該資料庫的製作格式，並擬以此做為未來國際經錄合作的基礎之一。

6月27日至7月2日，杜副校長應牛津大學計算中心（Oxford University Computing Services, OUCS）副主任盧·伯納德（Lou Burnard）之邀，至該中心介紹及研討國際文件編碼標準（Text Encoding Initiative, TEI）的最新發展，並參訪相關資源設施。

另外，也參訪牛津大學正念中心（The Oxford Mindfulness Centre, OMC），與該中心小組成員交流討論。該中心是牛津大學的一個跨領域合作計畫，由該校佛學研究中心與精神學系（The Department of Psychiatry）及醫院（Oxford Warneford Hospital）於2007年合作成立，希望利用禪修的正念（Mindfulness）

概念，整合佛學、心理治療與學術研究，用以治療現代人的慢性病，尤其是因心理壓力而引發的疾病。

7月3日，杜副校長參加於英國倫敦大學亞非學院（SOAS University of London）舉辦的英國佛教學會年會（UK Association for Buddhist Studies, UKABS Annual Conference 2009），此為佛教界重量級的會議，藉此可了解英國佛學發展現況；並邀約英國佛學研究者參加2011年將於台灣舉辦的第十六屆IABS國際佛學會議（International Association of Buddhist Studies Conference 2011），獲得許多回饋與建議。

杜正民副校長此次英國行，不但使台灣佛教數位典藏的發展與國際接軌，也讓台灣TEI的技術與國際研究機構相互交流分享；英國牛津大學正念中心結合佛學禪修與心理治療的研究，也提供佛教學院相關研究發展與合作的方向之一。

杜正民副校長（右四）參訪英國牛津大學正念中心，並與該中心小組成員互相交流討論。

● 07.20～27

佛教學院與佛研所師生赴大陸考察
兩岸學界進行佛、道文化探源

7月20至27日，佛教學院及中華佛研所師生一行共十一人，由校長惠敏法師和所長果鏡法師帶領，前往中國大陸甘肅省參加蘭州大學宗教研究所舉辦的「海峽兩岸隴東佛、道文化學術考察」活動。

此行主要考察擁有大量佛教、道教文化遺址的甘肅省平涼、慶陽兩地，及部分陝西省佛、道教文化景觀。

21日首站為甘肅省博物館，參觀絲路文明、甘肅遠古彩陶以及甘肅古生物化石等。22至27日，參觀隴東重要石窟，以須彌山石窟為主；以及道教第一名山平涼崆峒山，平涼博物館，南石窟寺、西王母祖庭——涇川王母宮與唐代大雲

佛教學院與中華佛研所師生於彬縣大佛寺前合影。

寺；參觀甘肅四大石窟之一的北石窟寺、慶陽地區合水縣博物館，與甘肅省級重點博物館——靈台博物館及靈台碑林、彬縣大佛寺等。期間，25日上午參加一場於涇川舉行的會議。

此次學術考察活動，期盼能有助兩岸學界了解佛、道文化發展之間的淵源。

● 08.02～04

惠敏法師出席「漢文佛典語言學」研討會

期許融合漢傳、南傳、藏傳佛教精華

8月2至4日，佛教學院校長惠敏法師應邀參加「漢譯佛典語法研究國際學術研討會暨第四屆漢文佛典語言學國際研討會」，該研討會由中國大陸北京大學主辦，於浙江寧波香山教寺舉行，有近六十位兩岸學者與會。

此次研討會，決議在香山教寺設立「中國漢文佛典語言學研究基地」，對於漢文佛典的研究與推廣，別具意義。

會中，惠敏法師發表〈漢譯佛典語法之「相違釋」複合詞考察——以玄奘所譯《瑜伽師地論》為主〉論文。法師觀察此次研討會，共有近十篇梵漢對照佛典語言研究論文發表，這是佛典語言研究的一項趨勢。有感於佛教學院雖然重視梵、巴、藏之佛典語文與教義的學習，但是仍須再加強佛典語文的能力，惠敏法師希望融合漢傳、南傳、藏傳佛教之精華，開創佛教教學的新紀元。

這項研討會由兩岸輪流主辦，至2009年已舉辦了四屆，被視為漢語語言學與佛典學術研究的重要活動。佛教學院曾在2008年與政治大學合辦第三屆。舉辦四屆以來，在學術交流與研究成果上，帶動兩岸佛典語言研究的風氣，使學術界、佛學界密切合作，了解古漢語研究在佛典研究上的重要意義，也認識到佛典語言實為中國古漢語取之不盡、用之不竭的寶貴資源。

● 09.12

大學院98學年度畢結業暨開學典禮
佛教學院首屆學生畢業

　　法鼓山98學年度大學院聯合畢結業暨開學典禮，9月12日上午於園區國際會議廳舉行。方丈和尚果東法師、佛教學院校長惠敏法師、中華佛研所所長果鏡法師親臨主持，聖靈寺住持今能長老、光泉寺住持全度法師，以及護法總會副總會長黃楚琪等出席觀禮，中華佛研所、佛教學院、僧大共有三百多位師生參加。其中佛教學院碩士班培育了兩位首屆畢業生。

　　身兼僧大院長及佛教學院董事長的方丈和尚，歡迎新生加入法鼓山的教育行列，並期勉大眾互助合作，善盡自己的一份力量，讓每個小小的好都能變成大大的好，因為一個人的力量很小，但一個家庭的力量卻可以很大。惠敏法師鼓勵學生把握新的開始，並以八八水災做為反省，提醒師生萬事萬物互為一體，應隨時回到生命的根本，盡責負責，扮演好自己的角色。

　　中華佛研所隨著第二十五屆學生的畢結業，正式邁入下一個里程碑。所長果鏡法師表示，未來中華佛研所將秉持聖嚴師父「立足中華，放眼世界」的指導方針，致力漢傳佛教的學術研究與出版工作，並於2010年復刊《中華佛學研究》期刊，繼續弘法度眾的腳步。

　　佛教學院碩士班兩位首屆畢業生──簡采汝和邱素真，分別以「人間淨土的開展──宗教信仰於癌症患者生活品質相關性研究」和「法鼓山水陸法會牌位數位化之影響研究」為題，結合佛學與世學的應用，開展出佛學研究新視野。

教界長老與僧團法師出席大學院聯合開學典禮，並祝福新生在漢傳佛教領域耕耘，奉獻成長。（第一排右起依序為常悟法師、果興法師、常寬法師、果暉法師、光泉寺住持全度法師、惠敏法師、方丈和尚、聖靈寺住持今能長老、果鏡法師、果光法師、果肇法師）

佛教學院2009年招生邁入第三年，碩士班和學士班共有三十五位新生報到，尤其學士班不僅人數成長，更有遠自新加坡、馬來西亞的學子，足見世界各地對佛教學院辦學的肯定。而孕育法門龍象的僧伽大學，2009年則迎接來自台灣、澳洲、香港、馬來西亞等三十三位新生，包括八位男眾和二十六位女眾；面對嶄新的人生，學僧們期許自己除了在漢傳佛教領域耕耘，更能隨時回到初發心，奉獻成長。

● 09.15～11.14

中國大陸僧眾代表參訪佛教學院
進行兩個月參學活動

9月15日至11月14日，來自中國大陸的中國佛教協會教務部昌明法師等一行八位法師，至佛教學院進行為期兩個月的教義研修與參學活動。期間並前往其他寺院參訪，深入了解台灣佛學學術領域與僧眾教育發展的樣貌。

這項活動，是佛教學院接受中華發展基金會委託，辦理「98年度大陸宗教人士來台研修宗教教義案」之專案活動。

來訪的八位法師，均由中國佛教協會遴派佛教界的僧眾代表，昌明法師之外，尚包括江西寶峰禪寺堂主暨江西佛學院副教務長惟誠法師、江西寶峰禪寺監院暨江西佛學院總務長純良法師、中國佛學院研究生通行法師，以及北京龍泉寺賢佳法師、賢生法師、賢益法師和賢世法師等。

為使法師們能深入了解台灣佛教在學術研究、修行弘化及慈善救濟等方面發展的成果與現況，佛教學院規畫了多元化的參學課程，包括旁聽學術課程、參加禪修、參訪寺院及參加學術會議等。

在佛教學院研修期間，八位法師並與該校學生一同上課研究，以及參加早晚課誦等行門課程。

佛教學院也於10月28日下午，在法鼓山園區第三大樓階梯教室，安排昌明法師等與師生進行交流座

昌明法師（左二）等八位大陸法師至園區參學期間，與果暉法師（左三）、方丈和尚（左四）、惠敏法師（左五）及佛教學院學生合影。

談，分享八位大陸法師參與本次研修計畫的見聞，及未來發展的想法等。

　　活動結束，法師們對於台灣佛教的興盛，以及法鼓山對僧眾教育的重視，與積極、入世、現代化、國際化的發展印象深刻，也讚歎園區的學習氛圍，均表示不虛此行。

● 09.21～24
方丈和尚與北大簽署法鼓人文講座
持續推廣心靈環保與人文關懷

　　9月21至24日，方丈和尚果東法師受邀前往中國大陸北京大學參訪，雙方並於22日簽署「法鼓人文講座」協議書，由方丈和尚與北大校長周其鳳共同締約，延續聖嚴師父推廣心靈環保與人文關懷的理念。方丈和尚此行也參訪中國人民大學，以及中國佛教協會副會長兼祕書長學誠法師住持的北京龍泉寺，並拜會國家宗教事務局新任局長王作安。

方丈和尚與北大校長周其鳳共同簽署「法鼓人文講座」協議書，繼續推廣心靈環保理念。

　　北京大學「法鼓人文講座」，是聖嚴師父在2003年10月親赴北大簽署設置，期望透過學校教育的力量，將人文精神落實在大陸地區，並以心靈環保達到社會的和諧。

　　訪問北大期間，方丈和尚一行與北大哲學系、宗教學系、宗教文化研究院師生，就「佛教人才培育與文化交流」等議題進行座談。座談中，方丈和尚引述聖嚴師父所說的「今日不辦教育，佛教就沒有明天」，強調教育的重要，並提出法鼓山「提倡全面教育，落實整體關懷」的方法，直指教育伴隨關懷，更能發揮其功能；關懷不離教育，方可確保其宗旨。

　　同行的佛教學院校長惠敏法師、中華佛研所所長果鏡法師、法鼓大學籌備處校長劉安之、法鼓山社會大學校長曾濟群及僧大學務長常惺法師等，則分別介紹大學院各單位發展現況，並一一回答北大師生的提問，現場互動熱絡。

與北大續簽
「法鼓人文講座」

持續並深化推廣「心靈環保」

為了推廣「心靈環保」的理念，法鼓山人文社會獎助學術基金會（2007年7月起更名為「法鼓山人文社會基金會」）於2003年10月，首度與中國大陸最高學府北京大學合作設置「法鼓人文講座」，聖嚴師父親赴北大簽署合約，為「心靈環保」在大陸地區的推廣，啟動了指標性的新頁。六年後，法鼓山第三任方丈和尚果東法師於2009年9月親赴北大，雙方再度簽署「法鼓人文講座」協議書，不僅讓「心靈環保」理念在大陸地區得以廣布深化，更象徵著「心靈環保」的推展邁入另一歷史性里程。

繼當年與北大簽署「法鼓人文講座」後，法鼓山陸續在台灣，與最高學府台灣大學，以及成功大學、亞洲大學、政治大學；在中國大陸，則與清華大學、南京大學、中山大學等七所學府，簽約設置「法鼓人文講座」，且多由聖嚴師父親自前往簽約，顯示了師父對於大學校園推廣人文教育的重視與深切期許。

持續在大學校園推廣人文教育

多年來，「法鼓人文講座」融合了人文教育與學術教育，著重「人文精神」的培育，延攬海內外知名學者擔任講師，就人文、社會、思想、心靈等議題，舉辦公開演講，例如邀請中研院院士勞思光主講「東亞文明與現代文化：前現代性、現代性與後現代性」、美國紐約市立大學（The City University of New York）歷史系教授李弘祺主講「東亞的教育傳統──以中國的書院為中心」、加拿大多倫多大學（University of Toronto）副校長信廣來主講「朱子論虛、靜、思」、英國劍橋大學（Cambridge University）考古學系教授柯林·倫福儒（Colin Renfrew）主講「東西之間──歐亞大陸早期交流與互動」等。截至2009年底，共進行一百九十三場座談，受到了許多回響與好評。

2009年方丈和尚果東法師一行赴北大再度簽約期間，並與北大哲學系、宗教學系、宗教文化研究院師生，就「佛教人才培育與文化交流」等議題進行座談；同行的佛教學院校長惠敏法師、中華佛研所所長果鏡法師、法鼓大學籌備處校長劉安之、法鼓山社會大學校長曾濟群及法鼓山僧大學務

長常悟法師等，也分別為北大師生介紹大學院各單位負責的工作與內涵，透過互動與交流，讓學術教育與「法鼓人文講座」人文教育的實踐，更進一步結合與拓展。

期許「心靈環保理念」內化於人心

聖嚴師父曾揭櫫設立「法鼓人文講座」的要旨，乃在於提昇人文素養和品質；方丈和尚在北大訪問期間，亦向師生說明，心靈環保即是佛法、禪法，也是心法，乃是以共通的語言，表達如何疏導人們的觀念、導正人們的行為，讓大家盡責盡分、喜悅地生活。「法鼓人文講座」的設置，用意就是希望推動人文教育，藉由教育推廣方式，發揮引領與提昇的作用，將人文精神落實於社會，而使社會去向和諧圓滿。

「法鼓人文講座」從兩所華人世界最高學府出發，並逐步於各大學校園拓耕，2009年與北大再度簽約，並加強與學術教育的結合，期能以大學院教育兼具專題性且長遠性的教育計畫，長期培育專長與人文涵養兼備的人才，將「心靈環保」理念真正內化於人心，落實人文精神，進而啟迪社會人文教育風氣。

歷年「法鼓人文講座」設置時間、學校、場次一覽表

國家	時間	學校	講座場次	備註
中國大陸	2003年10月	北京大學	22	同時設置「法鼓人文社會獎學金」
	2004年10月	清華大學	37	同時設置「法鼓人文社會獎學金」
	2005年4月	南京大學	31	同時設置「法鼓人文社會獎學金」
	2006年3月	中山大學	33	同時設置「法鼓人文社會獎學金」
	2009年9月	北京大學	--	第二次簽署
台灣	2004年3月	台灣大學	44	
	2005年2月	成功大學	7	
	2006年3月	亞洲大學	19	
	2009年4月	政治大學	--	
合計			193	

● 09.26

佛教學院參加全國佛學論文發表會
三位碩士班學生獲選發表論文

9月26日,佛教學院參加於宜蘭佛光大學佛教研修學院舉行的「第二十屆全國佛學論文聯合發表會」,共有十九位來自各大學院校佛學相關系所及佛學院學生發表論文。

佛教學院有三位碩士班學生參與論文發表,包括法幢法師的「宋代賢首中興教主淨源之生平探討——兼談大覺國師義天與慧因高麗寺」、印隆法師的「數位時代的佛學研究——以摩訶止觀為例」,以及邱素真的「法鼓山水陸法會牌位數位化之影響研究」;校長惠敏法師並受邀擔任其中一場次的主持人。

「佛學論文聯合發表會」於1990年由恆清法師發起,是國內首創專門為研究生所舉辦的論文發表會,至2009年已邁入第二十年,為在學學生提供研究佛學、發表論文的交流園地。之後,陸續有佛學相關社團或學校加入協辦此項活動,讓此發表會更趨向於全國性。明年(2010年)將由香光尼眾佛學院擔任主辦單位。

● 09.29

日本淨土宗成員參訪佛教學院
交流兩國臨終關懷經驗

日本淨土宗成員、台灣臨床佛學研究協會宗惇法師等,在台大醫院家庭醫學部主治醫師姚建安的帶領下,一行十八人參訪佛教學院,由校長惠敏法師、中華佛研所所長果鏡法師代表接待,並進行討論交流。

一行人除參訪法鼓山園區,並與校長惠敏法師進行座談。座談中,法師介紹台灣現今宗教師從事安寧療護及臨終關懷的現況。姚建安醫師則以臨床工作經驗,說明

惠敏法師(右一)與姚建安醫師(右二)、日本淨土宗成員進行座談,交流兩國臨終關懷經驗。

緩和醫療提供積極性、整體性和人性化的醫療照顧。日本法師針對台灣宗教師從事病人臨終關懷所扮演的角色、培訓方式、心理調適,以及照顧者的心路歷程等多方面,提出熱烈的討論,並分享日本的發展經驗與模式,也讚歎台灣在這方面的成就。

惠敏法師表示,希望藉由雙方的經驗交流,之後能進一步以宗教安心力量,擴大落實臨終關懷。

● 09.30

佛教學院舉辦首次「董事長時間」
方丈和尚期勉師生常發好願　自利利人

9月30日,佛教學院於法鼓山園區國際會議廳,舉辦98學年度第一學期「董事長時間」,由董事長方丈和尚果東法師進行關懷開示,有八十多位師生參加。

活動首先播放佛教學院的師生於8月暑假期間,參與八八水災救援的紀錄影片。方丈和尚讚歎師生們熱心服務與奉獻的精神,並期勉大

方丈和尚「董事長時間」,期勉佛教學院師生,常發好願,自利利人。

家以實際的行動,落實整體關懷,奉獻自己,成就社會大眾,如此才能與佛教學院的創校理念相符。

方丈和尚並重申創辦人聖嚴師父二十餘年來,從創辦中華佛研所,至今日獲教育部正式立案通過的法鼓佛教學院,一直秉持著信心、願心以及恆心的堅毅精神,以期實現「提昇人的品質、建設人間淨土」的理念。同時,也對校長惠敏法師自創校伊始,帶領全校師生,以悲智和敬的精神,落實「理論與實踐並進、傳統與創新相容」的辦學理念,推動校務發展,對淨化社會所做的努力,表示嘉許。

對於佛教學院舉辦的各項活動,方丈和尚表示相當支持,認為藉由學校的活動,可拉近師生間的距離,凝聚團隊的力量,使學校猶如一個大家庭。最後,勉勵全體師生,以漢傳佛教為立足點,從自身做起,從內心出發,常發好願、做好事,用感恩、還願的心,自利利人。

● 10.01

佛教學院舉辦專題演講
介紹慈基會六龜安心站的四安服務

辜琮瑜老師為佛教學院師生介紹六龜安心站的四安服務。

10月1日下午，佛教學院於圖資館大團體視聽室舉辦專題演講，由法鼓大學籌備處助理教授辜琮瑜主講，講題是「法鼓山六龜安心服務站的過去、現在與未來」，介紹慈基會六龜安心站的四安服務，由副校長杜正民主持，約有四十位師生參加。

辜琮瑜老師首先說明法鼓山在八八水災發生後的第一時間，於8月15日在高雄縣六龜鄉成立臨時安心服務站，除提供民生物資、發放救助慰問金，並徵集具有災後慰訪經驗的輔導人員，以兼顧心理及生活需求的關懷，紓解民眾的悲傷情緒。

在六龜安心站進行的「安家、安業」重建計畫中，法鼓山邀集多位具有台灣921地震災後社區總體營造長期經驗的專家學者，及六龜自救會成員共同參與，並結合社會資源，規畫符合當地居民所需的重建藍圖。

最後，辜老師說明六龜安心站自10月落成啟用後，陸續推動「安心」心靈重建工程，持續為災區民眾提供精神上的長期關懷與服務，並於校園推動「心五四」生命教育，安定人心。

八八水災發生後，佛教學院配合法鼓山體系的整體救援行動，參與災後重建工作；藉由專題演講的舉辦，引領學生深入了解災難救援的意義，以及透過弘化服務，落實校訓「悲智和敬」的精神。

● 10.06～08

佛教學院加PNC台北年會暨聯合會議
交流國際佛學數位典藏研究成果

10月6至8日，佛教學院受邀參加由中研院舉辦的太平洋鄰里協會（Pacific Neighborhood Consortium, PNC）之「2009年台北年會暨聯合會議」，於該院人文社會科學館進行，由副校長杜正民、助理教授洪振洲代表參加，並分別發表論文。

本次會議包括十七場討論會及8日的「數位學習2009年會議」，議程內容涵蓋數位圖書館典藏、數位博物館技術、數位典藏應用、數位學習、數位文化實例、生物多樣型資料保存管理、人文地理資訊系統、地理資訊系統應用實務等議題，當天有一百五十多位來自世界各國的學者與會。

杜正民副校長則代表「數位典藏與數位學習國家型科技計畫」（Taiwan E-Learning & Digital Archives Program, TELDAP）與會，並以「台灣佛學資源的建置和國際佛學資料庫的整合」（The Study and Creation of Buddhist Resources in Taiwan and the Integration of the International Buddhist Archives）為題，發表論文；杜副校長說明佛教學院目前執行TELDAP之國際佛學數位資料庫的研究與建構情形，並表示希望透過國際合作，建立一個資源共享與經驗交流的平台。

洪振洲老師發表〈法鼓佛教學院權威資料庫網頁插件服務——一種整合數位典藏專案的新思惟〉（DDBC Authority Database Web Plug-in Widgets–a New Data-Sharing Idea of Digital Archive Projects）論文，介紹佛教學院數位典藏專案的研究概況。

除了佛教學院，參與此次太平洋鄰里協會「2009年台北年會暨聯合會議」聯合開幕式的學術機構，尚包括「TELearn 2009會議」（Technology Enhanced Learning Conference 2009）以及「人文與社會科學地理資訊系統2009年會」（GIS in the Humanities and Social Sciences 2009）。

● 10.07　10.15　11.25

佛教學院舉辦專題研修系列講座
探討正念療癒與臨終關懷

佛教學院於10月7、15日及11月25日，舉辦弘化專題研修課程，邀請台北教育大學生命教育與健康促進研究所兼任助理教授黃鳳英，進行三場「正念療癒與臨終關懷」系列講座，由校長惠敏法師主持，每場有三十多人參加。

10月7日首場講座，主題是「正念治療與創傷療癒」，黃鳳英老師說明西方近年來，將佛教的正

佛教學院邀請黃鳳英老師主講「正念療癒與臨終關懷」系列講座。

念修行方式運用於創傷療癒,頗具成效;並強調在這種治療過程中,宗教師扮演著修行正念的專業指導角色,肯定了佛法是解脫人生痛苦的良方。

15日的講座主題為「正念治療的相關研究」,內容主要是國內外針對正念治療相關研究的文獻介紹、查找與對照。法鼓山各分支道場同步視訊連線聽講。

11月25日的講座主題是「安寧療護對佛法弘化的啟示」,黃鳳英老師以實例說明安寧療護過程中,家屬與病患的身心覺受,與照護者應注意的事項,並探討佛法弘化方式對於病患及家屬身心的影響。

佛教學院舉辦此系列講座,期能透過分享結合佛法與心理治療的實務與研究,啟發有關正念療癒的相關探討,拓展學生的學習視野。

● 10.08 10.16

佛教學院與國圖簽署學術合作計畫
共同推動佛教知識傳播

10月8日上午,法鼓佛教學院假國家圖書館,與國家圖書館進行學術合作簽約儀式,由佛教學院校長惠敏法師和國圖館長顧敏共同簽署。這項以「典藏、傳播佛教知識」為基礎的學術合作,將促進雙方資源共建共享。

在簽約儀式上,顧敏館長談起雙方合作的因緣表示,今年7月參訪蒙古國家圖書館時,發現該館典藏了相當豐富的佛經,希望能促成經典來台展出,交流佛教重要資產,卻缺乏能夠翻譯藏文、蒙文經典的研究人員;而佛教學院正好擁有解經翻譯的人才,以及許多藏經館藏資源,在國家安全會議副祕書長高長居中促成下,雙方展開學術合作計畫。

惠敏法師致詞時,妙喻雙方的合作是一樁「聯姻喜事」,並表示人類文明的進步,需要藉由彼此的交流,才能讓文化的優點互相激發。

此次雙方簽訂的合作內容,涵括了協助佛學知識的解讀、圖書館資源的建立、學術出版及展覽活動的規畫、共同推動漢學及

國圖館長顧敏(右)、佛教學院校長惠敏法師(左)共同簽署學術合作計畫,期許將國內的漢學及佛學研究,朝國際化方向推進。

佛學專家發表演講、交流雙方館藏資源等方面，期許將國內的漢學及佛學研究，朝國際化方向推進。

簽約儀式結束後，佛教學院與國圖館隨即展開第一次工作會議，討論建立佛教經典目錄、典藏數位化的事宜；並於10月16日，邀請蒙古人文大學滿那勒扎布（Luvsanvandan Manaljav）教授，於佛教學院進行「蒙古漢學資源介紹」（Introduction of the Resources of Sinological Studies in Mongolia）專題演講，介紹蒙古漢學研究現況及國立博物館館藏精品。

此外，雙方也計畫於2010年夏天，共同籌辦蒙古佛經來台聯展，展出十七、十八世紀的佛教經典、印刷經文製版，以及蒙古國家圖書館的館藏珍品、圖片及文物等。

● 10.17～18　11.07～08

法鼓大學推動一人一故事劇場
傾聽災區民眾心靈並對話

10月17至18日、11月7至8日，由法鼓大學籌備處規畫、青年院協辦的「一人一故事劇場基礎工作坊」，於德貴學苑舉行，邀請「你說我演一人一故事劇團」創辦人李志強帶領，共有二十五位學員參加。

「一人一故事劇場基礎工作坊」是採即興互動的表演方式，由台下觀眾分享親身經驗，台上演員立即以簡單的表演形式，將

「一人一故事劇場」學員參與肢體開發等課程，將以表演撫慰災區民眾的心靈。

觀眾的心情故事呈現出來。透過傾聽互動，表演者以肢體語言和觀眾對話，所有參與者沉浸在共同的氛圍中，以同理心促進對話與理解。

工作坊的課程內容，包括肢體開發、自我覺察、故事核心與聆聽練習等。首次上課，學員們藉由說出自己家鄉的名產，展開了一趟尋根之旅。當尋根地點來到高雄，一位學員表示「紫雲寺」是高雄最著名的特產，引起現場一陣歡笑聲，也讓台上學員增添表演的難度。

李志強指出，「一人一故事劇場」在國際間已經推行多年，歷年在南亞海嘯、美國卡崔娜颶風等重大災區表演，均獲得很大的回響。目前台灣已經有十

個「一人一故事」劇團發起串連,期盼在與災區民眾心靈對話的同時,也能透過此活動,提昇社會的人文與藝術涵養,推動「心靈環保」的理念。

主辦單位表示,該工作坊結合法鼓山八八水災的「四安專案」,課程結束後,學員將深入八八水災災區服務,以一場場富含生命意義的表演,為災後心靈重建盡一分心力。

● 10.19

佛教學院邀請泰國讚念長老來訪
交流內觀禪法並參訪園區

佛教學院邀請泰國讚念長老,交流指導內觀禪法。

10月19日上午,佛教學院邀請來自泰國的南傳高僧讚念長老,於法鼓山園區禪堂舉行座談,交流指導內觀禪法。座談會由校長惠敏法師主持,共有近百位師生和法師、義工參加。

讚念長老以投影片配合講解內觀禪法,由弟子翻譯。長老表示,根據他的修行經驗,人的體內分為海底輪、世間輪、禪定輪、心輪、喉輪、眉輪及頂輪等七輪;只有喉輪以上才是出世間法,而涅槃之眼就在眉輪處。所以,要將「識智」從心輪提昇到眉輪,以眉輪的識智照見「五蘊皆空」,是內觀的捷徑。

長老指出,內觀的次第是由「正念」提昇到「大正念」,由大正念生起「般若」(慧),由般若生起「般若智」(慧智),由般若智生起「解脫智」。禪修者要以識智透視身體並使心行於中道,超越喜歡和不喜歡的心理,才能生起真正的內觀智慧。

七十三歲的讚念長老,長年將三十公斤的重物掛在身上,用來檢驗自己對於「感受」有無執著,參訪法鼓山這天也不例外。座談會結束後,在惠敏法師等的陪同下,長老前往大殿、祈願觀音殿禮佛;參觀開山紀念館中聖嚴師父閉關的瓔珞關房時,還特別詢問師父閉關時的飲食與修行方式。讚念長老對園區的清淨氛圍,留下深刻印象。

● 10.21

佛教學院舉辦「大師講座」
邀請張廣達院士主講大乘佛教發展與東傳

佛教學院10月21日下午於法鼓山園區國際會議廳舉辦「大師講座」，邀請中亞文化史專家、中研院院士張廣達，以「大乘佛教的發展與東傳」為題，從考古圖像、文書的演繹，探討大乘佛教與中亞文明的關係，由校長惠敏法師主持，共有一百多人參加。

張廣達教授首先指出，中亞地區自古以來即為多種文化與信仰交會，可謂歐亞文明的「十字路口」（crossroads），尤其希臘、伊朗、印度等多個文化圈在此交流激盪。強調入世、利他、行菩薩道的大乘佛教，其教義及相應的圖像，便誕生且流傳於這個多元文化交融的地區與時代。

講座中，張教授以大夏的鑄幣為例說明，當時大夏的神譜相當繁複，體現在錢幣上的有源自希臘、印度等地的神祇，其中包括來自印度的佛陀；而此時佛陀的象徵也從法輪、腳印、菩提樹等符號轉為具體的人形。

此外，中亞地區的信仰也影響了大乘佛教的發展，例如最為人所熟悉的阿彌陀佛和彌勒佛，經學者多方考證後發現，其原型及特徵便源自中亞。

各區域文化不僅在中亞融合，更向外輻射發散，大乘佛教思想便因此經由塔里木盆地進入了中國，例如源起於印度的毘沙門天王，其形象最初是握有融合西方與印度特色的權杖，傳至塔里木盆地便加入了中亞文明的特徵；東傳中國後，再度變成一手握權杖、一手托寶塔的形象，即民間所認知的托塔天王。張教授指出，不論是大夏鑄幣上的佛陀像、阿彌陀佛的原型，或毘沙門天王圖像的轉變，都印證了大乘佛教經過中亞文明洗鍊後的發展與變化。

演講最後，張廣達教授也與聽眾進行現場問答，聽眾提問踴躍，張教授知無不言、言無不盡的態度，讓人感受到大師豁達的胸襟與治學的嚴謹。

佛教學院於2007年首辦「大師講座」，2009年是第三度舉辦。校長惠敏法師表示，舉辦「大師講座」的目的，除了以跨科際（Interdisciplinary）的學術交流，提供學生多元思惟的機會，更重要是藉此學習大師的風範與行誼，涵養人文關懷的氣度與胸懷。

張廣達教授從考古圖像，講解大乘佛教歷經中亞文明洗禮的發展與演變。

● 10.27

佛教學院與金山醫院合作培育臨床宗教師
結合佛法與醫學 圓滿生命最後一程

10月27日下午，佛教學院於法鼓山園區國際會議廳，與北海岸金山醫院共同簽署「臨床宗教師培育暨訓練合作計畫」，由校長惠敏法師及金山醫院院長李龍騰代表簽署，方丈和尚果東法師、金山醫院董事陳榮基出席參加，台大醫院家醫科主治醫師陳慶餘、臨床宗教師培訓講師宗惇法師及金山醫院衍德會志工隊等也到場觀禮。

方丈和尚致詞時，強調臨終關懷的重要，同時感恩各界的協助，讓臨床宗教師的培訓順利進行，也讓法鼓山大關懷教育的理念能更具體落實。惠敏法師表示，這個合作計畫將為有志於從事安寧療護的法師及佛教學院學生，提供完善的學習管道；而臨床宗教師的培訓納入正式的佛教教育學程，對本土化的靈性照顧發展，以及佛教界參與安寧療護的培訓，有很大的助益。

身兼佛教蓮花基金會董事長的陳榮基，特別感恩聖嚴師父兩度捐款蓮花基金會，支持佛教臨終關懷的發展，並表示未來金山醫院的「法蓮病房」，將成為臨床宗教師重要的培訓場所，可以讓更多受過專業培訓的人，走入醫院道場弘法。致力於安寧緩和醫療的陳慶餘教授，對於佛教學院與金山醫院的合作充滿了期許，指出安寧療護除了全人、全家、全程、全隊「四全」照顧外，更需要發展成「全社區」照顧，金山醫院跟佛教學院的合作，將可做為全社區照顧的示範。

金山醫院與法鼓佛教學院進行「臨床宗教師培育暨訓練合作」簽約典禮。方丈和尚果東法師（右八）、金山醫院董事陳榮基（左六）、佛教學院校長惠敏法師（右七）及金山醫院院長李龍騰（左四）出席參加。

簽約儀式後，惠敏法師播放一段安寧療護的臨床教學影片。影片中，法師引導家屬與病人做最後的告別，以佛法的力量紓解病人身心的痛苦及死亡恐懼，更凸顯宗教師在臨終關懷過程中安定病患及家屬心靈的重要性。

藉由這個合作計畫，雙方將從教育、學程、醫療、推廣等面向，培訓臨床宗教師，透過臨床訓練、熟悉病房團隊運作、熟悉靈性照顧理論架構及個案討論等課程，培養安寧醫療的專業能力。

● 10.29～31

佛教學院與清華大學合辦國際禪坐研討會
邀多國專家學者探討禪坐思想與實踐

10月29至31日，佛教學院與清華大學、挪威奧斯陸大學（University of Oslo）及日本學習院大學合辦「東亞靜坐傳統暨佛教禪坐傳統國際研討會」，先後於清大及佛教學院舉行，共有來自台灣、日本、韓國、中國大陸、澳洲、美國、加拿大、挪威、義大利等二十多位學者，發表十一篇論文。佛教學院校長惠敏法師及陳英善、蔡伯郎等老師也發表相關論文，展現佛教學院在禪修理論與實踐的研究成果。

惠敏法師於會中致詞指出，佛教徒學習禪坐，並不特別注重深層的禪定，而是從中培養無常、無我的智慧。（右為杜正民副校長）

惠敏法師致詞時指出，佛教的「禪」（dhyānā）意譯為「靜慮」，不僅要能靜下身心，還要思考怎麼動才不會起煩惱。因此，佛教徒學習禪坐，並不特別注重深層的禪定，而是從中培養無常、無我的智慧。

研討會透過靜坐與身心變化的相關理論，探討靜坐在東亞各文化背景中的歷史發展，議程分兩部分進行：第一部分為「東亞靜坐傳統」於清大舉行，探討儒家、道教、佛教等東亞靜坐思想與方法間的異同，發表論文包括：惠敏法師的〈佛教禪修之對治「睡眠蓋」傳統〉、馬淵昌也的〈宋明理學裡的靜坐之角色與三教合一思想的興起〉、李豐楙的〈從後天進入先天：內丹之路〉等。

10月31日的第二部分議程，則於法鼓山園區國際會議廳舉行，聚焦於「佛教禪坐傳統」，深入漢傳、南傳及藏傳等佛教系統中的禪修精神與實踐。發表論文包括：蔡伯郎的〈滅盡定與瑜伽行派之末那識〉、陳英善的〈稱名念佛與稱

性念佛〉、林崇安的〈泰國讚念長老的禪修方法及其特色之研究〉等。除了論文議程，佛教學院還特別安排禪坐與法鼓八式動禪的練習，讓與會學者在理論思辨之外，體驗法鼓山漢傳禪法的活潑妙用。

閉幕的綜合座談上，研討會策畫人之一的清華大學中文系教授楊儒賓認為，透過各國文化背景互異、研究方法不同的學者，做一跨文化、跨宗教的學術交流，不僅開啟靜坐研究的視野，更有助於學界進一步認識佛教禪修內涵。來自日本的馬淵昌也教授，對佛教學院解行並重的教學特色印象深刻，並表示這次會議結合思想與應用，打破學界只重理論、不重實踐的窠臼，讓他深受啟發。

● 11.04

佛教學院與德國漢堡大學締約
兩校展開人才訪問、教學研究等學術交流

惠敏法師與漢堡大學印度學系系主任齊莫曼（右）共同締約。

法鼓佛教學院與德國漢堡大學（University of Hamburg）亞非研究所，11月4日在法鼓山園區階梯教室舉行學術締約儀式，雙方就學術人才訪問、教學研究交流、優秀學生交換等方面，展開合作。

當天的簽約儀式，由佛教學院校長惠敏法師、漢堡大學印度學系系主任齊莫曼（Michael Zimmermann）共同簽署。惠敏法師致詞時表示，此次簽約，特別感謝佛教學院德籍特約研究員無著法師（Ven. Anaalayo）居中促成，讓兩校在促進人才訪問、教學研究交流與學術資源交換等方面，有了良好的合作機會。

締約儀式前，齊莫曼教授以「〈菩薩地‧戒品〉之創新結構」（The Innovative Structure of the 'Chapter on Ethics' in the Bodhisattvabhumi）為題，發表專題演講，而〈菩薩地‧戒品〉為《瑜伽師地論》中的一品。齊莫曼說明，《瑜伽師地論》的〈戒品〉將戒分為律儀戒、攝善法戒、饒益有情戒三種，對戒律提出一種新的分類，目前尚未在其他比〈戒品〉更早的文獻中發現。後來這樣的分類受到普遍接受，成為菩薩正行的要求；〈戒品〉可視為印度大乘佛教中，一種「戒律新精神」的展現。

這場演講除了佛教學院師生，政大哲學系教授林鎮國、耿晴也到場聆聽，並

針對演講內容提出問題進行討論，現場互動熱烈。

　　未來，漢堡大學每年將提供三位交換學生名額，讓佛教學院學生前往德國研習，並享有學費全免的優惠。

● 12.10～24
四川「馬祖禪文化研究會」會長參訪園區
借鏡境教藝術與理念

　　12月10至24日，中國大陸四川省什邡市「馬祖禪文化研究會」會長郭輝圖、會員吳清，至法鼓山園區進行參學活動，內容包括於僧大進行一場專題講座，以及體驗園區境教藝術、禪修等。

郭輝圖會長在講座中，與僧大學僧分享馬祖道一的禪學思想。

　　郭輝圖會長於10日在僧大進行專題講座，主講「馬祖道一禪學及思想的現代啟示」，剖析馬祖道一的禪法思想、弘傳方式，說明馬祖以「平常心是道」、「即心是佛」大弘禪風；而「禪淨雙修」的理論基礎之一，即是從禪宗四祖道信的「一行三昧」，到馬祖道一的「即心即佛」，發展出「念佛即念心」的思想，並進而開展出「自性彌陀」的觀點。這場講座由僧團副住持果品法師主持，共三十多人參加。

　　除舉辦講座，郭輝圖會長等此行在法鼓山園區觀摩境教藝術、體驗禪修，也參加大悲懺法會和聖基會「今生與師父有約」講座；並在參訪桃園齋明寺及台中分院時，和法師與義工交流座談，分享馬祖道一的禪學思想，深入了解法鼓山的教育理念與實踐。

　　郭輝圖會長讚歎法鼓山的僧教育和生活教育，僧俗四眾對弘揚漢傳佛教的努力和奉獻，是聖嚴師父「提昇人的品質，建設人間淨土」的具體實現。

　　四川省什邡市馬祖鎮馬祖村是禪門高僧馬祖道一的出生地，經「馬祖禪文化研究會」的多方努力，於2005年在該村推出「首屆馬祖文化節」、2009年舉辦「第二屆馬祖文化節」。郭會長期許此行法鼓山「境教理念」及境教藝術的觀摩，有利於「馬祖禪文化」的推展。

● 12.14～2010.01.10

佛教學院「平安心・慈悲行」圖館週
舉辦攝影展及電影欣賞

佛教學院圖資館舉辦圖館週活動。

12月14日至2010年1月1日，佛教學院圖資館於法鼓山園區第三大樓舉辦「2009年圖書館週」活動。今年的活動主題為「平安心・慈悲行」，內容包括「慈悲之路」攝影展、電影欣賞、專題演講及中西參大賽等。其中「慈悲之路」攝影展，為該校與「印度台北協會」（India-Taipei Association）合作舉辦，展出攝影家本諾伊・貝爾（Benoy K. Behl）共四十幅攝影作品，拍攝地點涵蓋了印度二十九項世界遺產中的四處文化遺產：阿姜塔石窟（Ajanta Caves）、埃洛拉石窟（Elora Caves）、菩堤伽耶大菩提寺（Mahabodhi）及桑奇大佛塔（Sanchi），作品結合佛教遺址和藝術遺產，呈現佛教藝術傳統的豐富與多彩多姿。

12月15至18日晚上，並播放《放牛班的春天》（Les Choristes）、《在天堂遇見的五個人》（The Five People You Meet in）、《車票》、《阿嬤的幸福留言》（ぼくのおばちゃん）、《陪你到最後》（Elegy for Iris）等五部影片，內容涵括「生命與死亡」、「犧牲」、「寬恕」、「愛」及「活的意義」等議題，引領大眾思考平安心與慈悲行的深義。

除了攝影展與電影欣賞外，圖書館也規畫了「校園著作權須知」專題演講、中西參大賽等活動，豐富的內容，期喚起大眾對運用圖書館資源的重視。

● 12.19～20

佛教學院舉辦「ZEN與科技教育研討會」
體驗多媒體禪修科技

佛教學院於12月19、20日，在園區階梯教室舉辦「ZEN與科技教育研討會」及工作坊，邀集國內醫學、宗教、資訊科技及藝術文化等相關領域專家，分別從禪法、腦神經科學、多媒體互動科技、人文關懷的角度，探討禪修結合科技的發展現況，並展示多媒體科技的成果，共有兩百多位民眾參與。

惠敏法師致詞時表示，資訊科技充斥於現代人的日常生活中，如果善用科技於禪修，營造「以人為本，科技為用」的智慧生活，將能協助大眾透過科技，隨時學習專注與放鬆的技巧，紓緩身心壓力。

研討會首先由長庚醫院榮譽副院長朱迺欣展開「打坐與腦科學」專題演講，從腦波研究說明禪修與身心健康的關係。接著與會專家分別從禪修文獻、科技生活和科技展示等議題，討論正念療癒、資訊科技與現代生活的關係。

例如杜正民副校長提出「ZEN心靈空間營造」計畫，將互動科技裝置融入正念療癒，期能協助八八水災受創民眾重建心靈家園；台灣大學資訊網路與多媒體研究所所長洪

研討會場外展示壓力感測禪修墊、多媒體漣漪等互動輔助平台，提供與會者體驗科技結合禪修的多元應用。

一平嘗試將呼吸智慧衣、壓力感測鞋應用於慢步經行，協助禪修初學者檢測行走時身心狀態的穩定度；而大同大學資訊工程系系主任鄭福炯則展示了新進研發的「神經頭盔」（neuroheadset），運用腦波的變化帶動電腦螢幕裡的3D方塊，呼應了靜坐對腦波強度的影響。

除了相關研究的討論，會場外並展示佛教學院與台北藝術大學、大同大學及雲林科技大學合作開發的「ZEN——『輕安一心』眾人禪修創意系統」，包括壓力感測禪修墊、多媒體漣漪、禪定指數資料庫等互動輔助平台。該系統能即時反應禪坐者的身心狀態，讓與會大眾體驗科技應用於禪坐的活潑與多元。

強調解行並重的佛教學院，20日也於園區禪堂舉行工作坊，帶領與會學者及相關研究人員練習動禪、靜坐、經行等活動，體會禪修生活，透過研討與實務，了解人文與科技整合的禪境。

● 12.26

國際扶輪社贈樹法鼓大學
共同為減碳抗暖化盡心力

為響應聯合國造林運動，國際扶輪社三四八〇地區城中扶輪社發起的「一人一年一樹」種樹運動，12月26日捐贈兩百棵樹給法鼓大學，並由法鼓大學籌備處校長劉安之、扶輪社總監謝炎盛、城中社社長陳俊雄，以及扶輪社社友等七十人，植栽在園區法鼓大學預定地上。

劉安之校長感謝扶輪社的贈樹，表示在法鼓大學工程期間，這些行道樹可對環境發揮淨化的功能；謝炎盛總監則表示，扶輪社在各地積極捐樹，除了發揮

劉安之校長（左四）與謝炎盛總監（左三）、陳俊雄社長
（左一）於法鼓大學預定地上植樹。

減碳效益，捐給法鼓大學也是體現「十年樹木，百年樹人」的教育精神。

扶輪社「一人一年一樹」活動是第二年贈樹給法鼓山，2008年植栽的五百株青楓、流蘇樹苗，在法鼓山園區的臨溪步道旁都已成長苗壯。此次捐贈法鼓大學的樹種為黃槐、烏臼、楓香，黃槐、烏臼具有過濾浮游塵及防治污染的機能，而烏臼是扎根很深的植物，有助水土保持；楓香樹則為較大落葉喬木，未來將成為校園中的景觀行道樹。

● 12.26～28

韓國東大師生參訪佛教學院
體驗禪修融於生活的境教

12月26至28日，佛教學院姊妹校韓國東國大學佛學研究學院，由副院長金浩星帶領師生一行十六人來台，在佛教學院佛教學系主任果暉法師、研修中心主任果鏡法師代表接待下，展開為期兩天的參訪交流。

參訪期間，佛教學院安排東大師生進行法鼓八式動禪、禪坐等行門課程，以及可運用於生活中的行禪、書法禪、托水缽等。透過豐富充實的活動與兩校的交流座談，師生們實際體驗寧靜安定的禪修生活，以及漢傳禪佛教的內涵。

韓國東大師生參訪佛教學院期間，方丈和尚出席關懷，並合影留念。（前排左二起依序為果鏡法師、果暉法師、方丈和尚、金浩星副院長）

參訪師生十分讚歎法鼓山的禪修境教。東大教師梁晶淵表示，禪修使他們感受到平安、祥和氛圍。

東國大學於1906年由韓國佛教會創建，為韓國首所綜合大學。該校於2008年與佛教學院締結為姊妹校，雙方就學術交流、師生互訪，簽訂合作協議。此行為兩校結盟後，該校師生首度的造訪。

肆【國際弘化】

為落實對全世界、全人類的整體關懷，
透過多元、包容、宏觀的弘化活動，
經由禪修推廣、國際會議、宗教交流……
消融世間的藩籬及人我的對立與衝突，
成就普世淨化、心靈重建的鉅大工程。

承師悲願
於穩定中求發展

聖嚴師父捨報圓寂,「大悲心起‧願願相續」海外關懷行展開,
鼓舞全球信眾緬懷師恩、承續悲願;
持續為法鼓山的理念與漢傳禪法的弘揚而努力。
馬來西亞道場正式成立、泰國分會新會址落成啟用,
法鼓山於東南亞的弘化發展邁入新里程;
僧團積極參與國際性活動,延伸多元關懷觸角;
並展開系列海外弘法,弘揚「中華禪法鼓宗」不遺餘力,
於各據點展開內部培訓、培育人才,
承先啟後,永續為全人類的心安平安做奉獻。

2009年2月,聖嚴師父捨報圓寂,海外各據點以同步連線方式,全程參與報恩念佛、瞻仰遺容、封棺、茶毗、植存等儀式,師父的身後事在海外引起很大回響,師父的最後一課,改變許多東西方弟子對處理後事的觀念,也讓大家對於一位禪師生死自在的灑脫感到尊敬。

聖嚴師父圓寂之後,僧團首先進行「大悲心起‧願願相續——全球護法悅眾關懷行」,方丈和尚果東法師及僧團法師藉此向全球護法信眾表達感恩與關懷,且讓身處海外的信眾們能再一次緬懷師父的身教與悲願,並凝聚願心與力量,為實踐師父的悲願、建設人間淨土共同努力。

在海外弘化道場的建設方面,8月,馬來西亞道場正式成立,僧團首度派駐法師主持;泰國護法會新會所也落成啟用,成為法鼓山在東南亞的弘化重鎮。

整體而言,2009年的國際弘化延續往年著重在國際會議的參與及漢傳禪法的推廣,並開始推動各項悅眾培訓計畫,以期有更多東西方信眾加入弘法行列,一起完成聖嚴師父的悲願。

國際交流　延伸關懷觸角

參與國際會議,並與國際間互動交流,是法鼓山國際弘化工作的重心之一。2009年,僧團法師積極參與多場國際性活動,討論、關懷的議題,在

承師悲願 於穩定中求發展

第二屆世界佛教論壇的舉辦，提供各國佛教界代表一個交流、對話的平台。

分享與推廣「心靈環保」理念的基礎上，也進一步延展至傳達漢傳佛教對氣候變遷的關心、觀點，以及佛教尼眾教育的發展等，將國際關懷觸角深入自然環保及佛教教育等多元層面。

首先，3月底由兩岸佛教界共同主辦的「第二屆世界佛教論壇」，有近六十個國家、兩千多位佛教團體代表參與，法鼓山除了由佛教學院校長惠敏法師代表參加開幕式及第一階段分論壇，並於德貴學苑協辦其中一場分論壇；副住持果品法師在開幕式中，亦代為宣讀聖嚴師父於圓寂前撰寫的講稿〈從心出發〉，說明法鼓山如何以「心靈環保」為方法，在人間建設淨土。

近年來，國際間的環境危機、經濟危機層出不窮，法鼓山受邀出席5月國際佛教大會（The International Buddhist Conference）在泰國曼谷舉辦的聯合國衛塞節（The United Nations Day of Vesak Celebrations）慶祝活動，由副住持果暉法師代表致詞，演說「心安平安——你，就是力量！」以具體、積極及入世的濟世精神，傳達在世界危機中的安心之道。12月由世界宗教眾議會（The Parliament of the World's Religions）在澳洲墨爾本舉行的全球宗教大會中，文化中心常悟法師分享了「心靈環保」理念，並說明如何運用因果、因緣的佛法觀念，面對、處理人生的問題與生存困境。

聖嚴師父向來重視促進各宗教間的交流及探索，以期緩解人們的痛苦。10月，法鼓山受邀參加全球女性和平促進會（The Global Peace Initiative of

丹麥哥本哈根COP-15會議共有四萬多人參加，討論全球暖化問題，對地球環境與人類的未來，至為關鍵。

帝（Michael Grady）與娜拉揚‧葛帝（Narayan Grady），分享其個人與師父的因緣，以及佛教在美國的發展趨勢，默照與內觀修行法門的異同等，這場活動於全台各分院道場，美國紐約東初禪寺、象岡道場及加拿大溫哥華道場同步視訊連線，進行國際佛教中不同修行法門的交流。

Women, GPIW）於美國馬里蘭州魚鷹角休閒會議中心（Osprey Point Retreat & Conference Center）舉辦的「美國沉思者聯盟——讓全國聽到精神層面的聲音」（The Alliance of American Contemplatives——Raising a New Spiritual Voice for the Nation）會議，三十多位來自歐、美、澳、亞等地的宗教人士及學者專家共商成立跨宗教的「沉思聯盟」智庫。此聯盟的成立即是受到師父思想的啟發，會中並決議敦聘師父為聯盟智庫創始人之一。

針對跨宗教交流，3月僧團果祥法師應天主教方濟會之邀，於台北聖母聖心會專題演講，向近三十位各國神父、修女介紹法鼓山的理念與修行法門。除此，僧團也於2月在法鼓山園區舉辦一場座談，邀請追隨聖嚴師父習禪十餘年的美國內觀中心（Insight Meditation Center）禪修老師麥克‧葛

因應全球暖化的問題，備受矚目的「第十五屆聯合國氣候變化綱要公約締約國會議」（15th Conference of the Parties, COP-15）於12月在丹麥哥本哈根召開，有全球一百九十三個國家、九百八十五個非政府組織（Non-governmental organization, NGO）代表，共逾四萬人次與會，美國法鼓山佛教協會（Dharma Drum Mountain Buddhist Association, DDMBA）受邀參加，是唯一出席的漢傳佛教團體，僧團果禪法師、常濟法師、常聞法師及聖嚴師父西方法子查可代表參加，與各界分享以心靈環保理念做為環境變遷的因應之道，期能共同成就地球的永續未來。

抱持以弘揚漢傳佛教為使命，繼美國護法會輔導法師常華法師於5月應邀在芝加哥舉辦的「第四屆佛教女性

論壇」（4th Annual Buddhist Women's Conference）中，帶領禪修課程、推廣漢傳禪佛教後，僧團果祥法師、常悟法師於年底，出席於越南胡志明市舉行的「第十一屆國際佛教善女人大會」（11th Sakyadhita International Conference），與四十多個國家、兩千位教界女眾分享台灣比丘尼僧團的發展情形，希望能和世界佛教、各種文化接軌及交流，以促進佛教發展與世界和平。

海外悅眾共緬師恩　續師悲願

在海外護法悅眾的關懷方面，3至7月期間，「大悲心起‧願願相續——護法悅眾關懷行」陸續至馬來西亞、新加坡、香港，及美國各地與溫哥華等地展開十場，分別由方丈和尚及僧團法師們帶領，在緬懷師恩關懷會上，

與信眾分享跟隨聖嚴師父的因緣及對師父的感恩。

第一梯關懷行，由僧大副院長果光法師等五位法師赴東南亞進行僧大海外招生期間舉辦，首站於馬來西亞進行，法師帶領信眾觀看聖嚴師父圓寂佛事的紀錄影片，回顧師父的悲心宏願，再次凝聚眾人護持法鼓山的願心。4月，方丈和尚等人前往香港護法會，除了舉辦「大悲心起‧願願相續——香港榮董感恩晚會」，感恩當地榮董、信眾的護持，並主持一場浴佛暨皈依法會，為七十七位信眾授三皈依，眾人在緬懷師恩中，共勉精進學佛、奉獻社會。

7月起，方丈和尚一行前往美加地區，陸續至溫哥華、美國西雅圖、芝加哥、紐約、新澤西、舊金山與洛杉磯，展開為期一個月的關懷行，同行

善女人大會閉幕式中，果祥法師領眾唱誦〈四弘誓願〉，讓眾人感受虔敬的宗教精神。

「大悲心起‧願願相續——護法悅眾關懷行」至溫哥華，方丈和尚為信眾主持皈依。

馬來西亞道場成立
泰國分會新會址落成

目前法鼓山海外弘化據點，派駐有法師主持者包括象岡道場、東初禪寺及溫哥華道場。7月，馬來西亞道場成立，僧團正式委派常慧法師等三位大馬籍的法師回國服務，此是為法鼓山於東南亞弘法發展的重要里程碑。

8月，座落於曼谷市區的泰國護法會新會所落成啟用，方丈和尚親自前往主持灑淨與祈福啟用典禮，我國駐泰國代表處代表烏元彥及關懷中心副都監果器法師、護法總會副總會長黃楚琪、周文進等近三百人出席，共同見證新會所的啟用，未來此處將為當地奠定弘法利生的根基。

僧團法師海外弘化系列展開

懷持著實踐聖嚴師父弘揚漢傳禪佛教的悲願，以報師恩，2009年僧團法師弘化關懷的足跡，遍及東南亞、北美、歐洲、澳洲等地。

僧團法師於2009年有多場系列海外弘化活動，包括果醒法師、常聞法師三度赴加拿大多倫多分會弘法，果醒法師並先後前往洛杉磯、西雅圖、舊金山等地，帶領禪修、佛法講座、主持法會等。常華法師則至洛杉磯、西雅圖、東初禪寺等地弘化；禪堂板首

者包括紐約東初禪寺暨象岡道場住持果醒法師、美國護法會輔導師常華法師、法鼓大學籌備處校長劉安之、美國護法會會長李果嵩、護法總會副總會長黃楚琪等，令人感受到僧團、護法悅眾對此行的重視與深刻願心。在各地，方丈和尚以「生命的尊嚴」、「心安平安——你，就是力量！」等為題，共進行五場演講，法師們則帶領大悲懺法會、禪修等共修，或透過青年講座、佛法講座，分享個人的生命經驗與成長。劉安之校長也藉此因緣，親自說明法鼓大學的建校情形、教育理念與未來國際化的發展願景。

8月方丈和尚一行赴東南亞地區，陸續至新加坡、泰國、馬來西亞等地，同樣以「心安平安——你，就是力量！」為題進行演講；關懷中心副都監果器法師、馬來西亞道場監院常慧法師等也隨同前往，為當地信眾帶來安心的力量。

禪堂板首果祺法師、僧大副院長果光法師率同多位法師，前往雪梨分會弘法關懷。

果祺法師以及僧大副院長果光法師，也於7月率同多位法師，前往澳洲護法會雪梨分會，展開為期十二天的關懷行程，並指導禪修，為各地注入精進學佛的動力。

在東南亞地區，馬來西亞護法會於3月在馬來西亞《星洲日報》大禮堂特別舉辦一場對談，由僧大副院長果光法師和聖嚴師父法子暨馬來西亞佛教學院院長繼程法師，共同主講「禪來纏去──大人物的小故事」，兩人分享彼此追隨恩師聖嚴師父、「大馬漢傳佛教之父」竺摩長老出家修行的因緣，以及兩位長老法師的行誼事蹟，透過他們的分享，當代兩位漢傳佛教宗教師的生命風采，隨之深植大馬信眾的心中。

藉由閱讀聖嚴師父的著作、相關文化出版品，往往是海外信眾們學習佛法的重要途徑之一。8月，馬來西亞道場參與了在吉隆坡會展中心舉行的「第四屆海外華文書市」，展出系列師父著作，與近四十萬與會民眾分享法益。當月底，文化中心副都監果賢法師更前往馬來西亞道場關懷，舉辦四場演講，與信眾分享出版編輯及救災心得，引領當地學子開啟人生新方向；此行，果賢法師也與《聖嚴法師最珍貴的身教》一書作者潘煊展開對談，分享師父珍貴的身教。

11月，在紀念法鼓山馬來西亞護法會成立十週年之際，於吉隆坡舉辦了一場「大悲心起，願願相續」千人晚宴，帶領眾人共同發願持續學佛、護

禪修中心副都監果元法師（右）、常陀法師（左）至印尼雅加達無量壽禪修中心帶領禪二，引導七十五位學員學習漢傳禪法。

法,亦將募得的一半款項回饋社會,以行動實踐護持佛教教育與社會關懷工作。

僧團法師弘化的足跡日益拓展,2009年10月,禪修中心副都監果元法師受邀首度前往印尼棉蘭、日惹、雅加達三地,展開為期十二天的弘法之行,包括帶領佛法講座、禪一、禪二、禪五等,為弘揚漢傳禪法開啟嶄新的一頁。

此外,東南亞地區尚有常慧法師、禪修中心副都監果元法師、傳燈院常欽法師,僧團果高、果界等法師前往關懷,包括帶領「法師有約」,及核心悅眾共識營、初級禪訓班師資培訓、英語禪訓班、助理監香培訓、義工培訓等課程,與主持法會、禪坐、佛學講座等多元共修。

北美洲及歐洲地區,美國護法會均安排法師定期到各分會弘講及帶領共修,台灣的法師也相繼前往弘法;2009年主要展開「中華禪法鼓宗」的禪法弘揚,以及各項人才培育課程,如讀書會種子培訓、禪修師資培訓及助念關懷培訓等,以提昇悅眾多元弘化的能力。

於「中華禪法鼓宗」的禪法傳揚方面,6至9月期間,僧團果徹法師赴美國護法會加州舊金山、洛杉磯、華盛頓州西雅圖三處分會及加拿大溫哥華道場,展開系列禪修與佛學講座,深入講解「中華禪法鼓宗」的內涵,禪修活動並引領禪眾落實禪法的活用,完整介紹解行的理論與方法,期使法鼓山的禪法深化於海外。

在讀書會帶領人才的培育上,常華法師於3月至洛杉磯分會弘法期間,帶領一場「讀書會帶領人」培訓;普化中心副都監果毅法師於8月下旬,陸續至溫哥華道場、西雅圖分會、舊金山分會等地展開讀書會推廣,包括指導讀書會種子教師培訓、聖嚴師父著作《法鼓全集》以及《牛的印跡》的導讀等,為海外信眾提供一個精進學佛的途徑;果醒法師則於9月在西雅圖分會,以「讀書會帶領指導」為題,舉辦佛法座談,鼓勵當地成立讀書會,廣為分享佛法。

禪修師資培訓方面,主要包括果醒法師於4月在

馬來西亞道場首度舉辦「與法師有約」講座,法師與學員共同對談,討論如何以佛法觀念,創造幸福人生。

舊金山分會舉辦兒童心靈環保體驗營，植下淨化人心的種子。

洛杉磯分會指導法鼓八式動禪帶領培訓，9月在西雅圖分會、舊金山分會舉辦禪修師資培訓等。常懿、常御兩位法師則於5月前往洛杉磯分會，開辦臨終關懷研習，進行助念關懷相關人才的培訓等。

聖嚴師父的傳法弟子於西方弘法不斷，果如法師先後於6月在東初禪寺主講三場佛法講座，7月在溫哥華道場帶領五場佛法講座及一場話頭禪七。繼程法師則於8月在果醒法師、常聞法師及師父美籍弟子喬治·史維基（Djordje Cvijic）陪同下，前往波蘭主持由波蘭禪宗協會（The Chan Buddhist Union of Poland）主辦的禪十，9月也在東初禪寺帶領三場佛學講座，讓禪法的種子播散在美洲、東歐的土地上，生根發芽。

除了上述由法師帶領弘化，各據點也開展多項活動，例如北美地區舉辦四場兒童心靈環保體驗營；東初禪寺舉辦「新時代之心六倫分享會」，此為海外首場分享會，由法鼓山人基會「心六倫」種子教師主持；溫哥華道場舉辦鼓隊種子培訓課程等，讓心靈環保的理念在各地萌芽。

結語

聖嚴師父說：「虛空有盡 我願無窮。我今生做不完的事，願在未來的無量生中繼續推動；我個人無法完成的事，勸請大家來共同推動。」法鼓山的國際發展，在師父捨報圓寂後，海內外僧俗弟子仍秉持著師父的悲願，持續將法鼓山理念廣傳至西方，期能發揚漢傳佛教教義，為全人類的心安平安做貢獻。

文／常華法師
（美國護法會輔導師兼任國際發展處監院）

● 2008.12.21～2009.03.22期間

東初禪寺舉辦「禪の系列講座」
果醒法師主講六場

果醒法師於「禪の系列講座」中，介紹佛法與禪法的精要。

2008年12月21日至2009年3月22日期間，美國紐約東初禪寺住持果醒法師於每週日舉辦的佛學講座中，主講六場「禪の系列講座」，共有近五百二十人次參加。

第一場講座的主題是「照見五蘊皆空」。果醒法師解釋「空」並不是「沒有」，是暫時的「有」，也是因緣的「有」；「照見五蘊皆空」，即是以智慧去觀照、體驗五蘊所組成的生命現象是空的。

2009年1月11日第二場的主題是「不打坐，才是真打坐」，法師闡述修行的目的在於勤修戒、定、慧三學，不單在打坐中運用佛法，更應該將佛法應用在日常生活中；修行不僅在禪堂內，只要觀念正確，在任何情況下都是修行的好機會。

在1月18日第三場講座中，果醒法師以「如何不生病──病得很健康，還是真的不生病？」為題，說明健康的定義不僅是指身體的健康，還包括心理的健康；生理的病痛有其時間性，而心理的苦痛卻是長期的。法師進而開示，心理健康時，就可以看出身體只是一個虛幻的現象，我們的「色身」只是修「法身」的工具而已。

3月8日第四場講座，法師以《維摩詰經·觀眾生品》中的天女散花的故事，說明生活中種種煩惱的根源，皆來自於自心分別；任何現象都由自心生起，如果執著於其中某些部分，煩惱便因而產生，唯有祛除「我執」，方能在不圓滿中看到圓滿。

在15日進行的講座中，法師開示法身受果報的意義，說明果報沒有所謂的好與壞，所有的感受都是來自自我的心念；也期勉大家超越自我感受的好與壞，體會空性、無我的意涵，並且在生活中繼續修習菩薩道。

最後一場講座於22日舉辦，法師說明從禪宗的立場而言，神通就是心的功

能。法師勉勵大家要學習不受業力牽引的神通，唯有心安住在呼吸、身心放鬆，才有可能不受牽引。

六場系列講座，果醒法師以巧妙的譬喻，深入淺出地解說佛法與禪法的精要，也藉由提問互動，為聽眾釐清無我、空的概念，並落實在日常生活，提昇個人生命品質。

果醒法師「禪の系列講座」一覽表

時間	主題	參與人數（約）
2008年12月21日	照見五蘊皆空	70
2009年1月11日	不打坐，才是真打坐	110
2009年1月18日	如何不生病——病得很健康，還是真的不生病？	80
2009年3月8日	天女散花——不圓滿中看到圓滿	80
2009年3月15日	如何不受報——色身造惡業，法身受不受苦？	80
2009年3月22日	你也有神通——吃飯睡覺也算神通嗎？	100

● 01.17～02.01

海外各道場舉辦新春活動
「心安平安」過好年

迎接農曆新春，除國內各分院道場規畫系列慶祝活動外，海外分支道場於1月17日至2月1日（農曆初七）期間，包括美國紐約東初禪寺、加拿大溫哥華道場、安省分會，以及亞洲地區的新加坡、香港等護法會皆舉辦新春活動，各地活動概述如下：

東初禪寺於1月25日（除夕）舉辦觀音法會及慶祝活動，活動中觀看聖嚴師父新春祝福影片，並邀請美國同淨蘭若住持仁俊長老為大眾開示，長老勉勵眾人要發勇猛心，深諳今日我的所有，乃是過去及現在眾生的成就，所以應抱持感恩之心，回饋貢獻社會。

東初禪寺新春慶祝活動，有近一百五十人參加。

溫哥華道場於1月26日初二舉辦新春普佛法會。

日（初一）舉辦普佛法會，有近一百五十位信眾參加。

美國護法會各地分會也分別舉辦慶祝活動，如加州舊金山分會首度於1月26日（初一）舉辦新春禮佛祈福法會、31日（初六）舉辦新春大悲懺法會，讓當地民眾分享佛法的智慧與祝福；華盛頓州西雅圖分會2月1日（初七）舉辦新春大悲懺法會、新春聯誼活動等。

加拿大溫哥華道場於1月17日舉辦新春圍爐感恩聯誼會，會中，監院果樞法師表達對信眾護持道場建設的感恩，並推廣法鼓山的理念；接著，自24日小年夜起，陸續舉辦慈悲三昧水懺、淨土懺及新春普佛等三場法會，共有近五百人次參加，果樞法師勉眾生起懺悔心、怖畏心與感恩心，發願將善心轉化為具體善行，普利世人。安省分會則於1月17日舉辦快樂心靈新春慈善晚宴，觀看聖嚴師父的新春祝福影片，師父勉勵大家落實「心五四」、「心六倫」運動理念，以創造快樂，擁抱幸福；現場並安排音樂演奏，氣氛溫馨。

亞洲地區方面，香港護法會於28日（初三）舉辦普佛法會，有近一百三十人參加；新加坡護法會則於2月1日（初七）舉辦新春聯誼會，會中安排法青組演唱，共同為世界祝福。

2009年海外道場新春活動一覽表

區域	地點	日期	活動名稱
北美	美國紐約東初禪寺	1月25日	新春觀音法會
		1月26日	新春普佛法會
	美國護法會加州舊金山分會	1月26日	新春禮佛祈福法會
		1月31日	新春大悲懺法會
	美國護法會華盛頓州西雅圖分會	2月1日	新春大悲懺法會、新春聯誼活動
	美國護法會加州省會聯絡處	1月24日	新春聯誼會
	加拿大溫哥華道場	1月17日	新春感恩聯誼會
		1月24日	新春慈悲三昧水懺法會
		1月25日	新春淨土懺法會
		1月26日	新春普佛法會
	加拿大護法會安省分會	1月17日	快樂心靈新春慈善晚宴
亞洲	香港護法會	1月28日	新春普佛法會
	新加坡護法會	2月1日	新春聯誼會

● 02.03

僧團邀請美國內觀中心禪修老師座談
分享親近聖嚴師父學禪的體驗

2月3日上午，僧團三學院於法鼓山園區舉辦座談會，邀請追隨聖嚴師父習禪十餘年的美國內觀中心（Insight Meditation Center）禪修老師麥克‧葛帝（Michael Grady）與娜拉揚‧葛帝（Narayan Grady）分享與師父的因緣、

東西方禪眾分享彼此的禪修體驗。（右起依序為果興法師、果元法師、葛帝伉儷、果鏡法師）

佛教在美國的發展趨勢以及默照與內觀修行法門的異同等，由禪修中心副都監果元法師帶領，共有五十多位法師參加。全台各分院道場及美國紐約東初禪寺、象岡道場及加拿大溫哥華道場同步視訊連線聆聽。

葛帝伉儷表示，十多年前閱讀聖嚴師父的英文禪學著作後，十分心儀師父的禪風，因此每年參加師父在美國主持的禪七，從領受師父的禪修指導中，加深自己對內觀法門的體驗。

麥克‧葛帝認為默照禪的止觀雙運、定慧一體，與南傳的內觀禪毘婆舍那（Vipassana），兩者頗為相契。默照禪重於統一心，在身心統一、內外統一中，專注覺照的作用，所以可放寬身心在方法上，不必集中一點或一境，身心常能處於放鬆狀態，適合讓學過南傳禪法的人更深一層進修。

另一方面，娜拉揚‧葛帝表示，在西方多為在家眾擔任帶領禪修、推廣佛法的功能與角色，與東方國家多由出家眾指導與弘法，是很大的不同。

最後，兩位禪修老師指出，西方社會對佛教的認識，大多是藉由對藏傳佛教的修學得來；而聖嚴師父教導的默照禪，相當受西方社會歡迎，成為漢傳佛教在西方發展的重要法門。

● 02.22～24

常慧法師赴馬來西亞弘法
點亮象徵傳薪、信心、願心的心燈

僧團常慧法師於2月22至24日前往馬來西亞護法會,進行弘法關懷活動,內容包括舉辦講座、帶領禪修等。

22日晚上,常慧法師出席由護法會舉辦的關懷會,並進行一場「環保自然葬」

常慧法師於2月到馬來西亞弘法關懷,為信眾介紹環保自然葬。

講座,有一百多人參加。活動中,首先播放聖嚴師父開示關於愛別離苦和生死的影片,師父說明世間一切法都是虛妄法,勉眾當以正法為依歸;接著播放師父捨報前,慎重叮嚀和關心馬來西亞佛教發展的開示錄影,指出漢傳佛教的包容性,能適應不同社會和文化,並且諄諄勉勵佛教青年們,努力學習並發揚漢傳佛教。

因聖嚴師父植存的因緣,會中常慧法師介紹法鼓山提倡的環保自然葬,以及金山環保生命園區的植存流程,讓大家對避免破壞環境、節省土地資源的植存方式留下深刻印象,也為師父破除舊俗、慈悲自在的最後身教而感動。

最後,在法師的帶領下,眾人點亮象徵傳薪、信心、願心的心燈,以度化眾生為目標,承師志、報師恩。

24日,常慧法師則於護法會帶領禪坐共修,圓滿此行。

勉大馬青年對漢傳佛教有信心

2月22日播放於馬來西亞護法會「悅眾關懷會」

◎聖嚴師父

阿彌陀佛。

我是台灣法鼓山的聖嚴法師。首先在這裡對馬來西亞護法會，特別是馬來西亞的學佛青年們，致上最高的慰問。

本來我打算要在2008年的12月到馬來西亞，看看諸位。但大家可能也知道，我的身體狀況不是很好，醫生不允許我出國，所以只好作罷。

法鼓山在馬來西亞發展的時間很晚，只有幾年的時間。最初是由林孝雲菩薩開始的，但成長得非常快，原本的會所是承租的，現在擁有自己的會所，這非常不容易，可見法鼓山馬來西亞護法會活躍的力量相當強，特別是我們的佛教青年，活力非常地強，幾乎每年都會回到總本山來，參加成長活動、禪修。

你們對於馬來西亞佛教的護持、發展，以及對馬來西亞佛教的前途，都抱有非常遠大的希望和動力，這點我認為相當了不起。

其實我來過馬來西亞兩、三次。最早的時候，是馬來西亞鶴鳴寺的印慧法師，在我閉關的時候，經常寄幾塊錢的馬幣給我零用，希望我在台灣閉關的計畫完成之後，來馬來西亞鶴鳴寺承接法務。那時候台灣的物質生活、台灣的國際環境，都沒有馬來西亞好，當時我也很希望能到馬來西亞來。可是後來我出關以後，去了日本留學；留學以後又到了美國；然後又回到台灣辦學、成立中華佛研所。這樣子就把時間一直拖到現在。

現在在台灣的法鼓山僧團法師，就有二十多位青年來自馬來西亞，他們都很優秀，不僅中英文俱佳，佛學造詣也非常好，是我們法鼓山的寶，因此我很想再到馬來西亞看看諸位。但因健康因素不能成行，只好以錄影的方式問候諸位。

法鼓山是培養佛教人才的教育團體

我們法鼓山這個團體，看起來、聽起來好像是一個普通的佛教寺廟，或者是寺院、教會的團體，其實不然。法鼓山的總本山，正式名稱是「法鼓山世界佛教教育園區」，是負起對世界佛教教育的責任。而所謂「教

育」，對象是誰？當然多半是青年，不一定是在台灣的青年，而是世界各國的青年，甚至於中年都有。因此，「法鼓山世界佛教教育園區」在世界各國有一些知名度，原因就是它是一個教育的場所，而不只是一個佛教的場所。我們有中華佛研所、僧伽大學、佛教學院，以及建設中的法鼓大學。這一次我們的法師到馬來西亞，主要向馬來西亞的青年與佛教界，介紹我們的僧伽大學。

法鼓山僧伽大學現在已經有了四屆畢業生，很快就要有第五屆。諸位不要認為所謂大學一定是高中生畢業進入大學，法鼓山僧伽大學的學僧，多半是大學畢業以後，再來就讀的，所以他們不等於是大學生。也有不少碩士、博士，或是擁有雙學位的人，來就讀我們的僧伽大學。

我再強調，法鼓山是一個研究性的、學術性的，是普遍性的、教育性的，是普遍推廣佛教教育的一個教育園區。所以一進我們的大門，就可以看到「法鼓山世界佛教教育園區」這幾個大字，表明就是不同於其他的寺廟，不同於其他的大學。我們的門口沒有寺廟的形象，但是我們是觀音道場，所謂觀音道場，就是修觀音法門，而以觀音菩薩的慈悲，觀音菩薩的大慈悲心、慈悲精神來辦教育，使得學生都成為觀音菩薩的化身、觀音菩薩的代替人。因此畢業後，都是很有慈悲的人，都成為能夠弘揚佛法的人才，也就是佛教的弘化人才，而不是經懺人才、辦法會的人才。

我們的辦學目標是培養淨化人心、淨化世界的人才。當然我們淨化的範圍很廣，除了台灣一地，我們也希望華人世界、乃至於非華人的世界，都能夠接受我們法鼓山的教育；接受法鼓山的教育之後，能夠淨化全體的世界，全體人類的人心。

青年學佛要持之以恆

此外，我要對馬來西亞的學佛青年，勉勵幾句話。青年學佛，有一個很大的優點，就是有衝勁。剛開始的時候，有勇猛精進的信心；可是衝勁過了以後，就可能會有退心。所以青年學佛的人要特別地注意，不要只有三天的時間，熱心就沒有了。這樣子很可惜，要保持住青年學佛人的特性，而不要把青年的一種壞習慣，做為學佛的一種習慣。學佛需要長時間的精進學習，不是一天、兩天看一看，好像是懂了，其實學佛不容易，剛開始的時候懂了，表示這是你的善根非常高，但是慢慢地愈來愈深入的時候，表示你的善根能夠深入了，所以一定要持之以恆，堅持不退。

漢傳佛教的包容性能適應不同的社會與文化

另外一方面，對於馬來西亞的佛教，以及對於未來世界的佛教發展，我認為是相當有希望的。在馬來西亞，佛教不是國教，馬來西亞的國教是伊

斯蘭教。但是馬來西亞政府非常開放、非常開明，對於佛教的態度是開放的，對於佛教是支持的，對於佛教是協助的。這就是一個文明國家應該有的態度，我們很感謝馬來西亞政府。

在馬來西亞，雖然有很多人學佛，有漢傳的、南傳的，也有藏傳的，但都是各自發展，我們希望馬來西亞的佛教將來能夠整合、統一。事實上這個問題，在台灣也是一樣。因此我們希望將來有一個世界性的佛教，以漢傳佛教做為中心，和世界接軌。

為什麼漢傳佛教有這個資源，有這個能力？因為漢傳佛教的內容，是非常廣大精深；加上漢傳佛教的歷史悠久，漢傳佛教的人才眾多。現在在台灣，漢傳佛教還是所有佛教之中最強大的一個支流。希望將來世界佛教，就是以漢傳佛教為主流，而貫穿、接通世界各系的佛教。這個任務，也只有漢傳佛教可以承擔得起來。為什麼？因為漢傳佛教有彈性。有什麼彈性呢？有自我伸縮、自我成長和適應的能力。遇到不同的宗教，漢傳佛教有不同宗教的應對方法；即使遇到不同的佛教，不僅有廣大心量可以接納，而且還可以開發。所以漢傳佛教是將來對於世界佛教，唯一的，也可以說是能夠變成一個發揚光大，而且是成為佛教中心的佛教。

漢傳佛教能夠適應任何一個社會，任何一個國家的文化。雖然漢傳佛教在當今的西方社會，看起來好像沒那麼活潑、壯大，但是將來一定會受到重視。為什麼？因為西方人已逐漸感受到漢傳佛教的彈性、活潑性，所以將來我們漢傳佛教是最有希望的。因此我希望我們研究、學習漢傳佛教的青年菩薩們，要精進努力於漢傳佛教，對於漢傳佛教的未來，要有絕對的信心。

阿彌陀佛。

（錄影於2008年12月20日，法鼓山園區開山寮）

● 02.26～03.03

果醒、常聞法師至多倫多弘法關懷
主持佛法講座與禪修

2月26日至3月3日，美國紐約東初禪寺住持果醒法師、常聞法師赴加拿大多倫多，進行為期六天的弘法關懷，內容包括帶領多項禪修活動、舉辦三場佛法講座等。

兩位法師首先於26日上午帶領學員練習法鼓八式動禪，體驗動禪收攝、放鬆身心的感覺；晚上由果醒法師主持一場佛法講座，主題為「三法印的觀念與觀法」，法師解說「三法印」的觀念，說明了解「諸行無常」、「諸法無我」的道理後，就不會再執著我相，時刻會讓自己的心與內在的佛心相應，那就是「寂靜涅槃」，這場講座共有三十多人參加。

27日，果醒法師、常聞法師於分會帶領悅眾進行法器練習；同日晚上舉辦萬行菩薩座談，果醒法師提醒修持菩提心時，「依眾靠眾」尤其重要，因為共修的力量大，能夠凝聚心力、相互支援。

28日，果醒法師於當地北約克市議會堂（Members Lounge, North York Civic Centre）進行公開演講，主講「中華禪法鼓宗：觀念，態度，方法」。法師說明聖嚴師父的禪法，傳承曹洞宗與臨濟宗兩大禪宗法脈，開創出符合現代人需求的漢傳禪法，是為「中華禪法鼓宗」；而身心能夠安定、清淨，有慈悲心和智慧心，這就是「禪」，並勉勵將禪宗的觀念和方法，運用在日常生活中，減少煩惱，自然就能輕鬆自在過生活。演講有近一百人參加。

3月1至3日，兩位法師帶領密集的禪修課程，包括1日的英文禪一、2日的禪坐監香培訓、3日的念佛禪與初級禪訓班等；系列課程共有一百多人次參加。

果醒法師（右）在演講中說明聖嚴師父的禪法，是適合現代人使用的漢傳禪法，這場演講由常聞法師（左）英文翻譯。

3日晚上，果醒法師接著講授「三法印的觀念與觀法」，法師表示，日常生活中也可運用無我的觀念，不論是家庭生活或複雜的人際關係，只要少一點自我中心，放下自我執著，自能減少煩惱，而得到安樂與自在。

演講最後，大眾在果醒法師帶領下，長跪佛前，

祈願聖嚴師父的悲心大願，願願相續；並將寫好的許願卡掛在小菩提樹上，以「願」來供養師父，希望有願必成。

　　果醒、常聞法師此行，每日皆帶領早晚課共修，在法師的帶領下，讓當地信眾的修行更上層樓；而各項精進修行活動，也增進眾人對佛法與禪修的深入了解。另一方面，三場佛法講座，皆由常聞法師同步英文翻譯，讓西方人士也能聞法無礙。

● 03.01　07.05

東初禪寺舉辦週日講座
米勒博士講述實踐《心經》

　　3月1日及7月5日，美國紐約東初禪寺舉辦兩場講解《心經》的週日佛學講座，由追隨聖嚴師父學習佛法逾三十年的哈瑞‧米勒（Harry Miller）博士主講「實踐《心經》：一個普通人能做到嗎？」（Living the Heart Sutra: What's an Ordinary Sentient Person to Do？），兩場共有近一百五十人次參加。

米勒博士（左）於東初禪寺講述《心經》實踐。

　　米勒博士擁有法語和英語的學士學位，也獲得美國哥倫比亞大學（Columbia University）中文碩士學位和比較文學博士學位。講座中，他首先提供聽講者一份中英對照的《心經》翻譯。米勒博士提到，修行的目的是行菩薩道，雖然整篇《心經》沒有提到慈悲，卻於經文的前四句「觀自在菩薩，行深般若波羅蜜多時，照見五蘊皆空，度一切苦厄」，包含了慈悲救度眾生之意。

　　講到五蘊，米勒博士以三明治和奶昔為喻，說明生活中色、受、想、行、識五蘊，並非像三明治一樣層層清楚，反倒像奶昔將水果、牛奶等材料融在一起，沒有分開與界限。《心經》之所以用「色」來解釋五蘊，正因「色」是肉眼看得到，對一般人來說，由此體驗「空」比較容易。

　　米勒博士以生動的例子，加深聽眾的理解，讓台上台下討論熱烈。

● 03.05～09

常華法師洛杉磯弘法關懷行
分享心安平安之道

常華法師（第二排中）與洛杉磯分會信眾合影。

3月5至9日，美國護法會輔導師常華法師前往加州洛杉磯分會進行弘法關懷活動，內容包括指導禪坐共修、進行佛法講座等，全程共有近兩百人次參加。

常華法師首先在5日及7日，指導當地信眾禪坐共修，6日進行信眾關懷活動，7日並舉行一場佛學講座，主題為「如何在困境中心安平安」。

由於景氣衰退，失業率攀升，愈來愈多人面臨生活危機，常華法師在講座中，先與大家分享聖嚴師父於2009年的新春開示，指出不安只是受到外境影響的心理感覺，如果我們的心夠安定，有安全感，則外在環境再怎麼變動，我們的生活還是可以不受影響。

常華法師認為，人最重要的是生存，只要還有一口呼吸，就有無限希望；不管是順境或是逆境，都只是一個過程，隨時可能有轉機，因此面對困境與挫折，不必往最壞的地方想，而要朝最好的方向看，用積極正面的態度迎接生活中各種難題。

如何讓內心安定，常華法師鼓勵大家落實法鼓山的「心靈環保」理念，他說明心靈環保主要分為四個層面：情緒穩定、心理健康、精神信仰及超越精神。所謂心靈環保就是以觀念的導正，來提昇人的素質，除了能夠不受環境影響產生內心衝擊之外，尚能以健康的心態面對現實，處理問題，獲得健康快樂、平安自在。

講座之後，播放聖嚴師父圓寂佛事的影像紀錄，常華法師藉此帶領信眾們回顧師父捨報圓寂的過程，體會師父的悲心大願。

8日及9日，常華法師並帶領一場「讀書會帶領人」培訓課程及主持悅眾會議等，圓滿此次的關懷行。

● 03.07

巴黎記者學院師生參訪園區

體驗法鼓山園區境教

　　法國巴黎記者學院（Centre de Formation des Journalistes, Paris, CFJP）校長克里斯多夫・德魯瓦（Christophe Deloire）率領平面媒體系二年級學生，一行十七人上午在行政院新聞局祕書陳文昌陪伴下，至法鼓山園區參訪，進行境教及禪修體驗。

　　在導覽組義工的接待引導下，參訪團首先至簡介館觀看《大哉斯鼓》影片，對創辦人聖嚴師父開創法鼓山的過程與理念有了初步的認識。隨後，僧團常修法師出席關懷，並致贈來賓結緣品與文宣品，讓來賓對法鼓山及園區有進一步的了解。

　　接著，一行人至祈願觀音殿與開山紀念館參觀，體會觀音道場的莊嚴、殊勝；最後，並至藥師古佛步道及生命園區朝山步道，進行三階段的走路禪，接受一場法鼓山境教與漢傳禪法的洗禮，圓滿此行。

法師與巴黎記者學院師生在簡介館進行互動。

● 03.15

東初禪寺舉辦感恩報恩會

信眾隨師發願以報師恩

　　在聖嚴師父圓寂一個多月後，美國紐約東初禪寺於3月15日舉行感恩報恩會，一方面感恩師父教導，並發願續佛慧命以報師恩，一方面感恩紐約佛教界、社會大眾以及信眾在師父佛事期間，對法鼓山的支援與關懷，有近八十人參加。

　　感恩報恩會中，首先播放聖嚴師父圓寂佛事期間的紀錄影片，引導信眾回顧師父最後的人生旅程，包括師父堅持用簡樸的木棺、不挑日子火化、採用環保植存等，在在都以身教讓世人學習這堂生死課程，其潛移默化的力量已超越宗

教、國界的藩籬。

東初禪寺住持果醒法師在會中開示說明，東初禪寺已經創建三十年，儘管每個人追隨聖嚴師父的時間長短不同，重要的是要珍惜在師父身上所獲得的學習成長。觀看影片後，大家展開分組討論，分享如何繼續運用法鼓山的理念，來提昇自己、幫助他人；眾人在分享時，並相互激勵願心。

最後，果醒法師更以「諸佛皆因發願而成佛」、「只有願力能勝過業力」鼓勵大家，並帶領眾人長跪發願，願在聖嚴師父法身舍利引導下，驗證修行，共成佛道。

果醒法師帶領眾人長跪發願，共成佛道。

● 03.17

哥大「漢傳佛教學術出版永久基金」設立
中華佛研所推廣漢傳佛教至西方

中華佛研所致力於弘揚漢傳佛教，為獎勵更多學者投身漢傳佛教的學術研究行列，3月17日經教育部覆函同意後，捐贈美國哥倫比亞大學（Columbia University）二十五萬美金，成立一永久出版漢傳佛教書籍的專案基金。

此一專案由擔任「聖嚴漢傳佛教講座教授」的哥大教授于君方，負責專書出版的推薦與審核。專案通過成立後，哥大每年將出版一至二本英文版的漢傳佛教專書，對於漢傳佛教學術研究品質的提高，以及在西方世界的推廣，將大有助益。

● 03.21

果祥法師應天主教方濟會邀請演講
介紹漢傳佛教及法鼓山理念

在天主教方濟會邀請下，僧團果祥法師3月21日於台北聖母聖心會活動中心，以英語發表專題演講，向近三十位來自各國的外籍神父、修女介紹台灣

佛教現況、法鼓山的理念與禪宗修行法門，教廷駐台大使館新任代辦陸思道（Paul Fitzpatrick Russell）也到場聆聽。

演講中，果祥法師依佛教的起源、發展，傳入中國形成漢傳佛教後，再傳入台灣，進而蓬勃發展至目前的情況，分成四部分介紹。接著，法師透過一百多張圖片，將法鼓山推廣的理念和精神、禪宗的修行法門，一一介紹給與會者。

照片中，如佛化婚禮、佛化祝壽、佛化奠祭等的社會關懷理念與行動，特別獲得與會人士的認同；而落實於水陸法會中的環保觀念及結合科技的數位化牌位，更贏得聲聲讚歎。聖嚴師父圓寂佛事的影像也讓現場人士留下深刻的印象。

演講結束後進行交流互動，與會人員提出諸如佛教僧侶的日常生活、禮拜佛像的緣由、禪宗修行的方法等各層面問題，與會者踴躍詢問的情況顯示其認真的態度及開放的心胸，果祥法師也逐一為提問者說明。

這次跨宗教交流，雙方都表示深具意義，除了讓西方宗教對漢傳佛教有深一層的認識，彼此在服務社會、利益他人的菩提心上，也產生共鳴；並在修行、求道的出離心上，找到共同基礎，體認到信仰雖然不同，但宗教交流是珍貴的，也是必要的。

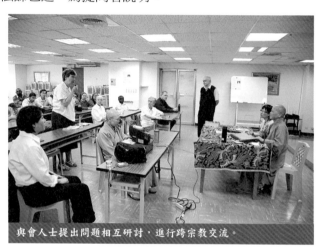

與會人士提出問題相互研討，進行跨宗教交流。

● 03.27

德國漢諾威圓覺寺一行參訪園區
行戒法師帶領信眾體驗禪悅境教

德國漢諾威圓覺寺住持行戒法師帶領該寺法師及居士一行二十二人，參訪法鼓山園區，由僧團男眾部副都監果興法師、禪堂板首果祺法師等，進行接待及交流。

曾於2006年7月起於法鼓山參學兩年的行戒法師，出生於1971年的越南，出生時正逢越戰的高峰期，也曾做過海上的難民。十四歲與家人在德國團圓後，開始在當地親近越南籍如典法師所創建的漢諾威圓覺寺，學習佛法。二十八歲時決定出家，繼而完成學業，取得漢諾威大學（Hannover University）宗教學博士學位。為了研讀《大藏經》，行戒法師發願學習中文，因此來到台灣，並

且在法鼓山找到修行的契機。

這次帶領漢諾威圓覺寺的法師與信眾至法鼓山園區參訪,是為了讓他們實地體會法鼓山漢傳佛教的修習環境與園區的境教氛圍。

當天行程,由僧團法師接待關懷,先於簡介館觀看法鼓山簡介影片《大哉斯鼓》,再至祈

果祺法師(右一)與行戒法師(左一)、德國漢諾威圓覺寺的法師及居士一行於園區簡介館進行交流。

願觀音殿、開山紀念館等處參觀,並體驗走路禪,體會身心放鬆的感受,最後至大殿禮佛圓滿。

一行人參訪園區之後,並轉至北投農禪寺參加佛七,體會漢傳佛教的精進念佛法門。

● 03.28～04.01

法鼓山參與第二屆世界佛教論壇
提倡以心靈環保化解世界危機

3月28日至4月1日,由兩岸佛教界共同主辦的「第二屆世界佛教論壇」,有近六十個國家的佛教團體共同參與,先後在中國大陸、台灣兩地的佛教道場、

惠敏法師(左)主持「佛教與科學」分論壇並發表論文。

佛教大學各自進行八個分論壇,共有兩千多位全球各地的佛教團體領袖、學者及護法大德參加。法鼓山由佛教學院校長惠敏法師率團赴江蘇無錫參加開幕式及第一階段分論壇,副住持果品法師在開幕式中,代表宣讀聖嚴師父圓

寂前撰寫的講稿〈從心出發〉。

法鼓山赴無錫論壇的代表團，由佛教學院、中華佛研所、僧伽大學師資群共同組成，成員包括惠敏法師、果鏡法師、常隨法師、常慧法師、杜正民副校長、陳英善老師等，分別在各場分論壇發表論文，展現法鼓山大學院教育單位在佛學研究上的成果。

除了參與無錫論壇，法鼓山也於3月31日在德貴學苑協辦「佛教的心靈環保」分論壇，有來自十多個國家、地區的三百多位法師及居士、學者與會，共提出三十八篇論文，內容主題包括節能減碳、「心六倫」運動、自殺防治、金融海嘯等，為兩岸十六場分論壇中發表篇數最多者。

方丈和尚於「佛教的心靈環保」分論壇致詞。

方丈和尚果東法師在分論壇中致詞表示，法鼓山即是一個以心靈環保為核心的團體，希望透過三大教育，以「心五四」為方法、「心六倫」為實踐，達到提昇人的品質、建設人間淨土的目標。

中華佛研所所長果鏡法師在論文中指出，提倡心靈環保，可讓大家體驗個人物質生命的短暫渺小，全體精神生命不受時空限制；運用心靈環保的理念與方法，改革不良風俗，便可化解心靈貧窮帶來的災難和危機。

會中多位論文發表者，同時也是心靈環保實踐者，例如斯里蘭卡三摩地學會創辦人強帝瑪法師（Venerable Bodagama Chandima Thero）、四川什邡羅漢寺住持素全法師等人，在歷經海嘯、地震等天災之後，率眾救援並協助法鼓山在當地賑災，共同安定人心、重建家園。分論壇結束後，與會人士特別前往法鼓山園區參訪，實地感受以「心靈環保」理念建設的道場景觀，以及漢傳佛教在台灣的發展現狀。

活動最後一天，方丈和尚果東法師應邀出席在台北市小巨蛋舉行的閉幕典禮，與世界各國的四眾佛子，共同為世界和平祈福。

從心出發

3月28日發表於第二屆世界佛教論壇開幕式
由果品法師代表宣讀

◎聖嚴師父

中國國家宗教局局長葉小文先生、第二屆世界佛教論壇的總召集人，也是中國佛教協會會長一誠長老，以及諸位法師、諸位先生和各國的嘉賓，由於我今天無法親自出席，所以請我的弟子果品法師，代我宣讀這篇講稿。

講稿的題目是「從心出發」，為回應第一屆世界佛教論壇的主題「和諧世界，從心開始」。法鼓山這幾年都在提倡「心靈環保」及建設「人間淨土」的理念，「心靈環保」是我們運作的方式和理論的依據；「人間淨土」則是我們需要努力完成的工程，即是在人間建設淨土。

心靈環保的內涵

首先和諸位說明「心靈環保」此一名詞的起源。「心靈環保」這名詞，雖由我新創，不過它的內容，是根據大乘經典以及中國的祖師提倡的思想而來。譬如《大乘起信論》云：「心生種種法生，心滅種種法滅。」不論在華嚴或是天台，都非常重視「心」。《華嚴經》說：「心、佛、眾生三無差別」，這裡所說的「心」就是一切眾生的心，是佛心，也是我們所有人的心。換句話說，這個「心」是凡夫心，也是智慧心，所以諸佛菩薩及一切眾生的心都是相同的。又如《六祖壇經》說：「前念迷即凡夫，後念悟即佛。」如果心迷了，是凡夫；悟了，即是諸佛。因此，「心」是佛教非常重視的根本基礎。

其次，為諸位說明「心靈環保」的意義。現今的世界大家都在談環保，但是環保的工

果品法師於第二屆世界佛教論壇開幕式中，代表宣讀聖嚴師父生前撰寫的主題發言〈從心出發〉。

作，如只重視於自然、物質和生態資源的保護，仍是不夠的。我們應該從內心做起，讓心靈不被污染，保護心靈，乃至保護我們的思想、觀念，叫作「心靈環保」。所謂「萬變不離其心」，心非常重要，可以變好，也能變壞。因此要把心保護好，不顯露壞的心，努力發展好的心，即智慧心、善心。

而《六祖壇經》提到「不思善，不思惡」，請問「不思善，不思惡」的心是什麼心？實際上就是《金剛經》所說的「應無所住，而生其心」的心。「不思善，不思惡」並不是心沒有善，沒有惡。如果認為心沒有善、惡之別，這很愚癡。因此「不思善，不思惡」是沒有分別心，只有智慧心，唯有將煩惱心減少、化解，才能達到解脫的目的；把智慧心增長了，便能幫助自己、幫助眾生和我們的世界，如此一來，不僅眾生得度，自己也能得度。所以「心靈環保」的目的就是幫助我們化解煩惱、增長智慧，淨化人心、淨化社會。

在人間建設淨土

至於如何用「心靈環保」來建設「人間淨土」？永明延壽禪師在《宗鏡錄》說：「一念相應一念佛；念念相應念念佛。」念佛的人，假使心隨時跟佛心相應，當下的心就是佛心。而「人間淨土」究竟在哪裡？「人間淨土」是從我們心裡所產生出來的，離開心以外便不容易產生，那會變成虛妄的謊言。當我們的心清淨，便跟佛心相應，一念心清淨，所見到、所住的世界即是沒有人我是非的「人間淨土」。另外，《維摩經》說「直心是道場」。所謂「直心」就是真心，「直心」即清淨心，「直心」乃是無差別的平等心、智慧心和慈悲心。有了直心，便能見到「人間淨土」。

因此《維摩經》又說：「心淨國土淨。」只要一個人心清淨，見到的世界就是清淨的；如有更多的人心清淨，便能使得這個世界、人間成為淨土。假使無法念念都清淨，至少在學佛或修行佛法的時候，心不跟煩惱相應，便是在「人間淨土」裡。因此，建設「人間淨土」必須從「心靈環保」開始。

以上所述，特別向大會的諸位善知識、諸位法師、諸位居士、諸位貴賓來請教。

探索佛教多元面貌

第二屆世界佛教論壇紀實

由兩岸三地佛教界共同舉辦的「第二屆世界佛教論壇」，3月28日至4月1日在中國大陸江蘇無錫與台北兩地接力舉行。來自世界各地近五十國、兩千多位佛教界代表、學者、居士大德齊聚一堂，參與了這場佛教盛事。

世界佛教論壇發起於2005年，宗旨是為世界佛教搭建起平等、多元、開放的對話平台，同時為國際佛教交流提供良好的契機。2009年第二屆論壇延續2006年首屆杭州論壇的結論：從心開始，共建和諧社會。

大會發言　為和諧世界建言

3月28日開幕式當天的大會發言，邀請五十位來自世界不同系別的佛教代表、宗教學者、各行各業的佛教徒，為「和諧世界，眾緣和合」的論壇主題提供建言。

主辦單位之一的中國佛教協會副會長兼祕書長學誠法師發言表示，和合需要眾緣，有眾緣才能和合。佛教教義中包含豐富的多元和合思想，法師特別講述身心不二、自他不二、依正不二、空有不二的深廣道理，並有知足、慈悲、謙虛等美德，和堅持和平的良好傳統。

聖嚴師父在圓寂前，已預先為本屆論壇撰寫了一篇題為〈從心出發〉的講稿，在28日下午的大會發言時間，由僧團副住持果品法師代表宣讀。師父在講稿中再度重申「心靈環保」以及建設「人間淨土」的理念，獲得與會人士的認同與肯定。

宣讀講稿前，果品法師向與會人士表示，聖嚴師父於本年2月3日捨報，佛事在2月15日圓滿，法鼓山非常感謝各界的護持與關懷，尤其是中國大陸國家宗教事務局局長葉小文及中國佛教協會學誠法師，在師父靈骨植存當天，親自到台灣表達關懷，今後法鼓山教團將在方丈和尚果東法師的帶領下，僧俗四眾秉遵師父的教法，承先啟後，永續為全世界人類心安平安做出奉獻。

無錫分論壇　激盪思想火花

緊接著在無錫舉辦的分論壇，是本次論壇的重點，上百篇論文一一發表，激盪出佛法與世學交輝的智慧火花。分論壇探討的主題相當廣泛，

包括「法寶之光——大藏經的整理、保護與研究」、「佛教教育的機遇與挑戰」、「佛教修學體系的建設與反思」、「佛教音樂文化的搶救保護與創新發展」、「佛教的傳播與民族性」、「高等教育與佛教教育的互助發展」、「眾善奉行——佛教思想與企業的和諧發展」、「佛教與科學」等八項主題，另外還進行兩場電視論壇。

其中，在「佛教與科學」論壇中，法鼓佛教學院校長惠敏法師提出「禪法與腦科學的關係考察」，以佛法《念住經》之「四念住」修習法，對應神經生理學「三重腦理論」，來論述心與腦的互變關係，可公式化為「心＝腦×眾生2」，亦即微小的「腦」量，可經由「眾生」量的累積，產生巨大的「心」力。

中國科學技術大學前校長朱清時表示，二十一世紀以「弦論」為代表的物理學，已真正步入「緣起性空」的禪境，因為物理學家所觀察到的物質世界與宇宙本體的關係，就像海水與波浪、弦與音樂的關係，是因緣和合而生，因緣散盡而滅，與佛教的緣起法竟無二致。

此外，在金融海嘯衝擊下，企業經營者結合佛教思想、佛教結合企業組織管理，也成為主流。新加坡國際管理學院院長楊威榮以「金融海嘯中的反思：假如佛陀是個CEO」為題，提出企業與佛教結合的觀點，呼籲企業以慈悲、寬容為基石，來創建和提昇企業，邁向永續發展。

電視論壇　弘法無遠弗屆

這次論壇也結合媒體力量，舉辦兩場電視論壇，其中第二場論壇，主題為「傳承與弘揚：盛世新六和美好願景與包容智慧」，由知名文化學者余秋雨、學誠法師、惠敏法師、劉長樂及比利時皇家科學院（Royal Academy of Science of Belgium）院士魏查理（Charls Willemen），暢談佛教的包容與未來發展願景。

余秋雨認為，佛教在近代中國成為戰爭苦難中延續文明的關鍵角色，未來佛教弘法可參考西方宗教，結合藝術、文化，以美感使人快樂，接引年輕一代親近佛教，因為宗教結合藝術，就是人類文明的終極狀態。

有「博客和尚」之稱的學誠法師，是大陸最早使用網站部落格弘法的法師。他表示，在三年前抱著姑且一試的心態設立部落格，透過網路介紹出家眾的生活與弘法過程，竟引起熱烈回響，也因此讓佛法走出寺廟叢林，讓世界各地對佛教有興趣的人，都可透過網路認識佛法。

惠敏法師則提出台灣佛教經驗，做為中國佛教未來發展的參考。他表示，台灣的佛教宗派幾乎都以弘揚「人間佛教」為主流，雖然各道場弘法的方式各具特色，但都能在維持佛教基本教義前提下，取得平衡點，而不會拋棄既有的修行傳統。

台灣分論壇　展現各團體道風

第二階段的分論壇議程於3月30日移師台灣舉行，一千多位與會人士自南京前往台北，接續參與31日在台灣各寺院、佛教大學進行的分論壇場次，探討主題包括：佛教的心靈環保、藝文事業、慈善關懷、宗派融合、組織管理、弘法傳播、國際交流、現代性等八項。各場次分論壇，除了展現兼具深度與廣度的學術議題，也呈現佛教在台灣的蓬勃發展與多元特色。

其中，「佛教的藝文事業」分論壇，在強調「覺之教育」的華梵大學舉辦，希望透過論壇，加強佛教藝文研修、學術文化交流，發揚佛教慈悲智慧的精神。而華梵大學提倡儒佛會通，重視藝文教化的校風，也透過景觀境教，在各佛教代表心中留下深刻印象。

法鼓山協辦的「佛教的心靈環保」分論壇，在甫啟用的法鼓德貴學苑召開，論壇中共提出三十八篇論文，是各場次中發表篇數最多者，論文中探討的範圍廣泛，包括節能減碳、心六倫運動、水陸法會、素食護生、自殺防治、金融海嘯、生態學等。

特別的是，論壇中多位論文提報者，也都是親力親為的心靈環保實踐者。例如斯里蘭卡的三摩地學會創辦人強帝瑪法師（Venerable Bodagama Chandima thero）、四川省佛教協會副會長暨什邡羅漢寺住持素全法師等人，皆是在當地歷經海嘯、地震等天災之後，率眾救援並協助法鼓山賑災的重要推手，也幫助法鼓山在當地設立安心服務點，共同安定人心，重建家園。

「和而不同，各美其美」是對現今世界佛教的一個觀察。本屆論壇廣邀漢傳、南傳、藏傳、日本佛教等各系別佛教界人士，提供一個友善、開放、尊重的交流平台，法鼓山參與了此次促進各佛教宗派的對話與了解，繼而為世界播下和平的種子，邁向「人間淨土」的目標。

參與「佛教與心靈環保」分論壇的與會人士，參訪法鼓山園區，體驗境教之美。

● 03.29

馬來西亞護法會舉辦「禪來纏去」對談

繼程法師、果光法師分享恩師情誼

3月29日馬來西亞護法會於馬來西亞《星洲日報》大禮堂舉辦一場對談，由僧大副院長果光法師和馬來西亞佛學院院長繼程法師對談「禪來纏去——大人物的小故事」，兩人分享彼此追隨恩師聖嚴師父、「大馬漢傳佛教之父」竺摩長老出家修行的因緣，以及兩位長老法師

果光法師（右）、繼程法師（中）與馬來西亞信眾分享聖嚴師父與竺摩長老的深厚法緣與一生行誼。

的行誼事蹟，共有近七百位聽眾到場聆聽。

曾擔任聖嚴師父機要祕書的果光法師，首先以圖片說明師父如何珍惜竺摩長老所贈予的字畫，包括一幅「入聖瀍（「法」的古字）門經作路，莊嚴心地戒為師」對聯，至今仍安放在法鼓山園區師父生前所住的寮房；及一幅「要打開悶葫蘆」畫作，和另一幅掛在農禪寺客堂的「養聖農禪無盡藏，莊嚴法鼓大光明」對聯，這段翰墨因緣彰顯兩位大師的道情與相惜。

提及兩位長老法師教導弟子的風格，依竺摩長老座下出家的繼程法師表示，竺摩長老是位領悟力高的文人才子，通曉詩詞、書法、唱誦，因此教導弟子較不重次第，給予弟子很大的發揮空間。果光法師表示聖嚴師父恰恰相反，對弟子管教嚴、要求高，弟子犯錯時會直接指正，有時則幽默帶過。

對於兩位長老早期辦教育歷經的艱難，果光法師表示，聖嚴師父延續太虛大師「人生佛教」的理念——「志在整理僧伽制度，行在瑜伽菩薩戒本」，先後創辦三學研究院、中華佛研所、僧伽大學、法鼓佛教學院和法鼓大學，皆著重於將漢傳佛教弘揚光大，並有系統地推動三大教育。繼程法師也認同師父辦教育的理念和方法。果光法師認為，師父不僅「植人，也會用人」，而竺摩長老的教育方式則是「植而不用」，只要培養的人才都在佛門，弟子到哪裡弘化都隨緣。

最後主持人請法師們以顏色來形容自己的師父，繼程法師表示竺摩長老處世厚道，對別人的批評從來不談，只是讓其自然過去，特色是「什麼都忘記」，因此他以「透明」形容恩師。

果光法師則提到，聖嚴師父什麼事都記得清清楚楚，處理疑難時會廣納各方意見，好像臨空往下望，把事情看得清楚了然，之後融會、發展出一條新的路，這是師父「高超的默照境界」。至於形容師父的顏色，有人說藍色，因為藍色有如天空，廣大、無際，繼程法師則認為是「無色」。

現場聽眾也以掌聲附議，認為清淨、透明，沒有顏色，正足以形容兩位長老慈悲與智慧具足的法身慧命。

● 03.29

東初禪寺舉辦週日講座
李祺博士主講「佛教手印的藝術觀」

美國紐約東初禪寺舉辦週日講座，邀請聖嚴師父早期西方弟子，美國紐約市立大學皇后學院（The City University of New York, at Queens College）藝術教育系主任李祺‧阿謝爾（Rikki Asher）博士主講「佛教手印的藝術觀」（What's a Mudra? Understanding Buddhist Art），共有五十二人參加。

本身以藝術為專業的李祺博士，自1978年起即跟隨聖嚴師父修行，是師父最早期的弟子之一。她除了教授多年瑜伽課程外，目前也是東初禪寺的禪修老師，負責帶領禪訓班的課程。

講座中，李祺博士首先向大家說明佛教藝術的目的與發展的過程；接著介紹七種最通俗的手印，與手印相關的一些名詞，以及手印是如何做為修行的一種

李祺博士（左）透過許多佛像圖片，讓大眾認識常見手印。

工具，讓大家了解與欣賞手印的藝術；同時也分享佛陀的故事，以及手印與佛法之間的關係。

李祺博士闡釋「手印」即為一種手勢，能象徵人們內心的現象境界，如同在心理學上的「非語言溝通」概念。而手印在佛教藝術中占了很重要的地位，它是佛教表示訊息的

一種方式。佛陀在傳法時，有時是透過文字的經典，有些則是透過非文字的手勢教導與象徵。而對於修習禪法的我們而言，若能對我們自己的身心狀態有更敏銳的觀察，清楚覺知自己的每一個動作、情緒與內在的狀態及感受，知道自己在做什麼，對於禪修會更有幫助。

講座透過許多佛像的圖片讓大眾認識幾種常見的手印，並且告訴大家如何將手印藝術與生活做結合。李祺博士特別提到聖嚴師父曾開示，當感覺心境混亂時，就做合掌的手勢，將注意力放在指間，心念就會慢慢沉澱。在日常生活裡，當我們碰到逆境、挫折或起煩惱時，可以利用這個手勢，讓心安定下來。李祺博士提醒大家，在生活中不忘時時刻刻觀察自己的身心狀態，讓自己能夠安住在每一個當下。

● 03.31～07.23期間

海外「護法悅眾關懷行」展開
鼓舞全球信眾　緬懷師恩承續悲願

僧團繼3月14日起於台灣展開「大悲心起·願願相續——護法悅眾關懷行」後，也於3月31日起至7月23日期間，陸續前往馬來西亞、新加坡、香港，以及美國各地與加拿大溫哥華等地展開。十場活

方丈和尚鼓勵西雅圖信眾追隨聖嚴師父的悲願。

動，分別由方丈和尚果東法師及僧團法師們帶領，共有兩千五百多人參加。

關懷行首場於馬來西亞護法會進行，由僧大副院長果光法師等五位法師，帶領信眾觀看聖嚴師父圓寂佛事的紀錄影片，回顧師父的悲心宏願，再次凝聚眾人護持法鼓山的願心。在這場緬懷師恩關懷會中，法師們贈送與會眾人由師父親書的〈法鼓頌〉，期勉大家精進修學，繼續護持佛法。

圓滿馬來西亞關懷行後，果光法師一行轉往新加坡；由於聖嚴師父佛事期間，新加坡許多的佛教寺院、團體均前往護法會關懷，法師們特地代表法鼓山前往各寺院道場表達感恩。4月2日首先展開悅眾培訓課程，聆聽法師講述法鼓

山的共識與理念；晚上的緬懷師恩關懷會，包括現任召委謝世裕、前任召委朱盛華、葉英瑕等共有八十多位信眾與會，共同分享跟隨師父的因緣及對師父的感恩。

第三站於4月25至26日在香港護法會舉辦，由方丈和尚帶領僧團法師前往，首先於25日進行「大悲心起‧願願相續——香港榮董感恩晚會」，感謝當地榮董、護法信眾的長期支援與奉獻。26日主持一項浴佛暨皈依法會，共有七十七位信眾皈依，接著進行緬懷師恩關懷會，透過觀看影片及小組分享的方式，一起緬懷聖嚴師父的身教，共勉持續護持師父建設法鼓大學的悲心大願。

7月的美、加關懷行自加拿大溫哥華道場展開，依序於美國護法會西雅圖分會、芝加哥分會、紐約東初禪寺、新澤西州分會、加州舊金山分會、加州洛杉磯分會等地連續進行約一個月。

方丈和尚和僧團法師們於這些場次中皆針對不同主題發表演說，包括方丈和尚的「生命的尊嚴」、「心安平安——你，就是力量！」、「師父最後的身教」；常寬法師的「問佛陀情為何物」、常悟法師的「世界盡頭的觀音」等；隨行的法鼓大學籌備處校長劉安之，也在每一處分享「聖嚴師父心中的法鼓大學」，期勉海外信眾支援法鼓大學的興辦。

僧團法師藉由這項「大悲心起‧願願相續——護法悅眾關懷行」活動，向全球護法信眾表達感恩與關懷，讓身處海外的護法信眾們能再一次深刻緬懷聖嚴師父的身教與悲願，並凝聚願心與力量，為實踐師父的悲願、建設人間淨土共同努力。

「大悲心起‧願願相續——護法悅眾關懷行」海外活動一覽表

區域	單位／地點	時間	活動內容
亞洲	馬來西亞護法會	3月31日	緬懷師恩關懷會
	新加坡護法會	4月2日	緬懷師恩關懷會
	香港護法會	4月25至26日	香港榮董感恩晚會、浴佛暨皈依法會、緬懷師恩關懷會
美洲	加拿大溫哥華道場	7月1至4日	方丈和尚、劉安之校長演講，常寬法師和常悟法師青年講座、緬懷師恩關懷會
	美國護法會西雅圖分會	7月5至7日	方丈和尚、劉安之校長演講，大悲懺法會、緬懷師恩關懷會
	美國護法會華盛頓州芝加哥分會	7月9至11日	方丈和尚、劉安之校長演講，大悲懺法會、緬懷師恩關懷會
	美國紐約東初禪寺	7月12至16日	方丈和尚、劉安之校長演講，緬懷師恩關懷會
	美國護法會新澤西分會	7月14至15日	方丈和尚、劉安之校長演講，緬懷師恩關懷會
	美國護法會加州舊金山分會	7月18至21日	方丈和尚、劉安之校長演講，常寬法師和常悟法師演講、皈依典禮、大悲懺法會、緬懷師恩關懷會
	美國護法會洛杉磯分會	7月23至26日	方丈和尚、劉安之校長演講，大悲懺法會、皈依、緬懷師恩關懷會

泰國華宗大尊長仁得長老來訪
追思聖嚴師父並做僧伽教育交流

泰國華宗大尊長仁得長老在十六位隨行法師、居士陪同下，於4月5日參訪法鼓山園區，由方丈和尚果東法師接待，僧團副住持果暉法師、禪修中心副都監果元法師等陪同參訪。

精通華語及泰語、擅長書法的仁得長老，與聖嚴師父都曾獲頒泰國朱拉隆功佛教大學（Mahachulalongkornrajavidyalaya University）榮譽博士，現為泰皇御封第七任泰國佛教華宗大尊長，同時擔任華宗僧務委員會主席、曼谷普門報恩寺住持，也是泰國清萊府萬佛慈恩寺及泰國獅城呵叻府佛恩禪寺開山住持，深受泰國華人佛教徒的敬愛。

現年七十四歲的仁得長老曾於2000年及2004年，兩次來台，並前往北投農禪寺拜訪聖嚴師父，就如何推展僧伽教育交換心得，當時師父曾經表示仁得長老是他在國外最好的法友之一，且力邀長老往後再造訪法鼓山園區。

這次仁得長老是專程前往法鼓山園區參訪，不僅圓滿當時的心願，也同時就僧伽教育和寺院管理，與方丈和尚有諸多交流互

方丈和尚為仁得長老介紹《法鼓山禮讚圖》。

動。仁得長老表示，台灣的僧伽教育已相當成熟，他有幾位優秀的弟子，都選擇來台學習，而方丈和尚則懇切勉勵在場隨行的泰籍學僧，堅持道心，精進學習，以期早日修業有成。

仁得長老此行參訪了大殿、祈願觀音殿、開山紀念館等，當仁得長老行至彩畫聖嚴師父行腳故事的《法鼓山禮讚圖》，以及師父句句禪意的墨寶之前，佇足良久，不時合掌傳遞內心的追思。

在圓滿參訪之後，仁得長老寫下「觸目菩提」四個字，表達對於此行的感想。方丈和尚則贈與《一鉢千家飯》、《華嚴心詮──原人論考釋》、《天台心鑰──教觀綱宗貫註》、《人生》雜誌等書籍，與長老及居士們結緣。

隨行的居士們表示，法鼓山園區的清淨與莊嚴，留給他們此行深刻的印象。仁得長老也盛情邀請方丈和尚前往泰國參訪，增進彼此間的僧伽交流。

● 04.09～15

香港護法會至信行寺禪淨之旅
參與佛三、體驗禪修

參與「禪淨之旅」活動的香港護法會信眾,於信行寺前合影。

4月9至15日,台東信行寺與香港護法會聯合舉辦「禪淨之旅」活動,內容包括參訪信行寺、參與佛三、體驗禪修,以及至初鹿牧場、鹿野高台等地區參觀等;由監院果密法師帶領,共有四十一位香港信眾參加。

一行人首先參加由果舟法師主講的《楞嚴經·大勢至菩薩念佛圓通章》系列佛學講座,法師闡明念佛修行主要是為了報答四重恩,包括佛恩、國家恩、父母恩、眾生恩,並說明念佛的要領。

第二天起進行佛三,由果舟法師擔任總護,從每天早上五時起板,到大殿拜佛禮懺、做早課、出坡禪、念佛、聆聽聖嚴師父的開示等,至晚上十時休息,讓學員在規律的作息中練習安定身心,並體會念佛的莊嚴與殊勝。

佛三圓滿後,接著進行三天的禪修,法師們先為學員們說明初階禪修的基本觀念,接著引導大家禪坐、戶外經行,以及練習法鼓八式動禪,也至戶外做動禪練習與身心放鬆,完整的念佛、禪修修習課程,讓學員們感到頗為受用。

● 04.10

中美洲駐台使節訪法鼓山
參觀園區建築與人文景觀

聖克里斯多福與尼維斯公使查絲敏(Jasmine E. Huggins)、宏都拉斯公使兼參事尤蘭達(V. Yolanda Membreño Castellanos)、多明尼加公使兼參事葛瑞思(Grace Balbuena Zeller)、瓜地馬拉第一祕書兼參事克里斯多伯(Cristobal Herrera Dubon)等多位中美洲駐台使節,於4月10日參訪法鼓山園區,由方丈和尚果東法師、僧團副住持果品法師代表接待,進行交流。

一行人首先於簡介館觀看法鼓山簡介《大哉斯鼓》英文版影片,了解法鼓山及聖嚴師父四種環保的理念;接著前往大殿與周邊環境,參觀園區的建築及人

文景觀。

午齋時，方丈和尚出席關懷，感謝駐台使節的來訪。隨後，一行人在方丈和尚、果品法師的陪同下，依序參訪開山紀念館、祈願觀音殿。

駐台使節一行人除了對於法鼓山佛像的莊嚴攝受讚賞有加之外，對於聖嚴師父一生推動佛法的歷程，也表示印象深刻。

方丈和尚（第一排左三）、果品法師（第一排左四）與來訪的中美洲駐台使節，於祈願觀音殿前合影。

● 04.10～12

西雅圖分會舉辦「慢活禪三」
常華法師引導信眾身心全然放鬆

4月10至12日，美國護法會華盛頓州西雅圖分會於當地席貝克基督教會議中心（Seabeck Christian Conference Center）舉辦「慢活禪三」活動，由美國護法會輔導師常華法師帶領，共有十五人參加。

所謂「慢活」（Slow Living），是相對於現代人凡事講求快速的生活模式，其目的是提供逆向思考，希望在緊湊的生活中，放慢生活的腳步，藉此尋求健康而正常的身心，而這樣的理念與禪修正好互相輝映。而活動的場地處於靜謐而青翠的綠地上，也有助於讓學員的身心自然舒坦。

常華法師首先說明，禪坐的基礎就是放鬆，並介紹放鬆的方法，由頭至腳，漸次放鬆肌肉。接著，播放聖嚴師父的開示影片，提供大家受用的禪修觀念、方法和心態。針對禪修者常有的妄念太多有的妄念太多、昏沉、方法用不上等問題，師父都做了詳盡的解說。每次開示結束，常華法師隨即讓學員實際練習師父所提供的方法。

三天之中，活動引導學員的生活作息保持於安定與專注的狀態，不受外在環境與妄念干擾，讓學員感受身心的全然放鬆。

西雅圖分會信眾在常華法師帶領下，練習戶外經行。

● 04.16～21

果醒法師至洛杉磯弘法關懷
舉辦三場佛法講座、指導禪修

4月16至21日，美國紐約東初禪寺住持果醒法師前往加州洛杉磯分會弘法關懷，內容包括舉辦三場佛法講座，並帶領法鼓八式動禪培訓課程，全程有近兩百五十人次參加。

16日，果醒法師首先於分會主講「照見五蘊皆空」，法師說明所謂的「空」並不是真的「沒有」，而是暫時的「有」，是因緣的「有」；因此，「照見五蘊皆空」即是以智慧去觀照、體驗五蘊所組成的生命現象是空的。法師強調若能體悟無我，五蘊便可成為度人度己的工具；否則「我」即成為五蘊的工具。

18日，果醒法師主講「你也有神通」，法師指出神通有六種：天眼通、天耳通、神足通、他心通、宿命通和漏盡通；從禪宗的觀點來看，神通就是心的功能，每個人時時刻刻所呈現的現象包括挑水擔柴、吃飯睡覺都是，所以說每個人都有神通。禪宗要修習的是不順業力牽引的神通，只有在禪師五蘊皆空的漏盡通下，能按照自己的意願來驅動心的功能，不順業力牽引，這才是心的大神通、佛的大神通。會後，果醒法師並帶領護法信眾進行一場悅眾培訓課程。

19日，果醒法師接著主講「如何當下扭轉現世報」，法師以小故事引導聽眾了解何謂果報，說明果報沒有所謂的好與壞，所有的感受都是來自自我的心念；更期許所有眾生都可以超越自我感受的好與壞，以空性、無我在人間繼續修習菩薩道。

果醒法師並於21日帶領信眾進行法鼓八式動禪培訓課程，圓滿此行的關懷。

果醒法師與洛杉磯信眾合影。

●04.19

東初禪寺舉辦週日講座
常華法師講授《法華經》的教育觀

美國紐約東初禪寺於4月19日上午舉辦週日講座，由監院常華法師主講「《法華經》的教育觀」，共有八十三人參加。

常華法師首先說明，佛陀對教育有兩個重要的主張，一是「眾生生而平等」，經典裡將眾生比喻為三草二樹生長各異，但是當普降甘霖時，皆能獲雨水滋潤並成長；二是「一切眾生皆有佛性」，每個人都有一顆價值連

常華法師於東初禪寺講授《法華經》的教育觀。

城的寶珠，期待有一天我們能夠發現，而那顆寶珠就是我們本來所具有的佛性。

《法華經》中也揭示了佛陀教育的方法，除〈普門品〉裡提及應以何身得度，即現何身而為之說法。佛陀身體力行其所說的佛法，帶著弟子度過許多難關，教導大家如何度過生命的困難，而不被業力所影響。常華法師引述聖嚴師父曾說過的，他的一生即是一個實踐佛法的歷程，師父同樣用身教告訴我們，雖然人間困頓苦難，但人們可以藉由佛法走出困境，並利益眾生。

常華法師也指出，佛陀教育的最終目的，是引導大家進入菩薩乘直接悟入佛的知見，讓眾生解脫三界裡的苦海，而了脫生死。最後法師並提醒大眾，要念茲在茲，身體力行所學習到的佛法。

●04.26～05.09期間

海外分支單位舉辦浴佛活動
東西方信眾共同感念三重恩

4月26日至5月9日期間，法鼓山海外分支單位為慶祝佛誕節、母親節，分別舉辦浴佛和相關活動，讓信眾感受佛恩、父母恩與師恩的浩瀚與學佛的歡喜。

在亞洲地區，首先是4月26日香港護法會舉辦浴佛暨皈依法會，期間方丈和尚果東法師前往當地弘法關懷，連同果器法師、常應法師等共同主持法會及三皈依儀式，共有七十七人皈依三寶。馬來西亞護法會則於5月8日以「點燃心燈、感涕母澤、祈願迴向」為主題，舉辦了一場浴佛共修會，這次參加浴佛的

美國紐約東初禪寺舉辦浴佛法會。

信眾,有兩歲的小菩薩也有八十餘歲的老菩薩,一一在佛前發願、點燈;當天並安排以念珠與在場所有母親結緣。

在北美地區,5月2日加拿大溫哥華道場、美國護法會加州舊金山分會分別進行浴佛法會和浴佛節菩薩戒誦戒會。溫哥華道場的浴佛法會由監院果樞法師帶領,法師於開示時提醒大眾祛除煩惱、長養智慧;果樞法師也轉達方丈和尚的關懷,表示儘管流感疫情讓社會不安,但只要做好個人衛生保健,平日修行功課不懈怠,便可身心平安,日日是好日;活動現場並舉辦「聖嚴法師生平紀念展」。舊金山分會舉辦浴佛節菩薩戒誦戒會的同時,也舉行聖嚴師父著作義賣,所得捐助法鼓大學興學,並與紐約東初禪寺做視訊連線,由東初禪寺住持果醒法師為現場信眾進行開示。

東初禪寺則於5月3日舉行浴佛儀式,有上百名信眾冒雨參加,現場邀請美國同淨蘭若住持仁俊長老開示。除此,5月9日,東初禪寺也與象岡道場合辦首屆「母親節親子園遊會」活動,內容包括合唱團演唱、電子琴獨奏、戶外遊戲、法語解籤、茶禪茶藝、竹舞等節目;住持果醒法師並於活動中,勉勵大家藉母親節長養慈悲心,利益一切眾生。活動共有一百二十多位東西方信眾參加。

2009年海外分支單位浴佛節暨母親節活動

區域	主辦單位／地點	時間	活動名稱或內容
亞洲	香港護法會	4月26日	浴佛暨皈依法會
	馬來西亞護法會	5月9日	浴佛祈福會
北美洲	加拿大溫哥華道場	5月2日	浴佛法會
	美國護法會加州舊金山分會	5月2日	浴佛節菩薩戒誦戒會
	美國紐約東初禪寺	5月3日	浴佛法會
	東初禪寺／象岡道場	5月9日	母親節親子園遊會

● 05.04～06

法鼓山出席國際衛塞節活動
果暉法師、杜正民副校長等代表參加

5月4至6日,法鼓山受邀出席國際佛教大會(The International Buddhist Conference)在泰國曼谷所主辦的聯合國衛塞節(The United Nations Day of Vesak Celebrations)慶祝活動,由僧團副住持果暉法師、佛教學院副校長杜正

民、圖資館館長馬德偉（Marcus Bingenheimer）等代表參加，與來自世界八十多個國家，共兩千多位宗教人士、佛教學者、信眾共同參與此項盛會。

4日在佛統府大佛城（Buddhamonthon）舉行的開幕式，由四十個國家代表針對當今世界危機，做主題發言，果暉法師代表法鼓山為大會致詞，法師全程以英文演說，講題為「心安平安——你，就是力量！」。

5日，與會代表齊聚朱拉隆功佛教大學王奈主校區（Mahachulalongkorn rajavidyala, Main campus, Wang Noi），參與「世界聯合國衛塞節研討會」，透過「佛教因應環境危機」、「佛教因應經濟危機」等分論壇，以及「佛教藏經聯合目錄」、「佛教之現代e資源以及網路」等工作坊，展開分組研討。果暉法師、杜正民副校長、馬德偉館長，分別於各分論壇及工作坊發表論文；杜副校長並在「佛教藏經聯合目錄」工作坊，代表佛教學院簽署國際合作案共同聲明，將整合現有的「經錄資料庫」，一年後開放多種語系佛學數位資源。

第三天大會於曼谷聯合國會議中心（The United Nations Conference Centre）舉行衛塞節慶祝大會，南、北傳僧伽誦經祝願，並迴向全人類，祝禱世界和平。

一年一度的聯合國衛塞節慶祝活動，讓世界各地的佛教團體齊聚一堂，共同討論當前世界面臨的各項議題，以具體、積極及入世的慈悲濟世精神，為世界邁向和平、幸福、安樂而努力。

果暉法師代表法鼓山，於聯合國衛塞節大會上致詞。

● 05.14～18

安省分會舉辦弘法活動
果醒法師、常聞法師前往帶領

加拿大護法會安省分會於5月14至18日，舉辦多項弘法活動，由美國紐約東初禪寺住持果醒法師、常聞法師前往帶領，內容包括舉辦佛法講座、法會、禪一等，系列活動共有近兩百七十人次參加。

佛法講座方面，果醒法師分別於14、15日晚上在分會、北約克中央圖書館（North York Central Library）弘講「你也有神通」、「以禪的角度探討壓力之應對」。在14日的講座中，果醒法師說明神通就是念力，期勉大眾勇於嘗試新事物，開發自身潛能，不要安於慣性習氣中，每一個人都可以有神通；15日的

講座，果醒法師從禪學的角度分析壓力的本質、成因與消融，指出只有坦然接受並管理，壓力才有轉化的可能。

18日分會在士嘉堡市議會堂（Scarborough Civic Centre）舉辦兩場佛法講座，上午果醒法師主講「《心經》與現代生活」，指引大眾在生活中，如何應用佛法，提昇生命的價值，並獲充實而超越的人生；下午以「四弘誓願／大悲心起‧願願相續」為題，剖析四弘誓願的內涵與意義，說明發願的重要性，也期勉信眾以聖嚴師父的悲願為己願，發揚願願相續的精神。四場演講皆由常聞法師擔任英文翻譯，共有近一百六十人次參加。

另一方面，果醒法師、常聞法師於16日上午，在當地北約克市議會堂（North York Civic Centre）主持佛誕節慶祝活動，內容包括介紹佛誕節的由來與意義、帶領大悲懺法會、舉辦《心經》經典講座等，共有七十多人次參加。

此外，兩位法師也參與分會的早課及禪坐共修；17日並在分會舉辦的一日禪中，指導禪修的基本觀念，一一調整禪眾的坐姿及禪坐方法。

許多信眾表示，藉由法會、禪修及講座等活動，得以練習如何在生活中運用佛法，也更體悟聖嚴師父的大願，獲益良多。

果醒法師（右）與常聞法師（左）於士嘉堡市議會堂弘講「《心經》與現代生活」。

● 05.22～30

果元法師、常欽法師馬來西亞弘法關懷
主持禪修講座、師資培訓、禪一等

5月22至30日，禪修中心副都監果元法師、傳燈院常欽法師至馬來西亞弘法關懷，活動內容包括為馬來西亞護法會主持灑淨儀式、帶領禪修培訓課程、舉辦兩場中英文禪修講座，並接受當地多家媒體訪問。

22日下午，果元法師首先接受當地《星報》採訪，分享與聖嚴師父互動的點滴，並以自身的體驗，介紹禪修的活用；晚間為護法會現址舉行灑淨儀式，有三十多人參加。

23至28日，果元法師、常欽法師為當地悅眾進行一系列培訓課程，包括23至26日的「初級禪訓班師資培訓課程」、27日「英語禪訓班」與28日「助理監香培訓課程」，其中為期四天的禪訓班師資培訓課程，有十二位新加坡護法悅眾

特地前往參加。在兩位法師的引導下，學員不僅在領眾技巧上受益良多，對於禪修觀念與方法的運用也更加熟稔，系列課程共有近一百人次參加。

果元法師也於護法會舉辦兩場禪修講座。在28日下午的第一場「與禪有約」講座中，法師從聖嚴師父經歷過橋遇牛、橫渡碧潭、在美流浪等故事，引導聽眾思考如何在逆境中轉心、如何

果元法師、常欽法師（第二排右五、右六）前往馬來西亞展開弘法行，與當地護法悅眾合影。

從故事中學習。29日的講座，則運用禪宗公案，以英語分享透過禪的意境來看現實社會，如同注入一股清流禪風，可以潤澤大眾的心靈。上百位聽眾熱切互動、討論的畫面，反映出當地民眾求法若渴的心。

29日，果元法師分別接受當地《南洋商報》、《福報》的採訪。由於法師在東西方都有帶領禪修的經驗，兩報不約而同以「東西方人士學禪之差異」為題，向法師請教相關問題。

30日果元法師於護法會帶領禪一，有五十三人參加。其中上午進行的戶外禪，法師讓禪眾們赤足走在山間步道，與大地直接接觸、親密對話，充分感受禪修淨化身心的喜悅。

兩位法師九天的弘法行，在馬來西亞護法會護持成就，當地信眾的熱烈參與中圓滿結束，也將漢傳禪法的活潑實用，介紹給東南亞民眾。

● 05.21～25

常懿、常御法師洛杉磯弘法關懷
主要帶領臨終關懷課程

5月21至25日，美國紐約東初禪寺常懿、常御法師前往加州洛杉磯弘法關懷，內容包括帶領禪坐共修、舉辦臨終關懷研習課程等，共有近一百七十人次參加。

21至22日，常懿、常御兩位法師分別在洛杉磯分會帶領禪坐共修、悅眾法器培訓課程。常御法師在悅眾法器培訓課程中表示，儀軌的進行、法器的執掌，只要多練習就能駕輕就熟，然而最重要的是修行的正念；法師勉眾要以清淨心與安定心來帶領大眾念佛。

兩位法師此行的另一重點是於23至24日，在分會帶領臨終關懷課程，內容包

括大事關懷服務介紹、助念法器教學等。課程由常懿法師主講，法師說明面對死亡的恐懼與往生的方式，剖析臨終者、助念者與親屬的種種執著，也介紹不同場所與不同助念方式、過程，強調大事關懷的精神是關懷不離教育，教育不離關懷，兩者皆要善巧方便，讓心更貼近關懷的對象，而助念就是接引他人學佛的時機與因緣，同時也是弘法，更有益自身修行。這項課程共有九十多人次參加。

由於課程內容豐富，切合實用，結束後，有信眾發起成立助念小組，擔任聯絡人，當下即有二十餘人加入助念行列，期能接引更多人親近佛法。

常懿法師（右）、常御法師（左）於洛杉磯分會帶領助念法器教學。

● 06.04～07

果醒法師赴西雅圖弘法關懷
分享禪修方法與智慧

美國護法會華盛頓州西雅圖分會於6月4至7日舉辦多項弘法活動，由美國紐約東初禪寺住持果醒法師前往帶領，包括兩場禪修講座、生活禪等，每場活動分別有近四十人參加。

4日舉辦的「不打坐，才是真打坐」講座上，果醒法師指出，禪修的目的，是要在日常生活中體證到五蘊皆空，而不是只有修定的功夫；也提醒大眾要在知見上下功夫，才是修禪的究竟。5日第二場講座，主題是「你也有神通」，法師指出神通是心力的作用，六種神通中，漏盡通是最圓滿的，其他神通都有極限，敵不過業力；但如果沒有妄想及分別心，就可以隨時隨地自在。果醒法師期勉大家用堅定的意志力建立正確知見。

6日進行生活禪，果醒法師首先開示指出，在日常生活中，我們的身、口、意不停造業而引起現世報，卻渾然不知；應該練習以專注的心念，察覺貪瞋癡的作用，並用「無常」、「無我」、「空」的觀念，來解決問題。法師並透過放映照片，引導學員分析自己是用貪瞋癡在看影像，還是用心在看；也藉由分組角色扮演練習，還原並探討人際關係上的處理方式及態度。

7日，果醒法師於當地的瑪麗摩爾公園（Marymoor Park）帶領戶外禪。法師引領眾人走路時雙手各用吸管頂著球，一個是乒乓球，一個玻璃珠，且不能讓

球掉下來；藉此學習放鬆身體、集中心力，面對生命的每一刻。這場活動有近八十人參加。

果醒法師此行分享了許多實用的禪修智慧，不少學員表示，希望能將習得的禪修方法，運用在日常生活中，袪除煩惱，進而心安自在。

果醒法師與西雅圖信眾們合影。

● 06.04～07

東初禪寺、新澤西州分會舉辦佛法講座
果如法師講念佛與參禪的關係

6月4至7日期間，美國紐約東初禪寺舉辦三場佛法講座，邀請聖嚴師父傳法弟子果如法師主講，由佛羅里達州立大學（Florida State University）宗教系助理教授俞永峰擔任英文翻譯，共有兩百五十多人次參加。

在4日的第一場「念佛與參禪——道本無二」講座中，果如法師從不同角度探討念佛與參禪的相同之處，包括兩者皆以禪定為基礎，修行的三資糧都是「信」、「願」、「行」。法師強調，不論念佛或參禪都不能落入有相，否則修行很難得力；剛開始修行的時候，禪與淨看似不一樣，到最後將同歸一處。

5日晚上，果如法師以「話頭禪，祖師道」為題，剖析「話頭禪」與「菩薩道」應被視為一體，因為話頭禪是一種修行方法，讓修行者清淨本心，實證佛陀的本懷，以大智慧生大悲願、行菩薩道。

7日最後一場講座，主題是「於生活困境，能心靈昇華——心安平安」，果如法師指出佛法的知見與智慧，都是從磨難中培養與昇華出來，藉此鼓勵

果如法師（左）在俞永峰老師（右）協助全程英文翻譯下，在東初禪寺進行三場佛法講座。

大眾以信心來面對困境，從中看到機會和希望，就能體驗生命的價值，使之成為人生的助力。

此外，果如法師6日亦受邀在護法會新澤西州舉辦的佛學講座中，主講「讀經與用經：佛學生活」。法師說明讀經是一種修行，不只是在知識上用功夫，也不只是在義理上去了解，而是要在心性上用功；讀經不用貪多，而是要真解其意，在生活上破除迷惑，在生活上增長正知見。這場講座共有五十多人參加。

果如法師是聖嚴師父早期的出家弟子之一，曾得師公東初老人的親自教導。這四場講座，法師皆以幽默生動的生活故事為例，讓聽眾在輕鬆活潑的氣氛中，領會深刻的法義。

● 06.14

東初禪寺「法鼓宗的起源與特色」講座
邀請俞永峰帶領深入師父思想

6月14日，美國紐約東初禪寺舉辦週日講座，邀請佛羅里達州立大學宗教系助理教授俞永峰主講「法鼓宗的起源與特色」，有近四十人參加。

俞永峰老師首先說明，要了解法鼓宗，必須先了解聖嚴師父。演講中，俞老師以「什麼是禪宗？」、「從禪宗的歷史演變來看聖嚴師父的特點」、「影響聖嚴師父的重要人物」為演講綱要，漸次深入師父的中心思想；並提出三個了解師父的研究方向，包括：師父的著作，以及其周遭的社會、文化環境等因素；從禪宗整體的發展；從師父在佛法上花最多心力及時間的部分。

禪宗沒有固定的形式與制度，但是修行過程還是有次第，所有方法和體驗，終回歸到空性和自性。俞永峰老師認為，聖嚴師父的中心思想是以《六祖壇經》的無念、無相、無住為根本，再以四法印、《阿含經》及戒律學，來釐清佛教的教義；師父也同時受到太虛大師、印順長老和東初老人的影響，致力於興辦佛教教育。

俞永峰老師希望這場講座能引領更多人來研究、整理法鼓宗的思想，讓中華禪法鼓宗得以永續弘揚。

俞永峰老師於東初禪寺的週日講座中，主講「法鼓宗的起源與特色」。

果徹法師前往北美地區弘法

巡迴弘講中華禪法鼓宗

6月14日至9月4日期間，僧團果徹法師赴美國護法會加州舊金山、加州洛杉磯、華盛頓州西雅圖三處分會及加拿大溫哥華道場，進行弘法關懷，為當地信眾講授佛學、禪學課程，與帶領禪修等活動。

果徹法師此次巡迴弘講，主題是「中華禪法鼓宗」。首先於6月19至21日、26至27日，在舊金山分會共弘講五場「拈花微笑傳心燈──從宗教、佛教到中華禪法鼓宗」講座，法師簡介世界傳統宗教的發展與現況，接著說明漢傳禪佛教的範疇與內容，進而介紹法鼓山禪佛教的特色。28日果徹法師

溫哥華禪七圓滿後，果徹法師與禪眾們合影留念。（左起依序為果樞法師、果徹法師、常廩法師）

並於分會首度舉辦話頭禪一，有四十多人參加。

7月2至19日，法師至洛杉磯分會弘講。於4至5日講述兩場「禪的歷史，禪的體驗：宗教、佛教與中華禪法鼓宗」，讓信眾了解法鼓山的傳承及漢傳佛法；並於11至12日、18至19日分別主講的「默照禪法」、「話頭禪法」，帶領默照禪一與話頭禪一，引導禪眾逐步練習精進禪修的方法。各項課程有近四十人參加。

7月23日至8月9日期間，果徹法師於西雅圖分會共講授七場「漢傳佛教的發展與特色：中華禪法鼓宗」，每場兩小時。講座中，法師剖析宗教的功能及原始印度佛教的發展演變，說明聖嚴師父提出中華禪法鼓宗的禪法，整合印度及漢傳諸宗之同異點，兼攝南傳內觀法門、藏傳的次第修法，是重新整理漢傳佛教傳統禪法之後的再出發，提供現代人實用可行的安心之道。8至9日上午，法師並於分會分別主講「默照禪法」、「話頭禪法」，下午則進行禪修方法的指引與練習。

8月15日起，果徹法師至溫哥華道場，於15至16日、25至26日共舉辦了四場「禪修講座」，詳盡介紹話頭禪法與默照禪法的理論與修行方法，每場皆有

九十多人參加；並於8月28日至9月4日帶領默照禪七，過程中播放聖嚴師父的開示影片，教導認識默照的修行觀念及方法實踐，法師也在小參指導中，調整禪眾的修行，幫助禪眾在方法的體驗上更上一層樓，共有三十八位禪眾參加。

果徹法師此次北美弘法關懷行，展開系列禪學與佛學講座，讓信眾深入了解「中華禪法鼓宗」的禪法傳承與創新；禪修活動並引領禪眾落實禪法的活用，完整介紹解行的理論與方法，期使法鼓山的禪法深化於海外。

2009年果徹法師美加弘法關懷行程一覽表

時間	地點	活動內容
6月14至28日	美國護法會加州舊金山分會	• 弘講五場「拈花微笑傳心燈——從宗教、佛教到中華禪法鼓宗」 • 帶領一場話頭禪一、禪坐共修、讀書會
7月2至19日	美國護法會加州洛杉磯分會	• 弘講兩場「禪的歷史，禪的體驗：宗教、佛教與中華禪法鼓宗」、一場「默照禪法」、一場「話頭禪法」 • 帶領一場默照禪一、一場話頭禪一，禪坐共修
7月23日至8月9日	美國護法會華盛頓州西雅圖分會	• 弘講七場「漢傳佛教的發展與特色：中華禪法鼓宗」、一場「默照禪法」、一場「話頭禪法」 • 帶領默照禪法、話頭禪法練習
8月15日至9月4日	加拿大溫哥華道場	• 弘講兩場「默照禪法」、兩場「話頭禪法」 • 帶領一場默照禪七

● 06.21 06.28 10.04 11.01

東初禪寺舉辦佛學講座
果醒法師主講〈無相頌〉

美國紐約東初禪寺住持果醒法師於6月21、28日，以及10月4日、11月1日，在該寺的週日講座中，主講四場《六祖壇經‧無相頌》，平均每場有近七十人參加。

講座中，果醒法師逐句解釋〈無相頌〉的字義，並以實例和故事輔助說明，讓信眾能深入經文的內在意涵。果醒法師強調，「心通」是指洞悉、了解事物的本質，以及實證內心智慧的能力，而人的內心本質就像是太陽，照亮每一處，但我們往往只關心自己想注意的；法師並引用聖嚴師父的開示說明，開悟的人能與周遭的環境合一，他勉眾時時刻刻都要保持一顆平靜的心，念頭生起時，不要分辨是好的或壞的，只要知道這不過是心理的影像，也學習不對「相」執著，讓內外達到和諧。

果醒法師進一步說明，對於剛開始修行的人而言，重要的是專注於修「定」，再來便需要了解如何修「慧」，讓自身的心念言行不離智慧與慈悲，勉勵眾人學習佛陀的「十八不共法」，做到身、口、意三業無過失；也以美國

塔利班恐怖攻擊事件為例，剖析意念生起的過程，指出當心有分別執著時，外在的世界就出現了，如果沒有分別執著的心，我們所看見的世界便是一個清淨如來的世界。

每場講座最後，果醒法師皆為信眾的提問解惑，強調「菩提心」是大乘佛法中最重要的修行，期勉大家將修行落實於生活中。

果醒法師主講〈無相頌〉，引導大眾深入經文的意涵。

● 07.01～26期間

方丈和尚美加巡迴關懷
分享並推廣善的力量

在圓滿全台四十二場「大悲心起‧願願相續———護法悅眾關懷行」之後，方丈和尚果東法師隨即於6月29日啟程前往美加地區，於7月1至26日期間，展開為期近一個月的海外關懷活動。此行分別前往加拿大溫哥華、美國華盛頓州西雅圖、伊利諾州芝加哥、紐約州、新澤西州、加州舊金山與洛杉磯等地，關懷當地護法信眾，方丈和尚並以「生命的尊嚴」、「心安平安——你，就是力量！」等為題，進行五場演講。

在各場關懷活動中，方丈和尚與僧團法師透過影片，與信眾共同回顧聖嚴師父圓寂佛事的過程，並講述「師父最後的身教」，讓大家體會師父所說「本來沒有我，生死皆可拋」的真實意涵；在分享與討論時，共同憶念師父的行誼與風範，感恩師父的教導，並相互勉勵精進，以師願為己願，追隨師父的大願前進。

於五場演講中，方丈和尚以生活化的例子，向與會民眾分享法鼓山推動「心靈環保」、「心五四」、「心六倫」運動的理念及具體作法。在以「生命的尊嚴」為題的講座中，方丈和尚強調聖嚴師父面對生死的灑脫自在，強調生命的尊嚴不在於一期肉體生命的長短，而在如何活出生命的意義，方丈和尚期勉大家運用正面認知、逆向思考，即使遭遇不景氣和挫折，也要為生命走出一條活路。而在「心安平安—— 你，就是力量！」為題的講座中，方丈和尚則分享如何以善的力量，轉化生命的危機。

方丈和尚與僧團法師在東初禪寺，與海外護法信眾分享「師父最後的身教」。

方丈和尚此次關懷行中，美國東初禪寺暨象岡道場住持果醒法師、美國護法會輔導師常華法師、法鼓大學籌備處校長劉安之、護法總會副總會長黃楚琪等，以及僧團常寬法師、常惺法師，也都隨行出席。法師們並在各地帶領大悲懺法會、禪修等共修活動。常寬法師、常惺法師還分別透過青年講座、佛法講座，與當地青年朋友分享自己的生命經驗與成長。

另外，劉安之校長也藉此因緣，親自向北美信眾說明聖嚴師父創辦法鼓大學的理念和緣起，以及目前該校各學院的規畫進度、招生事宜，和未來國際化的發展願景。劉校長並拜訪了五位學者，包括美國紐約大學（New York University）社會工作學院教授盧又華、物理治療系系主任淩汶、哥倫比亞大學（Columbia University）宗教學系教授于君方，以及地球學院 MDP 學程主任羅莉葛茲（Lucia Rodriguez）、普林斯頓大學（Princeton University）教授太史文（Stephen F. Teiser），分別交換寶貴的辦學經驗。

● 07.04～07期間

果如法師赴溫哥華道場弘講
講授念佛與參禪

7月4至7日期間，加拿大溫哥華道場共舉辦五場佛法講座，邀請聖嚴師父法子果如法師於4日主講「念佛與參禪——道本無二」，5日主講「讀經與用經」與「於生活困境，能心靈昇華——心安平安」，6日主講「話頭禪，祖師道」，7日主講「臨濟禪，如何找到您的真人」，由美國佛羅里達州立大學宗教系助理教授俞永峰全程英文翻譯，共有七百四十多人次參加。

「念佛與參禪——道本無二」、「於生活困境，能心靈昇華——心安平安」、「話頭禪，祖師道」等三場講座，內容主要述及念佛與參禪的相同之處，以及如何從磨難中學習佛法的知見與智慧，使困境成為人生的助力。

在第二場「讀經與用經」講座中，果如法師說明讀經是為增長正知見，不只是在知識上用功夫，而是要在心性上用功。法師勉勵信眾在閱讀、了解經典的文義後，還要將經典的精神與自己的生命相互

果如法師於溫哥華道場主講「臨濟禪，如何找到您的真人」。

融合，以佛法解決自己的生死問題。

果如法師在「臨濟禪，如何找到您的真人」講座中則指出，學佛者不在追求高妙的道理，或心向外求，而是應該踏實修行，在聽聞正法後，於自己的生命中體驗佛法、實踐佛法；法師進而勉勵大眾透過讀經、拜佛、禪坐、念佛等方法，幫助自己及他人獲得身心的安定與自在。

● 07.05～07

常寬、常悾法師溫哥華弘講
引導青年學子探索人生心動力

7月5至7日，加拿大溫哥華道場為當地青年舉辦連續三晚的「生命體驗Workshop」講座，由僧團常寬法師、常悾法師主講，共有兩百一十多人次參加聆聽。

第一場講座於5日下午舉辦，主題為「春風化雨點滴心頭」，由常寬法師分享聖嚴師父的身教與言教。晚上則以「World Café」形式進行，首先青年學員們圍坐成三個大圓圈，觀賞紀錄片《鵬程千萬里》（*Winged Migration*）後，由法師向大家提問：影片中有何令人震驚的事？鳥兒們遷徙所需要的特質有哪些？學員在分組討論答案後與大家分享。法師並且要學員依「在未來應該提起……放下……」的句型來造句，漸次引導學員思考關於「人生方向的課題」。在三十分鐘的活動中，讓學員們為自己未來的人生，開啟了一個探索的入口。

第二場講座主題是「問佛陀情為何物？」由常寬法師主講。法師說明，自古以來，「情」一直是人們探討的主題，以佛法的觀點來看，世間包括有情與

在常寬法師主講「問佛陀情為何物？」的講座中，青年學員與法師互動交流。

無情眾生，情本身還分為親情、友情、愛情和道情。法師也讓學員共同討論「情」到底是什麼？每個學員都從回憶中，找尋出自己最難以忘懷的一段「情」，法師並引導學員懷著感恩的心，向記憶中刻骨銘心的人事物禮拜。

第三場講座由常寬法師、常惺法師以「生命方向的追尋」為題，共同與學員分享學佛出家的因緣。法師們分享自己的人生，也邀請學員繪製自己的人生曲線，寫下自己對未來的期待。

連續三晚的講座，帶領學員們深刻思考生命的價值與意義，期能從中獲得生命的覺醒與超越，進而開啟未來人生的探索，激發找尋生命方向的動力。

● 07.08～15

溫哥華道場舉辦話頭禪七
果如法師領眾精進用功 以報師恩

加拿大溫哥華道場於7月8至15日舉辦話頭禪七，邀請聖嚴師父法子果如法師擔任主七法師，共有五十四人參加。

果如法師在聖嚴師父座下學習禪法多年，具有深入的禪修實證和體驗。禪七中，播放聖嚴師父針對話頭禪七的開示影片，師父將話頭禪法比喻為「金剛王寶劍」，威力驚人、與虛空等量。果如法師除了為禪眾進一步解說，並且在第一次戶外經行中讓禪眾領教箇中奧祕。跑香時一句緊逼一句的「拖著死屍

果如法師帶領溫哥華禪眾於戶外經行。

走的是誰？」、「如果是你，為什麼像孤魂野鬼、行屍走肉？」、「究竟是誰？」、「為什麼？」等，如有雷霆萬鈞之威力，足以驅走一切妄想執著。有幾位禪眾似乎當下感悟、放聲嚎啕，法師卻斬釘截鐵喝道：「放下身心，單提話頭！」讓禪眾捨下身心覺受與情緒，念念不離話頭。

果如法師帶領大家進行懺悔禮拜時，以唱誦引導禪眾們至誠懇切地懺悔，尤其緬懷、感恩捨報示寂的聖嚴師父。法師也不斷勉勵禪眾務必要精進用功，時時將師父教導的禪法、佛法應用於生活中，祛除種種我執、驕慢，以真心、清淨無雜染之心來消融自我，如實修行，依教奉行，並效法師父盡形壽、獻生命的精神來奉獻三寶，如此才是具體報答師恩。

● 07.16～27

果祺、果光法師雪梨弘法關懷
帶領禪二並勉眾承擔護法使命

7月16至27日，禪堂板首果祺法師、僧大副院長果光法師，率同多位僧團法師前往澳洲護法會雪梨分會，展開為期十二天的關懷行程，在當地帶領禪修、關懷護法悅眾，並參訪雪梨大學（University of Sydney），與當地佛教團體進行交流。

17日早上，法師們首先拜會了新南威爾斯佛教會（Buddhist

果祺法師（右坐）、果光法師（左立）帶領橘子禪。

Council of New South Wales）主席布萊恩‧懷特（Brian White），了解當地佛教的發展狀況。布萊恩主席曾於2004年在雪梨大學聆聽聖嚴師父的演講，對漢傳佛教深感興趣，希望未來能有機會，一起推動法鼓山的禪修理念與方法。

17至18日，法師們在雪梨當地帶領一場禪二，內容除了指導打坐，並練習法鼓八式動禪、戶外經行、托水缽、搓龍洗、橘子禪等，引導二十五位學員體驗禪法的放鬆；禪二圓滿後，果祺法師並為六位信眾授三皈依，果光法師現場英語翻譯。

25日舉行的「World Café」，則以「關係」為主題，引導學員們討論如何處理人際與自我的關係。

在26日「承擔與願力」活動中,果光法師透過影片,帶領大家回顧法鼓山的歷史。雪梨分會召委莫靄瑜分享法鼓山在雪梨的過去、現在與未來;透過緬懷分會創立的艱辛過程,增強了護法悅眾的願力,也更堅定信眾對弘傳法鼓山理念的願心與使命。

● 07.20

人基會補助美國哥大出版《法華經文集》
開啟西方認識漢傳佛教大門

由人基會補助出版的《法華經文集》(*Readings of the Lotus Sutra*),於7月20日由美國哥倫比亞大學出版社(Columbia University Press)出版。

《法華經文集》是聖嚴師父應允協助出版的佛學教科書,由普林斯頓大學教授太史文(Stephen F. Teiser)和史東(Jacqueline I. Stone)共同編輯,歷時三年多的策畫、邀稿與編輯,交由哥大出版社出版,是該出版社「佛教文獻系列」叢書的第一卷,書中並刊載了師父於2007年為該系列叢書所寫下的序。

聖嚴師父於序中提到,由於這一系列叢書是專為提供學界教學、研究之用,因此偏重次第性的教學內容,包括:認識經典形成的背景、相關文本內容,以及經文傳譯的變遷等。師父也期許這套書的出版能開啟歐美大學師生認識漢傳佛教的大門,並帶動西方學界深入漢傳佛教典籍。

《法華經文集》共收錄八篇論文,以《法華經》形成的歷史背景、哲學思想及其對中、日、韓文化的影響為主軸,內容涵蓋藝術、性別論述、宗教情操、淨土思想等面向。

《法華經文集》由人基會補助出版。

該書甫一出版,美國知名佛教季刊《佛法》(*Buddhadharma*)即在當年秋季號的新書評論中,特別介紹此書,評論《法華經》是大乘佛教中極為重要的一部經典,《法華經文集》的問世,不只協助大學教授掌握教學方向,也能讓初學者對漢傳佛教有基本的認識,肯定該書在學術界的重要性與影響力。

目前太史文教授正著手編輯「佛教文獻系列」叢書第二卷《六祖壇經文集》,之後亦將由人基會補助出版。

● 08.01～09.06期間

北美道場兒童心靈環保體驗營
親子同在遊戲中學佛法

8月1日至9月6日期間，法鼓山北美地區舉辦四場兒童心靈環保體驗營，包括美國護法會加州舊金山分會、美國紐約東初禪寺與紐約分會、新澤西州分會，以及華盛頓州西雅圖分會、溫哥華道場等，共

舊金山分會學員在「吸管托高爾夫球」單元活動中，練習專注。

有一百六十九位學童及其家長參加。

舊金山分會於8月1日首先舉辦，活動內容包括介紹學佛方法的「神祕Buddha」遊戲、觀看《心五四兒童教育生活動畫》，以及「吸管托高爾夫球」及「風中聽禪」兩項戶外禪；另外還有「中國結」創作，和提供學童自由發揮創意的「兒童劇場」等，共有十八位學員參加。

8月22日西雅圖分會舉辦兒童夏令營，藉由故事分享及遊戲為學童介紹佛法，並練習基礎禪修，培養專注、放鬆的生活態度，希望以輕鬆有趣的方式，和學童們分享生活化的佛法觀念，活動共有十八位學員參加。

8月27至30日，東初禪寺、紐約分會及新澤西州分會於象岡道場聯合舉辦親子夏令營，活動分為成人組與學童組，分別由住持果醒法師、常持法師帶領，並由十七歲至二十五歲的青年參與學童組的隊輔服務，讓父母陪同孩子一起在歡樂中體驗禪法，並學習安頓身心之道，共有五十四位大、小學員參加。

9月5至6日，溫哥華道場舉辦「心靈環保親子體驗營」，由教聯會教師楊美雲、吳甜、李素玉、陳美金四人共同帶領七十九位學員，透過遊戲、唱歌、畫圖、說故事等方式，引導學童認識佛法，練習安定身心，例如，讓學童帶著眼罩進行自我探索，在雙眼看不到的情況下感受觸覺、聽覺，並集中心力體驗內心與外境的互動關係。

四場以學童為主要對象的心靈環保體驗營活動，多為歡樂、活潑的課程內容，引領學童們輕鬆學習佛法。

● 08.06～16

繼程法師至波蘭帶領禪十
延續聖嚴師父在波蘭的弘法足跡

8月6至16日，聖嚴師父法子繼程法師在美國紐約象岡道場暨東初禪寺住持果醒法師、常聞法師、師父美籍弟子喬治‧史維基（Djordje Cvijic）陪同下，前往波蘭主持一場禪十，帶領四十五位來自波蘭和世界各地的禪眾精進修行。

繼程法師（左二）至波蘭主持禪十，由常聞法師（左三）翻譯，共有四十五位來自波蘭和世界各地的禪眾參與。

這場禪十由波蘭禪宗協會（The Chan Buddhist Union of Poland）主辦，該協會以巴維爾‧羅斯傑斯基（Pawel Rosciszewski）和一群熱愛禪修的在家眾為主要成員，他們都曾跟隨聖嚴師父修學多年。在該協會積極向歐洲各地推廣宣傳之下，終於促成此次國際性的禪修活動。

禪十的地點位在距離華沙市（Warsaw）約四十英哩的科耳比爾鎮（Kolbiel）附近。禪十過程中，由繼程法師主持開示和小參，常聞法師翻譯，喬治‧史維基擔任總護。

繼程法師首先講解禪修的基礎，包括坐姿、放鬆以及給自己調整身心的機會。法師表示，身心能夠放鬆，就能放下妄念與執著，讓內心恢復明朗與寂靜；而當身心放鬆、集中心達到統一時，就可提起話頭，進入參話頭的狀態，參究自心。繼程法師也強調建立佛法正知見的重要，並指出修行要應用於日常生活中，對自己的日常職責及人際互動，都要抱著感恩心和慈悲心。

所有的開示都先譯成英語，再譯成波蘭語。許多禪眾表示，這些開示使他們在方法的應用，以及落實修行於日常生活的態度上，有了突破性的轉變。尤其能藉由小參澄清修行時所遇到的種種疑點，讓修行得到很大的助益。

波蘭禪宗協會已邀請繼程法師2010年再度前往帶領禪修，讓禪法的種子在波蘭的土地上繼續散播。

● 08.08～10

方丈和尚東南亞關懷行── 新加坡
與信眾分享心安平安法門

8月8至16日，方丈和尚果東法師率領僧團法師展開東南亞弘法關懷行，分別前往新加坡、泰國、馬來西亞等地。8日抵達新加坡，當天晚上，方丈和尚果東法師以「心安平安──你，就是力量！」為題，在護法會所進行演講，共有近一百二十位民眾參與；關懷中心副都監果器法師、馬來西亞道場監院常慧法師、護法總會副總會長周文進等一行也隨同前往關懷。

方丈和尚開示表示，我們每一個人都是社會平安、向上提昇的力量，所以要把值得做、需要做、做得到的善的力量，用行動實踐出來，當滿滿的感恩與分享在每個人的周遭發酵時，我們就會有一個平安的社會、幸福的家園和感動的人生。

隔天9日正好是觀音菩薩成道日，僧團法師們帶領八十多位信眾誦念〈大悲咒〉二十一遍，在至誠懇切地持誦中，眾人感念聖嚴師父的叮嚀，發願要做觀音菩薩的化身。下午，果器法師、常慧法師向眾人講述法鼓山的理念，從募人、募心、募款到自我學習認識，方丈和尚也到場分享師父最後教導的無聲心法。

此行，方丈和尚一行人也前往光明山拜訪廣聲法師及拜會隆根長老；長老暢談從太虛大師發起的人生佛教，到印順長老倡導的人間佛教，並祝願聖嚴師父推動的人間淨土理念能早日實現。

方丈和尚於新加坡護法會，勉眾以具體行動，實踐感恩與分享。

● 08.11～14

方丈和尚東南亞關懷行── 馬來西亞
宣布馬來西亞道場成立 分享善的力量

方丈和尚果東法師在圓滿新加坡關懷後，一行人於8月10日晚上抵達馬來西亞首都吉隆坡，隔天隨即展開系列關懷活動。

在12日舉辦的新聞發布會上，方丈和尚正式宣布法鼓山馬來西亞道場的成

方丈和尚與馬來西亞信眾分享如何開發自我潛能,化解人心的不安。

立,僧團也委派三位大馬籍的法師回國服務,期以法鼓山的理念回饋國家,為各族人民,乃至世界和平做出奉獻。新任監院常慧法師表示,感恩法鼓山的培育及各界多年的愛護支援,希望佛法能落實到社會各階層,以達安定人心之用。護法會召委林忠鴻則說明定於11月13日所舉辦的「大悲心起‧願願相續」千人晚宴活動,是為了慶祝馬來西亞護法會成立十週年而舉辦,並表示該活動所募的半數所得,將分別捐贈當地五個佛教教育單位。

13日晚上在護法會舉辦的「心安平安」講座,方丈和尚以一位肌肉萎縮患者轉念助人的真實故事,勉勵大眾開啟內在的潛能,結合社會各界的力量,以化解人心的不安,維護社會及國家的平安。

此行方丈和尚也拜會八打靈觀音亭監院明吉法師並與十五碑南傳佛寺進行交流。果器法師等一行人並於12日下午前往怡保市,為馬來西亞怡保市聯絡處主持灑淨儀式,法師勉勵大家,將「佛學」的知識,內化為踏實的「學佛」。

● 08.15～16

方丈和尚東南亞關懷行──泰國
主持護法會新址啟用典禮

方丈和尚果東法師至東南亞弘法關懷行,於8月15日抵達泰國護法會。由泰國護法會會長蘇林妙芬捐贈的會所新建築,16日上午由方丈和尚主持灑淨與祈福啟用典禮,我國駐泰國代表處代表烏元彥、關懷中心副都監果器法師、護法總會副總會長黃楚琪、周文進等近三百人出席典禮。

典禮中,方丈和尚與烏元彥代表共同揭下新會所大殿中的佛幔,隨後在現場來賓的見證下,方丈和尚代表法鼓山與蘇林妙芬會長完成捐贈的簽訂儀式。方丈和尚除表示無盡的感恩外,並期勉泰國護法悅眾,承續聖嚴師父「三大教育」與「四種環保」的理念,一起達成「提昇人的品質,建設人間淨土」的使命。蘇林妙芬會長也特別感謝來自台灣、馬來西亞、新加坡的護法悅眾,共同見證這歷史性的一刻。

泰國護法會新會所座落於曼谷市區，占地六百八十六平方公尺，整體建築由法鼓山建設工程處規畫設計，是一棟四層樓建築物，外觀近似法鼓山園區的建築風格。

由於台灣發生八八水災，方丈和尚此行心繫災區的救援工作，除了不斷以電話與慈基會和救災中心保持密切聯繫，並即時為泰國信眾說明災區情況，鼓勵海外民眾提起共患難的心，泰國護法會也立刻設置「八八水災愛心捐款箱」，希望為台灣災區的家園重建工作盡一份心力。

方丈和尚（左四）與烏元彥代表（左五）、蘇林妙芬會長（右一）、周文進副總會長（左一）等，一起為泰國護法會新址剪綵。

● 08.15～09.16期間

溫哥華道場落成啟用三週年慶
舉辦禪修、法會及講座

加拿大溫哥華道場於8月15日至9月16日，舉辦道場落成啟用三週年系列慶祝活動，內容包括禪修、法會及講座等，共有逾千人次參加。

8月15日至9月4日期間，首先由僧團果徹法師主持禪修講座，講授話頭、默照禪法，及指導默照禪七；9月5至6日並舉辦「心靈環保親子體驗營」，由教聯會楊美雲、吳甜、李素玉、陳美金等四位老師前往帶領，有近八十人參加。

9月10日，舉辦孝親報恩地藏法會，由美國紐約東初禪寺住持果醒法師主法，法師開示「超度」的意義，即是將煩惱化為智慧，除了超度他人及往生者的執著煩惱，更重要的是度自己的煩惱業障，勉眾學習地藏菩薩的「大願法門」精神。

13至16日，果醒法師接續進行「生活禪系列講座」，以「你也有

果醒法師的「生活禪系列講座」，為溫哥華道場週年活動畫下充滿法喜的句點。

神通」、「五蘊皆空」、「如何不生病」、「不打坐,才是真打坐」、「天女散花」、「如何不受報」、「如何看人」等七個主題,從生活中經常遇到的修行問題切入,運用簡單的觀念與實例,帶領大家走出層層困境與煩惱。

在「如何不生病」單元中,法師以聖嚴師父為例,說明師父以病身示現,工作如常進行,經典中的維摩詰居士也以病身與眾生結緣,佛陀更與眾生如生、如老、如病、如死,以凡夫之身示現,教導眾生面對生命的態度,是我們學習的典範。

此外,在「不打坐,才是真打坐」單元中,果醒法師提及聖嚴師父經常深夜就寢,清晨四點起床,看似找不到時間修行,師父卻說自己用佛法的時間,比用在寫作、工作上的時間還多,因為真正的修行是將禪的原理應用在生活中,任何時刻都能專注當下,體會當下的覺受。

果醒法師一連四天的精彩講座,共有六百多人次參加,大殿講堂每天座無虛席,聽眾回響熱烈,也為週年活動畫下充滿法喜的句點。

● 08.19~30

果毅法師北美行　推廣讀書會
導讀聖嚴師父著作　勉眾深入佛法

8月19至30日,普化中心副都監果毅法師至加拿大溫哥華道場、美國護法會華盛頓州西雅圖分會、加州舊金山分會等地展開讀書會推廣活動,內容包括指導讀書會種子教師培訓課程、導讀聖嚴師父著作《法鼓全集》以及《牛的印跡》等,為海外信眾提供一個深入佛法的課程。

在培訓課程中,果毅法師先詢問當地悅眾,目前讀書會進行的方式、使用的教材等問題,上課再針對各讀書會的情況,加強不同方法與經驗的分享。法師並播放一段聖嚴師父的開示影片,師父提到參加讀書會要「多看、多讀、多講」,並將學到的知識與觀念,馬上應用在生活中,同時與其他人分享,就能即刻幫助他人。

果毅法師在溫哥華道場推廣讀書會。

果毅法師總結聖嚴師父的影片開示指出，讀書會的目的有三，包括增益對正信佛法的掌握能力、將佛法與生活緊密結合，以及奠定佛學的基礎常識。法師勉勵與會悅眾在讀書會中，不只要從事佛學的探討，最重要的是將佛法應用在生活中。

另外，法師並為各地信眾安排兩場講座，分別針對聖嚴師父的著作集《法鼓全集》，以及《牛的印跡》進行導讀。演講最後並以《牛的印跡》末章的「十牛圖」，勉勵聽眾除了自己修行，更要以師父說的「即知即行」的心，精進修習菩薩道。

● 08.21～23

「卓越‧超越」成長營溫哥華舉辦
學員體會「四安」精神

8月21至23日，加拿大溫哥華道場於溫哥華西區拉托那營地（Camp Latona）舉辦法青「卓越‧超越」成長營，由道場監院果樞法師、普化中心副都監果毅法師等帶領，共有四十三位青年學員參加。

第一天晚上，由果毅法師與學員們分享學佛出家的因緣。22日上午的課程，包括法鼓八式動禪、禪坐體驗與佛法講座，其中禪修體驗由常一法師帶領、常賡法師示範打坐的基本姿勢和要領，果樞法師也為學員教授禪修對於日常生活的重要性。

溫哥華「卓越‧超越」成長營四十多位學員，從活動中體會「四安」觀念及「心靈環保」精神。
（中左起依序為常賡法師、果樞法師、果毅法師、常一法師）

下午，進行划獨木舟、團體低繩訓練（Low Ropes Course），鍛鍊合作精神與領導能力；晚上舉辦晚會，學員們分組發揮創意，演出呈現「四安」觀念的短劇。在果榿法師說明點燈與傳燈的意義後，由法師們一一為學員點燃手中蠟燭，象徵願心的傳承。

23日最後一天的課程，常一法師帶領學員慢步經行，從清楚放鬆的過程中，體驗每一個動作與呼吸，都是調心的步驟；也以影片分享法鼓山以「心靈環保」為核心，所推廣的觀念和社會運動；進行小組討論時，彼此交流落實「心靈環保」的心得，認為只要從小地方做起，聚集每個小小的力量，就能逐漸影響周遭的人事物，朝向善的、美好的方向改變。

在三天兩夜的成長營中，學員們不僅學習禪修，放鬆調心，也體會了「四安」與「心靈環保」的精神。

● 08.22～31

馬來西亞書展展出聖嚴師父著作
果賢法師、潘煊對談分享師父珍貴身教

8月22至31日，馬來西亞道場參與在吉隆坡會展中心舉行、近四十萬人與會的「第四屆海外華文書市」，展出一系列聖嚴師父作品。29日晚上，文化中心副都監果賢法師、作家潘煊並到現場展開對談，分享師父最珍貴的身教。

這場書展中，馬來西亞道場以「擁抱生命，自在樂活」為主題，展出《聖嚴法師教話頭禪》、《禪的智慧》等師父著作，民眾不僅請購踴躍，更熱切詢問道場舉辦的各項活動。

對談會上，果賢法師分享十多年前採訪聖嚴師父時，看到師父活在當下、時時清楚的禪師風範，令他對禪修心生嚮往；尤其在編輯《人生》、《法鼓》雜誌時，師父不會權威地指示如何處理，往往是讓編輯自己衡量文章的處理方式，顯示師父對編輯的尊重。生活中點滴的身教，都時時感動、影響他。

潘煊也分享有次採訪完聖嚴師父，收拾好文具才要離

常慧法師（前排左三）、常文法師（前排左二）與義工們在書展會場，一起推廣聖嚴師父的著作。

開，看到師父已腳踩在運動器材上了。這一幕讓她深刻感受到，師父即使身體病弱，仍充分運用每分每秒的無窮願力。最後，她以《聖嚴法師最珍貴的身教》書中一段話：「人生過程好比火箭升空，要不斷拋掉心靈的廢物，才能不斷往上提昇、讓心靈不斷淨化。」與大家共勉。

● 08.27

日本愛知學院大學師生參訪園區
進行禪修、禪法交流訪問

日本愛知學院大學禪研究所參禪會師生一行，連同隨行的福田寺住持加藤大淳、藥師寺住持西川糧信、光明寺住持加島龍璽等共三十六人，在該校副校長兼禪研究所所長大野榮人帶領下，至法鼓山園

愛知學院大學禪研究所參禪會師生一行於選佛場前合影。

區進行交流訪問；僧團副住持果暉法師、佛教學院校長惠敏法師，以及中華佛研所所長果鏡法師均出席關懷，為這群遠道而來的來賓，介紹禪堂的規畫設計以及帶領禪修體驗，並進行交流。

參訪團除有三位住持，還包括三位教授與在校學生，主要進行禪修和禪法方面的交流訪問。一行人首先至禪堂，由果暉法師帶領進行三十分鐘的禪修體驗。接著至海會廳，與惠敏法師及果鏡法師進行三十分鐘的互動交流；惠敏法師並帶領來賓至該校的圖資館參觀館藏圖書。

席間，大野榮人副校長向惠敏法師表示，法鼓山清幽簡樸的建築風格，以及清淨明亮的禪堂設計，讓此團禪修同好者極為讚賞，而該校禪研究所的禪堂亦名「選佛場」，所以在此禪修又多了一份親切感。大野榮人也期望此後兩校能夠延續此一善緣，做更廣泛的學術合作交流，在漢傳禪佛教的研究、推廣上，共同努力。

最後，參訪團一行至大殿、祈願觀音殿禮佛，並前往開山紀念館參觀，圓滿此行。

● 08.30～09.01

果賢法師至馬來西亞弘講
分享出版編輯、救災心得

文化中心副都監果賢法師赴馬來西亞弘法關懷期間，於8月30、31日，9月1日共舉辦六場演講，與護法信眾分享編輯、救災心得，並引領當地學子如何開啟人生新方向。

30日，果賢法師在馬來西亞道場進行三場演講，下午兩場的主題分別為「《一缽千家飯》及《法鼓全集》」、「患難與共，同體大悲——八八水災法鼓山救災紀實」，各有四十五人到場聆聽。法師提到，聖嚴師父晚年參與法鼓山攝影集《一缽千家飯》的編輯工作，若將此書比喻為一部電影，師父既是編導，也是演員；而隨著師父捨報，下一本法鼓山攝影集將交由僧俗四眾一起開創。

果賢法師分享參與八八水災的救災經驗時，深刻體會到世間無常，如此的災難也特別能夠引發人們思索，當面對人生的災難時，是否已累積足夠資糧，平和以對？

當天晚上則主講「新聞寫作及拍攝重點」，果賢法師道出寫新聞稿的要領，是學習如何把事情講清楚，以最簡單的字句精準地傳達資訊給讀者。新聞稿的內容要清楚、豐富及吸引人。在攝影的部分，果賢法師用一些實例，解說新聞照片應有的資訊，共有三十四人參加聆聽。

31日，果賢法師前往新成立的怡保聯絡處，演講「我們的師父」、「佛法看災難」，有近三十人參加；9月1日則應馬來西亞大學佛學社之邀，與當地媒體工作者劉子賢共同向近兩百位學子分享「平凡的我，快樂人生」，從交流學佛、出家的因緣中，啟發年輕學子對人生意義的思考。

● 09.05～06

加國安省分會舉辦二日禪修
古帝亞茲分享禪法智慧

加拿大護法會安省分會於9月5至6日兩天，舉辦系列禪修活動，內容包括初級禪修簡介、禪修指引、一日禪等，邀請聖嚴師父西方法子吉柏‧古帝亞茲（Gilbert Gutierrez）帶領，共有近八十人次參加。

5日進行英文禪修簡介與禪修指引，古帝亞茲詳細說明打坐的基本動作，強調打坐看似簡單的動作，卻是一個重要的基礎，可以從中充分練習如何放鬆身心；他同時為學員解答禪修上的種種疑問，強調禪修不只是禪坐而已，所有透

過身、口、意的正念安住,都是在修行。晚上古帝亞茲於分會帶領念佛與拜懺,鼓勵信眾多拜懺來反觀內省,化解人際關係中的矛盾,進而與自己及他人和平共處。

6日,古帝亞茲於分會帶領禪一,說明聖嚴師父的禪法具有開啟個人智慧,袪除習氣煩惱,引導現代人安定身心的功能,共有二十五人參加。

安省分會透過兩天的禪修活動,期能接引更多西方人了解漢傳禪佛教的活潑實用。

聖嚴師父西方傳法弟子古帝亞茲(左)帶領安省分會禪眾進行禪一。

● 09.07

越南佛教會善性法師參訪園區
與方丈和尚交流台越佛教發展

越南佛教會副主席善性法師、常務副主席如念法師等一行八人,於9月7日上午參訪法鼓山園區,由方丈和尚果東法師、禪修中心副都監果元法師代表接待,進行交流。

一行人首先在簡介館觀看《大哉斯鼓》影片,善性法師、如念法師並與方丈和尚、果元法師交流台灣、越南僧伽教育發展情形,也針對中華禪法鼓宗禪修活動課程研發與推展概況進行討論。

接著,善性法師等在方丈和尚引領下,參訪祈願觀音殿與大殿,並在大殿前的瞭望平台俯瞰金山平原,讚歎法鼓山的寧靜山水,也對園區境教給人們帶來安定祥和的力量,留下深刻印象。

● 09.12

馬來西亞道場舉辦「悅眾共識營」
感恩悅眾奉獻 凝聚願心

9月12日起一連兩天,馬來西亞道場於波德申(Port Dickson)福海精舍舉辦「核心悅眾共識營」,由監院常慧法師、常御法師、常文法師帶領,共有四十多位悅眾參加。

　　共識營的課程內容,包括「佛法的分享與運用」、「認識法鼓山」等單元。在「佛法的分享與運用」課程中,常慧法師分享如何運用「四攝法」領眾,強調依法、依律、依規則,並勉勵悅眾學習以法領眾,以慈攝眾,以敬和眾,進而以慈悲、包容、關懷、和合的心,帶領大眾服務奉獻,真正實踐「續佛慧命」的使命。

　　活動中並播放影片《四海慈悲行》,回顧聖嚴師父建設法鼓山的過程,甚至在生病時,師父還是不辭勞苦,努力實踐淨化人心的理念;也藉由《法鼓山簡介》兒童版影片,以輕鬆的方式介紹法鼓山四環的理念,讓悅眾們更能掌握法鼓山的核心價值,以及四種環保的具體行動,是從心出發、由內而外,擴大到對社會、人類、自然的整體關懷。

　　另一方面,三位法師也與悅眾討論馬來西亞護法組織架構、建立勸募體系,並安排2010年活動等,以接引更多當地民眾親近佛法。

　　馬來西亞道場透過此共識營的舉辦,感恩悅眾奉獻,並提昇悅眾的的願心與信心,期能讓悅眾更深入了解法鼓山的核心理念,進而培養領眾的能力,共同推動法鼓山理念。

馬來西亞道場「核心悅眾共識營」學員合影。(第二排中右起依序為常文法師、常慧法師、常御法師)

● 09.13～18

溫哥華道場舉辦鼓隊種子培訓
學習掌握擊鼓技巧與攝心方法

　　9月13至18日,加拿大溫哥華道場舉辦鼓隊種子培訓課程,由教聯會師資李素玉帶領,有近五十位學員參加。

此次培訓課程共有十堂課，每堂課開始時，學員先安定、收攝身心，再練習肢體的平衡，接著是基本功，從單手開始，練習鼓棒的握法，同時掌握節拍的穩定。經過一個星期的密集訓練，從第一堂課練習一個八拍的單音鼓聲，逐步練習到最後一堂課的八個八拍，鼓聲轟隆作響，學員們擊鼓沉穩有力。

為了讓即將成立的鼓隊成員更能掌握擊鼓技巧與攝心方法，溫哥華道場特別安排了這場鼓隊種子培訓課程，並由李

在鼓隊種子培訓課程中，學員學習擊鼓技巧與攝心方法。

素玉老師自台灣前來指導。有學員表示，練鼓時雖然辛苦，卻有一股發自內心的愉快；也有學員分享「擊鼓」不僅是技藝的修習，更是禪修、鍊心的工夫。

● 09.18～20

東初禪寺舉辦三場佛學講座
邀請繼程法師主講

9月18至20日，美國紐約東初禪寺連續舉辦三場佛學講座，邀請聖嚴師父傳法弟子暨馬來西亞佛學院院長繼程法師主講，前兩場為中文開示，第三場為中、英雙語開示，由常聞法師擔任翻譯，共有近兩百六十人次參加。

在18日第一場「聖嚴師父與我」講座中，繼程法師分享追隨聖嚴師父學習禪修的過程與經驗，並說明師父圓寂前後各地分院道場舉辦的祈福和報恩念佛法會，都是師父藉此因緣要大眾用功；法師強調，師父色身雖已寂滅，但包括著作、禪法教學體系等，都是法身舍利，期勉眾人要精進修學。

19日晚上，繼程法師以「電影賞析與人生賞析」為題，分享數部電影的佛法意涵。法師表示，好電影的弘法功能不亞於文字或演講，而且能夠普及並深入人心。

繼程法師在20日的週日講座中，以「禪來纏去」為主題，解析禪修的觀

繼程法師（左）以「禪來纏去」為主題，解析禪修的觀念和方法，由常聞法師（右）同步英文翻譯。

念和方法。法師以「媳婦熬成婆」為例,講解瞋恨心與意念糾纏循環,形成家庭悲劇,當妄念生起時,無論是好的或壞的念頭,加上當時的意念,都有增強的效果,造成糾纏不清的輪迴,若能用感恩心看待一切經驗,就可以轉瞋心為慈悲心。法師並分享一幅在波蘭弘法時所畫的《十月圖》,說明分別代表「尋月」、「影月」、「見月」、「觀月」、「賞月」、「放月」、「望月」、「空月」、「水月」以及「指月」十種不同的境界,與「十牛圖」有異曲同工之妙;藉此期勉眾人運用禪修的方法,提昇自己。這場講座共有一百一十多人參加。

繼程法師的開示由淺入深,又能化繁為簡,生動活潑,為眾人建立了堅實的佛法觀念。三場講座結束後,法師並以親自手繪的小石頭與眾結緣,讓大眾備感歡喜。

● 09.18～21

果醒法師再度赴西雅圖弘法關懷
舉辦佛法座談及帶領培訓課程

9月18至21日,美國紐約東初禪寺住持果醒法師前往華盛頓州西雅圖分會弘法關懷,內容包括舉辦佛法座談、帶領禪修師資培訓課程等。

18日晚上,果醒法師於分會帶領念佛法器教學,法師首先說明法器的功能,示範持槌、敲磬的威儀及方法,並進行演練,也提醒學員執掌法器時須展現的風範,引發大眾的宗教情操,並以此向諸佛菩薩呈獻虔誠的供養;19日進行禪修師資培訓課程。兩項課程,共有三十多人次參加。

20日舉辦佛法座談,主題是「讀書會帶領指導」,果醒法師鼓勵分會成立讀書會,讓學員在讀書會中分享學佛心得,並提點讀書會帶領人應掌握的技巧,包括時間、主題與參與討論等;中午,法師與分會的義工們聚餐,感謝眾人的發心與付出。

在21日的佛法講座上,果醒法師弘講《心經》,講述《心經》的要義與概念,說明何謂「空」,以及如何放下自我執著與分別,體會自心的寂靜與自在。這場講座,共有四十七人參加。

果醒法師此行,是繼6月後,再度至西雅圖弘法;希望系列護法活動,能為漢傳佛法在當地推廣注入活力。

果醒法師於西雅圖分會進行「讀書會帶領指導」座談。

● 09.23～27

果醒法師至舊金山分會弘法關懷
帶領系列成長活動

9月23至27日，美國紐約東初禪寺住持果醒法師前往護法會加州舊金山分會弘法關懷，指導成長課程與禪修活動，系列課程共有一百四十多人次參加。

在成長課程方面，分別是25、26日的監香與禪修指引教師培訓課程。果醒法師針對禪修的知見、課程應用的場合、修行上可能出現的問題等面向，鉅細靡遺地解說，再輔以聖嚴師父的開示影

果醒法師帶領舊金山分會的禪修指引教師培訓，協助悅眾建立正確的禪修觀念。

片，協助大眾建立正確的禪修觀念；講課之外，學員也分組進行交流，結合理論與方法運用，充分體解禪修的妙用。

此外，果醒法師也參與並指導分會於23日進行的讀書會、25日的「電影之夜」；其中，電影之夜播放影片《佐賀的超級阿嬤》，法師從佛法角度分享觀賞的心得。果醒法師表示，看到現場觀眾分享因影片而產生的種種感動，都是因為人們執著色蘊有我，所以產生愛別離苦；如果我們能依法修行，看清楚事物的本質，才能嘗到真正自在的滋味。

27日，果醒法師主持兩場「浮生半日禪」，共有近七十位學員參加。心得分享時，學員向法師請教修行上的種種問題，法師均一一解答，協助學員建立禪修的正知見。

系列課程的舉辦，期能引導悅眾自我成長，進而接引更多民眾親近道場、聽聞佛法。

● 09.24～27

常華、常生兩位法師洛杉磯弘法
舉辦佛學講座及帶領法會

9月24至27日，美國護法會輔導師常華法師、常生法師至加州洛杉磯弘法關懷，內容包括舉辦佛學講座、帶領法會等。

常華法師（中）於洛杉磯分會講授「地藏法門與人生」（右二為常生法師）。

兩位法師首先於24日晚上，在分會帶領禪坐共修，引導禪眾體會禪修放鬆身心的方法。

25日，常華法師主持一場佛學講座，以「《法華經》的領導哲學」為題，分別用「化城喻」、「窮子喻」及「良醫救子」三個故事，闡述三種風格的領導模式，即為：站在最前線引領大家往前行、從旁輔導協助、退居幕後，而最好的領導方式，就是身教及言教。法師強調，最難領導的是自己，自我領導的過程，即是自我影響的過程，必須清楚自己的優、缺點與起心動念，而這些都可以透過禪修方法做到；從認識自我到消融自我，學習逐漸放下我執，便能以清明的智慧領導自己，也帶領他人自在生活。

27日上午，常華法師弘講「地藏法門與人生」，從地藏菩薩累劫以來發願度眾的故事切入，依序介紹發願、布施及迴向等法門。法師說明，修行就是改變自己，影響他人，當自己修正不好的習氣，便會感動或改變周遭的人，這份善緣會在未來開花結果；法師並提醒大眾，所有的修行與功德，皆來自於「信」，要虔誠信仰並實踐經中所言，努力應用於生活當中，如此才能利益自己與眾生。下午，常華法師則於分會帶領一場地藏法會，共有四十多人參加。

常華法師在兩場佛學講座中，深入淺出地分享經典中的要義，以及運用在生活中的修行方法。

● 09.26　10.24　11.21

馬來西亞法青會舉辦「與法師有約」系列講座
三位法師對談放下的「幸福」與「快樂」

馬來西亞法青會於9月26日、10月24日、11月21日，在馬來西亞道場首度舉辦「與法師有約」講座，共三場，由馬來西亞道場監院常慧法師，以及常文法師、常御法師與學員座談，每場皆有近八十人參加。

前兩場講座以對談方式進行，三位法師與學員們共同探討在追求各種人、事、物的目標過程中，遇到種種不如意而產生煩惱、痛苦時，如何以佛法觀念學習放下，創造幸福人生。

首場的主題是「放下的幸福」，常御法師分享時提到，當面對阻礙或不順心的事情時，若能先把心安住下來，把痛苦、不滿的情緒放下，當下就是幸福；法師並強調幸福是掌握在每個人手裡。常文法師則鼓勵大家以修行無常觀、因緣觀、因果觀的方式來解決問題。

常慧法師分享時表示，放下是一種積極的生活方式，我們應放下的是執著的心，而不是追求的心，追求成功沒有問題，但如果一味希望結果一如預期，就是執著；法師並強調，做到放下並不容易，若能打開心胸接觸好的課程和講座，多薰習好的觀念，從中學習後，漸漸就可以做得到。

第二場「放下的快樂」座談，探討的是個人與社會個體的互動，活動從職場關係及家庭成員相處兩方面切入主題。首先播放聖嚴師父針對「心六倫」開示的影片，說明「心六倫」的六倫關係，是「倫理」，不是「論理」關係，彼此應該互相尊重，以學習對方的長處，包容其短處的方式相處；接著由三位法師分享人際互動的相處智慧，引導學員重新審視與家人、同事的人際關係，並學習包容、放下對立、提起感恩心，進而使內心安定、感到快樂。

11月21日第三場講座的主題是「放下的自在」，由常慧法師主講，法師以遊戲、小組討論、課堂分享的方式，引領學員思考如何「奉獻」、如何「放下得自在」，並說明能夠全然放下自己的所有想法和感受，接受所有因緣，無私地奉獻，便能夠得到大自在。

馬來西亞道場三位法師與學員座談「放下的幸福」，現場並進行雙向互動。

● 09.26～27

芝加哥分會舉辦弘法活動
古帝亞茲前往帶領並演講

9月26至27日，美國護法會伊利諾州芝加哥分會舉辦系列弘法活動，邀請聖嚴師父西方弟子吉柏‧古帝亞茲帶領，內容包括禪修指引，以及禪坐共修、佛法講座等。

26日的活動中,上午安排了禪修指引及禪修講座,由古帝亞茲帶領學員禪坐及經行;在「如何以正見導引基本禪修」講座中,古帝亞茲提醒學員初發心及菩提心的重要,要常常回到初發心,並放鬆身心。

下午在「禪——改變您身心環境的妙法」公開演講中,古帝亞茲進一步強調禪修者的自我消融,可以淨化內在心境,進而淨化外在環境,有近五十人參加。

27日進行法鼓八式動禪練習及禪坐共修,接著展開佛法講座,講題是「虛雲老和尚對禪修者的指引」,古帝亞茲說明禪修是修行的方法之一,念佛或拜懺也是,虛雲老和尚指出參禪的先決條件是「萬緣放下,一念不生」,一放下,一切放下,永永放下,萬緣放下;而萬緣放下了,妄想自然消除,不起分別心,就遠離執著。古帝亞茲勉勵學員將「禪法」融入生活中,自利利他。

● 10.02   10.03   10.17   10.30

溫哥華道場舉辦四場信眾聯誼會
義工分享成長與歡喜

10月2至30日期間,加拿大溫哥華道場於第耳塔(Delta)、本拿比(Burnaby)、列治文(Richmond)、溫哥華(Vancouver)等地,舉辦四場地區信眾關懷聯誼會,同時展開召募義工活動,邀請各地民眾一起加入奉獻服務的行列,共有四百七十多人參加。

這四場關懷聯誼會,分別由各地悅眾主持,會中活動內容包括:觀看法鼓山開山義工影片紀要、手語帶動唱、義工心得分享等。其中多位資深義工於心得分享時表示,來到法鼓山團體擔任義工,不僅提昇自己又利益他人;在擔任義工的過程中,也能相互學習如何與人相處,以「四它」處理事情。而擔任義工一段時間後,也看見自己的改變,例如心量變得寬大、態度變得柔軟,也更容易與人和樂相處等,讓眾人深刻感受擔任義工的歡喜。

溫哥華道場監院果樞法師出席關懷聯誼會時,則鼓勵信眾常回道場參加共修、參與義工服務,共同學習與成長。活動最後播放《點燈之歌》影片,人人雙手捧燈,燈燈接續繞場,眾人環燈而立,虔誠為社會大眾祈願、祝禱平安,氣氛溫馨。

溫哥華悅眾菩薩在信眾聯誼會中,雙手捧燈,共同祈願祝禱。

2009年溫哥華道場信眾關懷聯誼一覽表

時間	地區	舉辦地點
10月2日	第耳塔	菲沙河谷（Fraser Valley）
10月3日	本拿比	本拿比
10月17日	列治文	溫哥華道場
10月30日	溫哥華	溫哥華道場

● 10.08～13

果醒、常聞法師赴安省弘法關懷
主持佛學講座及帶領禪三

10月8至13日，美國紐約東初禪寺住持果醒法師、象岡道場監院常聞法師至加拿大護法會安省分會弘法關懷，內容包括帶領法會、禪修等，共有近兩百人次參加。

佛學講座方面，果醒法師首先於8日晚上在分會舉辦「無生無死」中英文講座，剖析佛陀所謂的無生無死，所指是空性，生無可歡，死也無所懼，生死只是一種現象。

果醒法師（中左戴帽者）、常聞法師（中右戴帽者）與參加英文禪三的安省禪眾們合影留念。

在9日的「經典與生活」講座中，法師說明《維摩詰經》是聖嚴師父「提昇人的品質，建設人間淨土」理念的依據，勉勵大眾以菩薩行來建設人間淨土。

11日晚上的「禪與生活──沒有煩惱」講座，果醒法師指出禪的最高經驗是無我、無心，我們可以在日常生活中，經由不斷地練習與自我覺察，讓身心安定。13日晚上，法師以「應無所住而生其心」為題，開示《金剛經》「無住生心」的法義，期勉眾人以空性的智慧，在生活中落實菩提心、實踐菩薩行。

在禪修活動方面，9至12日，常聞法師於奧蘭治維爾（Orangeville）的愛梵娜禪修中心（Mount Alverno Retreat Centre）帶領英文禪三，內容包括禪坐、法鼓八式動禪、出坡禪與經行等練習，共有十八人參加。果醒法師並於10日，在分會帶領二十位禪眾進行念佛禪一，進行念佛、繞佛、坐念與止靜。

此外，果醒法師於8日帶領悅眾進行法器、唱誦練習；11日於分會的大悲懺法會中，引領二十位民眾精進共修。

兩位法師此行弘法，當地華文衛星頻道台灣宏觀網路電視特地進行報導，介紹法鼓山的理念及安省分會的護法活動，與全球華人分享。

● 10.11　10.22

馬來西亞道場舉辦英文禪學講座
常文法師分享禪修的觀念與方法

10月11、22日，馬來西亞道場分別於當地的沙亞南佛教會（Shah Alam Buddhist Society）與佛教明珠聯誼會（Buddhist Gem Fellowship, BGF）各舉辦一場英文禪學講座，由常文法師主講「禪——活在當下」（Chan: Live for Now），分享禪修的觀念與方法，共有八十多人參加。

常文法師首先介紹禪修的觀念：清楚、放鬆、明白，就是身在哪裡，心就在哪裡；要萬緣放下，身體放輕鬆，用心認真去體驗自己的每一個動作；也指出禪修的要領就是「活在當下」，不要想著過去，也不要想著未來，讓我們的心不放逸。

講座中，常文法師並說明如何運用禪修方法，在日常生活中讓自己安心，強調放下眷戀過去和執著未來的心，以放下和放鬆為基礎，從零開始；也引領大眾體驗觀身受法的方法，覺察身體的覺受。

馬來西亞道場透過英文禪學講座，與當地民眾分享禪悅，期能提昇當地學禪風氣。

● 10.13～15

果禪、常濟法師出席美國沉思者聯盟會議
會議受聖嚴師父思想啟發　成立智庫

10月13至15日，法鼓山受邀參加全球女性和平促進會（The Global Peace Initiative of Women, GPIW）於美國馬里蘭州魚鷹角休閒會議中心（Osprey Point Retreat & Conference Center）舉辦的「美國沉思者聯盟——讓全國聽到精神層面的聲音」（The Alliance of American Contemplatives——Raising a New Spiritual Voice for the Nation）跨宗教會議，由僧團果禪法師、常濟法師代表與會。

在這項會議中，三十多位來自歐、美、澳、亞等地的宗教人士及學者專家，共商成立跨宗教的「沉思聯盟」（Alliance of Contemplatives）智庫。由於此聯盟的成立，是受到聖嚴師父思想的啟發，因此會中決議敦聘師父為聯盟智庫創始人之一。

聖嚴師父向來重視如何促進宗教之間的交流及探索，以期更有效地減輕人類的痛苦，曾提示「慈善」與「教育」是兩大著力方向。這樣的理念，讓GPIW創辦人迪娜‧梅瑞恩（Dena Merriam）深感認同。

會議中，與會的各宗教人士以及專家學者們，經過三天密集的討論與交流後，體認到各宗各派雖有不同的「修道之路」和法門，卻是殊途同歸，通往一樣的目標。有了這樣的認知，才能真正強化全人類的團結，建立起全新的跨宗教交流模式，因而促成聯盟智庫的誕生。

「沉思聯盟」的成立，代表過去數十年來，不同宗教信仰間的交流又往前跨進一步。這些努力促成了跨宗教的對話，衍生出宗教間的互信互諒，並在各種社會議題上攜手合作。

常濟法師（右）在「美國沉思者聯盟」會議中，與各國的宗教人士交流。

● 10.16

日本真言宗參訪法鼓山園區
了解漢傳禪佛教的傳承與內涵

10月16日上午，日本高野山真言宗前宗長土生川正道一行十餘人，在鶯歌滿願寺廣慈長老陪同下，參訪法鼓山園區，由方丈和尚果東法師、副住持果暉法師代表接待，進行交流。

一行人首先與方丈和尚、果暉法師進行會談，了解法鼓山的緣起、發展過程，果暉法師並介紹法鼓山漢傳禪佛教的傳承與內涵，說明聖嚴師父推廣的禪法，是提供現代人實用、安全的安心之道。

接著，一行人在參學室日語導覽人員的引領下，分組參觀法鼓山園區，包括大殿、開山紀念館、祈願觀音殿與圖書資訊館，對於「心經影壁」不同版本的《心經》石碑刻文、各樓層藏書與完善設施，留下深刻印象。

中午，真言宗一行在果暉法師的陪同下，分享法鼓山的素食特色，圓滿此行。

日本真言宗前宗長土生川正道（右四）等在廣慈長老（右三）陪同下，參訪法鼓山園區，由方丈和尚果東法師（左四）、副住持果暉法師（左一）代表接待。

● 10.17

海外首場「心六倫」分享會東初禪寺舉行
「心六倫」種子教師王榮前往主持

　　10月17日晚上，美國紐約東初禪寺舉辦「新時代之心六倫分享會」，由人基會「心六倫」種子教師王榮主持，有十多人參加。該分享會亦為海外首場分享會。

　　王榮老師在講座中，介紹「心六倫」的緣起與意義，說明倫理經常被視為老生常談，但是聖嚴師父為倫理賦予符合現代社會需求的意義，讓我們能重新檢視人與人、人與自然之間的關係，並比較美國、台灣兩地社會的異同，也提出日常相關的實例，引起大家熱烈地討論與互動。

東初禪寺舉辦海外首場「心六倫」分享會，由王榮老師主持。

　　「心六倫」將傳統固有的倫理觀念，注入了新時代的精神，同時將學佛修行與日常生活結合。對於能夠深入聖嚴師父提倡的「心六倫」思想，與會聽眾都感到非常歡喜。

　　人基會「心六倫」種子教師自5月於「心六倫推廣課程」結業授證後，即接受社會各界的邀約，分享「心六倫」的理念內涵與實踐，讓「心六倫」在更多人的生活中生根發芽。

● 10.23～26

香港護法會舉辦弘法活動
僧團果高法師等帶領講座及法會

　　10月23至26日，香港護法會舉辦系列弘法活動，由僧團果高、果界、果靖、常時等四位法師前往帶領，內容包括舉辦佛學講座、法會等。系列活動有近四百一十人次參加。

　　在23日舉辦的「《地藏經》講座」中，果高法師深入淺出地剖析《地藏經》精要，並說明《地藏經》在修行上的指引，乃是要明確定立修行的目標和方向，之後按部就班地發願、信因果、廣行布施、修慈悲心、饒益眾生；法師勉眾實踐地藏菩薩「地獄不空，誓不成佛」、「眾生度盡，方證菩提」的宏願。約有一百二十人參與聆聽。

　　25至26日，護法會分別於當地寶覺中學舉辦佛一暨八關戒齋法會、地藏暨皈

依法會，由四位法師帶領。法會中，首先觀看聖嚴師父針對八關戒齋內容與意義的開示影片，師父說明八關戒齋讓會眾體驗一天出家的生活，提供在家居士一個方便的修行法門；成佛必須經過出家的階段，而參與八關戒齋正好可以播下成佛的種子。當天有近一百六十人參加法會。

26日則舉辦了一場地藏暨皈依法會，有近一百三十人參加，其中有三十一人皈依三寶。

香港護法會舉辦地藏暨皈依法會，有三十一人皈依三寶。

四位法師於香港弘法關懷期間，24日適逢浸會大學宗教及哲學系教授吳有能帶領二十五位學生參訪護法會，並由僧團果高法師、果界法師等帶領認識法鼓山的理念、體驗禪修等。

● 10.24～11.02

果元法師印尼弘揚漢傳禪法

帶領禪修與佛法講座

10月24日至11月2日，禪修中心副都監果元法師受邀前往印尼棉蘭、日惹、雅加達三地弘法，行程包括於棉蘭的佛法講座與禪一，在日惹的禪五，以及雅加達的佛法講座和禪二等。

果元法師此行第一站為棉蘭，在印尼愛心永恆基金會協助下，24日晚上在慈悲精舍（Vihara Mettayana）進行一場「禪與生活」佛法講座，分享想要與需要、清楚與放鬆、活在當下等生活化的禪法觀念，由同行的僧大學僧常陀法師擔任印尼文翻譯，共有七十多人參加。25日在釋迦牟尼佛精舍（Vihara Sakyamuni）舉行禪一，法師帶領六十位學員練習打坐姿勢、經行和吃飯禪等基本禪修方法。

25至29日，果元法師在日惹一處天主教靜修中心（Omah Jawi Retreat House）帶領禪五，共有三十位年輕學員參加。除了早晚開示、小參，法師還教導學員進行睜眼打坐、打坐後按摩及戶外赤腳經行等練習。最後一天，則播放法鼓山簡介影片《大哉斯鼓》英文版，以及進行象徵開啟心中慈悲、智慧的傳燈儀式，其中有十二位學員在法師祝福下，皈依成為三寶弟子。

　　31日果元法師抵達雅加達，首先在廣化一乘禪寺所屬的無量壽禪修中心（Sadhana Amitayus Retreat Center）主持禪二，共有七十五位學員參與。

　　禪二圓滿後，11月2日，果元法師於廣化一乘禪寺，以「禪與現代生活」為題進行演講，有近一百五十人參加。由於在雅加達塞車情形經常發生，法師於演講中，即以塞車問題，切入生活佛法的觀念，鼓勵在座聽眾，心平氣和去面對與接受無法避免的塞車，並且利用這段時間，在車上聽聞佛法或是練習呼吸，把握每一個當下修行的機會。

　　果元法師此次弘法因緣，是來自印尼華人土木工程師阿格斯‧森多索（Agus Santoso）的邀請，阿格斯曾於美國跟隨聖嚴師父學習禪修，前後將近十年，並且在日惹組織了共修團體。法師活潑帶領禪修的方式，以及切合當地需求的演講內容，深獲回響，不僅讓印尼民眾對學習漢傳禪法，產生了信心與興趣；也讓漢傳禪法在印尼踏出弘傳步伐。

在雅加達無量壽禪修中心舉行的禪二，果元法師（右）、常陀法師（左）與學員席地坐在戶外，分享禪修的心得。

● 10.31～11.01

馬來西亞道場首辦禪訓二日營
五十名學員輕鬆體驗禪法

　　10月31日至11月1日，馬來西亞道場於雪蘭莪（Selangor）莎阿南佛學會首次舉辦「初級禪訓班二日營」，由監院常慧法師帶領，共有五十位學員參加。

　　常慧法師首先詢問學員為什麼要學習禪修？有學員回答為了讓身體健康、精神穩定，也有學員則為了開發智慧與慈悲。法師提醒大家，無論是否為初學者，都要將過去的經驗放下，以「空杯子」和「乾淨杯子」的心態來學習。

　　在十多位輔導學長從旁協助下，學員以小組方式參與練習，體驗禪修，並學習如何在生活中運用禪修的方法放鬆身心。透過介紹、示範、指導、體驗、小組討論與分享等交互進行的方式，學員從動、靜中練習和體驗禪修的奧妙。

二日營中，學長們示範了散盤、單盤、雙盤等各式坐姿；常慧法師並講解正確的打坐姿勢，說明若打坐時出現種種身心狀況，無論是舒服、不舒服，都要把它當作幻覺，因為一切都會變化，因緣過去了就要放下。

首次舉辦禪訓班二日營的馬來西亞道場，於25日先行舉辦輔導學長培訓課程，讓這次二日營能夠順利圓滿。活動最後，常慧法師帶領學員感恩禮拜，感恩所有成就的因緣，並勉勵大家經常參加共修，藉由彼此提攜的力量，讓自己不斷提昇。

馬來西亞道場初級禪訓班二日營中，學長們示範散盤、單盤、雙盤等各式坐姿，由常慧法師指導。

● 11.07～08

馬來西亞道場舉辦義工培訓
共勉發願做終身義工

馬來西亞道場於11月13日十週年紀念暨感恩晚宴前夕，在7、8日舉辦義工培訓暨感恩餐會，由監院常慧法師帶領，與法鼓山義工團團長秦如芳、副團長吳麗卿等，一同為學員講授「義工的心態與精神」、「義工的身口心儀」等課程，共有一百三十八人次參加。

此次的義工培訓分兩天舉辦，7日下午首先由秦如芳團長講解義工的心態與精神。秦團長分享十四年來，在法鼓山擔任義工的點滴成長經驗，及如何實踐義工準則，包括微笑、凡事有請、將服務精神落實於生活中等，並以聖嚴師父形容自己為「不下班、不退休的終身義工」，做為自我勉勵。

秦如芳團長、吳麗卿副團長為學員們示範法鼓山義工的接待禮儀。

第二天課程,上午由吳麗卿副團長介紹、說明義工的身、口、心儀,並講解不同場合的義工穿著。課程中,介紹了國際禮儀的操手姿勢,與佛事法會的操手姿勢之不同。吳副團長提醒義工們,必須清楚掌握現場環境和活動流程,以因應突如其來的變化球。

下午,進行分組討論。兩位老師為接待組和宴膳招待組學員示範沏茶方法,以及水果、點心的切法和擺設,展現禪的美感;接著,學員們分組實際演練。

活動最後,由資深悅眾解說義工支援上、下行堂應注意事項,並解答大家的提問。學員們展現積極的學習熱誠,對即將投入服務的晚宴充滿期待。

● 11.13

馬來西亞護法會慶祝十週年
舉辦「大悲心起‧願願相續」千人晚宴

在「大悲心起‧願願相續」千人晚宴上,馬來西亞法青表演「心六倫」的主題曲〈把心拉近〉,分享「心六倫」的精神。

11月13日,馬來西亞道場於吉隆坡王岳海大禮堂,舉辦「大悲心起‧願願相續」千人晚宴,慶祝馬來西亞護法會成立十週年。

當天晚會,由悅眾林忠彪、蔣佩佩擔任主持人,並安排來自台灣法行會的法鼓隊,以磅礴擊鼓節目《破》做為開場,撼動全場來賓的心。會中播放馬來西亞護法會成長回顧影片,與會來賓從中感受護法信眾們十年來的奉獻與堅持;也播放了聖嚴師父對馬來西亞信眾開示、關懷的影片。

晚會的演出節目包括,馬來西亞護法會合唱團演唱、馬來西亞相聲社的表演,以及馬來西亞護法會法青會手語表演「心六倫」主題曲〈把心拉近〉,傳達了法鼓山的理念精神和聖嚴師父的悲願,並將「心六倫」的內涵與大眾分享。監院常慧法師在晚會上,也期勉大家繼續為推廣法鼓山理念而努力

晚宴後,馬來西亞道場提供環保手巾、筷子等生活用品,以及打包未食用完食物的餐盒與民眾結緣,藉此分享環保理念,與落實「珍惜資源」的作法。

當晚募得的一半善款，將捐贈馬來西亞佛教總會教育慈善大廈、馬來西亞佛學院、馬來西亞佛教青年總會國民服務計畫基金、菩提中學、馬來西亞十五碑南傳佛寺週日佛學班（Buddhist Institute Sunday Dhamma School）五個佛教教育單位，以具體行動實踐對佛教教育的護持，以及對社會的關懷。

● 11.18

常華法師應邀至南伊利諾大學演講
分享「佛教放下的藝術」

美國紐約東初禪寺監院常華法師應南伊利諾大學（Southern Illinois University）佛學社社長凱薩琳・費瑞絲（Katherine Frith）教授之邀，於11月18日至該校蓋亞之家多元宗教中心（Gaia House-Interfaith Center）演講「佛教放下的藝術」，有六十多位西方人士前往聆聽。

常華法師在演講中表示，當今社會人們面臨許多恐懼、痛苦，而佛法、禪修可以提供人們面對、接受、處理及放下這些痛苦的方法，教導人們如何放下憂慮及壓力，以得到精神上的平和。

法師進一步說明，禪修對多數人而言十分有幫助，可以協助人們開發自己的潛能，而且提供達到內心真正平和的哲學觀念與實踐方法。

活動最後，凱薩琳・費瑞絲教授表示，此活動主要目的，是希望與當地民眾分享佛教的哲學與智慧，期盼所有聽眾都能在這場演講中獲得法益，並且學習在生活中實踐佛法。

常華法師於南伊利諾大學演講「佛教放下的藝術」。

● 12.03～09

法鼓山受邀出席全球宗教大會
促進宗教交流 推廣心靈環保

12月3至9日，法鼓山應邀參加世界宗教眾議會（The Parliament of the World's Religions）於澳洲墨爾本（Melbourne）舉行的「全球宗教大會」，由僧團常

常悟法師（左四）、常諗法師（左三）與六位不同宗教代表展開會談，探討「尋求內在和平：不同信仰下的全球女性觀點」。

悟法師、常諗法師代表出席，與各國宗教人士交流、介紹法鼓山的理念，並帶領禪修。該次會議共舉辦六百多場論壇、演講和工作坊，參加人數逾八千人。

代表出席會議的常悟法師、常諗法師，於8日下午與六位不同宗教代表展開會談，主題為「尋求內在和平：不同信仰下的全球女性觀點」。會中，常悟法師除了介紹法鼓山團體與「心靈環保」理念，並說明如何以佛法的角度，運用因果、因緣的觀念，面對及處理人生的問題、困境，進而接受境遇、承擔責任；法師也分享如何以禪法安定內心，提昇觀照力，減少我執，以及在生活中運用練習的方法。常諗法師則與大眾分享個人學習禪修，終至出家的歷程，並以「四它」做為結語。兩位法師的分享，讓許多與會人士深受感動，會後並有數位聽眾向法師致謝，表示受用。

最後一天上午，常悟、常諗法師帶領了一場禪修活動，介紹法鼓八式動禪及引導放鬆打坐。下午，藏傳佛教格魯派第十四世達賴喇嘛也出席大會現場，進行演說。達賴喇嘛表示，世界上有不同的宗教是正常的，沒有哪一種信仰優於另一種信仰，並期許各個宗教多進行交流、溝通，彼此了解，進而接納、合作，共同解決人類的問題，邁向和平之道。

世界宗教眾議會總部位於美國芝加哥（Chicago），於1893年召開第一屆會議，近二十年來，每五年在不同國家舉行會議，宗旨在於促進不同宗教之間的交流、了解，並致力於教育、人權平等、愛護地球、心靈環保等方面，期望能對人類幸福有所貢獻，是目前國際上最大型的世界宗教會議。

● 12.07～18

DDMBA應邀參加哥本哈根會議
為解決地球暖化問題而努力

12月7至18日，美國法鼓山佛教協會（Dharma Drum Mountain Buddhist Association, DDMBA）受邀出席聯合國於丹麥哥本哈根（Copenhagen）舉行

的「第十五屆聯合國氣候變化綱要公約締約國會議」（15th Conference of the Parties, COP-15），由僧團果禪法師、常濟法師、常聞法師，以及聖嚴師父西方法子查可·安德列塞維克四人代表出席。

這場會議，有全球一百九十三個國家、九百八十五個非政府組織（Non-governmental organization, NGO）代表，共逾四萬人次與會，DDMBA是唯一出席的漢傳佛教團體。

大會期間，常濟法師受「跨宗教對氣候變遷的宣言」（Interfaith Declaration on Climate Change）論壇之邀，在大會場的貝拉中心（Bella Center）擔任一場座談會的與談人，與各界分享漢傳佛教對氣候變遷的關心與觀點，同時接受十多個媒體採訪。

常濟法師引述聖嚴師父的開示，表示人們如果在沒有利害、衝突的情況下，才接受保護自然、珍惜資源的觀念，那麼一旦與私利有了矛盾和衝突，就很容易放棄公益，而去照顧私利。因此，必須先調整觀念，以利人做為利己的原則，也就是說，想要保護人類，必須先保護環境。這個論點，受到多方代表的認同。

DDMBA此行，同時參加了「全球女性和平促進會」（The Global Peace Initiative of Women, GPIW）於7至12日在當地召開的會議，主題為「對『一體』的覺醒是氣候變遷的對應之道」（Addressing Climate Change by Awakening to Oneness），果禪法師等人分別在會議中擔任座談主持人、進行演說及帶領禪修，並與四十位世界宗教領袖共同會商，如何對改善氣候變化做出具體可行的奉獻。

面對氣候變遷、全球暖化的問題，法鼓山以分享心靈環保的理念做為因應之道，期能共同成就地球的永續未來。

法鼓山四位代表受邀參加哥本哈根COP-15氣候變化會議，合影於大會場貝拉中心。（左起為常聞法師、查可、常濟法師與果禪法師）

法鼓山出席COP-15氣候變化會議

傳達漢傳佛教對氣候變遷的觀點

　　美國法鼓山佛教協會（DDMBA）於12月7至18日，參加了聯合國在丹麥哥本哈根舉行的「第十五屆聯合國氣候變化綱要公約締約國會議」（COP-15），是唯一出席的漢傳佛教團體，向世界表達漢傳佛教對此議題的關切，以及聖嚴師父推動的心靈環保理念。

　　這場國際會議，共有來自全球約一百九十三個國家官方的政要首長與代表團、超過九百八十五個非政府組織（NGO）、六十七個國際政府組織等代表，以及八百五十位科學家與法律專家出席，總計超過四萬人次，是丹麥有史以來最大型的國際政治性會議，希望喚起人類對氣候變遷的覺照、團結與及時的行動。

DDMBA　唯一出席的漢傳佛教團體

　　由於此次COP-15會議是地球歷史上最具代表性、最大型的會議，其結論對世界將有重大且關鍵性的影響，全球約有一千多個非政府組織團體向聯合國氣候變化綱要公約組織（United Nations Framework Convention on Climate Change, UNFCCC），申請以觀察員身分出席會議卻未獲准，而美國法鼓山佛教協會則是唯一出席大會的漢傳佛教團體，由僧團果禪法師、常濟法師、常聞法師，以及聖嚴師父法子查可，代表出席這場歷史性的會議。

　　此次在哥本哈根召開的會議，COP-15是主軸，還有許多周邊會議同時進行，如：聯合國氣候變化綱要公約組織的非政府組織周邊會議（NGO side events）、丹麥政府的氣候論壇（Klima Forum）、丹麥首都自治區自由城（Christiania）的希望之窗（Windows of Hope）、全球女性和平促進會（The Global Peace Initiative of Women, GPIW）等，在會議前後，共有近千場為氣候變遷（Climate Change）展開全方位的各類演說、座談、討論、分享、祈禱、展覽、表演、影片欣賞、遊行、示威等活動同時進行，顯示全球各界人士對此議題的極度關心與行動。

　　代表之一的常濟法師接受「跨宗教對氣候變遷的宣言」論壇之邀，在一場座談會擔任與談人，並接受超過十個國際媒體的採訪。法師也與各界人士接觸及分享交流，傳達漢傳佛教對氣候變遷的關心與觀點，且頗受各方認同。

從心改變　宗教團體參與的意義

氣候變遷造成全球暖化，是嚴肅且嚴重的問題與事實，因此，大會的主要任務是，確定2012年到2020年全球因應氣候變化的安排，以因應全球暖化的嚴重威脅局勢。此外，節能、減碳、富有國家集資援助開發中國家、國際制裁條約、綠化行動等，都是此次各項會議與活動所關切的議題。

各界與會者對氣候變遷的共同觀點是，若僅僅顧及眼前的現實利益，後代的子孫將為此無窮的後患付出更高的代價。要解決氣候變遷現象的關鍵，在於人類與地球的關係及其角色的扮演，如果人類視地球為自然資源的寶藏，是取之不盡、用之不竭的，便會無節制地取用；反之，如果看待地球是一個神聖的生命禮物，自然而然會珍惜與保護。

諾貝爾和平獎得獎主南非大主教戴斯蒙德・徒圖（Desmond Tutu）於12月12日的燭光祈福會中指出，讓貪婪及追求財富成為歷史，我們必須尋求更完整的生命價值觀，我們能夠達成這個目標，並且應該積極去做（Yes we can, yes we ought）。這個聲明，呼應了法鼓山創辦人聖嚴師父2000年在聯合國總部大會堂演說時指出的事實：「物質的貧窮，讓人的生命受到威脅；精神及心靈的貧窮，則導致人的生活環境失去平安和幸福。」

聖嚴師父生前一再強調「心靈環保」的重要，因為人的價值不在於財富、名位、權勢的擁有，而在於心量的廣大。在沒有利害衝突之下，人們才會接受保護自然、珍惜資源的環保觀念；一旦與私利有了矛盾和衝突時，就很容易放棄公益的想法而照顧私利，所以必須先將觀念糾正過來，以利人做為利己的原則。因此，想要保護人類，必須先保護環境，從「心靈環保」做起，逐一擴及禮儀環保、生活環保與自然環保。

心靈環保理念　成就地球的永續

法鼓山藉由參與國際會議，向全世界推廣「心靈環保」理念，鼓勵人類從心改變，從而培養出一種人與自然間更為慈悲與同理的關係。從內而外，內在意識上的改變，就會帶來外在行為和生活方式的改變，進而減少現代生活對自然環境造成的種種浪費和傷害；期盼人人均扮演著變革推動者的重要角色，以心靈環保的理念，來因應全球暖化的問題，成就地球的永續未來。

常濟法師（左一）在「跨宗教對氣候變遷的宣言」座談會上，與各國代表分享漢傳佛教對氣候變遷的關心與觀點。

● 12.10～13

洛杉磯分會舉辦弘法活動
象岡道場常持法師前往帶領

常持法師與洛杉磯分會信眾合影留念。

12月10至13日，美國護法會加州洛杉磯分會舉辦系列弘法活動，內容包括兩場佛法講座、電影禪及義工培訓課程等，由紐約象岡道場常持法師前往帶領，系列活動共有近兩百一十人次參加。

在12日上午的「福慧雙修擺渡人」講座上，常持法師首先說明聖嚴師父對於中華禪法鼓宗的傳承以及弘揚漢傳佛教的使命，勉勵信眾以感恩、慈悲的心，學做觀世音菩薩，在義工的工作中，成就自己，利益他人；下午帶領義工培訓課程，進行分組演練，有近四十人參加。

13日下午進行第二場講座，主題為「此刻，幸福的滋味」，法師對「無常」的觀念做了詳細地解釋，指出「究竟」的幸福與快樂，是「活在當下」，以放鬆與放下身心的方式來安定身心，就能在逆境與壓力下，自心清明自在。晚上舉辦「電影禪」，賞析影片《不能沒有你》片中的佛法意涵。

除了佛法講座與義工培訓課程，洛杉磯分會並於11日舉辦念佛法器培訓及念佛禪，由常持法師帶領，有近四十人參加。分會希望系列活動，提昇信眾學佛信心，為漢傳佛法的推廣而努力。

● 12.15～20

常持法師前往舊金山弘化關懷
主要進行講座、禪一等

12月15至20日，美國紐約象岡道場常持法師至美國護法會加州舊金山分會弘法關懷，進行三場弘法活動，包括舉辦佛法講座與電影之夜，帶領禪一等，共

有一百多人次參加。

18日第一場活動為「電影之夜」，觀賞影片《送行者：禮儀師的樂章》後，以「生離死別」為議題進行討論。常持法師藉由聖嚴師父圓寂後採取「植存」的方式，來說明佛法認為身後事是佛事，如何讓身後事成為冥陽兩利、生死相安的莊嚴佛事，是值得深思的課題。

19日下午的「轉角，遇見幸福」佛法講座，常持法師以「等在生命轉角的是什麼？我們當用什麼心念面對？」等提問開場，述說賦予色身生命的母親，以身教教導「布施者當以感恩心布施」，也開啟自己學佛的初發心；而賦予法身慧命的聖嚴師父，同樣以身教應機教化，是法師修行路上的當頭棒喝、晨鐘暮鼓。這場演講，舊金山分會首次以網路視訊方式，讓世界各地信眾連線聆聽法師的分享。

20日舉辦精進禪一，常持法師上午引導學員體驗放鬆及七支坐法，下午帶領法鼓八式動禪、戶外經行，有近二十人參加。心得分享時，學員們對法師以系統性的教學方式介紹放鬆及鍊心方法，表示十分受用，期待能與法師再結法緣。

舊金山地區學員在禪一中，向常持法師提問請益。

常持法師此行，並參與分會的例行禪坐共修，也於17日上午舉辦「佛法甘露門」，為信眾解答佛學及修行上的疑問。

● 12.28～2010.01.03

僧團出席越南善女人會議
果祥、常悟法師與各國代表分享台灣經驗

2009年12月28日至2010年1月3日，法鼓山僧團受邀出席國際佛教善女人會（Sakyadhita International）於越南首都胡志明市舉行的「第十一屆國際佛教善女人大會」（11th Sakyadhita International Conference），由僧團果祥法師、常悟法師代表參加，並於會中發表論文，分享台灣比丘尼僧團的發展與建立。

這場會議計有四十多個國家、兩千名教界女眾參與，法鼓山僧團為首次應

邀。此次會議主題是「傑出的佛教女性」，討論子題包括世界佛教女眾發展、佛教女眾領導力、歷史與現代佛教女性典範等，共有七十多人發表論文演說，並舉辦近四十場工作坊。

會議中，漢傳、南傳及藏傳的尼眾，陳述各地發展的歷程及現況。而法鼓山以弘傳漢傳佛教為使命，出席代表常悟法師於12月29日發表了〈台灣比丘尼的發展與擔當〉一文，介紹近五十年來，台灣比丘尼僧團的發展與建立，享有平等受教育及領執的機會，並在社會中盡心奉獻，得到大眾的認同與尊重；果祥法師則於2010年1月2日發表〈台灣比丘尼與天主教修女的友誼〉，說明四十年來台灣比丘尼與天主教修女在台、美兩地的跨宗教交流、互敬互助，發展出真誠的友誼與道情。

「國際佛教善女人會」成立於1987年，為一國際性佛教尼眾組織，每兩年舉行一次會議，致力於提昇佛教女眾地位與發展，目前有近兩千名會員。

果祥法師（前排右二）於「第十一屆國際佛教善女人大會」中，說明台灣比丘尼與天主教修女跨宗教交流的友誼與道情。

國際佛教善女人大會

佛教尼眾共聚一堂 落實關懷

特別報導

2009年12月28日至2010年1月3日，法鼓山僧團首度應邀參與在越南首都胡志明市舉行的「第十一屆國際佛教善女人大會」，由果祥法師、常悟法師代表出席，與來自世界四十七個國家、兩千多位會眾交流。

這次大會的主題是「傑出的佛教女性」，各論壇的子題有：世界佛教女眾發展、女眾領導力、歷代佛教女性典範、女眾撰寫佛教歷史與傳記、入世佛教和多元化的成佛之道，會中共發表了七十多篇論文，舉辦近四十場的工作坊。每日議程安排配合著寺院的生活作息，從早晨的靜坐開始，接著進行演講、分組討論、工作坊，傍晚時分則有梵唄，晚餐後接著民俗舞劇表演和佛法開示。

法鼓山首度參與交流

成立於1987年的國際佛教善女人大會，由美國的慧空法師（Karma Lekshe Tsomo）、德國猶太裔艾雅‧凱瑪比丘尼（Ayya Kema），以及泰國法喜比丘尼（Bhikkhuni Dhammananda）發起。其宗旨是建立國際佛教聯繫網路，促進不同傳統和不同地域間的交流，倡導佛教女眾成為佛法導師，致力於建立藏傳與南傳比丘尼制度。二十多年來，每兩年召開一次的大會，已分別在印度、泰國、斯里蘭卡、柬埔寨、尼泊爾、台灣、韓國、馬來西亞、蒙古等國家舉辦。2009年底於越南舉行，法鼓山的尼眾也首度應邀參加。

代表法鼓山出席的果祥法師，在「多元化的成佛之道」論壇中，發表〈台灣比丘尼與天主教修女的友誼〉一文，說明多年來，台灣比丘尼與天主教修女在台、美兩地的跨宗教交流與互動道情。常悟法師也在「佛教女性領導力」論壇中，發表〈台灣比丘尼的發展與擔當〉，並以法鼓山僧團為例，說明尼眾享有平等受教育及領執的機會，在僧團及社會中服務奉獻，得到大眾的認同與尊重，藉以闡述真正的領導能力，是來自於領導者所展現的慈悲心和智慧行。

會議中南傳、藏傳的尼眾們，陳述各地發展的歷程及現況，包括西方比丘尼慧空法師、丹津‧葩默（Tenzin Palmo）法師說明在喜馬拉雅山區藏族及孟加拉生活困頓、蔑視女性的環境中，建立尼眾寺院、開辦尼眾教育的經歷。與會一位藏傳西方比丘尼並讚歎台灣尼眾教育的發展，領先各地約五、六十年。

　　而舉辦此次會議的越南佛教界，在經歷了近一世紀的磨難，於五十多年前雖恢復了尼僧團與尼眾佛學院，直至此次大會的舉辦，才正式設立了尼眾僧事部，確定尼僧獨立運作的主權和平等地位。越南國家主席阮明哲（Nguyen Minh Triet）對大會的賀信中，也肯定越南佛教女眾和世界上的女眾共同為防禦衝突、消減貧窮、發揚佛教教義做出積極的貢獻。

以漢傳禪佛教促進世界佛教發展

　　歷年的國際佛教善女人大會，都是在亞洲地區舉行，原因是全球百分之九十五的女性佛教徒都在亞洲，而諸如物資貧乏、生活困苦、教育低落，以及兩性不平等的問題，亞洲也較歐、美地區嚴重；另一方面，要建立南傳及藏傳比丘尼傳戒制度，也須回溯到亞洲地區，尋求根本解決之道。

　　相較於南傳與藏傳佛教，漢傳佛教，尤其是台灣的漢傳佛教，男、女二眾彼此平等尊重，為弘法利生各自發揮最大的積極性和功能。誠如聖嚴師父指示，漢傳佛教是包容、適應所有一切的文化，現今多元文化的世界，正是漢傳佛教可以發揮的時機。

善女人大會開幕式中，各國代表以五種語言唱誦《心經》。

　　交流與分享，是法鼓山落實關懷的具體作法之一。秉持聖嚴師父遺教，以漢傳禪佛教立場，和世界佛教、各種文化接軌，增進國際間的宗教交流，並促進佛教發展與世界和平。這不僅是參與此次會議的目的，也是法鼓山落實人間淨土的深切期許。

大事記

1月 JANUARY

01.01

◆《人生》雜誌第305期出刊。

◆《法鼓》雜誌第229期出刊。

◆法鼓文化出版新書：聖嚴書院系列《聖嚴法師教話頭禪》（聖嚴師父著）；人間淨土系列《放下的幸福──聖嚴法師的四十七則情緒管理智慧》（聖嚴師父著）。

◆《金山有情》季刊第27期出刊。

◆台北中山精舍每週四晚上舉辦念佛共修。

◆1至2日，桃園齋明寺舉辦佛二暨八關戒齋法會，由監院果啟法師帶領，有近三百人參加。

◆桃園齋明寺每週四晚上舉辦念佛共修，每月第二週週四另增辦菩薩戒誦戒會。

◆美國紐約東初禪寺每週四晚上開辦太極拳班。

◆美國紐約象岡道場每週四、日舉辦禪坐共修，由常聞法師帶領。

◆新加坡護法會每月第一週週四晚上舉辦〈大悲咒〉持咒共修，有近五十人參加。

01.02

◆基隆精舍每週五晚上舉辦禪坐共修。

◆台中分院每週五上午舉辦念佛共修，下午及晚上分別舉辦供花藝術班。

◆高雄紫雲寺每週五上午及晚上分別舉辦念佛共修，第三週週五晚上另外增辦菩薩戒誦戒會。

◆2至3日，法鼓山慈基會與中國大陸四川省安縣縣政府於該縣秀水高中，共同舉辦第二梯次「心理重建與生命教育」交流座談會，包括僧團副住持果品法師、四川省宗教局局長王增建、安縣副縣長劉勝軍等皆到場關懷，座談會由台北大學社工學系副教授楊蓓主持，當地有近一百二十位醫療衛生人員參加。

◆加拿大溫哥華道場每月第一週週五上午舉辦菩薩戒誦戒會。

◆加拿大溫哥華道場每月隔週週五晚上舉辦少年生活營，藉由輕鬆的活動與學員分享佛法觀念及禪修方法，共有十多人參加。

◆加拿大溫哥華道場每月第一、三週週五晚上舉辦法青讀書會，閱讀聖嚴師父著作。

◆美國護法會加州舊金山分會每週五晚上舉辦合唱團練唱共修。

◆加拿大護法會安大略省分會（以下簡稱安省分會）每月第一週週五晚上舉辦粵語學佛讀書會，研讀《心經》。

01.03

◆法鼓山世界佛教教育園區（以下簡稱法鼓山園區）每月第一、二、三、五週週六晚上舉辦念佛共修。

◆北投農禪寺每週六晚上舉辦念佛共修。

◆台北安和分院每週六上午舉辦兒童作文班,下午舉辦佛畫班、兒童讀經班。

◆3至24日,台北中山精舍每週六晚上舉辦初級禪訓班,約有二十人參加。

◆桃園齋明寺每週六、日下午舉辦禪坐共修。

◆桃園齋明寺每週六晚上舉辦合唱團練唱共修。

◆台中分院每週六上午舉辦寶山讀書會,晚上舉辦念佛共修。

◆高雄三民精舍每月第一、三、四、五週週六晚上舉辦念佛共修。

◆台東信行寺每週六上午舉辦親子圍棋班,下午分別舉辦寧靜心鼓兒童班、寧靜心鼓成人班鼓藝練習共修。

◆國際禪坐會每週六下午於護法會劍潭共修處舉辦禪坐共修。

◆慈基會延續2008年12月13日展開的「97年度法鼓山歲末大關懷」活動,3至13日於南投德華寺舉行,由義工將關懷物資送到關懷戶家中,並進行慰訪,共關懷一百八十戶家庭。

◆護法總會及各地分院聯合舉辦「心安平安·2008年歲末關懷感恩分享會」,下午於法鼓山園區、北投農禪寺、桃園齋明寺、台中分院、台南分院、高雄紫雲寺、台東信行寺等七個地點同時展開,聖嚴師父、方丈和尚果東法師與護法總會總會長陳嘉男出席農禪寺主現場,透過視訊連線對全台參與信眾表達關懷與祝福,共有五千多位勸募會員、義工及專職參加。

◆美國紐約東初禪寺每週六上午舉辦禪坐共修。

◆加拿大溫哥華道場每月一、三週週六晚上舉辦「相約在法青」活動,藉由輕鬆的團康活動與學員分享佛法觀念及禪修方法,共有十多人參加。

◆加拿大溫哥華道場每月第一、三週週六晚上於本拿比(Burnaby)地區舉辦佛法指引讀書會,閱讀聖嚴師父著作,共有二十多人參加。

◆美國護法會伊利諾州芝加哥分會每月第一、三週週六舉辦念佛共修。

◆美國護法會加州舊金山分會每週六中午舉辦瑜伽共修。

◆美國護法會佛州奧蘭多聯絡處每月第一週週六上午舉辦禪坐共修。

◆加拿大護法會安省分會每月第一週週六舉辦禪一。

◆新加坡護法會每週六下午舉辦讀書會、法器練習共修。

◆香港護法會每週六下午舉辦禪坐共修。

◆泰國護法會每週六下午舉辦念佛共修。

01.04

◆北投農禪寺每週日下午舉辦禪坐共修,晚上舉辦合唱團練唱共修。

◆台北安和分院每月第一或第二週週日上午舉辦地藏法會。

◆台北安和分院於法鼓山園區舉辦戶外禪,共有八十人參加。

◆基隆精舍每週日下午舉辦假日茶禪。

◆桃園齋明寺每週日上午舉辦齋明鼓隊鼓藝練習共修;下午舉辦創意草月流花卉禪坊活動。

◆台中分院於三義DIY心靈環保教育中心舉辦禪一,由果雲法師帶領,共有一百一十二人參加。

◆台南分院每週日晚上舉辦合唱團練唱共修。

◆由高雄縣鳥松鄉主辦、高雄紫雲寺規畫承辦的「人行廣場禪公園」啟用典禮，下午於現址展開，方丈和尚果東法師、紫雲寺監院果耀法師、高雄縣縣長楊秋興、鳥松鄉鄉長張美瑤、護法總會總會長陳嘉男等共同剪綵，有近一千人參加。

◆台東信行寺每週日上午舉辦禪坐共修。

◆金山法鼓山社會大學（以下簡稱法鼓山社大）於法鼓山園區舉辦戶外禪，由僧團常誠法師帶領，共有十多人參加。

◆慈基會舉辦「97年度法鼓山歲末大關懷」活動，4日分別於高雄紫雲寺、南投安心服務站（以下簡稱安心站）進行關懷，各關懷一百戶、一百一十六戶家庭。

◆信眾教育院上午於高雄紫雲寺舉辦聖嚴書院2008年度聯合結業典禮，方丈和尚果東法師親臨祝福與開示，共有四百七十五人參加。

◆美國紐約東初禪寺每月第一、三、四、五週週日下午舉辦觀音法會，最後一週週日並增辦菩薩戒誦戒會。

◆美國紐約東初禪寺舉辦週日講座，邀請心理學博士林晉城（Peter Lin）主講「助人的藝術」（The Art of Helping），共有四十人參加。

◆加拿大溫哥華道場每週日上午、週三晚上舉辦禪坐共修。

◆美國護法會新澤西州分會每週日早上舉辦禪坐共修。

◆美國護法會新澤西州分會每月第一週週日下午舉辦讀書會，研讀《六祖壇經》。

◆美國護法會加州洛杉磯分會每月第一週週日上午舉辦大悲懺法會。

◆美國護法會加州舊金山分會每週日下午舉辦法鼓八式動禪及禪坐共修。

◆美國護法會華盛頓州西雅圖分會每月第一週週日上午舉辦大悲懺法會。

◆新加坡護法會每週日上午、週三晚上舉辦禪坐共修。

◆新加坡護法會每月第一、三週週日下午舉辦菩薩戒誦戒會，有近三十人參加。

◆馬來西亞護法會下午舉辦中英文禪修指引課程，共有十多人參加。

◆馬來西亞護法會上午舉辦感恩義工關懷聯誼會，內容包括觀看聖嚴師父的開示影片、分享法鼓山的義工精神等，共有三十多人參加。

◆馬來西亞護法會舉辦「從心看電影」活動，觀看影片《哥哥您好》，共有二十人參加。

◆香港護法會每週日晚上舉辦法青鼓藝練習共修。

01.05

◆台北安和分院每週一下午舉辦中華花藝班。

◆台北中山精舍下午舉辦禪修指引課程，共有四十八人參加。

◆台北中山精舍每週一晚上舉辦中華花藝班。

◆桃園齋明寺每週一上午舉辦齋明鼓隊成人班鼓藝練習共修。

◆1月5日至6月29日，桃園齋明寺每週一晚上舉辦法器練習共修。

◆台中分院每週一上午、晚上舉辦禪坐共修。

◆南投德華寺每週一上午舉辦書法班。

◆高雄三民精舍每週一晚上舉辦合唱團練唱共修。

◆台東信行寺每週一晚上舉辦讀書會。

◆1月5日至2月1日，台東信行寺每日下午舉辦《藥師經》持誦共修。

◆美國紐約東初禪寺每週一晚上舉辦念佛共修。

◆加拿大溫哥華道場每週一晚上於溫哥華市舉辦佛法指引讀書會,閱讀聖嚴師父著作,有近二十人參加。
◆馬來西亞護法會每週一晚上舉辦合唱團練唱共修。
◆香港護法會每週一晚上舉辦合唱團練唱共修。
◆泰國護法會每週一晚上舉辦禪坐共修。

01.06

◆北投農禪寺每週二上午舉辦心靈環保讀書會,研讀聖嚴師父著作《覺情書》。
◆台北安和分院每週二晚上舉辦念佛共修,每月最後一週週二增辦菩薩戒誦戒會。
◆台北中山精舍每週二早上舉辦小原流花藝班。
◆基隆精舍每週二下午舉辦書法鈔經班、晚上舉辦念佛共修。
◆台中分院每週二下午舉辦壓克力彩繪班。
◆南投德華寺每週二晚上舉辦禪坐共修。
◆台南安平精舍每週二晚上舉辦禪坐共修、筆禪書法寫經班。
◆高雄紫雲寺每週二上午、每週日晚上舉辦瑜伽禪坐班。
◆高雄紫雲寺每週二晚上舉辦禪坐共修、中國結禪藝班。
◆高雄三民精舍每週二晚上舉辦中國結禪藝班。
◆6至8日,傳燈院應雲門舞集之邀,於法鼓山園區禪堂舉辦禪三,由禪修中心副都監果元法師帶領,共有二十五位團員參加。
◆法緣會每月第一週週二上午於吳尊賢文教公益基金會會所舉辦讀書會,有十多人參加。
◆美國紐約東初禪寺每週二晚上舉辦英文禪坐共修。
◆美國護法會新澤西州分會每週二晚上舉辦念佛禪共修。
◆新加坡護法會每週二晚上舉辦心靈環保課程,分享法鼓山心靈環保的理念,有近二十人參加。
◆馬來西亞護法會每週二晚上、週五晚上、週日上午舉辦禪坐共修。
◆香港護法會每週二晚上舉辦法器練習共修。
◆泰國護法會每週二上午舉辦念佛共修、下午舉辦讀書會。

01.07

◆北投文化館每月農曆12日舉辦藥師法會。
◆台北安和分院每週三下午舉辦歐式花藝班。
◆基隆精舍每週三晚上舉辦合唱團練唱共修。
◆桃園縣舉辦97年公益寺廟認證評鑑活動,齋明寺榮獲「金質獎」,7日舉行頒獎典禮,由縣長朱立倫頒獎,常銘法師代表領獎。
◆台中分院每週三晚上舉辦「拈花微笑」讀書會、兒童讀經班、合唱團練唱共修。
◆南投德華寺每月第一、二、四、五週週三晚上舉辦念佛共修。
◆台南分院每週三上午舉辦念佛共修,晚上舉辦禪坐共修。
◆台南安平精舍每週三晚上舉辦念佛共修。
◆高雄紫雲寺每週三下午舉辦枯木山水園藝班、池坊花藝班,晚上舉辦筆禪書法班。

◆高雄三民精舍每週三上午舉辦國畫班，下午舉辦中華花藝班，晚上舉辦瑜伽禪坐班。

◆台東信行寺每週三晚上舉辦念佛共修，每月第四週週三晚上另外增辦菩薩戒誦戒會。

◆加拿大溫哥華道場每月第一、三週週三下午舉辦「心靈察站」心靈成長共修活動，觀看《大法鼓》或《不一樣的聲音》等聖嚴師父開示影片，共有十多人參加。

◆美國護法會新澤西州分會每週三晚上舉辦禪坐共修。

◆美國護法會加州舊金山分會每月第一、三週週三晚上舉辦「成佛之道」讀書會，研讀印順長老的著作《成佛之道》。

◆加拿大護法會安省分會每週三晚上、每週日上午舉辦禪坐共修。

◆香港護法會每週三晚上開辦太極拳班。

◆7至20日，美國紐約東初禪寺舉辦祈願大悲懺法會，祈願聖嚴師父法體安康，平均每日有四十多人參加。

01.08

◆8至17日，法鼓山海內外分院道場每日舉辦祈福法會，祈願聖嚴師父法體安康。

◆北投文化館每週四上午舉辦念佛共修。

◆台北安和分院每週四晚上舉辦禪坐共修。

◆台中分院每週四上午舉辦書法班，下午舉辦快樂讀書會。

◆台南分院每週四晚上舉辦念佛共修，每月第一週週四另外增辦菩薩戒誦戒會。

◆高雄紫雲寺每週四晚上舉辦素描班。

◆高雄三民精舍每週四早上舉辦讀書會，研讀聖嚴師父著作《牛的印跡》；晚上舉辦禪坐共修。

◆法行會晚上於台北福華大飯店舉辦第一○○次例會，由蓮花心靈工作室負責人許書訓主講「《法華經》及其殊勝功德」，共有一百零一人參加。

◆法緣會每週四下午於台北安和分院舉辦書法班，共有十五人參加。

◆加拿大溫哥華道場每週四上午舉辦合唱團練唱共修、法器練習。

◆加拿大溫哥華道場每月第一、三週週四下午於本拿比地區（Burnaby）舉辦「心靈察站」心靈成長共修活動，觀看《大法鼓》或《不一樣的聲音》等聖嚴師父開示影片，共有十多人參加。

◆美國護法會加州洛杉磯分會每週四晚上、週六上午舉辦禪坐共修。

◆新加坡護法會每週四晚上舉辦持誦《阿彌陀經》及念佛共修。

◆馬來西亞護法會每週四晚上舉辦念佛共修。

01.09

◆北投農禪寺下午及晚上各舉辦一場大悲懺法會，共有近九百人參加。

◆9至15日，桃園齋明寺每日晚上舉辦大悲懺法會，由監院果啟法師帶領，有近八十人參加。

◆台南安平精舍每週五晚上舉辦兒童作文讀經班。

◆高雄三民精舍每週五上午舉辦筆禪書法班、瑜伽禪坐班。

◆法鼓山園區禪堂應台北縣政府社會局之邀，舉辦禪一，由禪修中心副都監果元法師帶

領，共有十九位社會局員工參加。

◆9至23日，法鼓大學籌備處藝術學院與台北藝術大學傳統藝術研究中心共同規畫「2009『發現印度』佛教石窟藝術行旅」，由台北藝術大學美術史研究所教授林保堯領隊，主要參訪包括象島石窟（Elephanta Caves）、威爾斯王子博物館（Prince of Wales Museum）、可內里石窟（Kanheri Caves）等多處石窟及博物館，共有二十人參加。

◆加拿大溫哥華道場每月第二、三、四、五週週五上午舉辦念佛共修。

◆美國護法會伊利諾州芝加哥分會每月第二、四週週五舉辦禪坐共修。

◆加拿大護法會安省分會每週五上午舉辦法器練習共修。

◆馬來西亞護法會每週五晚上舉辦英文禪坐共修。

◆香港護法會每週五晚上舉辦念佛共修。

◆9、13、16、23日晚上，香港護法會於舉辦觀音祈福法會。

01.10

◆法鼓山園區每月第二週週六及第四週週日，舉辦總本山景觀維護日活動，帶領義工進行環保出坡。

◆台北中山精舍每週六晚上舉辦健康素食班。

◆1月10日至7月25日期間，台中分院於寶雲別苑舉辦「每月講談」活動，引領讀者進入閱讀的智慧寶藏，10日下午邀請傳統戲劇表演工作者魏海敏分享閱讀聖嚴師父著作《歸程》的心得，有近一百二十人參加。

◆高雄三民精舍每月第二週週六晚上舉辦大悲懺法會暨菩薩戒誦戒會。

◆傳燈院上午於北投農禪寺舉辦禪修指引課程，共有二十五人參加。

◆新莊法鼓山社大與護法會新莊辦事處共同舉辦歲末敦親睦鄰活動，由義工致贈禮品予鄰近一百二十五戶家庭，表達關懷。

◆慈基會舉辦「97年度法鼓山歲末大關懷」活動，10至11日於南投東勢安心站、台中縣新社鄉衛生所及新社鄉圖書館前廣場進行關懷，共關懷九十三戶家庭。

◆念佛會每月雙週週六上午至關渡浩然敬老院，帶領老菩薩念佛共修，有近三十位義工參加。

◆加拿大溫哥華道場每週六上午舉辦「成佛之道」讀書會，每月第二週週六下午舉辦大悲懺法會。

◆10、24、31日，美國護法會加州洛杉磯分會舉辦祈願法會，祈願聖嚴師父法體安康，每場有近二十人參加。

◆馬來西亞護法會每週六晚上開辦瑜伽班。

◆馬來西亞護法會舉辦讀書會，研讀《學佛五講》有聲書，共有十多人參加。

◆馬來西亞護法會下午舉辦英文禪修指引課程，共有十多人參加。

◆香港護法會每月第二週週六下午舉辦大悲懺法會。

◆香港護法會每月第二週週六下午前往當地志蓮淨苑老人院關懷，以帶動唱、遊戲與長者互動，並分享《法句經》故事，共有十多位義工參加。

01.11

◆法鼓山於台北陽明山中山樓舉辦「第十四屆佛化聯合婚禮」，主題為「悲智雙運‧法緣和鳴」，方丈和尚果東法師代表聖嚴師父擔任祝福人，為新人授三皈依，共有六十五對新人參加。

◆法鼓山園區每月第二週週日，舉辦總本山環保清潔日活動，帶領義工進行環保出坡。

◆春節前夕，僧團法師帶領二十二位法鼓山義工拜訪法鼓山園區周邊鄰居近兩百戶人家，致贈春聯與賀卡，表達關懷祝福之意。

◆北投農禪寺舉辦禪一，共有七十六人參加。

◆桃園齋明寺每月第二週週日下午舉辦大悲懺法會。

◆11至18日，佛教學院於三義DIY心靈環保教育中心舉辦期末禪七，由研修中心主任果鏡法師帶領，共有五十多人參加。

◆念佛會每月雙週週日上午至台北市福德社區，帶領老菩薩念佛共修，有近三十位義工參加。

◆1月11、18日及3月8、15、22日，美國紐約東初禪寺週日講座舉辦「禪の系列講座」，由住持果醒法師主講，每場有近九十人參加。

◆美國護法會華盛頓州西雅圖分會每月第二週週日上午舉辦禪坐共修，晚上舉辦生活談心活動。

◆美國護法會加州省會聯絡處每月第二、四週週日下午舉辦禪坐共修。

◆新加坡護法會每月第二週週日下午舉辦大悲懺法會。

01.12

◆台北中山精舍每週一晚上舉辦禪坐共修。

◆台北中山精舍每月第二、四週週一晚上舉辦「絕妙說法」讀書會。

◆慈基會舉辦「97年度法鼓山歲末大關懷」活動，12至17日於竹山安心站舉行，由義工將關懷物資送到關懷戶家中，並進行慰訪，共關懷八十四戶家庭。

◆加拿大溫哥華道場每週一上午舉辦「學佛五講」讀書會，聆聽並研讀《學佛五講》有聲書，共有十多人參加。

01.13

◆聖嚴師父於台大醫院約見僧團法師、資深護法信眾與法鼓大學團隊，感謝大眾的護持，並勉勵僧團要「維護正法」；並進行《美好的晚年》一書口述。

◆台東信行寺每月第二、四週週二晚上舉辦法器教學共修。

◆法緣會上午於台北安和分院舉辦例會，關懷中心副都監果器法師出席關懷，有近五十人參加。

◆加拿大溫哥華道場每週二上午舉辦禪門探索讀書會，研讀聖嚴師父禪修系列著作。

◆美國耶魯大學（Yale University）森林與環境學系教授約翰‧葛林（John Grim）和瑪麗‧特克爾（Mary Evelyn Tucker），在中央大學中國文學系助理教授邱黃海陪同下，參訪佛教學院，由校長惠敏法師、副校長杜正民接待，進行交流。二位學者肯定

並認同佛教學院校舍建築落實環境保育的理念。

01.14

◆ 法鼓山製作「心安·平安」、「創造幸福」兩支公益廣告，14日起陸續在各大電子媒體播出，為社會大眾帶來新年的祝福。
◆ 北投文化館每月農曆19日舉辦觀音法會。
◆ 新莊法鼓山社大舉辦心安平安創意燈籠彩繪活動，共有二十人參加。
◆ 加拿大溫哥華道場每月第二、四週週三下午於菲沙河谷區（Fraser Valley）舉辦「心靈察站」心靈成長共修活動，觀看聖嚴師父的開示影片《大法鼓》或《不一樣的聲音》等，共有十多人參加。

01.15

◆ 聖嚴師父於台大醫院約見僧團法師、資深護法信眾與法鼓大學團隊，感謝大眾的護持，並勉勵完成法鼓大學的建校和辦學，培育推動「心靈環保」的菁英人才。
◆ 台北安和分院每月第一、三週週四晚上舉辦拼布藝術班。
◆ 基隆精舍每月第三週週四晚上舉辦菩薩戒誦戒會。

01.16

◆ 北投雲來寺舉辦歲末拜懺法會，由文化中心副都監果賢法師帶領，共有兩百位專職及專任義工參加。
◆ 1月16日至6月19日期間，法青會高雄分會舉辦五場「心靈成長會客室」活動，邀請圓桌教育學苑協談中心老師劉華厚主講。16日於高雄紫雲寺進行首場，講題是「我了解我自己嗎？」，有近二十人參加。
◆ 16至18日，美國紐約象岡道場舉辦禪三，邀請聖嚴師父西方弟子李世娟（Rebecca Li）、大衛·史烈梅克（David Slaymaker）帶領，共有十三人參加。

01.17

◆ 聖嚴師父上午前往北投農禪寺、雲來寺，向參加觀音祈福法會的信眾表達感恩，並關懷專職與義工；下午前往北投文化館，向參加藥師法會的信眾表達感恩，並至三樓祖堂、五樓大殿上香。
◆ 台南分院每月第三週週六晚上舉辦大悲懺法會。
◆ 1月17日至12月26日期間，法青會台北分會每月第三或第四週週六晚上舉辦「心光講堂」系列講座，共十一場。17日晚上於台北聯經文化天地進行首場，邀請104人力銀行公關經理方光瑋主講「心安平安大補帖──失業沒什麼大不了，心安最重要」，勉勵大眾以聖嚴師父「心安平安」的心態來面對金融風暴，共有六十八人參加。
◆ 金山法鼓山社大上午參與由金山鄉鄉公所舉辦的98年國家清潔週淨街活動，並進行關懷周邊商家，贈送春聯及平安米等，共有二十五人參加。

◆ 17至18日，慈基會於護法會潮州辦事處舉辦南區慰訪工作聯繫會議，共有十八位屏東、潮州地區慰訪員參加。

◆ 加拿大溫哥華道場舉辦新春感恩聯誼會，由監院果樞法師帶領，感恩信眾協助推廣法鼓山的理念，並護持道場建設，共有兩百五十多人參加。

◆ 17至18日，美國護法會加州洛杉磯分會參加於當地舉辦的「華人工商大展」，在會場展售法鼓文化出版品，並分送法鼓山的文宣品、結緣品及《法鼓》雜誌。

◆ 加拿大護法會安省分會每月第三週週六下午舉辦英文學佛讀書會，閱讀聖嚴師父的傳記《雪中足跡》（*Footprints in the Snow: The Autobiography of a Chinese Buddhist Monk*）英文版。

◆ 加拿大護法會安省分會晚上舉辦「快樂心靈新春慈善晚宴」，有近一百二十人參加。

◆ 香港護法會晚上舉辦大悲懺法會，有近五十人參加。

01.18

◆ 聖嚴師父於台北中正精舍約見僧團法師與資深護法信眾，感謝大眾的護持，並勉眾繼續護持法鼓山與法鼓大學的建設。

◆ 法鼓山信眾發起每人每日持誦觀世音菩薩聖號9999遍，祈願聖嚴師父法體安康，住世人間。

◆ 僧團三學院（以下簡稱三學院）義工室於法鼓山園區舉辦園區新義工工作說明會，內容包括義工經驗分享、各組工作性質介紹等，共有四十多人參加。

◆ 台北安和分院每月第三或第四週週日上午舉辦藥師法會，共有兩百五十多人參加。

◆ 台中分院每月第三週週日晚上舉辦地藏法會。

◆ 傳燈院於北投雲來寺舉辦舒活禪一，由常嶺法師帶領，共有五十七人參加。

◆ 加拿大溫哥華道場每月第四週週日舉辦禪一，由監院果樞法師帶領，共有三十多人參加。

◆ 美國護法會新澤西州分會每月第三週週日上午舉辦大悲懺法會。

◆ 美國護法會華盛頓州西雅圖分會每月第三週週日上午舉辦讀書會，研讀聖嚴師父的著作《學佛群疑》。

◆ 澳洲護法會雪梨分會每週日上午舉辦禪坐共修。

01.20

◆ 方丈和尚果東法師於北投雲來寺轉達聖嚴師父對僧團法師、全體專職與義工的關懷，並播放師父《2009新春開示》影片，全台各分院道場同步視訊連線聆聽，共有近七百人參加。

01.21

◆ 南投德華寺每月第三週週三晚上舉辦大悲懺法會。

◆ 為提昇師資陣容及教學內涵，佛教學院敦聘中央研究院（以下簡稱中研院）資訊科學研究所研究員謝清俊為該校第一位名譽教授，校長惠敏法師並於21日親贈聘書予謝清俊教授，自97學年度第二學期（2009年2月1日）起生效。

◆1月21日至2月1日，僧大學僧於法鼓山各分院及事業體系進行寒假實習，共有八十三人參加。

01.22

◆僧團中午於法鼓山園區舉辦歲末圍爐，下午於開山紀念館辭歲禮祖，共有兩百多位僧眾參加。

01.24

◆法鼓山園區每月第四週週六晚上舉辦大悲懺法會。
◆加拿大溫哥華道場舉辦慈悲三昧水懺法會，由僧團果舟法師帶領，共有九十六人參加。
◆加拿大護法會安省分會每月第四週週六下午舉辦讀書會，研讀《學佛五講》、《正信的佛教》等。
◆美國護法會加州省會聯絡處晚上舉辦新春聯誼會。

01.25

◆法鼓山園區舉辦「心安平安迎福年」新春系列活動，先於大殿舉辦感恩彌陀法會，接著於法華鐘樓舉辦「除夕聞鐘聲祈福法會」，儀式由僧團法師共同撞響一百零八下法華鐘，方丈和尚果東法師、佛教學院校長惠敏法師全程參與，總統馬英九、宏仁集團負責人王文洋、雲門舞集創辦人林懷民、作家蔣勳等來賓觀禮，共有兩千兩百多位民眾參加。
◆1月25日至10月31日，法鼓山園區第一大樓開山紀念館舉辦兩大主題展，包括「妙華開敷──聖嚴法師歷年得獎紀錄暨個人攝影作品特展」與「牧牛心旅──聖嚴法師相關文物資料展」。
◆台中分院晚上舉辦除夕彌陀普佛法會，由監院果理法師帶領，有近一百人參加。
◆美國紐約東初禪寺舉辦新春觀音法會及慶典，邀請同淨蘭若住持仁俊長老開示，有近一百六十人參加。
◆加拿大溫哥華道場上午舉辦新春淨土懺法會，由僧團果舟法師帶領，共有八十三人參加。
◆美國護法會新澤西州分會每月第四週週日上午舉辦《金剛經》持誦共修，下午舉辦菩薩戒誦戒會。
◆1月25日及2月1日，美國護法會加州洛杉磯分會舉辦大悲懺法會，祈願聖嚴師父法體安康，共有四十多人次參加。
◆美國護法會加州舊金山分會每月最後一週週日舉辦禪一。
◆美國護法會華盛頓州西雅圖分會每月第四週週日上午舉辦念佛共修。
◆加拿大護法會安省分會每月第四週週日下午舉辦讀書會，研讀《學佛五講》、《聖嚴法師108自在語》等。

01.26

◆ 1月26日至2月1日，法鼓山園區舉辦「心安平安迎福年」新春系列活動，活動自「除夕聞鐘聲祈福法會」撞響第一百零八下法華鐘展開，隨後觀看聖嚴師父新年祝福開示影片，接著進行大年初一起的新春活動，包括新春祈福法會、「禪悅吉祥」禪修體驗，及「牧牛心旅——聖嚴法師相關文物資料展」、「妙華開敷——聖嚴法師歷年得獎紀錄暨個人攝影作品特展」與十牛圖創意展等，總計新春期間共有近七萬名民眾上山參加。

◆ 26至28日，北投農禪寺舉辦新春慈悲三昧水懺法會，由僧團果建法師主法，共有五千八百多人次參加。

◆ 26至28日，北投文化館舉辦新春千佛懺法會，由監院果諦法師帶領，共有近八百人次參加。

◆ 台北安和分院上午舉辦新春普佛法會，由僧團果舫法師帶領，共有五百多人參加。

◆ 26至28日，桃園齋明寺舉辦新春慈悲三昧水懺法會，由監院果啟法師帶領，共有近一千四百人次參加。

◆ 台中分院舉辦新春普佛法會，由監院果理法師帶領，有近三百四十人參加。

◆ 南投德華寺舉辦新春普佛法會，由副寺果弘法師帶領，有近四十人參加。

◆ 台南分院下午舉辦法鼓家族新春聚會，由監院果謙法師帶領，以團康活動增進家族間的交流，強化護法、弘法的信心，共有十七個家族六十二人參加。

◆ 26至28日，高雄紫雲寺舉辦新春千佛懺法會暨園遊會，由監院果耀法師帶領，共有一千四百多人次參加。

◆ 台東信行寺上午舉辦新春普佛法會，由監院果密法師帶領，共有一百多人參加。

◆ 美國紐約東初禪寺每月最後一週週一晚上舉辦《禮佛大懺悔文》共修。

◆ 美國紐約東初禪寺舉辦新春普佛法會，由監院常華法師帶領，有近一百五十人參加。

◆ 加拿大溫哥華道場上午舉辦新春普佛法會，由監院果樞法師帶領，有近兩百三十人參加。

◆ 美國護法會加州舊金山分會舉辦新春禮佛祈福法會，有近三十人參加。

01.27

◆ 台中分院舉辦新春大悲懺法會，由監院果理法師帶領，有近一百四十人參加。

01.28

◆ 台北安和分院下午舉辦新春大悲懺法會，由僧團果舫法師帶領，共有五百二十三人參加。

◆ 台中分院舉辦新春慈悲三昧水懺法會，由監院果理法師帶領，有近三百一十人參加。

◆ 南投德華寺舉辦新春大悲懺法會，由副寺果弘法師帶領，有近四十人參加。

◆ 台東信行寺舉辦新春大悲懺法會，由監院果密法師帶領，有近六十人參加。

◆ 28、29、31日，美國紐約東初禪寺舉辦藥師法會，28至29日由住持果醒法師主法，31日由監院常華法師帶領，共有一百三十多人次參加。

◆ 香港護法會舉辦新春普佛法會，有近一百三十人參加。

01.29

◆ 1月29日至2月3日，法鼓山海內外分院道場每日舉辦藥師法會，祈願聖嚴師父法體安康。
◆ 高雄三民精舍舉辦新春普佛法會，由僧團常琨法師帶領，共有一百零一人參加。
◆ 29至30日，台東信行寺舉辦禪二，由監院果密法師帶領，共有二十八人參加。

01.30

◆ 1月30日至2月1日，台中分院於台中教育大學舉辦「兒童心靈環保體驗冬令營」，藉
由活潑的遊戲與藝術創作，帶領學童學習生活禮儀與環保，共有一百一十一人參加。
◆ 高雄三民精舍每月最後一週週五下午舉辦「溫馨讀書會」。
◆ 美國護法會加州舊金山分會每月最後一週週五晚上舉辦電影欣賞，探討影片中的佛法
意涵。

01.31

◆ 北投農禪寺舉辦佛一暨八關戒齋法會，有近六百五十人參加。
◆ 1月31日至12月26日期間，高雄紫雲寺每月最後一週週六上午舉辦「每月講談」活
動。31日邀請高苑科技大學通識中心副教授簡文敏，分享閱讀聖嚴師父著作《工作好
修行》的心得，有近六十人參加。
◆ 1月31日至2月6日，教聯會於三義DIY心靈環保教育中心舉辦「2009教師寒假禪修
營」，由禪堂板首果祺法師帶領，共有七十八人參加。
◆ 美國護法會加州舊金山分會舉辦新春大悲懺法會，共有二十五人參加。

2月 FEBRUARY

02.01

◆ 《人生》雜誌第306期出刊。
◆ 《法鼓》雜誌第230期出刊。
◆ 法鼓文化出版新書：智慧人系列《花花世界》（繼程法師著，鄧博仁攝影）；琉璃
世界系列《一缽千家飯——法鼓山攝影集》（法鼓文化編輯部著，法鼓山攝影義工
攝）；大智慧系列《如月印空——聖嚴法師默照禪講錄》（*Illuminating Silence: The
Practice of Chinese Zen*）（聖嚴師父著，薛慧儀譯）；人間淨土系列《歡喜看生死》
（聖嚴師父著）。
◆ 台北安和分院上午舉辦新春孝親報恩地藏法會，由僧團果建法師主法，共有四百八十六
人參加。
◆ 高雄紫雲寺每雙月第一週週日早上舉辦地藏法會。
◆ 法鼓佛教學院與台灣科技大學合辦人文關懷學程，由佛教學院校長惠敏法師統籌，於

97學年第二學期規畫「人文社會經典導讀與省思」、「關懷個案教學」、「心靈提昇實作」與「社會參與實作」四大課程，供台科大學生選修。

◆美國紐約東初禪寺舉辦週日講座，邀請聖嚴師父西方弟子李世娟主講「面對與處理生活中的欲望」，有近三十人參加。

◆美國紐約象岡道場舉辦新年慶祝活動，展出書法、繪畫等藝術作品，並為民眾介紹禪修的方法。

◆美國護法會華盛頓州西雅圖分會上午舉辦新春大悲懺法會，下午舉辦新春聯誼活動，共有八十多人次參加。

◆新加坡護法會下午舉辦新春聯誼會，有近五十人參加。

02.02

◆北投雲來寺舉辦新春感恩祈福法會，由文化中心副都監果賢法師帶領，共有兩百零八位專職及專任義工參加。

02.03

◆聖嚴師父因多發性肝腫瘤引發肝昏迷，於下午四點自台大醫院返回法鼓山園區途中，捨報圓寂。

◆聖嚴師父捨報圓寂，僧團弟子下午四點起於法鼓山園區開山寮進行八小時報恩念佛。

◆聖嚴師父捨報圓寂，3至15日，法鼓山海內外各地分院道場，同步展開發願報恩念佛。（各項例行共修、活動暫停）

◆法鼓山晚上於北投雲來寺舉辦「護法體系、行政體系悅眾通報會議」，由普化中心副都監果毅法師主持，僧團副住持果暉法師代表方丈和尚果東法師說明聖嚴師父圓寂訊息，並宣讀師父遺言；方丈和尚稍後抵達會議現場，說明師父示寂過程；有近三百名悅眾參加。

◆法鼓山晚上於北投農禪寺舉辦聖嚴師父圓寂媒體記者會，向社會各界說明師父捨報示寂過程，以及後續佛事；由法鼓大學董事、前政治大學校長鄭丁旺主持，方丈和尚果東法師、發言人果肇法師、護法總會總會長陳嘉男等出席。

◆三學院上午於法鼓山園區舉辦座談會，邀請追隨聖嚴師父習禪十餘年的美國內觀中心（Insight Meditation Center）禪修老師麥克・葛帝（Michael Grady）與娜拉揚・葛帝（Narayan Grady）分享與師父的因緣、佛教在美國的發展趨勢、默照與內觀修行法門的異同等，共有五十多位法師參加。

◆桃園齋明寺每週二上午舉辦養生太極拳班。

◆2月3日至3月6日，人基會與中華電信股份有限公司共同舉辦「一手握滿了暖意」手機簡訊徵文活動，徵求發送給處於生命低潮、生活困境者的關懷文字，並於3月29日在德貴學苑的人基會關懷專線啟用典禮頒獎。

◆輔仁大學董事會所屬使命小組成員詹德隆神父（Fr. Louis Gendron S.J.）與駐校董事柏殿宏神父（Fr. Frank Budenholzer）參訪佛教學院，希望汲取佛教學院的辦學經驗，以做為該校設立「宗教研修學院」的評估依據，由校長惠敏法師接待並進行交流。

02.04

- 凌晨兩點，聖嚴師父法體自法鼓山園區開山寮移靈至大殿。
- 聖嚴師父法體自法鼓山園區開山寮移靈至大殿後，4至6日，開放各界瞻禮師父法相；來自各地數萬名信眾前來瞻禮，向師父表達感恩與緬懷，並祝禱一切眾生。瞻禮者在宗教界包括有師父少年就讀靜安寺佛學院時的老師守成長老、基隆靈泉禪寺住持晴虛長老、天主教台灣區總主教洪山川，政界的副總統蕭萬長、民進黨主席蔡英文，企業界的廣達集團負責人林百里、台灣高速鐵路董事長殷琪，藝文界的雲門舞集創辦人林懷民、表演工作者李連杰、林青霞等社會人士。

02.05

- 2月5日至4月23日，美國護法會華盛頓州西雅圖分會每週四舉辦動禪、禪坐共修，並研讀討論一行禪師著作《一行禪師說佛陀故事》一書。

02.06

- 聖嚴師父法體入殮封龕儀式於法鼓山園區大殿舉行，禮請聖靈寺住持今能長老主法，包括法鼓山全體僧眾兩百多人，台灣中國佛教會理事長淨良長老、新加坡毘盧寺方丈慧雄法師等教界長老與法師，行政院大陸委員會主任委員賴幸媛、前行政院院長郝柏村、廣達集團負責人林百里、表演工作者李連杰等一千多人參加；各地分院道場同步視訊連線觀禮。
- 台北藝術大學副校長張中煖率領該校師生十餘人參訪佛教學院，由校長惠敏法師陪同參觀校舍建築、圖書資訊館等空間設施。

02.07

- 台南雲集寺上午舉辦開工灑淨儀式，由台南分院監院果謙法師帶領，共有兩百多人參加。
- 7日及22日，美國護法會加州洛杉磯分會舉辦追思聖嚴師父分享會，每場有近二十人參加。

02.08

- 聖嚴師父靈柩起龕儀式上午於法鼓山園區舉行，禮請聖靈寺住持今能長老主法；師父多位至交道友，包括晴虛長老、廣慈長老、傳印長老，留日好友三友健容教授，以及逾萬名信眾皆到場送別，各地分院道場同步視訊連線觀禮。在今能長老說法後，師父靈龕在法眷弟子護送起駕，前往苗栗獅頭山勸化堂茶毘場。
- 聖嚴師父靈龕茶毘大典下午於苗栗獅頭山勸化堂舉行，由聖靈寺住持今能長老主法，展開歷時兩小時的茶毘法會，靈龕隨後移至火化場進行茶毘。共有逾萬名信眾參加。
- 聖嚴師父法體茶毘後，8至15日，法鼓山園區每日舉辦報恩念佛禪一精進共修。（各項例行共修、活動暫停）

◆8日深夜至9日凌晨,聖嚴師父舍利函奉安儀式於法鼓山園區大殿舉行,師父的舍利函由生前三位侍者常願、常寬、常持法師護送進入大殿,共有兩百多位僧團法師參加。

02.09

◆9至16日,慈基會委請長期協助法鼓山緬甸賑災專案的華僑祖道法師,連同專職林宜融前往緬甸仰光勘查哈朗他亞第一小學(Hlaing Thary Yar SoPoS 1 State Primary School)及丹閣綜合學校(Thanlyin Pyin Thaung Village State Middle School)重建進度,並支付工程款。

02.13

◆13至15日,法鼓大學籌備處、覺風佛教藝術文化基金會及艋舺龍山寺於龍山寺板橋文化廣場共同主辦「2009亞洲佛教藝術研習營——經典與圖像」,邀請覺風佛教藝術基金會董事長寬謙法師、台北藝術大學教授林保堯、文化大學史學系教授陳清香等佛教藝術學者,分別針對「印度桑奇佛塔」、「淨土經典」、《地藏經》等主題進行專題演講,法鼓大學籌備處校長劉安之並於開幕式致詞,共有兩百三十位學員參加。

02.14

◆佛教學院上午於法鼓山園區舉辦「第三屆考生輔導說明會」,有近一百位學子參加。

02.15

◆聖嚴師父追思法會暨植存儀式下午於法鼓山園區大殿及台北縣立金山環保生命園區舉行。追思法會禮請聖靈寺住持今能長老、寬裕長老、廣慈長老主法,為師父靈骨說偈;總統馬英九亦到場參加,頒發褒揚令予師父,由方丈和尚果東法師代表接受;各地分院道場同步視訊連線觀禮,共有三萬多人參加。

◆聖嚴師父追思法會暨植存儀式下午於法鼓山園區大殿及台北縣立金山環保生命園區舉行。追思法會圓滿後,聖嚴師父靈骨由方丈和尚果東法師、總統馬英九、護法總會總會長陳嘉男等五組法眷及社會大眾代表,依序植存於生命園區的五個洞穴中;隨後,三萬多名民眾沿著曹源溪畔的溪濱朝山步道、生命園區步道,繞行生命園區一周,向師父表達追思與緬懷。

◆佛教學院推廣教育中心98年度第一期開課,共有十一門課分別於慧日講堂、愛群教室進行。

◆2月15日至6月28日,法青會每週日下午於台北市大佳國小舉辦鼓隊鼓藝練習,邀請國立體育大學副教授黃雲龍帶領。

02.16

◆2月16日至6月29日晚上,台北安和分院每週一晚上舉辦「生死學」(下)佛學講座,

由法鼓大學籌備處助理教授辜琮瑜主講，共有八十多人參加。

◆2月16日至5月6日，桃園齋明寺晚上舉辦《地藏經》持誦共修，由監院果啟法師帶領，共有八十多人參加。

◆2月16日至6月15日，信眾教育院每週一上午於台北安和分院開辦「聖嚴書院初階三下──探索識界」佛學課程，由講師溫天河主講，共有三十多人參加。

◆2月16日至6月15日，信眾教育院每週一下午於台北中山精舍開辦「聖嚴書院初階二下──心的經典」佛學課程，由講師陳標主講，有近四十人參加。

◆2月16日至6月15日，信眾教育院每週一晚上於北投農禪寺開辦「聖嚴書院精讀一上──五講精讀（一）」佛學課程，由講師林立主講，有近五十人參加。

◆2月16日至6月15日，信眾教育院每週一晚上於北投農禪寺開辦「聖嚴書院精讀二上──五講精讀（二）」佛學課程，由講師溫天河主講，有近三十人參加。

◆2月16日至6月15日，信眾教育院每週一晚上於台南分院開辦「聖嚴書院精讀一下──五講精讀（一）」佛學課程，由講師林其賢主講，共有三十多人參加。

◆2月16日至6月15日，信眾教育院每週一晚上於高雄紫雲寺開辦「聖嚴書院初階二上──學佛五講」佛學課程，由講師郭惠芯主講，有近五十人參加。

◆2月16日至6月22日，信眾教育院每週一晚上於護法會淡水辦事處開辦佛學課程，講解聖嚴師父著作《七覺支講記》，由講師悟常法師主講，共有三十多人參加。

◆2月16日至5月27日，信眾教育院每週一晚上於護法會花蓮辦事處開辦「四聖諦至八正道講記」佛學課程，由講師周柔含主講，有近六十人參加。

◆中國大陸中國佛教協會副會長學誠法師、祕書賢杰法師，以及該會會刊《法音》雜誌主編盧潯一行三人，參訪佛教學院及僧大，方丈和尚果東法師、僧團副住持果品法師出席接待，並由中華佛研所所長兼佛教學院研修中心主任果鏡法師介紹學校現況。

02.17

◆17至18日，僧團於法鼓山園區舉辦「願願相續・僧心相會」僧活營，由方丈和尚果東法師帶領，活動透過分享與討論，凝聚對聖嚴師父的感恩與緬懷的願心，並提出未來永續經營法鼓山具體執行的建議與方案，共有兩百四十多位全球各地分院道場法師、僧伽大學師生等僧眾參加。

◆2月17日至6月16日，信眾教育院每週二上午於台北安和分院開辦「聖嚴書院初階二下──探索識界」佛學課程，由講師戴良義主講，共有五十多人參加。

◆2月17日至6月30日，信眾教育院每週二下午於台北安和分院開辦佛學課程，講解聖嚴師父著作《48個願望──無量壽經講記》，由講師悟常法師主講，共有七十多人參加。

◆2月17日至6月16日，信眾教育院每週二下午於台北中山精舍開辦「聖嚴書院精讀三上──五講精讀（三）」佛學課程，由講師戴良義主講，共有二十多人參加。

◆2月17日至6月16日，信眾教育院每週二晚上於北投農禪寺開辦「聖嚴書院初階三下──心的經典」佛學課程，由講師果建法師主講，有近八十人參加。

◆2月17日至6月16日，信眾教育院每週二晚上於台北中山精舍開辦「聖嚴書院初階三上──菩薩戒及漢傳佛教」佛學課程，由講師果悅法師主講，有近三十人參加。

◆2月17日至6月16日，信眾教育院每週二晚上於台中分院開辦「聖嚴書院精讀三下──

五講精讀（三）」佛學課程，由講師林其賢主講，有近三十人參加。

◆2月17日至6月16日，信眾教育院每週二晚上於高雄三民精舍開辦「聖嚴書院初階二上──學佛五講」佛學課程，由講師常覺法師主講，共有五十多人參加。

◆2月17日至3月31日，法鼓文化心靈網路書店舉辦「大悲心起・願願相續──聖嚴法師著作展」，將聖嚴師父思想精華及重要著作，分為「禪法」、「生活佛法」、「經典詮釋」、「佛法基礎」、「學術研究」、「戒律學」等六大類，邀請讀者閱讀師父的智慧寶藏，共同發願耕耘心田。

◆佛教學院舉辦97學年度第二學期「創辦人時間」，由董事長法鼓山方丈和尚果東法師以「大悲心起，願願相續──聖嚴師父之最後歸程與遺願」為題開示。此後每學期一次的「創辦人時間」，將改為每學期一次的「董事長時間」，由佛教學院的董事長，亦是法鼓山方丈和尚開示，關懷師生。

02.18

◆為感謝社會各界人士以及海內外僧俗四眾，在聖嚴師父圓寂佛事期間的護持與參與，方丈和尚果東法師自2月18日起展開感恩拜會行程，拜會對象包括今能長老、佛光山開山宗長星雲法師、靈鷲山住持心道法師，以及雲門舞集創辦人林懷民等，並邀請各界共同來落實師父的悲願，使法鼓山繼續為台灣、為世界奉獻力量。

◆2月18日至6月17日，信眾教育院每週三上午於台北安和分院開辦「聖嚴書院初階三上──菩薩戒及漢傳佛教」佛學課程，由講師果興法師主講，共有四十多人參加。

◆2月18日至6月17日，信眾教育院每週三上午於台中分院開辦「聖嚴書院初階一下──行門簡介」（台中甲班）佛學課程，由講師郭惠芯主講，有近一百四十人參加。

◆2月18日至6月17日，信眾教育院每週三上午於高雄三民精舍開辦「聖嚴書院初階三上──菩薩戒及漢傳佛教」佛學課程，由講師張瓊夫主講，共有六十多人參加。

◆2月18日至6月17日，信眾教育院每週三晚上於北投農禪寺開辦「聖嚴書院初階二下──牛的印跡」佛學課程，由講師果毅法師主講，有近八十人參加。

◆2月18日至7月1日，信眾教育院每週三晚上於台北安和分院開辦「地藏菩薩的大願法門」佛學課程，由講師宗譓法師主講，有近五十人參加。

◆2月18日至6月17日，信眾教育院每週三晚上於台北中山精舍開辦「聖嚴書院專題一上──專題研讀（一）」佛學課程，由講師溫天河主講，有近三十人參加。

◆2月18日至6月17日，信眾教育院每週三晚上於台中分院開辦「聖嚴書院初階一下──行門簡介」（台中乙班）佛學課程，由講師郭惠芯主講，有近一百四十人參加。

◆2月18日至6月17日，信眾教育院每週三晚上於高雄紫雲寺開辦「聖嚴書院初階三上──菩薩戒及漢傳佛教」佛學課程，由講師張瓊夫主講，有近六十人參加。

◆2月18日至6月17日，信眾教育院每週三晚上於金山法鼓山社大開辦「聖嚴書院初階一下──行門簡介」佛學課程，由講師果會法師主講，有近八十人參加。

◆2月18日至5月27日，信眾教育院每週三晚上於護法會高雄南區辦事處開辦「佛教入門」佛學課程，由講師果耀法師主講，有近三十人參加。

02.19

◆19至20日，三學院於法鼓山園區舉辦國際禪修師資培訓營，培養國際禪修的師資，由禪修中心副都監果元法師帶領，共有十八位法師參加。

◆2月19日至5月7日，北投農禪寺每週四晚上舉辦惜福拼布班，共有十多人參加。

◆2月19日至6月18日，信眾教育院每週四上午於護法會潮州辦事處開辦「聖嚴書院初階三上──菩薩戒及漢傳佛教」佛學課程，由講師果謙法師主講，有近四十人參加。

◆2月19日至6月18日，信眾教育院每週四晚上於北投農禪寺開辦「聖嚴書院初階一下──行門簡介」佛學課程，由講師胡國富主講，有近八十人參加。

◆2月19日至6月18日，信眾教育院每週四晚上於台中分院開辦「聖嚴書院初階二下──探索識界」佛學課程，由講師果理法師主講，有近一百四十人參加。

◆2月19日至6月18日，信眾教育院每週四晚上於高雄紫雲寺開辦「聖嚴書院精讀一上──五講精讀（一）」佛學課程，由講師林其賢主講，共有五十多人參加。

◆2月19日至6月18日，信眾教育院每週四晚上於護法會新莊辦事處開辦「聖嚴書院初階一下──行門簡介」佛學課程，由講師常諦法師主講，共有七十多人參加。

◆2月19日至6月18日，信眾教育院每週四晚上於護法會宜蘭辦事處開辦「聖嚴書院初階一下──行門簡介」佛學課程，由講師陳紹韻主講，有近七十人參加。

◆2月19日至5月28日，信眾教育院每週四晚上於護法會中壢辦事處開辦講解《普賢菩薩行願讚》佛學課程，由講師性禾法師主講，共有五十多人參加。

◆2月19日至5月14日，信眾教育院每週四晚上於護法會大同辦事處開辦佛學課程，講解聖嚴師父著作《聖嚴法師教觀音法門》，由講師悟常法師主講，有近五十人參加。

◆19至21日，僧大於法鼓山園區禪堂舉辦禪三，由僧團果稱法師帶領，有近八十人參加。

02.20

◆台北安和分院每月第二或第三週週五下午及晚上分別舉行一場大悲懺法會。

◆20至22日，傳燈院於三義DIY心靈環保教育中心舉辦初級禪訓班二日營，由監院常遠法師帶領，共有一百一十四人參加。

◆2月20日至6月19日，信眾教育院每週五晚上於台北安和分院開辦「佛教入門」佛學課程，由講師戴良義主講，共有九十多人參加。

◆2月20日至6月19日，信眾教育院每週五晚上於台北中山精舍開辦「聖嚴書院初階三下──心的經典」佛學課程，由講師果建法師主講，有近三十人參加。

◆2月20日至6月19日，信眾教育院每週五晚上於護法會海山辦事處開辦「聖嚴書院初階一下──行門簡介」佛學課程，由講師果會法師主講，有近七十人參加。

◆2月20日至6月19日，信眾教育院每週五晚上於護法會內湖辦事處開辦講解《金剛經》佛學課程，由講師謝水庸主講，有近六十人參加。

◆2月20日至5月29日，信眾教育院每週五晚上於護法會桃園辦事處開辦講解《金剛經》佛學課程，由講師常參法師主講，共有八十多人參加。

◆2月20日至5月29日，信眾教育院每週五晚上於護法會中永和辦事處開辦講解《觀世音菩薩普門品》佛學課程，由講師宗譓法師主講，共有七十多人參加。

◆2月20日至5月28日，信眾教育院每週五晚上於護法會文山辦事處開辦佛學課程，講解

聖嚴師父著作《聖嚴法師教觀音法門》，由講師果樸法師主講，共有五十多人參加。

02.21

- 2月21日及3月7、14、19日，僧團弘化院參學室於台北市愛群大樓七樓佛教學院推廣教育中心，舉辦法鼓山園區英文導覽員培訓課程，由僧大英文老師方怡蓉授課，3月28日並於園區實地演練，共有十多人參加。
- 2月21日至5月9日，北投農禪寺每週六上午分別舉辦太極拳進階班、佛畫班、鈔經班，有近五十人參加。
- 2月21日至3月14日，北投農禪寺每週六下午舉辦初級禪訓班，共有四十五人參加。
- 桃園齋明寺每週六上午舉辦親子讀經菩提班，共有三十人參加。
- 2月21日至6月20日，信眾教育院每週六下午於台中分院開辦「聖嚴書院初階二下──自家寶藏」佛學課程，由講師果雲法師主講，有近一百四十人參加。
- 2月21日至6月20日，信眾教育院每週六下午於高雄紫雲寺開辦「聖嚴書院精讀二上──五講精讀（二）」佛學課程，由講師林其賢主講，有近二十人參加。
- 2月21日至6月20日，信眾教育院每週六下午於高雄紫雲寺開辦「聖嚴書院專題三上──專題研讀（三）」佛學課程，由講師果建法師主講，共有三十多人參加。
- 2月21、28日，3月14、21、28日，美國護法會加州洛杉磯分會舉辦初級禪訓班，有近二十人參加。

02.22

- 北投農禪寺每月第四週週日上午舉辦地藏法會。
- 台北安和分院上午舉辦藥師法會，有近兩百五十人參加。
- 桃園齋明寺每月第四週週日下午舉辦地藏法會。
- 台中分院每月第四週週日下午舉辦大悲懺法會暨菩薩戒誦戒會。
- 高雄紫雲寺每週日晚上舉辦攝影基礎研習班。
- 美國紐約東初禪寺舉辦週日講座，邀請聖嚴師父西方弟子大衛・史烈梅克（David Slaymaker）主講「六波羅蜜和菩薩道」，有近五十人參加。
- 加拿大溫哥華道場每月第四週週日上午舉辦禪一。
- 美國護法會新澤西州分會舉辦生活佛法講座，邀請紐約大學（New York University）物理治療學系系主任凌汶主講「從四它看憂鬱症」，有近三十人參加。
- 新加坡護法會每雙月最後一週週日舉辦一日禪，有近四十人參加。
- 22至24日，僧團常慧法師至馬來西亞護法會弘法關懷，活動包括舉辦講座、帶領禪修等。22日晚上舉辦「環保自然葬」講座，講座中並播放聖嚴師父針對馬來西亞佛教發展的開示錄影，共有一百多人參加。
- 馬來西亞護法會舉辦讀書會，研讀《學佛五講》有聲書，共有十多人參加。

02.23

- 傳燈院於台北中山精舍舉辦禪修指引課程，由常源法師、常願法師帶領，共有五十二

人參加。

◆23至27日,佛教學院受邀參加由行政院國家科學發展委員會、全球研究圖書館
（Global Research Library 2020）、博物館電腦網路協會台灣分會（Museum Computer
Network, Taiwan Chapter）,共同於中央研究院人文社會科學館舉辦的「2009年數位
典藏與數位學習國際會議」（TELDAP International Conference 2009）,校長惠敏法
師、副校長杜正民、圖資館館長馬德偉（Marcus Bingenheimer）等代表參與,並發表
多篇論文。

◆香港護法會每星期一上午舉辦「認識情緒工作坊」,透過座談會形式,探討情緒的形
成及對治方法,由悅眾蔣肖雲帶領,共有二十多人參加。

02.24

◆僧團常慧法師至馬來西亞護法會弘法關懷期間,24日於護法會帶領禪坐共修,有近
五十人參加。

02.25

◆2月25日至3月25日,高雄紫雲寺每週三舉辦初級禪訓班,由常覺法師帶領,共有
六十五人參加。

◆2月25日至6月10日,信眾教育院每週三晚上於護法會新店辦事處開辦佛學課程,講解
聖嚴師父著作《心的經典──心經新釋》,由講師清德法師主講,共有七十多人參加。

02.26

◆2月26日至3月1日,法鼓山於園區大殿舉辦「第十四屆在家菩薩戒」第一梯次,由方
丈和尚果東法師、首座和尚惠敏法師、副住持果暉法師擔任尊證師,共有五百三十二
人受戒。

◆2月26日至3月3日,美國紐約東初禪寺住持果醒法師、常聞法師至加拿大多倫多弘法
關懷,內容包括帶領禪一、舉辦公開演講、進行佛法講座等。26日於安省分會舉辦佛
法講座,由果醒法師主講「三法印的觀念與觀法」,有近三十人參加。

◆中國大陸上海師範大學法政院哲學系教授方廣錩參訪佛教學院,並發表學術演講,講
題為「敦煌遺書與佛教研究」,共有三十多人參加。

02.27

◆高雄紫雲寺每月第四週週五晚上舉辦大悲懺法會。

◆2月27日至3月1日,法鼓山園區禪堂受邀為台北大龍峒扶輪社與國際扶輪社第3480地
區社員舉辦禪修營,由禪堂板首果祺法師帶領,共有五十六位社員參加。

◆2月27日至5月29日,信眾教育院每週五下午於台南分院開辦佛學課程,講解聖嚴師父
著作《心的經典──心經新釋》,由講師果謙法師主講,共有一百一十多人參加。

◆2月27日至5月29日,信眾教育院每週五晚上於台南安平精舍開辦佛學課程,講解聖嚴

師父著作《心的經典──心經新釋》，由講師果謙法師主講，有近一百人參加。

◆聖嚴教育基金會（以下簡稱聖基會）配合宜蘭縣政府所推行的「友善校園執行計畫」，致贈百片《心五四兒童生活教育動畫》影音光碟，予全縣國民中小學播放，上午於縣立羅東國中舉辦捐贈儀式，由該縣教育處處長呂健吉代表接受。

◆美國紐約東初禪寺住持果醒法師、常聞法師至加拿大多倫多弘法關懷期間，27日上午於安省分會帶領法器練習，晚上舉辦萬行菩薩座談，各有二十多人參加。

◆輔仁大學兩位外籍神父鮑霖（Batairwa K. Paulin）、杜敬一（Fabrizio Tosolini）參訪法鼓山園區，由佛教學院馬紀（William Magee）老師接待，進行交流。

02.28

◆2月28日至3月1日，台中分院於寶雲別苑舉辦義工成長營，內容包括研討職場新倫理、當義工的意義等，監院果理法師到場關懷，共有六十二位知客處、引禮組義工參加。

◆台中分院於寶雲別苑舉辦「每月講談」活動，28日下午由佛教學院校長惠敏法師主講「大想像、大發現、念師恩」，邀請新思惟生活科技品牌總監簡素玲擔任提問人，有近三百五十人參加。

◆南投德華寺舉辦禪一，由副寺果弘法師帶領，共有二十一人參加。

◆高雄紫雲寺舉辦「每月講談」活動，28日上午由佛教學院校長惠敏法師導讀《當牛頓遇上佛陀》、《心與腦的相對論》，邀請新思惟生活科技品牌總監簡素玲擔任提問人，有近三百六十人參加。

◆台東信行寺每雙月第四週週六上午舉辦地藏法會。

◆台東信行寺每週六、日下午舉辦太極拳班。

◆傳燈院於北投雲來寺舉辦「Fun鬆一日禪」學長培訓課程，由常遠法師帶領，共有二十七人參加。

◆法青會台北分會舉辦十一場「心光講堂」系列講座。28日晚上於台北聯經文化天地進行，邀請公益旅行家褚士瑩主講「心安平安大補帖──勇敢迎接改變」，強調勇敢做自己，人生才會有快樂與意義，共有一百零八人參加。

◆台南法青會下午於台南安平精舍舉辦「法青素素看」活動，介紹生機飲食的養生之道、簡易素食製作等，共有二十多人參加。

◆高雄法青會下午於高雄紫雲寺舉辦「生活智慧禪──與聖嚴師父相遇」活動，由僧團常雲法師帶領，內容包括觀看影片、「耍法寶」體驗活動、小組討論、分享學佛心得等，共有三十七人參加。

◆美國紐約東初禪寺舉辦一日禪，邀請聖嚴師父西方弟子南茜·波那迪（Nancy Bonardi）帶領，共有十八人參加。

◆美國護法會新澤西州分會舉辦健康講座，邀請精神心理醫學博士陳張椌主講「憂鬱症及其治療方法」，共有二十多人參加。

◆美國護法會加州洛杉磯分會上午舉辦英文禪修指引課程，有近二十人參加。

◆美國紐約東初禪寺住持果醒法師、常聞法師至加拿大多倫多弘法關懷期間，28日果醒法師於當地北約克市議會堂（Members Lounge, North York Civic Centre）舉辦佛法講座，主講「中華禪法鼓宗：觀念、態度、方法」，有近一百人參加。

◆曾經照護聖嚴師父的台大醫院醫療團隊醫護人員及眷屬，一行四十三人在副院長何弘

能帶領下，受邀參訪法鼓山園區，方丈和尚果東法師代表僧團向醫療團致上最深的謝意，並陪同參觀開山寮、祈願觀音殿、開山紀念館，以及台北縣立金山環保生命園區等。

◆泰國馬古拉大學師生一行六十餘人參訪佛教學院，並參觀圖書資訊館等校園設施。

3月 MARCH

03.01

◆《人生》雜誌第307期出刊。

◆《法鼓》雜誌第231期出刊。

◆法鼓文化出版新書：智慧人系列《六妙門講記》（繼程法師著）；智慧海系列《聖嚴法師禪學著作中的生命教育》（林泰石著）。

◆3月1日至8月2日，北投農禪寺於每隔週週日上午舉辦「書法班——篆書」課程，共有十七人參加。

◆人基會於高雄紫雲寺舉辦「心六倫」全台巡迴講座第一階段最後一場，由北區法行會副會長連城珍主講，連副會長公子高雄市議員連立堅也前往參與，共有九十三人參加。

◆文基會舉辦「心靈環保列車」系列活動，3月1日至12月31日期間，於台南市文賢國中、德南國小、文南公園、巴克禮紀念公園、南門公園，台南市榮民之家日照中心等地，進行「安定身心‧生活禪——法鼓八式動禪系列推廣活動」。

◆法行會至台北大直山區舉辦聖嚴師父追思感恩健行活動，共有八十五人參加。

◆美國紐約東初禪寺舉辦週日講座，由跟隨聖嚴師父學習佛法逾三十年的哈瑞‧米勒（Harry Miller）博士主講「實踐《心經》：一個普通人能做到嗎？」，共有七十二人參加。

◆1至22日，加拿大溫哥華道場每週日下午舉辦初級禪訓班，由監院果樞法師帶領，共有五十人參加。

◆美國紐約東初禪寺住持果醒法師、常聞法師至加拿大多倫多弘法關懷。1至3日，陸續於分會帶領初階禪訓、念佛禪、禪一，以及佛法座談等，共有近百人次參加。

◆美國紐約東初禪寺住持果醒法師、常聞法師至加拿大多倫多弘法關懷期間，1日於分會舉辦英文禪一，共有二十多人參加

◆3月1日至5月17日，澳洲護法會雪梨分會於每月第一週及第三週週日舉辦禪訓班、佛學講座，由聖嚴師父法子果峻法師帶領，各場有近三十人參加。

03.02

◆3月2日至5月18日，北投農禪寺每週一晚上舉辦「哈達瑜伽」課程，共有十二人參加。

◆3月2日至5月18日，信眾教育院每週一晚上於基隆精舍開辦講解聖嚴師父著作《修行在紅塵——維摩經六講》佛學課程，由講師常延法師主講，共有五十多人參加。

◆美國紐約東初禪寺住持果醒法師、常聞法師至加拿大多倫多弘法關懷期間，2日於分會舉辦禪坐監香培訓課程，有近二十人參加。

03.03

◆ 3月3日至10月31日，法鼓山園區第一大樓開山紀念館舉辦「教澤永懷──聖嚴師父追思紀念特展」。

◆ 台南分院每週二下午舉辦智慧海讀書會。

◆ 美國紐約東初禪寺住持果醒法師、常聞法師至加拿大多倫多弘法關懷期間，3日上午於分會舉辦念佛禪，下午舉辦初級禪訓班；晚上舉辦佛法講座，由果醒法師續講「三法印的觀念與觀法」。

03.04

◆ 台北安和分院每週三晚上舉辦初級禪訓班，有近一百三十人參加。

◆ 中國大陸四川於2008年5月發生芮氏規模7.8強震，慈基會展開長期救援，進行災區學童的獎助學金頒發事宜。3月4至14日，陸續於什邡、云西、安縣、秀水、綿陽、北川、平武等七所中學舉行頒發儀式，由僧團副住持果品法師到各地頒獎，受獎學生共有四百零三人。

◆ 教聯會每週三晚上於台北中山精舍舉辦教師禪坐共修暨讀書會。（7、8月暫停）

03.05

◆ 5至8日，法鼓山於園區大殿舉辦第二梯次的「第十四屆在家菩薩戒」，由方丈和尚果東法師、首座和尚惠敏法師、副住持果暉法師擔任尊證師，共有四百二十六人受戒。

◆ 台北安和分院逢單月的每週四晚上舉辦初級禪訓班，共有五十多人參加。

◆ 基隆精舍每月第一週週四晚上舉辦法器練習共修。

◆ 法行會晚上於台北福華大飯店舉辦第一○一次例會，由佛教學院校長惠敏法師主講「『寂滅為樂』的故事與禪法」，共有一百七十七人參加。

◆ 5至9日，美國護法會輔導師常華法師至美國護法會加州洛杉磯分會進行弘法關懷，內容包括指導禪坐共修、佛法講座，並帶領悅眾分享、悅眾培訓、悅眾會議等，全程共有近兩百人次參加。

◆ 中央研究院（以下簡稱中研院）院士張廣達伉儷與銘傳大學教授汪娟一行參訪佛教學院，由校長惠敏法師、副校長杜正民、佛教學系主任果暉法師及研修中心主任果鏡法師接待；佛教學院並邀請張教授於98學年度為該校的「大師講座」開講。

03.06

◆ 南投德華寺舉辦初級禪訓班，由副寺果弘法師帶領，共有二十人參加。

◆ 6至8日，法鼓山園區禪堂舉辦禪二，由僧團常品法師帶領，共有九十七人參加。

◆ 美國紐約東初禪寺舉辦「電影與心」活動，欣賞影片《荒野生存》（*Into the Wild*），有近十人參加。

03.07

◆ 7至8日，法青會於台中分院舉辦「2009年上半年法青會台灣區分會聯合會議暨核心悅眾成長營」，由青年院常一法師帶領，有近三十人參加。

◆ 為協助中國大陸四川震災地區進行心靈重建，慈基會派出生命教育交流團一行五人，由副祕書長常法法師帶領專業心理師資，至安縣秀水鎮與秀水第一中心小學共同舉辦「生命教育」交流與分享課程，有近五十位當地小學教師參加研討。

◆ 法青會台中分會於台中分院舉辦「法音宣流」活動，共有十二人參加。

◆ 7至21日，美國紐約東初禪寺每週六舉辦英文佛學初階講座，由聖嚴師父西方弟子大衛·史烈梅克（David Slaymaker）主講「四聖諦」，有近十人參加。

◆ 美國紐約東初禪寺舉辦英文中級禪訓班，邀請聖嚴師父早期西方弟子暨紐約市立大學皇后學院（City University of New York, at Queens College）藝術教育系主任李祺·阿謝爾（Rikki Asher）博士帶領，有近十人參加。

◆ 7至14日，美國紐約象岡道場舉辦基礎禪修課程。

◆ 美國護法會新澤西州分會舉辦「生活禪簡介」及感恩關懷茶會，由紐約東初禪寺住持果醒法師主持，共有四十五人參加。

◆ 美國護法會加州舊金山分會舉辦菩薩戒誦戒會，誦戒會結束後並與紐約東初禪寺住持果醒法師進行視訊連線，由法師在線上為信眾開示，共有三十人參加。

◆ 泰國法身寺長老參訪團一行十三人參訪法鼓山園區，由僧團副住持果暉法師接待。

◆ 法國巴黎記者學院師生一行十七人參訪法鼓山園區，進行境教及禪修體驗。

03.08

◆ 3月8日至5月17日，北投農禪寺每週日舉辦「學佛Fun輕鬆」課程，共有八十多人參加。

◆ 台中分院舉辦「中區心靈環保讀書會暨心靈茶會培訓」課程，進行讀書會帶領人的深化學習與心得分享，由聖嚴書院講師郭惠芯帶領，共有一百四十人參加。

◆ 南投德華寺舉辦地藏法會，由副寺果弘法師帶領，共有四十人參加。

◆ 台南安平精舍舉辦精進〈大悲咒〉持誦法會，共有八十八人參加。

◆ 美國紐約東初禪寺每月第二週週日下午舉辦大悲懺法會。

◆ 馬來西亞護法會於當地武吉加裏爾公園（Taman Rekreasi Bukti Jalil）舉辦戶外禪，共有五十多人參加。

03.09

◆ 台北安和分院舉辦都會生活禪一，共有四十人參加。

◆ 慈基會於北投雲來寺舉辦北區慰訪工作聯繫會議，共有三十位大台北地區慰訪員參加。

03.10

◆ 10至12日，三學院於法鼓山園區舉辦三時繫念法會悅眾培訓課程，由僧團果鈈法師帶領，共有十六人參加。

◆法緣會上午於台北安和分院舉辦例會及講座，由僧團副都監果廣法師主講「淨土在人間」，有近五十人參加。

03.12

◆3月12日至4月28日期間，法鼓山北海岸關懷室與教聯會合作，應邀分梯至金山鄉金美國小、三和國小兩校講授生命教育課程，並推廣「心靈環保」、「心五四」等理念。

◆3月12日至6月25日，傳燈院每週四晚上應台灣電力公司桃園區營業處之邀，至該單位舉辦禪修課程，共有四十多人參加。

◆法青會台南分會於台南安平精舍舉辦「法青素素看——生機飲食DIY」課程，講解生機飲食的功效與作法，共有二十六人參加。

03.13

◆13至22日，法鼓山園區禪堂舉辦話頭禪十，邀請果如法師擔任主七法師，禪堂板首果祺法師擔任總護法師，共有一百二十六人參加。

◆13、20、28日，美國紐約東初禪寺舉辦中文初級禪訓班，由常御法師帶領，共有十多人參加。

◆加拿大溫哥華道場舉辦觀音法會，由監院果樞法師帶領，共有一百零一人參加。

03.14

◆聖嚴師父圓寂佛事圓滿一個月後，3月14日至7月23日期間，為了向各地護法悅眾表達感恩與關懷，僧團於全台舉辦四十二場、海外舉辦十場「大悲心起‧願願相續——護法悅眾關懷行」系列活動。3月14日下午在護法會花蓮辦事處進行第一場，由果毅法師帶領，方丈和尚果東法師透過視訊開示；並播放影片回顧師父最後示現的身教，同時由果器法師為三位新任委員及三位勸募會員授證，共有六十八位勸募會員參加。

◆台中分院舉辦「故事花園」親子創意活動，由聖嚴書院講師郭惠芯帶領，共有四十五位小朋友與二十位家長參加。

◆台東信行寺應邀為台東大學師生舉辦初階禪訓課程，由監院果密法師帶領，共有二十人參加。

◆14至15日，慈基會於東勢安心站舉辦「97年兒童暨青少年學習輔導專案」成果發表研討會，共有包括來自全台十四個地區的四十三位悅眾與義工參加。

◆緬甸於2008年5月發生納吉斯颶風風災，慈基會展開長期救援。3月14至23日期間，慈基會由副祕書長常法法師、副總幹事鄭文烈等三人代表，前往關懷災後重建工作。14至15日於仰光省勘查兩所學校重建案工程進度，16至17日前往伊洛瓦底省了解當地民眾災後重建情形，同時赴迪迪葉（Dedaye）地區視察飲水改善計畫，並於18至21日赴拉布達（Labutta）地區驗收鑿井工程。

◆2008年12月6日起，人基會每週六於金車教育中心舉辦的「心六倫種子教師培訓」第一期課程，於3月14日進行最後一堂，邀請智融集團董事長施振榮講授「職場倫理的內涵與應用」，共有四十多位學員參加。

◆ 美國護法會伊利諾州芝加哥分會在輔導師常華法師帶領下，參加由美國中西部佛教會（Buddhist Council of the Midwest）主辦的「第四屆佛教婦女會議」（4th Annual Buddhist Women's Conferenc）。

◆ 14至15日，美國護法會加州舊金山分會舉辦禪修活動，由聖嚴師父西方法子吉伯·古帝亞茲（Gilbert Gutierrez）帶領，內容包括禪修簡介、禪坐指引，以及佛法講座等，有近四十人參加。

◆ 香港護法會舉辦香積組義工經驗分享活動，共有三十位義工參加。

◆ 香港護法會至志蓮淨苑老人院進行關懷活動，以帶動唱、講故事、遊戲等方式與老菩薩互動，並分享佛法故事，有近五十人參加。

03.15

◆ 《法鼓佛教院訊》第7期出刊。

◆ 僧團舉辦五十二場「大悲心起·願願相續──護法悅眾關懷行」系列活動。15日上午於基隆精舍進行，由果會法師帶領，方丈和尚果東法師出席開示，同時由果器法師為五位新任委員及八位勸募會員授證，有近一百四十人參加。

◆ 台南分院舉辦精進禪一，共有五十三人參加。

◆ 高雄紫雲寺舉辦觀音法會，由監院果耀法師帶領，有近四百五十人參加。

◆ 僧大於法鼓山園區第三大樓階梯教室舉行「98學年度招生說明會」，由院長方丈和尚果東法師及在校學僧，共同為有意報考的學子介紹建校精神及心得分享，有近五十位海內外青年參加。

◆ 法青會桃園分會於齋明寺舉辦「感恩師父·續奏法鼓」活動，以影片觀賞、討論課程，緬懷聖嚴師父，由僧團常銘法師帶領，共有七十人參加。

◆ 法青會台中分會於台中分院舉辦「與法相會」活動，透過彼此分享親近法鼓山的因緣，緬懷聖嚴師父，有近二十人參加。

◆ 美國紐約東初禪寺舉辦感恩報恩會，感念聖嚴師父的教導，發願續佛慧命以報師恩，同時感謝紐約佛教界、社會大眾及信眾的慰問；活動由住持果醒法師主持，有近八十人參加。

◆ 台北延平扶輪社及日本名古屋社長與社友一行十九人參訪法鼓山園區。

03.16

◆ 傳燈院應台灣佳能資訊股份有限公司之邀，至該公司舉辦法鼓八式動禪共修課程，共有五十人參加。

◆ 3月16日起至4月30日，2009年春季北區大學聯合愛心勸募義賣活動於淡江大學、真理大學及聖約翰科技大學輪流展開，法鼓山慈基會總幹事陳果開16日以受贈單位代表的身分，出席於淡大舉辦的開幕儀式，並致詞感恩主辦單位對法鼓山關懷社會的肯定，以及感恩參與義賣的學生對社會付出關懷。

03.17

◆法鼓山於北投雲來寺舉辦「人際溝通管理課程」，邀請英豐瑪股份有限公司訓練顧問（Achieveglobal Training Performance Consultant）黃翠華主講，共有五十二位專職及義工參加。

◆為獎勵更多學者投身漢傳佛教的學術研究行列，中華佛研所經教育部覆函同意後，捐贈二十五萬美元予美國哥倫比亞大學（Columbia University），成立一永久出版漢傳佛教書籍的專案，由主持「聖嚴漢傳佛教講座教授」的哥大教授于君方，負責專書出版的推薦與審核。

◆台北縣警察局成員一行近七十人參訪法鼓山園區，並進行禪修體驗，方丈和尚果東法師到場關懷。

03.19

◆3月19日至5月7日期間，台東信行寺每週四晚上舉辦佛學課程，由僧團果舟法師主講《楞嚴經‧大勢至菩薩念佛圓通章》，有近四十人參加。

◆韓國首爾宗正學議會法師及居士一行二十二人參訪法鼓山園區。

03.20

◆20至22日，僧大於法鼓山園區舉辦「僧大自覺二日營」，由女眾學務助理常盛法師帶領，共有五十位學員參加。

◆法青會高雄分會舉辦五場「心靈成長會客室」活動，邀請圓桌教育學苑協談中心老師劉華厚主講。20日於高雄三民精舍進行第二場，有近二十人參加。

03.21

◆法鼓山與交通部觀光局北海岸及觀音山國家風景區管理處（簡稱北觀處）合作，至金山獅頭山公園栽種一千兩百多株台灣百合及鐵砲百合球莖，由僧團副住持果品法師帶領，共有三十多位義工及金山法鼓山社大學員參加。

◆僧團舉辦五十二場「大悲心起‧願願相續——護法悅眾關懷行」系列活動。21日於法鼓山園區進行，由果毅法師帶領，方丈和尚果東法師出席開示，同時為新任勸募會員授證，共有兩百二十多人參加。

◆僧團果祥法師應天主教方濟會之邀，至台北聖母聖心會活動中心，以英語發表專題演講，向近三十位外籍神父、修女，介紹台灣佛教現況、法鼓山的理念與禪宗修行法門，教廷駐台大使館新任代辦陸思道（Paul Fitzpatrick Russell）也到場聆聽。

◆三學院義工室舉辦機動組義工初階培訓課程，由悅眾分享擔任義工的心得，並介紹五戒的精神與意義，有近五十人參加。

◆3月21日至5月16日，北投文化館每日中午舉辦《地藏經》持誦共修，由監院果諦法師帶領，共有四千六百人次參加。

◆台中分院於寶雲別苑舉辦「每月講談」活動。21日下午邀請逢甲大學中國文學系教授

李威熊主講「菩薩心腸、聖賢氣象──由『拈花微笑』談佛陀的不言之教」，有近一百人參加。

◆台南分院舉辦大悲懺法會，共有兩百三十四人參加。

◆台東信行寺舉辦大悲懺法會，共有四十七人參加。

◆傳燈院上午於北投農禪寺舉辦禪修指引課程，共有一百二十四人參加。

◆法青會高雄分會每月第二或第三週週六在高雄紫雲寺舉辦法青共修日活動，內容以禪修體驗為主，由僧團常雲法師帶領，共有二十人參加。

◆美國紐約象岡道場舉辦禪一，由聖嚴師父的西方弟子南茜‧波那迪帶領，共有十六人參加。

03.22

◆僧團舉辦五十二場「大悲心起‧願願相續──護法悅眾關懷行」系列活動。22日下午於護法會新店辦事處進行，由果會法師帶領，方丈和尚果東法師出席開示，同時由果器法師為六位新任委員及九位勸募會員授證，有近一百八十人參加。

◆台北安和分院至法鼓山園區舉辦戶外禪，共有八十人參加。

◆桃園齋明寺舉辦地藏法會，由監院果啟法師帶領，有近三百七十人參加。

◆台南分院舉辦義工培訓課程，主題為「大悲心起，願願相續──溝通、分享與落實」，邀請法行會會員暨標竿學院資深顧問陳若玲帶領，共有五十人參加。

◆傳燈院於北投雲來寺舉辦舒活禪一，共有六十八人參加。

◆傳燈院上午應台北市體育總會太極拳委員會之邀，至北投運動中心舉辦法鼓八式動禪課程，共有四十位太極拳教練參加。

◆關懷院於高雄紫雲寺舉辦「初階大事關懷課程」，內容包括透過生命教育繪本賞析，引導思考生命的意義與價值，並探討大事關懷以建構共識等，共有兩百五十人參加。

◆慈基會於護法會新竹辦事處舉辦「北區慰訪員培訓成長課程」，邀請兒童福利聯盟文教基金會督導宋家慧、社團法人新竹市生命線協會督導何賢文、天主教新竹社會服務中心督導梁碧雲等擔任講師，共有三十八位慰訪員參加。

◆新加坡護法會舉辦法青電影分享會，共有六十位青年學子參加。

03.23

◆台北中山精舍舉辦「法師教禪坐──禪門第一課」活動，由傳燈院常源法師帶領，共有三十九人參加。

03.25

◆傳燈院下午應高雄縣聚和國際股份有限公司之邀，至該公司舉辦法鼓八式動禪課程，有近五十人參加。

◆傳燈院晚上應桃園縣達方電子公司之邀，至該公司舉辦法鼓八式動禪課程，共有三十人參加。

03.26

◆26至29日，法鼓山於園區禪堂舉辦「第一屆自我超越禪修營」，由禪修中心副都監果元法師擔任總護法師，共有九十五位社會各界菁英人士參加。

◆3月26日至7月2日，信眾教育院每週四晚上於護法會羅東辦事處開辦「佛教入門」佛學課程，由講師果選法師主講，共有四十多人參加。

03.27

◆3月27日至4月3日，北投農禪寺舉辦清明報恩佛七，由監院果燦法師帶領，全程共有五千五百多人次參加。

◆傳燈院於三義DIY心靈環保教育中心舉辦初級禪訓班二日營，由常欽法師帶領，共有一百零三人參加。

◆3月27日至4月2日，僧大「東南亞招生關懷團」一行共五位法師，由副院長果光法師帶領，至馬來西亞及新加坡關懷當地的學佛青年及護法信眾，行程包括進行大專院校交流、佛法講座、悅眾培訓、〈大悲咒〉持誦共修等，並舉辦生命自覺營及感恩皈依等活動。

◆27至28日，美國紐約象岡道場舉辦禪二，由常聞法師帶領。

◆德國漢諾威圓覺寺住持行戒法師帶領該寺法師及居士一行二十二人參訪法鼓山園區，由僧團男眾副都監果興法師等接待及進行交流。

03.28

◆3月28日至4月1日，中國佛教協會、國際佛光會等兩岸佛教界共同主辦「第二屆世界佛教論壇」，分別於中國大陸無錫市和台灣各佛教道場、佛教大學及台北小巨蛋展開，兩岸各舉辦八場分論壇。法鼓山由佛教學院校長惠敏法師率團赴無錫參加，副住持果品法師代表宣讀聖嚴師父生前撰寫的主題發言〈從心出發〉；方丈和尚果東法師則出席於台北舉行的閉幕式。法鼓山亦於3月31日在法鼓德貴學苑協辦「佛教的心靈環保」分論壇活動。全程共有一千多位全球佛教團體領袖、學者及護法大德參加。

◆僧團舉辦五十二場「大悲心起‧願願相續──護法悅眾關懷行」系列活動。28日上午於護法會桃園辦事處進行，由果賢法師帶領，同時由果祥法師為九位新任委員及九位勸募會員授證，共有一百三十多人參加。

◆僧團舉辦「大悲心起‧願願相續──護法悅眾關懷行」系列活動，28日下午於北投雲來寺進行，由果肇法師帶領，方丈和尚果東法師出席開示，同時由果廣法師為六位新任勸募會員授證，共有一百六十多人參加。

◆台北安和分院下午舉辦禪修指引課程，共有一百一十四人參加。

◆桃園齋明寺舉辦初級禪訓班，由監院果啟法師帶領，共有七十八人參加。

◆高雄紫雲寺舉辦「每月講談」活動，28日邀請大仁科技大學助理教授張登恩，分享閱讀聖嚴師父著作《聖嚴說禪》的心得，由聖嚴書院講師郭惠芯擔任引言人，有近七十人參加。

◆法行會於台北縣金山書訓草堂舉辦讀書會，主題為「還我本來面目」，共有二十人參加。

- 法青會台南分會與台南分院於台南安平精舍共同舉辦「For（佛）Your Health」講座，邀請台南市身心靈健康協會理事長邵揮洲主講「如何吃出健康——飲食健康與心六倫的實踐」，有近二十人參加。
- 加拿大護法會多倫多分會舉辦世界咖啡館（World Café）活動，主題為「在西方社會教養小孩：跨文化層面的對話」，有近十人參加。

03.29

- 僧團舉辦五十二場「大悲心起・願願相續——護法悅眾關懷行」系列活動。29日上午於竹科禪修園進行，由果諦法師帶領，同時由果舫法師為五位新任委員及四位勸募會員授證，共有七十多人參加。
- 僧團舉辦「大悲心起・願願相續——護法悅眾關懷行」系列活動，29日下午於護法會中壢辦事處進行，由果諦法師帶領，同時由果舫法師為六位新任委員及八位勸募會員授證，有近一百九十人參加。
- 桃園齋明寺舉辦親子感恩禪一，內容包括禪修課程、經行、吃飯禪、法鼓八式動禪等，由監院果啟法師帶領，共有九十八位學生及家長參加。
- 29至31日，台南分院舉辦清明報恩地藏法會，共有近九百人次參加。
- 德貴學苑舉辦落成啟用典禮，包括方丈和尚果東法師、台北市副市長林建元、人基會祕書長李伸一、法鼓大學籌備處校長劉安之、護法總會總會長陳嘉男等應邀出席，有近三百人參加。
- 佛教學院舉辦禪一，有近五十人參加。
- 人基會於德貴學苑啟動「關懷生命專線——四一二八八五三」，方丈和尚果東法師、中華電信董事長呂學錦、台積電文教基金會董事張淑芬等來賓出席見證，關懷中心副都監果器法師並為六十七位協談義工授證。
- 法行會中區分會於台中寶雲別苑，舉辦第三屆第二次會員大會，由中區分會會長蔡瑞榮帶領，共有四十五人參加。
- 法青會於德貴學苑舉辦「法青喫茶趣」活動，全球法青藉此進行學佛心得分享與交流，由普化中心副都監果毅法師帶領，共有一百四十七人參加。
- 美國紐約東初禪寺舉辦週日講座，邀請聖嚴師父早期西方弟子，美國紐約市立大學皇后學院藝術教育系主任李祺・阿謝爾博士主講「佛教手印的藝術觀」（What's a Mudra? Understanding Buddhist Art），共有五十二人參加。
- 美國護法會加州洛杉磯分會舉辦「義工心得分享及法器教學」活動，由僧團果禪法師帶領，共有二十多人參加。
- 美國護法會新澤西州分會舉辦「生活禪與八式動禪的簡介與體驗」，由紐約東初禪寺住持果醒法師主持，共有五十人參加。
- 僧大「東南亞招生關懷團」至馬來西亞及新加坡關懷期間，29日果光法師與聖嚴師父法子暨馬來西亞佛學院院長繼程法師進行一場對談。
- 香港護法會舉辦禪一，共有五十人參加。
- 西蓮淨苑常住法師率領僧俗四眾一行三十人參訪桃園齋明寺，由監院果啟法師接待。

03.30

◆ 中國大陸福建省大姥山平興寺、妙光寺代表團包括三十七位法師等一行共一百零九人參訪法鼓山園區,由僧團男眾副都監果興法師接待,並進行交流。

03.31

◆ 由法鼓山參與協辦的「第二屆世界佛教論壇」分論壇「佛教的心靈環保」,上午於德貴學苑進行,方丈和尚果東法師在致詞中,闡述聖嚴師父提出的「心靈環保」意義和理念;包括來自十多個不同國家、地區的三百多位法師及居士、學者與會,共提出三十八篇論文。

◆ 台北安和分院晚上舉辦菩薩戒誦戒會暨念佛共修,共有兩百零九人參加。

◆ 人基會於法鼓山園區禪堂為國防部後備司令部的成員舉辦禪一,由禪修中心副都監果元法師擔任總護法師,共有一百八十五人參加。

◆ 僧團舉辦五十二場「大悲心起·願願相續——護法悅眾關懷行」系列活動。31日於馬來西亞護法會進行海外第一場,由僧大副院長果光法師等五位法師帶領。

 4 月 APRIL

04.01

◆ 《人生》雜誌第308期出刊。

◆ 《法鼓》雜誌第232期出刊。

◆ 法鼓文化出版新書:智慧人系列《百法明門論講錄》(繼程法師著);高僧小說系列精選《頓悟南蠻子——六祖惠能》(陳月文著,劉建志繪)、《神祕苦行僧——密勒日巴》(劉台痕著,劉建志繪);大自在系列《真心就自在》(*A Truthful Heart*)(傑佛瑞·霍普金斯Jeffrey Hopkins著,陳道明、姚怡平譯)。

◆ 《金山有情》第28期出刊。

◆ 4月1日至9月30日,為緬懷、感恩聖嚴師父,高雄紫雲寺舉辦「聖嚴法師生平紀念展」,透過照片、書籍、影片,展現師父一生弘法的悲願和歷程。

◆ 僧大「東南亞招生關懷團」至馬來西亞及新加坡關懷期間,1日至新加坡護法會舉辦安心祈福持誦〈大悲咒〉二十一遍共修會,共有九十多人參加。

04.02

◆ 法鼓佛教學院與台灣科技大學於2月合作開設「人文關懷與社會參與學程」,4月2日分別由兩校校長惠敏法師與陳希舜在台科大舉行記者會,說明這項學程的內涵,共有一百多位師生出席聆聽。

◆ 法行會晚上於台北福華大飯店舉辦第一〇二次例會,由方丈和尚果東法師主講「生命的尊嚴」,共有一百九十五人參加。

◆僧大「東南亞招生關懷團」至馬來西亞及新加坡關懷期間，2日上午於新加坡護法會舉辦悅眾培訓課程，有近五十人參加。

◆僧團舉辦五十二場「大悲心起・願願相續──護法悅眾關懷行」系列活動。2日晚上於新加坡護法會進行，由僧大副院長果光法師等五位法師帶領，有近八十人參加。

04.03

◆3至5日，法鼓山園區禪堂舉辦禪二，由僧團常品法師擔任總護法師，共有一百三十八人參加。

◆法鼓大學籌備處人生學院舉辦三場「人生café」系列講座（4月3日至6月16日期間）。首場於4月3日晚上在德貴學苑進行，邀請中研院歐美研究所副所長單德興、台北大學社工學系副教授楊蓓，以「禪與心靈療癒」為主題進行對談，由法鼓大學籌備處助理教授辜琮瑜擔任引言人，法鼓大學籌備處校長劉安之也到場關懷，有近一百二十人參加。

◆3至12日，美國紐約象岡道場舉辦四項禪修，包括初級禪三、禪五、禪七、禪十，由住持果醒法師帶領，共有二十六人次參加。

04.04

◆4至5日，高雄紫雲寺舉辦清明報恩地藏法會，由監院果耀法師帶領，共有近六百人次參加。

◆美國紐約東初禪寺舉辦清明報恩佛一，由監院常華法師帶領，有近六十人參加。

◆美國護法會加州舊金山分會舉辦清明報恩念佛法會，紐約東初禪寺住持果醒法師並透過網路對信眾做現場開示，共有三十人參加。

04.05

◆5至11日，台中分院於逢甲大學體育館舉辦「清明祈福報恩梁皇寶懺法會」，由僧團果興、果器等六位法師主法，七天共有六千多人次參加。

◆5至7日，傳燈院於法鼓山園區禪堂舉辦初級禪訓班二日營，由僧團常嶺法師擔任總護，共有一百三十六人參加。

◆僧大於法鼓山園區第二大樓國際宴會廳舉辦「97學年度第二次World Café」活動，有近八十位僧大師生參加。

◆美國紐約東初禪寺舉辦清明報恩地藏法會，由監院常華法師、常御法師帶領，共有一百五十三人參加。

◆泰國華宗大尊長暨普門報恩寺住持仁得長老在十六位隨行法師、居士陪同下，參訪法鼓山園區，由方丈和尚果東法師接待，僧團副住持果暉法師、禪修中心副都監果元法師等陪同參訪。

04.06

◆台北中山精舍舉辦「法師教禪坐──禪門第一課」活動，由僧團常源法師帶領，共有四十二人參加。

04.07

◆方丈和尚果東法師上午於北投雲來寺大殿，對僧團法師、全體專職精神講話，主題為「法鼓山的方向——四大堅持」，全台各分院道場同步視訊連線聆聽開示，共有四百八十人參加。

04.08

◆佛教學院上午舉辦三週年慶祝典禮，並由校長惠敏法師與台北市私立東山高中校長陳佳源，代表兩校共同簽署「教育夥伴關係合約書」，方丈和尚果東法師、東山高中董事長悟圓法師和百餘位來賓應邀出席見證。

◆8至16日，加拿大溫哥華道場舉辦兩項禪修，包括禪四及禪七，由監院果樞法師帶領，分別有二十八人及一十八人參加。

04.09

◆9至15日，台東信行寺與香港護法會聯合舉辦「禪淨之旅」活動，內容包括參訪信行寺、進行佛三，以及至初鹿牧場、鹿野高台等地區舉辦戶外禪等；由監院果密法師帶領，有近四十位香港信眾參加。

◆香港浸會大學舉辦「現代佛教論述中的公民社會與新倫理——緬懷法鼓山聖嚴法師研討會」，僧大副院長果光法師代表方丈和尚果東法師應邀出席，並於會中發表「聖嚴法師的理念、思想與實踐」的主題演講。包括法鼓佛教學院校長惠敏法師等兩岸三地數十位學者參加，共在會中發表八篇論文，探討公民社會、漢傳佛教、禪宗與倫理等主題。此是各界緬懷聖嚴師父的第一場研討會。

◆4月9日至12月24日，法青會於德貴學苑舉辦十六場「法師有約」系列講座。9日晚上進行首場，由僧團都監果廣法師主講「改變命運原來如此」，引導大眾在日常生活中運用佛法，解決人生各方面的問題，有近三百人參加。

◆9至10日，宜蘭縣生命教育學科中心一行三十二位種子教師，在該中心主任、國立羅東高級中學校長游文聰的帶領下，至法鼓山園區進行兩天一夜的「宗教與人生增能之旅」，藉體驗法鼓山園區心靈環保的理念，做為編寫高中生命教育課程的參考；方丈和尚果東法師亦出席關懷。

◆參加桃園縣政府舉辦的「宗教負責人標竿學習講習會」一行一百二十人，至獲得桃園縣公益寺廟認證「金質獎」，且列為標竿學習對象的齋明寺觀摩參訪，由常住法師及義工導覽。

04.10

◆10至12日，台東信行寺舉辦清明報恩佛三，共有三百多人次參加。

◆4月10至5月10日，法鼓山園區禪堂於三義DIY心靈環保教育中心舉辦初階禪三十，共分四階段進行，分別由禪修中心副都監果元法師，及僧團常護法師、常乘法師、常諗法師帶領，平均每場有近一百人參加。

◆宜蘭縣生命教育學科中心於法鼓山園區舉辦「98年度種子師資培訓——心的教育座談會」，由普化中心副都監果毅法師帶領，僧大副院長果光法師、法鼓佛教學院副校長果肇法師等應邀出席，有近五十人參加。

◆10、17、24日，美國紐約東初禪寺舉辦中文佛學初階課程，由常懿法師帶領，共有十八人參加。

◆10至12日，美國護法會華盛頓州西雅圖分會舉辦「慢活禪三」，由東初禪寺監院常華法師帶領，共有十五人參加。

◆香港護法會舉辦佛學講座，由文化中心副都監果賢法師主講「如何閱讀聖嚴師父的著作」，共有一百二十人參加。

◆10至16日，澳洲護法會雪梨分會舉辦禪四及禪七，由聖嚴師父法子果峻法師帶領，共有二十五人參加。

◆多明尼加、宏都拉斯使節與瓜地馬拉參訪團一行十人參訪法鼓山園區，由方丈和尚果東法師接待。

04.11

◆僧團舉辦五十二場「大悲心起‧願願相續——護法悅眾關懷行」系列活動。11日上午於護法會海山辦事處進行，由果界法師帶領，方丈和尚果東法師出席開示，同時由果祥法師為九位新任委員及三十二位勸募會員授證，有近一百九十人參加。

◆僧團舉辦「大悲心起‧願願相續——護法悅眾關懷行」系列活動，11日晚上於護法會羅東辦事處進行，由果肇法師帶領，方丈和尚果東法師出席開示，同時為十位新任勸募會員授證，有近一百三十人參加。

◆11至12日，為緬懷感恩聖嚴師父，高雄南區護法會舉辦朝山與追思感恩之旅，由輔導法師常博法師帶領，分別至台中寶雲別苑、桃園齋明寺、北投文化館及法鼓山園區參訪，共有一百三十六位信眾參加。

◆傳燈院於北投雲來寺舉辦「Fun鬆一日禪」，由僧團常欽法師帶領，共有六十七人參加。

◆北投法鼓山社大於北投雲來寺舉辦2009年開學典禮，以「心安平安——你，就是力量！」為主題，方丈和尚果東法師到場關懷，出席來賓包括台北市政府民政局局長呂黃錦茹、台北市議員賴素如、八仙里里長黃永清等，有近兩百位學員參加。

◆慈基會於北投農禪寺舉辦「北區正、副慰訪組長成長營」教育訓練課程，共有六十七位各地區聯絡人、慰訪員、專職等成員參加。

◆台北藝術大學美術史研究所教授林保堯於1月9至23日帶領法鼓大學藝術志工團，前往印度進行佛教石窟藝術田野之旅後，11日法鼓大學籌備處藝術學院於德貴學苑，舉辦「2009『發現印度』佛教石窟藝術行旅經驗分享會」，有近一百三十人參加。

04.12

◆僧團舉辦五十二場「大悲心起‧願願相續——護法悅眾關懷行」系列活動。12日上午於北投農禪寺進行，由果界法師帶領，方丈和尚果東法師出席開示，同時由果燦法師為七位新任委員及三位勸募會員授證，有近兩百人參加。

◆僧團舉辦「大悲心起‧願願相續——護法悅眾關懷行」系列活動，12日上午於北投雲

來寺進行，由果會法師帶領，方丈和尚果東法師出席開示，同時由果器法師為七位新任勸募會員授證，有近兩百四十人參加。

◆僧團舉辦「大悲心起‧願願相續──護法悅眾關懷行」系列活動，12日上午於護法會淡水辦事處進行，由果傳法師帶領，方丈和尚果東法師出席開示，同時由果舫法師為三位新任委員授證，有近一百四十人參加。

◆僧團舉辦「大悲心起‧願願相續──護法悅眾關懷行」系列活動，12日上午於護法會宜蘭辦事處進行，由果肇法師帶領，方丈和尚果東法師出席開示，同時為一位新任委員及七位勸募會員授證，共有七十多人參加。

◆僧團舉辦「大悲心起‧願願相續──護法悅眾關懷行」系列活動，12日下午於北投雲來寺進行，由果賢法師帶領，方丈和尚果東法師出席開示，同時由果器法師為十四位新任委員及九位勸募會員授證，有近三百三十人參加。

◆僧團舉辦「大悲心起‧願願相續──護法悅眾關懷行」系列活動，12日下午於護法會中永和辦事處進行，由果高法師帶領，方丈和尚果東法師出席開示，同時由僧團副住持果暉法師為十三位新任委員及二十三位勸募會員授證，有近一百七十人參加。

◆僧團舉辦「大悲心起‧願願相續──護法悅眾關懷行」系列活動，12日下午於護法會松山辦事處進行，由常慧法師帶領，方丈和尚果東法師出席開示，同時由果祥法師為四位新任委員及三位勸募會員授證，有近一百七十人參加。

◆北投農禪寺舉辦禪一，共有一百四十一人參加。

◆南投德華寺舉辦佛一暨八關戒齋法會，由副寺果弘法師帶領，共有三十二人參加。

◆高雄紫雲寺至六龜藤枝森林遊樂區，舉辦環保組義工聯誼活動，彼此分享擔任義工的因緣及學習佛法的心得，由輔導師常覺法師帶領，有近四十人參加。

◆美國紐約東初禪寺舉辦週日講座，邀請聖嚴師父西方弟子比爾‧賴特（Bill Wright）主講「菩提達摩與禪的精神」，共有五十四人參加。

◆美國紐約東初禪寺舉辦助念義工聯誼會，由常懿法師帶領，有近六十人參加。

◆新加坡護法會舉辦悅眾培訓課程，共有三十人參加。

◆金山、新莊法鼓山社大聯合於新莊市農會大樓舉辦2009年度開學典禮，以「心安平安──你，就是力量！」為主題，僧團副住持果暉法師到場關懷，出席來賓包括新莊市市長許炳昆、金山鄉公所祕書劉文國、金山高中校長鍾雲英等。

04.13

◆天下文化舉辦《聖嚴法師最珍貴的身教》新書發表會，方丈和尚果東法師應邀出席，包括亞都麗緻飯店總裁嚴長壽、台灣高鐵董事長殷琪、台積電文教基金會董事張淑芬、建築師姚仁喜、大愛電視台新聞部經理葉樹姍，也到場分享從師父身上學到的身教。會中，作者潘煊表示感念師父的興學悲願，將版稅全數捐贈法鼓大學。

04.14

◆4月14日至6月9日，法鼓大學人生學院每週二晚上於德貴學苑舉辦「心的鍛鍊──超越逆境的心法」系列課程，由僧團法師聯合授課，講解禪宗祖師大德面對問題、處理問題的心法，有八十三人參加。

◆法緣會上午於台北安和分院舉辦例會、講座,由慈基會副會長吳宜燁分享學佛與勸募心得,共有四十多人參加。

◆義大利普世博愛運動跨宗教中心負責人趙婉玲(Stella Chiu)及教廷駐華大使館祕書暨台灣中心負責人陳雪霞(Santina Chen),及新聞局祕書王瑞達參訪法鼓山園區。

04.15

◆由行政院國家科學委員會主辦,法鼓佛教學院、中華電子佛典協會參與協辦的「IBA Taiwan──『佛學數位典藏資源整合研討會』」,於中研院歷史語言研究所文物陳列館進行,佛教學院由校長惠敏法師、副校長杜正民、圖書資訊館館長馬德偉、助理教授洪振洲等代表出席發表論文,共有八十多人參加。

◆15及22日,香港護法會舉辦助念與法器共修,共有十五人參加。

04.16

◆4月16日至5月21日,台北安和分院每週四晚上舉辦「發現心靈藏寶圖」都會生活課程,邀請台灣首位獲得美國九型性格學院(The Enneagram Institute, T.E.I.)認證教師胡挹芬主講,課程包括性格測驗、分析及身心放鬆等,有近五十人參加。

◆高雄紫雲寺應邀為大華國小愛心媽媽舉辦禪修指引課程,由常覺法師帶領,有近三十位愛心媽媽參加。

◆法青會於德貴學苑舉辦「心靈工作坊」講座,邀請心理諮商專家鄭石岩教授主講「尋找生命的法喜,成功人生的新知」,有近三百人參加。

◆16至21日,美國紐約東初禪寺住持果醒法師至加州洛杉磯弘法關懷。16日於分會舉辦佛學講座,主講「照見五蘊皆空」,共有八十七人參加。

04.17

◆法青會高雄分會舉辦五場「心靈成長會客室」活動,邀請圓桌教育學苑協談中心老師劉華厚主講。17日於三民精舍進行第三場,講題為「掌握自己的命運」,有近三十人參加。

◆17至19日,美國紐約象岡道場舉辦大專青年禪三,由常聞法師帶領,共有二十八位美國多所大學的學生參加。

04.18

◆僧團舉辦五十二場「大悲心起‧願願相續──護法悅眾關懷行」系列活動。18日上午於台北安和分院進行,由果慨法師帶領,方丈和尚果東法師出席開示,同時由果舫法師為六位新任委員及八位勸募會員授證,有近一百五十人參加。

◆僧團舉辦「大悲心起‧願願相續──護法悅眾關懷行」系列活動,18日上午於台北慈弘精舍進行,由常慧法師帶領,方丈和尚果東法師出席開示,同時由果燦法師為兩位新任委員及一位勸募會員授證,有近一百八十人參加。

◆僧團舉辦「大悲心起‧願願相續──護法悅眾關懷行」系列活動，18日上午於護法會林口辦事處進行，由果傳法師帶領，方丈和尚果東法師出席開示，同時由果器法師為四位新任勸募會員授證，有近一百人參加。

◆僧團舉辦「大悲心起‧願願相續──護法悅眾關懷行」系列活動，18日下午於德貴學苑進行，由果界法師帶領，方丈和尚果東法師出席開示，同時由果祥法師為四位新任委員及九位勸募會員授證，有近一百七十人參加。

◆僧團舉辦「大悲心起‧願願相續──護法悅眾關懷行」系列活動，18日下午於台北市成淵高中進行，由果賢法師帶領，方丈和尚果東法師出席開示，同時由果燦法師為九位新任勸募會員授證，有近四百五十人參加。

◆北投農禪寺舉辦佛一暨八關戒齋法會，共有五百八十一人參加。

◆4月18日至7月4日，北投農禪寺每週六上午舉辦「生活日語班──初階」課程，共有二十五人參加。

◆台南分院於安平精舍舉辦義工成長課程，內容包括義工心態、威儀、禮儀等介紹，由義工團團長秦如芳等三位講師帶領，有近一百五十位學員參加。

◆台南分院舉辦大悲懺法會，共有兩百七十六人參加。

◆台東信行寺舉辦演講，邀請心理諮商專家鄭石岩教授主講「妙喻扭轉人生」，有近一百八十人參加。

◆傳燈院上午應北投有機飲食春季研習班之邀，至中戀大樓舉辦法鼓八式動禪課程，有近二十人參加。

◆慈基會舉辦「第十四期百年樹人獎助學金」系列頒發活動，18日於台南分院進行首場，共有四十七位學子受獎。

◆4月18日至5月23日，法鼓大學籌備處於週六下午在德貴學苑舉辦「電影中的禪機」課程，由該校助理教授辜琮瑜帶領，探討六部電影中隱藏的禪機，首場播放的影片是《深夜加油站遇見蘇格拉底》（Peaceful Warrior），共有四十九人參加。

◆僧大於高雄紫雲寺分別為法青會高雄分會、高雄縣私立中山高級工商職業學校各舉辦一場「世界咖啡館World Café──從聖嚴師父回頭看自己的生命」活動，各有三十九位法青及八十九位職校學生參加。

◆18、25日，美國紐約東初禪寺舉辦英文初級禪訓班，由聖嚴師父西方弟子李世娟帶領，共有十五人參加。

◆美國紐約東初禪寺住持果醒法師至加州洛杉磯弘法關懷期間，18日於分會舉辦佛法講座，主講「你也有神通」，會後並帶領護法信眾培訓課程，共有三十八人參加。

◆加拿大溫哥華道場舉辦地藏法會，由監院果樞法師帶領，共有一百一十三人參加。

04.19

◆法鼓山上午於北投農禪寺舉辦「祈福皈依大典」，方丈和尚果東法師為來自海內外的信眾親授三皈五戒，共有一千三百九十三人皈依三寶。

◆僧團舉辦五十二場「大悲心起‧願願相續──護法悅眾關懷行」系列活動。19日下午於法鼓山園區進行，由果傳法師帶領，方丈和尚果東法師出席開示，同時由果鏡法師為一位新任委員及八位勸募會員授證，有近一百人參加。

◆三學院義工室於法鼓山園區舉辦新義工說明會，有近一百三十人參加。

◆台中分院於惠蓀林場舉辦戶外禪，由果雲法師帶領，共有兩百三十人參加。
◆台中分院於寶雲別苑舉辦「農禪生活課程」，邀請有機農業達人陳孟凱博士主講，共有十三人參加。
◆南投德華寺至南投縣信義鄉的明勝塔塔加舉辦戶外禪，由副寺果弘法師帶領，共有三十人參加。
◆台南分院舉辦助念團成長課程，由聖嚴書院講師郭惠芯帶領，有近兩百人參加。
◆高雄三民精舍舉辦精進禪一，由紫雲寺常覺法師帶領，共有四十七人參加。
◆關懷院於高雄紫雲寺舉辦「進階大事關懷課程」，內容主題包括世俗禮儀的探討、佛教生死觀、法鼓山大關懷教育的願景，共有一百七十人參加。
◆慈基會舉辦「第十四期百年樹人獎助學金」系列頒發活動，19日分別於嘉義再耕園身心障礙綜合園區、高雄紫雲寺進行，各有七十二位、一百零一位學子受獎。
◆僧大於台中分院舉辦「世界咖啡館World Café——從聖嚴師父回頭看自己的生命」活動，共有四十五位歷屆自覺營學員參加。
◆法行會南區分會於高雄紫雲寺舉辦半日禪，由監院果耀法師帶領，共有二十五人參加。
◆美國紐約東初禪寺舉辦週日講座，由監院常華法師主講「《法華經》的教育觀」，共有八十三人參加。
◆美國紐約東初禪寺住持果醒法師至加州洛杉磯弘法關懷期間，19日於分會舉辦佛法講座，主講「如何當下扭轉現世報」，共有九十六人參加。
◆馬來西亞護法會法青組舉辦「環保DIY」活動，學習傳統手工藝，共有三十五人參加。
◆台北縣板橋市節能減碳力行協進會一行一百三十人參訪法鼓山園區。

04.21

◆美國紐約東初禪寺住持果醒法師至加州洛杉磯弘法關懷期間，21日於分會帶領法鼓八式動禪培訓課程，共有二十七人參加。

04.22

◆傳燈院晚上應彰化縣合興國小之邀，至該校視聽中心舉辦法鼓八式動禪課程，共有四十人參加。
◆高雄紫雲寺至藤枝森林遊樂區舉辦助念團聯誼活動，並轉往聖嚴師父閉關六年的美濃朝元寺參訪禮佛，由常琨法師帶領，共有八十五人參加。
◆本日為世界地球日，法鼓大學籌備處於德貴學苑舉辦「2009世界地球日——法鼓大學節能減碳工作坊」講座，邀請財團法人余紀忠文教基金會執行祕書呂理德、台灣綠色生產力基金會講師黃建誠、台灣綠適居協會祕書長邱繼哲，為民眾講授如何節能減碳；法鼓大學並首度對外展示建構德貴學苑為綠色大樓的方法。環保署署長沈世宏、法鼓大學籌備處校長劉安之也出席致詞。
◆台北市士林區天和里常青關懷站一行七十五人參訪法鼓山園區，方丈和尚果東法師前往關懷。

04.23

◆ 4月23日至5月27日，慈基會於全台展開端午節關懷活動。23日至台中縣烏日鄉九德村老人關懷據點進行關懷。

◆ 法青會於德貴學苑舉辦十六場「法師有約」系列講座。23日晚上由僧團常寬法師主講「問佛陀情為何物」，從佛法角度剖析情緒、情感、情操，以及親情、愛情、友情、道情等各種情感，有近三百人參加。

◆ 23至26日，美國護法會加州舊金山分會舉辦精進禪三，由東初禪寺住持果醒法師帶領，共有二十五人參加。

◆ 裝置藝術家蔡國強在護法總會副總會長葉榮嘉伉儷、誠品畫廊經理趙琍的陪同下，至法鼓山園區拜訪方丈和尚果東法師。

04.24

◆ 法鼓大學籌備處公益學院於德貴學苑舉辦「法鼓公益論壇——數位公益」系列座談，24日首場主題為「網路時代之公益參與」，由中央大學客家學院院長江明修主持，邀請一村基金會（One Village Foundation） 創辦人唐瑋主講，喜瑪拉雅基金會資深研究員兼公益資訊中心主任李雪瑩擔任回應人，有近五十人參加。

◆ 24至26日，美國護法會加州舊金山分會舉辦精進禪三，由紐約東初禪寺住持果醒法師帶領，共有二十多人參加。法師並於27日為禪眾介紹生活禪。

◆ 4月24日至6月26日，新加坡護法會每週五晚上舉辦瑜伽共修，共有十五人參加。

04.25

◆ 僧團舉辦五十二場「大悲心起‧願願相續——護法悅眾關懷行」系列活動。25日上午於護法會潮州辦事處進行，由常悟法師帶領，同時由果興法師為兩位新任委員及六位勸募會員授證，有近一百人參加。

◆ 僧團舉辦「大悲心起‧願願相續——護法悅眾關懷行」系列活動，25日下午於護法會屏東辦事處進行，由常悟法師帶領，同時由果興法師為一位新任委員及十一位勸募會員授證，有近一百三十人參加。

◆ 弘化院知客室於法鼓山園區舉辦接待組新進義工培訓課程，由僧團常光法師、常修法師帶領，共有三十九人參加。

◆ 台北安和分院下午舉辦禪修指引課程，共有七十六人參加。

◆ 25至26日，桃園齋明寺舉辦春季報恩法會，分別由果舫法師、果建法師帶領，有近三千四百人參加。

◆ 台中分院於寶雲別苑舉辦「每月講談」活動，25日邀請昭盛52行館主廚林明輝主講「佛陀的廚房——從熱廚中解脫」為題，分享如何在熱廚中創造清涼，有近七十人參加。

◆ 台南安平精舍舉辦地藏法會，共有一百八十人參加。

◆ 高雄紫雲寺舉辦「每月講談」活動。25日邀請阿里山國家公園管理處副處長谷永源，分享閱讀聖嚴師父著作《心的經典：心經新釋》的心得，有近七十人參加。

◆ 傳燈院上午於北投農禪寺舉辦禪修指引課程，共有六十三人參加。

◆25至26日，信眾教育院於北投雲來寺舉辦「2009年心靈環保讀書會帶領人種子培訓初階班」課程，由普化中心副都監果毅法師，以及資深讀書會帶領人方隆彰等主講，共有五十七位學員參加。

◆慈基會舉辦「第十四期百年樹人獎助學金」系列頒發活動，25日於台北松山慈惠堂活動中心進行，邀請台北市副市長吳清基與環保局局長倪世標等蒞臨頒獎，共有三百六十四位學子受獎。頒獎之前，慈基會並邀獲獎助的學子與家屬至四獸山的虎山步道進行環保淨山活動。

◆慈基會舉辦「第十四期百年樹人獎助學金」系列頒發活動，25日於基隆精舍進行，共有二十二位學子受獎。

◆法青會台北分會舉辦十一場「心光講堂」系列講座。25日於德貴學苑進行，邀請插畫家萬歲少女蔣涵坪主講「開創網路一片——天花樣少女，萬歲人生」，分享如何在理念與商業之間取得平衡，以及接觸佛法帶給她的轉變，共有八十八人參加。

◆美國紐約象岡道場舉辦素食烹飪共修。

◆加拿大護法會安省分會舉辦戶外禪修活動，內容包括法鼓八式動禪、健行、猜謎遊戲等。

◆25、26日，新加坡護法會法青組於當地商業區設立法鼓山結緣品攤位，共同慶祝衛塞節，有近二十人參加。

◆25至27日，方丈和尚果東法師率領僧團法師一行五人至香港護法會弘法關懷。25日晚上舉辦榮董感恩晚會，有近六十人參加。

04.26

◆僧團舉辦五十二場「大悲心起‧願願相續——護法悅眾關懷行」系列活動。26日上午於台北中山精舍進行，由果傳法師帶領，同時由果鏡法師為十位新任委員及十五位勸募會員授證，有近一百六十人參加。

◆僧團舉辦「大悲心起‧願願相續——護法悅眾關懷行」系列活動，26日上午於高雄紫雲寺進行，由常慛法師帶領，同時由果興法師為四位新任委員及四十二位勸募會員授證，有近三百五十人參加。

◆僧團舉辦「大悲心起‧願願相續——護法悅眾關懷行」系列活動，26日下午於護法會內湖辦事處進行，由果會法師帶領，同時由果燦法師為八位新任勸募會員授證，有近一百四十人參加。

◆北投文化館舉辦佛誕節暨母親節聯歡祈福活動，內容包括浴佛法會及親子闖關遊戲、學童才藝演出等，共有一千兩百多人參加。

◆台北安和分院舉辦都會生活禪一，共有四十七人參加。

◆傳燈院於北投雲來寺舉辦「Fun鬆一日禪」，由常欽法師帶領，共有七十八人參加。

◆慈基會舉辦「第十四期百年樹人獎助學金」系列頒發活動，26日於屏東潮州辦事處進行，共有七位學子受獎。

◆法行會舉辦看「電影學佛共修」，欣賞影片《靈異第六感》，共有十五人參加。

◆護法會於台北中山精舍舉辦勸募會員聯誼，關懷中山區勸募會員，以及分享勸募心得，共有六十人參加。

◆美國紐約東初禪寺舉辦週日講座，由聖嚴師父西方弟子李世娟主講「如何在家庭、工作及寺院中實踐菩薩道？」，共有四十七人參加。

◆方丈和尚果東法師暨僧團法師一行五人至香港護法會弘法關懷期間，26日上午舉辦浴佛暨皈依法會，共有七十七位信眾皈依，一百多人參加；晚上舉辦悅眾關懷活動，由常嶺法師、常應法師帶領，有近三十人參加。

◆僧團舉辦「大悲心起·願願相續——護法悅眾關懷行」系列活動，26日下午於香港護法會進行，由方丈和尚果東法師帶領，有近一百八十人參加。

04.27

◆傳燈院晚上應台北市的中鼎工程公司之邀，至該公司舉辦禪修指引課程，共有五十人參加。

◆4月27日至6月22日，法鼓大學籌備處公益學院每週一下午在德貴學苑舉辦「行銷與公益創業」課程，邀請法鼓大學公益學院助理研究員李禮孟及光原社會企業董事長李志強主講，共有十五人參加。

◆4月27日至6月21日，法鼓大學籌備處每週日晚上於德貴學苑舉辦義工培訓系列課程，主題為「以形寫神——人物攝影藝術」。

◆方丈和尚果東法師暨僧團法師一行五人至香港護法會弘法關懷期間，27日上午舉辦梵唄練習共修，由常嶺法師、常應法師帶領，共有十多位悅眾參加。

04.28

◆台北安和分院晚上舉辦菩薩戒誦戒會暨念佛共修，共有兩百零六人參加。

◆台南安平精舍舉辦佛學講座，由果煜法師主持，共有一百九十八人參加。

04.29

◆三學院於法鼓山園區舉辦初階關懷課程，分別邀請國軍北投醫院社工師楊美惠主講「輔導概論與諮商成功的要素」，東吳大學社工系教授王行主講「當事人中心輔導理論與實務技巧」，共有二十五人參加；北投農禪寺、雲來寺、台東信行寺、高雄紫雲寺同步視訊連線聽講。

◆4月29日至6月24日，法鼓大學籌備處人生學院每週二晚上於德貴學苑舉辦「心的鍛鍊——轉運任運」系列課程，由僧團法師聯合授課，講解禪宗祖師大德面對問題、處理問題的心法，有三十人參加。

◆法鼓山人基會與政治大學共同設置「法鼓人文講座」，由方丈和尚果東法師與政治大學校長吳思華於該校校史館代表雙方簽署合約，人基會祕書長李伸一、法鼓山社大校長曾濟群、政大教務長蔡連康等來賓出席見證。

◆台北護理學院教師一行八人，在校長鍾聿琳帶領下參訪佛教學院，由校長惠敏法師、副校長果肇法師等接待。鍾校長並邀約佛教學院師生赴該校參訪，認識該校食療實習餐廳推廣健康蔬食的概況。

05.01

- ◆《人生》雜誌第309期出刊。
- ◆《法鼓》雜誌第233期出刊。
- ◆法鼓文化出版新書：故事寶盒系列《聖嚴師父的頑皮童年》（聖嚴師父著，菊子繪）；論叢系列《楊郁文──其佛法之理解與實踐》（黃侃如著）。
- ◆僧大《法鼓文苑》創刊。
- ◆1至3日，弘化院於法鼓山園區舉辦「朝山‧浴佛‧禮觀音」活動，包括每天七場的浴佛法會、五條路線的朝山行禪，及「佛陀的故事特展」等，共有一萬多人次參加。
- ◆1至22日，台東信行寺每週五晚上舉辦初級禪訓班，由常玄法師帶領，共有二十人參加。
- ◆美國紐約東初禪寺舉辦「電影與心」系列活動，1日播放影片《楚門的世界》（*Truman Show*），探討片中的佛法意涵，共有十多人參加。
- ◆日本立正大學教授三友健容率領該校師生等一行五人參訪佛教學院，並發表專題演講，講題為「當代社會問題與佛教之解決方案」。

05.02

- ◆北投農禪寺舉辦「浴佛法會暨園遊會」，有近一千八百人參加。
- ◆桃園齋明寺舉辦浴佛暨報恩法會，由監院果啟法師帶領，有近四百六十人參加；隨後展開敦親睦鄰活動，向鄰近民眾發送近一千兩百個壽桃。
- ◆南投德華寺上午舉辦浴佛法會，由副寺果弘法師帶領，共有六十多人參加。
- ◆台東信行寺上午舉辦浴佛法會，由監院果密法師帶領，有近一百七十人參加。
- ◆傳燈院於北投雲來寺舉辦舒活禪一，由常嶺法師帶領，共有七十六人參加。
- ◆傳燈院上午應台北市中懋工程股份有限公司之邀，至該公司舉辦法鼓八式動禪教學課程，共有二十三人參加。
- ◆2至16日，慈基會東勢安心站配合台中縣縣政府在東勢鎮客家文物館前的桐花季活動，於館內舉辦「聖嚴法師自在法語vs.墨香花香茶香」活動，展出及義賣當地書法家鄭光倫揮毫書寫聖嚴師父的法語作品、池坊花道展、法鼓文化出版品等，所得全數捐入護持法鼓大學建設基金。
- ◆慈基會於高雄紫雲寺舉辦中、南區「緊急救援系統正副總指揮暨組長級教育訓練」，邀請台灣證券交易所總經理許仁壽、台北區緊急災害應變中心執行長石富元主講，課程藉由模擬演練強化領導與救災專業技能，副祕書長常法法師出席關懷，共有六十九位學員參加。
- ◆2至3日，僧大於法鼓山園區第三大樓舉辦首次「講經交流會」，由兩位副院長果光法師、果肇法師，以及文化中心副都監果賢法師、常寬法師等多位法師講評，共有十六位學僧參加。
- ◆美國紐約東初禪寺舉辦英文中級禪訓班，由聖嚴師父的西方弟子李世娟帶領，共有十

多人參加。

◆美國紐約象岡道場舉辦禪一，邀請聖嚴師父早期西方弟子暨紐約市立大學皇后學院藝術教育系主任李祺‧阿謝爾帶領，共有十人參加。

◆加拿大溫哥華道場舉辦浴佛法會，由監院果樞法師帶領，共有一百八十多人參加。

◆美國護法會加州舊金山分會下午舉辦浴佛節菩薩戒誦戒會，由紐約東初禪寺住持果醒法師透過視訊連線，為現場民眾開示，共有二十多人參加。

◆馬來西亞護法會舉辦「英語初級禪訓班」，共有十多人參加。

05.03

◆3至31日，北投農禪寺每週日下午舉辦週日講經，由僧團果建法師主講《心經》，有近一百人參加。

◆台中分院下午於寶雲別苑舉辦「義工感恩＆分享茶會」，由監院果理法師帶領，感謝義工們在梁皇寶懺法會期間的奉獻與成就，有近一百一十人參加。

◆台南分院上午於台南第二高級中學明德堂舉辦浴佛祈福感恩法會及園遊會，方丈和尚果東法師出席關懷，台南市市長許添財、台南二中校長王榮發等來賓蒞臨參與，有近三千五百人參加。

◆高雄紫雲寺舉辦圖書館志工成長課程，內容包括認識索書號、如何整理讀架與整架等，有近五十人參加。

◆慈基會舉辦「第十四期百年樹人獎助學金」系列頒發活動，3日分別於台中分院、東勢安心站及花蓮市北濱國小進行，共有一百六十一位學子受獎。

◆慈基會舉辦端午節關懷活動，3日由慰訪義工帶領台北市中山區、北投區關懷戶至法鼓山園區參訪，共有五十多人參加。

◆美國紐約東初禪寺上午舉辦浴佛法會，邀請同淨蘭若住持仁俊長老開示「真空幻有，佛行六度」，有近一百八十人參加；下午舉辦電影欣賞，觀賞影片《小活佛》（*Little Buddha*），有近六十人參加。

◆3至24日，加拿大溫哥華道場每週日上午舉辦初級禪訓班，由監院果樞法師帶領，共有五十多人參加。

◆馬來西亞護法會舉辦初級禪訓班，共有十多人參加。

05.04

◆4至6日，法鼓山受邀出席國際佛教大會（The International Buddhist Conference）在泰國曼谷所主辦的聯合國衛塞節（The United Nations Day of Vesak Celebrations）慶祝活動，由僧團副住持果暉法師、佛教學院副校長杜正民、圖資館館長馬德偉等參加，果暉法師代表法鼓山為大會致詞，並於各分論壇及工作坊發表論文。

◆法青會台北分會晚上於德貴學苑舉辦菩薩戒誦戒會，共有四十多人參加。

05.05

◆法鼓山於緬甸援助興建的「哈朗他亞第一小學」（Hlaing Thar Yar SoPoS 1 State

Primary School），5日舉行落成捐贈典禮，由慈基會祕書長果器法師代表捐贈，護法
總會副總會長黃楚琪、慈基會副總幹事林武雄、緬甸觀音山達本禪寺從法法師，以及
當地政府官員、學校師生、居民等，共有五百多人參加。

05.06

◆ 法鼓山於緬甸援助興建的「丹閣綜合學校」（Thanlyin Pyin Thaung Village State
Middle School），6日舉行落成捐贈典禮，由慈基會祕書長果器法師代表捐贈，護法
總會副總會長黃楚琪、慈基會副總幹事林武雄、緬甸觀音山達本禪寺從法法師，以及
當地政府官員、學校師生、居民等，共有六百多人參加。

◆ 6至27日，法鼓山每週三晚上於北投雲來寺為體系內專職及專任義工舉辦初級禪訓
班，由僧團常悟法師帶領，有近二十人參加。

◆ 文基會舉辦「心靈環保列車」系列活動，6日於台北縣金山鄉豐漁海岸線進行「牽手
淨灘、美麗左岸」活動，有近四百人參加。

05.07

◆ 7至28日，北投農禪寺每週四晚上舉辦惜福拼布禪藝課程，共有十多人參加。

◆ 法青會於德貴學苑舉辦十六場「法師有約」系列講座。7日晚上由僧大男眾學務長常
惺法師主講「世界盡頭的觀音」，分享法鼓山至中國大陸四川賑災的經驗，有近一百
人參加。

◆ 慈基會祕書長果器法師至緬甸關懷期間，7日前往當地孤兒院及少年感化院關懷，並
致贈院童書包、作業簿、鉛筆等文具用品及慰問金。

◆ 法行會晚上於台北福華飯店舉辦第一○三次例會，由文化中心副都監果賢法師主講
「聖嚴師父教的一堂編輯修行課」，共有一百二十一人參加。

05.08

◆ 慈基會舉辦端午節關懷活動，8日由慰訪義工至屏東縣長青老人安養中心，關懷近
四十位長者。

◆ 法鼓大學籌備處人生學院舉辦三場「人生café」系列講座。8日於德貴學苑進行第二
場，邀請「你說我演一人一故事劇團」表演人生戲碼，共有八十多人參加。

◆ 8至22日，美國紐約東初禪寺每週五舉辦「佛學指引」入門課程，由常御法師主講，
共有十五人參加。

05.09

◆ 僧團舉辦五十二場「大悲心起‧願願相續——護法悅眾關懷行」系列活動。9日上午
於護法會三重辦事處進行，由果界法師帶領，方丈和尚果東法師出席開示，並由果燦
法師為七位新任委員、十五位新任勸募會員授證，有近一百四十人參加。

◆ 北投農禪寺邀請鄰近居民參訪法鼓山園區，以感恩居民長期的護持與協助，有近八十

人參加。

◆台北安和分院舉辦浴佛法會，共有一百四十多人參加。

◆9至30日，台北中山精舍每週六晚上舉辦初級禪訓班，由僧團常和法師帶領，共有二十三人參加。

◆慈基會舉辦「第十四期百年樹人獎助學金」系列頒發活動，9日分別於護法會苗栗辦事處、中壢辦事處、彰化辦事處，羅東辦事處、花蓮市北濱國小，及埔里安心站、屏東辦事處進行，共有兩百五十五位學子受獎。

◆人基會上午於德貴學苑舉辦「心六倫種子教師」結業授證典禮，方丈和尚果東法師、教育部社會教育司司長朱楠賢親臨致詞，共有三十四位學員正式成為法鼓山「心六倫」運動的推手。

◆禪坐會於北投雲來寺舉辦悅眾會議，由傳燈院監院常遠法師帶領，共有三十三人參加。

◆美國護法會於紐約象岡道場舉辦首屆母親節親子園遊會，有一百二十多位東西方信眾參加。

◆美國護法會加州舊金山分會下午舉辦母親節大悲懺法會，由紐約東初禪寺住持果醒法師透過視訊連線，為現場民眾開示，共有二十五人參加。

◆馬來西亞護法會上午舉辦衛塞節祈願感恩法會，有近一百五十人參加。

◆9至30日，香港護法會每週六下午於於澳門佛教青年中心舉辦初級禪訓班，有近三十人參加。

◆澳洲護法會雪梨分會舉辦浴佛節法會，共有十多人參加。

05.10

◆為推動社會關懷，法鼓山上午於台北國父紀念館中山公園廣場舉辦「心安平安——你，就是力量！」啟動活動，邀請總統馬英九、內政部部長廖了以、邱再興文教基金會董事長邱再興、公益青年沈芯菱與方丈和尚果東法師共同響應，分享並感恩善的力量，有近三千人參加。

◆法鼓山於台北國父紀念館中山公園廣場舉辦「『心安平安——你，就是力量！』2009好願祈福感恩會」母親節活動，以園遊會形式展現，共有近一萬五千人參加。

◆僧團舉辦五十二場「大悲心起・願願相續——護法悅眾關懷行」系列活動。10日下午於台東信行寺進行，由常真法師帶領，方丈和尚果東法師出席開示，並由果賓法師為五位新任委員、四位新任勸募會員授證，有近一百五十人參加。

◆北投農禪寺舉辦禪一，共有一百人參加。

◆桃園齋明寺舉辦慈悲三昧水懺法會，由監院果啟法師帶領，有近兩百八十人參加。

◆台中分院舉辦浴佛法會，由僧團果建法師主法，共有五百六十多人參加。

◆高雄紫雲寺舉辦浴佛法會，由監院果耀法師帶領，共有一千兩百多人參加。

◆慈基會舉辦「第十四期百年樹人獎助學金」系列頒發活動，10日於台中分院進行，共有五十四位竹山地區學子受獎。

◆「第十四期百年樹人獎助學金」系列頒發活動，10日於宜蘭安康托兒所進行，共有六十八位學子受獎。

◆慈基會舉辦端午節關懷活動，10日由慰訪義工至台中縣大里市菩提仁愛之家，關懷近一百五十位長者。

◆美國紐約東初禪寺舉辦週日講座，由住持果醒法師主講「如何看人──從看到人人有煩惱到看到人人是佛」，共有八十多人參加。

05.11

◆台北中山精舍晚上舉辦禪修指引課程，由僧團常源法師帶領，共有四十六人參加。
◆佛教學院舉辦「憂鬱防治講座」，邀請八里療養院社區精神科主任吳文正主講「認識憂鬱症與如何與憂鬱症（患者）相處」，共有四十多人參加。
◆崇德文教基金會執行長廖玉琬等一行八人參訪佛教學院，由副校長杜正民、行政副校長果肇法師及圖資館館長馬德偉等接待，並就宗教學院設置相關事宜，進行交流。
◆中國大陸中國社會科學院及世界宗教研究所等學者一行九人，在真理大學宗教文化與組織管理學系系主任張家麟陪同下參訪佛教學院，由校長惠敏法師、佛教學系系主任果暉法師及中華佛研所所長果鏡法師等代表接待，雙方並進行座談，討論未來合作交流事宜。

05.12

◆12至14日，三學院於法鼓山園區舉辦梁皇寶懺梵唄培訓課程，由女眾副都監果舫法師、弘化院監院果概法師等帶領，共有二十位法師參加。

05.14

◆14至18日，美國紐約東初禪寺住持果醒法師、常聞法師至加拿大多倫多弘法關懷，內容包括帶領禪一、舉辦佛法講座、帶領法會等。14日於安省分會帶領禪坐共修、舉辦「你也有神通」專題演講，共有五十多人次參加。
◆美國護法會輔導師常華法師應邀參加美國中西部佛教會（Buddhist Council of the Midwest）於芝加哥舉辦的第四屆佛教女性論壇（4th Annual Buddhist Women's Conference），並於會中帶領禪修課程。

05.15

◆法鼓山於北投雲來寺舉辦「目標管理課程」，邀請凱創管理顧問有限公司首席顧問張震球主講，共有三十三位專職及義工參加。
◆15至17日，弘化院參學室於法鼓山園區舉辦禪二，由禪修中心副都監果元法師帶領，共有八十多位參學服務員參加。
◆法鼓山持續關懷南亞海嘯賑災，15至22日，慈基會副祕書長常法法師前往斯里蘭卡關懷，行程包括主持兩場獎助學金、學習用品的頒發典禮，以及訪視當地多處教育、慈善機構。15日於法鼓山台灣村外的新屯墾區蘇里亞威瓦（Suriyawewa）頒發助學金及學習用品，共有六十二位學童受益。
◆5月15日及6月5日，佛教學院舉辦心理健康促進系列講座，邀請前行政院衛生署自殺防治中心執行長江弘基主講，講題分別是「面對有情緒困擾的人──助人關係的概念

與界線」、「宗教、心理健康與自殺防治」，各有四十多人參加。

◆僧大於法鼓山園區第三大樓舉辦「新戒與大眾分享受戒心得」活動，由七位男眾新戒法師分享受戒心得，共有八十多位僧團法師及僧大學僧參加。

◆美國紐約東初禪寺住持果醒法師、常聞法師至加拿大多倫多弘法關懷期間，15日晚上果醒法師於當地北約克中央圖書館（North York Central Library）舉辦禪修講座，主講「以禪的角度探討壓力之應對」，有近四十人參加。

◆美國維吉尼亞州詹姆斯麥迪遜大學（James Madison University）哲學與宗教系教授莎莉・金（Sallie King）參訪僧大，由副院長果光法師、男眾學務助理常隨法師、文化中心常悟法師等接待，雙方就法鼓山社會關懷、僧伽教育等議題，進行交流。

05.16

◆桃園齋明寺上午舉辦禪坐共修暨聯誼活動，內容包括茶會、法鼓八式動禪與禪坐練習等，監院果啟法師出席關懷，共有八十九人參加。

◆台中分院於寶雲別苑舉辦「每月講談」活動，16日下午進行《聖嚴法師的頑皮童年》簽書會，邀請插畫家菊子、故事媽媽協會資深講師連惠宜，及法鼓文化副主編張晴分享製作此書的過程及閱讀心得，有近九十人參加。

◆傳燈院上午於北投農禪寺舉辦禪修指引課程，有近六十人參加。

◆金山法鼓山社大響應台北縣環保局沿海鄉鎮春季擴大淨灘作業，於金山青年活動中心海水浴場進行，共有二十七位學員參加。

◆佛教學院佛教學系於法鼓山園區舉辦「法鼓百合花節」，內容包括生態觀察、闖關遊戲、大堂分享等，方丈和尚果東法師到場關懷，共有三十八位高中生參加。

◆法鼓大學籌備處公益學院於德貴學苑舉辦「法鼓公益論壇——數位公益」系列講座，16日晚上邀請網站資訊架構師陳啟亮主講「心理學與網際網路」，介紹資訊與網路中的「使用者經驗設計」（User Experience Design），共有四十人參加。

◆16至17日，護法總會於法鼓山園區舉辦「2009正副會團長・轄召・召委成長營」，主題為「傳薪承擔・心心相續」，內容包括「慧命傳承——尋找善知識」、「弟子傳薪——從歷史看弟子們在宗門的角色」、「寂滅為樂的佛事精神」等各項單元，共有一百八十五位悅眾參加。

◆法青會舉辦「一起哈佛趣——輕鬆學佛法」系列活動，16日於護法會中壢辦事處進行，主題為「從顛倒到肯定自我」，由常灌法師講授如何運用佛法來肯定自我，有近二十人參加。

◆美國紐約東初禪寺舉辦英文禪一，由聖嚴師父的西方弟子南茜・波那迪帶領，共有十多人參加。

◆美國護法會華盛頓州西雅圖分會參加華盛頓大學（University of Washington）台灣學生會於哈布隆（HUB Lawn）學生活動中心舉辦的台灣夜市小吃義賣，於現場設攤義賣小吃，與當地民眾互動交流，有近二十位義工參加。

◆美國紐約東初禪寺住持果醒法師、常聞法師至加拿大多倫多弘法關懷期間，16日上午果醒法師於當地北約克市議會堂（North York Civic Centre）帶領佛誕節慶祝活動，內容包括介紹佛誕節的由來與意義、主持大悲懺法會等；下午舉辦佛法講座，主講「《心經》與現代生活」，共有七十多人次參加。

05.17

◆台中分院於三義DIY心靈環保教育中心舉辦禪一,由果雲法師帶領,有近一百三十人參加。

◆高雄三民精舍上午舉辦浴佛法會,由僧團常琨法師帶領,有近兩百二十人參加。

◆常法法師於斯里蘭卡關懷期間,17日於漢班托塔(Hambantota)台灣村頒發助學金及學習用品,共有兩百三十八位學童受益。

◆慈基會舉辦「第十四期百年樹人獎助學金」系列頒發活動,17日上午於南投安心站進行,共有八十六位學子受獎。

◆法鼓山持續關懷2006年菲律賓土石流山崩事件,17至20日,慈基會資源整合組主任委員曾照嵩代表前往雷伊泰島(Leyte)獨魯萬市(Tacloban),進行獎助學金頒發暨心靈關懷活動,共有二十位學子受益。

◆佛教學院舉辦學期禪一,由研修中心主任果鏡法師擔任總護法師,有近五十人參加。

◆法行會南區分會於高雄紫雲寺舉辦兩場佛學講座,首場由該會北區副會長、現任台灣證券交易所總經理許仁壽,分享轉任中華郵政公司,運用佛法帶領郵政轉型的過程;第二場由僧團都監果廣法師主講「師父的悲願——建設人間淨土」,共有一百多人次參加。

◆法青會舉辦「一起哈佛趣——輕鬆學佛法」系列活動,17日於德貴學苑進行,主題為「從顛倒到肯定自我」,由常妙法師講授如何運用佛法來肯定自我,有近三十人參加。

◆美國紐約東初禪寺住持果醒法師、常聞法師至加拿大多倫多弘法關懷期間,17日於安省分會帶領一日禪,有近二十人參加。

◆美國紐約東初禪寺舉辦會員大會,由監院常華法師主持,共有四十五人參加。

05.18

◆18至19日,僧大舉辦校外教學,參訪台東國立台灣史前博物館、信行寺及花蓮玉里醫院,由副院長果光法師帶領,共有九十五人參加。

◆美國紐約東初禪寺住持果醒法師、常聞法師至加拿大多倫多弘法關懷期間,18日果醒法師於當地士嘉堡市議會堂(Scarborough Civic Centre)舉辦兩場佛法講座,上午的主題是「《心經》與現代生活」,下午的主題是「四弘誓願/大悲心起‧願願相續」,共有近八十人次參加。

05.19

◆19至21日,三學院於法鼓山園區舉辦初階關懷課程,邀請國防大學政治作戰學院心理及社會工作學系副教授曾麗娟、東吳大學社會工作學系教授王行及佛教學院校長惠敏法師等六位講師,講授心理諮商、悲傷輔導等,共有二十位法師參加;全台各分院道場同步視訊連線聆聽。

◆傳燈院下午應彰化女子高級中學之邀,至該校帶領禪修指引課程,共有三十八位高三學生參加。

05.20

◆ 慈基會舉辦端午節關懷活動，20日由慰訪義工至花蓮市內政部東區老人之家，關懷一百四十六位長者。

05.21

◆ 慈基會舉辦端午節關懷活動，7日由慰訪義工至台中縣大雅鄉健德老人養護中心，關懷近一百四十位長者。

◆ 法青會於德貴學苑舉辦舉辦十六場「法師有約」系列講座。21日晚上由僧團常持法師主講「佛陀的廚房」，分享擔任聖嚴師父飲食侍者的因緣，有近一百人參加。

◆ 美國護法會加州洛杉磯分會舉辦禪坐共修，由紐約東初禪寺常懿法師帶領，有近二十人參加。

◆ 國立桃園啟智學校師生一行八十人參訪桃園齋明寺，由監院果啟法師接待，導覽員引導參觀齋明寺建築、認識四周的植物生態。

05.22

◆ 僧團舉辦五十二場「大悲心起・願願相續——護法悅眾關懷行」系列活動。22日下午於法鼓山園區進行，由果會法師帶領，有近七十位專職參加。

◆ 僧團舉辦「大悲心起・願願相續——護法悅眾關懷行」系列活動，22日下午於北投雲來寺進行，由果賢法師帶領，有近一百位專職參加。

◆ 5月22日至6月12日，台北安和分院每週五晚上舉辦「活用佛法——提昇職場優勢」自我成長課程，邀請前花旗銀行（CitiBank）亞洲及中東業務總監戴萬成主講，有近四十人參加。

◆ 台中分院監院果理法師應逢甲大學教職員佛學社之邀，下午至該校進行座談，以「聖嚴法師的身教」為題，分享法鼓山的理念，有近二十位社員參加。

◆ 22至24日，傳燈院於三義DIY心靈環保教育中心舉辦初級禪訓班二日營，由監院常遠法師帶領，共有一百三十五人參加。

◆ 慈基會舉辦「第十四期百年樹人獎助學金」系列頒發活動，22日於桃園齋明寺進行，共有九位學子受獎。

◆ 美國護法會加州洛杉磯分會舉辦悅眾法器培訓課程，由紐約東初禪寺常御法師帶領，有近十人參加。

◆ 22至30日，禪修中心副都監果元法師、常欽法師赴馬來西亞弘法關懷，內容包括主持護法會灑淨儀式、帶領禪修培訓課程、舉辦兩場禪修講座等。22日下午接受當地《星報》採訪，分享禪修的活用；晚間為護法會現址舉行灑淨儀式，共有三十多人參加。

◆ 22至23日，高雄元亨寺會靖法師（關世謙老師）參訪法鼓山園區及中華佛研所、佛教學院等教育設施，由佛教學院校長惠敏法師、中華佛研所榮譽所長李志夫等接待，並進行交流。

◆僧團舉辦五十二場「大悲心起‧願願相續──護法悅眾關懷行」系列活動。23日上午於台中分院進行,由果毅法師帶領,方丈和尚果東法師出席開示,並由果器法師為七位新任委員、四十四位新任勸募會員授證,有近三百五十人參加。

◆僧團舉辦「大悲心起‧願願相續──護法悅眾關懷行」系列活動,23日下午於護法會苗栗辦事處進行,由果界法師帶領,方丈和尚果東法師出席開示,並由果祥法師為四位新任委員、五位新任勸募會員授證,有近八十人參加。

◆僧團舉辦「大悲心起‧願願相續──護法悅眾關懷行」系列活動,23日下午於護法會員林辦事處進行,由果毅法師帶領,方丈和尚果東法師出席開示,並由果器法師為七位新任勸募會員授證,有近一百八十人參加。

◆僧團舉辦「大悲心起‧願願相續──護法悅眾關懷行」系列活動,23日晚上於護法會海線辦事處進行,由果界法師帶領,方丈和尚果東法師出席開示,並由果祥法師為一位新任勸募會員授證,有近七十人參加。

◆北投農禪寺舉辦與「好厝邊」歡度端午佳節活動,內容包括放鬆體驗、包粽子、製作香包等,監院果燦法師到場關懷,共有一百多人參加。

◆桃園齋明寺舉辦禪一,由監院果啟法師帶領,共有一百六十多人參加。

◆南投德華寺舉辦禪一,由副寺果弘法師帶領,共有十五人參加。

◆台南安平精舍晚上舉辦地藏法會,共有一百二十多人參加。

◆高雄紫雲寺舉辦「每月講談」活動,23日進行《聖嚴法師的頑皮童年》簽書會,邀請插畫家菊子及法鼓文化副主編張晴分享製作此書的過程及閱讀心得,有近一百五十人參加。

◆台東信行寺上午舉辦大悲懺法會,由僧團女眾副都監果舫法師帶領,共有八十二人參加。

◆23至30日,法鼓山園區禪堂舉辦默照禪七,由禪堂板首果祺法師帶領,共有一百零四人參加。

◆慈基會舉辦端午節關懷活動,23日由慰訪義工分別至台北市北投慈誠康復之家、陽明養護中心,新竹市建嘉老人安養中心,嘉義縣國泰長期照護中心,潮州市慈航老人養護中心、立暉安養中心機構進行關懷,共關懷三百三十多戶。

◆23至24日,關懷院於北投雲來寺舉辦兩梯次「誦念梵唄培訓課程」,由僧團果傳法師、果選法師等帶領,共有四百三十九位助念團及念佛會法器悅眾參加。

◆法青會台北分會舉辦十一場「心光講堂」系列講座。23日晚上於德貴學苑進行,邀請不織布創意工坊(SweetGift)經營者許家郁主講「開創網路一片天──發揮天賦,創業就業都OK」,分享從就業到創業、創業到授業的心路歷程,共有七十三人參加。

◆法青會台中分會晚上於台中分院舉辦念佛共修,共有二十多人參加。

◆法青會台南分會下午於台南分院舉辦「法青環保日」,邀請台南市綠的關懷協會理事長董雅玢分享環保手工肥皂的製作,有近五十人參加。

◆美國紐約東初禪寺舉辦出坡禪,由常旻法師帶領,共有十多人參加。

◆23至30日,美國紐約象岡道場舉辦禪宗公案課程,由聖嚴師父西方法子約翰‧克魯克(John Crook)、賽門‧查爾得(Simon Child)帶領,共有十九人參加。

◆加拿大溫哥華道場舉辦佛一暨八關戒齋法會,由監院果樞法師帶領,有近五十人參加。

◆23至24日,美國護法會加州洛杉磯分會舉辦臨終關懷研習課程,內容包括大事關懷服務介

紹、助念法器教學等,由紐約東初禪寺常懿法師、常御法師帶領,共有九十多人次參加。

◆ 禪修中心副都監果元法師、常欽法師至馬來西亞護法會弘法關懷期間,23至26日於護
法會帶領「初級禪訓班師資培訓課程」,共有二十位學員參加。

◆ 香港護法會下午至麗瑤白普理護理院關懷近六十位長者,共有十位義工參加。

◆ 新加坡大學的教育考察組師生一行十三人參訪法鼓山園區,由僧大副院長果光法師接
待,並進行交流。

◆ 台東大學師生一行十五人參訪信行寺,由監院果密法師帶領體驗禪修。

05.24

◆ 僧團舉辦五十二場「大悲心起‧願願相續──護法悅眾關懷行」系列活動。24日上午
於台南分院進行,由常惺法師帶領,方丈和尚果東法師出席關懷,並由果興法師為
十九位新任勸募會員授證,有近兩百六十人參加。

◆ 僧團舉辦「大悲心起‧願願相續──護法悅眾關懷行」系列活動,24日下午於護法會
嘉義辦事處進行,由常惺法師帶領,方丈和尚果東法師出席關懷,並由果興為五位新
任委員、八位新任勸募會員授證,有近一百三十人參加。

◆ 僧團舉辦「大悲心起‧願願相續──護法悅眾關懷行」系列活動,24日下午於國泰人
壽保險股份有限公司景美展業處進行,由果會法師帶領,並由果鏡法師為三位新任委
員、八位新任勸募會員授證,有近一百四十人參加。

◆ 高雄紫雲寺舉辦佛一,由監院果耀法師帶領,有近一百八十人參加。

◆ 信眾教育院於德貴學苑舉辦「聖嚴書院講師研習會」,邀請屏東商業技術學院副教授
林其賢、南華大學自然醫學研究所助理教授黃國清,以及僧團果建法師、佛教學院助
理教授陳美華分享聖嚴師父的思想與特色,共有五十多位聖嚴書院講師及助教參加。

◆ 信眾教育院於德貴學苑舉辦「心靈環保讀書會帶領人種子進階培訓課程」,由僧大女眾
學務規畫組組長常慧法師、資深讀書會帶領人方隆彰帶領,共有八十多位學員參加。

◆ 慈基會舉辦端午節關懷活動,24日上午至台北縣板橋市榮民之家關懷七十多位老菩
薩,共有十多位海山區義工參加。

◆ 義工團於北投農禪寺舉辦新義工說明會,由團長秦如芳帶領,內容包括義工經驗分
享、義工團各組工作性質介紹等,有近二十人參加。

◆ 法青會舉辦「一起哈佛趣──輕鬆學佛法」系列活動,24日於高雄紫雲寺進行,主題為
「從顛倒到肯定自我」,由常一法師講授如何運用佛法來肯定自我,有近三十人參加。

◆ 美國紐約東初禪寺舉辦週日講座,由監院常華法師主講「《法華經》的領導哲學」,
共有六十三人參加。

◆ 美國護法會加州洛杉磯分會晚上舉辦禮八十八佛拜懺法會,由紐約東初禪寺常懿法師
帶領,共有四十二人參加。

◆ 香港護法會舉辦禪一,有近五十人參加。

05.25

◆ 慈基會舉辦端午節關懷活動,25日由慰訪義工至屏東縣屏安醫院大同院區,關懷七十
位長者。

05.26

◆ 僧團舉辦五十二場「大悲心起・願願相續——護法悅眾關懷行」系列活動。26日下午於北投雲來寺進行，由常真法師帶領，有近七十位專職參加。

◆ 慈基會舉辦端午節關懷活動，26至27日由慰訪義工至台北市馬明潭、忠勤山莊以及萬芳護理之家，進行關懷，共關懷兩百二十六戶。

05.27

◆ 禪修中心副都監果元法師至馬來西亞弘法關懷期間，27日於護法會舉辦「英語初級禪訓班」，共有八十位學員參加。

05.28

◆ 28至31日，高雄紫雲寺舉辦禪三，由監院果耀法師擔任總護法師，共有七十八人參加。

◆ 禪修中心副都監果元法師、常欽法師至馬來西亞護法會弘法關懷期間，28日上午於護法會帶領「助理監香培訓課程」，有近三十人參加；下午舉辦首場「與禪有約」講座，共有一百多人參加。

05.29

◆ 29至31日，法青會於三義DIY心靈環保教育中心舉辦「法青種子培訓營」，由常一法師帶領，共有一百零一人參加。

◆ 法青會高雄分會舉辦五場「心靈成長會客室」活動，邀請圓桌教育學苑協談中心老師劉華厚主講。29日於高雄三民精舍進行第四場，講題為「為自己而活的智慧」，共有三十多人參加。

◆ 禪修中心副都監果元法師至馬來西亞護法會弘法關懷期間，29日下午分別接受當地《南洋商報》、《福報》採訪，剖析東西方人士學禪的差異；晚上於護法會舉辦「與禪有約」講座，以英文分享禪宗公案，有近二十人參加。

◆「第八屆印順導師思想之理論與實踐」學術會議主席暨玄奘大學宗教學系主任昭慧法師，於會後帶領與會大陸學者復旦大學宗教研究所所長王雷泉等一行六人，參訪法鼓山園區，由方丈和尚果東法師、僧團副住持果暉法師、中華佛研所所長果鏡法師代表進行交流。

05.30

◆ 30至31日，法鼓山受邀出席香光尼僧團、財團法人伽耶山基金會等於艋舺龍山寺板橋文化廣場舉辦的「2009佛教僧伽教育國際研討會——現代尼僧伽教育之回顧與前瞻」，由僧大副院長果光法師、常悟法師代表參加，並發表〈悲願傳承——法鼓山尼僧教育之回顧與展望〉論文，共有四百多位來自各國的漢傳、南傳與藏傳尼僧與佛教學者與會。

◆ 僧團舉辦五十二場「大悲心起・願願相續——護法悅眾關懷行」系列活動。30日下午

於護法會豐原辦事處進行，由常隨法師帶領，方丈和尚果東法師出席開示，並由果器法師為三位新任委員、九位新任勸募會員授證，有近一百五十人參加。

◆北投農禪寺舉辦慈悲三昧水懺法會，有近一千兩百人參加。

◆台北安和分院下午舉辦禪修指引課程，有近八十人參加。

◆30至31日，桃園齋明寺舉辦佛二暨八關戒齋法會，由監院果啟法師帶領，共有近五百四十人次參加。

◆慈基會舉辦「第十四期百年樹人獎助學金」系列頒發活動，30日上午於桃園齋明寺進行，共有十一位學子受獎。

◆佛教學院與韓國金剛大學簽署締約協議書，內容包括教學研究人員、學生互訪及參與研究計畫，共用圖書館資源、學術出版物與資訊之交流等。

◆美國紐約東初禪寺舉辦讀書會帶領人種子培訓課程，由監院常華法師帶領，共有二十七人參加。

◆禪修中心副都監果元法師、常欽法師至馬來西亞弘法關懷期間，30日於護法會帶領禪一，共有五十三人參加。

◆美國史丹佛大學（Stanford University）台灣校友會一行三十人參訪桃園齋明寺，由監院果啟法師接待，導覽員引導參觀齋明寺建築、庭園景觀、認識四周的植物生態等。

05.31

◆僧團舉辦五十二場「大悲心起‧願願相續──護法悅眾關懷行」系列活動。31日上午於護法會新莊辦事處進行，由果界法師帶領，並由果燦法師為四位新任委員、六位新任勸募會員授證，共有一百九十多人參加。

◆僧團舉辦「大悲心起‧願願相續──護法悅眾關懷行」系列活動，31日上午於護法會彰化辦事處進行，由常隨法師帶領，方丈和尚果東法師出席開示，並由果器法師為兩位新任委員、八位新任勸募會員授證，有近一百六十人參加。

◆僧團舉辦「大悲心起‧願願相續──護法悅眾關懷行」系列活動，31日下午於護法會南投辦事處進行，由常隨法師帶領，方丈和尚果東法師出席開示，並由果器法師為五位新任委員、四位新任勸募會員授證，有近一百七十人參加。

◆南投德華寺舉辦端午節關懷活動，由副寺果弘法師帶領十二位義工分至關懷戶家中發送物資，共關懷四十戶家庭。

◆台東信行寺舉辦禪一，由監院果密法師帶領，共有十五人參加。

◆關懷院於台南安平精舍舉辦「初階大事關懷課程」，內容主題包括生命教育繪本賞析、大事關懷服務介紹等，有近兩百二十人參加。

◆慈基會舉辦「第十四期百年樹人獎助學金」系列頒發活動，31日上午於新竹市「海天一線看海區音樂廣場」進行，共有四十五位學子受獎。典禮前先進行淨灘活動，桃園齋明寺監院果啟法師到場關懷與祝福，共有三百多人參加。

◆美國紐約東初禪寺舉辦週日講座，由常濟法師主講「地球需要您──攜手共同因應氣候變化」，共有五十一人參加。

◆美國護法會新澤西州分會舉辦地藏法會，由監院常華法師帶領，共有四十多人參加。

◆美國護法會加州洛杉磯分會舉辦專題討論，主題為「禪與腦」；並舉行電影賞析活動，欣賞影片《明日的記憶》，由資深悅眾林博文帶領，共有二十多人參加。

6月 JUNE

06.01

◆《人生》雜誌第310期出刊。

◆《法鼓》雜誌第234期出刊。

◆法鼓文化出版新書：祈願鈔經系列《心經硬筆鈔經本》、《觀世音菩薩普門品硬筆鈔經本》；高僧小說系列精選《風雲一奇僧——虛雲老和尚》（馬景賢著，劉建志繪）、《慈悲護眾生——蓮池大師》（陳啟淦著，劉建志繪）。

◆台北中山精舍晚上舉辦禪修指引課程，由僧團常源法師帶領，共有四十五人參加。

◆6月1日至8月10日，《法鼓》雜誌進行雜誌紙本需求普查，並鼓勵讀者改訂電子報，以落實環保理念。

◆法鼓山於中國大陸四川省安縣秀水鎮民興中學舉辦「有你真好・你，就是力量！」生命教育活動，活動由慈基會副祕書長常法法師帶領，引導學員藉由動態遊戲紓解身心壓力，僧團副住持果品法師出席關懷，共有六百五十多位師生參加。

◆香光尼僧團方丈悟因長老尼帶領參與「2009佛教僧伽教育國際研討會——現代尼僧伽教育之回顧與前瞻」與會代表，參訪法鼓山園區，由佛教學院佛學系主任果暉法師、中華佛研所所長果鏡法師、僧大行政副院長果肇法師等教育主管執事接待，並進行座談，交流僧伽教育的各項實務。

06.02

◆台南分院每週二上午舉辦茶藝入門課程，共有二十多人參加。

◆2至25日，香港護法會每週二、四晚上舉辦「學拼音讀《心經》——普通話班」，共有二十多人參加。

◆越南河內東英縣觀音寺住持明燈法師、胡志明市福海寺住持淨願法師及居士一行五人，參訪法鼓山園區。

06.03

◆法鼓山於北投雲來寺舉辦「自然倫理」專題演講，邀請「心六倫」種子教師培訓講師，也是中研院生物多樣性中心研究員陳章波主講，全台各分院視訊連線聆聽，包括僧團法師、專職與義工等共有兩百多人參加。

◆佛教學院於法鼓山園區第三大樓階梯教室舉辦佛教藝術座談會，邀請佛畫家林季峰主講「佛畫家的宗教情懷」，由校長惠敏法師主持，共有五十多人參加。

◆台北縣金山高中國中部一年級二百八十多位師生，在該校學務處主任陳季芬帶領下，上午參訪法鼓山園區，體驗園區的境教。

◆台北縣金美國小校長胡德明率領該校教師研習活動十三位教師，下午參訪法鼓山園區，由北海岸關懷室常諦法師陪同參觀。

06.04

◆ 4至6日，三學院於法鼓山園區舉辦禪修總護、小參法師培訓課程，由禪修中心副都監果元法師、僧大副院長果光法師等帶領，共有二十一位法師參加。

◆ 法行會晚上於台北福華大飯店舉辦第一○四次例會，由行政中心文宣處輔導師果祥法師主講「台灣的佛教——以中華禪法鼓宗為中心」，共有一百人參加。

◆ 美國紐約東初禪寺舉辦佛學講座，邀請聖嚴師父法子果如法師主講「念佛與參禪——道本無二」，共有八十五人參加。

◆ 4至7日，美國紐約東初禪寺住持果醒法師至華盛頓州西雅圖弘法關懷，內容包括講座及禪修活動等。4日晚上於分會舉辦禪修講座，主講「不打坐，才是真打坐」，有近四十人參加。

◆ 4至25日，香港護法會每週四晚上舉辦初級禪訓班，有近六十人參加。

06.05

◆ 6月5日至7月9日，傳燈院應富蘭克林證券投資顧問股份有限公司之邀，每週五晚上至該公司舉辦法鼓八式動禪教學課程，共有五十人參加。

◆ 6月5日至8月28日，信眾教育院每週五晚上於護法會中永和辦事處開辦「慈雲懺主淨土文」佛學課程，由講師宗譓法師主講，有近五十人參加。

◆ 5至7日，佛教學院受邀參加美國洛杉磯西來寺「經典翻譯協會」（Sutra Translation Council）所舉辦的首屆「漢傳佛經翻譯會議」（Council on the Translation of Buddhist Sutra），由圖資館館長馬德偉代表參加，會議中對於「失落及毀損的文本重建」及「辭典編纂之專用術語」等議題有深入的討論。

◆ 5至7日，禪坐會於三義DIY心靈環保教育中心舉辦禪二，由傳燈院監院常遠法師帶領，有近九十人參加。

◆ 美國紐約東初禪寺舉辦佛學講座，邀請聖嚴師父法子果如法師主講「話頭禪，祖師道」，共有七十五人參加。

◆ 美國紐約東初禪寺住持果醒法師於西雅圖弘法關懷期間，5日晚上於分會舉辦禪修講座，主講「你也有神通」，有近四十人參加。

06.06

◆ 桃園齋明寺舉辦出坡禪，由監院果啟法師帶領，有近六十位義工參加。

◆ 台東信行寺舉辦佛一暨八關戒齋法會，由常玄法師、常輪法師帶領，共有七十五人參加。

◆ 法青會於德貴學苑舉辦首度「六六大順，考試超順」考生祝福活動，與考生分享禪修「清楚、放鬆、專注」的方法，由常宏法師帶領，共有一百四十位考生與家長參加。

◆ 法青會台南分會下午於台南安平精舍舉辦「開發創造力」生活講座，邀請成功大學航空太空工程學系教授鄭育能主講，共有三十多人參加。

◆ 美國紐約象岡道場舉辦禪一，邀請聖嚴師父西方弟子南茜‧波那迪帶領，共有十人參加。

◆ 美國護法會新澤西州分會上午舉辦佛法講座，邀請聖嚴師父法子果如法師主講「讀經與用經：佛學生活」，由護法會輔導師常華法師主持，共有五十多人參加。

◆ 美國紐約東初禪寺住持果醒法師於西雅圖弘法關懷期間，6日於分會舉辦生活禪課程，有近四十人參加。

◆ 馬來西亞護法會舉辦「英語初級禪訓班」，有近十人參加。

06.07

◆ 法鼓山於法鼓山園區舉辦「社會菁英禪修營第六十二次共修會」，由僧團副住持果品法師帶領，共有一百九十八人參加。

◆ 7至14日，僧團於法鼓山園區禪堂舉辦「結夏安居」，邀請聖嚴師父法子繼程法師帶領話頭禪七，共有四十一位法師、一百位在家眾參加。

◆ 僧團舉辦五十二場「大悲心起‧願願相續——護法悅眾關懷行」系列活動。7日下午於法鼓山園區進行，由常惺法師帶領，方丈和尚果東法師出席開示，有近兩百位社會菁英共修會會員參加。

◆ 南投德華寺上午舉辦地藏法會，由副寺果弘法師帶領，共有五十多人參加。

◆ 傳燈院於北投雲來寺舉辦「Fun鬆一日禪」，由常欽法師帶領，共有八十六人參加。

◆ 法青會桃園分會下午於桃園齋明寺舉辦「書香茶禪」活動，分享茶禪研習與閱讀聖嚴師父著作之智慧掌中書系列《好人緣自己創造》的心得，有近二十人參加。

◆ 法青會台中分會下午於台中分院舉辦讀書會，閱讀聖嚴師父著作《覺情書》，邀請逢甲大學通識教育中心講師林宜婷帶領，共有十多人參加。

◆ 美國紐約東初禪寺舉辦週日講座，邀請果如法師主講「於生活困境，能心靈昇華——心安平安」，共有九十三人參加。

◆ 美國紐約東初禪寺住持果醒法師於西雅圖弘法關懷期間，7日於當地瑪莉墨爾公園（Marymoor Park）帶領戶外禪，有近八十人參加。

◆ 加拿大護法會安省分會舉辦禪一，共有十多人參加。

◆ 馬來西亞護法會舉辦初級禪訓班，有近十人參加。

06.09

◆ 法緣會上午於台北安和分院舉辦例會及演講，由建設工程處處長李孟崇主講「法鼓山的建築之美」，共有四十多人參加。

06.10

◆ 佛教學院舉辦專題講座，邀請美國麻薩諸塞大學盧維爾分校（University of Massachusetts at Lowell）哲學系副教授艾瑞克‧尼爾森（Eric Sean Nelson）主講「佛教空性及西方哲學」（Buddhist Emptiness and Western Philosophy），共有二十多人參加。

06.11

◆ 11至14日，傳燈院於台東信行寺舉辦「禪悅四日營」，內容包括「初級禪訓班二日營」及一日的「戶外禪」體驗等，由監院常遠法師、常源法師等帶領，共有八十七位學員參加。

06.12

◆ 12至13日，佛教學院與輔仁大學博物館學研究所於法鼓山園區共同舉辦「2009佛教文物保存與維護工作坊」，邀請前美國德州理工大學（Texas Technological University）博物館館長、博物館暨資產管理研究所教授葛瑞‧愛德森（Gary Edson）、輔仁大學博物館學研究所助理教授余敦平進行演講及實務製作，有近五十人參加。

06.13

◆ 台南安平精舍晚上舉辦地藏法會，有近一百二十人參加。

◆ 6月13日至8月30日期間，教聯會舉辦四場「佛曲帶動唱人才培訓」課程。13日於台中分院進行首場，由召集人吳甜帶領，有近五十位中部地區學員參加。

◆ 關懷院於護法會花蓮辦事處舉辦「初階大事關懷課程」，內容主題包括生命教育繪本賞析、大事關懷服務介紹等，有近一百人參加。

◆ 慈基會受邀參與台北市立浩然敬老院二十三週年院慶暨園遊會活動，關懷長者及舉行義賣活動，有近三十位北投區義工參加；浩然敬老院為了感謝法鼓山多年來持續關懷院內長者，並頒贈感謝狀給慈基會。

◆ 6月13日至8月31日，中華佛研所與佛教學院於法鼓山園區教育行政大樓、圖書資訊館舉辦「中華佛學研究所暨法鼓佛教學院30+3成果回顧展」，呈現中華佛研所三十年來的發展歷程。6月13日並於國際會議廳舉辦啟展典禮，由該所第一屆畢業生僧團果祥法師主持，法鼓山方丈和尚果東法師、華梵大學董事長修慈法師、佛教學院校長惠敏法師，以及中華佛研所所長果鏡法師、前所長李志夫教授等皆出席啟展活動，共有兩百多人參加。

◆ 13至14日，僧大於法鼓山園區階梯教室舉辦「第五屆畢業製作發表會」，共有九位僧大佛學系畢業學僧發表論文研究成果。

◆ 13、20日，美國紐約東初禪寺舉辦初級禪訓班，由常懿法師帶領，共有十多人參加。

06.14

◆ 14至15日，三學院於法鼓山園區禪堂舉辦「中華禪法鼓宗」禪修方法研討課程座談會，由聖嚴師父法子繼程法師、禪修中心副都監果元法師、普化中心副都監果毅法師等帶領，有近一百位法師參加。

◆ 桃園齋明寺舉辦古蹟導覽培訓課程，內容包括齋明寺古蹟介紹、義工行儀等，由資深悅眾陳政峰帶領，共有一百三十位學員參加。

◆ 慈基會於護法會新店辦事處舉辦「兒童暨青少年學習輔導專案」2008年教案觀摩研習營，由副祕書長常法法師帶領，進行教案與教材的分享與交流；關懷中心副都監果器法師到場關懷，共有四十三位教師義工參加。

◆ 14至21日，佛教學院於法鼓山園區禪堂舉辦學期禪七，由研修中心主任果鏡法師擔任總護法師，有近五十人參加。

◆ 護法總會上午於北投雲來寺舉辦新進勸募會員說明會，由義工團團長秦如芳帶領，關懷中心副都監果器法師、護法總會總會長陳嘉男出席關懷，有近一百人參加。

◆合唱團於台中分院舉辦成長研習營，由團長李俊賢帶領，共有兩百八十多人參加。
◆教聯會舉辦四場「佛曲帶動唱人才培訓」課程。14日於高雄紫雲寺進行第二場，由召集人吳甜帶領，共有八十八位來自高雄、屏東、潮州的學員參加。
◆美國紐約東初禪寺舉辦週日講座，邀請佛羅里達大學（University of Florida）宗教系助理教授俞永峰主講「法鼓宗的起源與特色」，有近四十人參加。
◆6月14至9月4日期間，僧團果徹法師至美國護法會加州舊金山、加州洛杉磯、華盛頓州西雅圖及加拿大溫哥華，進行弘法關懷，行程包括佛學講座及禪修活動等。6月14日下午於舊金山分會帶領法鼓八式動禪及禪坐共修，共有二十多人參加。
◆南投縣縣長李朝卿上午帶領兩百多位南投鄉親參訪法鼓山園區，方丈和尚果東法師出席接待。過程中，李朝卿縣長表示感謝法鼓山於921大地震期間的災後救援，以及十年來南投安心站提供的各項安心工程。

06.15

◆《法鼓佛教院訊》第8期出刊。

06.16

◆法鼓大學籌備處人生學院舉辦三場「人生café」系列講座。16日晚上於德貴學苑進行第三場，邀請聖嚴師父法子繼程法師主講「禪眼看花花世界」，共有四百多人參加。
◆僧團果徹法師至北美弘法關懷期間，16日晚上於美國護法會加州舊金山分會帶領禪坐共修，共有三十多人參加。

06.17

◆17至26日，僧團於法鼓山園區禪堂舉辦「結夏安居」，邀請聖嚴師父法子繼程法師帶領默照禪十，共有一百四十四位法師參加。
◆6月17日至9月2日，北投農禪寺每週三下午舉辦「盆中天地——進階班」禪藝課程，共有二十多人參加。

06.18

◆韓國佛教真覺宗總務院長悔淨長老一行十九人參訪法鼓山園區。

06.19

◆法青會高雄分會舉辦五場「心靈成長會客室」活動，邀請圓桌教育學苑協談中心老師劉華厚主講。19日於高雄三民精舍進行最後一場，講題為「成就一生」，有近四十人參加。
◆19至28日，美國紐約象岡道場舉辦話頭禪十，邀請聖嚴師父法子果如法師帶領，共有三十六人參加。

◆僧團果徹法師至北美弘法關懷期間，19、20、21、26及27日，於美國護法會加州舊金山分會共舉辦五場講座，主題為「拈花微笑傳心燈——從宗教、佛教到中華禪法鼓宗」，每場有近四十人參加。

06.20

◆法鼓大學籌備處公益學院於德貴學苑舉辦「法鼓公益論壇——數位公益」系列講座，20日晚上邀請交通大學社會與文化研究所教授林瑞谷（Erik Ringmar）主講「部落客宣言與你」，介紹並探討部落格言論自由、寫作尺度等議題，有近五十人參加。
◆6月20日至8月22日，法鼓大學籌備處於週六下午在德貴學苑舉辦「電影中的生死禪」系列課程，由該處助理教授辜琮瑜帶領，探討九部影片中的生死關懷，首場播放的影片是《伊莉莎白小鎮》（Elizabethtown），共有六十位學員參加。

06.21

◆金山法鼓山社大於園區禪堂舉辦禪一，由僧團常源法師帶領，共有五十三人參加。
◆關懷院於基隆精舍舉辦「初階大事關懷課程」，內容主題包括生命教育繪本賞析、大事關懷服務介紹等，有近一百三十人參加。
◆慈基會於北投雲來寺舉辦北區「緊急救援系統正副總指揮暨組長級教育訓練」，課程藉由模擬演練強化救災專業與領導技能，祕書長果器法師到場關懷，共有一百五十五位學員參加。
◆21、28日，美國紐約東初禪寺舉辦週日講座，由住持果醒法師主講《六祖壇經·無相頌》，說明「菩提心」是大乘佛法中最重要的修行，有近七十人參加。
◆美國護法會加州洛杉磯分會於當地蒙羅維亞公園（Monrovia Park）舉辦山水禪，由法鼓山資深禪修講師毛靖帶領，共有三十五人參加。
◆南印度哲蚌洛色林札倉勘布等一行四十人參訪法鼓山園區，方丈和尚果東法師出席接待，並進行交流。

06.22

◆6月22日至7月6日，佛教學院副校長杜正民受邀前往英國大英圖書館（The British Library）及牛津大學（Oxford University）考察，並蒐集「ZEN——『輕安一心』創意禪修空間研究」專案計畫的研究資料。

06.23

◆信眾教育院於台中分院舉辦聖嚴書院中區第一梯精讀班結業典禮，由方丈和尚果東法師為三十位完成三年學習的學員頒發結業證書，聖基會董事長施建昌、屏東商業技術學院副教授林其賢等到場祝福。
◆佛教學院推廣教育中心98年度第二期開課，共有十七門課分別於德貴學苑、慧日講堂、愛群教室進行。

06.24

◆法鼓山於印尼亞齊援建的「布米摩若（Bumi Moro）海嘯兒童之家」女生宿舍，24日舉行落成捐贈典禮，由慈基會副祕書長常法法師主持，慈基會副總幹事林武雄、印尼愛心永恆基金會副會長郭奮平，以及當地軍方代表、院童、老師等，共有一百多人參加。

06.27

◆僧團於法鼓山園區禪堂舉辦「結夏安居」，邀請聖嚴師父法子繼程法師講授禪修課程，有近兩百人參加。

◆台北安和分院下午舉辦禪修指引課程，共有四十多人參加。

◆台中分院於寶雲別苑舉辦「每月講談」活動，27日下午邀請前中央健康保險局總經理朱澤民主講「健保安身、佛法安心」，分享閱讀《雪中足跡》、《聖嚴法師最珍貴的身教》的心得，有近九十人參加。

◆南投德華寺舉辦環保清潔活動，清掃周邊街道，由副寺果弘法師帶領，共有十位義工參加。

◆高雄紫雲寺舉辦「每月講談」活動，27日邀請屏東商業技術學院學務長林坤昇導讀《科學家的佛法體悟》一書，有近五十人參加。

◆傳燈院上午於北投農禪寺舉辦禪修指引課程，有近八十人參加。

◆法鼓山社大上午於法鼓山園區舉辦「金山、新莊法鼓山社會大學2009年第一期春季班結業典禮」，會場展示各項課程的學習成果，方丈和尚果東法師出席關懷，有近三百人參加。

◆金山、新莊法鼓山社大於法鼓山園區舉辦2009年春季班聯合結業典禮，共有兩百六十多人參加。

◆關懷院於護法會海山辦事處舉辦「初階大事關懷課程」，內容主題包括生命教育繪本賞析、大事關懷服務介紹等，共有一百九十五人參加。

◆法行會下午舉辦讀書會，閱讀聖嚴師父著作《歡喜看生死》，共有十多人參加。

◆法青會台北分會舉辦十一場「心光講堂」系列講座。27日晚上於德貴學苑進行，邀請優仕網創辦人及執行副總經理陳慶蔚主講「開創網路一片天——當公益遇到網路與創業家」，分享從公益角度談網路創業，共有四十三人參加。

06.28

◆僧團於法鼓山園區舉行第五屆全球僧團大會，會中並行使第三任方丈和尚任職同意權、遴選第四屆僧團代表。經全體僧眾投票結果，第二任方丈和尚果東法師續任第三任方丈。

◆6月28日至8月2日期間，桃園齋明寺舉辦「古寺新象・永續本懷」古蹟修復啟用系列活動。28日進行敦親睦鄰活動，感恩鄰近三百四十戶住戶的協助與護持，並邀請參加古蹟月系列活動，共有十五位義工參加。

◆台中分院於寶雲別苑舉辦出坡禪，有近一百人參加。

◆法青會台北分會下午於德貴學苑舉辦「哈佛PARTY」，活動以World café的討論交流

形式進行,帶領學員分享聖嚴師父給予的身教,並思索「快樂」、「恐懼」等問題,
共有二十多人參加。

◆法青會台中分會下午於台中分院舉辦「哈佛PARTY」,由悅眾分享學佛心得,有近
三十人參加。

◆美國護法會新澤西州分會下午舉辦佛法講座,由紐約東初禪寺常御法師主講「何謂修
行?」,共有二十多人參加。

◆僧團果徹法師至北美弘法關懷期間,28日於美國護法會加州舊金山分會帶領話頭禪
一,共有四十三人參加。

06.29

◆僧團於法鼓山園區禪堂舉辦「結夏安居」,進行「聖嚴思想論文發表分享會」,由僧
大副院長果光法師、常隨法師、常慧法師、常諗法師分別發表相關研究論文,有近兩
百位法師及學僧參加。

06.30

◆中國大陸廣東省佛教協會長明生法師一行十八人參訪法鼓山園區,由僧團副住持果品
法師接待。

◆泰國法身寺心平法師一行十六人參訪法鼓山園區,由僧團副住持果品法師接待。

7月 JULY

07.01

◆《人生》雜誌第311期出刊。

◆《法鼓》雜誌第235期出刊。

◆法鼓文化出版新書:法鼓人生學院叢書系列《智慧不老——韋政通教授八十演講錄》
(韋政通著);大視野系列《觀音:菩薩中國化的演變》(*Kuan-Yin: The Chinese
Transformation of Avalokitesvara*)(于君方著,陳懷宇、姚崇新、林佩瑩譯)。

◆《金山有情》第29期出刊。

◆台中分院舉辦「老年生死學」課程,由聖嚴書院講師郭惠芯主講,共有六十人參加。

◆僧大98學年度招生入學考試放榜,共錄取禪學院男眾四名、女眾八名;佛學院男眾六
名、女眾十二名;養成班男眾二名,女眾十二名,共計四十四名(男眾十二名,女眾
三十二名)。

◆加拿大溫哥華道場舉辦慈悲三昧水懺法會,由美國紐約東初禪寺住持果醒法師主法,
方丈和尚果東法師率僧團法師前往關懷,有近兩百八十人參加。

◆香港佛教聯合會一行三十人參訪法鼓山園區。

07.02

◆2至5日，法鼓山於園區禪堂舉辦菁英精進禪三，由僧團常護法師帶領，共有七十一人參加。

◆護法會新店辦事處舉辦「2009年法鼓山兒童心靈環保體驗營」，共有四十位學員參加。

◆法青會於德貴學苑舉辦十六場「法師有約」講座。2日由僧團果燦法師主講「每天都up！up！的快樂祕訣」，共有一百一十人參加。

07.03

◆僧團舉辦五十二場「大悲心起‧願願相續──護法悅眾關懷行」系列活動。3至4日方丈和尚果東法師帶領僧團法師至加拿大溫哥華道場進行，由方丈和尚主講「生命的尊嚴」，法鼓大學籌備處校長劉安之分享「聖嚴師父心中的法鼓大學」，有近三百人參加。

◆7月3日至9月17日，北投農禪寺每週五下午舉辦「盆中天地──初階班」禪藝課程，共有十多人參加。

◆台中分院寶雲別苑大殿舉行落成灑淨儀式，由監院果理法師帶領，共有二十多人參加。

◆台南分院於佳里共修處舉辦地藏法會，由監院果謙法師帶領，共有九十三人參加。

◆3至5日，傳燈院每日上午於三義DIY心靈環保教育中心舉辦初級禪訓班學長培訓課程，共有一百七十二人參加。

◆人基會於台北國際會議中心舉辦「發現幸福密碼」心倫理座談會，邀請法鼓佛教學院校長惠敏法師、台灣大學哲學系教授林火旺、亞都麗緻集團總裁嚴長壽，以及香港「壹基金」創辦人李連杰共同與談，從宗教、哲學、企業、公益等領域，與現場近三千位民眾一起探索創造幸福的密碼。

◆3至5日，美國紐約象岡道場舉辦禪三，邀請佛羅里達大學宗教系助理教授俞永峰帶領，共有三十一人參加。

07.04

◆4至25日，台北中山精舍每週六晚上舉辦初級禪訓班，由僧團常超法師等帶領，共有二十一人參加。

◆4至31日期間，桃園齋明寺為了古蹟修復後的重新開幕，舉辦「古寺新象‧永續本懷」系列暖身活動。4日首先進行古蹟寫生活動，這是自2005年開始修復起，首度開放古蹟庭園。

◆台南安平精舍舉辦地藏法會，由監院果謙法師帶領，共有一百五十四人參加。

◆7月4日至12月5日期間，高雄紫雲寺與高雄縣政府衛生局每月第一週週六上午，共同舉辦「健康促進暨心理健康」系列講座，4日邀請正修科技大學健康休閒管理系教授顏克典主講「健康體能DIY」，有近六十人參加。

◆慈基會於北投雲來寺舉辦「北區一般關懷員訓練」課程，共有一百零五人參加。

◆4至7日期間，加拿大溫哥華道場舉辦五場佛法講座，邀請果如法師主講。4日晚間講題為「念佛與參禪──道本無二」，共有一百三十七人參加。

◆4至19日，僧團果徹法師至美國護法會加州洛杉磯進行弘法關懷。4至5日於洛杉磯分

會進行兩場禪修講座,主講「宗教、佛教、中華禪法鼓宗」,共有近六十人次參加。

◆7月4日起至12月底,馬來西亞護法會每月第一、三週週六下午舉辦念佛共修,有近十人參加。

07.05

◆僧團舉辦五十二場「大悲心起・願願相續──護法悅眾關懷行」系列活動。5至7日方丈和尚果東法師帶領僧團法師至美國護法會西雅圖分會進行,由方丈和尚主講「生命的尊嚴」,法鼓大學籌備處校長劉安之分享「聖嚴師父心中的法鼓大學」,有近兩百人參加。

◆桃園齋明寺舉辦「古寺新象・永續本懷」系列暖身活動,5日進行「親子戶外禪修營」,至大溪御成古道展開戶外經行,有近兩百三十人參加。

◆南投德華寺舉辦佛一暨八關戒齋法會,由副寺果弘法師帶領,共有二十一人參加。

◆5至7日,法鼓山園區禪堂舉辦禪二,由常乘法師帶領,共有一百三十四人參加。

◆關懷院於台中分院舉辦「初階大事關懷課程」,內容包括透過生命教育繪本賞析,引導思考生命的意義與價值,並探討大事關懷以建構共識等,共有三百二十人參加。

◆聖嚴書院北區第一梯次佛學精讀班與初階班結業典禮,上午於北投農禪寺舉行,由普化中心副都監果毅法師主持,副住持果暉法師、護法總會總會長陳嘉男、聖嚴教育基金會董事長施建昌,以及聖嚴書院講師林其賢、戴良義等皆到場祝福,共有四百多人參加。本梯次有一百六十七位圓滿三年精進的學員結業。

◆美國紐約東初禪寺舉辦週日講座,由跟隨聖嚴師父學習佛法逾三十年的哈瑞・米勒博士主講「實踐心經:一個普通人能做到嗎?」,共有五十一人參加。

◆加拿大溫哥華道場舉辦兩場青年講座,下午第一場由僧團常寬法師及常惺法師主講「春風化雨點滴心頭」,晚上第二場二位法師以World Café的方式,帶領青少年尋找人生目標及方向,各有七十多人參加。

◆加拿大溫哥華道場舉辦兩場佛法講座,邀請聖嚴師父法子果如法師主講;上午的主題為「讀經與用經」,共有一百七十人參加;下午的主題為「於生活困境,能心靈昇華──心安平安」,共有一百四十五人參加。

◆馬來西亞道場舉辦中文初級禪訓班,共有十多人參加。

07.06

◆6至9日,北投農禪寺舉辦「2009年法鼓山兒童心靈環保體驗營」,共有一百一十八位國小二、三年級學員參加。

◆7月6日至12月7日,台北中山精舍每月一次於週一晚上舉辦「法師教禪坐」課程,內容包括法鼓八式動禪、禪坐,並導讀聖嚴師父著作《牛的印跡》,由傳燈院常源法師帶領,共有五十多人參加。

◆7月6日至9月28日,信眾教育院每週一晚上於基隆精舍開辦佛學課程,由講師悟常法師主講〈普賢菩薩行願讚〉,有近六十人參加。

◆7月6日至8月29日,僧大學僧至各單位進行暑假實習,共有四十九位二、三、四年級學僧參加。

◆聖基會董事施炳煌、吳宜燁伉儷至宜蘭安康托兒所體能教室，主講「從聖嚴法師最珍貴的身教說起」，關懷中心副都監果器法師到場關懷，有近兩百人參加。

◆加拿大溫哥華道場舉辦佛法講座，上午邀請聖嚴師父法子果如法師主講「話頭禪，祖師」，共有一百五十人參加。

◆加拿大溫哥華道場舉辦青年講座，由僧團常寬法師及常惺法師主講「問佛陀情為何物」，共有三十四人參加。

◆美國護法會西雅圖分會舉辦大悲懺法會，由紐約東初禪寺住持果醒法師、監院常華法師等帶領，共有三十五人參加。

07.07

◆7至10日，台中分院舉辦「2009年法鼓山兒童心靈環保體驗營」，共有一百五十五位學員參加。

◆7月7日至9月1日，法鼓大學籌備處每週二晚上於德貴學苑開辦「心的鍛鍊——開發心能量」系列課程，由僧團法師聯合授課，講解禪宗祖師大德面對問題、處理問題的心法，有一百一十四人參加。

◆7月7日至12月15日，法青會每月第一、三週週二晚上於德貴學苑舉辦「禪式工作學」系列講座，共十一場。7日首場講座邀請台灣證券交易所總經理許仁壽主講「金融風暴，以禪法解套」，共有七十八人參加。

◆加拿大溫哥華道場舉辦佛法講座，上午邀請聖嚴師父法子果如法師主講「臨濟禪，如何找到您的真人」，共有一百三十九人參加。

◆加拿大溫哥華道場舉辦青年講座，由僧團常寬法師及常惺法師主講「生命方向的追尋」，共有三十多人參加。

07.08

◆8至15日，三學院於法鼓山園區舉辦僧大應屆畢業僧新領執培訓課程，共有二十三人參加。

◆8至9日，台東信行寺舉辦「2009暑期兒童心靈環保體驗營——輔導員研習營」，共有三十人參加。

◆7月8日至8月26日，信眾教育院每週三晚上於金山金美國小開辦佛學課程，講解聖嚴師父著作《佛教入門》，由講師悟常法師主講，共有七十多人參加。

◆8至15日，加拿大溫哥華道場舉辦話頭禪七，邀請聖嚴師父法子果如法師帶領，共有五十四人參加。

07.09

◆僧團舉辦五十二場「大悲心起‧願願相續——護法悅眾關懷行」系列活動。9至11日方丈和尚果東法師帶領僧團法師至美國護法會芝加哥分會進行，由方丈和尚主講「心安平安——你，就是力量！」，法鼓大學籌備處校長劉安之分享「聖嚴師父心中的法鼓大學」，共有一百多人參加。

◆法行會晚上於台北豪景大飯店舉辦第一○五次例會，由僧團都監果廣法師主講「改變命運原來如此」，共有一百二十三人參加。
◆加拿大護法會安省分會舉辦佛法講座，由美國佛羅里達州立大學宗教系助理教授俞永峰主講「法鼓宗的起源與特色」，共有五十多人參加。

07.10

◆10至12日，三學院與弘化院聯合舉辦梵唄統一研習會，共有五十位監院以上及梵唄師資的法師參加。
◆10至12日，台東信行寺舉辦「2009年法鼓山兒童心靈環保體驗營」，共有九十人參加。
◆10至12日，加拿大護法會安省分會舉辦默照禪三，由美國佛羅里達州立大學宗教系助理教授俞永峰帶領，共有五十多人參加。

07.11

◆台中分院為聖嚴書院學員舉辦暑假精進禪一，內容包括坐禪、經行、法鼓八式動禪、出坡禪等，共有六十五人參加。
◆桃園齋明寺為了古蹟修復後的重新開幕，舉辦「古寺新象‧永續本懷」的系列暖身活動。11日進行藝術賞析音樂會，邀請九歌民族管弦樂團演出，包括桃園縣政府文化局局長陳學聖及大溪鎮鎮長蘇文生等來賓，以及五百多位大溪、北投法鼓山社大，地方民眾參加。
◆傳燈院於北投雲來寺舉辦禪修指引課程，共有四十二人參加。
◆關懷院於護法會新店辦事處舉辦「初階大事關懷課程」，內容主題包括透過生命教育繪本賞析，引導思考生命的意義與價值，並探討大事關懷以建構共識等，共有一百二十人參加。
◆11至13日，法青會於三義DIY心靈環保教育中心舉辦青年禪修營小隊輔培訓活動，有近一百二十人參加。
◆11至18日，教聯會於法鼓山園區禪堂舉辦「2009教師暑假初階禪七」，由僧團常乘法師帶領，共有一百三十六人參加。
◆美國紐約象岡道場舉辦禪一，由常聞法師帶領，有近十人參加。
◆僧團果徹法師至美國護法會加州洛杉磯弘法關懷期間，11至12日於洛杉磯分會舉辦禪修講座，進行默照禪的介紹、練習，共有五十多人次參加。
◆11至12日，馬來西亞道場至當地武吉丁宜市的格列思山果園莊（Gracehill Orchard Lodge, Bukit Tinggi）舉辦「願願相續游心生活營」活動，共有五十五位義工及悅眾參加。

07.12

◆僧團舉辦五十二場「大悲心起‧願願相續──護法悅眾關懷行」系列活動。12至16日方丈和尚果東法師帶領僧團法師至美國紐約東初禪寺進行，由方丈和尚主講「師父最後的身教」及「生命的尊嚴」，法鼓大學籌備處校長劉安之分享「聖嚴師父心中的法鼓大學」，共有三百多人參加。

◆ 台北安和分院舉辦佛一暨八關戒齋法會，由監院果旭法師帶領，共有兩百二十人參加。

◆ 台北安和分院舉辦「2009年法鼓山兒童心靈環保體驗營」，共有八十五位小四至小六的學員參加。

◆ 台中分院為初級禪訓班結業學員舉辦精進半日禪，內容包括坐禪、法鼓八式動禪、出坡禪等，共有六十五人參加。

◆ 關懷院於護法會士林辦事處舉辦「初階大事關懷課程」，內容主題包括透過生命教育繪本賞析，引導思考生命的意義與價值，並探討大事關懷以建構共識等，共有九十五人參加。

◆ 法行會中區分會於台中寶雲別苑舉辦半日禪，共有四十八人參加。

◆ 香港護法會舉辦佛一，共有八十人參加。

07.13

◆ 13至16日，北投農禪寺舉辦「2009年法鼓山兒童心靈環保體驗營」，共有一百三十四位國小四、五年級學員參加。

◆ 13至18日，法青會於三義DIY心靈環保教育中心舉辦青年禪修營，由青年院監院常宏法師帶領，有近一百五十人參加。

07.14

◆ 法緣會上午於台北安和分院舉辦例會及演講，邀請「比鄰音樂」製作公司總監張杏月主講「從心出發──歌與心的對話」，共有四十多人參加。

◆ 美國喬治亞州達林頓高中（Darlington School）師生一行十五人參訪法鼓山園區。

07.15

◆ 僧團舉辦五十二場「大悲心起‧願願相續──護法悅眾關懷行」系列活動。14至15日方丈和尚果東法師帶領僧團法師至美國護法會新澤西州分會進行，法鼓大學籌備處校長劉安之分享「聖嚴師父心中的法鼓大學」，有近百人次參加。

◆ 美國護法會加州洛杉磯分會至蒙羅維亞公園（Monrovia Park）舉辦山水禪，由資深禪眾毛靖帶領，共有二十人參加。

◆ 中華民國軍人之友社成員一行五十人參訪法鼓山園區。

07.16

◆ 法青會於德貴學苑舉辦十六場「法師有約」講座。16日由僧團果祥法師主講「哲理與事件──追尋生命的福樂」，有近一百三十人參加。

◆ 16至27日，法鼓山園區禪堂板首果祺法師、僧伽大學副院長果光法師等僧團法師一行，至澳洲護法會雪梨分會進行弘法關懷，行程包括帶領禪修、關懷護法悅眾、參訪雪梨大學，以及與當地佛教團體進行交流。

07.17

◆ 僧團舉辦五十二場「大悲心起・願願相續——護法悅眾關懷行」系列活動。17至22日由方丈和尚果東法師帶領僧團法師至美國護法會加州舊金山分會進行,由方丈和尚主講「心安平安——你,就是力量!」,法鼓大學籌備處校長劉安之分享「聖嚴師父心中的法鼓大學」,共有三百多人參加。

◆ 17至19日,台南分院於台南二中明德堂舉辦「2009慈悲三昧水懺暨瑜伽焰口法會」,由關懷中心副都監果器法師主法,共有兩千三百多人次參加。

◆ 7月17日至2010年1月22日,高雄三民精舍每月第三週週五晚上,舉辦「深度自我觀照」系列課程,邀請圓桌教育學苑協談中心老師劉華厚主講,有近二十人參加。

◆ 7月17日至9月15日,信眾教育院每週五晚上及週六上午於台東信行寺舉辦佛學講座,由講師常延法師主講聖嚴師父編寫的「學佛五講」課程,共有一百人參加。

◆ 7月17日至9月18日,人基會每週五晚上於德貴學苑舉辦「心安平安,你就是力量」系列心靈講座,共十場,邀請社會各領域的專家學者、知名人士,分享心靈成長的妙方。17日首場講座邀請中研院生物多樣性研究中心研究員陳章波主講「傾聽自然禪法」,共有五十二人參加。

07.18

◆ 18至20日,傳燈院於法鼓山園區禪堂舉辦禪訓班二日營,由監院常遠法師帶領,共有一百四十九人參加。

◆ 慈基會於台中維他露會館舉辦「中區一般關懷員教育訓練」課程,共有一百一十六人參加。

◆ 法鼓大學籌備處公益學院於德貴學苑舉辦「法鼓公益論壇——數位公益」系列座談,18日邀請公視政論節目「有話好說」製作人兼主持人陳信聰主講「對話與數位公益」,有近五十人參加。

◆ 7月18日至8月1日,美國紐約象岡道場陸續舉辦默照禪七、默照禪十四,邀請聖嚴師父法子繼程法師帶領,各有二十三人、二十五人參加。

◆ 僧團果徹法師至美國護法會加州洛杉磯分會弘法關懷期間,18至19日舉辦禪修講座,進行話頭禪的介紹、練習,有近五十人次參加。

07.19

◆ 法鼓山園區舉辦新義工說明會,共有一百五十人參加。

◆ 桃園齋明寺舉辦「捕捉古剎之美——攝影活動」,為8月該寺的古蹟啟用進行暖身,共有五十位愛好攝影人士及大溪法鼓山社大攝影班學員參加。

◆ 桃園齋明寺舉辦義工接待專業課程,共有一百五十六位學員參加。

◆ 關懷院於護法會新莊辦事處舉辦「初階大事關懷課程」,內容主題包括透過生命教育繪本賞析,引導思考生命的意義與價值,並探討大事關懷以建構共識等,共有一百零六人參加。

◆ 文基會舉辦「心靈環保列車」系列活動,19日於屏東縣六堆客家文化村進行「自然環

保──節能減碳」活動，有近八十人參加。

◆法行會中區分會於台中寶雲別苑舉辦半日禪，共有四十八人參加。

◆法青會高雄分會於高雄國軍英雄館舉辦「心光講堂」，邀請來自花蓮的國術教練暨廣告「蠻牛先生」演員廖嘉琛主講「蠻牛先生──武出真情人生」，共有一百三十五人參加。

◆美國紐約東初禪寺舉辦週日講座，由聖嚴師父西方弟子大衛‧史烈梅克主講「無畏」（Fearlessness），共有五十多人參加。

07.20

◆20至27日，佛教學院及中華佛研所師生一行共十一人，由佛教學院校長惠敏法師及中華佛研所所長果鏡法師帶領，前往中國大陸參加蘭州大學宗教研究所舉辦的「海峽兩岸隴東佛、道文化學術考察」活動。

◆7月20日至9月30日，法鼓大學籌備處舉辦「以形寫神──人物攝影藝術」課程師生成果展，由課程老師黃華安帶領十七位學生參展。

◆20至28日，僧大果解法師、常盛法師、常參法師等前往新加坡護法會進行暑假海外弘法關懷行，帶領法器練習課程和佛三。

◆人基會補助普林斯頓大學（Princeton University）教授太史文（Stephen F. Teiser）和史東（Jacqueline I. Stone）共同編輯《法華經文集》（Readings of the Lotus Sutra）一書，由美國哥倫比亞大學出版社（Columbia University Press）出版。

◆法青會於德貴學苑舉辦「快樂讀經趣」講座，20日及27日晚上由僧團常嶺法師主講《心經》，有四十多人參加。

◆新加坡護法會舉辦佛法講座，由馬來西亞道場監院常慧法師主講「心安平安念佛法門」，共有八十人參加。

07.21

◆法青會於德貴學苑舉辦十一場「禪式工作學」系列講座。21日邀請倍盛美傳媒股份有限公司董事總經理陳韋仲主講「禪御八方的廣告媒體生涯」，共有五十七人參加。

◆新加坡護法會舉辦佛法講座，由馬來西亞道場監院常慧法師主講「從心開始──心六倫的內涵」，共有八十人參加。

07.22

◆22至26日，法鼓山園區舉辦「2009年法鼓山兒童心靈環保體驗營」，主題為「學做世界心主人」，共有兩百一十七位小三學員參加。

◆22至26日，桃園齋明寺舉辦齋明鼓隊師資培訓夏令營，由鼓隊教練馬秀芬老師帶領，共有一百六十人參加。

◆22及29日，加拿大溫哥華道場舉辦初級禪訓班，由監院果樞法師帶領，共有三十六人參加。

◆22日至28日，香港護法會參加於香港會議展覽中心舉辦的「香港書展2009」，展出法鼓文化出版品。

07.23

◆ 僧團舉辦五十二場「大悲心起‧願願相續──護法悅眾關懷行」系列活動。23至26日方丈和尚果東法師帶領僧團法師至美國護法會加州洛杉磯分會進行，由方丈和尚主講「心安平安──你，就是力量！」，法鼓大學籌備處校長劉安之分享「聖嚴師父心中的法鼓大學」，共有近四百人次參加。

◆ 7月23日至8月6日，美國護法會華盛頓州西雅圖分會舉辦佛法講座，由僧團果徹法師主講七堂「漢傳佛教的發展與特色──中華禪法鼓宗」，並帶領信眾進行默照禪及話頭禪練習，共有三十五人參加。

07.24

◆ 法鼓山進行川震援建第二階段工程簽約，由僧團副住持果品法師代表方丈和尚果東法師，分別於四川安縣縣政府、北川縣縣會議室，與安縣縣長趙迎春、北川羌族自治縣縣長經大忠，就「秀水一小宿舍及幼兒園」以及「陳家壩衛生院金鼓門診部」等工程建設，進行簽約儀式，以幫助更多災區幼童入學受教，並增強偏遠地區的民眾衛生服務。

◆ 傳燈院應邀至台北市訓練經理人協會舉辦法鼓八式動禪課程，共有二十位該公司訓練人員參加。

◆ 人基會於德貴學苑舉辦十場「心安平安，你就是力量」系列心靈講座。24日邀請茶道文化攝影工作者蔡永和主講「由攝影談簡約美學」，共有四十六人參加。

◆ 24至26日，新加坡護法會於新加坡佛教居士林舉辦佛三，由僧團果解法師等帶領，共有四百二十人次參加。

07.25

◆ 弘化院知客室於法鼓山園區舉辦接待組義工初階培訓課程，由僧團常光法師等帶領，共有二十七人參加。

◆ 台北中山精舍舉辦禪修指引課程，由資深禪眾接引初學者認識禪修，共有十一人參加。

◆ 25至26日，台中分院舉辦禪二，共有一百三十五人參加。

◆ 台中分院於寶雲別苑舉辦「每月講談」活動，25日邀請資深花藝老師蔣麗麗主講「禪意花藝」，分享供花的藝術與學佛的因緣，共有八十五人參加。

◆ 25至26日，台南分院於安平精舍舉辦「2009年法鼓山兒童心靈環保體驗營」，共有七十位學員參加。

◆ 高雄紫雲寺舉辦「每月講談」活動，25日邀請高苑科技大學副教授簡文敏主講，藉由播放《創傷與榮耀》紀錄片，深入探討佛教業報的正向觀念，有近五十人參加。

◆ 法鼓大學籌備處與朝邦文教基金會於德貴學苑合辦「不確定年代──展現生命力」系列活動，邀請台北大學社工學系副教授楊蓓主講「勇氣與自由」。

◆ 禪坐會於法鼓山園區禪堂舉辦悅眾成長營，由禪修中心副都監果元法師帶領，常欽法師擔任總護，共有九十八人參加。

◆ 法青會台北分會舉辦十一場「心光講堂」。25日於德貴學苑進行，邀請何國華高爾夫體育基金會創辦人何麗純主講「運動家精神──老闆‧公益‧果嶺女教練」，分享工作理念與接觸佛法的心得，共有五十四人參加。

◆ 加拿大溫哥華道場舉辦藥師法會，由監院果樞法師帶領，共有七十八人參加。
◆ 7月25日起至12月底，馬來西亞護法會每月第二、四週週六下午舉辦菩薩戒誦戒會，
　有近十人參加。

07.26

◆ 台北安和分院舉辦「2009年法鼓山兒童心靈環保體驗營」，共有七十八位小一至小三
　的學員參加。
◆ 傳燈院於北投雲來寺舉辦「Fun鬆一日禪」，由僧團常欽法師帶領，共有八十六人參加。
◆ 7月26日至8月2日，法鼓山園區禪堂舉辦中階禪七，由僧團常護法師帶領，共有一百三十一
　人參加。
◆ 法行會中區分會於台中寶雲別苑舉辦半日禪，共有四十八人參加。
◆ 護法會海山辦事處舉辦「2009年法鼓山兒童心靈環保體驗營」，共有六十五位學員參加。
◆ 美國紐約東初禪寺舉辦週日講座，由聖嚴師父西方弟子李世娟主講「如何在工作中實
　踐菩薩道？」，共有五十一人參加。
◆ 馬來西亞道場舉辦烹飪研習課程，共有十五人參加。

07.27

◆ 傳燈院應台北市政府社會局北投社福中心之邀，至北投區公所為志工媽媽舉辦法鼓八
　式動禪課程，共有十五人參加。
◆ 7月27日至8月28日期間，慈基會與法青會於中國大陸四川地震災區的安心站合辦
　「2009暑期青年成長營」，營隊成員主要是為六梯次營隊活動服務，並與大陸青年進
　行為期三週的心理重建與生命教育活動，共有近十人參加。首先於27至29日於什邡市
　馬祖書院參加「愛在什邡──法鼓山心靈環保體驗營」。

07.28

◆ 內政部於台大醫院國際會議中心舉辦「97年度興辦公益慈善及社會教化事業績優宗教
　團體」表揚大會，法鼓山共有佛教基金會、北投農禪寺、中華佛教文化館及桃園齋明
　寺四個單位獲得表揚，由關懷中心副都監果器法師及齋明寺監院果啟法師代表出席，
　接受行政院院長劉兆玄及內政部部長廖了頒獎。

07.29

◆ 29日至8月2日，法鼓山園區舉辦「2009年法鼓山兒童心靈環保體驗營」，主題為「學
　做世界心主人」，共有兩百一十位小三學員參加。

07.30

◆ 7月30至31日，台北中山精舍舉辦「2009年法鼓山兒童心靈環保體驗營」，共有

三十七位學員參加。

◆7月30日至8月2日，台東信行寺舉辦禪悅四日營，內容包括二日禪訓課程及戶外禪活動，由監院果密法師等帶領，有近七十人參加。

◆傳燈院晚上應台北市中鼎工程公司氣功社之邀，至該公司舉辦法鼓八式動禪課程，共有五十人參加。

◆7月30日、8月20日、9月24日，慈基會斯里蘭卡安心站舉辦「外傷護理處置教育」衛教課程，共有近五十人次參加。

◆法青會於德貴學苑舉辦十六場「法師有約」講座。30日由僧團果慨法師主講「我怎麼在二十二歲決定出家？」共有兩百多人參加。

◆海濤法師生命基金會馬來西亞成員一行二十人參訪法鼓山園區，由僧團常寬法師接待。

◆國際扶輪社青少年成員一行四十六人參訪法鼓山園區。

07.31

◆法鼓山於北投雲來寺舉辦「如何欣賞攝影作品」專題講座暨作品賞析，邀請攝影藝術工作者白明德老師主講，共有四十五位專職及義工參加。

◆人基會於德貴學苑舉辦十場「心安平安，你就是力量」系列心靈講座。31日邀請大提琴家張正傑主講「馳走心弦——生活中覺察靈感的湧現」，共有一百一十八人參加。

8月 AUGUST

08.01

◆《人生》雜誌第312期出刊。

◆《法鼓》雜誌第236期出刊。

◆法鼓文化出版新書：祈願鈔經系列《大悲咒硬筆鈔經本》、《藥師經硬筆鈔經本》；高僧小說系列精選《西藏密教之父——阿底峽尊者》（辜琮瑜著，劉建志繪）、《一缽行天涯——憨山大師》（江曉莉著，劉建志繪）；大智慧系列《無法之法——聖嚴法師默照禪法旨要》（*The Method of No Method: The Chan Practice of Silent Illumination*）（聖嚴師父著，單德興譯）。

◆1至2日，台南分院於安平精舍舉辦「2009年法鼓山兒童心靈環保體驗營」，共有一百零六位學員參加。

◆1至2日，高雄紫雲寺舉辦「2009年法鼓山兒童心靈環保體驗營」，共有九十位國小三至六年級學員參加。

◆傳燈院於北投雲來寺舉辦禪修指引課程，共有三十五人參加。

◆關懷院於護法會花蓮辦事處舉辦「進階大事關懷課程」，內容主題包括世俗禮儀的探討、佛教生死觀、談法鼓山大關懷教育的願景等，共有一百一十四人參加。

◆美國紐約東初禪寺舉辦英文中階禪訓班，邀請聖嚴師父早期西方弟子暨紐約市立大學皇后學院藝術教育系主任李祺‧阿謝爾帶領，有近十人參加。

◆1日及8日，美國紐約東初禪寺舉辦兩場強化團隊生產力的培訓活動，共有二十三位北美東岸護法會悅眾參加。

◆1至2日，加拿大溫哥華道場首次舉辦初級禪訓二日營，共有二十四人參加。

◆美國護法會加州舊金山分會舉辦「2009年法鼓山兒童心靈環保體驗營」，主題為「學做世界心主人」，共有十八位學員參加。

◆韓國榮華寺包括法師及居士一行二十人由住持聖賢法師帶領，參訪法鼓山園區。

08.02

◆2至4日，台北中山精舍舉辦暑期兒童「2009年法鼓山兒童心靈環保體驗營」，共有三十一位學員參加。

◆歷經四年的修復整建，擁有一百七十年歷史的桃園齋明寺舉辦重新啟用典禮，由方丈和尚果東法師主持，邀請桃園縣縣長朱立倫、文化局局長陳學聖、民政處處長李貞儀，大溪鎮鎮長蘇文生等來賓，和一千六百多位來自桃園、中壢、新竹、台北等各地的民眾共同參加。

◆南投德華寺至惠蓀林場舉辦戶外禪活動，由副寺果明法師帶領，共有二十三人參加。

◆2至4日，佛教學院校長惠敏法師應邀參加「漢譯佛典語法研究國際學術研討會暨第四屆漢文佛典語言學國際研討會」，該研討會由中國大陸北京大學主辦，於浙江寧波香山教寺舉行，有近六十位兩岸學者參加。

◆文基會舉辦「心靈環保列車」系列活動，2日於北投農禪寺周邊社區進行「安心掃地禪──社區清潔日推廣」活動，共有七十五人參加。

◆美國紐約東初禪寺舉辦週日講座，由監院常華法師主講「如何愛」（How to Love），有近五十人參加。

◆馬來西亞護法會舉辦中文初級禪訓班，共有十九人參加。

08.03

◆3日及10日，三學院與弘化院共同舉辦梵唄師資研習營，由女聲樂家陳南慧帶領，共有二十位歷任監院及僧大梵唄講師等法師參加。

08.04

◆4至5日，三學院於法鼓山園區舉辦初階關懷課程，邀請長庚大學專任助理教授蕭仁釗、法鼓大學籌備處人生學院助理教授辜琮瑜、台北大學社工學系副教授楊蓓等主講，以培養領執僧眾的關懷能力，共有二十位法師參加。

◆慈基會與法青會於中國大陸四川地震災區的安心站合辦「2009暑期青年成長營」期間，學員於8月4至5日在秀水安心站參加「秀水高中營」，為該營隊學員服務。

◆法青會於德貴學苑舉辦十一場「禪式工作學」系列講座。4日邀請聖基會董事施炳煌主講「禪遊於十倍速的未來」，共有七十三人參加。

08.06

◆ 法行會晚上於台北豪景大飯店舉辦第一○六次例會，由僧大副院長果光法師主講「聖嚴師父的思想」，共有一百二十三人參加。

◆ 法青會於德貴學苑舉辦十六場「法師有約」系列講座。6日由僧團常諦法師主講「大體解剖　看透人生百態——從身至心的修練」，有近一百七十人參加。

◆ 6至16日，聖嚴師父法子繼程法師，在美國紐約東初禪寺住持果醒法師、常聞法師、師父美籍弟子喬治‧史維基（Djordje Cvijic）陪同下，至波蘭主持禪十，帶領四十五位來自波蘭和世界各地的禪眾精進修行。

08.07

◆ 7至28日，北投農禪寺每週五下午開辦「盆中天地——初階班」禪藝課程，共有三十六位學員參加。

◆ 8月7日至10月30日，信眾教育院每週五晚上於護法會社子辦事處開辦佛學課程，講解聖嚴師父著作《四聖諦講記》，由講師謝水庸主講，共有三十多人參加。

◆ 慈基會與法青於中國大陸四川地震災區的安心站合辦「2009暑期青年成長營」期間，學員於7至8日在秀水安心站參加「秀水四至六年級快樂兒童營」，為該營隊學員服務。

◆ 人基會於德貴學苑舉辦十場「心安平安，你就是力量」系列心靈講座。7日邀請陽明山國家公園資深解說員沙謙中主講「有趣的『鳥』際關係」，共有二十三人參加。

08.08

◆ 莫拉克颱風在南台灣造成嚴重的「八八水災」，慈基會立即啟動緊急救援系統，針對受創嚴重的嘉義以南各縣市及東部，提供急難救援；並依聖嚴師父過去的救災指示，發起「四安救災專案」，為災區規畫家園和心靈重建，結合政府部門與其他公益團體，以「社區總體營造」為前提，在災區設立安心站，陪伴民眾重建「四安」生活。另外，法鼓山全球資訊網發起線上持誦〈大悲咒〉四十九天活動，為罹難者迴向，也為災區民眾祈福。

◆ 8至16日，方丈和尚果東法師帶領僧團法師至東南亞弘法關懷，於新加坡、馬來西亞和泰國進行演講及交流等。8日，於新加坡護法會進行佛法講座，主講「心安平安——你，就是力量！」有近一百二十人參加。

◆ 美國護法會華盛頓州西雅圖分會舉辦佛學講座，由僧團果徹法師主講「默照禪法的介紹」，也帶領信眾練習話頭禪，共有三十多人參加。

◆ 加拿大護法會安省分會舉辦「萬行菩薩午茶時間」活動，進行學佛心得分享，有近三十人參加。

◆ 中國大陸無錫濱湖區雪浪顯云寺一行五十一人，在住持智興法師及張家口伏魔寺住持海素法師帶領下，參訪法鼓山園區，由僧團副住持果品法師接待。

08.09

◆ 方丈和尚果東法師率領僧團法師至東南亞弘法關懷期間，9日於新加坡護法會由僧團

法師帶領觀音成道日祈福法會。

◆8月9日至9月13日期間，弘化院北海岸關懷室每週日於法鼓山園區，舉辦「北海岸地區第一屆生命教育師資培訓」，由僧團法師及教聯會悅眾授課，課程內容包括禪修體驗、法鼓山心靈環保理念認識等，共有三十三位學員參加。

◆三學院義工室於法鼓山園區舉辦「2009音響操作初階培訓課程」，共有十二人參加。

◆台北安和分院舉辦「2009年法鼓山兒童心靈環保體驗營」，共有八十二位小一至小三的學員參加。

◆關懷院於宜蘭安康托兒所體能教室為護法會宜蘭辦事處信眾舉辦「初階大事關懷課程」，內容包括透過生命教育繪本賞析，引導思考生命的意義與價值，並探討大事關懷以建構共識等，共有七十五人參加。

◆聖基會遷址至台北中正精舍，9日舉辦新址灑淨暨啟用典禮，由僧團副住持果暉法師主法，包括副住持果品法師，偕同僧團果廣、果鏡、果賢等法師，與護法總會總會長陳嘉男、法行會會長張昌邦、聖基會董事長施建昌、常務董事黃楚琪、執行長蔡清彥、董事施炳煌、楊蓓等人，皆出席典禮。

◆莫拉克颱風在南台灣造成嚴重的「八八水災」，9日起，法鼓山於台灣的總本山及美國紐約東初禪寺，同步進行一系列關懷水災的活動，包括募款、祈福法會等。

◆美國護法會新澤西州分會舉辦地藏法會，由紐約東初禪寺監院常華法師帶領，共有五十人參加。

◆美國護法會華盛頓州西雅圖分會舉辦佛學講座，由僧團果徹法師主講「話頭禪法的介紹」，並帶領信眾練習話頭禪，共有三十多人參加。

08.10

◆慈基會與法青會於中國大陸四川地震災區的安心站合辦「2009暑期青年成長營」期間，學員於8月10至11日在什邡安心站參加「什邡五至六年級快樂兒童營」，為該營隊學員服務。

◆國立台北教育大學生命教育與健康促進研究所師生一行三十人在該所教授陳錫琦帶領下，參訪法鼓山園區，佛教學院校長惠敏法師前往關懷，並由禪堂板首果祺法師帶領禪修體驗。

08.11

◆方丈和尚果東法師及僧團法師至東南亞弘法關懷期間，11至14日，於馬來西亞首都吉隆坡展開系列關懷與交流活動，包括正式宣布法鼓山馬來西亞道場成立，進行「心安平安」講座，果器法師並前往怡保市，為馬來西亞怡保市聯絡處主持灑淨儀式。

◆法緣會上午於台北安和分院舉辦例會及演講，由僧團常寬法師主講「點滴在心頭」，分享擔任侍者時，與聖嚴師父互動的小故事，共有四十多人參加。

08.12

◆莫拉克颱風在南台灣造成嚴重的「八八水災」，12日起，慈基會展開「安身‧安家：

清理家園」行動，由僧團法師帶領僧大學僧及義工至屏東縣林邊鄉、高雄縣旗山鎮、台南縣麻豆鎮等地協助清理家園，及持續提供台南縣、嘉義縣、台東縣民生物資。

◆ 慈基會與法青會於中國大陸四川地震災區的安心站合辦「2009暑期青年成長營」期間，學員於8月12至13日在什邡安心站參加「什邡三至四年級快樂兒童營」，為該營隊學員服務。

◆ 法鼓山護法總會前身「中華佛學研究所護法會」前會長楊正，於12日捨報，享壽九十四歲。方丈和尚果東法師於18日至台南關懷楊老會長家屬，感念老會長一生對法鼓山及佛教高等教育的護持與奉獻。

◆ 12至16日，法青會於法鼓山園區禪堂舉辦「卓越‧超越」青年成長營，主題為「轉念力量大，卓越online」，共有一百六十四位學員參加。

◆ 12至15日，美國紐約象岡道場舉辦「青年自我覺醒」課程，由僧團常濟法師帶領，共有十五人參加。

◆ 法鼓山馬來西亞道場成立，並委派三位大馬籍的常慧、常文和常御法師常駐道場，以為當地信眾服務。

◆ 馬來西亞道場舉辦怡保共修處灑淨儀式，由關懷中心副都監果器法師主法，共有四十位悅眾參加。

08.13

◆ 8月13日至9月18日，北投文化館每日舉辦《地藏經》共修，有近八十人參加。

◆ 8月13日至9月30日共四十九天，台東信行寺舉辦觀音法會，由監院果密法師等帶領信眾持誦〈普門品〉，為八八水災災區民眾及罹難者祝禱，共有近一千五百人次參加。

◆ 8月13日至11月26日，信眾教育院每週四晚上於護法會中壢辦事處開辦佛學課程，講解聖嚴師父著作《念佛生淨土》，由講師性禾法師主講，有近六十人參加。

◆ 方丈和尚果東法師於東南亞關懷期間，13日在馬來西亞道場為當地信眾主講「心安平安——你，就是力量！」共有一百八十人參加。

◆ 13至14日，馬來西亞佛教青年總會一行九人參訪法鼓山園區，由僧大男眾學務處法師常隨法師、僧大學僧常炬法師接待。

08.14

◆ 法鼓山於北投雲來寺舉辦「高績效團隊建立與領導課程」，邀請英豐瑪股份有限公司訓練顧問黃翠華帶領，共有十七位僧團法師及專職悅眾參加。

◆ 14至16日，北投文化館舉辦中元地藏法會，共有近一千兩百人參加。

◆ 14至16日，傳燈院於三義DIY心靈環保教育中心舉辦法鼓八式動禪義工講師培訓課程，由禪修中心副都監果元法師帶領，共有八十一人參加。

◆ 8月14日、9月4日及7日，佛教學院教職員生在校長惠敏法師帶領下，動員組成救災小組，分成三個梯次，隨同慈基會南下救災，透過實際服務體現解行並重的精神。

◆ 人基會於德貴學苑舉辦十場「心安平安，你就是力量」系列心靈講座。14日邀請台積電文教基金會董事張淑芬主講「終身學習，自我認識」，共有一百零六人參加。

◆ 14至28日，美國紐約東初禪寺每週五晚上舉辦「學佛Fun輕鬆」活動，共有二十五人參加。

08.15

◆ 莫拉克颱風於8月8日在南台灣造成重大災情，法鼓山於8月15日下午三點同步在北投農禪寺、台中分院、高雄紫雲寺進行「心安平安三時繫念——八八水災罹難超度及受災祈福法會」，總計四處共有三千一百多人參加。

◆ 台中分院一行二十人，參加台中市政府於文心森林公園舉辦的「台中市98年度志願服務暨社區成果博覽會」，在美食區提供美食分享，並進行趣味競賽活動。

◆ 關懷院於護法會新店辦事處舉辦「進階大事關懷課程」，內容包括世俗禮儀的探討、佛教生死觀、談法鼓山大關懷教育的願景等，共有一百人參加。

◆ 慈基會於高雄縣六龜鄉公所旁設置臨時安心站，首梯慰訪團前往六龜鄉關懷。

◆ 法鼓山應邀參加中國廣播公司「四神湯」節目於台北市政府廣場舉辦「為愛把脈，為家找愛」晚會，僧團副住持果暉法師、人基會祕書長李伸一代表出席，共同為台灣祈福，人基會並在活動會場義賣〈把心拉近〉單曲CD和T恤，所得捐助八八水災災區原住民。

◆ 15至16日，護法會新莊辦事處舉辦「2009年法鼓山兒童心靈環保體驗營」，共有四十七位學員參加。

◆ 15至18日，美國紐約象岡道場舉辦青年禪修營，由東初禪寺監院常華法師帶領，有近十人參加。

◆ 15至16日，加拿大溫哥華道場舉辦禪法講座，由僧團果徹法師主講話頭禪法，共有九十四人參加。

◆ 美國護法會加州省會聯絡處舉辦演講分享會，由人基會關懷委員會主任委員蔡稔惠主講生涯規畫，共有十五人參加。

08.16

◆ 8月16日至10月4日期間，台北安和分院與台北市立聯合醫院合辦四場「關懷生命講座」。第一場由該院松德院區精神科主治醫師湯華盛主講「情緒與壓力管理」，共有一百七十八人參加。

◆ 桃園齋明寺舉辦「2009年法鼓山兒童心靈環保體驗營」，進行「動禪心體驗：親子一日夏令禪修」活動，共有一百九十位學員參加。

◆ 莫拉克颱風在南台灣造成嚴重的「八八水災」，慈基會16日派遣第一梯慰訪團分別進入高雄縣六龜鄉中興、新發、大津、興龍等村，以及台南縣大內鄉、嘉義縣民雄鄉、屏東縣林邊鄉等地展開慰訪關懷，依受災情況分級發放慰問金。另外，清理家園的行動仍持續進行。

◆ 美國紐約東初禪寺舉辦「八八水災大悲懺法會」，有近七十人參加。

◆ 美國紐約東初禪寺舉辦週日講座，邀請心理學家林晉城博士，主講「面對金融危機」（Facing Financial Crisis）與大眾分享如何運用心理學與佛法，面對讓許多人陷入困境的風暴，共有四十八人參加。

◆ 美國護法會新澤西州分會舉辦「台灣八八水災受災難菩薩大悲懺法會」，共有三十五人參加。

◆ 美國護法會加州洛杉磯分會舉辦臨終關懷與助念培訓課程，共有十六人參加。

◆美國護法會加州省會聯絡處舉辦禪坐共修，有近十人參加。

◆方丈和尚果東法師至東南亞弘法關懷期間，16日於泰國護法會主持新會所落成啟用典禮，駐泰國經濟文化辦事處代表烏元彥也應邀一起揭佛幔，包括馬來西亞護法會、新加坡護法會及台灣的信眾等，共有三百多人參加。

◆國際佛光會鶯歌第二分會一行二十人參訪桃園齋明寺。

08.17

◆慈基會與法青會於中國大陸四川地震災區的安心站合辦「2009暑期青年成長營」期間，學員於17至28日在什邡安心站參加「什邡國小課輔營」，為該營隊學員服務。

◆法青會於德貴學苑舉辦「快樂讀經趣」講座，17日及24日晚上由僧團果見法師主講《金剛經》，有四十多人參加。

◆行政院勞委會職訓局桃園職訓中心觀光導覽實務班一行二十五人，由授課老師饒興州帶領，參訪桃園齋明寺，並於古蹟前院、主建築、後院等進行現場導覽演練。

08.18

◆台東信行寺每週二晚上舉辦梵唄及法器教學，由常甘法師帶領，有近十人參加。

◆莫拉克颱風在南台灣造成嚴重的「八八水災」，方丈和尚果東法師於18日返國第二日南下災區關懷。慈基會也派遣第二梯次慰訪團前往高雄縣六龜鄉、屏東縣三地門鄉大社村展開慰訪；並前往嘉義縣東石鄉、布袋鄉發放八八水災罹難慰問金。

◆法青會於德貴學苑舉辦十一場「禪式工作學」系列講座。18日邀請皮膚科醫師吳英俊主講「禪心·社會的良心」，共有五十五人參加。

08.19

◆19日及29日，弘化院知客室於法鼓山園區舉辦知客櫃檯義工培訓課程，由僧團常光法師等帶領，共有五十一人次參加。

◆方丈和尚果東法師拜會高雄縣縣長楊秋興，針對「八八水災」研商「四安」重建家園規畫，隨後至六龜鄉關懷災區民眾，致贈慰問金。

◆19至30日，普化中心副都監果毅法師至加拿大溫哥華道場、美國護法會西雅圖分會、舊金山分會等地進行弘法關懷，內容包括指導讀書會種子教師培訓課程、導讀聖嚴師父著作《法鼓全集》以及《牛的印跡》等。

◆加拿大溫哥華道場舉辦淨土懺法會，為國內八八水災罹難者祈福超薦，由監院果樞法師、普化中心副都監果毅法師等帶領，共有七十五人參加。

◆19至20日，加拿大溫哥華道場舉辦「《法鼓全集》導讀」課程，由普化中心副都監果毅法師主講，共有六十五人參加。

08.20

◆方丈和尚果東法師南下進行「八八水災」災區關懷，前往高雄縣旗山鎮勘查成立安心

站地點，並關懷及致贈災區民眾慰問金。慈基會也持續於屏東縣霧台鄉、高樹鄉、高雄縣旗山鎮展開慰訪關懷。

◆法青會於德貴學苑舉辦十六場「法師有約」系列講座。20日由僧團果見法師主講「佛法in，執著out！繁忙生活中的自我觀照」，有近一百人參加。

◆英國《金融時報》（Financial Times）暨英國廣播公司（BBC）特約記者蜜雪兒‧珍娜‧詹恩（Michelle Jana Chan），在新聞局成員左龍娣陪同下，參訪法鼓山園區，佛教學院校長惠敏法師及僧團副住持果暉法師前往關懷。

08.21

◆21至23日，台東信行寺舉辦中元法會，先於21、22日進行三昧水懺法會，由僧團常惺法師等帶領，共有近兩百二十人次參加。

◆21至23日，傳燈院於三義DIY心靈環保教育中心舉辦初級禪訓班二日營，由僧團常欽法師帶領，共有八十七人參加。

◆21至23日，法鼓山園區禪堂舉辦禪二，由僧團常護法師帶領，共有一百四十八人參加。

◆慈基會於高雄縣甲仙鄉龍鳳寺成立臨時安心站，並派遣第三梯次慰訪團前往高雄縣六龜鄉。

◆人基會於德貴學苑舉辦十場「心安平安，你就是力量」系列心靈講座。21日邀請悲傷療癒社工師蘇絢慧主講「悲傷療癒」，共有一百零五人參加。

◆21至23日，加拿大溫哥華道場於溫哥華西區拉托那營區（Camp Latona），舉辦法青「卓越‧超越」成長營，由監院果樞法師、普化中心副都監果毅法師等帶領，共有四十三位青年學員參加。

08.22

◆22至28日，北投農禪寺舉辦梁皇寶懺法會，共有近四萬兩千人次參加。

◆22至23日，台中分院於寶雲別苑舉辦「中部地區委員暑期生活營」，包括禪修中心副都監果元法師、僧大副院長果光法師、聖基會董事長施建昌等，及護法會委員共有八十多人參加。

◆22至24日，南投德華寺首次舉辦兒童心靈環保體驗營，由副寺果弘法師帶領，共有三十六位學員參加。

◆台南安平精舍舉辦中元普度地藏法會，由監院果謙法師帶領，共有一百一十五人參加。

◆高雄紫雲寺舉辦「每月講談」活動，22日邀請長榮海運公司總務部協理游清溪，以及其女兒高雄醫學院復健醫學系職能治療組學生游湞瑋共同主講，分享閱讀《智慧掌中書》系列書籍的心得，以及一家人親近聖嚴師父與法鼓山的因緣，共有二十五人參加。

◆法青會台北分會舉辦十一場「心光講堂」系列講座。22日於德貴學苑進行，邀請設計、攝影、文字工作者蛙大（本名楊明晃）主講「運動家精神──蛙大‧單車‧創意Fu人生」，共有六十六人參加。

◆法青會於德貴學苑舉辦「用心玩音樂」活動，透過繪畫、心得分享等方式，引導大家藉五官和音樂去體會心的感受和意境，並安定身心，由青年院法師帶領，有近四十人參加。

◆美國護法會加州洛杉磯分會舉辦禪訓班培訓課程，由紐約東初禪寺常懿法師帶領，共有十八人參加。

◆美國護法會華盛頓州西雅圖分會舉辦兒童夏令營，共有十八位學員參加。

◆美國護法會加州省會聯絡處舉辦臨終關懷教育課程。

◆22至31日，由馬來西亞大眾書局、《星洲日報》及馬華社區教育發展局聯合主辦的「第四屆海外華文書市」展覽，於吉隆坡會展中心舉行，法鼓山馬來西亞道場參展，以「擁抱生命，自在樂活」為主題，在會中展出《聖嚴法師教話頭禪》、《禪的智慧》等一系列聖嚴師父作品。

◆桃園「以文吟社」舉辦「擊缽例會——古蹟巡禮」活動，一行四十人至桃園齋明寺參訪。

08.23

◆8月23日至11月1日，法鼓山於全台舉辦二十四場「2009佛化聯合祝壽」活動。23日晚上由台北中山精舍於朱崙區民活動中心進行第一場，共有十二位壽星出席，有近一百三十人參加。

◆桃園齋明寺舉辦「2009年法鼓山兒童心靈環保體驗營」，進行「動禪心體驗：親子一日夏令禪修」活動，共有兩百四十位學員參加。

◆台東信行寺舉辦中元節法會，23日進行三時繫念法會，為八八水災罹難者超度及受災戶祈福，由僧團常惺法師等帶領，共有一百一十人參加。

◆關懷院於台南分院舉辦「進階大事關懷課程」，內容包括世俗禮儀的探討、佛教生死觀、談法鼓山大關懷教育的願景等，共有一百三十人參加。

◆美國紐約東初禪寺舉辦週日講座，由監院常華法師主講「地藏菩薩的本願」，共有七十人參加。

◆美國護法會新澤西州分會舉辦「台灣八八水災往生及受災菩薩念佛法會」，共有四十人參加。

◆美國護法會加州洛杉磯分會舉辦禮拜八十八佛大懺悔、臨終關懷與助念培訓課程，由紐約東初禪寺常懿法師帶領，分別有四十四人、三十五人參加。

◆馬來西亞道場舉辦禪一，由監院常慧法師帶領，共有二十九人參加。

08.24

◆24至30日，桃園齋明寺舉辦「中元報恩——地藏七永日」法會，由監院果啟法師帶領，共有近一千四百人次參加。

◆法行會舉辦醫療團會議，進行「八八水災法鼓平安包——緊急醫療用品及防疫品」之討論，共有七位醫療團成員參加。

08.25

◆台中市政府於台中國立美術館舉辦講座，邀請法鼓山禪修中心副都監果元法師主講「奉獻與服務——觀音菩薩的精神」，共有一百四十多位市府所屬機構人事行政人員參加。

◆25至26日，加拿大溫哥華道場舉辦禪法講座，由僧團果徹法師主講默照禪法，共有九十四人參加。

◆普化中心副都監果毅法師至美、加弘法關懷期間，25至27日於美國護法會西雅圖分會進行讀書會帶領培訓及《法鼓全集》介紹、佛法座談，以及聖嚴師父著作《牛的印跡》導讀等，共有三十五人參加。

08.27

◆8月27日至9月3日，台南分院舉辦中元普度地藏法會，由監院果謙法師帶領，共有四百九十八人參加。

◆27至29日，高雄紫雲寺舉辦中元節普度法會，先後進行兩天的地藏法會及一天的三時繫念法會，分別有三百四十八人、三百零二人、一千七百三十人次參加。

◆27至30日，美國紐約東初禪寺、紐約分會及新澤西州分會於紐約象岡道場聯合舉辦親子夏令營活動，由住持果醒法師與常持法師帶領，共有五十四位七至十六歲的學童及其家長參加。

◆行政院院長劉兆玄至台北安和分院拜會方丈和尚果東法師，研商「八八水災」災後重建合作事宜。

◆日本愛知學院大學禪研究所參禪會師生，以及福田寺住持加藤大淳、藥師寺住持西川糧信、光明寺住持加島龍璽等一行三十六人，在副校長兼禪研究所長大野榮人帶領下，至法鼓山園區進行交流訪問；僧團副住持果暉法師、佛教學院校長惠敏法師，以及中華佛研所所長兼佛教學院研修中心主任果鏡法師前往關懷及交流。

08.28

◆28至30日，台中分院舉辦中元普度地藏法會，共有近八百六十人次參加。

◆台南分院於護法會佳里共修處舉辦中元普度地藏法會，由監院果謙法師帶領，有近八十人參加。

◆人基會於德貴學苑舉辦十場「心安平安，你就是力量」系列心靈講座。28日邀請資深攝影師李信男主講「宗教攝影行腳」，共有三十二人參加。

◆8月28日至9月4日，加拿大溫哥華道場舉辦默照禪七，由僧團果徹法師帶領，共有三十八人參加。

◆28至30日，普化中心副都監果毅法師至美國護法會舊金山分會弘法關懷，陸續帶領一場讀書會種子教師培訓課程，並主持兩場佛學講座「《法鼓全集》導讀」和「《牛的印跡》導讀」，分別有二十人、三十人和二十二人參加。

◆28至30日，加拿大護法會安省分會參加當地的年度台灣文化節活動，以「認識法鼓山」、「禪的生活」為主題，進行義賣。

08.29

◆高雄紫雲寺舉辦三時繫念法會，由僧團副住持果暉法師主法，共有八百多人參加。

◆傳燈院於北投雲來寺舉辦「Fun鬆一日禪」，由僧團常欽法師帶領，共有七十二人參加。

◆ 教聯會舉辦四場「佛曲帶動唱人才培訓」課程，29日於宜蘭市安康托兒所進行第三場，共有三十人參加。

◆ 美國護法會賓州聯絡處下午舉辦禪修講座，由紐約象岡道場常聞法師主講「無我的藝術」（The Art of "No-Self" Defense），晚上進行讀書會。

◆ 馬來西亞道場於「第四屆海外華文書市」展覽中，舉辦「分享《聖嚴法師最珍貴的身教》」講座，由文化中心副都監果賢法師與該書作者潘煊進行對談，共有近一百二十人參加。

08.30

◆ 高雄縣政府主辦，高雄縣各宗教團體協辦的「八八水災高雄縣各宗教聯合祈福祝禱大會」，於衛武營藝術中心舉行。法鼓山由僧團副住持果暉法師帶領八位法師及二十八位悅眾一同參與，並誦讀〈法鼓山祈願文〉，為罹難者及眾生祈福。

◆ 8月30日至9月3日，北投農禪寺舉辦中元報恩地藏法會，共有近兩千三百人次參加。

◆ 南投德華寺舉辦中元普度地藏法會，由副寺果明法師帶領，共有五十二人參加。

◆ 8月30日至9月6日，法鼓山園區禪堂舉辦初階禪七，由常乘法師帶領，共有一百三十七人參加。

◆ 關懷院於護法會林口辦事處舉辦「初階大事關懷課程」，內容包括透過生命教育繪本賞析，引導思考生命的意義與價值，並探討大事關懷以建構共識等，共有四十九人參加。

◆ 30至31日，慈基會於高雄紫雲寺舉辦「八八水災慰訪關懷員特別訓練」課程，共有近百人參加。

◆ 教聯會舉辦四場「佛曲帶動唱人才培訓」課程。30日於台東信行寺進行第四場，有近二十人參加。

◆ 僧大於法鼓山園區第二大樓國際宴會廳舉行「剃度學僧家屬拜見方丈和尚」活動，共有六十位家屬與會。

◆ 美國紐約東初禪寺舉辦週日講座，由監院常華法師主講「地藏法門與人生」，有近七十人參加。

◆ 文化中心副都監果賢法師於馬來西亞道場關懷期間，30、31日進行兩場講座，主題分別為「《一缽千家飯》及《法鼓全集》」、「患難與共、同體大悲──八八水災法鼓山救災紀實」，共有近兩百人次參加。另外，30日果賢法師並主持一場新聞寫作培訓課程，共有二十二人參加。

◆ 香港護法會舉辦「盂蘭地藏法會」，共有近一百人參加。

08.31

◆ 8月31日至2010年1月11日，信眾教育院每週一上午於台北安和分院開辦「聖嚴書院初一上──在法鼓山學佛」佛學課程，由講師常定法師主講，共有七十多人參加。

◆ 8月31日至2010年1月11日，信眾教育院每週一上午於高雄三民精舍開辦「聖嚴書院初一上──在法鼓山學佛」佛學課程，由講師常覺法師主講，有近一百人參加。

◆ 8月31日至2010年1月11日，信眾教育院每週一下午於台北中山精舍開辦「聖嚴書院初三上──菩薩戒與漢傳佛教」佛學課程，由講師常諦法師主講，共有三十多人參加。

◆8月31日至2010年1月25日,信眾教育院每週一晚上於台北安和分院開辦佛學課程,講解聖嚴師父著作「探索識界──八識規矩頌講記」,由講師辜琮瑜主講,共有九十多人參加。

◆8月31日至2010年1月11日,信眾教育院每週一晚上於德貴學苑開辦「聖嚴書院精一上(新班)──五講精讀(一)」佛學課程,由講師常慶法師主講,共有五十多人參加。

◆8月31日至2010年1月11日,信眾教育院每週一晚上於台南分院開辦「聖嚴書院精二上──五講精讀(二)」佛學課程,由講師林其賢主講,共有六十多人參加。

◆8月31日至2010年1月11日,信眾教育院每週一晚上於高雄紫雲寺開辦「聖嚴書院初二下──自家寶藏」佛學課程,由講師張瓊夫主講,有近五十人參加。

◆8月31日至2010年1月11日,信眾教育院每週一晚上於南投安心站開辦「聖嚴書院初一上──在法鼓山學佛」佛學課程,由講師果弘法師主講,有近八十人參加。

◆8月31日至2010年1月11日,信眾教育院每週一晚上於護法會屏東辦事處開辦「聖嚴書院初一上──在法鼓山學佛」佛學課程,由講師常一法師主講,有近六十人參加。

◆文化中心副都監果賢法師於馬來西亞道場關懷期間,至當地怡保共修處為信眾進行演講「我們的師父」、「佛法看災難」。

◆法青會於德貴學苑舉辦「快樂讀經趣」講座,8月31日、9月7日晚上由僧團常雲法師主講《四十二章經》,有二十多人參加。

9月 SEPTEMBER

09.01

◆《人生》雜誌第313期出刊。

◆《法鼓》雜誌第237期出刊。

◆法鼓文化出版新書:人間淨土系列《心安平安,你就是力量!》、《生死皆自在》(聖嚴師父著);聖嚴書院系列《聖嚴法師教禪坐(修訂版)》(聖嚴師父著);我的佛菩薩系列《觀音菩薩變變變!》(黃鈺惠著,蔡雅蘭繪)、《阿彌陀佛大冒險》(黃鈺惠著,君宜繪)。

◆法鼓山文化中心出版《1989～2008法鼓山年鑑》光碟版。

◆9月1日至12月18日,台南分院每週二晚上舉辦助念團法器培訓課程,有八十多人參加。

◆1至30日,傳燈院及弘化院參學室於法鼓山園區舉辦「禪修月」活動,藉由系列行禪活動,引領民眾放鬆身心,期間共有九百多人參加。

◆9月1日至2010年1月12日,信眾教育院每週二上午於台北安和分院開辦「聖嚴書院初三上──菩薩戒與漢傳佛教」佛學課程,由講師果會法師主講,共有五十多人參加。

◆9月1日至2010年1月12日,信眾教育院每週二上午於高雄三民精舍開辦「聖嚴書院初二下──自家寶藏」佛學課程,由講師張瓊夫主講,有近五十人參加。

◆9月1日至2010年1月12日,信眾教育院每週二下午於台北中山精舍開辦「聖嚴書院精讀三下──五講精讀(三)」佛學課程,由講師戴良義主講,共有二十多人參加。

◆9月1日至2010年1月12日,信眾教育院每週二晚上於台北中山精舍開辦「聖嚴書院初

三下——自家寶藏」佛學課程，由講師朱秀容主講，共有三十多人參加。

◆9月1日至2010年1月12日，信眾教育院每週二晚上於台中分院開辦「聖嚴書院精讀二下——五講精讀（二）」佛學課程，由講師林其賢主講，有近六十人參加。

◆9月1日至2010年1月12日，信眾教育院每週二晚上於台中分院開辦「聖嚴書院專題一上——專題研讀（一）」佛學課程，由講師果理法師主講，共有三十多人參加。

◆9月1日至2010年1月12日，信眾教育院每週二晚上於護法會新莊辦事處開辦「聖嚴書院初一上——在法鼓山學佛」佛學課程，由講師常平法師主講，有近九十人參加。

◆法青會於德貴學苑舉辦十一場「禪式工作學」系列講座。1日晚上邀請台北大學社工學系副教授楊蓓主講「八風吹不動的工作禪」，共有七十五人參加。

◆文化中心副都監果賢法師於馬來西亞弘法關懷期間，1日應馬來西亞大學佛學社之邀，與當地媒體工作者劉子賢共同分享「平凡的我，快樂人生」，有近兩百人參加。

◆9月1日至11月3日，美國護法會華盛頓州西雅圖分會每週二晚上舉辦讀書會，研讀印順長老的著作《成佛之道》第四章，共有十多人參加。

09.02

◆9月2日至11月11日，台北安和分院每週三晚上舉辦多媒體編輯課程，邀請台灣大學新聞研究所多媒體中心講師林仲亮帶領，有近三十人參加。

◆2至23日，台北安和分院每週三晚上舉辦初級禪訓班，由監院果旭法師帶領，有近五十人參加。

◆9月2日至2010年1月13日，信眾教育院每週三上午於台北安和分院開辦「聖嚴書院初三下——心的經典」佛學課程，由講師戴良義主講，共有四十多人參加。

◆9月2日至2010年1月13日，信眾教育院每週三上午於台中分院開辦「聖嚴書院初二上——學佛五講」佛學課程，由講師郭惠芯主講，有近一百三十人參加。

◆9月2日至2010年1月13日，信眾教育院每週三上午於高雄三民精舍開辦「聖嚴書院初三下——探索識界」佛學課程，由講師張瓊夫主講，共有七十多人參加。

◆9月2日至2010年1月13日，信眾教育院每週三下午於北投雲來寺開辦「聖嚴書院初二上——學佛五講」佛學課程，由講師果見法師主講，共有二十多人參加。

◆9月2日至2010年1月27日，信眾教育院每週三晚上於台北安和分院開辦講解《金剛經》佛學課程，由講師善音法師主講，有近七十人參加。

◆9月2日至2010年1月13日，信眾教育院每週三晚上於台北中山精舍開辦「聖嚴書院專題一下——專題研讀（一）」佛學課程，由講師溫天河主講，共有二十多人參加。

◆9月2日至2010年1月13日，信眾教育院每週三晚上於台中分院開辦「聖嚴書院初二上——學佛五講」佛學課程，由講師郭惠芯主講，有近一百一十人參加。

◆9月2日至2010年1月13日，信眾教育院每週三晚上於高雄紫雲寺開辦「聖嚴書院初一上——在法鼓山學佛」佛學課程，由講師果耀法師主講，有近一百人參加。

◆9月2日至2010年1月13日，信眾教育院每週三晚上於護法會彰化辦事處開辦「聖嚴書院初一上——在法鼓山學佛」佛學課程，由講師常湛法師主講，有近七十人參加。

◆9月2日至2010年1月13日，信眾教育院每週三晚上於護法會員林共修處開辦「聖嚴書院初一上——在法鼓山學佛」佛學課程，由講師果雲法師主講，共有七十多人參加。

◆9月2日至2010年1月13日，信眾教育院每週三晚上於台北縣金山鄉金美國小開辦「聖

嚴書院初二上——學佛五講」佛學課程，由講師常延法師主講，共有七十多人參加。

◆9月2日至12月30日，信眾教育院每週三晚上於護法會新店辦事處開辦講解《金剛經》佛學課程，由講師清德法師主講，有近六十人參加。

◆9月2日至12月30日，聖基會每週二或三晚上於會址的聖嚴書院講堂舉辦「無盡的身教——今生與師父有約」系列講座，共十七場。2日進行首場，由僧團都監果廣法師主講，共有五十多人參加。

◆美國護法會賓州聯絡處每週三晚上舉辦讀書會。

09.03

◆3至18日，台北安和分院舉辦報恩祈福法會，內容包括地藏法會、大悲懺法會、藥師法會、地藏懺法會及《地藏經》持誦共修等，共有兩千一百多人次參加。

◆台南分院每週四晚上舉辦兒童讀經班，有近四十人參加。

◆9月3日至2010年1月14日，信眾教育院每週四上午於台中分院開辦「聖嚴書院初一上——在法鼓山學佛」佛學課程，由講師郭惠芯主講，共有一百五十多人參加。

◆9月3日至2010年1月14日，信眾教育院每週四上午於護法會潮州辦事處開辦「聖嚴書院初三下——探索識界」佛學課程，由講師見諦法師主講，有近四十人參加。

◆9月3日至2010年1月28日，信眾教育院每週四下午於台北安和分院開辦佛學課程，講解聖嚴師父著作《絕妙說法——法華經講要》，由講師果見法師主講，有近九十人參加。

◆9月3日至2010年1月14日，信眾教育院每週四晚上於台中分院開辦「聖嚴書院初三上——菩薩戒與漢傳佛教」佛學課程，由講師果理法師主講，共有一百四十多人參加。

◆9月3日至2010年1月14日，信眾教育院每週四晚上於高雄紫雲寺開辦「聖嚴書院初三下——探索識界」佛學課程，由講師越建東主講，共有六十多人參加。

◆9月3日至2010年1月14日，信眾教育院每週四晚上於護法會新莊辦事處開辦「聖嚴書院初二上——學佛五講」佛學課程，由講師大常法師主講，有近七十人參加。

◆9月3日至11月19日，信眾教育院每週四晚上於護法會羅東辦事處開辦佛學課程，講解聖嚴師父著作《學佛群疑》，由講師常儀法師主講，有近四十人參加。

◆9月3日至11月19日，信眾教育院每週四晚上於護法會桃園辦事處開辦「地藏菩薩的大願法門」佛學課程，由講師果樸法師主講，有近四十人參加。

◆慈基會於北投雲來寺舉辦八八水災第二階段四安重建救災會議，由方丈和尚果東法師主持，確立後續救災方向。

◆僧大於法鼓山園區舉辦餐敘，邀請授課教師分享教學經驗，共有四十六位職事法師、教師參加。

◆僧大下午於法鼓山園區舉辦學僧暑期實習心得分享活動，共有六十位職事法師、學僧參加。

◆由聖基會製作的《心五四兒童生活教育動畫》，獲得國立教育資料館「98年度優良教育影片作品徵集」推薦組特優獎，並於10月23日在台北市成功中學受獎。

◆法行會晚上於台北福華大飯店舉辦第一〇七次例會，由中華佛研所所長果鏡法師主講「日常生活中如何運用聖嚴師父的禪法」，共有九十九人參加。

◆法青會於德貴學苑舉辦十六場「法師有約」系列講座。3日晚上由文化中心副都監果賢法師主講「不一樣的親密關係」，有近一百人參加。

09.04

◆4至25日,台東信行寺每週五晚上舉辦初級禪訓班,由監院果密法師帶領,有近二十人參加。

◆9月4日至2010年1月15日,信眾教育院每週五下午於台南分院開辦「聖嚴書院初一上——在法鼓山學佛」佛學課程,由講師果澔法師主講,有近一百一十人參加。

◆9月4日至2010年1月29日,信眾教育院每週五晚上於台北安和分院開辦「學佛五講」佛學課程,由講師戴良義主講,有近一百人參加。

◆9月4日至2010年1月15日,信眾教育院每週五晚上於台北中山精舍開辦「聖嚴書院初一上——在法鼓山學佛」佛學課程,由講師常悅法師主講,有近六十人參加。

◆9月4日至2010年1月15日,信眾教育院每週五晚上於德貴學苑開辦「聖嚴書院初一上——在法鼓山學佛」佛學課程,由講師常參法師主講,共有四十多人參加。

◆9月4日至2010年1月15日,信眾教育院每週五晚上於台南安平精舍開辦「聖嚴書院初一上——在法鼓山學佛」佛學課程,由講師許永和主講,有近一百一十人參加。

◆9月4日至2010年1月15日,信眾教育院每週五晚上於高雄紫雲寺開辦「聖嚴書院精讀一下——五講精讀(一)」佛學課程,由講師林其賢主講,有近四十人參加。

◆9月4日至2010年1月15日,信眾教育院每週五晚上於護法會中永和辦事處開辦「聖嚴書院初一上——在法鼓山學佛」佛學課程,由講師常超法師主講,有近九十人參加。

◆9月4日至2010年1月15日,信眾教育院每週五晚上於護法會宜蘭辦事處開辦「聖嚴書院初二上——學佛五講」佛學課程,由講師果徹法師主講,共有五十多人參加。

◆9月4日至2010年1月15日,信眾教育院每週五晚上於護法會海山辦事處開辦「聖嚴書院初二上——學佛五講」佛學課程,由講師林立主講,共有六十多人參加。

◆9月4日至2010年1月15日,信眾教育院每週五晚上於護法會內湖辦事處開辦佛學課程,講解聖嚴師父著作《修行在紅塵——維摩詰經六講》,由講師常宗法師主講,有近五十人參加。

◆4至10日,佛教學院師生前往高雄六龜災區,協助鄉公所進行村民受損統計與災後需求調查,建置災後重建基礎資料。

◆人基會於德貴學苑舉辦十場「心安平安,你就是力量」系列心靈講座。4日晚上邀請表演工作者陸小芬主講「禪與芳療」,共有五十四人參加。

◆9月4日至11月6日,美國紐約東初禪寺每週五晚上舉辦「學佛放輕鬆」系列課程,引領初學佛者體驗多項禪修,共有二十多人參加。

09.05

◆5至26日,北投農禪寺每週六下午舉辦初級禪訓班,由僧團果南法師帶領,有近五十人參加。

◆9月5日至11月28日,北投農禪寺每週六上午舉辦佛畫班,共有十多人參加。

◆5至26日,台北中山精舍每週六晚上舉辦初級禪訓班,由僧團常誐法師帶領,共有十多人參加。

◆5至6日,桃園齋明寺舉辦古蹟導覽培訓課程,內容包括齋明寺古蹟介紹、義工行儀等,由資深悅眾陳政峰等帶領,共有四十六位學員參加。

◆5至6日，南投德華寺舉辦禪二，由副寺果明法師帶領，共有十四人參加。

◆高雄紫雲寺與高雄縣政府衛生局共同舉辦「健康促進暨心理健康」系列講座，5日上午邀請鳳山市衛生所主任吳塈銘、高雄市急難救助大隊義工余素貞，分別主講婦女癌症的預防與治療、如何增進身體免疫力，共有六十多人參加。

◆5至26日，高雄三民精舍每週六下午舉辦初級禪訓班，由僧團常琨法師帶領，有近五十人參加。

◆5至8日晚上，台東信行寺舉辦大悲懺法會儀軌教學及演練，由僧團果增法師帶領，共有六十八人參加。

◆傳燈院下午於北投雲來寺舉辦禪修指引課程，共有二十五人參加。

◆9月5日至2010年1月16日，信眾教育院每週六下午於台中分院開辦「聖嚴書院初三上──菩薩戒與漢傳佛教」佛學課程，由講師果雲法師主講，共有五十多人參加。

◆9月5日至2010年1月16日，信眾教育院每週六下午於高雄紫雲寺開辦「聖嚴書院精讀二下──五講精讀（二）」佛學課程，由講師林其賢主講，有近二十人參加。

◆9月5日至2010年1月16日，信眾教育院每週六下午於高雄紫雲寺開辦「聖嚴書院專題三下──專題研讀（三）」佛學課程，由講師張瓊夫主講，有近四十人參加。

◆關懷院於護法會新竹辦事處舉辦「初階大事關懷課程」，內容主題包括生命教育繪本賞析、大事關懷服務介紹等，共有七十二人參加。

◆法鼓山與高雄醫學大學附設醫院於高雄縣甲仙鄉龍鳳寺合作設置的醫療站，醫療服務至今日圓滿，自8月22日至今共有兩百一十五人接受診療服務。法鼓山繼續在此設立臨時慰訪關懷站，將持續關懷至10月13日。

◆僧大於法鼓山園區舉辦98學年度新生講習，內容包括「生活作息介紹」、「過堂教學」等課程，並由兩位副院長常寬法師、果光法師分別講授「聖嚴師父的悲願」、「僧大教育理念」，共有三十四位新生參加。

◆9月5日至10月24日，聖基會每週六上午於會址的聖嚴書院講堂舉辦「聖嚴法師經典講座」，播放師父生前弘講《六祖壇經》影片，由僧團果祥法師主持，有五十多人參加。

◆5至6日，法行會於新竹縣尖石鄉司馬庫司舉辦戶外禪及讀書會，分享閱讀《雪中足跡：聖嚴法師自傳》、《聖嚴法師最珍貴的身教》及學佛心得，共有七十二人參加。

◆榮譽董事會上午於北投農禪寺舉辦「2009法鼓山榮譽董事──聘書頒發·感恩茶敘」，方丈和尚果東法師頒發聘書予一百七十三位新任榮譽董事，共有四百多人參加。

◆5至6日，法青會於三義DIY心靈環保教育中心舉辦禪二，由僧團常宏法師帶領，共有一百一十三人參加。

◆5至19日，美國紐約東初禪寺每週六上午舉辦英文初階佛學課程，邀請聖嚴師父西方弟子李世娟主講「四聖諦」，共有十多人參加。

◆美國紐約東初禪寺舉辦「電影與心」活動，賞析影片《小活佛》（Little Buddha）中的佛法意涵。

◆5至12日，美國紐約象岡道場舉辦初級禪修課程，由常聞法師帶領，有近十人參加。

◆加拿大溫哥華道場舉辦道場成立三週年慶系列活動，5至6日舉辦「心靈環保親子體驗營」，由法鼓山教聯會楊美雲、吳甜、李素玉、陳美金四位老師前往帶領，有近八十人參加。

◆美國護法會賓州聯絡處舉辦佛法講座，由僧團常濟法師主講「日常生活中的無我」，共有十多人參加。

◆5至6日,加拿大護法會安省分會舉辦禪修活動,內容包括初級禪修簡介、禪修指引、一日禪等,邀請聖嚴師父西方法子吉伯·古帝亞茲帶領,共有近八十人次參加。

◆馬來西亞道場舉辦英文初級禪訓班,由常文法師帶領,共有十多人參加。

◆5至26日,香港護法會每週六下午於澳門佛教青年中心舉辦初級禪訓班,有近三十人參加。

09.06

◆6至27日,北投農禪寺每週日晚上舉辦初級禪訓班,由常及法師帶領,共有三十多人參加。

◆9月6日至12月13日,北投農禪寺每週日上午舉辦「書法——進階班」,共有十多人參加。

◆台東信行寺舉辦心靈茶會,內容包括學佛心得分享、義工經驗交流等,由監院果密法師帶領,共有二十五位悅眾參加。

◆關懷院於護法會新莊辦事處舉辦「進階大事關懷課程」,內容主題包括世俗禮儀的探討、佛教生死觀、法鼓山大關懷教育的願景等,共有一百二十四人參加。

◆文基會舉辦「心靈環保列車」系列活動,6日下午於台北市富陽自然生態公園進行「心安平安——你,就是力量!」心靈環保博覽會,內容包括安心惜福市集,社區清潔日推廣、有機蔬食推廣、節能減碳運動宣導,以及淨山、戶外禪、安心掃地禪等體驗活動,有近三百人參加。

◆護法總會於北投雲來寺舉辦「正副會團長/轄召/召委聯席會議」,方丈和尚果東法師、關懷中心副都監果器法師、護法總會總會長陳嘉男、副總會長黃楚琪等出席關懷,有近一百三十位悅眾參加。

◆美國紐約東初禪寺舉辦中元節地藏法會,由住持果醒法師主法,有近一百三十人參加。

◆美國護法會賓州聯絡處舉辦禪修指引課程,由僧團果禪法師帶領,共有十多人參加。

◆馬來西亞道場舉辦初級禪訓班,由監院常慧法師帶領,共有二十九人參加。

◆香港護法會舉辦禪一,有近五十人參加。

09.07

◆9月7日至11月23日,北投農禪寺每週一晚上舉辦哈達瑜伽入門班,共有十五人參加。

◆9月7日至10月26日,台北安和分院每週一晚上舉辦「舞動肢體——探索心靈」自我成長課程,邀請台安醫院表達性藝術治療中心舞蹈治療師楊琇玲帶領,共有十多人參加。

◆9月7日至2010年1月18日,信眾教育院每週一晚上於北投農禪寺開辦「聖嚴書院精讀一下——五講精讀(一)」佛學課程,由講師林立主講,有近四十人參加。

◆9月7日至2010年1月18日,信眾教育院每週一晚上於北投農禪寺開辦「聖嚴書院精讀二下——五講精讀(二)」佛學課程,由講師溫天河主講,有近三十人參加。

◆9月7日至12月28日,信眾教育院每週一晚上於護法會淡水辦事處開辦講解《金剛經》佛學課程,由講師常先法師主講,共有三十多人參加。

◆9月7日至11月10日,人基會、《國語日報》社、警察廣播電台、年代電視台共同舉辦「心六倫徵文」活動,徵集國小高年級與國中學生闡述家庭、生活、自然、校園等倫理關係之文章,並於12月19日於德貴學苑舉行頒獎典禮。

◆越南佛教會副主席善性法師、常務副主席如念法師等一行八人，上午參訪法鼓山園區，由方丈和尚果東法師、禪修中心副都監果元法師接待，並進行交流。

09.08

◆9月8日至11月24日，北投農禪寺每週二下午舉辦「鉛筆素描・水彩入門」班，共有十七人參加。

◆9月8日至10月6日，台北安和分院每週二晚上舉辦「活用佛法——提昇職場優勢」系列講座，邀請前美國花旗銀行亞洲及中東業務總監戴萬成主講，共有五十多人參加。

◆9月8日至2010年1月19日，信眾教育院每週二晚上於北投農禪寺開辦「聖嚴書院初一上——在法鼓山學佛」佛學課程，由講師果賢法師主講，共有一百二十多人參加。

◆法緣會上午於台北安和分院舉辦例會、演講，邀請資深媒體工作者陳月卿主講「生機飲食」，共有四十多人參加。

◆8至10日，加拿大溫哥華道場舉辦禪修師資培訓課程，由紐約東初禪寺住持果醒法師帶領，共有六位資深禪修悅眾參加。

09.09

◆法鼓山於全台舉辦二十四場「2009佛化聯合祝壽」活動。9日於護法會三重蘆洲辦事處進行，共有六位壽星出席，有近四十人參加。

◆9月9日至11月25日，北投農禪寺每週三下午舉辦「盆中天地——進階班」禪藝課程，共有二十三人參加。

◆9月9日至2010年1月20日，信眾教育院每週三晚上於北投農禪寺開辦「聖嚴書院初三上——菩薩戒與漢傳佛教」佛學課程，由講師果悅法師主講，共有八十多人參加。

◆法鼓山於屏東縣林邊鄉成立安心站，為八八水災災區民眾提供物資與精神上的長期關懷與支持。

◆聖基會舉辦十七場「無盡的身教——今生與師父有約」系列講座。9日由文化中心副都監果賢法師主講，共有五十多人參加。

09.10

◆10至13日，法鼓山於園區禪堂舉辦第二屆自我超越禪修營，由禪堂板首果祺法師帶領，共有一百一十五人參加。

◆9月10日至11月26日，北投農禪寺每週四晚上舉辦惜福拼布班，共有十多人參加。

◆9月10日至2010年1月21日，信眾教育院每週四晚上於北投農禪寺開辦「聖嚴書院初二上——學佛五講」佛學課程，由講師戴良義主講，有近七十人參加。

◆加拿大溫哥華道場舉辦道場成立三週年慶系列活動，10日舉辦孝親報恩地藏法會，由紐約東初禪寺住持果醒法師主法，共有一百多人參加。

◆10日及17日，加拿大溫哥華舉辦佛曲帶動唱研習活動，由教聯會楊美雲、吳甜、李素玉、陳美金四位老師前往帶領，有近九十人參加。

◆生命電視台淨耀法師帶領來台參與中華國際供佛齋僧功德會會議的中國大陸中國佛教

協會國際部副主任普正法師等一行六十多人，參訪法鼓山園區。

◆玄奘大學宗教研究所副教授慧嚴法師帶領該所三位研究生參訪桃園齋明寺，由導覽員介紹說明齋明寺沿革、建築體及古蹟修復過程等。

09.11

◆11至13日，傳燈院於三義DIY心靈環保教育中心舉辦初級禪訓班二日營，由僧團常嶺法師帶領，共有一百二十四人參加。

◆人基會於德貴學苑舉辦十場「心安平安，你就是力量」系列心靈講座。11日晚上邀請資深媒體工作者陳月卿主講「修行飲食──飲食修行」，共有七十八人參加。

◆台北市政府上午於台大醫院國際會議中心，舉辦「97年度台北市改善民俗、宗教團體及孝行獎聯合表揚大會」，由副市長林建元擔任頒獎人，北投農禪寺及中華佛教文化館榮獲續優宗教團體獎，由文化館鑑心長老尼代表出席受獎。

09.12

◆法鼓山受邀參與台北縣金山鄉公所於該鄉第一公墓福園納骨堂舉辦的中元法會，由僧團果舫法師主法，有近七百多人參加。

◆法鼓山於全台舉辦二十四場「2009佛化聯合祝壽」活動。12日於台中寶雲別苑進行「感恩孝親反哺營」暖身活動，邀請家中有八十歲以上長者的子女們參加，有近一百一十人參加

◆弘化院於北投雲來寺舉辦「水陸法會講師培訓課程」，由監院果慨法師、常全法師帶領，共有七十八人參加。

◆9月12日至12月12日，北投農禪寺每週六上午分別舉辦「太極拳──進階班」、鈔經班，有十多人參加。

◆佛教學院、中華佛研所、僧大聯合開學暨畢結業典禮於法鼓山園區國際會議廳舉行，方丈和尚果東法師、佛教學院校長惠敏法師親臨祝福與勉勵，聖靈寺住持今能長老、光泉寺住持全度長老等出席觀禮，共有三百多位師生、家長參加。

◆文基會舉辦「心靈環保列車」系列活動，2日於淡水鎮新興社區、竹圍社區進行「安心掃地禪──社區清潔日推廣」活動，有近六十人參加。

◆加拿大溫哥華道場舉辦孝親報恩地藏法會，由東初禪寺住持果醒法師主法，有近一百人參加。

◆12至13日，馬來西亞道場於波德申（Port Dickson）的福海精舍舉辦「悅眾共識營」，由監院常慧法師、常御法師、常文法師帶領，共有四十多人參加。

◆美國佛教會及同淨蘭若董事張維光參訪法鼓山園區，拜會方丈和尚果東法師，並轉來美佛會捐助的四千一百六十點六五美元、同淨蘭若八千元美元支票善款，援助法鼓山賑濟八八水災。

◆荒野保護協會一行四十五人參訪桃園齋明寺，由導覽員引導參觀齋明寺建築、介紹植物生態等。

09.13

◆弘化院於北投雲來寺舉辦「水陸法會講師培訓課程」，由監院果慨法師、常全法師帶領，共有六十人參加。

◆台北安和分院與台北市立聯合醫院合辦四場「關懷生命講座」。13日下午邀請松德院區精神科醫師湯華盛主講「憂鬱症與自殺防治」，有近一百一十人參加。

◆台南安平精舍舉辦都市生活禪一，由僧團果許法師帶領，共有三十九人參加。

◆台南安平精舍晚上舉辦無我茶會，由資深茶藝老師游淑真帶領，共有三十八人參加。

◆關懷院於台東信行寺舉辦「初階大事關懷課程」，內容主題包括生命教育繪本賞析、大事關懷服務介紹等，共有一百二十人參加。

◆聖基會於台北國際會議中心舉辦「無盡的身教──聖嚴法師最後的一堂課」座談會，邀請天主教樞機主教單國璽、玄奘大學宗教系主任昭慧法師、台北大學社工學系副教授楊蓓、中研院歐美研究所所長單德興，對談聖嚴師父圓寂佛事留給大眾的啟發與影響，方丈和尚果東法師親臨致詞，有近四千人參加。

◆法行會南區分會上午於高雄紫雲寺舉辦半日禪，共有二十一人參加。

◆法青會高雄分會下午於高雄國軍英雄館舉辦「心光講堂」系列演講，邀請周大觀文教基金會第十一屆全球熱愛生命獎章得主林睦卿，分享自己抗癌的經歷與心路，共有七十多人參加。

◆9月13、27日，10月4、18日，11月1、22日，12月13、27日下午，法青會台中分會於台中分院舉辦英文讀書會，分享《分享法鼓山》一書的閱讀心得。

◆美國紐約東初禪寺舉辦週日講座，由象岡道場監院常聞法師主講「智慧與慚愧」，共有五十二人參加。

◆加拿大溫哥華道場舉辦道場成立三週年慶系列活動，13至16日舉辦「生活禪系列講座」，由紐約東初禪寺住持果醒法師主講，共有六百多人次參加。

◆13至18日，加拿大溫哥華道場舉辦鼓隊種子培訓課程，由教聯會師資李素玉前往帶領，共有五十位學員參加。

09.14

◆9月14日至12月8日，高雄三民精舍每週一上午舉辦《學佛五講》讀書會，有近二十人參加。

◆14至18日，佛教學院於園區禪堂舉辦禪五，由研修中心主任果鏡法師帶領，共有六十八人參加。

◆法青會於德貴學苑舉辦「快樂讀經趣」講座，14日及21日晚上由僧團常雲法師主講〈觀世音菩薩普門品〉，有近三十人參加。

◆9月14日至11月23日，美國護法會華盛頓州西雅圖分會每週一上午舉辦讀書會，研讀聖嚴師父著作《心的經典──心經新釋》。

09.15

◆《法鼓佛教院訊》第9期出刊。

◆法青會於德貴學苑舉辦十一場「禪式工作學」系列講座。15日晚上邀請前美國花旗銀行亞洲及中東業務總監戴萬成主講「用禪法打造管理之鑰」，共有四十九人參加。

◆文基會舉辦「心靈環保列車」系列活動，15日於屏東潮州鎮新生里進行「安心掃地禪——社區清潔日推廣」活動，共有二十五人參加。

◆15至17日，美國護法會新澤西州分會晚上舉辦佛法講座，邀請聖嚴師父法子繼程法師主講「心經之生活觀」，共有一百六十多人次參加。

◆9月15日至11月14日，中國大陸中國佛教協會教務部昌明法師、江西佛學院副教務長惟誠法師等一行八人，至佛教學院進行教義研修、參學活動，了解台灣佛教學術領域及僧眾教育發展的情形。

09.16

◆台東信行寺舉辦佛一暨八關戒齋法會，由監院果密法師帶領，共有四十五人參加。

◆法鼓山受邀參加「南投縣921地震重建學校優異社團表演活動記者會」，會中縣府祕書長陳正昇代表縣長李朝卿宣布，將邀請法鼓山、中華民國紅十字會總會、台灣中油股份有限公司共同合作，協助南投信義鄉神木村隆華國小遷校重建案，協助復校，並於18日簽署「合作協議書」。法鼓山由慈基會祕書長果器法師、顧問謝水庸代表參加。

◆聖基會舉辦十七場「無盡的身教——今生與師父有約」系列講座。16日由僧團果器法師主講，共有五十多人參加。

09.17

◆9月17日至11月25日，桃園齋明寺每日舉辦《地藏經》持誦共修，由監院果啟法師帶領，有近七十人參加。

◆高雄三民精舍每週四下午舉辦禪悅讀書會，閱讀聖嚴師父著作《智慧100》，有近二十人參加。

◆9月17日至12月10日，信眾教育院每週四晚上於護法會大同辦事處開辦佛學課程，講解聖嚴師父著作《修行在紅塵——維摩詰經六講》，由講師宗譓法師主講，有近四十人參加。

◆法青會於德貴學苑舉辦十六場「法師有約」系列講座。17日晚上由僧團果界法師主講「桃花園——生命的轉彎處」，共有一百一十多人參加。

09.18

◆法鼓山於園區大殿舉辦剃度典禮，由方丈和尚果東法師擔任得戒和尚、副住持果暉法師為教授阿闍黎，共有兩位男眾受沙彌戒，十四位女眾受沙彌尼戒；另有行同沙彌八位、行同沙彌尼二十五位。

◆弘化院北海岸關懷室舉辦中秋節「敦親睦鄰」活動，由室主常諦法師帶領義工拜訪法鼓山園區周邊鄰居近兩百八十戶人家，表達祝福、關懷之意。

◆法鼓山園區舉辦「朝禮地藏王菩薩——法鼓山朝山」活動，共有近五百二十位基隆地區及北海岸四鄉鎮民眾參加。

◆ 高雄三民精舍舉辦讀書會，分享閱讀《福慧自在——金剛經生活》，由聖嚴書院講師郭惠芯帶領，共有十多人參加。

◆ 18至20日，傳燈院於三義DIY心靈環保教育中心舉辦助理監香培訓課程，由禪修中心副都監果元法師、傳燈院監院常源法師等帶領，共有一百一十三位學員參加。

◆ 人基會於德貴學苑舉辦十場「心安平安，你就是力量」系列心靈講座。18日晚上邀請資深作家潘煊主講「聖嚴法師最珍貴的身教」，共有七十七人參加。

◆ 18至20日，美國紐約東初禪寺舉辦三場佛學講座，邀請聖嚴師父法子繼程法師主講。18日的講題是「聖嚴師父與我」，共有七十多人參加。

◆ 18至21日，美國紐約東初禪寺住持果醒法師至華盛頓州西雅圖分會弘法關懷，內容包括舉辦佛法座談、帶領禪修師資培訓課程等。18日晚上進行念佛法器教學，共有十多人參加。

◆ 美國紐約象岡道場舉辦禪一，由監院常聞法師帶領，共有二十人參加。

09.19

◆ 法鼓山於全台舉辦二十四場「2009佛化聯合祝壽」活動。19日分別於護法會潮州辦事處、花蓮辦事處進行，各有八十五位、四十三位壽星出席，有近二百五十人、八十人參加。

◆ 弘化院於台中寶雲別苑舉辦「水陸法會講師培訓課程」，由監院果慨法師、常全法師帶領，共有五十三人參加。

◆ 9月19日至11月21日，高雄紫雲寺與聖嚴書院每週六上午合辦「兒童好學堂」佛學課程，由二十多位聖嚴書院學員組成的教學義工群帶領，共有三十三位小四至小六學童參加。

◆ 19至26日，法鼓山園區禪堂舉辦默照禪七，由僧團常護法師帶領，共有一百二十四人參加。

◆ 慈基會舉辦「第十五期百年樹人獎助學金」系列頒發活動，19日於南投縣中興會堂進行中部地區聯合頒發活動，祕書長果器法師、副祕書長常法法師、台中分院監院果理法師等到場關懷，南投縣縣政府民政處處長姜君佩、社會處處長熊俊平等來賓受邀觀禮，共有四百二十位學子受惠。

◆ 19至20日，佛教學院舉辦校外教學，由校長惠敏法師帶領，參訪新竹市福嚴精舍、壹同寺，台中縣妙法寺，嘉義縣義德寺、香光寺、靈嚴禪寺與台南縣菩提寺等七處寺院道場，共有七十五位師生參加。

◆ 9月19日至11月28日期間，法鼓大學籌備處於週六下午在德貴學苑舉辦「電影中的關係禪」系列課程，由該處助理教授辜琮瑜帶領，探討九部電影中的人際關係，首場播放的影片是《舞動人生》（*Billy Elliot*），共有四十多人參加。

◆ 法青會舉辦「一起哈佛趣——青春解禪聯誼會」系列活動。19日分別於德貴學苑、高雄紫雲寺進行，由常雲法師、常宏法師與常一法師帶領，各有二十多人、三十多人參加。

◆ 美國紐約東初禪寺舉辦三場佛學講座，邀請聖嚴師父法子繼程法師主講，19日的講題是「電影賞析與人生賞析」，共有七十五人參加。

◆ 美國護法會新澤西州分會下午舉辦臨終關懷講座，由東初禪寺常懿法師主講，有近三十人參加。

◆ 加拿大護法會安省分會舉辦英文初級禪訓班，共有十多人參加。
◆ 美國紐約東初禪寺住持果醒法師至華盛頓州西雅圖分會弘法關懷期間，19日舉辦禪修師資培訓課程，有近二十人參加。

09.20

◆ 法鼓山上午於北投農禪寺舉辦「祈福皈依大典」，由方丈和尚果東法師為信眾親授三皈五戒，共有一千兩百一十一人皈依三寶。
◆ 弘化院於高雄紫雲寺舉辦「水陸法會講師培訓課程」，由監院果概法師、常全法師帶領，共有四十九人參加。
◆ 台北安和分院與台北市立聯合醫院合辦四場「關懷生命講座」。20日下午邀請松德院區精神科醫師湯華盛主講「失眠症」，有近一百一十人參加。
◆ 桃園齋明寺舉辦慈悲三昧水懺法會，由監院果啟法師帶領，有近三百二十人參加。
◆ 台南安平精舍上午舉辦藥師法會，由監院果謙法師帶領，有近一百二十人參加。
◆ 高雄紫雲寺舉辦禪一，由僧團常覺法師帶領，共有一百一十四人參加。
◆ 關懷院於台中分院舉辦「進階大事關懷課程」，內容主題包括世俗禮儀的探討、佛教生死觀、法鼓山大關懷教育的願景等，共有一百八十六人參加。
◆ 慈基會於護法會宜蘭辦事處舉辦「安心家庭關懷專案團體督導課程」，邀請宜蘭縣社會處科長陳淑蘭主講兒童及青少年福利、高風險家庭、單親家庭相關政策，副祕書長常法法師到場關懷，共有七十多位宜蘭、羅東及台北市中山區慰訪員參加。
◆ 法青會舉辦「一起哈佛趣──青春解禪聯誼會」系列活動。20日於台中寶雲別苑進行，由常參法師、常宏法師等帶領，有近四十人參加。
◆ 美國紐約東初禪寺舉辦三場佛學講座，邀請聖嚴師父法子繼程法師主講。20日的主題是「禪來纏去」，由常聞法師英文翻譯，有近一百一十人參加。
◆ 美國紐約東初禪寺住持果醒法師至華盛頓州西雅圖分會弘法關懷期間，20日上午舉辦座談，主題為「讀書會帶領指導」，共有十多人參加。

09.21

◆ 21至24日，方丈和尚果東法師應邀參訪中國大陸北京大學，同行包括佛教學院校長惠敏法師、中華佛研所所長果鏡法師、法鼓大學籌備處校長劉安之、法鼓山社大校長曾濟群及僧大學務長常惺法師等教育單位職事主管，期間並參訪中國人民大學、北京龍泉寺，拜會國家宗教事務局新任局長王作安。
◆ 法鼓山參與八八水災災後重建，21日與中華民國紅十字會總會、台灣中油股份有限公司等認養單位，出席於教育部舉行的「莫拉克風災民間認養校園重建簽約儀式」，分別與教育部部長吳清基、南投縣政府代表、相關學校簽訂契約，認養南投縣信義鄉隆華國小遷校重建案，由慈基會祕書長果器法師代表簽定。
◆ 美國紐約東初禪寺住持果醒法師至華盛頓州西雅圖分會弘法關懷期間，21日上午舉辦佛法講座，弘講《心經》，共有四十五人參加。

09.22

◆方丈和尚果東法師一行參訪中國大陸北京大學期間，22日代表法鼓山與北大學校長周
  其鳳簽署「法鼓人文講座」協議書，並與該校哲學系、宗教學系、宗教文化研究院師
  生，就「佛教人才培育與文化交流」等議題展開座談。

09.23

◆桃園縣員樹林國小附設幼稚園師生六十二人，在園長劉素娥帶領下參訪桃園齋明寺，
  由導覽員引導參觀齋明寺建築、認識植物生態等。
◆聖基會舉辦十七場「無盡的身教——今生與師父有約」系列講座。23日由僧大副院長
  常寬法師、常願法師主講，共有五十多人參加。
◆23至27日，美國紐約東初禪寺住持果醒法師至加州舊金山分會弘法關懷，內容包括帶
  領悅眾監香培訓、禪修指引師資培訓等。23日晚上參與分會的《成佛之道》讀書會並
  給予指導，有近二十人參加。

09.24

◆24至27日，美國護法會輔導師常華法師、常生法師至加州洛杉磯分會弘法關懷，內容
  包括舉辦佛學講座、帶領法會等。24日晚上於分會帶領禪坐共修。

09.25

◆法鼓山於全台舉辦二十四場「2009佛化聯合祝壽」活動。25日於花蓮縣吉安鄉長榮養
  護院進行，共有九位壽星出席，有近二十人參加。
◆台南分院於佳里共修處舉辦地藏法會，由果澔法師帶領，共有八十一人參加。
◆美國護法會輔導師常華法師、常生法師至加州洛杉磯分會弘法關懷期間，25日晚上常
  華法師弘講「《法華經》的領導哲學」。
◆美國紐約東初禪寺住持果醒法師至加州舊金山分會弘法關懷期間，25日上午舉辦監香
  培訓課程；晚上舉辦電影賞析活動，探討《佐賀的超級阿嬤》片中的佛法意涵，共有
  三十人次參加。
◆25至27日，美國紐約象岡道場舉辦禪三，由監院常聞法師帶領，有近十人參加。

09.26

◆26至27日，三學院義工室舉辦「水陸法會義工悅眾菩薩成長營」，由弘化院監院果慨
  法師帶領，有近一百五十人參加。
◆台北安和分院下午舉辦禪修指引課程，有近五十人參加。
◆台中分院「老年生死學」課程的結業學員，組成「法老聯誼會」，26日於寶雲別院舉
  辦首次聯誼會，監院果理法師到場關懷，有近一百一十人參加。
◆台南安平精舍舉辦地藏法會，由監院果謙法師帶領，共有一百一十四人參加。

◆高雄紫雲寺舉辦「每月講談」活動，26日邀請屏東教育大學中文系副教授陳劍鍠分享閱讀聖嚴師父著作《淨土在人間》的心得，共有五十八人參加。

◆台東信行寺上午舉辦大悲懺法會，由監院果密法師帶領，有近八十人參加。

◆佛教學院參加於宜蘭縣礁溪佛光大學宗教研修學院舉行的「第二十屆全國佛學論文聯合發表會」，共有三位碩士班同學參與論文發表，校長惠敏法師並受邀擔任其中一場次的主持人。

◆慈基會於台中市維他露社福慈善基金會舉辦「安心家庭關懷專案團體督導課程」，邀請彰化縣社會處督導梁鴻泉、婦幼福利課課長黃麗娟帶領各案研討課程，共有五十多位中部地區慰訪員參加。

◆9月26日至10月3日，禪坐會於三義DIY心靈環保教育中心舉辦初階禪七，由僧團果弘法師帶領，共有一百二十八人參加。

◆法青會台北分會舉辦十一場「心光講堂」系列講座。26日晚上於德貴學苑進行，邀請台灣首位獲得中華民國棒球協會認證的女性裁判劉柏君主講「運動家精神——學生・靈媒・女裁判」，分享人生經驗，共有一百五十九人參加。

◆加拿大溫哥華道場舉辦英文生活禪，共有二十五人參加。

◆馬來西亞道場晚上首度舉辦「與法師有約」講座，主題是「放下的幸福」，由監院常慧法師及常文法師、常御法師主講，有近八十人參加。

◆26至27日，美國護法會伊利諾州芝加哥分會舉辦系列禪修活動，邀請聖嚴師父西方法子吉伯・古帝亞茲帶領，內容包括主持禪修指引、禪修講座等。

◆美國紐約東初禪寺住持果醒法師至加州舊金山分會弘法關懷期間，26日舉辦禪修指引師資培訓課程，共有十多人參加。

◆加拿大護法會安省分會舉辦初級禪訓班，共有十多人參加。

09.27

◆法鼓山於全台舉辦二十四場「2009佛化聯合祝壽」活動。27日於台北中山精舍進行，共有八十六位壽星出席、一百四十多人參加。

◆「2009佛化聯合祝壽」活動，27日分別於花蓮縣吉安鄉長春養護之家、花蓮市長生老人養護中心進行，各有十三位、十五位壽星出席，各有近五十人參加。

◆弘化院於台東信行寺舉辦「水陸法會講師培訓課程」，由監院果慨法師、常全法師帶領，共有十三人參加。

◆台北安和分院舉辦禪一，由常定法師帶領，有近七十人參加。

◆9月27日至12月20日，台北安和分院每週日下午舉辦童心禪悅課程，由教聯會師資李素玉老師帶領閱讀繪本，有近四十位國小學童參加。

◆台中分院禪坐會舉辦出坡禪，由果雲法師帶領，有近五十人參加。

◆南投德華寺舉辦地藏法會，由副寺果明法師帶領，有近四十人參加。

◆9月27日、10月4日下午，國際禪坐會於德貴學苑舉辦英文初級禪訓班，由禪修中心副都監果元法師帶領，共有三十多人參加。

◆傳燈院於北投雲來寺舉辦「Fun鬆一日禪」，由常欽法師帶領，共有八十二人參加。

◆關懷院於護法會羅東辦事處舉辦「初階大事關懷課程」，內容主題包括生命教育繪本賞析、大事關懷服務介紹等，共有一百零五人參加。

◆法鼓山於高雄縣六龜鄉成立安心站，27日舉行灑淨儀式，由慈基會祕書長果器法師主法，共有九十多人參加；該站並於10月11日正式啟用。

◆文基會舉辦「心靈環保列車」系列活動，27日下午於桃園市桃園藝文廣場舉行「心安平安——你，就是力量！」心靈環保博覽會，內容包括祈福法會、藝文表演、園遊會等，方丈和尚果東法師出席關懷，桃園縣議會議長曾忠義、桃園縣政府民政處宗教科科長鍾翠連、桃園市市長蘇家明等來賓及兩千多位民眾參加。

◆9月27日至12月13日期間，護法總會舉辦七場「悅眾鼓手成長營」，課程內容包括「從歷史看弟子在宗門的角色」、「團體動力」、「地區成果分享」等。27日於高雄紫雲寺進行首場，共有一百零二位高雄、屏東、潮州地區勸募悅眾參加。

◆美國紐約東初禪寺舉辦週日講座，邀請曾隨聖嚴師父學禪的藝術治療師吉拉‧卡米（Giora Carmi）主講「藝術治療」（Art Therapy），有近三十人參加。

◆加拿大溫哥華道場舉辦禪一，由監院果樞法師帶領，共有三十五人參加。

◆馬來西亞道場下午舉辦中秋點燈祈福法會，由監院常慧法師帶領，共有五十人參加。

◆美國護法會輔導師常華法師、常生法師至加州洛杉磯分會弘法關懷期間，27日上午常華法師於弘講「地藏法門與人生」，下午帶領地藏法會。

◆美國紐約東初禪寺住持果醒法師至加州舊金山分會弘法關懷期間，27日舉辦兩場「浮生半日禪」，共有三十多人參加。

09.28

◆三學院義工室於園區禪堂舉辦禪一，由僧團常化法師帶領，共有一百二十位大寮香積組義工參加。

◆佛教學院推廣教育中心98年度第三期開課，共有十五門課分別於德貴學苑、慧日講堂、愛群教室進行。

◆法青會於德貴學苑舉辦「快樂讀經趣」講座，9月28日、10月5日晚上由僧團果界法師主講《八大人覺經》，有二十多人參加。

◆法鼓大學董事鄭丁旺帶領國際道家學術基金會成員一行近一百二十人，上午參訪法鼓山園區。

09.29

◆法鼓山於北投雲來寺舉辦「績效管理課程」，邀請中華人力資源管理協會祕書長張瑞明主講，共有二十六位僧團法師及專職悅眾參加。

◆法青會於德貴學苑舉辦十一場「禪式工作學」系列講座。29日晚上邀請行政院勞工委員會勞工福利處處長藍福良主講「勞心勞力不勞命，工作輕鬆用禪力」，共有二十人參加。

◆日本淨土宗成員、台灣臨床佛學研究協會宗惇法師等在台大醫院家庭醫學科醫師姚建安帶領下，一行十八人參訪法鼓山園區，由佛教學院校長惠敏法師代表接待，並進行交流。

09.30

◆聖基會舉辦十七場「無盡的身教——今生與師父有約」系列講座。30日由行政中心文宣處輔導師果祥法師主講，共有五十多人參加。

◆佛教學院舉辦98學年度第一學期「董事長時間」，董事長暨法鼓山方丈和尚果東法師期勉師生立足漢傳佛教，發好願、自利利人。

10月 OCTOBER

10.01

◆《人生》雜誌第314期出刊。

◆《法鼓》雜誌第238期出刊。

◆法鼓文化出版新書：祈願鈔經系列《六祖壇經定慧品硬筆鈔經本》、《金剛經硬筆鈔經本》；高僧小說系列精選《兩京大法王——神秀禪師》（林淑玟著，劉建志繪）、《東征和尚——鑑真和尚》（周姚萍著，劉建志繪）；智慧人系列《生活中的菩提——淨行品講錄》（繼程法師著）；《2010年桌曆：禪心看世界——聖嚴法師快門下的禪味》。

◆《金山有情》第30期出刊。

◆法鼓山捐贈一套聖嚴師父著作《法鼓全集》予台北縣萬里鄉圖書館，1日下午於該館舉行捐贈儀式，由僧團常諦法師代表捐贈，萬里鄉公所祕書李政順代表接受。

◆10月1日至11月5日，南投德華寺每週四舉辦初級禪訓班，由副寺果明法師帶領，共有十多人參加。

◆佛教學院於圖資館大團體視聽室舉辦專題演講，由法鼓大學籌備處助理教授辜琮瑜主講，講題是「法鼓山六龜安心服務站的過去、現在與未來」，介紹慈基會六龜安心站的四安服務。

◆文基會舉辦「心靈環保列車」系列活動，1至2日於宜蘭縣明池國家森林遊樂區、馬告生態園區進行「馬告神木區自然生態之旅」活動，有近四十人參加。

◆法行會晚上於台北福華大飯店舉辦第一○八次例會，由僧大副院長常寬法師主講「聖嚴師父的墨寶故事」，共有一百一十人參加。

◆法青會於德貴學苑舉辦十六場「法師有約」系列講座。1日晚上由僧團女眾副都監果舫法師主講「從媽祖到觀世音——如何幫助他人度過生命難關？」有近一百五十人參加。

10.02

◆2至4日，法鼓山園區禪堂舉辦禪二，由僧團常真法師帶領，共有一百二十七人參加。

◆10月2日至12月25日，人基會與國立教育電視台合作製播《把心拉近——倫理向前行》廣播節目，邀請各界知名人士，從各個面向闡述「心六倫」和關懷生命的真諦。節目於每週五上午在該台頻道FM101.7播出。

◆2至30日期間，加拿大溫哥華道場舉辦四場信眾關懷聯誼會，2日於第耳塔（Delta）進行首場，有近七十人參加。

10.03

◆法鼓山於全台舉辦二十四場「2009佛化聯合祝壽」活動。3日晚上於高雄紫雲寺前人行廣場進行，共有四十位壽星出席，有近兩百九十人參加。

◆法鼓山園區晚上舉辦「慶中秋樂團圓——你就是力量」晚會，內容包括戲劇表演、音樂演出、綠色走秀等，方丈和尚果東法師出席開示祝福，有近五百人參加。

◆桃園齋明寺晚上舉辦中秋聯誼晚會，內容包括齋明鼓隊表演、月光禪、聽風禪體驗等，監院果啟法師出席關懷，有近四百人參加。

◆3至4日，台南分院舉辦藥師法會，由監院果謙法師帶領，有近兩百四十多人次參加。

◆高雄紫雲寺晚上舉辦中秋感恩祈福晚會，監院果耀法師出席開示，內容包括樂器演奏、手語表演、舞蹈演出等，有近兩百九十人參加。

◆慈基會舉辦「第十五期百年樹人獎助學金」系列頒發活動，3日於法鼓山園區、桃園齋明寺進行，各有三十四位北海岸地區、八位桃園地區的學子受獎。

◆慈基會分別於林邊安心站、高雄縣甲仙龍鳳寺前廣場舉辦中秋關懷活動，祝福與關懷八八水災災區民眾，並分享法鼓山的四環、四安理念。

◆加拿大溫哥華道場舉辦四場信眾關懷聯誼會，3日於本拿比進行，有近一百一十人參加。

◆美國護法會賓州聯絡處於當地牡丹花公園（Tree Peony Garden）舉辦禪一，由紐約象岡道場監院常聞法師帶領。

◆馬來西亞護法會合唱團晚上受邀參加當地太平佛教會於太平市議會大禮堂舉辦的第一屆「海潮匯」全國佛曲弘法會演出。

10.04

◆台北安和分院與台北市立聯合醫院合辦四場「關懷生命講座」。4日下午邀請松德院區精神科醫師湯華盛主講「失落的處置」，有近一百八十人參加。

◆美國紐約東初禪寺舉辦週日講座，由住持果醒法師主講《六祖壇經‧無相頌》，說明「菩提心」是大乘佛法中最重要的修行，共有六十四人參加。

◆4至26日，加拿大溫哥華道場每週日、一晚上舉辦鼓藝練習共修，有近七十人參加。

10.05

◆5至26日，高雄紫雲寺每週一晚上舉辦初級禪訓班，由監院果耀法師帶領，共有四十人參加。

10.06

◆方丈和尚果東法師上午於北投雲來寺大殿，對僧團法師、全體專職精神講話，主題為「凝聚共識，強化法鼓山品牌精神——心靈環保」，全台各分院道場同步視訊連線聆

聽開示，馬來西亞道場及美國護法會加州舊金山分會、香港護法會、澳洲護法會雪梨分會也透過網路連線共同參與，共有五百六十多人參加。

◆菲律賓首都馬尼拉於9月26日因凱莎娜（Ketsana）颱風侵襲造成嚴重災害，10月6至12日，慈基會派遣救援團前往勘災並提供救援。

◆芭瑪颱風來襲，造成蘭陽地區多處嚴重積水，慈基會於宜蘭、羅東兩地成立風災災害應變中心，提供災後救援所需。

◆6至8日，佛教學院受邀參加太平洋鄰里協會（Pacific Neighborhood Consortium, PNC）於中研院人文社會科學館舉辦的「PNC2009年台北年會暨聯合會議」，由副校長杜正民、洪振洲老師代表參加，並於會中發表論文。

◆6至8日，美國長島大學（Long Island University）學生一行三十人於法鼓山園區進行佛教生活體驗營，由僧團果祥法師、常玄法師、常峪法師等共同帶領。

10.07

◆10月7日至12月30日，北投農禪寺每週三下午舉辦「禪‧靜‧書法」班，有近二十人參加。

◆7至28日，台北安和分院每週三晚上舉辦初級禪訓班，由常定法師帶領，共有四十七人參加。

◆傳燈院下午應花蓮東華大學觀光遊憩休閒系之邀，於該校為該系新生舉辦禪修指引課程，由禪訓班師資劉振鄉帶領，共有五十五人參加。

◆印尼蘇門答臘（Sumatra）於9月30日發生芮氏規模7.6的強烈地震，10月7至16日，慈基會派遣救援團前往受災嚴重的巴東（Padang）地區勘災，並提供救援。

◆美國芝加哥大學（University of Chicago）社會學系教授趙鼎新蒞臨佛教學院進行訪問，並於階梯教室發表演講，講題為「西方社會科學研究方法之評論」。

◆10月7、15日，11月25日，佛教學院弘化專題研修課程，邀請台北教育大學生命教育與健康促進研究所兼任助理教授黃鳳英，發表三場「正念療癒與臨終關懷」系列講座。

◆聖基會舉辦十七場「無盡的身教──今生與師父有約」系列講座。7日由聖基會董事楊蓓主講，共有五十多人參加。

◆7至28日，加拿大溫哥華道場每週三上午舉辦初級禪訓班，由監院果樞法師帶領，有近三十人參加。

◆10月7日至2010年3月24日，美國護法會華盛頓州西雅圖分會每週三上午舉辦讀書會，研讀《學佛五講》。

10.08

◆10月8日至12月31日，北投農禪寺每週四下午舉辦養生瑜伽班，有近四十人參加。

◆8至29日，台北安和分院每週四晚上舉辦初級禪訓班，由監院果旭法師帶領，共有三十五人參加。

◆法鼓山持續關懷2006年菲律賓土石流山崩事件，8至9日，慈基會資源整合組主任委員曾照嵩與義工王貞喬代表前往雷伊泰島獨魯萬市進行獎助學金頒發暨心靈關懷活動，共有十九位學子受益。

◆ 佛教學院與國家圖書館共同簽署學術合作，上午於該館進行簽約儀式，由校長惠敏法師與館長顧敏共同簽署，該項合作以「典藏、傳播佛教知識」為基礎，簽約後隨即展開第一次工作會議，討論建立佛教經典目錄、典藏數位化的事宜。

◆ 8至13日，美國紐約東初禪寺住持果醒法師、象岡道場監院常聞法師至加拿大護法會安省分會弘法關懷，內容包括帶領法器練習、法會、禪三與佛法講座等。8日於分會帶領法器練習；晚上果醒法師於分會舉辦佛法講座，主題是「無生無死」，共有三十多人參加。

10.09

◆ 10月9日至2010年1月1日，北投農禪寺每週五上午舉辦禪悅花藝班，共有二十多人參加。

◆ 9至16日，法鼓山園區禪堂舉辦初階話頭禪七，邀請果如法師帶領，共有一百一十六人參加。

◆ 美國紐約東初禪寺住持果醒法師、象岡道場監院常聞法師於加拿大護法會安省分會關懷期間，9至12日，於奧蘭治維爾（Orangeville）的愛梵娜退修營舍（Mount Alverno Retreat Centre）舉辦英文禪三，由常聞法師帶領，共有十八人參加。9日下午，果醒法師在「經典與生活」講座中，分享《維摩詰經》，共有三十多人參加。

◆ 9至14日，美國紐約象岡道場舉辦西方禪修，邀請聖嚴師父西方法子賽門‧查爾得帶領，共有十五人參加。

◆ 中國大陸福建省長樂市佛教協會傳道法師、澳洲華藏寺住持藏慧長老、普濟寺住持照清法師等一行二十六人參訪法鼓山園區。

10.10

◆ 法鼓山於全台舉辦二十四場「2009佛化聯合祝壽」活動。10日於台北縣三芝國小進行，共有四十五位壽星出席、一百二十多人參加。

◆ 10至31日，僧團弘化院每週六下午於法鼓山園區舉辦「第三屆大悲心水陸法會」系列講座，內容主題包括「通往成佛之道的橋梁 」、「大壇佛事之修持意涵」、「除闇‧淨障‧修菩提」、「起大悲心弘普度道」四大項，分別由監院果慨法師、果傳法師、果見法師、常智法師主講。

◆ 10至17日，北投農禪寺舉辦彌陀佛七，有近四千一百人次參加。

◆ 10至31日，台北中山精舍每週六晚上舉辦初級禪訓班，由僧團常詵法師帶領，共有十多人參加。

◆ 10至11日，台南分院舉辦朝山活動，有近五百位嘉義、佳里、台南地區信眾，在監院果謙法師帶領下至法鼓山園區，體驗園區的境教。抵達前並先至桃園齋明寺參訪。

◆ 傳燈院於北投雲來寺舉辦「Fun鬆一日禪」，由監院常源法師帶領，共有七十五人參加。

◆ 關懷院於台北縣永和國中舉辦「初階大事關懷課程」，內容主題包括生命教育繪本賞析、大事關懷服務介紹等，有近兩百八十人參加。

◆ 竹山安心站與竹山社會福利中心共同舉辦「把愛送出去」活動，關懷該鎮聖恩安養中心四十餘位長者。

◆ 慈基會前往新竹市建嘉安養中心，進行重陽節暨中秋節關懷，共有十七位義工參加。

◆文基會舉辦「心靈環保列車」系列活動，10日於基隆暖暖水源步道進行淨山活動，有近一百二十人參加。

◆10至31日，法青會每週六晚上於德貴學苑舉辦初級禪訓班，由常宏法師帶領，有近五十人參加。

◆10至11日，法青會於台中寶雲別苑舉辦「2009下半年法青聯合會議」，由常參法師、常雲法師等帶領，共有三十一人參加。

◆美國紐約東初禪寺舉辦義工成長培訓課程，由常懿法師帶領，有近四十人參加。

◆10至12日，加拿大溫哥華道場舉辦禪三，由監院果樞法師帶領，共有三十多人參加。

◆美國護法會華盛頓州西雅圖分會舉辦初級禪訓班，共有十五人參加。

◆美國紐約東初禪寺住持果醒法師、象岡道場監院常聞法師於加拿大護法會安省分會關懷期間，10日果醒法師於分會帶領念佛禪一，共有二十人參加。

10.11

◆10月11、30日，11月6、13日，僧團弘化院晚上於高雄紫雲寺舉辦「第三屆大悲心水陸法會」系列講座，內容主題包括「通往成佛之道的橋梁」、「大壇佛事之修持意涵」、「除闇‧淨障‧修菩提」、「起大悲心弘普度道」四大項，分別由監院果慨法師、果傳法師、果見法師、常智法師主講。

◆台中分院於三義DIY心靈環保教育中心舉辦禪一，由果雲法師帶領，有近一百三十人參加。

◆南投德華寺舉辦佛一暨八關戒齋法會，由副寺果明法師帶領，共有十五人參加。

◆關懷院於護法會羅東辦事處舉辦「進階大事關懷課程」，內容主題包括世俗禮儀的探討、佛教生死觀、法鼓山大關懷教育的願景等，共有九十人參加。

◆慈基會結合企業資源、公益團體力量，長期資助八八水災災區清寒學生，10月11日至11月15日期間，分別前往高雄六龜、屏東災區舉辦五場「百年樹人獎助學金」頒獎典禮，11日於高雄縣六龜高中進行，共有三百四十五位學子受惠。

◆護法總會舉辦七場「悅眾鼓手成長營」。11日於台東信行寺進行第二場，共有七十二位東部地區勸募悅眾參加。

◆11、18日，美國紐約東初禪寺舉辦週日講座，由監院常華法師主講「觀音法門」，共有九十多人次參加。

◆馬來西亞道場於當地沙亞南佛教會（Shah Alam Buddhist Society）舉辦英文禪學講座，由常文法師主講「禪——活在當下」（Chan：Live for Now），分享禪修的觀念與方法，共有四十多人參加。

◆美國紐約東初禪寺住持果醒法師、象岡道場監院常聞法師於加拿大護法會安省分會關懷期間，11日上午，果醒法師於分會帶領大悲懺法會，有近二十人參加；晚上進行「禪與生活——沒有煩惱」講座，共有四十多人參加。

◆行政院國家科學委員會生理智慧衣計畫團隊專家學者一行三十一人參訪法鼓山園區，由佛教學院校長惠敏法師接待，並進行交流。

◆韓國釜山清涼寺住持法師及居士等一行十五人參訪法鼓山園區。

◆虎尾助念團一行四十二人上午參訪桃園齋明寺，由導覽員引導介紹建築體及古蹟修復過程等。

10.12

◆法青會於德貴學苑舉辦「快樂讀經趣」講座，12日及19日晚上由僧團常參法師主講《佛遺教經》，有近三十人參加。

10.13

◆13至15日，法鼓山受邀參加全球女性和平促進會（Global Peace Initiative of Women, GPIW）於美國馬里蘭州魚鷹角休閒會議中心（Osprey Point Retreat & Conference Center）舉辦的跨宗教會議，名為「美國沉思者聯盟——讓全國聽到精神層面的聲音」（The Alliance of American Contemplatives——Raising a New Spiritual Voice for the Nation），由僧團果禪法師、常濟法師代表出席。

◆佛教學院於圖資館大團體視聽室舉辦專題演講，邀請政治大學中文系教授竺家寧主講，講題是「漢文佛典音韻與詞彙數位資源建構問題探討」，共有五十多人參加。

◆法緣會於法鼓山園區舉辦一日禪，由禪堂板首果祺法師帶領，共有四十多人參加。

◆法青會於德貴學苑舉辦十一場「禪式工作學」系列講座。13日晚上邀請標竿學院常駐資深顧問陳若玲主講「禪智的職場生涯航海圖」，共有二十三人參加。

◆美國紐約東初禪寺住持果醒法師、象岡道場監院常聞法師至加拿大護法會安省分會關懷期間，13日晚上，果醒法師於分會舉辦佛法講座，主講「應無所住而生其心」，有近四十人參加。

◆中國大陸廣東省佛山寺順德區民族宗教事務局副局長翁榮盛等一行二十三人參訪法鼓山園區。

10.14

◆慈基會舉辦「第十五期百年樹人獎助學金」系列頒發活動，14日於台東信行寺進行，共有二位學子受獎。

◆為援助印尼震災救援，慈基會救援團至印尼蘇門答臘巴東地區，拜會當地華人主要社團福德堂、恆明堂，進行後續的救援工作。

◆聖基會舉辦十七場「無盡的身教——今生與師父有約」系列講座。14日由資深悅眾王崇忠、陳瑞娟、許慧妃主講，共有五十多人參加。

10.15

◆10月15日至11月5日，僧團弘化院每週四晚上於台南分院舉辦「第三屆大悲心水陸法會」系列講座，內容主題包括「通往成佛之道的橋梁」、「大壇佛事之修持意涵」、「除闇‧淨障‧修菩提」、「起大悲心弘普度道」四大項，分別由監院果慨法師、果傳法師、果見法師、常智法師主講。

◆法青會於德貴學苑舉辦十六場「法師有約」系列講座。15日晚上由僧團常悟法師主講「與西方禪法的相遇」，有近一百人參加。

◆中國大陸廣東中山大學宗教研究所所長馮達文一行五人參訪佛教學院，由校長惠敏法

師、研修中心主任果鏡法師與中華佛研所榮譽所長李志夫等接待，並進行交流。

◆中國大陸上海玉佛寺方丈覺醒法師率領該寺僧眾一行三十四人上午參訪法鼓山園區，由方丈和尚果東法師、副住持果品法師接待，並進行交流。

◆財團法人創世社會福利基金會一千兩百多位長者在該會副祕書長李秀娟帶領下，參訪法鼓山園區。

10.16

◆法鼓山持續關懷南亞海嘯賑災，16至27日，慈基會派遣醫療關懷團一行十七人，前往斯里蘭卡南部穆拉提亞那（Mulatiyana）山區、新屯墾區蘇里亞威瓦（Suriyawewa）進行義診服務。

◆佛教學院下午舉辦專題演講，邀請蒙古人文大學教育與知識科技系副教授滿那勒札布（Lubsanvandan Manaljav）主講「蒙古漢學資源介紹」（Introduction of the Resources of Sinological Studies in Mongolia）。

◆日本真言宗前宗長土生川正道一行十三人，在鶯歌滿願寺廣慈長老陪同下，參訪法鼓山園區，由方丈和尚果東法師、副住持果暉法師接待，並進行交流。

10.17

◆17至18日，三學院義工室於園區禪堂舉辦「知客室義工二日營──初、中階培訓課程」，由僧團常光法師帶領，有近一百一十人參加。

◆弘化院晚上於德貴學苑舉辦「第三屆大悲心水陸法會」講座，由監院果慨法師主講「通往成佛之道的橋梁」。

◆傳燈院下午於北投雲來寺舉辦禪修指引課程，共有三十二人參加。

◆慈基會舉辦「第十五期百年樹人獎助學金」系列頒發活動，17日於台南分院進行，共有四十四位學子受獎。

◆慈基會結合企業資源、公益團體力量，長期資助八八水災災區清寒學生，分別前往高雄六龜、屏東災區舉辦五場「百年樹人獎助學金」頒獎典禮，17日於屏東縣林邊國小進行，共有兩百五十九位學子受惠。

◆慈基會持續支援八八水災災區重建，於17及24日，為高雄六龜小學、荖濃小學、龍興小學三所國小二十一位老師進行「和太鼓基礎研習課程」種子教師培訓，課後由老師回校繼續指導孩子學習太鼓，以協助災區學子透過練鼓、打鼓等過程，抒發災後的心情與壓力。

◆10月17至18日、11月7至8日，法鼓大學籌備處、法青會共同於德貴學苑舉辦「一人一故事劇場基礎工作坊」，邀請「你說我演一人一故事劇團」創辦人李志強帶領，共有二十五位學員參加。

◆法青會舉辦「一起哈佛趣──輕鬆學佛法」系列活動。17日分別於德貴學苑、台中寶雲別苑、台南安平精舍進行，主題為「提昇自我與四攝法」，由常雲法師、常宏法師、果澔法師、常參法師講授如何運用佛法來提昇自我，共有近八十人參加。

◆美國紐約東初禪寺晚上舉辦海外首場「新時代之心六倫分享會」，由「心六倫」種子教師王榮主持，共有十多人參加。

◆ 美國紐約東初禪寺舉辦「觀照自心」（Developing awareness of the subtle movements of the mind）工作坊，邀請曾向聖嚴師父習禪的藝術治療師吉拉·卡米帶領，共有十多人參加。

◆ 美國紐約象岡道場舉辦禪一，由監院常聞法師帶領，共有十二人參加。

◆ 加拿大溫哥華道場舉辦四場信眾關懷聯誼會，17日於列治文（Richmond）地區進行，共有一百五十五人參加。

◆ 10月17、24、31日，以及11月14日，美國護法會加州洛杉磯分會舉辦初級禪訓班。

◆ 10月17日至12月5日，香港護法會每週六下午舉辦瑜伽班，有近五十人參加。

10.18

◆ 法鼓山於全台舉辦二十四場「2009佛化聯合祝壽」活動。18日分別於桃園齋明寺、三峽天南寺，與護法會松山辦事處進行，各有七十二位壽星出席，共有一百七十多人、一百一十多人參加。

◆ 10月18日至11月8日，僧團弘化院每週日下午於台北安和分院舉辦「第三屆大悲心水陸法會」系列講座，內容主題包括「通往成佛之道的橋梁」、「大壇佛事之修持意涵」、「除闇·淨障·修菩提」、「起大悲心弘普度道」四大項，分別由監院果慨法師、果傳法師、果見法師、常智法師主講。

◆ 北投農禪寺舉辦禪一，由常及法師帶領，共有九十四人參加。

◆ 10月18日至12月27日，北投農禪寺每月第一、三週週日舉辦「學佛Fun輕鬆」課程，有近一百一十人參加。

◆ 高雄紫雲寺舉辦慈悲三昧水懺法會，由監院果耀法師帶領，共有四百四十多人參加。

◆ 信眾教育院於北投雲來寺舉辦心靈環保讀書會帶領人充電課程，主題為「傾聽與表達」，由常用法師、資深讀書會帶領人方隆彰主講，有近五十位學員參加。

◆ 關懷院於台北縣永和國中舉辦「進階大事關懷課程」，內容主題包括世俗禮儀的探討、佛教生死觀、法鼓山大關懷教育的願景等，共有二百二十五人參加。

◆ 慈基會舉辦「第十五期百年樹人獎助學金」系列頒發活動，18日於護法會松山共修處進行，共有六位學子受獎。

◆ 慈基會於護法會士林辦事處舉辦「地區緊急救援教育訓練課程」，共有四十八人參加。

◆ 佛教學院、聖基會、人基會受邀參加財團法人耕心蓮苑教育基金會於三重小巨蛋綜合體育場舉辦的「家庭有愛·和諧社區論壇暨展覽」，佛教學院校長惠敏法師並應邀擔任「和諧社區之路並不遙遠——教育實務經驗分享」論壇之與談人。

◆ 護法總會舉辦七場「悅眾鼓手成長營」。18日於法鼓山園區國際宴會廳進行第三場，共有一百零五位北三、北六、北七轄區，及法鼓山事業體的勸募悅眾參加。

◆ 法青會舉辦「一起哈佛趣——輕鬆學佛法」系列活動。18日於桃園齋明寺進行，主題為「提昇自我與四攝法」，由常參法師講授如何運用佛法來提昇自我，共有十多人參加。

◆ 法青會高雄分會下午於高雄國軍英雄館舉辦「心光講堂」系列演講，邀請2008年世界麵包大賽銀牌得主吳寶春主講「烘焙人生真滋味」，共有七十多人參加。

◆ 加拿大溫哥華道場舉辦禪一，由監院果樞法師帶領，共有二十九人參加。

◆ 馬來西亞道場舉辦佛一，由常文法師帶領，共有三十四人參加。

10.19

◆ 佛教學院邀請泰國南傳高僧讚念長老（Ajahn Jumnien）於上午在園區禪堂，交流、指導內觀禪法，由校長惠敏法師主持，有近百位僧團法師、佛教學院師生參加。

10.20

◆ 10月20日至11月22日，高雄紫雲寺舉辦「觀音菩薩工筆佛畫展」，展出張秀霞老菩薩的畫作。

◆ 香港護法會晚上於澳門佛教青年中心舉辦「2009法鼓山大悲心水陸法會說明會」，由召集人郭永安帶領，有近七十人參加。

◆ 台大電機系舉辦五十週年同學會，一行三十六人上午參訪法鼓山園區，副住持果暉法師出席關懷，並進行交流。

10.21

◆ 高雄紫雲寺晚上舉辦佛曲帶動唱共修。自11月起改為每月第二週週三的例行共修活動。

◆ 21、23、26、28日，傳燈院應台灣中油股份有限公司之邀，於該公司台北營業處帶領法鼓八式動禪課程，有近一百人參加。

◆ 佛教學院下午於法鼓山園區國際會議廳舉辦「大師講座」，邀請中研院院士張廣達主講「大乘佛教的發展與東傳」，由校長惠敏法師主持，共有一百多人參加。

◆ 聖基會舉辦十七場「無盡的身教──今生與師父有約」系列講座。21日由僧團副住持果暉法師主講，共有五十多人參加。

◆ 教聯會晚上於台北中山精舍舉辦教師生活佛法讀書會，由僧團常諦法師主講「校園中的心靈環保」，有近五十人參加。

10.22

◆ 10月22日至12月31日，法鼓山舉辦「用心種百合‧從花看生命」台灣原生百合校園綠美化活動，提供百合種子與種球予各地中小學校，邀請共同為台灣的自然生態保育奉獻心力。

◆ 10月22日至12月24日期間，北投農禪寺每週四上午舉辦「學佛Fun輕鬆」課程，共有四十四人參加。

◆ 馬來西亞道場於當地佛教明珠聯誼會（Buddhist Gem Fellowship, BGF）舉辦英文禪學講座，由常文法師主講「禪──活在當下」（Chan: Live for Now），分享禪修的觀念與方法，共有三十多人參加。

10.23

◆ 台南分院於佳里共修處舉辦地藏法會，由果澔法師帶領，共有七十九人參加。

◆ 10月23日至11月1日，法鼓山園區禪堂舉辦話頭禪十，邀請聖嚴師父法子果如法師帶

領，共有九十九人參加。

◆23至24日，法青會於三義DIY心靈環保教育中心舉辦禪二，由僧團常宏法師帶領，共有一百零七人參加。

◆美國護法會加州舊金山分會晚上舉辦電影欣賞，賞析影片《葉問》的佛法意涵，邀請《阿斗隨師遊天下》系列書籍作者張光斗帶領，有近四十人參加。

◆23至26日，僧團果高法師、果界法師、果靖法師、常時法師至香港弘法關懷，行程包括舉辦佛學講座、帶領法會等。23日晚上於護法會舉辦「《地藏經》講座」，由果高法師主講，有近一百二十人參加。

10.24

◆10月24日至11月2日，禪修中心副都監果元法師受邀前往印尼棉蘭、日惹、雅加達三地弘法，內容包括帶領禪修、舉辦佛法講座等。10月24日晚上於棉蘭慈悲精舍（Vihara Mettayana）進行佛法講座，主題為「禪與生活」，共有七十多人參加。

◆法鼓山於全台舉辦二十四場「2009佛化聯合祝壽」活動。24日於台中寶雲別苑進行，共有四十九位壽星出席，共有四百多人參加。

◆10月24日至11月15日，僧團弘化院於週六或週日在台中分院舉辦「第三屆大悲心水陸法會」系列講座，內容主題包括「通往成佛之道的橋梁」、「大壇佛事之修持意涵」、「除闇‧淨障‧修菩提」、「起大悲心弘普度道」四大項，分別由監院果概法師、果傳法師、果見法師、常智法師主講。

◆10月24日至12月19日，北投農禪寺每週六上午舉辦健康促進研習營，有五十多人參加。

◆台北安和分院下午舉辦禪修指引課程，有近三十人參加。

◆24至25日，桃園齋明寺舉辦秋季報恩法會，內容包括地藏法會、地藏懺法會及三時繫念法會，由僧團副住持果暉法師主法，共有四千七百多人次參加。

◆24至25日，台中分院於分院、寶雲別苑舉辦「初級禪訓班密集班」，由傳燈院監院常源法師、常嶺法師帶領，共有七十五人參加。

◆24至25日，南投德華寺於法鼓山園區舉辦戶外禪，由副寺果明法師帶領，共有二十七人參加。

◆台南安平精舍舉辦地藏法會，由監院果謙法師帶領，共有九十二人參加。

◆慈基會於法鼓山園區舉辦「地區緊急救援教育訓練課程」，共有三十人參加。

◆護法總會舉辦七場「悅眾鼓手成長營」。24日於北投農禪寺進行第四場，共有一百零五位北一、北二轄區的勸募悅眾參加。

◆法青會台北分會舉辦十一場「心光講堂」系列講座。24日晚上於德貴學苑進行，邀請電影工作者柯一正主講「電影心世界——電影‧生命‧源源不絕的動力」，分享個人的創作經驗，共有六十人參加。

◆24至25日，法青會於三義DIY心靈環保教育中心舉辦禪二，由僧團常宏法師帶領，共有一百零七人參加。

◆24日及31日，美國紐約東初禪寺舉辦每週六上午舉辦英文初級禪訓班，由聖嚴師父西方弟子大衛‧史列梅克帶領，有近二十人參加。

◆馬來西亞道場晚上舉辦「與法師有約」講座，主題為「放下的快樂」，由監院常慧法師及常文法師、常御法師主講，有近八十人參加。

◆美國護法會加州舊金山分會舉辦英文精進禪一，邀請邀請聖嚴師父西方法子吉伯‧古帝亞茲帶領，共有十五人參加。

◆香港浸會大學宗教及哲學系教授吳有能帶領二十五位學生參訪香港護法會，並由僧團果高法師、果界法師等帶領認識法鼓山的理念、體驗禪修等。

10.25

◆法鼓山於全台舉辦二十四場「2009佛化聯合祝壽」活動。25日分別於護法會石牌、社子、淡水、屏東等四處辦事處，以及蘆洲共修處、松山辦事處、宜蘭辦事處、羅東辦事處承辦進行，共有四百五十三位壽星出席、有近一千一百人參加。

◆關懷院於護法會林口辦事處舉辦「進階大事關懷課程」，內容主題包括世俗禮儀的探討、佛教生死觀、法鼓山大關懷教育的願景等，共有六十三人參加。

◆慈基會結合企業資源、公益團體力量，長期資助八八水災災區清寒學生，分別前往高雄六龜、屏東災區舉辦五場「百年樹人獎助學金」頒獎典禮，25日於屏東縣萬丹國中進行，共有七十二位學子受惠。

◆慈基會舉辦「第十五期百年樹人獎助學金」系列頒發活動，25日分別於護法會淡水辦事處、社子辦事處、大同辦事處、花蓮辦事處、潮州辦事處及高雄紫雲寺進行，共有兩百一十五位學子受獎。

◆慈基會於護法會淡水辦事處舉辦「地區緊急救援教育訓練課程」，共有二十一人參加。

◆文基會舉辦「心靈環保列車」系列活動，25日於台北市文山區興德里進行「轉運、安心──心靈環保體驗」活動，有近三百八十人參加。

◆護法總會舉辦七場「悅眾鼓手成長營」。25日於台南分院進行第五場，共有九十六位台南、嘉義地區的勸募悅眾參加。

◆法行會下午於北投美代溫泉飯店舉辦看電影學佛法共修活動，賞析影片《送行者》的佛法意涵，由資深媒體工作者陳月卿帶領，有近二十人參加。

◆美國紐約東初禪寺舉辦週日講座，邀請心理學博士林晉城主講「災難與心理反應」，共有三十五人參加。

◆10月25日至11月15日，加拿大溫哥華道場每週日舉辦初級禪訓班，由監院果樞法師帶領，共有三十多人參加。

◆馬來西亞道場舉辦初級禪訓班輔導學長培訓課程，由監院常慧法師帶領，共有十四人參加。

◆美國護法會加州舊金山會分會吉他社受邀參加舊金山金山聖寺舉辦的重陽敬老節活動，於活動中彈唱歌曲，關懷兩百多位長者，共有九位義工參加。

◆禪修中心副都監果元法師於印尼弘法關懷期間，25日於棉蘭釋迦牟尼佛精舍（Vihara Sakyamuni）帶領禪一，共有六十人參加。

◆禪修中心副都監果元法師於印尼弘法關懷期間，25至29日於日惹的一處天主教靜修中心（Omah Jawi Retreat House）帶領禪五，共有三十人參加。

◆僧團果高法師、果界法師、果靖法師、常時法師至香港弘法關懷期間，25日於寶覺中學舉辦佛一暨八關戒齋法會，有近一百六十人參加。

10.26

◆中國大陸四川於2008年5月發生芮氏規模7.8強震,慈基會展開長期救援,並於災區進行學童的獎助學金頒發。10月26至29日,陸續於綿陽中學、北川中學、安縣中學、秀水一小、民興中學、什邡中學、雍城中學等七所學校舉行頒發儀式,由僧團副住持果品法師分別前往頒獎,受獎學生共有三百多人。

◆法青會於德貴學苑舉辦「快樂讀經趣」講座,10月26日、11月2日晚上由僧團常恩法師主講《阿彌陀經》,有三十多人參加。

◆僧團果高法師、果界法師、果靖法師、常時法師至香港弘法關懷期間,26日於寶覺中學舉辦地藏暨皈依法會,有近一百三十人參加。

10.27

◆行政院內政部上午於警政署大禮堂舉辦「莫拉克颱風救災有功人員表揚大會」,由部長江宜樺頒獎,法鼓山獲頒「功在救災」榮譽獎座,由慈基會祕書長果器法師代表受獎。

◆慈基會持續支援八八水災災區重建,10月27日至12月23日每週三下午於六龜高中,為高雄六龜高中、六龜小學、寶山小學等七所學校二十位老師舉辦「藝術治療」課程,邀請東海大學林秀絨教授等四人授課,協助災區學子透過藝術療程進行災後心理重建工作。

◆佛教學院與北海岸金山醫院於下午在園區國際會議廳共同簽署「臨床宗教師培育暨訓練合作計畫」,由佛教學院校長惠敏法師、金山醫院院長李龍騰代表簽署,方丈和尚果東法師以及金山醫院董事陳榮基、台大醫院家庭醫學科醫師陳慶餘、金山醫院衍德會志工團隊、病患家屬等到場觀禮祝福。

◆中國大陸浙江省紹興市佛教協會一行十五人上午參訪法鼓山園區,方丈和尚果東法師出席接待,並進行交流。

10.28

◆佛教學院於法鼓山園區第三大樓海會廳舉辦專題演講,邀請刻在佛教學院擔任客座研究員的德國漢堡大學(Hamberg University)教授無著比丘(Bhikkhu Analayo)主講,講題是「六十二見的比較研究」,共有二十多人參加。

◆聖基會舉辦十七場「無盡的身教——今生與師父有約」系列講座。28日由資深悅眾黃楚琪、李碧珠主講,共有五十多人參加。

10.29

◆10月29日至11月1日,台東信行寺舉辦「禪悅四日營」,由監院果密法師帶領,共有四十二人參加。

◆佛教學院與清華大學人文社會研究中心、挪威奧斯陸大學(University of Oslo)及日本學習院大學聯合舉辦「東亞靜坐傳統暨佛教禪坐傳統聯合國際研討會」,29至31日先後於清華大學人文社會學院及法鼓山園區舉行,共有來自台灣、日本、韓國、中國大陸、澳洲、美國、加拿大、挪威、義大利等二十多位學者發表論文,進行研討。

◆法青會於德貴學苑舉辦十六場「法師有約」系列講座。29日晚上由慈基會副祕書長常法法師主講「心理學與佛法的相遇」，有近一百二十人參加。

10.30

◆10月30日至11月1日，禪坐會於三義DIY心靈環保教育中心舉辦禪二，由傳燈院監院常源法師帶領，共有一百二十二人參加。
◆加拿大溫哥華道場舉辦四場信眾關懷聯誼會，30日於溫哥華地區進行，有近一百四十人參加。

10.31

◆法鼓山於全台舉辦二十四場「2009佛化聯合祝壽」活動。31日於台北安和分院進行，共有一百一十六位壽星出席，有近兩百四十人參加。
◆北投農禪寺於台北翡翠水庫舉辦戶外禪，由常及法師帶領，有近兩百人參加。
◆台中分院舉辦「供花講座」，邀請資深花藝老師蔣麗麗主講「供花藝術」，共有七十二人參加。
◆高雄紫雲寺舉辦「每月講談」活動，31日邀請聖嚴書院講師郭惠芯，分享閱讀《觀音——菩薩中國化的演變》的心得，有近九十人參加。
◆高雄紫雲寺舉辦舒活禪一，由常覺法師帶領，共有七十六人參加。
◆慈基會結合企業資源、公益團體力量，長期資助八八水災災區清寒學生，分別前往高雄六龜、屏東災區舉辦五場「百年樹人獎助學金」頒獎典禮，25日於屏東縣高樹國中進行，共有一百七十六位學子受惠。
◆慈基會舉辦「第十五期百年樹人獎助學金」系列頒發活動，31日分別於護法會北投共修處、士林共修處、中壢辦事處、屏東辦事處及德貴學苑進行，共有一百五十二位學子受獎。
◆慈基會於台中市維他露社會福利慈善事業基金會會所，舉辦「安心家庭關懷專案團體督導課程」，由竹山安心站站長蔡文華等資深慰訪員帶領，有近五十人參加。
◆法鼓大學籌備處、人基會、法青會於德貴學苑共同舉辦「來玩吧！四種環保趴趴GO！」活動，藉由各種趣味遊戲，讓參與民眾體會於日常生活中落實四環的精神，有近一千人參加。
◆禪修中心副都監果元法師於印尼弘法關懷期間，10月31日至11月1日於雅加達廣化一乘禪寺所屬的無量壽禪修中心（Sadhana Amitayus Retreat Center）帶領禪二，共有七十五人參加。
◆美國紐約東初禪寺晚上舉辦「他的身影——與聖嚴師父有約」感恩分享會，邀請《阿斗隨師遊天下》系列作者張光斗分享追隨聖嚴師父的歷程，有近四十人參加。
◆10月31日至11月1日，馬來西亞道場於雪蘭莪（Selangor）莎阿南佛學會（Shah Alam Buddhist Society）舉辦「初級禪訓班二日營」，由監院常慧法師帶領，共有五十人參加。
◆美國護法會新澤西州下午舉辦藥師法會，由僧團常生法師、常律法師帶領，共有二十多人參加。
◆加拿大護法會安省分會舉辦英文初級禪訓班，共有十六人參加。

11.01

◆《人生》雜誌第315期出刊。

◆《法鼓》雜誌第239期出刊。

◆法鼓文化出版新書：大自在系列《生死習題》（*Lessons from the Dying*）（羅尼·史密斯Rodney Smith著，鄭清榮譯）；我的佛菩薩系列《悉達多不見了！》（黃鈺惠著，張振松繪）、《文殊菩薩超級任務》（黃鈺惠著，王瑞嫻繪）。

◆法鼓山於全台舉辦二十四場「2009佛化聯合祝壽」活動。1日於基隆市仁愛國小進行，共有兩百五十一位壽星出席、三百七十五人參加。

◆台中分院舉辦「心靈環保讀書會成長課程」，進行讀書會帶領人培訓，邀請資深讀書會帶領人方隆彰主講，共有一百人參加。

◆南投德華寺舉辦禪一，共有十九人參加。

◆法鼓山社會大學於法鼓山園區第一大樓首次辦理金山、北投、大溪、新莊四校授課講座教學暨自治幹部聯席會議，共有六十九位講師及悅眾等人參加，藉此了解講師及各校區的班務情形。

◆關懷院於德貴學苑舉辦「初階大事關懷課程」，內容主題包括透過生命教育繪本賞析，引導思考生命的意義與價值，並探討大事關懷以建構共識等，共有兩百八十人參加。

◆慈基會舉辦「第十五期百年樹人獎助學金」系列頒發活動，1日分別於護法會羅東辦事處、嘉義辦事處，及宜蘭安康托兒所、基隆仁愛國小進行，共有一百四十六位學子受獎。

◆佛教學院舉辦學期禪一，有近五十人參加。

◆法鼓大學籌備處與慈基會於德貴學苑舉辦生命關懷講座，由法鼓大學籌備處副教授楊蓓主講「助人工作者的自我照顧」，有近九十位救災義工、公益團體成員、社工人員和學生參加。

◆護法總會舉辦七場「悅眾鼓手成長營」。1日於北投農禪寺進行第六場，共有一百九十三位北四、北五轄區的勸募悅眾參加。

◆法青會高雄分會於澄清湖舉辦山水禪，由常一法師帶領，共有二十四人參加。

◆法青會台南分會於台南縣關廟牛埔舉辦山水禪，共有三十三人參加。

◆美國紐約東初禪寺舉辦「週日佛學講座」，由住持果醒法師主講「六祖壇經——無相頌」，有近五十人參加。

11.02

◆慈基會舉辦「第十五期百年樹人獎助學金」系列頒發活動，2日於護法會文山辦事處進行，共有二十四位學子受獎。

◆禪修中心副都監果元法師於印尼弘法關懷期間，2日於雅加達廣化一乘禪寺舉辦禪修講座，主題為「禪與現代生活」，有近一百五十人參加。

11.04

◆ 法鼓佛教學院與德國漢堡大學（University of Hamburg）亞非研究所於法鼓山園區階梯教室舉行學術締約儀式，由佛教學院校長惠敏法師、漢堡大學印度學系系主任齊莫曼（Michael Zimmermann）共同簽署。雙方就學術人才訪問、教學研究的交流、優秀學生的交換，展開合作。

◆ 佛教學院舉辦講座，邀請中國大陸敦煌研究院院長樊錦詩主講「敦煌莫高窟及其世界文化遺產價值」，共有一百多人參加。

◆ 聖基會舉辦十七場「無盡的身教——今生與師父有約」系列講座。4日由資深悅眾陳秀梅、何世靜主講，共有三十四人參加。

11.05

◆ 慈基會六龜安心站於11月5、19日，在六龜國小與該校訓導處合辦兩場氣球造型才藝研習會，與鄉民進行交流互動，共有八十人參加。

◆ 法行會晚上於台北福華大飯店舉辦第一〇九次例會，由佛教學院副校長杜正民教授主講「資訊時代的佛學研究與推廣——以《法鼓全集》與《藏經集成》電子資源為例」，共有八十五人參加。

◆ 5至8日，美國紐約東初禪寺住持果醒法師至美國護法會加州洛杉磯分會弘法關懷，期間為信眾舉辦三場禪修講座、指導一場默照禪一，共有兩百三十六人次參加。

◆ 美國護法會華盛頓州西雅圖分會每週四晚上舉辦「禪工作坊」英文禪修活動，內容包括法鼓八式動禪、禪坐，以及研讀聖嚴師父著作《禪的智慧》（Zen Wisdom）。

11.06

◆ 6至15日，台南分院舉辦藥師七法會，共有一千兩百多人次參加。

◆ 6至8日，美國紐約象岡道場舉辦青年禪三，由監院常聞法師帶領，共有四十二人參加。

◆ 美國護法會伊利諾州芝加哥分會舉辦「2009年秋季募款餐會」，有近九十人參加。

11.07

◆ 7至8日，北投農禪寺舉辦「密集禪訓班」，由常及法師帶領，共有一百一十九位學員參加。

◆ 高雄紫雲寺與高雄縣政府衛生局每月第一週週六上午，共同舉辦「健康促進暨心理健康」系列講座，7日邀請高雄縣臨床心理師公會理事長黃宇達主講「情緒管理與壓力調適」，共有三十二位民眾參加。

◆ 傳燈院於北投雲來寺舉辦禪修指引課程，共有二十二人參加。

◆ 法鼓山委託成功大學進行新開部落口述歷史及田野調查，11月7日由慈基會祕書長果器法師，帶領口述歷史團隊、中原大學工作團隊、當地居民和高雄慰訪義工有近一百五十人，在新開土石流災難現場，舉行超薦祈福法會暨採訪活動啟動儀式。

◆ 慈基會舉辦「第十五期百年樹人獎助學金」系列頒發活動，7日於三峽天南寺進行，

共有七十位學子受獎，一百五十人參加。

◆慈基會於高雄紫雲寺舉辦「屏東、潮州、台南、高雄地區緊急救援教育訓練課程」，邀請高雄縣衛生局技正劉碧隆、慈基會顧問謝水庸、高雄救災中心總指揮陳志宗等分別講授有關H1N1傳染病、救災理念等課程，有近一百一十人參加。

◆慈基會持續支援八八水災災區重建，7至8日，與高雄縣六龜鄉荖濃國小、清華大學攝影社合作，於荖濃國小舉辦「與自然共處 與心靈對話」攝影營，課後兩個月期間，由學校老師帶領學生實地拍攝、記錄災後家鄉的景況，並進行討論、敘說的過程，希望藉此紓解孩子災後的心情與壓力。

◆7至8日，法行會至台東信行寺舉辦「法露二日行」戶外禪，共有二十七人參加。

◆加拿大溫哥華道場舉辦觀音法會，由監院果樞法師帶領，共有六十七人參加。

◆美國護法會伊利諾州芝加哥分會舉辦地藏法會，有近三十人參加。

◆7、14日，香港護法會香積組至寶覺中學指導學生及家長學習烹調素菜，有近三十人參加。

◆馬來西亞道場舉辦英文初級禪訓班，共有十二人參加。

◆7至8日，馬來西亞道場舉辦義工培訓暨感恩餐會，由監院常慧法師帶領，並由義工團團長秦如芳、副團長吳麗卿等為學員講授「義工的心態與精神」、「義工的身口心儀」等課程，共有一百三十八人次參加。

11.08

◆台北安和分院至法鼓山園區舉辦「童心禪悅戶外禪」活動，共有二十七人參加。

◆台中分院於寶雲別苑舉辦「新聞寫作」講座，由文化中心副都監果賢法師主講，分享如何採訪、報導、寫作，學習以文字擊法鼓、傳法音，並運用佛法鍛鍊自己，共有五十多位學員參加。

◆台中分院於寶雲別苑舉辦出坡禪，由常湛法師帶領，共有五十位念佛會成員參加。

◆台南安平精舍舉辦都會生活禪一，由果許法師帶領，共有五十一人參加。

◆高雄紫雲寺至田寮大崗山自然生態區舉辦戶外禪一，由常覺法師及常琨法師帶領，共有七十六人參加。

◆傳燈院於北投雲來寺舉辦「Fun鬆一日禪」活動，由僧團常嶺法師帶領，共有九十一人參加。

◆關懷院於護法會文山辦事處舉辦「初階大事關懷課程」，內容包括透過生命教育繪本賞析，引導思考生命的意義與價值，並探討大事關懷以建構共識等，共有三百一十二人參加。

◆慈基會舉辦「第十五期百年樹人獎助學金」系列頒發活動，8日分別於台北中山精舍，護法會新莊辦事處、雙和共修處，及新竹師範學院附設實驗國民小學進行，共有一百四十三位學子受獎。

◆慈基會下午於台北中山精舍舉辦「地區緊急救援教育訓練課程」，由僧團常詵法師及緊急救援總指揮李豪作帶領，共有四十四人參加。

◆慈基會於高雄紫雲寺舉辦「安心家庭關懷專案團體督導課程」，邀請大仁科技大學社工系講師陳宜珍主講，共有七十位慰訪員參加。

◆為增強法鼓山結緣品各流通點的推廣功能，以強化關懷工作，聖基會舉辦「文殊菩薩

種子小組」北區結緣點關懷員初階培訓，共有四十位來自台北、花蓮、宜蘭、桃園等地學員參加。

◆護法總會於德貴學苑舉辦「2010年召委研習營」，關懷中心副都監果器法師到場關懷，共有四十二位2010年將接任地區召委的悅眾參加。

◆美國紐約東初禪寺舉辦「週日佛學講座」，邀請美國同淨蘭若住持仁俊長老主講「觀音法會的意涵」，有近一百人參加。

11.09

◆韓國奉察寺金剛律院一行十五人在妙嚴律主、大愚律院長帶領下，參訪法鼓山園區。

◆9至15日，佛教學院受邀出席美國密西根大學（University of Michigan）舉辦的「2009年文字編碼合作會員大會」（The 2009 Conference and Members Meeting of the Text Encoding Initiation Consortium），由助理教授洪振洲代表參加。

◆法青會於德貴學苑舉辦「快樂讀經趣講座」，11月9、16日及12月14、21、28日晚上由傳燈院監院常源法師主講《地藏經》，有近五十人參加。

11.10

◆聖基會舉辦十七場「無盡的身教——今生與師父有約」系列講座。10日由禪修中心副都監果元法師主講，共有一百二十人參加。

◆法緣會上午於台北安和分院舉辦例會及演講，邀請台積電文教基金會董事張淑芬主講「終身學習自我認識——以心六倫為主軸」，共有四十多人參加。

◆法青會於德貴學苑舉辦十一場「禪式工作學」系列講座。10日邀請前政治大學校長鄭丁旺主講「精打細算的禪式人生」，共有四十二人參加。

11.11

◆不丹瑟瓦拉佛學院一行四人在前院長堪仁波切帶領下，參訪法鼓山園區。

11.12

◆12至26日，法鼓山於園區舉辦「佛國供養‧十壇巡禮」導覽活動，由僧團法師以及導覽義工導覽，引導民眾們於大悲心水陸法會舉辦前，提前認識該壇場的修行法門。

◆慈基會舉辦「第十五期百年樹人獎助學金」系列頒發活動，12日於護法會萬華辦事處進行，共有十八位學子受獎。

◆由中華民國公益團體服務協會辦理的「第八屆國家公益獎」表揚活動，於台北市圓山大飯店舉行頒獎典禮。法鼓山人基會祕書長李伸一因長期奉獻消費者權益並推動法鼓山理念，獲本屆國家公益獎個人獎項，當天出席受獎。

◆美國護法會加州舊金山分會舉辦禪修講座，由美國護法會副會長林博文主講「禪、腦與心靈環保」，有近五十人參加。

11.13

◆ 加拿大溫哥華道場舉辦藥師法會，由監院果樞法師帶領，共有七十三人參加。

◆ 為慶祝馬來西亞護法會成立十週年，馬來西亞道場於吉隆坡王岳海大禮堂，舉辦「大悲心起・願願相續」感恩晚宴，並以募得的一半善款，捐贈馬來西亞五個佛教教育單位，以行動實踐護持佛教教育與社會關懷。

◆ 中國大陸北京中國宗教學會主任王致遠等一行十八人參訪佛教學院，由佛教學院佛教學系系主任果暉法師接待，並進行交流。

11.14

◆ 北投農禪寺舉辦佛一暨八關戒齋法會，共有七百五十四人參加。

◆ 台南安平精舍舉辦地藏法會，由監院果謙法師帶領，共有一百人參加。

◆ 法青會至法鼓山園區舉辦山水禪，由常參法師帶領，共有三十人參加。

◆ 文基會舉辦「心靈環保列車」系列活動，14日於台北縣金山青年活動中心海灘進行淨灘活動，共有三十五人參加。

◆ 關懷院於台北安和分院舉辦「初階大事關懷課程」，內容主題包括透過生命教育繪本賞析，引導思考生命的意義與價值，並探討大事關懷以建構共識等，共有兩百四十人參加。

◆ 慈基會舉辦「第十五期百年樹人獎助學金」系列頒發活動，14日於護法會內湖共修處、林口共修處進行，各有三位、十五位學子受獎。

◆ 11月14日至2010年1月23日，聖基會每週六上午於會址的聖嚴書院講堂舉辦「聖嚴法師經典講座」，播放師父生前弘講《法華經》影片，由僧團果見法師主持，有八十多人參加。

◆ 14至15日，美國護法會華盛頓州西雅圖分會舉辦成立八週年慶祝活動，由東初禪寺常懿法師、常生法師帶領助念臨終關懷課程，以及地藏法會，各有六十人、四十人參加。

◆ 11月14日至2010年2月18日，加拿大護法會安省分會每週四、六下午於士嘉堡大都會廣場舉辦惜福義賣活動。

11.15

◆ 三學院義工室於園區舉辦「2009水陸義工勤務通識課程&各組培訓」，由僧團果界法師帶領，共有四百人參加。

◆ 關懷院於德貴學苑舉辦「進階大事關懷課程」，內容主題包括世俗禮儀的探討、佛教生死觀、談法鼓山大關懷教育的願景等，共有兩百五十人參加。

◆ 慈基會甲仙安心站舉辦灑淨啟用儀式，由關懷中心副都監果器法師主法，當天並於甲仙國小頒發百年樹人獎助學金，共有五十三位學生受惠，甲仙鄉鄉長劉建芳以及社區民眾、家長等皆到場祝福。

◆ 慈基會舉辦「第十五期百年樹人獎助學金」系列頒發活動，15日於護法會新店共修處進行，共有二十一位學子受獎。

◆ 慈基會結合企業資源、公益團體力量，長期資助八八水災災區清寒學生，分別前往高

雄六龜、屏東災區舉辦五場「百年樹人獎助學金」頒獎典禮。15日於高雄縣甲仙國小進行，共有五十二位學子受惠。

◆法青會台中分會於惠蓀林場舉辦山水禪，由青年院監院常宏法師帶領，共有五十六人參加。

◆法青會高雄分會於國軍英雄館舉辦「心光講堂」系列講座，邀請身兼高爾夫球教練、球場總經理何麗純主講「運動家精神」，共有四十二人參加。

◆馬來西亞道場舉辦歲末感恩晚宴，感恩義工的長期付出與護持，共有九十人參加。

11.16

◆11月16至23日，慈基會派遣第十二梯次醫療關懷團至中國大陸四川北川縣陳家壩鄉，展開關懷與義診服務。此行包括法師、專業醫護人員、藥師、義工、專職，連同當地志願者等共二十五人，共服務一千三百多人次的陳家壩鄉金鼓村民眾。

11.17

◆11月17日至12月15日，十七位僧團執事沙彌尼及十六位僧大學僧沙彌尼，至新店竹林寺接受為期二十九天的護國千佛三壇比丘尼大戒。

◆11月17日至12月15日，台南安平精舍每週二上午舉辦「生機飲食」課程，有五十多人參加。

11.18

◆聖基會舉辦十七場「無盡的身教──今生與師父有約」系列講座。18日由僧團女眾副都監果舫法師主講，共有五十三人參加。

◆教聯會於台北中山精舍舉辦「教師生活佛法讀書會」，由僧團常諦法師主講「生活中的心靈環保」，有近四十人參加。

◆美國紐約東初禪寺監院常華法師，應南伊利諾大學（Southern Illinois University）佛學社社長凱薩琳‧費瑞絲（Katherine Frith）教授之邀，前往該校蓋亞之家多元宗教中心（Gaia House-Interfaith Center）演講「佛教放下的藝術」，共有六十多位西方人士參加。

11.19

◆台北市民權國小退休員工及眷屬一行四十五人參訪桃園齋明寺，由導覽員引導介紹古蹟建築及自然生態。

11.20

◆台南分院於佳里共修處舉辦地藏法會，由果澔法師帶領，共有九十人參加。

◆20至22日，法青會於三義DIY心靈環保教育中心舉辦「法青二日禪」，共有五十八人參加。

11.21

◆ 由僧團及中華佛研所共同主辦，聖基會、佛教學院、法鼓大學籌備處協辦的「法鼓山水陸法會論壇」於園區國際會議廳舉辦，現場並進行網路直播，有近五百位學者及民眾參加。

◆ 關懷院於台北安和分院舉辦「進階大事關懷課程」，內容主題包括世俗禮儀的探討、佛教生死觀、談法鼓山大關懷教育的願景等，共有兩百三十五人參加。

◆ 美國紐約象岡道場舉辦禪一，由監院常聞法師帶領，共有二十四人參加。

◆ 加拿大護法會安省分會舉辦悅眾大會，共有二十四人參加。

◆ 馬來西亞道場舉辦「與法師有約」系列活動，由監院常慧法師主講「放下的自在」，共有二十九人參加。

11.22

◆ 法鼓山於北投農禪寺舉辦「社會菁英禪修營第六十三次共修會」，由僧團常悟法師帶領，共有九十六人參加。

◆ 關懷院於北投雲來寺舉辦「進階大事關懷課程」，內容主題包括世俗禮儀的探討、佛教生死觀、談法鼓山大關懷教育的願景等，共有一百零五人參加。

◆ 美國護法會新澤西州分會舉辦佛法講座，由紐約象岡道場常持法師主講「混亂的世界，快樂的心」，共有五十五人參加。

◆ 中華佛教青年會一行七十五人，在理事長維靜法師、祕書長明毓法師，及慈基會顧問謝水庸帶隊下，至桃園齋明寺參訪古蹟建築、文物及古道景觀。

11.24

◆ 台南安平精舍舉辦佛學講座，由監院果謙法師及果煜法師主講「從中觀看唯識」，共有八十七人參加。

◆ 法青會於德貴學苑舉辦十一場「禪式工作學」系列講座。24日邀請建築師陳邁主講「打造禪味的心建築」，共有四十一人參加。

◆ 中國大陸福建省佛教協會一行十七人，在副會長兼祕書長暨福州開元寺方丈本性法師帶領下，參訪法鼓山園區及佛教學院，由中華佛研所所長果鏡法師接待。

11.25

◆ 台南分院舉辦佛學講座，由果澔法師及果煜法師主講「從中觀看如來藏」，共有九十人參加。

◆ 聖基會舉辦十七場「無盡的身教──今生與師父有約」系列講座。25日由資深悅眾、紐約護法會發起人吳淑芳主講，共有三十一人參加。

11.26

◆ 台東信行寺舉辦菩薩戒誦戒會暨念佛共修，由監院果密法師帶領，共有四十人參加。

11.27

◆11月27日至12月3日，法鼓山於園區啟建「大悲心水陸法會」，法會期間每日並透過網路直播一壇佛事，以及燄口法會，讓海內外信眾可在線上參與共修，共有三萬多人參加。

◆27日至12月6日，美國紐約象岡道場舉辦話頭禪十，由監院常聞法師帶領，有近十人參加。

11.28

◆高雄紫雲寺舉辦「每月講談」活動，28日邀請高雄電台「幸福圖書館」節目主持人余鎮軍，分享閱讀聖嚴師父著作《方外看紅塵》的心得，有近三十人參加。

◆法青會台北分會舉辦十一場「心光講堂」系列講座。28日晚上於德貴學苑進行，邀請電影工作者許明淳主講「電影心世界——記錄‧汗水‧鏡頭下的永恆」，分享個人的創作經驗，共有三十二人參加。

◆28至29日，法青會舉辦台北法青回饋日活動，共有三十三人參加。

◆加拿大護法會安省分會舉辦初級禪訓班，共有十人參加。

11.29

◆馬來西亞道場舉辦「烹飪班」教學活動，指導營養早餐的製作，共有十五人參加。

11.30

◆馬來西亞道場舉辦「十週年紀念暨感恩晚宴攝影分享會」，展出11月13日晚宴活動當天的攝影作品，共有二十人參加。

12月 DECEMBER

12.01

◆《人生》雜誌第316期出刊。

◆《法鼓》雜誌第240期出刊。

◆法鼓文化出版新書：智慧海系列《明末中國佛教之研究》（聖嚴師父著）；祈願鈔經系列《阿彌陀經硬筆鈔經本》、《大勢至念佛圓通章硬筆鈔經本》；高僧小說系列精選《風狂三聖僧——寒山、拾得、豐干》（林淑玟著，劉建志繪）、《亂世蓮花——慧遠大師》（朱丹麗著，劉建志繪）。

12.02

◆2至30日，台東信行寺每週三上午舉辦養生瑜伽營，邀請資深瑜伽老師胡黛芬帶領，共有二十九人參加。

◆桃園老人大學古蹟班一行二十七人參訪桃園齋明寺，由導覽員引導參觀寺院建築、庭園景觀等。

12.03

◆3至9日，法鼓山受邀出席世界宗教眾議會（The Parliament of the World's Religions）於澳洲墨爾本（Melbourne）舉行的全球宗教大會，由僧團常悟法師、常諗法師代表參加，與各國宗教人士交流、介紹法鼓山的理念，並帶領禪修。

12.05

◆5至26日，北投農禪寺每週六晚上舉辦初級禪訓班，由常及法師帶領，共有二十人參加。

◆5至26日，桃園齋明寺每週六上午舉辦初級禪訓班，由監院果啟法師帶領，共有七十多人參加。

◆台中分院參加內政部與台中市政府於逢甲大學舉辦的「台中市98年度志願服務績優團隊及志工表揚暨聯誼活動」，共有五位義工參加。

◆5至26日，台南安平精舍每週六晚上舉辦初級禪訓班，由僧團果許法師帶領，共有二十多人參加。

◆高雄紫雲寺與高雄縣政府衛生局共同舉辦「健康促進暨心理健康」系列講座，5日邀請高雄市自殺防治中心執行長陳偉任主講「自殺防治」，共有二十多人參加。

◆5至26日，高雄紫雲寺每週六下午舉辦初級禪訓班，由常覺法師帶領，有近五十人參加。

◆關懷院於北投雲來寺舉辦「初階大事關懷課程」，內容包括透過生命教育繪本賞析，引導思考生命的意義與價值，並探討大事關懷以建構共識等，共有六十九人參加。

◆澳門佛教青年中心一行十六人參訪桃園齋明寺，由導覽員引導參觀齋明寺建築、庭園景觀、認識四周的植物生態等。

12.06

◆桃園齋明寺舉辦親子禪修營，內容包括昆蟲捏陶彩繪、自然探索教育、禪修心法等，共有九十三位家長及學童參加。

◆關懷院於北投雲來寺舉辦「進階大事關懷課程」，內容主題包括世俗禮儀的探討、佛教生死觀、法鼓山大關懷教育的願景等，共有五十三人參加。

◆法鼓大學籌備處人生學院與聖基會於德貴學苑聯合舉辦專題講座，邀請中國大陸上海師範大學哲學學院教授侯沖主講「水陸法會與西遊記——經懺佛事的再認識」，由法鼓大學籌備處副教授楊蓓擔任引言人，共有九十六人參加。

12.07

◆關懷院於北投雲來寺舉辦「梵唄培訓課程」，內容包括大事關懷助念法器及梵唄培訓課程等，共有五十三人參加。

◆7至18日，「美國法鼓山佛教協會」（Dharma Drum Mountain Buddhist Association, DDMBA）受邀出席於丹麥哥本哈根（Copenhagen）舉行的「第十五屆聯合國氣候變化綱要公約締約國會議」（15th Conference of the Parties），由僧團果禪法師、常濟法師、常聞法師，以及聖嚴師父西方法子查可‧安德列塞維克（Žarko Andričević）一行四人代表參加；常濟法師並受「跨宗教對氣候變遷的宣言」（Interfaith Declaration on Climate Change）座談會之邀，在大會場的貝拉中心（Bella Center）擔任一場座談會的與談人，與各界分享漢傳佛教對氣候變遷的關心與觀點，並接受十餘家媒體採訪。

◆韓國釜山淨水寺住持圓光法師一行三十八人參訪法鼓山園區。

◆歐美駐台使節暨外商眷屬一行十四人上午參訪法鼓山園區。

◆土耳其馬瑪拉大學（Marmara University）教授蘇瓦‧葉德里（Suat Yildirim）、台灣安那托利亞福爾摩沙協會（Anatolia Formosa Association）理事長初雅士（Osman Cubuk）等一行五人，上午參訪法鼓山園區。

12.08

◆三學院於法鼓山園區舉辦「強化輔導技巧研習營」，邀請英豐瑪股份有限公司訓練顧問黃翠華主講，共有十四位法師參加。

12.09

◆傳燈院應邀至中油股份有限公司台北營業處，進行法鼓八式動禪指引課程，有近一百位員工參加。

◆聖基會舉辦十七場「無盡的身教——今生與師父有約」系列講座。9日晚上由僧團副住持果品法師主講，共有八十三人參加。

◆法緣會中午於台北福華飯店舉辦歲末感恩餐會，有近六十人參加。

12.10

◆傳燈院應邀至兆豐證券股份有限公司，進行法鼓八式動禪指引課程，共有三十位員工參加。

◆法青會於德貴學苑舉辦十六場「法師有約」系列講座。10日晚上由僧團常齊法師主講「從百萬年薪到出家」，共有一百零一人參加。

◆10至13日，美國紐約象岡道場常持法師至美國護法會加州洛杉磯分會弘法關懷，內容包括帶領念佛禪、電影禪，舉辦佛法講座等。10日帶領禪坐共修，共有二十多人參加。

◆10至24日，中國大陸四川省什邡市「馬祖禪文化研究會」會長郭輝圖、吳清，至法鼓山園區進行參學活動，觀摩體驗園區境教藝術、禪修等。10日郭輝圖會長於僧大進行專題講座，主講「馬祖道一禪學及思想的現代啟示」，由僧團副住持果品法師主持，共有三十多人參加。

12.11

◆美國紐約象岡道場常持法師至美國護法會加州洛杉磯分會弘法關懷期間,11日帶領念佛法器培訓與念佛禪,有近四十人次參加。

12.12

◆12月12日起至2010年1月31日,北投農禪寺於每週六或日下午舉辦「影音製作培訓基礎班」,共有二十多人參加。

◆12至19日,法鼓山園區禪堂舉辦默照禪七,由僧團常乘法師帶領,共有一百二十人參加。

◆關懷院於桃園齋明寺舉辦「初階大事關懷課程」,內容主題包括生命教育繪本賞析、大事關懷服務介紹等,共有三百七十人參加。

◆12月12日起至2010年2月期間,慈基會舉辦「98年度法鼓山歲末大關懷」系列活動,首場於北投農禪寺舉行,方丈和尚果東法師、慈基會會長王景益出席關懷,包括台北市社會局局長師豫玲、副局長黃清高及台北縣政府北海岸區社會福利服務中心主任蔡素惠等來賓,為在場四百七十戶關懷戶,近一千兩百多位民眾關懷祝福。

◆慈基會於台中分院舉辦「中區緊急救援教育訓練課程」,邀請紅十字會台中副總幹事陳玠甫、疾病管制局醫師魏嵩璽等分別講授救災物資管理流程與注意事項、H1N1傳染病等課程,副祕書長常法法師到場關懷,共有一百五十六人參加。

◆法鼓大學籌備處於德貴學苑舉辦「臉書在非營利組織的應用」(Facebook for NPO)案例分享聚會,邀請資深網路行銷顧問卓良賢探討「臉書」核心理念及專頁經營要訣。另有民間司法改革基金會、中華基督教網路發展協會各自分享其運用「臉書」經營社團之心得,共有四十位非營利組織和非政府組織人士參加。

◆法行會南區分會於高雄紫雲寺人行廣場舉辦戶外寫生比賽,有近一百人參加。

◆美國護法會新澤西州分會舉辦歲末感恩晚會。

◆美國護法會伊利諾州芝加哥分會舉辦「年終Party暨大悲懺法會」,有近五十人參加。

◆美國紐約象岡道場常持法師至美國護法會加州洛杉磯分會弘法關懷期間,12日進行「福慧雙修擺渡人」佛法講座及義工培訓課程,共有四十人參加。

◆美國護法會加州舊金山分會舉辦大悲懺法會,由紐約東初禪寺住持果醒法師透過視訊連線,為現場民眾開示,有近二十人參加。

◆加拿大護法會安省分會舉辦絲竹管弦音樂茶敘活動,有近二十人參加。

12.13

◆台南分院舉辦佛一暨八關戒齋法會,由監院果謙法師等帶領,共有一百二十三人參加。

◆文基會舉辦「心靈環保列車」系列活動,13日於高雄市真愛碼頭廣場進行心靈環保博覽會,有近一千五百人參加。

◆聖基會舉辦「文殊菩薩種子」北區結緣點關懷員進階培訓課程,共有四十人參加。

◆護法總會舉辦七場「悅眾鼓手成長營」。13日於台中分院進行最後一場,共有一百二十一位台中、彰化、員林、南投、豐原、苗栗、中部海線地區的勸募悅眾參加。

◆法行會南區分會上午於高雄紫雲寺舉辦六週年會員大會,紫雲寺監院果耀法師出席關

懷與祝福,有近七十人參加。

◆法青會高雄分會下午於國軍英雄館舉辦「心光講堂」系列講座,邀請設計、攝影、文字工作者蛙大(本名楊明晃)分享「單車‧創意Fu人生」,共有九十三人參加。

◆加拿大溫哥華道場舉辦禪眾歲末聯誼活動,監院果樞法師出席關懷,共有一百一十人參加。

◆美國紐約象岡道場常持法師至美國護法會加州洛杉磯分會弘法關懷期間,13日下午舉辦佛法講座,主題是「此刻,幸福的滋味」;晚上舉辦「電影禪」,欣賞影片《不能沒有你》片中的佛法意涵,共有一百一十多人次參加。

12.14

◆12月14日至2010年1月1日,佛教學院圖書資訊館舉辦「2009年圖書館週活動」,主題為「平安心‧慈悲行」,內容包括「慈悲之路」攝影展、「中西參大賽」、電影欣賞等。

12.15

◆《法鼓佛教院訊》第10期出刊。

◆法青會於德貴學苑舉辦十一場「禪式工作學」系列講座。15日邀請中研院歐美研究所所長單德興主講「筆耕歲月‧禪妙人生」,共有四十四人參加。

◆15至20日,美國紐約象岡道場常持法師至美國護法會加州舊金山分會弘法關懷,內容包括舉辦佛法講座,帶領禪一、電影賞分析等。15日晚上於分會帶領禪坐共修,共有十多人參加。

◆屏東縣議會一行三十人在議長周典論帶領下,上午參訪法鼓山園區,並拜會方丈和尚果東法師。

12.16

◆聖基會舉辦十七場「無盡的身教──今生與師父有約」系列講座。16日由聖嚴師父隨行文字記錄胡麗桂主講,共有四十三人參加。

◆印度台北協會(India-Taipei Association)新任代表羅國棟(Pradeep Kumar Rawat)下午參訪法鼓山園區,方丈和尚果東法師、佛教學院校長惠敏法師出席接待。

12.17

◆法鼓山於北投雲來寺舉辦「家庭倫理」專題演講,邀請實踐大學資深顧問林澄枝主講「心六倫──家庭倫理」,法鼓山園區、桃園齋明寺、台南分院同步視訊連線聆聽,包括僧團法師、專職與義工等,共有一百多人參加。

◆法鼓大學籌備處晚上於德貴學苑舉辦專題講座,邀請電影藝術工作者信舟主講「電影創作與禪修」,分享電影藝術創作的過程和靈感,以及其與禪坐的關聯,共有二十五人參加。

◆加拿大溫哥華道場至列治文的天恩頤安養老院,進行歲末關懷,共有二十六位合唱團

團員參與，為四十多位長者演唱。

◆美國紐約象岡道場常持法師於美國護法會加州舊金山分會弘法關懷期間，17日上午舉
辦「甘露門」，為信眾解答佛學及修行上的疑問；晚上舉辦讀書會。

12.18

◆18至20日，傳燈院於三義DIY心靈環保教育中心，舉辦初級禪訓班二日營，由監院常
源法師帶領，共有一百二十四人參加。

◆法行會於德貴學苑舉辦十週年晚會，並進行正副會長等悅眾幹部交接，方丈和尚果東
法師、副住持果品法師、關懷中心副都監果器法師等到場關懷，共有兩百人參加。

◆美國紐約象岡道場常持法師於美國護法會加州舊金山分會弘法關懷期間，18日晚上舉
辦電影欣賞，賞析《送行者——禮儀師的樂章》片中的佛法意涵，共有二十多人參加。

12.19

◆12月19日至2010年1月17日下午，北投文化館舉辦《藥師經》持誦共修活動，每日有
近五十人參加。

◆台中分院於寶雲別苑舉辦「2010年度目標工作計畫研習」，由監院果理法師帶領，共
有一百一十人參加。

◆台中分院舉辦「長者音樂會」，由聖嚴書院講師郭惠芯帶領，共有八十二人參加。

◆台中分院舉辦「故事花園成果展」，頒發兒童故事花園班全勤獎及熱心服務獎，小朋
友並分組演說繪本故事，由果弘法師帶領，共有八十五人參加。

◆台東信行寺舉辦地藏法會，共有八十人參加。

◆慈基會舉辦「98年度法鼓山歲末大關懷」系列活動，20日於北投文化館進行，關懷對
象包括北投國小、逸仙國小、立農國小、桃源國小、義方國小、清江國小、關渡國
小、文化國小、石牌國小、新民國中的學子，以及北投低收入戶、社會福利單位、社
團法人台北市恩家貧困家庭協會等成員，連同家屬及義工共有一千三百五十人參加。

◆19至20日，佛教學院於園區階梯教室、禪堂舉辦「ZEN（禪）與科技教育研討會」及
工作坊，邀請國內醫學、宗教、資訊科技及藝術文化等相關領域專家，探討禪修結合
科技的發展現況，並分享研究成果，包括校長惠敏法師、長庚醫院榮譽副院長朱迺欣
等九位發表人，各自針對禪修文獻、人文科技與現代生活、人文與資訊科技等三項議
題，發表個人與團隊最新的研究成果，共有兩百多人參加。

◆人基會與《國語日報》、警察廣播電台、年代電視台共同舉辦的「心六倫徵文」活
動，19日於德貴學苑舉行頒獎典禮。方丈和尚果東法師出席，並邀請教育部部長吳清
基、人基會祕書長李伸一、前總統府國策顧問黃石城及心六倫行動大使吳克群等人頒
獎，共有二十六位國中小學的參賽者得獎。

◆美國紐約象岡道場舉辦禪一，由監院常聞法師帶領，有近十人參加。

◆19至20日下午，加拿大溫哥華道場舉辦初級禪訓班，由監院果樞法師帶領，共有
四十八人參加。

◆美國紐約象岡道場常持法師於美國護法會加州舊金山分會弘法關懷期間，19下午舉辦
佛學講座，主題是「轉角，遇見幸福！」共有二十多人參加。

12.20

◆ 法鼓山舉辦「98年度歲末大關懷」系列活動，20日於園區、桃園齋明寺進行，分別有基隆與台北縣北海四鄉三百八十三戶、桃園中壢及新竹等地區兩百五十四戶低收入家庭成員參加。

◆ 北投農禪寺舉辦禪一，由常及法師帶領，共有一百一十二人參加。

◆ 台中分院義工團於寶雲別苑舉辦出坡禪，共有六十人參加。

◆ 台南安平精舍舉辦專題講座，邀請「阿斗隨師遊天下」系列書籍作者張光斗主講「我的西遊記」，有近兩百人參加。

◆ 高雄紫雲寺舉辦佛一暨八關戒齋法會，由僧團女眾副都監果舫法師主法，有近兩百人參加。

◆ 20至27日，台東信行寺舉辦初階禪七，由監院果密法師帶領，共有五十六人參加。

◆ 信眾教育院首次舉辦「心靈環保讀書會大會師」，於北投雲來寺進行，主題為「當我們同在一起」，由普化中心副都監果毅法師帶領，共有兩百多位來自台灣、香港和美國西雅圖等三十二個讀書會成員參加。

◆ 慈基會台中安心站於台中分院舉辦「感恩卡片教學」，邀請東勢高工設計科老師江彩鴻主講，共有三十五人參加。

◆ 佛教學院舉辦學期禪一，有近五十人參加。

◆ 法青會台南分會於安平精舍舉辦法青回饋日活動，共有十九人參加。

◆ 美國紐約東初禪寺舉辦週日講座，由住持果醒法師主講「懺悔法門與禪修」，有六十多人參加。

◆ 美國紐約象岡道場常持法師於加州舊金山分會弘法關懷期間，20日帶領禪一，共有二十多人參加。

◆ 馬來西亞護法會於怡保共修處舉辦中文初級禪訓班，由常文法師帶領，共有二十六人參加。

◆ 中央大學三慧佛學社成員一行十五人下午參訪桃園齋明寺，由導覽員引導參觀齋明寺建築、庭園景觀等。

12.22

◆ 傳燈院應邀至中油股份有限公司總管理處，進行法鼓八式動禪指引課程，有近六十位員工參加。

◆ 慈基會斯里蘭卡安心站於台灣村外的蘇里亞威瓦（Suriyawewa）新屯墾區舉辦「外傷護理處置教育」衛教課程，共有二十多人參加。

12.23

◆ 台南安平精舍舉辦地藏法會，由果澔法師帶領，共有一百三十八人參加。

◆ 聖基會舉辦十七場「無盡的身教──今生與師父有約」系列講座。23日由中華佛研所所長果鏡法師主講，共有五十八人參加。

12.24

◆法青會於德貴學苑舉辦十六場「法師有約」系列講座。24日由僧團常隨法師主講「禪門第一課」，共有一百二十六人參加。

12.25

◆25至27日，台中分院舉辦彌陀佛三，由監院果理法師帶領，共有五百七十五人次參加。
◆台南分院於佳里共修處舉辦地藏法會，由果澔法師帶領，共有七十六人參加。
◆25至27日，禪坐會於三義DIY心靈環保教育中心舉辦禪二，由傳燈院監院常源法師帶領，共有一百二十三人參加。

12.26

◆高雄紫雲寺舉辦「每月講談」活動，26日邀請《我的西遊記：阿斗隨師由天下3》一書作者張光斗，分享追隨聖嚴師父全球弘法的心得，有近一百二十人參加。
◆傳燈院於北投雲來寺舉辦禪修指引課程，共有二十五人參加。
◆關懷院於護法會海山辦事處舉辦「進階大事關懷課程」，內容主題包括世俗禮儀的探討、佛教生死觀、說明法鼓山大關懷教育的願景等，共有三百一十四人參加。
◆為響應聯合國造林運動，國際扶輪社3480地區由城中扶輪社發起「一人一年一樹」活動，在法鼓山園區法鼓大學預定地種下兩百多棵行道樹，包括法鼓大學籌備處校長劉安之、扶輪社3480地區總監謝炎盛暨城中社社長陳俊雄等，十七社社友共七十多人參加。
◆26至27日，護法總會於法鼓山園區舉辦「2010年會團長、召委、委員授證營」，由關懷中心副都監果器法師帶領，方丈和尚果東法師授證開示，共有三百一十位護法悅眾參加。
◆法青會台北分會舉辦十一場「心光講堂」系列講座。26日晚上於德貴學苑進行，邀請電影工作者鄭有傑主講「電影心世界——獲獎‧創意‧堅持不滅的火花」，分享個人的創作經驗，共有六十九人參加。
◆26日至2010年1月3日，美國紐約象岡道場舉辦默照禪九，邀請聖嚴師父西方法子吉伯‧古帝亞茲帶領，共有三十人參加。
◆26至28日，法鼓佛教學院姊妹校韓國東國大學佛學研究學院副院長金浩星帶領師生一行十六人，參訪佛教學院，佛教學系系主任果暉法師、研修中心主任果鏡法師出席接待，並進行交流。

12.27

◆美國紐約東初禪寺舉辦週日講座，邀請美國同淨蘭若住持仁俊長老主講「學的了佛做透人」，共有五十多人參加。
◆台北安和分院舉辦禪一，由監院果旭法師帶領，共有五十人參加。
◆南投德華寺舉辦佛一暨八關戒齋法會，由副寺果明法師帶領，共有二十人參加。
◆台南安平精舍上午舉辦藥師法會，由僧團果澔法師帶領，共有一百人參加。

◆ 高雄紫雲寺舉辦舒活禪一，由常覺法師帶領，共有七十人參加。

◆ 法鼓大學籌備處人生學院與慈基會上午於德貴學苑舉辦專題講座，邀請中原大學景觀系系主任喻肇青主講「社區整體營造」，共有二十五人參加。

◆ 法鼓大學籌備處晚上於德貴學苑舉辦專業攝影講座，邀請攝影專家楊玉成主講「風景寫真攝影」，共有九十五人參加。

◆ 法青會高雄分會舉辦法青共修日活動，共有十六人參加。

◆ 加拿大溫哥華道場舉辦禪一，共有三十四人參加。

◆ 美國護法會加州洛杉磯分會舉辦〈大悲咒〉持誦一零八遍共修，共有三十一人參加。

12.28

◆ 12月28日至2010年1月3日，法鼓山受邀出席國際佛教善女人會（Sakyadhita International）於越南首都胡志明市舉行的「第十一屆國際佛教善女人大會」（11th Sakyadhita International Conference），由僧團果祥法師、常悟法師代表參加，並於會中發表論文。

12.30

◆ 聖基會舉辦十七場「無盡的身教——今生與師父有約」系列講座。30日由聖基會董事施炳煌主講，共有四十二人參加。

12.31

◆ 台中分院舉辦跨年活動，共有兩百三十人參加。

【附錄】

法鼓山2009年各地主要法會暨場次一覽表

名稱	地區	地點	場次	小計	總計
除夕撞法華鐘法會	北區	法鼓山世界佛教教育園區	1	1	1
普佛法會	北區	法鼓山世界佛教教育園區	1	4	9
		北投農禪寺	2		
		台北安和分院	1		
	中區	台中分院	2	3	
		南投德華寺	1		
	南區	台南分院	1	1	
	東區	台東信行寺	1	1	
三昧水懺法會	北區	北投農禪寺	4	8	13
		桃園齋明寺	4		
	中區	台中分院	1	1	
	南區	台南分院	1	2	
		高雄紫雲寺	1		
	東區	台東信行寺	2	2	
千佛懺法會	北區	北投中華佛教文化館	3	3	6
	南區	高雄紫雲寺	3	3	
元宵燃燈供佛法會	北區	北投農禪寺	1	2	5
		桃園齋明寺	1		
	中區	南投德華寺	1	1	
	南區	台南分院	1	2	
		台南安平精舍	1		
地藏懺法會	北區	北投中華佛教文化館	3	12	23
		台北安和分院	1		
		桃園齋明寺	8		
	中區	中部海線辦事處	11	11	
地藏法會	北區	北投農禪寺	13	37	100
		北投中華佛教文化館	2		
		台北安和分院	12		
		桃園齋明寺	10		
	中區	台中分院	12	16	
		南投德華寺	4		
	南區	台南分院	14	42	
		高雄紫雲寺	5		
		台南分院	10		
		嘉義辦事處	1		
		潮州辦事處	12		
	東區	台東信行寺	5	5	

名稱	地區	地點	場次	小計	總計
三時繫念法會	北區	北投農禪寺	1	3	7
		桃園齋明寺	2		
	中區	台中分院	1	1	
	南區	高雄紫雲寺	2	2	
	東區	台東信行寺	1	1	
浴佛法會	北區	法鼓山世界佛教教育園區	21	24	30
		北投農禪寺	1		
		北投中華佛教文化館	1		
		桃園齋明寺	1		
	中區	台中分院	1	2	
		南投德華寺	1		
	南區	台南分院	1	4	
		高雄紫雲寺	1		
		高雄三民精舍	1		
		台東信行寺	1		
藥師法會	北區	北投中華佛教文化館	12	24	36
		台北安和分院	12		
	中區	台中分院	3	3	
	南區	台南分院	7	9	
		高雄紫雲寺	1		
		嘉義辦事處	1		
觀音法會	北區	北投中華佛教文化館	1	1	52
	南區	台南分院	1	2	
		高雄紫雲寺	1		
	東區	台東信行寺	49	49	
淨土懺法會	南區	台南分院	1	6	6
		高雄紫雲寺	5		
大悲懺法會	北區	法鼓山世界佛教教育園區	10	94	247
		北投農禪寺	15		
		台北安和分院	23		
		桃園齋明寺	12		
		桃園辦事處	12		
		中壢辦事處	12		
		新竹辦事處	10		
	中區	台中分院	11	69	
		南投德華寺	12		
		豐原辦事處	11		

名稱	地區	地點	場次	小計	總計
大悲懺法會	中區	中部海線辦事處	11	（69）	（247）
		員林辦事處	12		
		南投辦事處	12		
	南區	台南分院	12	56	
		高雄紫雲寺	8		
		嘉義辦事處	12		
		潮州辦事處	12		
		屏東辦事處	12		
	東區	台東信行寺	6	28	
		宜蘭辦事處	10		
		花蓮辦事處	12		
彌陀法會	中區	苗栗辦事處	12	12	12
大悲咒法會	南區	台南分院	1	1	1
大悲心水陸法會	北區	法鼓山世界佛教教育園區	1	1	1
梁皇寶懺法會	北區	北投農禪寺	1	1	2
		台中分院	1	1	
菩薩戒誦戒會	北區	台北安和分會	8	158	285
		桃園齋明寺	11		
		台北中山精舍	12		
		基隆精舍	11		
		北投辦事處	11		
		金山萬里辦事處	24		
		石牌辦事處	12		
		大同辦事處	12		
		新店辦事處	12		
		海山辦事處	12		
		新莊辦事處	12		
		桃園辦事處	11		
		新竹辦事處	10		
	中區	台中分院	10	57	
		南投德華寺	11		
		彰化辦事處	12		
		員林辦事處	12		
		南投辦事處	12		
	南區	台南分院	12	34	
		高雄紫雲寺	10		
		屏東辦事處	12		

名稱	地區	地點	場次	小計	總計
菩薩戒誦戒會	東區	台東信行寺	12	36	（285）
		宜蘭辦事處	12		
		花蓮辦事處	12		
念佛共修	北區	法鼓山世界佛教教育園區	31	1,331	2,525
		北投農禪寺	40		
		北投中華佛教文化館	44		
		台北安和分院	45		
		台北中山精舍	49		
		基隆精舍	48		
		桃園齋明寺	52		
		淡水辦事處	50		
		石牌辦事處	40		
		金山萬里辦事處	52		
		三芝石門辦事處	48		
		三重蘆洲辦事處	52		
		士林辦事處	24		
		社子辦事處	48		
		大同辦事處	48		
		松山辦事處	100		
		中正、萬華辦事處	50		
		內湖辦事處	50		
		海山辦事處	50		
		新店辦事處	52		
		中永和辦事處	50		
		文山辦事處	48		
		新莊辦事處	79		
		林口辦事處	48		
		桃園辦事處	11		
		中壢辦事處	26		
		新竹辦事處	96		
	中區	台中分院	93	491	
		南投德華寺	49		
		苗栗辦事處	52		
		彰化辦事處	40		
		豐原辦事處	51		
		中部海線辦事處	51		
		員林辦事處	52		

名稱	地區	地點	場次	小計	總計
念佛共修	中區	南投辦事處	103	（491）	（2,525）
	南區	台南分院	94	555	
		高雄紫雲寺	60		
		台南安平精舍	38		
		高雄三民精舍	52		
		嘉義辦事處	52		
		高雄南區辦事處	103		
		潮州辦事處	104		
		屏東辦事處	52		
	東區	台東信行寺	37	148	
		宜蘭辦事處	36		
		羅東辦事處	51		
		花蓮辦事處	24		
《藥師經》共修	北區	北投中華佛教文化館	28	28	65
	南區	台南分院	7	7	
	東區	台東信行寺	30	30	
《地藏經》共修	北區	北投中華佛教文化館	79	190	277
		台北安和分院	39		
		桃園齋明寺	72		
	中區	彰化辦事處	12	36	
		員林辦事處	12		
		南投辦事處	12		
	南區	高雄南區辦事處	51	51	
《大悲懺》共修	中區	彰化辦事處	12	12	12
〈大悲咒〉共修	北區	北投農禪寺	2	2	50
	中區	彰化辦事處	36	36	
	南區	高雄南區辦事處	12	12	
佛一	中區	南投德華寺	4	4	6
	南區	高雄紫雲寺	1	1	
	東區	台東信行寺	1	1	
佛三	中區	南投德華寺	1	1	2
	東區	台東信行寺	1	1	
佛七	北區	北投農禪寺	2	2	2
佛一暨八關戒齋法會	北區	北投農禪寺	3	5	11
		台北安和分院	1		
		桃園齋明寺	1		
	中區	南投德華寺	2	2	

名稱	地區	地點	場次	小計	總計
佛一暨八關戒齋法會	南區	台南分院	1	2	（11）
		高雄紫雲寺	1		
	東區	台東信行寺	2	2	
佛二暨八關戒齋法會	北區	桃園齋明寺	2	2	2
佛三暨八關戒齋法會	北區	桃園齋明寺	3	3	3
祈福皈依大典	北區	北投農禪寺	3	3	3

各項主要法會全年場次

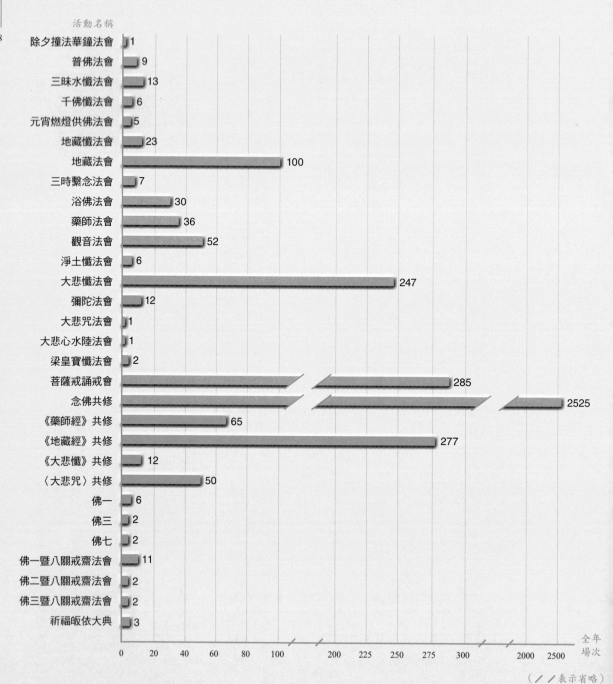

活動名稱

除夕撞法華鐘法會	1
普佛法會	9
三昧水懺法會	13
千佛懺法會	6
元宵燃燈供佛法會	5
地藏懺法會	23
地藏法會	100
三時繫念法會	7
浴佛法會	30
藥師法會	36
觀音法會	52
淨土懺法會	6
大悲懺法會	247
彌陀法會	12
大悲咒法會	1
大悲心水陸法會	1
梁皇寶懺法會	2
菩薩戒誦戒會	285
念佛共修	2525
《藥師經》共修	65
《地藏經》共修	277
《大悲懺》共修	12
〈大悲咒〉共修	50
佛一	6
佛三	2
佛七	2
佛一暨八關戒齋法會	11
佛二暨八關戒齋法會	2
佛三暨八關戒齋法會	2
祈福皈依大典	3

全年
場次

0　20　40　60　80　100　200　225　250　275　300　2000　2500

（／／表示省略）

法鼓山2009年各地主要禪修活動暨場次一覽表

◎針對有禪修經驗者（主要為禪堂舉辦）

活動名稱		地點	日期	場次	合計
禪二	初階禪二	法鼓山世界佛教教育園區	3／6～3／8、4／3～4／5、7／5～7／7、8／21～8／23、10／2～10／4	5	8
		三義DIY心靈環保教育中心	6／5～6／7、10／30～11／1、12／25～12／27	3	
禪七	初階禪七	法鼓山世界佛教教育園區	8／30～9／6	1	9
		三義DIY心靈環保教育中心	9／26～10／3	1	
		台東信行寺	12／20～12／27	1	
	中階禪七	法鼓山世界佛教教育園區	7／26～8／2	1	
	默照禪七		5／23～5／30、9／19～9／26、12／12～12／17	3	
	話頭禪七		10／9～10／16	1	
禪十	話頭禪十		3／13～3／22	1	1
禪三十	初階禪三十	三義DIY心靈環保教育中心	4／10～5／10	1	1

各項主要禪修活動場次

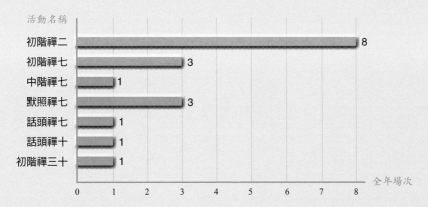

◎針對初學者（傳燈院主辦）

活動名稱	地點	為期時間	場次
禪修指引	北投農禪寺	每場約兩小時	4
	北投雲來寺		6
Fun鬆一日禪	北投雲來寺	每場約八小時	8
舒活禪一	北投雲來寺	每場約八小時	2
初級禪訓班二日營	三義DIY心靈環保教育中心	兩天	6
	法鼓山世界佛教教育園區禪堂		2
禪悅四日營	台東信行寺	四天	2
Fun鬆一日禪學長培訓	北投雲來寺	每場約六小時	1
初級禪訓班二日營學長說明會	北投雲來寺	每場約六小時	1
初級禪訓班二日營學長培訓	三義DIY心靈環保教育中心	三天	1
法鼓八式動禪義工講師培訓	三義DIY心靈環保教育中心	三天	1
助理監香培訓	三義DIY心靈環保教育中心	三天	1

◎國際禪坐會

活動名稱	地點	時間	場次
國際禪坐共修	劍潭共修處（1～8月）德貴學苑（9～12月）	週六14：00～17：00 週六09：00～12：00	全年共38場
國際禪一	劍潭共修處、北投雲來寺、法鼓山世界佛教教育園區	每月最後一週週六	全年共11場（11月暫停）
英文禪訓班	德貴學苑	9月27日、10月4日14：00～17：00	全年共兩場

◎由各地分院、辦事處舉辦

活動名稱	地區	地點	場次	小計	總計
禪修指引	北區	台北安和分院	8	13	16
		台北中山精舍	5		
	中區	南投德華寺	2	2	
	南區	高雄紫雲寺	1	1	
初級禪訓班	北區	北投農禪寺	11	54	79
		台北安和分院	12		
		台北中山精舍	5		
		基隆精舍	2		
		桃園齋明寺	16		
		內湖辦事處	8		
	中區	台中分院	9	11	
		南投德華寺	2		
	南區	台南分院	6	10	
		高雄紫雲寺	4		
	東區	台東信行寺	4	4	
初級禪訓密集班	北區	北投農禪寺	1	1	2
	中區	台中分院	1	1	
禪坐共修	北區	北投農禪寺	35	1,293	2,327
		台北安和分院	44		
		台北中山精舍	45		
		基隆精舍	48		
		桃園齋明寺	50		
		北投辦事處	50		
		淡水辦事處	50		
		石牌辦事處	52		
		金山萬里辦事處	51		
		三芝石門辦事處	48		
		三重蘆洲辦事處	52		
		士林辦事處	24		
		社子辦事處	48		
		大同辦事處	48		
		松山辦事處	48		
		中正、萬華辦事處	50		
		內湖辦事處	48		
		海山辦事處	50		
		新店辦事處	52		
		中永和辦事處	100		
		文山辦事處	84		
		新莊辦事處	51		
		林口辦事處	12		

活動名稱	地區	地點	場次	小計	總計
禪坐共修	北區	桃園辦事處	51	（1,293）	（2,327）
		中壢辦事處	52		
		新竹辦事處	50		
	中區	台中分院	102	443	
		南投德華寺	49		
		豐原辦事處	51		
		中部海線辦事處	35		
		苗栗辦事處	51		
		彰化辦事處	52		
		員林辦事處	52		
		南投辦事處	51		
	南區	台南分院	48	388	
		高雄紫雲寺	85		
		台南安平精舍	47		
		高雄三民精舍	52		
		嘉義辦事處	52		
		潮州辦事處	52		
		屏東辦事處	52		
	東區	台東信行寺	51	203	
		宜蘭辦事處	48		
		羅東辦事處	52		
		花蓮辦事處	52		
半日禪	中區	台中分院	1	1	4
	南區	高雄紫雲寺	3	3	
禪一	北區	北投農禪寺	10	18	33
		台北安和分院	6		
		桃園齋明寺	2		
	中區	台中分院	5	7	
		南投德華寺	2		
	南區	台南分院	5	8	
		高雄紫雲寺	2		
		高雄三民精舍	1		
親子感恩禪一	北區	桃園齋明寺	1	1	1
禪二	中區	台中分院	1	2	3
		南投德華寺	1		
	東區	台東信行寺	1	1	
禪三	南區	高雄紫雲寺	1	1	1
禪悅四日營	東區	台東信行寺	2	2	2

活動名稱	地區	地點	場次	小計	總計
戶外禪（山水禪等）	北區	北投農禪寺	2	7	13
		台北安和分院	5		
	中區	台中分院	1	3	
		南投德華寺	2		
	南區	台南分院	1	3	
		高雄紫雲寺	2		
兒童禪修營	中區	台中分院	1	1	1
親子戶外禪修營	北區	桃園齋明寺	2	2	2
出坡禪	中區	台中分院	4	4	4

◎針對特定對象

主辦單位	活動名稱		地點	日期	場次	總計
僧團	禪七	話頭禪七	法鼓山世界佛教教育園區	6／7～6／14	1	2
	禪十	默照禪十		6／17～6／26	1	
法鼓山僧伽大學	禪三	初階禪三	法鼓山世界佛教教育園區	2／19～2／21	1	1
法鼓佛教學院	禪一	學期禪一	法鼓山世界佛教教育園區	3／29、5／17、11／1、12／20	4	6
	禪五	期初禪五		9／14～9／18	1	
	禪七	期末禪七		6／14～6／21	1	
台中分院	半日禪	精進禪修半日禪	台中分院	7／12	1	2
	禪一	精進一日禪	台中分院	7／1	1	
專案祕書室	禪三	扶輪菁英禪修營	法鼓山世界佛教教育園區	2／27～3／1	1	4
		自我超越禪修營		3／26～3／29、9／10～9／13	2	
		第六屆社會菁英精進禪三		7／2～7／5	1	
法行會	半日禪	中區半日禪	台中寶雲別苑	7／12、7／19、7／26	3	3
教師聯誼會	禪五	教師寒假禪修營	三義DIY心靈環保教育中心	1／31～2／6	1	2
	禪七	教師暑假禪七	法鼓山世界佛教教育園區	7／11～7／18	1	
法青會	初級禪訓班	初級禪訓班	德貴學苑	7／1～7／22期間、8／5～8／26期間、10／7～10／28期間、11／4～11／25期間、12／9～12／30期間	5	13
	禪一	山水禪	台南縣關廟牛埔、高雄縣澄清湖、法鼓山園區、南投縣惠蓀林場	11／1、11／14、11／15	4	
	禪二	法青二日禪	三義DIY心靈環保教育中心	9／5～9／6、10／23～10／25、11／20～11／22	3	
	青年禪修營	青年禪修營	三義DIY心靈環保教育中心	7／13～7／18	1	
護法總會	禪一	台北縣社會局禪一	法鼓山世界佛教教育園區	1／9	1	2
	禪三	雲門舞集禪三		1／6～1／8	1	
法鼓山人文社會基金會	禪一	國防部後備司令部禪一	法鼓山世界佛教教育園區	3／31	1	1

法鼓山2009年各地佛學推廣課程開課一覽表

課程			地區	地點	講師
聖嚴書院	初階一上	在法鼓山學佛	北區	北投農禪寺	果賢法師
				台北安和分院	常定法師
				台北中山精舍	常悅法師
				德貴學苑	常參法師
				新莊辦事處	常平法師
				中永和辦事處	常超法師
			中區	台中分院	郭惠芯
				南投安心站	果弘法師
				彰化辦事處	常湛法師
				員林辦事處	果雲法師
			南區	台南分院	果澔法師
				高雄紫雲寺	果耀法師
				台南安平精舍	許永河
				高雄三民精舍	常覺法師
				屏東辦事處	常一法師
	初階一下	行門簡介	北區	北投農禪寺	胡國富
				金山法鼓山社大	果會法師
				新莊辦事處	常諦法師
				宜蘭辦事處	陳紹韻
				海山辦事處	果會法師
			中區	台中分院甲班	郭惠芯
				台中分院乙班	郭惠芯
	初階二上	學佛五講	北區	北投農禪寺	戴良義
				北投雲來寺	果見法師
				金山金美國小	常延法師
				新莊辦事處	大常法師
				海山辦事處	林立
			中區	台中分院	郭惠芯
				台中分院	郭惠芯
			南區	高雄紫雲寺	郭惠芯
				高雄三民精舍	常覺法師
			東區	宜蘭辦事處	果徹法師
	初階二下	牛的印跡	北區	北投農禪寺	果毅法師
		心的經典		台北中山精舍	陳標
		探索識界	北區	台北安和分院	戴良義
			中區	台中分院	果理法師
	初階二下	自家寶藏	中區	台中分院	果雲法師
			南區	高雄紫雲寺	張瓊夫
				高雄三民精舍	張瓊夫

課程			地區	地點	講師
聖嚴書院	初階三上	菩薩戒及漢傳佛教	北區	北投農禪寺	果悅法師
				台北安和分院	果興法師
				台北安和分院	果會法師
				台北中山精舍	果悅法師
				台北中山精舍	常諦法師
			中區	台中分院	果理法師
				台中分院	果雲法師
			南區	高雄紫雲寺	張瓊夫
				高雄三民精舍	張瓊夫
				潮州辦事處	果謙法師
	初階三下	心的經典	北區	北投農禪寺	果建法師
				台北安和分院	戴良義
				台北中山精舍	果建法師
		自家寶藏	北區	台北中山精舍	朱秀容
		探索識界	北區	台北安和分院	溫天河
			南區	高雄紫雲寺	越建東
				高雄三民精舍	張瓊夫
				潮州辦事處	見諦法師
	精讀一上	五講精讀（一）	北區	北投農禪寺	林立
				北投農禪寺	林立
				德貴學苑	常慶法師
			南區	台南分院	林其賢
				高雄紫雲寺	林其賢
				高雄紫雲寺	林其賢
	精讀二上	五講精讀（二）	北區	北投農禪寺	溫天河
			南區	台南分院	林其賢
				高雄紫雲寺	林其賢
	精讀二下		北區	北投農禪寺	溫天河
			中區	台中分院	林其賢
			南區	高雄紫雲寺	林其賢
	精讀三上	五講精讀（三）	北區	台北中山精舍	戴良義
	精讀三下		北區	台北中山精舍	戴良義
			中區	台中分院	林其賢
	專題一上	專題研讀（一）	北區	台北中山精舍	溫天河
			中區	台中分院	果理法師
	專題一下		北區	台北中山精舍	溫天河
	專題三上	專題研讀（三）	南區	高雄紫雲寺	果建法師
	專題三下			高雄紫雲寺	張瓊夫

課程			地區	地點	講師
佛學弘講	佛法概論	學佛群疑	東區	羅東辦事處	常儀法師
		佛教入門	北區	台北安和分院	戴良義
			北區	金山金美國小	悟常法師
			南區	高雄南區辦事處	果耀法師
			東區	羅東辦事處	果選法師
	慧學	四聖諦至八正道講記	東區	花蓮辦事處	周柔含
		四聖諦講記	北區	社子辦事處	謝水庸
		七覺支講記		淡水辦事處	悟常法師
				新店辦事處	清德法師
		心的經典——心經新釋	南區	台南分院	果謙法師
				台南安平精舍	
		金剛經	北區	台北安和分院	善音法師
				內湖辦事處	謝水庸
				新店辦事處	清德法師
				淡水辦事處	常先法師
				桃園辦事處	常參法師
		修行在紅塵——維摩經六講	北區	基隆精舍	常延法師
				內湖辦事處	常宗法師
				大同辦事處	宗譓法師
		探索識界——八識規矩頌講記	北區	台北安和分院	辜琮瑜
		四十二章經	南區	屏東辦事處	張瓊夫
		絕妙說法——法華經講要	北區	台北安和分院	果見法師
		普賢菩薩行願讚	北區	基隆精舍	悟常法師
				中壢辦事處	性禾法師
		48個願望——無量壽經講記	北區	台北安和分院	悟常法師
		慈雲懺主淨土文	北區	中永和辦事處	宗譓法師
		念佛生淨土	北區	中壢辦事處	性禾法師
		觀世音菩薩普門品	北區	中永和辦事處	宗譓法師
		聖嚴法師教觀音法門	北區	大同辦事處	悟常法師
				文山辦事處	果樸法師
		地藏菩薩的大願法門	北區	台北安和分院	宗譓法師
				桃園辦事處	果樸法師
	其他	學佛五講	北區	台北安和分院	戴良義
			東區	台東信行寺	常延法師

法鼓山2009年各地佛學推廣課程班數統計一覽表

		活動名稱	北區	中區	南區	東區	小計	合計
聖嚴書院	初階一上	在法鼓山學佛	6	4	5	0	15	57
	初階一下	行門簡介	5	2	0	0	7	
	初階二上	學佛五講	5	2	3	0	10	
	初階二下	心的經典——心經新釋	1	0	0	0	1	
		探索識界——八識規矩頌講記	1	1	0	0	2	
		自家寶藏——如來藏經語體譯釋	0	1	2	0	3	
		牛的印跡	1	0	0	0	1	
	初階三上	菩薩戒與漢傳佛教	5	2	3	0	10	
	初階三下	心的經典——心經新釋	3	0	0	0	3	
		探索識界——八識規矩頌講記	1	0	3	0	4	
		自家寶藏——如來藏經語體譯釋	1	0	0	0	1	
	精讀一上	五講精讀（一）	2	0	1	0	3	15
	精讀一下	五講精讀（一）	1	0	2	0	3	
	精讀二上	五講精讀（二）	1	0	2	0	3	
	精讀二下	五講精讀（二）	1	1	1	0	3	
	精讀三上	五講精讀（三）	1	0	0	0	1	
	精讀三下	五講精讀（三）	1	1	0	0	2	
	專題一上	專題研讀（一）	1	1	0	0	1	5
	專題一下	專題研讀（一）	1	0	0	0	1	
	專題三上	專題研讀（三）	0	0	1	0	1	
	專題三下	專題研讀（三）	0	0	1	0	1	
「聖嚴書院」小計			38	15	4	0	77	
佛學弘講	佛法概論	學佛群疑	1	0	0	0	1	5
		佛教入門	4	0	0	0	4	
	慧學	四聖諦講記	1	0	0	0	1	27
		七覺支講記	1	0	0	0	1	
		四聖諦至八正道講記	0	0	0	1	1	
		心的經典——心經新釋	1	0	2	0	3	
		金剛經	5	0	0	0	5	
		修行在紅塵——維摩經六講	3	0	0	0	3	
		探索識界——八識規矩頌講記	1	0	0	0	1	
		四十二章經	0	0	0	1	1	
		絕妙說法——法華經講要	1	0	0	0	1	
		普賢菩薩行願讚	2	0	0	0	2	
		48個願望——無量壽經講記	1	0	0	0	1	
		慈雲懺主淨土文	1	0	0	0	1	
		念佛生淨土	1	0	0	0	1	
		觀世音菩薩普門品	1	0	0	0	1	
		聖嚴法師教觀音法門	2	0	0	0	2	
		地藏菩薩的大願法門	2	0	0	0	2	

活動名稱		北區	中區	南區	東區	小計	合計
其他	學佛五講	1	0	0	1	2	2
	「佛學弘講」小計	29	0	2	3	34	
	總計	67	15	6	3	111	

聖嚴書院全年開課班數

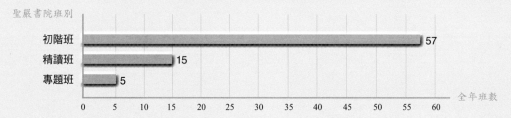

2007至2009年聖嚴書院佛學班學員人數各班統計表

時間 班別	2007	2008	2009
初階	1,447	1,967	2,634
精讀	140	255	440
專題	13	22	92
總計	1,600	2,244	3,166

2007至2009年聖嚴書院佛學班學員人數全年統計

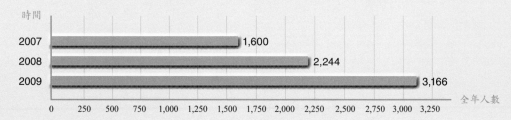

法鼓山2009年教育成長活動概況

◎讀書會

地區	舉辦地點	時間	討論書目
北區	北投農禪寺	週二09：30～11：30	《覺情書》
	台北安和分院	第二、四週週四19：00～21：00	《放下的幸福》
	台北中山精舍	第二、四週週一19：00～21：00	《絕妙說法——法華經講要》／《完全證悟》
	德貴學苑——法青會	第一、三週週四19：30～21：30	《六波羅蜜》（英文）
	中正萬華辦事處	第二、四週週五19：30～21：30	《真正的快樂》
		第一、三週週四19：30～21：30	《牛的印跡》
	松山辦事處	第一、三週週四10：00～11：30	《正信的佛教》
	文山辦事處	第一、三五週週五19：30～21：30	《雪中足跡》
		第二、四週週五19：30～21：30	《如月印空》
	新店辦事處	週四09：30～11：30	《正信的佛教》
	海山辦事處	第一、三週週四19：30～21：30	《成佛之道》
	中永和辦事處	第二、三週週四20：00～22：00	《成佛之道》
		第一、三週週三21：00～22：00	《找回自己》
	淡水辦事處	週三19：30～21：30	《正信的佛教》
	大三重辦事處	週二19：30～21：30	《人間世》
	新莊辦事處	週四19：00～21：00	《心的力量》
	林口辦事處	第四週週二13：00～15：00	《放下的幸福》／《動靜皆自在》
	士林辦事處	第一、三週週四19：30～21：30	〈四眾佛子共勉語〉
	內湖辦事處	週三19：30～21：30	《雪中足跡》
	桃園辦事處	週五19：00～21：00	《方外看紅塵》
	基隆辦事處	第二、四週週一19：00～21：00	「法鼓山智慧隨身書」系列書籍
	新竹辦事處	週五19：00～21：00	《禪的生活》
	苗栗辦事處	週五19：30～21：30	《放下的幸福》
	中壢辦事處	週五19：30～21：00	《真正的快樂》
中區	台中分院	週三19：30～21：30	《正信的佛教》
		週四14：00～16：00	《真正的快樂》
		週六09：30～21：30	《找回自己》
	南投德華寺	週五19：30～21：00	《念佛生淨土》
	豐原辦事處	週五19：30～21：30	《放下的幸福》
	嘉義辦事處	週四19：30～21：30	《學佛五講》——CD
	員林辦事處	週三19：30～21：30	《方外看紅塵》
南區	台南分院	週二14：00～16：00	《智慧100》
	佳里辦事處	週三19：00～21：00	《雪中足跡》／《智慧100》
	高雄紫雲寺	第二、四週週六09：30～11：30	《禪的體驗》
	高雄三民精舍	第四週週五15：00～17：00	《雪中足跡》／《智慧100》
		第二週週五09：00～11：00	《正信的佛教》
		週四14：00～16：00	《智慧100》
	高雄前金辦事處	第一週週四19：30～21：30	《真正的快樂》

地區	舉辦地點	時間	討論書目
南區	屏東辦事處	週二09：00～10：30	《正信的佛教》
		週三19：30～21：30	《小止觀講記》
東區	台東信行寺	週一19：30～21：30	「智慧掌中書」系列書籍
	花蓮辦事處	第一、三週週一09：00～11：00	《親密、孤獨與自由》

◎其他活動（以分院、精舍為主）

活動名稱		地區	舉辦地點	時間	備註
合唱共修		北區	北投農禪寺	週日19：00～21：00	1／25、3／29、4／5、5／31、8／23、10／4、11／29暫停
			基隆精舍	週三19：00～21：00	
			桃園齋明寺	週六19：00～21：00	
		中區	台中分院	週三19：30～21：30	
		南區	台南分院	週日19：00～21：00	
			高雄三民精舍	週一19：30～21：30	
法器練習		北區	基隆精舍	週四19：00～21：00	
			桃園齋明寺	週一19：00～21：00	1／26暫停
		東區	台東信行寺	隔週二19：30～21：30	7／21、8／4、8／18、9／8、9／22、10／6、10／27、11／3、11／17、12／8、12／22舉行
和喜太鼓		北區	桃園齋明寺	週日09：00～12：00	
成人太鼓		北區	桃園齋明寺	週一09：00～12：00	1／26暫停
寧靜心鼓	兒童班	東區	台東信行寺	週六14：30～16：00	1／24、1／31、4／11、6／6、7／11、8／22、10／17、
	成人班		台東信行寺	週六16：00～17：30	
禪藝課程	兒童作文班	北區	台北安和分院	週六9：30～11：30	
	兒童讀經班	北區	台北安和分院	週六14：00～15：30	
		中區	台中分院	週三19：30～20：40	
		東區	台東信行寺	週五19：30～20：40	
	兒童讀古書	北區	基隆精舍	週六09：00～12：00	
	兒童作文讀經班	南區	台南安平精舍	週五19：00～21：00	
	兒童繪畫班	南區	台南安平精舍	週六14：30～16：00	
	親子讀經菩提班	北區	桃園齋明寺	週六09：30～11：00	1／24、1／31暫停
	話說童林（親子動力成長）	北區	桃園齋明寺	週二19：30～20：00	
	親子陶藝班	中區	南投德華寺	週六09：00～11：00	
	親子圍棋班	東區	台東信行寺	週六09：30～10：30	2／14、4／1暫停
	快樂鍵盤彈奏班	北區	台北安和分院	週六16：00～17：30	

活動名稱		地區	舉辦地點	時間	備註
禪藝課程	瑜伽	北區	北投農禪寺（哈達瑜伽）	週一19：00～21：30	
			台北安和分院	週六14：00～15：30	
		南區	高雄紫雲寺（哈達瑜伽）	週二08：40～10：10 週日19：15～21：00	
			台南安平精舍	週四19：00～20：30	
			高雄三民精舍	週三19：30～21：00 週五09：00～11：00	
	花藝（中華、歐式、池坊）	北區	台北安和分院（中華）	週一13：30～15：30	
			台北安和分院（歐式）	週三14：00～16：00	
			台北中山精舍（小原流）	週二10：00～12：00	
			台北中山精舍（中華）	週一19：00～21：00	
			桃園齋明寺（東洋池坊）	週五09：30～11：30	1／30暫停
			桃園齋明寺（創意草月流）	週日12：00～15：00	1／25暫停
		中區	台中分院（供花藝術）	週五14：00～16：00 週五19：30～21：00	
		南區	高雄紫雲寺（池坊）	週三14：00～16：00	
			台南安平精舍（小原流）	週二14：00～16：00	
			高雄三民精舍（中華）	週三19：00～21：00	
	枯木山水園藝班	南區	高雄紫雲寺	週三14：00～15：30	
	盆中天地	北區	北投農禪寺（初階）	週五14：30～16：30	
			北投農禪寺（進階）	週三14：30～16：30	
	中國結	南區	高雄紫雲寺	週二19：00～20：30	
			高雄三民精舍	週二19：00～20：30	
	素描班	北區	北投農禪寺（鉛筆素描、水彩入門）	週二14：00～16：30	
		南區	高雄紫雲寺	週四19：00～21：00	
	佛畫班	北區	北投農禪寺	週六09：30～11：30	
			台北安和分院	週六14：00～16：00	
	國畫班	南區	高雄三民精舍	週三09：00～11：00	

活動名稱		地區	舉辦地點	時間	備註
禪藝課程	書法班	北區	北投農禪寺	週六09：30～11：30	
			台北安和分院	週二19：00～21：00	
			基隆精舍	週二14：00～16：00	
		中區	台中分院	週四09：00～12：00	
			南投德華寺	週一09：00～10：30	
		南區	高雄紫雲寺	週三19：00～21：00	
			台南安平精舍	週二19：00～21：00	
			高雄三民精舍	週五09：00～11：00	
	鈔經班	北區	北投農禪寺	週六10：00～11：30	
	拼布藝術班	北區	北投農禪寺	週四19：00～21：00	
			台北安和分院	週四19：00～21：00（每月第一三五週）	
			桃園齋明寺	週一14：00～16：00	
	太極拳	北區	北投農禪寺	週六08：30～09：50（進階）	
			桃園齋明寺	週二09：30～11：00	
		東區	台東信行寺	週六16：00～17：30	
	假日茶禪	北區	基隆精舍	週日14：00～16：00	
舞動肢體──探索心靈		北區	台北安和分院	週一19：00～21：00	舉行日期9／7～10／26
芳療世界──發現心靈藏寶圖		北區	台北安和分院	週四19：00～21：00	
壓克力彩繪		中區	台中分院	週二14：00～16：00	
生機飲食班		中區	南投德華寺	週四19：00～21：00	
攝影基礎研習班		南區	高雄紫雲寺	週日19：00～21：00	
健康素食班		北區	台北中山精舍	週六19：00～21：00	

法鼓山社會大學2009年課程暨人數一覽表

校區別	課程類別	課程名稱	課程數	學員人數
金山校區	人文休閒	拼布進階班、戀戀手工皂、創意悠遊——麥克筆海報設計精進班、POP海報與布置設計、POP海報人才養成、快樂學二胡基礎班、禪‧靜‧書法、國畫山水（三）、國畫山水（四）、禪悅花藝、禪藝教室——插花進階班、花束包裝設計研習班、粉彩畫基礎入門、粉彩畫、紙要有你——紙雕藝術創作班、鏡頭下的野柳、數位攝影進階班、禪悅瑜伽、經絡瑜伽、療癒瑜伽、伸展瑜伽、太極自然氣養生氣功、舊衣變新衣——二手衣DIY、動手玩科學（兒童班）、元氣料理（兒童班）、就是愛陶器——兒童陶藝、我的頑皮童年布好玩——兒童拼市DIY、兒童POP海報美術創作班、兒童瑜伽	29	903
	生活技能	影像處理、電腦入門、基礎電腦（一）、網路拍賣、快樂學日文（三）、初階生活美語（上）、生活美語（三）、養生保健藥膳＆體質調養、健康主義——蔬食調理（一）、健康主義——蔬食調理（如何調配三餐）、素食輕鬆作、如何醃漬好吃ㄟ醬菜、流行飾品創作、非銀不可——銀飾創作	14	367
	生命關懷	學習型社區讀書會、中醫與生活、素食養生保健藥膳＆體質調養、心靈café吧——快樂來學佛（佛教入門）、快樂哈佛趣——佛法經典故事導讀（兒童班）、心靈環保禪修體驗營（兒童班）	6	251
北投校區	人文休閒	健康養氣道、太極拳與養生入門班、太極拳與養生進階班、養生瑜伽、經絡養生瑜珈入門、經絡養生瑜伽進階班、鉛筆素描、POP海報與布置設計、麥克筆海報設計精進班、紙雕藝術創作班、禪‧靜‧書法、禪悅花藝入門班、禪悅花藝進階班、花藝美學、花束包裝設計研習班、小品盆栽、巧手學拼布、看見藝術品味生活、寫作真快樂初級、寫作真快樂、兒童瑜伽、兒童POP海報美術創作	22	619
	生活技能	素食烘焙入門班、創意素食廚房、健康有機飲食研習班、素食烘焙、咖啡與飲料調製、基礎日語、基礎日語（二）	7	161
	生命關懷	中醫與生活、太極拳與養生入門班、太極拳與養生進階班、做個心理健康達人、兒童太極拳、太極拳與養生入門班	6	241
	農作栽培	盆中天地	1	26
新莊校區	人文休閒	寫作真快樂（初級）、寫作真快樂（中級）、攝影最基礎、鏡頭下的新世界、療癒瑜伽、經絡瑜伽、伸展瑜伽、梭子蕾絲編織、紙蕾絲、紙蕾絲研修課、繪畫基礎班、成人繪畫班、粉彩基礎、粉彩畫入門班、就是愛動手——手工繪本、黏土的歡樂假期、創意軟陶DIY、禪悅花藝、禪悅花藝進階班、盆栽綠世界、野草變盆栽、拼布進階班、二手衣改造平日班、二手衣改造假日班、快樂學隸書、與筆墨的對話、書法藝術、HAPPY小劇場、兒童歡樂黏土派對、兒童快樂寫作班、兒童書法（一）、兒童書法（二）、兒童瑜伽	33	301
	生活技能	美語輕鬆學、生活美語、生活日語（一）、生活日語（二）、電腦入門、輕鬆學電腦、ESAY學電腦、電腦樂活班、電腦進階班、網路安全——電腦病毒、部落格E點通、繪聲繪影——影音剪輯、影音多媒體PhotoImpact入門、法律與生活、素食小吃輕鬆做、素食烘焙班、素食家常菜、健康主義——蔬食舒活、異國料理、中式點心班、飲料與咖啡調製、飲料DIY、環保手工皂＆保養品DIY、流行飾品設計、銀飾設計、環保手工皂、法律與生活	27	842
	生命關懷	太極拳養生功夫、情緒管理與人際溝通、中醫與生活	3	82
大溪校區	人文休閒	瑜伽——彼拉提斯新生活、瑜伽彼拉提斯、POP海報與布置設計、創意悠遊麥克筆——海報精進班、攝影最基礎、攝影基礎與攝影美學、佛畫美學、水墨畫、咖啡與我、簡易佛前供花與居家花藝	10	296
	生活技能	初級日語、生活日語、跟我學日語、初級電腦、多媒體網頁設計、電子試算表與多媒體網頁設計、新煮義西餐烹調、創業小吃輕鬆學、無國界料理——拿手好湯輕煮、基礎蛋糕與西點烘焙、流行飾品設計與創作	11	322
	生命關懷	中醫與保健	1	60
合計			170	4,471（人次）

法鼓山社會大學各校區課程數

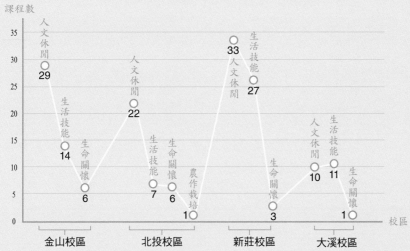

課程數

金山校區　人文休閒 29　生活技能 14　生命關懷 6

北投校區　人文休閒 22　生活技能 7　生命關懷 6　農作栽培 1

新莊校區　人文休閒 33　生活技能 27　生命關懷 3

大溪校區　人文休閒 10　生活技能 11　生命關懷 1

校區

法鼓山社會大學各校區課程學員人數

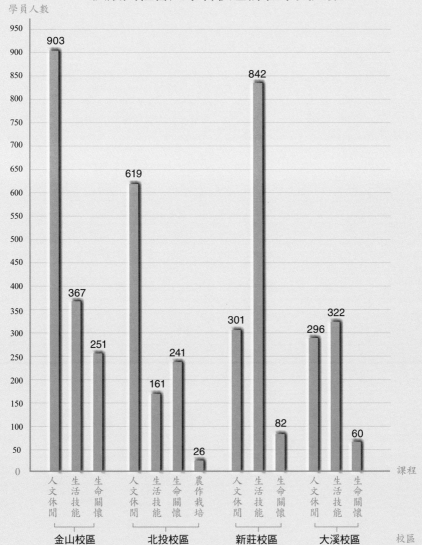

學員人數

金山校區　人文休閒 903　生活技能 367　生命關懷 251

北投校區　人文休閒 619　生活技能 161　生命關懷 241　農作栽培 26

新莊校區　人文休閒 301　生活技能 842　生命關懷 82

大溪校區　人文休閒 296　生活技能 322　生命關懷 60

課程

校區

法鼓文化2009年出版品一覽表

出版月份	書名
1月	• 《聖嚴法師教話頭禪》（聖嚴書院系列／聖嚴師父著）
	• 《放下的幸福——聖嚴法師的四十七則情緒管理智慧》（人間淨土系列／聖嚴師父著）
2月	• 《花花世界》（智慧人系列／繼程法師著）
	• 《一缽千家飯——法鼓山攝影集》（琉璃世界系列／法鼓文化編輯部著，法鼓山攝影義工攝影）
	• 《如月印空——聖嚴法師默照禪講錄》（*Illuminating Silence: The Practice of Chinese Zen*）（大智慧系列／聖嚴師父著，薛慧儀譯）
	• 《歡喜看生死》（人間淨土系列／聖嚴師父著）
3月	• 《六妙門講記》（智慧人系列／繼程法師著）
	• 《聖嚴法師禪學著作中的生命教育》（智慧海系列／林泰石著）
4月	• 《百法明門論講錄》（智慧人系列／繼程法師著）
	• 《頓悟南蠻子——六祖惠能》（高僧小說系列精選／陳月文著，劉建志繪）
	• 《神祕苦行僧——密勒日巴》（高僧小說系列精選／劉台痕著，劉建志繪）
	• 《真心就自在》（*A Truthful Heart*）（大自在系列／傑佛瑞・霍普金斯Jeffrey Hopkins著，陳道明、姚怡平譯）
5月	• 《聖嚴師父的頑皮童年》（故事寶盒系列／聖嚴師父著，菊子繪）
	• 《楊郁文——其佛法之理解與實踐》（論叢系列／黃侃如著）
6月	• 《心經硬筆鈔經本》（祈願鈔經系列）
	• 《觀世音菩薩普門品硬筆鈔經本》（祈願鈔經系列）
	• 《風雲一奇僧——虛雲老和尚》（高僧小說系列精選／馬景賢著，劉建志繪）
	• 《慈悲護眾生——蓮池大師》（高僧小說系列精選／陳啟淦著，劉建志繪）
7月	• 《智慧不老——韋政通教授八十演講錄》（法鼓人生學院叢書系列／韋政通著）
	• 《觀音：菩薩中國化的演變》（*Kuan-Yin: The Chinese Transformation of Avalokitesvara*）（大視野系列／于君方著，陳懷宇、姚崇新、林佩瑩譯）
8月	• 《大悲咒硬筆鈔經本》（祈願鈔經系列）
	• 《藥師經硬筆鈔經本》（祈願鈔經系列）
	• 《西藏密教之父——阿底峽尊者》（高僧小說系列精選／韋琮瑜著，劉建志繪）
	• 《一缽行天涯——憨山大師》（高僧小說系列精選／江曉莉著，劉建志繪）
	• 《無法之法——聖嚴法師默照禪法旨要》（*The Method of No Method: The Chan Practice of Silent Illumination*）（大智慧系列／聖嚴師父著，單德興譯）
9月	• 《心安平安，你就是力量！》（人間淨土系列／聖嚴師父著）
	• 《生死皆自在》（人間淨土系列／聖嚴師父著）
	• 《聖嚴法師教禪坐（修訂版）》（聖嚴書院系列／聖嚴師父著）
	• 《觀音菩薩變變變！》（我的佛菩薩系列／黃鈺惠著，蔡雅蘭繪）
	• 《阿彌陀佛大冒險》（我的佛菩薩系列／黃鈺惠著，君宜繪）
10月	• 《六祖壇經定慧品硬筆鈔經本》（祈願鈔經系列）
	• 《金剛經硬筆鈔經本》（祈願鈔經系列）
	• 《兩京大法王——神秀禪師》（高僧小說系列精選／林淑玟著，劉建志繪）
	• 《東征和尚——鑑真和尚》（高僧小說系列精選／周姚萍著，劉建志繪）
	• 《生活中的菩提——淨行品講錄》（智慧人系列／繼程法師著）
	• 2010年桌曆：禪心看世界——聖嚴法師快門下的禪味

出版月份	書名
11月	•《生死習題》（*Lessons from the Dying*）（大自在系列／羅尼・史密斯Rodney Smith著，鄭清榮譯）
	•《悉達多不見了！》（我的佛菩薩系列／黃鈺惠著，張振松繪）
	•《文殊菩薩超級任務》（我的佛菩薩系列／黃鈺惠著，王瑞姍繪）
12月	•《明末中國佛教之研究》（智慧海系列／聖嚴師父著）
	•《阿彌陀經硬筆鈔經本》（祈願鈔經系列）
	•《大勢至念佛圓通章硬筆鈔經本》（祈願鈔經系列）
	•《風狂三聖僧──寒山、拾得、豐干》（高僧小說系列精選／林淑玟著，劉建志繪）
	•《亂世蓮花──慧遠大師》（高僧小說系列精選／朱丹麗著，劉建志繪）

法鼓山2009年主要結緣品出版暨推廣據點數量統計

◎結緣品出版一覽表

出版月份	品名
1月	《無名問無明》英文版
2月	《108自在語（一）自在神童漫畫》、《108自在語（一）自在神童漫畫》簡體版、《108自在語（合輯）》（註1）
3月	《佛心、宇宙與覺醒——聖嚴法師與太空人米契爾博士對談》、《108自在語（第四集）》
5月	《聖嚴法師108自在語（合輯）》（註2）
6月	《聖嚴法師108自在語（合輯）》簡體版
7月	《佛心、宇宙與覺醒——聖嚴法師與太空人米契爾博士對談》英文版、《心六倫》、《108自在語（第一集）》（註3）
11月	《聖嚴法師108自在語（第二集）》（註4）
12月	2010年掛曆

備註：

1.《聖嚴法師108自在語（合輯）》收錄語文包括繁體中文、簡體中文、英文。
2.《聖嚴法師108自在語（合輯）》收錄語文包括繁體中文、簡體中文。
3.《聖嚴法師108自在語（第一集）》收錄語文包括繁體中文、英文、日文、韓文、緬甸文、泰文、越南文、法文。
4.《聖嚴法師108自在語（第二集）》收錄語文包括繁體中文、英文、日文、韓文、緬甸文、泰文、越南文、法文。

結緣品推廣據點數量統計

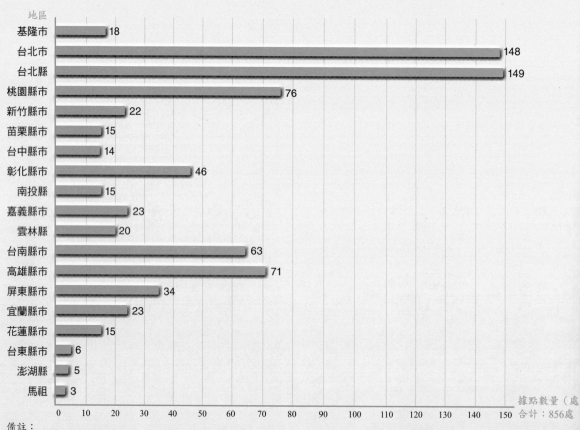

備註：
以法鼓山體系外所設據點為主，不包括法鼓山全台各分院、道場、辦事處及安心服務站等。

大關懷教育

法鼓山慈善基金會2009年百年樹人獎助學金發放人次統計

期別／學別	國小	國中	高中	大學（專）	總人數
第十四期	551	336	390	153	1,430
第十五期	492	333	360	196	1,381
合計	1,043	669	750	349	2,811
百分比（%）	37.1	23.8	26.7	12.4	100

2009年百年樹人獎助學金發放人次分析圖

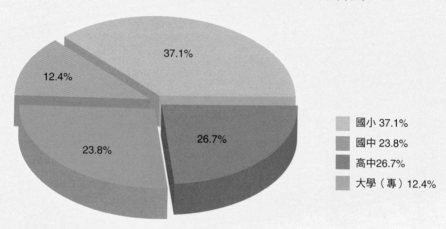

國小 37.1%
國中 23.8%
高中 26.7%
大學（專）12.4%

法鼓山慈善基金會2009年關懷列車及三節關懷人次統計

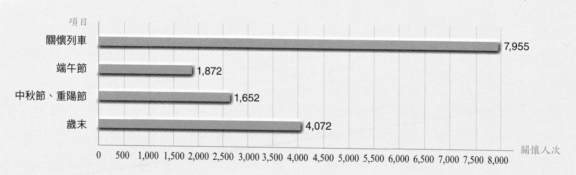

備註：
「關懷列車」內容中，自2009年起，因應慈基會專案整併與人力調整，暫時停止北投地區獨居老人送餐服務；原 「兒童暨青少年學習輔導方案」（自2006年起執行）調整至「安心家庭關懷專案」下執行。

法鼓山慈善基金會2009年開辦學習輔導課程一覽表

地區	關懷對象	上課地點	學生人數（每次約）	關懷時間	教師/義工人數	關懷人次
台北市北投區	國小	北投社福中心	25	每週三	80	450
台北市大同區	國小	大同共修處	10	每週四	192	453
台北市中山區	國小	中山精舍	14	每週一、四	320	680
台北市文山區	國小、國中	文山社福中心	10	每週一、三	512	1,124
台北縣板橋市	國小	板橋共修處	10	每週六	96	224
台北縣三峽鎮	國小	三峽介壽國小	8	每週六	36	60
台北縣土城市	國小	土城慈園幼稚園	6	每週六	60	140
台北縣樹林市	國小	樹林共修處	8	每週六	144	336
台北縣林口市	國小	文華國小 林口共修處	12	每週二、四	162	162
台北縣新莊市	國中	新莊辦事處	8	每週二	96	192
台北縣雙和地區	國小、國中	雙和共修處	19	每週六	192	672
新竹縣	國小	朝山國小	25	每週六	612	1,440
台中市	國小	台中市福音堂教會、雙龍國小	65	每週一～四	670	3,909
台中縣東勢鎮	國小、國中	東勢安心服務站	93	每週一～五	193	1,319
嘉義市	國小	嘉義辦事處	30	每週二～五	665	2,509
南投縣竹山鎮	國中	竹山安心服務站	10	7～8月	32	128
合計					4,062	13,798

法鼓山慈善基金會2009年緊急救援工作一覽表

◎台灣（不含八八水災）

發生日期	事件	動員人次	關懷人次
1月2日	台南縣新營聯結車斗肇禍燒死事件	5	14
1月6日	台北縣土城撞車事件	4	7
1月11日	台北縣永和機車火警遭嗆傷事件	3	9
1月16日	台中縣龍井鄉瓦斯外洩中毒事件關懷報告	4	3
1月16日	南投縣民宅火警事件	4	17
1月17日	基隆市木房大火重傷事件	4	4
1月21日	南投縣竹林中熱便當引發大火事件關懷報告	1	3
1月26日	台北縣鶯歌民宅瓦斯氣爆事件關懷報告	8	7
1月26日	宜蘭縣疑電暖器爆炸事件關懷報告	3	2
1月29日	台南縣學甲鎮回娘家出遊擦撞關懷報告	6	15
1月31日	台中高中生無照車禍事件	0	2
2月3日	新竹一氧化碳中毒事件	1	5
2月5日	桃園蘆竹瓦斯氣爆事件	3	3
2月6日	澎湖七美車禍事件	1	11
2月8日	彰化廂型車逆向狂飆事件	4	5
2月17日	宜蘭兩車對撞事件	3	4
3月2日	台北市太原路白雪旅社事件	3	4
3月12日	花蓮車禍事件	10	11
3月13日	苗栗頭份房屋倒塌事件	45	5
3月16日	桃園楊梅車禍事件	6	5
3月25日	新竹市西濱公路竹港大橋路段車禍事件	3	7
3月28日	苗栗酒駕車禍事件	4	2
3月31日	北縣北二高南下車禍事件	13	6
3月31日	新竹尖石鄉火災意外房屋燒毀事件	22	7
4月8日	台中縣霧峰酒駕車禍事件	2	2
4月11日	台中縣大里市跆拳道館地板塌陷事件	12	7
4月11日	雲林縣台西車禍事件	3	4
4月19日	彰化縣秀水車禍事件	5	5
4月20日	台南龍捲風橫掃民宅受損事件	3	4
5月20日	宜蘭國道五號南下車禍事件	3	3
5月23日	嘉義阿里山中國大陸旅遊團車禍事件	10	1
5月24日	花蓮台11線土石流意外事件	5	1
6月15日	台東連環車禍事件	13	17
6月18日	台北縣金山萬里硫化氫中毒事件	8	46
6月19日	宜蘭縣頭城鎮濱海公路砂石車車禍事件	5	7
6月20日	台南椰子樹倒塌意外事件	8	25
7月7日	高雄縣新莊火災事件	7	3
7月12日	台中縣灌溉溝擋土牆倒塌事件	15	4

發生日期	事件	動員人次	關懷人次
7月16日	台南縣農藥廠爆炸事件	5	10
7月18日	嘉義市民宅火災事件	35	4
7月21日	雲林縣沼氣中毒意外事件	3	4
7月26日	台中縣潭子火災事件	5	3
8月2日	高雄市前鎮區氣爆事件	6	3
9月19日	萬華民宅火災事件	7	7
9月25日	士林民宅火災事件	2	2
10月05日	彰化市溺水意外事件	2	4
10月10日	國道箱型車翻覆事件	0	7
10月10日	南二高高雄地段遊覽車翻車事件	7	30
10月10日	南二高屏東地段遊覽車翻車事件	2	11
10月11日	芭瑪颱風羅東淹水事件	50	31
10月11日	芭瑪颱風宜蘭淹水事件	27	14
10月11日	芭瑪颱風花蓮淹水事件	0	2
10月13日	高雄縣旗津氣爆事件	4	6
10月15日	彰化高速公路連環車禍事件	8	7
10月23日	南投縣箱型車翻覆意外事件	13	5
10月28日	萬華火災意外事件	5	3
10月29日	國道聯結車車禍事件	5	5
10月30日	南投縣採茶車翻覆事件	13	4
10月31日	台北市雙和市場火燒意外事件	13	4
11月1日	北縣新莊橋墩公共工程意外事件	3	3
11月3日	北縣八里污水廠配電盤爆炸意外事件	10	2
11月5日	台東市自宅建築工地倒塌事件	10	6
11月8日	嘉縣民雄台鐵事故事件	1	2
11月12日	台中霧峰民宅火災事件	4	5
11月28日	高雄鳳山火災事件	1	2
12月1日	高雄縣大寮神壇火災事件	1	2
12月4日	台南市婦攜女燒炭自殺事件	0	1
12月5日	台南餵食流浪狗交通事故事件	5	21
12月12日	萬華火警事件	3	2
12月13日	中和車禍事件	15	16
12月13日	嘉義民雄車禍事件	6	5
12月19日	三重一氧化碳中毒事件	2	2
12月20日	高雄市前金區大火事件	7	3
12月27日	嘉義朴子車禍事件	3	4
合計		542	522

◎台灣——八八水災

發生日期	類別	主要救援說明
8月9至12日	安身	第一時間於南部受災嚴重地區,如嘉義縣民雄鄉、高雄縣旗山鎮,與屏東縣高樹鄉、林邊鄉、佳冬鄉及台東縣太麻里鄉等地,提供如熱食、飲水、睡袋等緊急民生必須物資。
8月12至31日	安家、安業	總共動員5,367人次義工,前往台南縣大內鄉、高雄縣旗山鎮及屏東高樹鄉、林邊鄉、佳冬鄉等地區協助650戶家庭完成清理家園工作。
8月12日至9月24日	安家、安業	於嘉義縣、台南縣、高雄縣、屏東縣、台東縣等地進行慰訪關懷,並發放急難救助金,共慰訪4,353戶。
8月22至9月5日		與高雄醫學大學附設醫院合作,於高雄縣甲仙鄉設立醫療站,共為215位民眾提供醫療服務。
9月9日至12月31日	安身	林邊、六龜、甲仙三地陸續成立安心服務站。至年底,共進行逾1,400人次的關懷服務,以及850次個案慰訪服務。

◎海外

日期	事件	關懷人次	說明
1月1日至12月31日	菲律賓土石流孤兒就學專案	39	七年專案,第四年執行
1月1日至12月31日	南亞賑災專案——斯里蘭卡	--	五年專案(2004-2009年),2009年年底圓滿
1月1日至12月31日	南亞賑災專案——印尼	--	五年專案(2004-2009年),2009年年底圓滿
1月1日至12月31日	緬甸風災賑災專案	--	2009年年底圓滿
1月1日至12月31日	中國大陸四川賑災專案	--	五年專案,第二年執行
9月26至11月30日	菲律賓凱莎娜(Ketsana)風災救援	2,380	捐助民生物資,共376戶受益;捐助兩所學校圖書館購書基金。
9月30至10月16日	印尼蘇門答臘地震救援	13,608	捐助民生物資,共732人受益;捐贈四處救助站急難救助金。

法鼓山慈善基金會2009年專案推廣概況

一、南亞海嘯關懷五年專案
（2004年12月26日至2009年12月31日止）

1. 斯里蘭卡關懷成果

類別	項目	執行時間（年）	關懷人次
安身	醫療團（共八梯次）	2005～2009	15,101
	外傷護理處置課程	2009	73
	捐助台灣村家具類用品	2005～2006	300（戶）
安家	興建台灣村	2005	100（戶）
	興建幼稚園	2005～2006	250
	興建安心服務站	2005～2006	--
	興建水塔	2005～2006	--
	興建健康服務中心	2006～2007	--
	興建課輔教室	2007	--
安業	課輔課程	2007～2009	26,234
	電腦課程	2007～2009	2,469
	英文課程	2008～2009	361
	設置角落圖書館	2009	1,142
安心	慰訪關懷	2005～2009	25,249
	生活補助	2005～2009	2,904
	醫療補助	2005～2009	7,437
	外傷護理處置	2005～2009	1,790
	個案關懷	2005～2009	2,232
	學用品、物資補助	2007～2009	9,205
	教育費用補助	2007～2009	102
	北部海嘯戰區難民營補助	2009	2,300
其他	台灣村幼稚園營運費用補助	2007、2009	--
	台灣青年與斯里蘭卡青年交流活動	2008	--
	坦加拉（Tangalla）復建中心民眾復建、職訓費用補助	2009	--

2. 印尼關懷成果

類別	項目	執行時間（年）	關懷人次
安身	救援團（共四梯次）	2005～2006	6,000
	中醫義診	2008	700
安家	重建棉蘭菩提學校（Maha bodhi School）學童宿舍、活動中心	2006～2007	--
	興建亞齊馬德拉薩沙那威（MTs Keutapang Dua）初中學生宿舍及圖書館	2006～2007	--
	重建布米摩若（Bumi Moro）海嘯兒童之家女生宿舍、排球場	2008～2009	--
安業	推行農耕技術輔導計畫	2006～2009	--
安心	教育費用、物資補助	2005～2006	160（人）
	生活補助金	2006～2009	52（人）
	歲末關懷活動（共四場）	2005～2008	5,000
	贈書菩提學校（Maha Bodhi School）	2005	--
其他	印度尼西亞菩提心曼荼羅基金會（Bodhicitta Mandala Indonesia）重建經費	2005	--
	於四所學校派駐華語老師協助華語教學	2005～2008	1,760（每週上課人數）
	亞齊安心服務站開辦華語課程	2007～2008	116

二、緬甸風災關懷專案
（2008年5月2日至2009年12月31日止）

類別	項目	執行時間（年）	關懷人次
安身	緬甸救援團（共三梯次）	2008	--
	捐助裝置五組淨水設備	2008	--
	協助清理德迪（Dedyye）地區共兩百口蓄水池	2008～2009	104,150
	協助開鑿拉布達（Labutta）地區共二十口深層水井	2008～2009	--
安家、安業	援助秀尹艾秋楊（Show Yin Aye yaung）、奧波狄秋楊（Aung Baw Di Kyaung）等寺廟進行修建	2008	--
	興建仰光省哈朗他亞第一小學（Hlaing Thar Yar SoPoS 1 State Primary School）校舍	2008～2009	--
	興建仰光省丹閭綜合學校（Than Lyin State Middle School）校舍	2008～2009	--
	興建德迪（Dedyye）地區三所校舍	2009	--
安心	分享緬甸文《108自在語》	2008～2009	

三、中國大陸四川震災關懷專案

項目	關懷人次
法鼓山第十一梯次中國大陸四川義診服務團	1,300
五場心理重建交流活動	1,034
五場心靈環保體驗營	114
兩場課輔營	41
頒發兩梯次獎助學金	716
援建安縣秀水第一中心小學、秀水中心衛生院、北川縣陳家壩衛生院金鼓門診部	--

四、安心家庭關懷專案

1. 每月新關懷案家數量統計

新服務戶數（合計：353戶）

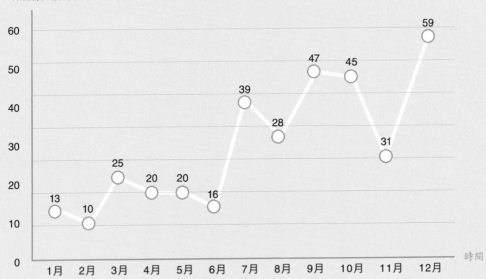

2.「第二代脫貧計畫」執行成果

活動名稱	說明	場次	參與人數
心靈環保營隊	包括一場冬令營、三場夏令營	4	707
參與或合辦法鼓山各地區營隊	參與或與各地分院、道場合辦的暑期兒童心靈環保體驗營	3	130
心靈環保講座		1	67
「心安平安——你，就是力量！」心靈講座		3	69
合計			973

3. 歷年兒童暨青少年學習輔導專案成果統計圖

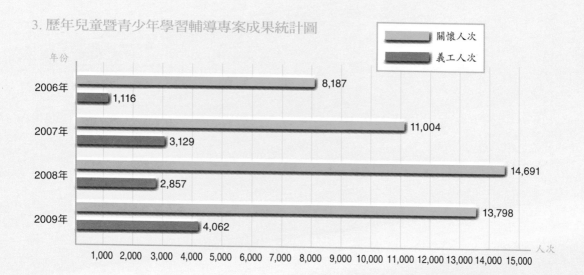

五、各項教育訓練統計

教育訓練活動	場次	參與人次
緊急救援教育訓練	8	632
一般關懷員訓練	2	226
慰訪員教育訓練	3	205
慰訪工作聯繫會議、團體督導	7	300
專職效能提昇研討會	2	45
合計	22	1,408

中華佛學研究所2009年課程表

◎97學年度第二學期

年級	必/選修	印度佛學組 課程名稱	授課老師	中國佛學組 課程名稱	授課老師	西藏佛學組 課程名稱	授課老師
一年級	共同必修	漢傳佛教史專題(II)					果鏡老師
		西藏佛教史專題(II)					劉國威
		日文文法(II)					藍碧珠
		西文佛學資料導讀	馬德偉(Marcus Bingenheimer)	西文佛學資料導讀	馬德偉(Marcus Bingenheimer)	英文佛學資料選讀	馬德偉(Marcus Bingenheimer)
		日文佛學論著(II)	見弘法師	佛學日文(II)	見弘法師	佛學日文(II)	見弘法師
	必修課					藏文佛典導讀(II)	廖本聖
各年級共同選修	本組必修(他組選修)	阿含經研究(II)	楊郁文	中國淨土思想研究(II)	果鏡法師	西藏語言學	馬紀(William Magee)
		《大乘莊嚴經論》〈成熟品〉梵典研究	惠敏法師	圓頓止觀	陳英善	西藏唯識思想專題	馬紀(William Magee)
		梵語文獻導讀	見弘法師	佛教理論與實踐	陳英善	西藏佛學研究方法	馬紀(William Magee)
		中印度思想專題(I)—BhAgavadgItA Chap.3	見弘法師	禪宋明禪學專題(II)	果鏡老師	西藏佛教大乘思想研究(II)	雪歌仁波切 廖本聖
		巴利語佛典研讀(II)	莊國彬	各宗諸師淨土論專題	果鏡老師		
		上巴利文獻研究(II)	莊國彬	《真諦唯識思想研究(II)》	蔡伯郎	西藏中觀思想專題(II)	雪歌仁波切 廖本聖
		巴利語文法	莊國彬	《阿毘達磨俱舍論·定品》專題(II)	蔡伯郎		
		梵、藏、漢佛典比較研究(I):布達拉宮所藏梵語《維摩詰經》之語言問題	宗玉媺	漢代佛典專題	果暉法師		
	共同選修	漢譯佛典專題(II)					高明道
		實用佛教文獻學:翻譯、詮釋					高明道
資訊學	必修	佛學資訊、工具與技術(II)					馬德偉(Marcus Bingenheimer)
	必修課	佛學數位工具資源專題					杜正民
		腳本語言入門					洪振洲
		資料庫系統					洪振洲

※備註:
中華佛學研究所第二十五屆研究生於97學年度第二學期修業完畢,研究所招生自此劃下圓滿句點,此後將以漢傳佛教的研究與弘揚為主。

中華佛學研究所、法鼓佛教學院2009年師資簡介

◎專任師資名單

姓名	職稱	最高學歷	任教科目
惠敏法師	教授	日本東京大學文學博士	・《大乘莊嚴經論》〈弘法品〉梵典研究 ・三學精要研修 ・《大乘莊嚴經論》〈神通品〉梵典研究 ・思考與表達（II）
杜正民	教授級專業技術人員	中華佛學研究所結業	・數位典藏與佛學研究 ・佛學數位文化地圖專案 ・佛學數位工具資源專題 ・弘化專題研修（I）
見弘法師	助理教授	日本九州大學文學博士	・日文佛學論著選讀（I） ・日文佛學論著選讀（II） ・印度思想專題 ・梵語文獻導讀
馬紀 （William Magee）	助理教授	美國維吉尼亞大學宗教研究	・當代歐美佛學論著導讀 ・攝類學專題 ・龍樹六理聚論專題（I） ・西藏唯識思想專題 ・西藏語言學・西藏佛學研究方法
蔡伯郎	助理教授	中國文化大學哲學博士	・《瑜伽師地論》專題（I） ・《阿毘達磨俱舍論》專題（I） ・真諦唯識思想研究（II） ・《阿毘達磨俱舍論・隨眠品》研究（I）
莊國彬	助理教授	英國布里斯托大學神學與宗教研究系博士	・巴利語佛典研讀（I） ・巴利語佛典研讀（II） ・巴利文獻研究（I） ・印度佛教史專題（I） ・巴利語文法
馬德偉（Marcus Bingenheimer）	助理教授	德國烏茲堡大學宗教史系文學博士	・英文佛學資料選讀 ・佛學資訊、工具與技術（II）
廖本聖	副教授級專業技術人員	淡江大學化學研究所碩士 中華佛學研究所畢業	・藏文佛典導讀（II） ・藏文文法
果暉法師	助理教授	日本立正大學文學博士	・禪修專題研修 ・漢代佛典專題 ・高僧行誼（II）
果鏡法師	助理教授	日本京都佛教大學文學研究所博士	・儀軌專題研修（II） ・宋明禪學專題（II） ・各宗諸師淨土論專題 ・漢傳佛教史專題（II） ・明清禪學專題（I） ・《般舟三昧經》研究 ・儀軌專題研修（I）
果肇法師	副教授級專業技術人員	中興大學企業管理系畢業	・朝暮定課・服務學習
洪振洲	助理教授	台灣科技大學資訊管理系博士	・佛學資訊、工具與技術（I） ・佛學資訊、工具與技術（III） ・腳本語言入門 ・資料庫系統

◎兼任師資名單（校外單位兼課者）

姓名	職稱	最高學歷	任教科目
楊郁文	教授級專業技術人員	高雄醫學院醫學系畢業	‧阿含經研究（I）
陳英善	副教授	中國文化大學哲學博士	‧圓頓止觀 ‧佛教理論與實踐 ‧華嚴專題 ‧法華專題
高明道	副教授級專業技術人員	中國文化大學中國文學研究所碩士	‧實用佛教文獻學-翻譯、詮釋 ‧漢譯佛典研讀（II）
宗玉媺	助理教授	德國漢堡大學哲學博士	‧梵漢藏佛典比較研究（I）
雪歌仁波切	助理教授級專業技術人員	格魯派三大寺頭等格西	‧藏傳大乘佛教思想研究（II） ‧西藏中觀思想專題（II） ‧宗喀巴師徒著作專題（I） ‧西藏因明思想專題（I）
劉國威	助理教授	美國哈佛大學哲學博士	‧西藏佛教史專題
陳炯彰	教授	英國雷斯汀大學博士	‧世界文明史
林正常	教授	美國明尼蘇達大學博士	‧體育（I）
藍吉富	副教授	東海大學歷史研究所結業	‧漢傳佛教史
方怡蓉	講師	台灣師範大學英語系碩士	‧大一英文
金子恭久	講師級專業技術人員	美國明尼蘇達州立大學運動生理系博士	‧日文
常延法師	講師	佛光人文社會學院宗教學研究所碩士	‧佛教入門
果元法師	副教授級專業技術人員	加拿大喬治布朗學院電機系畢業	‧禪修
果廣法師	副教授級專業技術人員	法鼓山三學研修院	‧戒律學綱要
果理法師	助理教授級專業技術人員	中興大學企業管理系畢業	‧禪定學概論
果慨法師	助理教授級專業技術人員	東南工專畢業	‧梵唄與儀軌
許明滿	助理教授	國防大學生命科學研究所博士	‧生命科學概論
鐘文秀	講師	東海大學哲學研究所碩士	‧梵文文法
簡淑華	副教授級專業技術人員	德明專校畢業	‧體育
謝清俊	教授	交通大學電子研究所博士	‧人文資訊學導論（I）
陳清香	副教授	中國文化大學藝術研究所碩士	‧佛教藝術
黃榮堅	教授	德國波昂大學法律博士	‧法律與人生
證融法師	助理教授	日本龍谷大學佛教學專攻博士	‧菩薩戒
溫宗堃	助理教授	澳洲昆士蘭大學博士	‧阿含導讀（I）

中華佛學研究所歷屆校友攻讀博士課程名單

（依屆次排序）

編號	姓名	就讀學校	備註
1	梅迺文	美國威斯康辛大學（University of Wisconsin）	已取得博士學位
2	惠敏法師	日本東京大學	已取得博士學位
3	鄧克銘	日本東京大學	已取得博士學位
4	厚觀法師	日本東京大學	修畢博士課程
5	陳宗元	日本九州大學	修畢博士課程
6	郭瓊瑤	日本名古屋大學	修畢博士課程
7	何俊泰	印度德里大學（University of Delhi）	修畢博士課程
8	高正哲	美國亞歷桑那大學（University of Arizona）	修畢博士課程
9	開智法師	日本龍谷大學	修畢博士課程
10	黃舒眉	日本京都大學	修畢博士課程
11	天常法師	美國華盛頓大學（University of Washington）	已取得博士學位
12	曾德明	德國波昂大學（Universität Bonn）	已取得博士學位
13	莊國彬	英國布里斯托大學（University of Bristol）	已取得博士學位
14	宗玉媺	德國漢堡大學（Universität Hamburg）	已取得博士學位
15	證融法師	日本龍谷大學	已取得博士學位
16	林純瑜	德國波昂大學（Universität Bonn）	已取得博士學位
17	純因法師	美國亞歷桑那大學（University of Arizona）	已取得博士學位
18	關則富	英國牛津大學（University of Oxford）	已取得博士學位
19	越建東	英國布里斯托大學（University of Bristol）	已取得博士學位
20	黃國清	中央大學	已取得博士學位
21	陳紹韻	澳洲昆士蘭大學（Queensland Univesity）	已取得博士學位
22	周柔含	日本立正大學	已取得博士學位
23	振法法師	台灣華梵大學	已取得博士學位
24	張瓊夫	澳洲昆士蘭大學（Queensland Univesity）	論文修改中
25	梅靜軒	荷蘭萊登大學（Leiden University）	論文修改中
26	楊文貞	德國慕尼黑大學（Universität München）	就讀中
27	修優法師	美國西來大學（University of the West）	就讀中
28	簡奕瓴	美國維吉尼亞大學（University of Virginia）	就讀中
29	道興法師	台灣輔仁大學	就讀中
30	祁崇溥	台灣海洋大學	就讀中
31	如碩法師	台灣中央大學	就讀中
32	法源法師	台灣大學	就讀中
33	道陀法師	台灣輔仁大學	就讀中
34	楊喻翔	台灣政治大學	就讀中
35	王倩文	台灣政治大學	就讀中
36	張雲凱	台灣華梵大學	98學年入學（就讀中）
37	林恕安	台灣政治大學	98學年入學（就讀中）
38	莫曰東	台灣清華大學	98學年入學（就讀中）
39	劉興松	台灣政治大學	98學年入學（就讀中）

※備註

1.已取得博士學位校友人數：16名

2.目前攻讀博士學位校友人數：16名（國外5名，國內11名）

3.國內攻讀博士學位11名校友中，有道陀法師、張雲凱、林恕安、莫曰東及楊喻翔共5位於中華佛研所內提交論文，順利畢業。

法鼓佛教學院2009年佛教學系課程表

◎碩士班97學年度第二學期

科目中文名稱	科目英文名稱	必／選修	授課語言	授課老師	科目類別
印度佛教史專題（II）	Topcis on history of Indian Buddhism（II）	必修	中文	莊國彬	專業科目
阿含經研究（II）	Agama Studies（II）	選修	中文	楊郁文	專業科目
梵語文獻導讀	Reading in Sanskrit Literature	必修	中文	見弘法師	專業科目
巴利語佛典研讀（II）	Reading in Pali Buddhist Texts（II）	選修	中文	莊國彬	專業科目
巴利文獻研究（II）	The Study of Pali Literature（II）	選修	中文	莊國彬	專業科目
巴利語文法	Introduction to Pali Grammar	選修	中文	莊國彬	專業科目
《大乘莊嚴經論》〈成熟品〉梵典研究	The Study of Sanskrit Text the Paripaka Chapter of *Mahayanasutralankara*	選修	中文	惠敏法師	專業科目
印度思想專題（I）—BhAgavadgItA Chap.3	Topics on Indian Thoughts- BhAgavadgItA Chap. 3	選修	中文	見弘法師	專業科目
梵、藏、漢佛典比較研究（I）：布達拉宮所藏梵語《維摩詰經》之語言問題	The Comparative Study of Sanskrit, Tibetan, Chinese Buddhist Texts（I）：On some Problems of the Language in the Sanskrit Manuscript of the *Vimalakirtinirdesa* at the Potala Palace	選修	中文	宗玉媺	專業科目
漢傳佛教史專題（II）	History of Chinese Buddhism（II）	必修	中文	果鏡法師	專業科目
真諦唯識思想研究（II）	Studies in the Thoughts of Paramārtha（II）	選修	中文	蔡伯郎	專業科目
宋明禪學專題（II）	Seminar on Chan Buddhism in the Song and Ming Dynasties（II）	選修	中文	果鏡法師	專業科目
各宗諸師淨土論專題	Seminar on Pure Land Masters	選修	中文	果鏡法師	專業科目
漢代佛典專題	Seminar on the Scriptures of Han Chinese Buddhism	選修	中文	果暉法師	專業科目
《阿毘達磨俱舍論·隨眠品》專題	Studies in Anuśayas of *Abhidharmakośaśastra*	選修	中文	蔡伯郎	專業科目
圓頓止觀	A Study on Perfect Contemplation	選修	中文	陳英善	專業科目
佛教理論與實踐	Theory and Practice of Buddhism	選修	中文	陳英善	專業科目
西藏佛教史專題（II）	Seminar on the History of Tibetan Buddhism（II）	必修	中文	劉國威	專業科目
藏文佛典導讀（II）	Guided Reading of Tibetan Buddhist Texts（II）	必修	中文藏語	廖本聖	專業科目
西藏大乘佛教思想研究（II）	Tibetan Mahayana Buddhist Studies（II）	選修	中文藏語	雪歌仁波切 廖本聖	專業科目
西藏中觀思想專題（II）	Thought of Tibetan Middle Way School（II）	選修	中文藏語	雪歌仁波切 廖本聖	專業科目
西藏佛學研究方法	Buddhist Research Methodology	選修	英文	馬紀（William Magee）	專業科目
西藏唯識思想專題	Mind Only School in Tibetan Buddhism	選修	英文藏語	馬紀（William Magee）	專業科目
西藏語言學	Tibetan Language	選修	英文藏語	馬紀（William Magee）	專業科目

科目中文名稱	科目英文名稱	必／選修	授課語言	授課老師	科目類別
佛學資訊、工具與技術（II）	Buddhist Informatics, Tools and Techniques（II）	必修	中文	馬德偉（Marcus Bingenheimer）	專業科目
佛學數位工具資源專題	Buddhist Lexicographical Resources	選修	中文	杜正民	專業科目
資料庫系統	Database Systems	選修	中文	洪振洲	專業科目
朝暮定課研修（II）	Study and Practice in Morning and Evening Services（II）	必修	中文	果肇法師	共同科目
朝暮定課研修（IV）	Study and Practice in Morning and Evening Services（IV）	必修	中文	果肇法師	共同科目
三學精要研修（II）	Study and Practice in the Essentials of the Three Studies（II）	必修	中文	惠敏法師	共同科目
禪修專題研修（II）	Study and Practice in Meditation（II）	必修	中文	果暉法師	共同科目
儀軌專題研修（II）	Study and Practice in Rituals（II）	必修	中文	果鏡法師	共同科目
弘化專題研修（II）	Study and Practice in Preaching and Teaching Ministry（II）	必修	中文	杜正民	共同科目
研修畢業呈現	Graduation Portfolio	必修	中文	指導老師	共同科目
日文文法（II）	Introduction to Japanese Grammar（II）	必修	中文 日文	藍碧珠	共同科目
日文佛學論著選讀（II）	Advanced Japanese Reading in Buddhist Texts（II）	必修	中文	見弘法師	共同科目
漢譯佛典研讀（II）	Readings in Chinese Buddhist Translations（II）	選修	中文	高明道	共同科目
實用佛教文獻學：翻譯、詮釋	Practical Philology：Translation and Interpretation	選修	中文	高明道	共同科目
英文佛學資料選讀	Selected English Language Readings in Buddhist Studies	必修	中文	馬德偉（Marcus Bingenheimer）	共同科目

◎碩士班98學年度第一學期

科目中文名稱	科目英文名稱	必／選修	授課語言	授課老師	科目類別
《大乘莊嚴經論》〈弘法品〉梵典研究	Studies in Sanskrit Literature of *Mahayanasurtralankara*（Chapter 12）	選修	中文	惠敏法師	專業科目
巴利語佛典研讀（I）	Reading in Pali Buddhist texts（I）	選修	中文	莊國彬	專業科目
巴利文獻研究（I）	The Study of Pali Literature（I）	選修	中文	莊國彬	專業科目
梵、藏、漢佛典思想研究（I）—《寶德藏經》文本與思想之探源	The Comparative Study of Sanskrit, Tibetan, Chinese Buddhist Thoughts（I）－A textual and philosophical study of the *Ratnaguṇasaṃcayagāthā*	選修	中文	宗玉媺	專業科目
阿含經研究（I）	Agama Studies（I）	選修	中文	楊郁文	專業科目
漢傳佛教史專題（I）	Seminar on History of Chinese Buddhism（I）	必修	中文	果鏡法師	專業科目
明清禪學專題（I）	Seminar on Chan Buddhism in the Ming and Qing Dynasties（I）	選修	中文	果鏡法師	專業科目
《般舟三昧經》研究	Seminar on *Bazhou sanmei jing*	選修	中文	果鏡法師	專業科目
《阿毘達磨俱舍論》專題（I）	Studies on *Abhidharmakośaśastra*（I）	選修	中文	蔡伯郎	專業科目
《瑜伽師地論》專題（I）	Studies on *Yogācārabhūmi*（I）	選修	中文	蔡伯郎	專業科目
安世高研究（I）	Seminar on the Study of An Shigao（I）	選修	中文	果暉法師	專業科目
華嚴專題	Studies on *Huayan*	選修	中文	陳英善	專業科目
法華專題	Studies on *Fahua*	選修	中文	陳英善	專業科目
西藏佛教史專題（I）	Seminar on the History of Tibetan Buddhism（I）	必修	中文	劉國威	專業科目
藏文佛典導讀（I）	Guided Reading of Tibetan Buddhist Texts（I）	必修	中文	廖本聖	專業科目
西藏因明思想專題（I）	Topic on the Thought of Tibetan Logic（I）	選修	藏語中文	雪歌仁波切廖本聖	專業科目
宗喀巴師徒著作專題（I）	Seminar of Works of rJe yab sras gsum（I）	選修	藏語中文	雪歌仁波切廖本聖	專業科目
攝類學專題	Seminar on Collected Topics about Debating	選修	英文	馬紀（William Magee）	專業科目
龍樹六理聚論專題（I）	Seminar of Six Treatises of Nagarjuna（I）	選修	英文	馬紀（William Magee）	專業科目
佛學資訊、工具與技術（I）	Buddhist Informatics, Tools and Techniques（I）	必修	中文	洪振洲	專業科目
佛學數位文化地圖專案	Buddhist Digital Cultural Atlas	選修	中文	杜正民	專業科目
腳本語言入門	Introduction to Scripting Languages	選修	中文	洪振洲	專業科目
佛學資訊、工具與技術（III）	Buddhist Informatics, Tools and Techniques（III）	必修	中文	洪振洲	專業科目
人文資訊學導論（I）	An Introduction to Cultural Informatics	必修	中文	謝清俊	專業科目
朝暮定課研修（I）	Study and Practice in Morning and Evening Services（I）	必修	中文	果肇法師	共同科目

科目中文名稱	科目英文名稱	必／選修	授課語言	授課老師	科目類別
朝暮定課研修（III）	Study and Practice in Morning and Evening Services（III）	必修	中文	果肇法師	共同科目
三學精要研修（I）	Study and Practice in the Essentials of the Three Studies（I）	必修	中文	惠敏法師	共同科目
禪修專題研修（I）	Study and Practice in Meditation（I）	必修	中文	果暉法師	共同科目
儀軌專題研修（I）	Study and Practice in Rituals（I）	必修	中文	果鏡法師	共同科目
弘化專題研修（I）	Study and Practice in Preaching and Teaching Ministry（I）	必修	中文	杜正民	共同科目
研修畢業呈現	Graduation Portfolio	必修	中文	指導老師	共同科目
梵文文法	Introduction to Sanskrit grammar	必修	中文梵語	鐘文秀	共同科目
藏文文法	Basic Tibetan Grammar	必修	中文藏語	廖本聖	共同科目
宗教學專題	Seminar on World Religions	必修	中文	張家麟	共同科目
日文文法（I）	Introduction to Japanese grammar（I）	必修	中文日文	藍碧珠	共同科目
日文佛學資料選讀（I）	Reading in Japanese Buddhist Texts（I）	必修	中文日文	見弘法師	共同科目
當代歐美佛學論著導讀	Guided Readings in Contemporary Western Buddhist Studies	必修	中文英文	馬紀（William Magee）	共同科目
漢譯佛典專題（III）	Readings in Chinese Buddhist Translations（III）	選修	中文	高明道	共同科目
實用佛教文獻學：語言‧文字	Practical Philology：Language and Writing	選修	中文	高明道	共同科目
數位典藏與佛學研究	Digital Archives and Buddhist Studies	選修	中文	杜正民	共同科目
印度佛教史專題（I）	Seminar on the History of Indian Buddhism	選修	中文	莊國彬	共同科目

◎學士班97學年度第二學期

科目中文名稱	科目英文名稱	必／選修	授課語言	授課老師	科目類別
戒律學綱要（II）	Essentials of Buddhist Discipline（II）	必修	中文	果廣法師	專業科目
高僧行誼（II）	Noble Deeds of Eminent Monks（II）	必修	中文	果暉法師	專業科目
禪定學概論（II）	Introduction to Buddhist Meditation（II）	必修	中文	果理法師	專業科目
漢傳佛教史（II）	History of Chinese Buddhism（II）	必修	中文	藍吉富	專業科目
佛教入門（II）	Introduction to Buddhism（II）	必修	中文	常延法師	專業科目
禪修（II）	Meditation Practice（II）	必修	中文	果元法師	通識科目
朝暮定課（II）	Daily Practice（II）	必修	中文	果肇法師	專業科目
梵唄與儀軌（II）	Buddhist Rituals and Chants（II）	必修	中文	果慨法師	專業科目
服務學習（II）	Service Learing（II）	必修	中文	果肇法師	通識科目
大一英文（II）	Freshman English（II）	必修	中文、英文	方怡蓉	通識科目
思考與表達（II）	Thought and Expression（II）	必修	中文	惠敏法師	通識科目
體育（II）	Physical Education/ PE（II）	必修	中文	林正常	通識科目
日文（II）	Japanese（II）	選修	中文、日文	金子恭久	通識科目
佛典漢語（II）	Seminar on the Language of Chinese Buddhist Texts（II）	選修	中文	高明道	通識科目
知識管理實務	Knowledge Management：Research and Practice	選修	中文	法源法師	通識科目
生命科學概論	Introduction to Life Sciences	選修	中文	許明滿	通識科目
世界文明史（II）	History of World Civilization（II）	選修	中文	陳炯彰	通識科目
法鼓講座（II）	Dharm Drum Lectures（II）	必修	中文	—	通識科目

◎學士班98學年度第一學期

科目中文名稱	科目英文名稱	必／選修	授課語言	授課老師	科目類別
高僧行誼（III）	Noble Deeds of Eminent Monks（III）	必修	中文	果暉法師	專業科目
大乘禪法（I）	Study of Mahayana Meditation（I）	必修	中文	杜正民	專業科目
印度佛教史（I）	History of Indian Buddhism（I）	必修	中文	惠敏法師	專業科目
阿含導讀（I）	Guided Reading of the Agamas（I）	必修	中文	溫宗堃	專業科目
比較宗教學	Comparative Religions	必修	中文	莊國彬	專業科目
比丘戒律（四選二）	Study of Buddhist Monk's Precepts	選修	中文	果暉法師	專業科目
菩薩戒（四選二）	Study of Bodhisattva Precepts	選修	中文	證融法師	專業科目
禪修（III）	Meditation Practice（III）	必修	中文	果元法師	專業科目
朝暮定課（III）	Daily Practice（III）	必修	中文	果肇法師	專業科目
服務學習（III）	Service Learning（III）	必修	中文	果肇法師	通識科目
佛學英文（I）（二選一）	English Buddhist Scriptures	選修	中文、英文	賽門‧威利斯（Simon Wiles）	通識科目
佛學日文（I）（二選一）	Japanese Buddhist Texts（I）	選修	中文、日文	見弘法師	通識科目
體育（III）	Physical Education / PE（III）	必修	中文	簡淑華	通識科目
梵唄與儀軌（III）	Buddhist Rituals and Chants（III）	選修	中文	果慨法師	通識科目
法律與人生	Law and Life	必修	中文	黃榮堅	通識科目
佛教藝術	Buddhist Art	選修	中文	陳清香	通識科目
電子佛典實務	Practice on Buddhist Electronic Texts	選修	中文	杜正民	通識科目
法鼓講座	Dharma Drum Lectures（III）	必修	中文	—	通識科目

法鼓佛教學院推廣教育中心2009年開課概況

◎第一期課程：2月15日至5月中

課程分類	課程名稱	授課老師	地點
佛法教理	根本佛教的佛學活用	楊郁文	慧日講堂
	印度佛教史	藍吉富	愛群教室
	《菩提心讚》	鄔金智美	愛群教室
	《法華經》與天台教觀	李治華	愛群教室
佛教應用	樂活生命──禪悅瑜伽	簡淑華	印儀學苑
佛學語文	佛學英文	鄭振煌	愛群教室
	藏語拼讀	宗南格列	愛群教室
	梵文佛典研讀《入菩提行論》	見弘法師	愛群教室
	梵文閱讀	鐘文秀	愛群教室
	日文閱讀	鐘文秀	愛群教室
其他	老子《道德經》‧憨山註	梁寒衣	愛群教室

◎第二期課程：6月23日至9月底

課程分類	課程名稱	授課老師	地點
佛法教理	根本佛教的佛學活用	楊郁文	慧日講堂
	佛教文學與生活實踐	藍吉富	德貴學苑
	《中論》導讀	劉嘉誠	愛群教室
	《法華經》與天台教觀	李治華	愛群教室
	《入菩薩行論》	馬君美	德貴學苑
	唯識學六天集訓班	陳一標	愛群教室
佛學語文	佛學英文	鄭振煌	愛群教室
	藏語初階	曾德明	德貴學苑
	藏文閱讀	鄔金智美	愛群教室
	梵文閱讀	鐘文秀	愛群教室
	日文閱讀	鐘文秀	愛群教室
	日文初階密集班	鐘文秀	愛群教室
	梵文初階密集班	鐘文秀	愛群教室
其他	老子《道德經》‧憨山註	梁寒衣	德貴學苑
	氣功與健身（A／B班）	謝其修	愛群教室
	禪柔瑜伽	簡淑華	德貴學苑
	新活力瑜伽	簡淑華	德貴學苑

◎第三期課程：9月28日至11月中

課程分類	課程名稱	授課老師	地點
佛法教理	根本佛教的佛學活用	楊郁文	慧日講堂
	高僧與名僧	藍吉富	德貴學苑
	《中論》導讀	劉嘉誠	愛群教室
	《唯識二十論》導讀	蔡伯郎	愛群教室
佛學語文	佛學英文	鄭振煌	愛群教室
	藏語初階	曾德明	德貴學苑
	藏文閱讀	曾德明	愛群教室
	日文閱讀	鐘文秀	愛群教室
	梵文進階閱讀	鐘文秀	愛群教室
	梵文初階閱讀	鐘文秀	愛群教室
其他	禪養生瑜伽	簡淑華	德貴學苑
	新活力瑜伽	簡淑華	德貴學苑
	宗教與醫療	道興法師	德貴學苑
	老子《道德經》‧憨山註	梁寒衣	德貴學苑
	氣功與健身	謝其修	愛群教室

法鼓山僧伽大學98學年度課程表

◎佛學系

學年			一	二	三	四
慧業	解門	戒	戒律學（一）	戒律學（二）	戒律學（三）	戒律學（四）
		定	禪學（一）——禪定學概論	禪學（二）——大乘禪法 六祖壇經	禪學（三）——漢傳佛教禪觀 神會禪師的悟境	禪學（四）——禪宗禪法 默照——默照禪（上）話頭——話頭禪（下）
		慧	世界佛教史導論（一）——中國佛教史	世界佛教史導論（二）——印度佛教史（南亞佛教史）	世界佛教史導論（三）——禪宗法脈	世界佛教史導論（四）（選）——東亞佛教史（日本／韓國／西藏佛教史）
			阿含導讀	上學期：《阿毘達磨》（選）下學期：唯識學（選）	上學期：中觀學（選）下學期：如來藏（選）	上學期：天台學（選）下學期：華嚴學（選）
			佛法導論——佛教入門、學佛五講	上學期：漢傳佛教諸宗導讀（選）下學期：淨土學（選）		《近代漢傳大師導讀》（選）
			高僧行誼	高僧行誼	高僧行誼	高僧行誼
				《法鼓全集》導讀	二課合解	
	通識教育			寫作與報告		
			通識課程（一）——思考與表達方法	通識課程（二）——知識管理（選）	通識課程（三）——弘講理論與實務	通識課程（四）——宗教師教育
				電腦應用（選）		畢業製作
				英文會話（基礎、中階）	英文——法鼓山的理念	英文佛典導讀（選）
			動禪	書法禪		
	行門		禪修（一）——精進修行 放鬆、數息	禪修（二）——精進修行 止觀、默照、話頭介紹	禪修（三）——精進修行 默照、話頭介紹（二選一）	禪修（四）——培訓初級禪訓
			梵唄與儀軌	梵唄與儀軌（二）	梵唄與儀軌（三）	梵唄與儀軌（四）
			出家行儀（一）	出家行儀（二）	出家行儀（三）	出家行儀（四）
福業			作務與弘化（一）	作務與弘化（二）	作務與弘化（三）	作務與弘化（四）
			班會	班會	班會	班會

◎禪學系

學年			一	二	三	四	五	六
慧業	解門	戒	戒律學（一）——沙彌律儀、戒律學綱要	戒律學（二）——毘尼日用、遺教三經	戒律學（三）——菩薩戒	戒律學（四）——四分戒	戒律學——禪林實訓（一）	戒律學——禪林實訓（二）
		定	禪學（一）——禪定學概論．禪的體驗．禪的開示《牛的印跡》	禪學（二）——大乘禪法壇經思想六祖壇經	禪學（三）——漢傳佛教禪觀神會禪師的悟境	禪學（四）——禪宗禪法默照：默照禪（上）話頭：話頭禪（下）	禪修方法研討（一）	禪修方法研討（二）
		慧	世界佛教史導論（一）——中國佛教史	世界佛教史導論（二）——印度佛教史（南亞佛教史）	世界佛教史導論（三）——禪宗法脈	世界佛教史導論（四）（選）——東亞佛教史（日本／韓國／西藏佛教史）	小參培訓／總護培訓——見習、實習（從初階禪七開始）	主七法師培訓——見習、實習（從初階禪七開始）
			阿含導讀	上學期：《阿毘達磨》（選）下學期：唯識學（選）	上學期：中觀學（選）下學期：如來藏（選）		如來藏經與禪圓覺經與禪唯識與禪	禪門修證指要研讀 禪門驪珠集研讀
			佛法導論——佛教入門、學佛五講	上學期：漢傳佛教諸宗導讀（選）下學期：淨土學（選）	上學期：天台學（選）下學期：華嚴學（選）	《近代漢傳大師導讀》（選）		
			高僧行誼					
				法鼓全集導讀	禪宗經論導讀			
				寫作與報告（選）	禪修專題報告（選）	禪修專題報告（選）		
	通識教育		通識課程（一）——思考與表達方法	通識課程（二）——知識管理（選）	通識課程（三）——弘講理論與實務	通識課程（四）——宗教師教育	氣脈／生理醫學／心理學	
				電腦應用（選）			公文、書信、知識管理、報告寫作	寺院經營管理、佛教與現代社會
				英文會話（基礎、中階）	英文——法鼓山的理念			
			動禪	書法禪				
	行門		禪修（一）——精進修行	禪修（二）——精進修行	禪修（三）——精進修行默照、話頭介紹（二選一）	禪修（四）——禪訓師資培訓（中英文）	參加所有禪期——中級禪訓師資培訓	參加所有禪期
				行解交流	行解交流	行解交流	行解交流	行解交流
			梵唄與儀軌（一）	梵唄與儀軌（二）	梵唄與儀軌（三）	梵唄與儀軌（四）	專案培訓	專案培訓
			出家行儀（一）	出家行儀（二）	出家行儀（三）	出家行儀（四）	出家行儀（五）	出家行儀（六）
福業			作務與弘化（一）	作務與弘化（二）	作務與弘化（三）	作務與弘化（四）	作務與弘化（五）	作務與弘化（六）
			班會	班會	班會	班會	班會	班會

◎僧才養成班

學年			一	二
慧業	解門	戒	戒律學（一）──沙彌律儀、戒律學綱要	戒律學（二）──毘尼日用、遺教三經
		定	禪學（一）──禪定學概論 禪的體驗‧禪的開示 牛的印跡	禪學（二）──大乘禪法 六祖壇經
		慧	世界佛教史導論（一）──中國佛教史	戒律學（三）──菩薩戒
			阿含導讀	法鼓全集導讀
			佛法導論──佛教入門、學佛五講	佛法導論（二）──學佛五講
		通識教育	高僧行誼	高僧行誼
			通識課程（一）──思考與表達方法	通識課程（四）──宗教師教育
				英文會話（基礎、中階）
			動禪	書法禪
	行門		禪修（一）──精進修行 放鬆、數息	禪修（二）──精進修行 止觀、默照、話頭介紹
			梵唄與儀軌（一）	梵唄與儀軌（二）
			出家行儀（一）	出家行儀（二）
福業			作務與弘化（一）	作務與弘化（二）
			班會	班會

法鼓山僧伽大學98學年度師資簡介

姓名	職稱	學經歷	教授課程
果東法師	院長	法鼓山方丈和尚	
果光法師	副院長 教務長 專任助理教授	美國俄亥俄州立大學博士 曾任法鼓山行政中心副都監 法鼓山僧團經營規畫處監院	・禪宗法脈 ・禪學——大乘禪法
常寬法師	副院長 專任講師	美國東密西根大學碩士	・禪修 ・禪學
果肇法師	女眾部學務長 專任副教授	法鼓佛教學院行政副校長	・宗教師教育 ・出家行儀
果稱法師	教務處課務、註冊組組長 專任講師	逢甲大學會計系學士 曾任法鼓山佛學推廣中心室主 法鼓山僧團女眾部僧值	・出家行儀 ・禪修 ・禪學
常慛法師	男眾部學務長 專任講師	中興大學社會系學士 法鼓山僧伽大學佛學院畢業 曾任法鼓山僧團青年發展院代理監院	・中國佛教史
常順法師	男眾學務處助理 兼任講師	政治大學統計學系學士	・梵唄與儀軌
常襄法師	男眾學務處保健組組長 專任講師	法鼓山僧伽大學禪學系	・出家行儀 ・戒律學
果峙法師	男眾部學務處輔導組組長 專任講師	曾任法鼓山僧團總務組組長 法鼓山僧伽大學總務長	・出家行儀 ・禪修
常隨法師	男眾學務規畫組組長 專任講師	中央大學碩士 法鼓山僧伽大學佛學系畢業	・禪學 ・出家行儀
果通法師	女眾學務處輔導組組長 專任講師	法鼓山僧伽大學女眾學務處輔導組組長 法鼓山僧團女眾部副僧值	・出家行儀 ・戒律學
果乘法師	總務長 專任講師	美國底特律大學碩士 曾任美國東初禪寺監院	・出家行儀 ・禪修
果解法師	女眾學務處規畫組組長 專任講師	曾任法鼓山僧伽大學女眾學務助理 法鼓山僧伽大學祕書	・出家行儀 ・戒律學 ・禪修
常盛法師	女眾學務處助理 專任講師	大同大學事業經營系學士 法鼓山僧伽大學佛學系畢業 曾任法鼓山僧伽大學祕書	・出家行儀 ・禪修
惠敏法師	兼任教授	日本東京大學博士 曾任中華佛學研究所副所長 法鼓佛教學院校長	・思考與表達方法 ・印度佛教史
杜正民	兼任教授	中華佛學研究所圖資館館長 法鼓佛教學院副校長	・如來藏 ・知識管理
果徹法師	專任助理教授	中華佛學研究所畢業 曾任法鼓山僧團教育院監院	・中觀學 ・禪學——話頭 ・禪修方法研討（二） ・禪修
果暉法師	專任助理教授	日本立正大學博士 法鼓山僧團副住持	・四分比丘戒

姓名	職稱	學經歷	教授課程
純因法師	兼任助理教授	美國亞利桑那大學博士	・阿含經導讀 ・漢傳佛教諸宗導讀
果元法師	兼任副教授	加拿大喬治布朗學院電機系學士 曾任法鼓山東初禪寺住持 法鼓山禪堂堂主	・禪修——默照
果鏡法師	兼任助理教授	日本佛教大學博士 曾任法鼓山僧團都監 中華佛學研究所所長	・淨土學
蘇南望傑	兼任助理教授	日本佛教大學博士課程	・西藏佛教史 ・日本佛教史
戴良義	兼任助理教授	美國東密西根大學碩士 法鼓大學籌備處祕書 法鼓山佛學推廣中心專任講師	・弘講理論與實務
莊國彬	兼任助理教授	英國布里斯托大學博士 法鼓佛教學院助理教授	・阿毘達摩
果祺法師	兼任講師	法鼓山禪修室總務 法鼓山禪堂板首	・作務與弘化
常哲法師	兼任講師	法鼓山僧伽大學畢業	・梵唄與儀軌
常智法師	兼任講師	輔仁大學碩士 曾任法鼓山國際事務組組長	・戒律學
常遠法師	兼任講師	曾任法鼓山男眾發展院監院 曾任法鼓山傳燈院監院 法鼓山天南寺監院	・禪修
常應法師	兼任講師	法鼓山僧伽大學畢業 法鼓山男眾發展院監院 法鼓山男眾維那	・梵唄與儀軌
熊永生	兼任講師	台灣藝術大學碩士	・書法禪
陳世佳	兼任講師	法鼓山護法菩薩	・動禪
果理法師	兼任助理教授	中興大學企業管理系學士 法鼓山台中分院監院	・禪學——默照 ・禪修方法研討（一） ・唯識學
果廣法師	兼任副教授	法鼓山僧團都監 法鼓山僧團女眾副都監 法鼓山行政中心副執行長	・佛法導論
果印法師	兼任講師	法鼓山農禪寺知客師 法鼓山僧團都監助理	・梵唄與儀軌
果慨法師	兼任助理教授	曾任法鼓山僧伽大學女眾學務處規畫組組長 法鼓山僧團弘化院監院	・二課合解
果界法師	兼任講師	法鼓山僧團關懷院室主 法鼓山僧團三學院室主	・梵唄與儀軌

姓名	職稱	學經歷	教授課程
果傳法師	兼任講師	曾任法鼓山台北安和分院監院 法鼓山僧團弘化院維那	‧梵唄與儀軌
果毅法師	兼任講師	中興大學中文系學士 曾任法鼓山文化中心副都監 法鼓山普化中心副都監	‧禪學——漢傳佛教禪觀 《法鼓全集》導讀
果增法師	兼任講師	曾任法鼓山北投農禪寺典座 法鼓山僧團弘化院維那	‧梵唄與儀軌
果旭法師	兼任講師	曾任法鼓山北投雲來寺監院 法鼓山台北安和分院監院	‧梵唄與儀軌
大常法師	兼任講師	中華佛學研究所畢業 法鼓山佛學推廣中心講師	‧天台學 ‧中國佛教史
常延法師	專任講師	佛光人文社會學院碩士 曾任華嚴專宗學院教師	‧學佛五講 ‧禪宗經論導讀
黃怡琪	兼任講師	中華佛學研究所畢業 法鼓佛教學院專職	‧動禪 ‧書法禪
方怡蓉	兼任講師	台灣師範大學英語系碩士 中華佛學研究所畢業	‧英文 ‧寫作與報告

大學院各校所2009年畢業生名單

◎中華佛學研究所

姓名	畢業論文題目	指導老師
宏育法師	湛然《法華五百問論》思想之研究	陳英善
莫曰東	永覺元賢生平事蹟與淨慈思想之研究	果鏡法師

◎法鼓佛教學院

姓名	論文題目	指導老師
簡采汝	人間淨土的開展──宗教信仰於癌症患者生活品質相關性研究	惠敏法師 高偉堯
邱素真	法鼓山水陸法會牌位數位化之影響研究	果鏡法師

◎法鼓山僧伽大學：佛學系

姓名（女眾）	畢業製作主題	指導老師
常林法師 常勳法師	遊戲三昧──法鼓山禪悅境教，參學創意課程開發	常慧法師 常參法師
常照法師	心六倫資料庫及國小教案設計	常慧法師
常庸法師	跨國性企業組織之策略模式分析──法鼓山國際化策略之可行方案評估	果光法師 常華法師
常庵法師	法鼓山淨土懺之初探	果慨法師
常福法師	禪修課程資料蒐集與規畫──如何應用聖嚴師父禪修觀念設計初階禪修課程	果元法師 果毅法師
覺迦法師 常仁法師	觀心過堂	果高法師
常峯法師	觀音信仰對於心靈環保的作用	果祥法師 大常法師

◎法鼓山僧伽大學：僧大養成班

男眾：常元法師、常貴法師
女眾：常洛法師、常瀾法師、常廸法師、常崇法師、常報法師、常實法師、常尊法師、常嗣法師

大學院各校所歷年畢業生人數統計

中華佛學研究所畢業	115人
法鼓山僧伽大學畢業	104人
法鼓佛教學院畢業	2人（2009年為第一屆）

◎中華佛學研究所

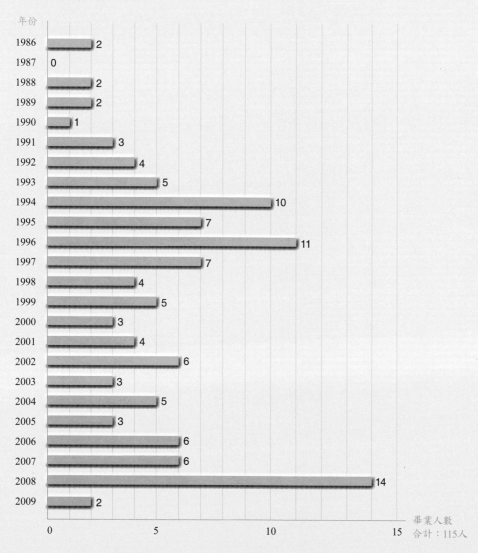

◎法鼓山僧伽大學

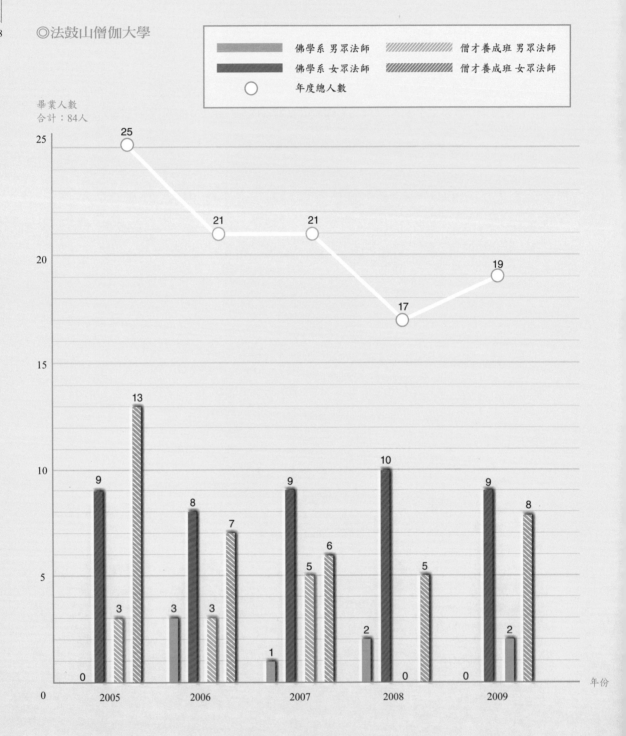

畢業人數
合計：84人

◎法鼓佛教學院

畢業生人數
合計：2人

大學院各單位專任教師2009年對外發表論文一覽表

◎法鼓佛教學院

姓名	職稱	論文名稱或學術著作	發表處（活動名稱／主辦單位／地點／發表時間）
惠敏法師	教授	〈佛教懺悔法門之「逆轉」情節－以《大方等陀羅尼經》為例〉	《法鼓佛學學報》第4期／法鼓佛教學院／7月
		〈盧雲和尚（1840-1959）長時住定經驗之探索〉（An Inquiry to Master Xuyun's（1840-1959）Experiences of Long-dwelling in Samadhi）	《中華佛學學報》第22期／中華佛學研究所／7月
		〈四念住與三重腦理論：打坐與腦科學〉（The Four Mindful Establishments vs. the Triune Brain Model: Some relationship between Meditation and Brain Science）	第二屆世界佛教論壇／中國佛教協會、國際佛光會等兩岸佛教界／中國大陸無錫、台北／3月26至30日，3月31日至4月2日
		〈漢譯佛典語法之「相違釋」複合詞考察〉	「漢譯佛典語法研究國際學術研討會」暨「第四屆漢文佛典語言國際研討會」／中國大陸北京大學／中國大陸寧波市香山教寺／8月2至4日
		〈從電子佛典集成（CBETA）及數位典藏與數位學習國家型科技計畫之台北版大藏經到整合型佛教數位典藏（IBA）〉（From CBETA Electronic Tripitaka Collection and TELDAP Project──Taipei Edition Tripitaka to IBA）	「數位典藏與學習之海外推展暨國際合作計畫」2009年數位學習與典藏國際會議／中央研究院、全球研究圖書館（Global Research Library 2020）、博物館電腦網路協會台灣分會（Museum Computer Network, Taiwan Chapter）／中央研究院人文社會館／2月23至27日
		佛教禪修之對治「睡眠蓋」傳統	「東亞靜坐傳統暨佛教禪坐傳統」聯合國際學術研討會／法鼓佛教學院、清華大學人文社會研究中心、挪威奧斯陸大學（University of Oslo）、日本學習院大學／新竹清華大學人文社會學院、法鼓山園區／10月29至31日
杜正民	教授級專業技術人員	〈以數位典藏與數位學習國家型科技計畫（TELDAP）做為整合型佛教數位典藏（IBA）之基礎〉（The TELDAP projects as the base of the Integration of Buddhist Archives）	「數位典藏與學習之海外推展暨國際合作計畫」2009年數位學習與典藏國際會議／中央研究院、全球研究圖書館（Global Research Library 2020）、博物館電腦網路協會台灣分會（Museum Computer Network, Taiwan Chapter）／中央研究院人文社會館／2月24日
		〈經藏目錄〉（Canonical Catalogs）	聯合國衛塞節（The United Nations Day of Vesak Celebrations）慶祝活動／國際佛教大會（The International Buddhist Conference）／泰國曼谷朱拉隆功佛教大學（Mahachulalongkornrajavidyalaya University）／5月5日
		《台北版電子佛典集成之研究與建構圖文說明》	「數位典藏與數位學習國家型科技計畫拓展台灣數位典藏計畫」出版／行政院國家科學委員會／1月
		《佛典數位典藏內容開發之研究與建構──經錄與經文內容標記與知識架構》	「數位典藏與數位學習國家型科技計畫拓展台灣數位典藏計畫」出版／行政院國家科學委員會／1月
廖本聖	副教授級專業技術人員	〈蔣央協巴《宗義理論：斷謬獅吼‧闡明遍智善道實燈》藏本譯注：非佛教篇（I）〉	《正觀雜誌》第50期／南投：正觀雜誌社／9月25日
		與施郁芬合譯達賴喇嘛所著的《慈悲與智見》（最新修訂版）（The Fourteenth Dalai Lama His Holiness Tenzin Gyatso: Kindness, Clarity & Insight, Revised and Updated）	台北：橡樹林文化出版／7月

姓名	職稱	論文名稱或學術著作	發表處（活動名稱／主辦單位／地點／發表時間）
果暉法師	助理教授	〈大正藏第602號之安般守意經及新發現之金剛寺安般守意經中四解依的研究〉（A study of Sijieyi四解依 in the Anban shouyi jing T602 and the newly-found Kongō-ji Anban shouyi jing）	2009日本印度學佛教學會會議（Conference of JAIBS 2009）／日本京都大谷大學／9月8至9日
		〈心安平安・你就是力量〉（A Mind at Peace, a Life at Peace You can Make it）	聯合國衛塞節（The United Nations Day of Vesak Celebrations）慶祝活動／國際佛教大會（The International Buddhist Conference）／泰國曼谷朱拉隆功佛教大學（Mahachulalongkornrajavidyalaya University）／5月5日
		〈新發現之安般守意經與大正藏第603號之陰持入經〉（The newly-discovered Anban shouyi Jing and Yinchiru JingT603）	《印度學佛教學研究》期刊（Journal of Indian and Buddhist Studies／日本印度學佛教學會／3月
		〈《佛說大安般守意經》格義上的新發現——從「淨」到「五根」〉（『佛說大安般守意經』における「本文」と「註」の解明（二）－「淨」から「五根」まで－）	《法鼓佛學學報》第5期／法鼓佛教學院／12月
果鏡法師	助理教授	〈佛教與心靈環保——從心開始〉〈Buddhism and Protection of the Spiritual Environment——Starting from the Heat and Mind〉	第二屆世界佛教論壇／中國佛教協會、國際佛光會等兩岸佛教界／中國大陸無錫、台北／3月26至30日，3月31日至4月2日
蔡伯郎	助理教授	〈《大般泥洹經》一闡提思想研究之評析〉	《正觀雜誌》第50期／南投：正觀雜誌社／9月25日
		〈滅盡定與瑜伽行派之末那識〉	「東亞靜坐傳統暨佛教禪坐傳統」聯合國際學術研討會／法鼓佛教學院、清華大學人文社會研究中心、挪威奧斯陸大學（University of Oslo）、日本學習院大學／清華大學人文社會學院及法鼓山園區／10月31日
		〈無分別智與瑜伽現量〉	「佛教知識論工作坊」論文發表會／行政院國家科學發展委員會／政治大學山下校區研究大樓／12月19日
馬紀	助理教授	〈法鼓佛教學院第二人生數位學習燈塔〉（The DDBC eLearning Beacon in Second Life）	2009數位典藏與數位學習國家型科技計畫（TELDAP 2009）／行政院國家科學發展委員會、全球研究圖書館（Global Research Library 2020）、博物館電腦網路協會台灣分會（Museum Computer Network, Taiwan Chapter）／中央研究院人文社會科學館／2月23至27日
馬德偉	助理教授	主編《TEI使用指南——運用TEI處理中文文獻》（Chinese TEI-A guide to using TEI with Chinese texts）	「拓展台灣數位典藏計畫」出版／行政院國家科學委員會／4月
		〈輔助佛學翻譯的數位工具〉（Digital Tools for Assisted Translation in Buddhist Studies）	漢傳佛經翻譯會議（Sutra Translation Council Conference）／美國洛杉磯市西來寺／美國西來大學／6月5至7日
		〈法鼓佛教學院圖書資訊館各項專案〉（Projects at the Library and Information Center of DDBC）	聯合國衛塞節（The United Nations Day of Vesak Celebrations）慶祝活動／國際佛教大會（The International Buddhist Conference）／泰國曼谷朱拉隆功佛教大學（Mahachulalongkornrajavidyalaya University）／5月5日
莊國彬	助理教授	談《所行藏經》的布施波羅蜜	圓光佛學學報第16期／圓光佛學研究所

◎法鼓山僧伽大學

姓名	職稱	論文名稱或學術著作	發表處（活動名稱／主辦單位／地點／發表時間）
果光法師	副院長／專任助理教授	〈悲願傳承——法鼓山尼僧教育之回顧與展望〉	2009年佛教僧伽教育國際研討會——現代尼僧教育回顧與前瞻／財團法人伽耶山基金會——香光尼眾佛學院／台北艋舺龍山寺板橋文化廣場／5月30至31日
常隨法師	男眾學務助理／兼任講師	〈現代佛教修學體系——「不二法門」對法鼓山世界佛教教育園區教育體系之影響〉	第二屆世界佛教論壇／中國佛教協會／江蘇無錫、台北／3月26日至4月1日
		〈回報大地——闡揚植葬所展現的三聚淨戒〉（The Approach To Repay The Earth：A Positive Expression Of "Three Cumulative Pure Precepts" via Ash-Burial）	聯合國衛塞節（The United Nations Day of Vesak Celebrations）慶祝活動／國際佛教大會（The International Buddhist Conference）／泰國曼谷朱拉隆功佛教大學（Mahachulalongkornrajavidyalaya University）／5月4至6日
常慧法師	女眾學務處規畫組組長／專任講師	〈佛教教育的機遇與挑戰——以聖嚴法師創辦與主持中華佛學研究所為例（1981年～1991年）〉	第二屆世界佛教論壇／中國佛教協會／江蘇無錫、台北／3月26日至4月1日

法鼓山人文社會基金會2009年「法鼓人文講座」開課概況

◎亞洲大學（台灣）

講題	主講人	簡歷
儒道佛三教對於二十一世紀文明的可能貢獻	林安梧	慈濟大學宗教與文化研究所教授兼所長
在歷史小說之間——我的東亞文學閱讀	陳芳明	政治大學台灣文學研究所所長
漢字文化在文化創意產業的應用研究	張光民	台灣創意設計中心執行長
藝術人生	李奇茂	國際知名水墨畫大師
文化創意產業的台灣設計元素	王銘顯	前台灣藝術大學校長
鬆的身體哲學	張小虹	知名作家兼台灣大學特聘教授

◎廣州中山大學（中國大陸）

講座主題	主講人	任職
梵文與漢地佛教注疏	鄧偉仁	美國哈佛大學博士
有關「佛童」新聞報導之禪坐省思（My Reflection on the News about the "Buddha Boy" With Regard to Meditation）	法曜法師（Dhammadipa）	美國佛教會莊嚴寺住持
漢語佛教專用語及玄妙語（Buddhist Chinese Religiolect and Metalanguage）	孔拉德・麥錫赫（Konrad Meisig）	德國美因茲約翰古騰堡大學（Johannes Gutenberg-Universität, Mainz）宗教學系教授
以經典解釋為基礎——佛教判教在日本之開展（日本における判教（教判）の展開——経典解釈の基礎として）	末木文美士	日本東京大學大學院人文科學研究科文學博士
從《訄書》初刻本（一九○○）看章炳麟的早期佛教認識	陳繼東	日本武藏野大學人間關係學部准副教授
耶穌會傳教士殷鐸澤伽塔所做之中國佛教早期研究（An Early Investigation on Chinese Buddhism by the Jesuit Missionary Prospero Intorcetta）(c. 1668)	梅謙立（Thierry Meynard）	中國大陸廣州中山大學人文學院哲學系副教授
《六祖壇經》之演變（On the Evolution of the *Platform Sūtra*）	摩爾頓・施律特（Morten chlütter）	美國愛荷華大學（The University of Iowa）宗教學系副教授
妄念忽起：佛教華嚴宗之業感緣起觀念（Suddenly Deluded Thoughts Arise: The Huayan Buddhist Concept of Karmic Appearance）	姚治華	香港中文大學
中國佛寺志初探及書目研究	馬德偉（Marcus Bingenheimer）	台灣法鼓大學
科學語境中的近代唯識話語——以太虛《法相唯識學》為中心的論述	蔣海怒	中國大陸華僑大學

國際弘化

法鼓山2009年海外分會、聯絡處定期共修活動一覽表

◎美洲

分會／聯絡處	時間	項目
美國紐約東初禪寺	每週一19：30～21：00	念佛共修
	每週二19：00～21：30	禪坐共修（英文）
	每週四19：30～21：00	太極拳
	每週六09：30～15：00	禪坐共修
	每週日10：00～15：30	週日共修（佛學講座或講經、觀音法會）
	每月最後一週週一19：30～21：00	禮佛大懺悔文共修
	每月最後一週週日14：00～15：00	菩薩戒誦戒會
	每月第二週週日14：00～16：00	大悲懺法會
美國紐約象岡道場	每週四19：00～21：00	禪坐共修
	每週日	禪坐共修
美國護法會——東北轄區		
紐約州長島聯絡處	每週四19：00～21：00	禪坐共修
	每月一次	佛學講座
佛蒙特州聯絡處	每月第二週或第三週週六13：00～17：00	禪坐共修、讀書會
美國護法會——中大西洋轄區		
新澤西州分會	每月第一週週日10：40～12：00	半日禪：法鼓八式動禪、禪坐、經行
	每月第二週週日10：40～12：00	念佛法會
	每月第三週週日10：40～12：00	大悲懺法會、〈大悲咒〉持誦共修
	每月第四週週日10：40～12：00	《金剛經》持誦共修
	每月第五週週日10：40～13：00	地藏法會
	每週二19：00～20：00	念佛禪
	每月第一週週日13：30～15：30	中文讀書會：《六祖壇經》
	每月第三週週日13：30～15：30	禪心談心
	每一至兩個月第四週週日13：30～15：30	菩薩戒誦戒會
賓州聯絡處	每週三19：00～21：00 每週日09：30～12：00	讀書會
美國護法會——南部轄區		
德州達拉斯聯絡處	每月第三週週日	成人共修：法鼓八式動禪、禪坐、觀看聖嚴師父的開示影片
	每月第二週	小朋友共修：法鼓八式動禪、禪坐、「心五四」討論、遊戲、勞作
佛州奧蘭多聯絡處	每月第一週週六09：00～11：30	讀書會
佛州天柏聯絡處	週六07：30～08：00	太極班
	每月第二週週六14：30～16：30	讀書會

分會／聯絡處	時間	項目
美國護法會——中西部轄區		
伊利諾州芝加哥分會	每週六07：30～08：30	健身韻律舞蹈
	每週日08：30～11：30	「禪」工作坊
	每月第一、三週週五20：00～22：00	《楞嚴經》誦經共修
	每月第二或四週週日13：00～16：00	佛法介紹
	每月第三週週日13：30～16：00	《心經》中文讀書會
	每月第二週週六10：30～12：00	拜《大悲懺》共修
密西根州聯絡處	每月第三週週六14：30～16：30	禪坐共修
美國護法會——西部轄區		
加州洛杉磯分會	每週四19：00～21：30 每週六09：30～12：00	禪坐共修
	每週日09：00～16：00	一日禪
	每月第一、二週週日13：30～16：30	佛學初階課程
	每月第一週週六21：30～12：00	英文禪坐共修
	每月第一週週日10：00～12：00	大悲懺法會
	每月第二週週日10：00～12：00	念佛共修
加州舊金山分會	每週二19：30～21：30 每週日14：00～17：00	禪坐共修
	每週五19：30～21：00（除最後一週外）	合唱團練唱共修
	每週六11：30～13：00	瑜伽
	每月隔週週三19：30～21：30	讀書會
	每月最後一週週五19：30～21：30	電影之夜
	每月最後一週週日全天	禪一
加州省會聯絡處	每月雙週週日14：00～17：00	禪坐共修
華盛頓州西雅圖分會	每週二19：00～21：00（4／7～6／9）	《成佛之道》讀書會
	每週四19：00～21：00	禪坐共修
	每月第二週週五19：30～21：30	生活談心
	每月第一週週日09：30～12：00	大悲懺法會
	每月第二週週日09：00～12：00	禪坐共修
	每月第三週週日10：00～12：00	讀書會
	每月第四週週日10：00～12：00	念佛共修

◎加拿大

分會／聯絡處	時間	項目
法鼓山溫哥華道場	每週一10：00～12：00	學佛五講導讀
	每週一19：30～21：30 每月隔週週六19：30～21：30	佛法指引
	每週二09：30～12：00	禪門探索讀書會
	每週三19：00～21：30 每週日09：30～12：00	禪坐共修
	每週四10：00～12：00	合唱團練唱共修
	每週四10：00～12：00	法器練習
	每週五19：30～21：00	法青讀書會
	每週六10：00～12：00	「成佛之道」佛學課程
	每週五10：00～12：00（除第一週外）	念佛共修
	每月雙週週三13：00～15：00 每月單週週三12：30～14：30 每月雙週週四12：30～14：30	心靈察站
	每月隔週週五18：30～20：30	佛法指引讀書會
	每月隔週週五18：30～20：30	少年生活營
	每月隔週週六19：00～21：30	相約在法青
	每月第一週週五10：00～12：00	菩薩戒誦戒會
	每月第二週週六14：00～16：30	大悲懺法會
	每月第四週週日09：30～17：00	禪一
加拿大護法會		
多倫多分會	每週一10：30～13：00	鈔經書法共修
	每週三19：00～21：00	禪修指引
	每週四10：00～14：00	法器練習共修
	每週日10：00～12：00	禪坐共修
	每月第一週週六09：30～16：30	禪一
	每月一次週六19：30～21：30	粵語學佛讀書會
	每月一次週四19：00～21：00 每月一次週日13：30～15：30	國語學佛讀書會
	每月一次14：00～16：00	英語學佛讀書會

◎亞洲

分會／聯絡處	時間	項目
馬來西亞道場	每週一20：00～22：00	合唱團練唱
	每週二20：00～22：00 每週日09：30～12：00	禪坐共修
	每週三20：00～21：30	瑜伽班（英語）
	每週五20：00～22：00	禪坐共修（英語）
	每週六15：00～16：30	念佛共修
	每週六16：30～17：30	法器練習
新加坡護法會	每週二19：30～21：30	心靈環保課程
	每週三19：30～21：30 每週日09：30～11：30	禪坐共修
	每週四20：00～21：30	念佛共修
	每週六14：00～16：00	讀書會
	每月第一、三週週日13：30～15：00	菩薩戒誦戒會
	每月第一週週四19：30～21：30	持誦二十一遍〈大悲咒〉
香港護法會	每週二19：30～21：30	法器練習
	每週五19：30～21：30	念佛共修
	每週六15：00～17：00	禪坐共修
	每月第一週週五19：30～21：30	菩薩戒誦戒會
	每月第二週週六19：30～21：30	大悲懺法會

◎大洋洲

分會／聯絡處	時間	項目
澳洲護法會		
雪梨分會	每月第一、三週週日09：00～11：00	禪坐共修
	每月第一、三週週日11：30～13：00	佛學講座
	每月第一、三週週日14：30～16：00	禪坐共修講師培訓
	每月第一、三週週日16：00～17：30	初級禪訓班
	每月第一週週六14：：00～16：00	《心經》讀書會

法鼓山2009年參與暨舉辦之國際會議一覽表

時間	會議名稱	主辦單位	國家	地點	主要代表參加人
3月28日至4月1日	第二屆世界佛教論壇	中國大陸、台灣佛教界	中國大陸、台灣	兩地的佛教道場、佛教大學	法鼓佛教學院校長惠敏法師、僧團副住持果品法師
5月4至6日	聯合國衛塞節（The United Nations Day of Vesak Celebrations）慶祝活動	國際佛教大會（The International Buddhist Conference）	泰國	曼谷	僧團副住持果暉法師、法鼓佛教學院副校長杜正民、圖書資訊館館長馬德偉（Marcus Bingenheimer）
5月14日	第四屆佛教女性論壇（4th Annual Buddhist Women's Conference）	美國中西部佛教會（Buddhist Council of the Midwest）	美國	芝加哥	美國護法會輔導法師常華法師
10月13至15日	「美國沉思者聯盟——讓全國聽到精神層面的聲音」會議（The Alliance of American Contemplatives——Raising a New Spiritual Voice for the Nation）	全球女性和平促進會（The Global Peace Initiative of Women, GPIW）	美國	馬里蘭州鷹角休閒會議中心（Osprey Point Retreat & Conference Center）	僧團果禪法師、常濟法師
12月3至9日	全球宗教大會	世界宗教眾議會（The Parliament of the World's Religions）	澳洲	墨爾本	僧團常悟法師、常諗法師
12月7至18日	第十五屆聯合國氣候變化綱要公約締約國會議（15th Conference of the Parties）	聯合國	丹麥	哥本哈根	僧團果禪法師、常濟法師、常聞法師，以及查可（Žarko Andričević）代表「美國法鼓山佛教協會」出席
12月7至12日	「全球女性和平促進會」會議	全球女性和平促進會（The Global Peace Initiative of Women, GPIW）	丹麥	哥本哈根	僧團果禪法師、常濟法師、常聞法師，以及查可（Žarko Andričević）代表「美國法鼓山佛教協會」出席
12月28日至2010年1月3日	第十一屆國際佛教善女人大會（11th Sakyadhita International Conference）	國際佛教善女人會（Sakyadhita International）	越南	胡志明市	僧團果祥法師、常悟法師

法鼓山全球聯絡網

【全球各地主要分支道場】

【國內地區】

■北部

法鼓山世界佛教教育園區
電話：02-2498-7171
傳真：02-2498-9029
20842台北縣金山鄉三界村7鄰半嶺14-5號

農禪寺
電話：02-2893-3161
傳真：02-2895-8969
11268台北市北投區大業路65巷89號

中華佛教文化館
電話：02-2891-2550；02-2892-6111
傳真：02-2892-5501
11246台北市北投區光明路276號

雲來寺（行政中心、文化中心）
電話：02-2893-9966
傳真：02-2893-9911
11244台北市北投區公館路186號

法鼓德貴學苑
電話：02-2191-1020（青年發展院）
電話：02-2191-1015
　　　（法鼓山人文社會基金會）
電話：02-2191-1011
　　　（法鼓大學籌備處）
10044台北市中正區延平南路77號

安和分院
（大安、信義、南港辦事處）
電話：02-2778-5007~9
傳真：02-2778-0807
10688台北市大安區安和路一段29號10樓

天南寺
電話：02-8676-2556
傳真：02-8676-1060
23743台北縣三峽鎮介壽路二段138巷168號

齋明寺
電話：03-380-1426；03-390-8575
傳真：03-389-4262
33561桃園縣大溪鎮齋明街153號

中山精舍（中山辦事處）
電話：02-2591-1008
傳真：02-2591-1078
10451台北市中山區民權東路一段67號9樓

基隆精舍（基隆辦事處）
電話：0932-071-645；02-2426-1677
傳真：02-2425-3854
20045基隆市仁愛區仁五路8號3樓

北投辦事處
電話：02-2892-7138
傳真：02-2388-6572
11241台北市北投區溫泉路68-8號1樓

士林辦事處
11162台北市士林區中正路335巷6弄5號B1

社子辦事處（慈弘精舍）
電話：02-2816-9619
11165台北市士林區延平北路五段29號1、2樓

石牌辦事處
電話：02-2832-3746
傳真：02-2872-9992
11158台北市士林區福華路147巷28號

大同辦事處
電話：02-2599-2571
10367台北市大同區酒泉街34-1號

南港辦事處（設於台北安和分院）
電話：0921-611-906
傳真：02-2727-4361
10688台北市大安區安和路一段29號10樓

松山辦事處
電話：02-2713-3497
10572台北市松山區民生東路五段28號7樓

中正萬華辦事處
電話：02-2305-2283；0928-010-579
傳真：02-2307-3288
10878台北市萬華區萬大路239號4樓

內湖辦事處
電話：02-2793-8809
11490台北市內湖區民權東路六段123巷20弄3號1樓

文山辦事處
電話：02-2935-3640
傳真：02-8935-1858
11687台北市文山區興隆路二段27號3樓

海山辦事處
電話：02-8951-3341
傳真：02-8951-3341
22067台北縣板橋市三民路一段120號7樓

淡水辦事處
電話：02-2629-2458；0912-871-112
25153台北縣淡水鎮新民街120巷3號

三重蘆洲辦事處
電話：02-2986-0168
傳真：02-2978-8223
24145台北縣三重市正德街61號4樓

新店辦事處
電話：02-8911-3242
傳真：02-8911-2421
23143台北縣新店市中華路9號3樓之一

中永和辦事處
電話：02-2231-2654
傳真：02-2925-8599
23455台北縣永和市中正路417號10樓

新莊辦事處
電話：02-2994-6176
傳真：02-2994-4102
24242台北縣新莊市新莊路114號

林口辦事處
電話：02-2603-0390；0935-577-785
傳真：02-2602-1289
24446台北縣林口鄉中山路91號3樓

金山萬里辦事處
電話：02-2408-2593
傳真：02-2408-2554
20841台北縣金山鄉仁愛路61號

三芝石門辦事處
電話：02-2636-7752
傳真：02-2636-5163
25241台北縣三芝鄉公正街三段10號

桃園辦事處
電話：03-302-4761；03-302-7741
傳真：03-301-9866
33046桃園縣桃園市大興西路二段
105號12樓

中壢辦事處
電話：03-281-3127；03-281-3128
傳真：03-281-3739
32448桃園縣平鎮市環南路184號3樓
之一

新竹辦事處
電話：03-525-8246
傳真：03-523-4561
30042新竹市林森路231號11樓D室

苗栗辦事處
電話：037-362-881
傳真：037-362-131
36046苗栗縣苗栗市大埔街42號

三義DIY心靈環保教育中心
電話：04-2223-1055；037-870-995
傳真：037-872-222
36745苗栗縣三義鄉廣盛村八股路21號

■中部

台中分院（台中辦事處）
電話：04-2255-0665
傳真：04-2255-0763
40756台中市西屯區市政路37號

南投德華寺（埔里安心服務站）
電話：049-242-3025；049-242-1695
傳真：049-242-3032
54547南投縣埔里鎮清新里延年巷33號

海線辦事處
電話：04-2662-5072；04-2686-6622
傳真：04-2686-6622
43655台中縣清水鎮鎮南街53號2樓

豐原辦事處
電話：04-2524-5569
傳真：04-2515-3448
42054台中縣豐原市圓環西路141號2樓

彰化辦事處
電話：04-711-6052
傳真：04-711-5313
50049彰化縣彰化市中山路二段2號10樓

員林辦事處
電話：04-837-2601；04-831-2142
傳真：04-838-2533
51042彰化縣員林鎮靜修東路33號8樓

南投辦事處（南投安心服務站）
電話：049-239-2363；049-239-2365
傳真：049-239-1414
54044南投縣中興新村中學西路106號

東勢安心服務站
電話：04-2588-1337
傳真：04-2577-3942
42341台中縣東勢鎮東蘭路26-11號

竹山安心服務站
電話：049-264-5456
傳真：049-263-0747
55768南投縣竹山鎮桂林里加正巷7之2號

■南部

台南分院（台南辦事處）
電話：06-220-6329；06-220-6339
傳真：06-226-4289
70444台南市北區西門路三段159號14樓

雲集寺
電話：06-721-1295；06-721-1298
傳真：06-723-6208
72242台南縣佳里鎮六安里六安街218號

安平精舍
電話：06-298-9050
70848台南市安平區永華路二段248號7樓

紫雲寺
電話：07-732-1380轉11、12；07-731-2310
傳真：07-731-3402
83341高雄縣鳥松鄉鳥松村忠孝路52號
（原大埤路19號）

三民精舍（高雄北區辦事處）
電話：07-380-0848
傳真：07-396-6260
80767高雄市三民區建安街94號1、2樓

嘉義辦事處
電話：05-2760071；05-2764403
傳真：05-276-0084
60072嘉義市林森東路343號3樓

高雄南區辦事處
電話：07-241-4513；07-241-1864
傳真：07-241-0048
80144高雄市前金區自強二路45號

屏東辦事處
電話：08-738-0001
傳真：08-738-0003
90055屏東縣屏東市建豐路2巷70號1樓

潮州辦事處
電話：08-789-8596
傳真：08-780-8729
92045屏東縣潮州鎮和平路28號7樓

■東部

信行寺（台東辦事處）
電話：089-225-199；089-225-299
傳真：089-239-477
95059台東縣台東市更生北路132巷36
或38號

宜蘭辦事處
電話：039-332-125
傳真：039-332-479
26052宜蘭縣宜蘭市泰山路112巷8弄
18號

羅東辦事處
電話：039-571-160
傳真：039-561-262
26549宜蘭縣羅東鎮純精路三段38號

花蓮辦事處（花蓮安心服務站）
電話：03-834-2758
傳真：03-835-6610
97047花蓮縣花蓮市光復街87號7樓

【海外地區】
■美洲America

美國紐約東初禪寺
（紐約州紐約分會New York Chapter, NY）
Chan Meditation Center
TEL：1-718-592-6593
FAX：1-718-592-0717
E-MAIL：chancenter@gmail.com
　　　　ddmbaus@yahoo.com
　　　（紐約州紐約分會）
WEBSITE：http://www.chancenter.org
ADDRESS：90-56 Corona Ave., Elmhurs NY
11373, U.S.A.

美國紐約象岡道場
Dharma Drum Retreat Center
TEL：1-845-744-8114
FAX：1-845-744-8483
E-MAIL：ddrc@dharmadrumretreat.org
WEBSITE：http://www.dharmadrumretreat.org
ADDRESS：184 Quannacut Rd., Pine Bush
NY 12566, U.S.A.

美國護法會
Dharma Drum Mountain Buddhist Association
（D.D.M.B.A.）
WEBSITE：http://www.ddmusa.org

華盛頓首府特區聯絡處
Washington D. C. Branch
TEL：1-301-982-2552
E-MAIL：chiehhsiungchang@yahoo.com
ADDRESS：5911 Cherrywood Lane
Apt#101, Greenbelt, MD 20770, U.S.A.

◎東北部轄區North East Region
紐約州長島聯絡處
Long Island Branch, NY
WEBSITE：http://longisland.ddmusa.org
ADDRESS：P.O.BOX 423 Upton, NY 11973,
U.S.A.

康州聯絡處
Connecticut Branch
TEL：1-203-972-3406
E-MAIL：contekalice@aol.com

佛蒙特州聯絡處
Vermont Branch
TEL：1-802-658-3413
FAX：1-802-658-3413
E-MAIL：juichulee@yahoo.com
WEBSITE：http://www.ddmbavt.org

◎中大西洋轄區 Mid-Atlantic Region
新澤西州分會
New Jersey Chapter
TEL：1-732-549-7134
FAX：1-732-957-0563
E-MAIL：chiuwang@msn.com
WEBSITE：http://www.ddmba-nj.org
ADDRESS：789 Jersey Ave. New Brunswick
NJ 08901, U.S.A.

賓州聯絡處
Pennsylvania Branch
TEL：1-814-867-9253
E-MAIL：ddmbapa@gmail.com
WEBSITE：http://www.ddmbapa.org

◎南部轄區South Region
德州達拉斯聯絡處
Dallas Branch, TX
TEL：1-817-226-6888；1-972-660-5971
FAX：1-817-274-7067
E-MAIL：ddmba_patty@yahoo.com
WEBSITE：http://dallas.ddmusa.org

德州奧斯汀聯絡處
Austin Branch, TX
TEL：1-512-249-9220
E-MAIL：nocloud@yahoo.com

佛州奧蘭多聯絡處
Orlando Branch, FL
TEL：1-407-671-6250
E-MAIL：chihho2004@yahoo.com
WEBSITE：http://orlando.ddmusa.org

佛州天柏聯絡處
Tampa Branch, FL
TEL：1-727-393-9588
E-MAIL：skau@tampabay.rr.com
WEBSITE：http://tampa.ddmusa.org

◎中西部轄區 Mid-West Region
伊利諾州芝加哥分會
Chicago Chapter, IL
TEL：1-773-907-9853
FAX：1-773-907-9853
E-MAIL：ddmbachicago@gmail.com
WEBSITE：http://www.ddmbachicago.org
ADDRESS：1234 North River Rd. Mt
Prospect, IL 60056, U.S.A.

密西根州聯絡處
Michigan Branch
TEL：1-517-332-0003
FAX：1-517-332-0003
E-MAIL：lkong2006@gmail.com

堪薩斯州聯絡處
Kansas Branch
TEL：1-913- 825-5204
E-MAIL：Inge_Fan@hotmail.com

◎西部轄區 West Region
加州洛杉磯分會
Los Angeles Chapter, CA
TEL：1-626-350-4388
E-MAIL：ddmbala@gmail.com
WEBSITE：http://www.ddmbala.org
ADDRESS：9674 Telstar Ave. #C El
Monte, CA 91731, U.S.A.

加州舊金山分會
San Francisco Chapter, CA
TEL：1-408-272-9380
E-MAIL：ddmbasf@gmail.com
WEBSITE：
http://www.ddmbasf.org/ddmbasf2/
ADDRESS：1153 Bordeaux Dr #106
Sunnyvale, CA 94089, U.S.A.

加州省會聯絡處
Sacramento Branch, CA
TEL：1-916-681-2416
E-MAIL：ddmbasacra@yahoo.com
WEBSITE：
http://sacramento.ddmusa.org

華盛頓州西雅圖分會
Seattle Chapter, WA
TEL：1-425-957-9495
FAX：1-425-828-2646
E-MAIL：christinelin00@hotmail.com
WEBSITE：http://seattle.ddmusa.org
ADDRESS：14028 Bel-Red Rd., Suite
205 Bellevue, WA 98007, U.S.A.

加拿大溫哥華道場
（溫哥華分會 Vancouver Chapter）
Dharma Drum Mountain Vancouver
Center
TEL：1-604-277-1357
FAX：1-604-277-1352
E-MAIL：info@ddmba.ca
WEBSITE：http://www.ddmba.ca
ADDRESS：8240 No.5 Rd. Richmond
B.C. V6Y 2V4, Canada

加拿大護法會
Dharma Drum Mountain Buddhist
Association（D.D.M.B.A.）

安大略省分會（多倫多分會）
Toronto Chapter
TEL：1-416-855-0531
E-MAIL：contact@ddmba-ontario.ca
WEBSITE：
http://www.ddmba-ontario.ca/
ADDRESS：154 Poyntz Ave. Toronto
ON M2N 1J4, Canada

■亞洲 Asia
馬來西亞道場（馬來西亞護法會）
Malaysia Branch
TEL：60-3-7960-0841
FAX：60-3-7960-0842
E-MAIL：ddmmalaysia@gmail.com
WEBSITE：http://www.ddm.org.my
ADDRESS：Block B-3-16, 8 Ave., Pusat
Perdagangan Sek.8, Jalan Sg. Jernih
46050 Petaling Jaya, Selangor Malaysia

新加坡護法會
Singapore Branch
TEL：65-6735-5900
FAX：65-6224-2655
E-MAIL：ddrum@singnet.com.sg
WEBSITE：http://www.ddsingapore.org
ADDRESS：100A, Duxton Rd. 089544
Singapore

香港護法會
Hongkong Branch
TEL：852-2865-3110
FAX：852-2591-4810
E-MAIL：info@ddmhk.org.hk
WEBSITE：http://www.ddmhk.org.hk
ADDRESS：香港灣仔軒尼詩道176-
178號聯星大廈8字樓A室
8A Luen Sen Building, 176-178 Hennessy
Rd., Wanchai, Hong Kong

泰國護法會
Thailand Branch
TEL：66-2-713-7815；66-2-713-7816
FAX：66-2-713-7638
E-MAIL：ddmbkk@hotmail.com
ADDRESS：1471. Soi 31/1 Pattnakarn
Rd. 10250 Bangkok Thailand

■大洋洲Oceania
澳洲護法會
Australia Branch
雪梨分會
Sydney Chapter
TEL：61-4-131-85603
FAX：61-2-9283-3168
E-MAIL：ddmsydney@yahoo.com.au
WEBSITE：http://www.ddm.org.au
ADDRESS：Lucy Garden, 413-425
Beamish St., Campsie NSW 2194
Australia

■歐洲Europe
盧森堡聯絡處
Luxembourg Liaison Office
TEL：352-400-080
FAX：352-290-311
E-MAIL：ddm@chan.lu
ADDRESS：15, Rue Jean Schaack
L-2563, Luxembourg

【教育事業群】

法鼓山僧伽大學
電話：02-2498-7171
傳真：02-2408-2492
網址：http://sanghau.ddm.org.tw
20842台北縣金山鄉三界村七鄰半嶺
14-5號

法鼓佛教學院
電話：02-2498-0707轉2364～2365
傳真：02-2408-2472
網址：http://www.ddbc.edu.tw
20842台北縣金山鄉西勢湖2-6號

法鼓佛教學院‧推廣教育中心
電話：02-2773-1264
傳真：02-2751-2234
網址：http://ddbctw.blogspot.com
11688台北市大安區忠孝東路四段
124-6號7樓B

中華佛學研究所
電話：02-2498-7171
傳真：02-2408-2492
網址：http://www.chibs.edu.tw
20842台北縣金山鄉三界村七鄰半嶺
14-5號

法鼓大學籌備處
電話：02-2311-1105；02-2191-1011
網址：http://www.ddc.edu.tw
10044台北市中正區延平南路77號
6-10樓

法鼓山社會大學服務中心
（新莊法鼓山社會大學）
電話：02-2994-3755；02-2408-2593～4
傳真：02-2994-4102
網址：http://www.ddcep.org.tw/
24241台北縣新莊市新莊路114號

金山法鼓山社會大學
電話：02-2408-2593～4
傳真：02-2408-2554
20841台北縣金山鄉仁愛路61號

大溪法鼓山社會大學
電話：03-387-4372
傳真：03-387-4372
33557桃園縣大溪鎮康莊路645號

北投法鼓山社會大學
電話：02-2893-9966轉6135、6141
傳真：02-2891-8081
11244台北市北投區公館路186號

【關懷事業群】

法鼓山社會福利慈善事業基金會
電話：02-2893-9966
傳真：02-2893-9911
網址：http://charity.ddm.org.tw
11244台北市北投區公館路186號

法鼓山人文社會基金會
電話：02-2191-1015
傳真：02-2311-6350
網址：http://www.ddmthp.org.tw/
10044台北市中正區延平南路77號5樓

聖嚴教育基金會
電話：02-2397-9300
傳真：02-2393-5610
網址：http://www.shengyen.org.tw
10056台北市中正區仁愛路二段56號

法鼓山

國家圖書館出版品預行編目資料

法鼓山年鑑. 2010／法鼓山年鑑編輯組編輯. --
初版. -- 臺北市：法鼓山文教基金會，
2010.08　　面；公分

ISBN 978-986-81352-7-7　　（精裝）

1.法鼓山　　2.佛教團體　　3.年鑑

2009 法鼓山年鑑

創　辦　人　聖嚴法師

出　版　者　財團法人法鼓山文教基金會

發　行　人　果東法師

地　　　址　台北市北投區公館路186號

電　　　話　02-2893-9966

編 輯 企 畫　法鼓山年鑑編輯組

召　集　人　釋果賢

執 行 編 輯　林蒨蓉

編　　　輯　李怡慧

校　　　對　陳重光、胡琡珮、李書儀、林孟兒、徐慧娟
　　　　　　梁金滿、邱惠敏、陳玫娟、張錦德、許翠谷
　　　　　　陳雪芳

文稿資料提供　法鼓山文化中心雜誌部、史料部，法鼓山各會團
　　　　　　海內外各分院及聯絡處等單位

攝　　　影　法鼓山攝影義工

美 編 完 稿　陳淑瑩

網　　　址　http://www.ddm.org.tw/event/2008/ddm_history/
　　　　　　index.htm

初　　　版　2010年8月

發 心 助 印 價　800元

劃 撥 帳 號　16246478

劃 撥 戶 名　財團法人法鼓山文教基金會